V&R

Lutherjahrbuch

Organ der internationalen Lutherforschung

Im Auftrag der Luther-Gesellschaft herausgegeben von
Albrecht Beutel

78. Jahrgang 2011

Vandenhoeck & Ruprecht

Mit 8 Abbildungen

Bibliografische Information der Deutschen Nationalbibliothek

Die Deutsche Nationalbibliothek verzeichnet diese Publikation in der
Deutschen Nationalbibliografie; detaillierte bibliografische Daten sind
im Internet über http://dnb.d-nb.de abrufbar.

ISBN 978-3-525-87443-1
ISBN 978-3-647-87443-2 (E-Book)

ISSN 0342-0914

Satz: OLD-Media OHG, Neckarsteinach
Gesamtherstellung: ⊕ Hubert & Co., Göttingen
Gedruckt auf alterungsbeständigem Papier

5

Anschriften

der Mitarbeiter:

Prof. Dr. Dr. Michael Beintker, Wibbeltweg 10, 48612 Horstmar; Prof. Dr. Albrecht Beutel, Evangelisch-Theologische Fakultät, Universitätsstr. 13-17, 48143 Münster; Dr. Jochen Birkenmeier, Franckeplatz 1, Haus 35a, 06110 Halle (Saale); Prof. Dr. Wayne Coppins, Department of Religion, The University of Georgia, Peabody Hall, Athens, GA 30602-1625, USA; Prof. Dr. Eilert Herms, Peter-Goessler-Straße 15, 72076 Tübingen; Prof. Dr. Robert Kolb, Concordia Seminary, 801 Seminary Place, Saint Louis, MO 63105, USA; Prof. Dr. Dietrich Korsch, Lahntorweg 3, 35037 Marburg; Prof. Dr. Volker Leppin, Evangelisch-Theologische Fakultät, Liebermeisterstraße 12, 72076 Tübingen; Dr. Christine Mundhenk, Melanchthon-Forschungsstelle der Heidelberger Akademie der Wissenschaften, Heiliggeiststraße 15, 69117 Heidelberg; Dr. Eberhard J. Nikitsch, Istituto Storico Germanico di Roma, Via Aurelia Antica 391, 00165 Roma, Italien; Prof. Dr. Reinhold Rieger, Evangelisch-Theologische Fakultät, Liebermeisterstraße 12, 72076 Tübingen; Dr. Inken Schmidt-Voges, Geschichte der Frühen Neuzeit, Universität Osnabrück, Neuer Graben 19/21, 49069 Osnabrück; Dr. Malte van Spankeren, Evangelisch-Theologische Fakultät, Universitätsstraße 13-17, 48143 Münster; PD Dr. Christopher Spehr, Hauptstraße 45, 37083 Göttingen; Prof. Dr. Christoph J. Steppich, 713 New Scotland Ave, Albany, NY 12208-1719, USA; Prof. Dr. Eberhard Winkler, Gutenberger Dorfstraße 16, 06193 Petersberg

für Rezensionsexemplare, Sonderdrucke, Mitteilungen sowie Anfragen:

Prof. Dr. Albrecht Beutel, Evangelisch-Theologische Fakultät, Universitätsstraße 13-17, D 48143 Münster; Tel.: (0251) 832 25 16; E-Mail: beutel@uni-muenster.de *der Geschäftsstelle der Luther-Gesellschaft in der Leucorea:*

Collegienstraße 62, D-06886 Lutherstadt Wittenberg; Tel.: (03491) 466233; Fax: (03491) 466278; E Mail: info@luther gesellschaft.de; www.Luther Gesellschaft.de

Papst Hadrian VI. (1522/23) und seine Klientel im Spiegel ihrer Grabdenkmäler [1]

Von Eberhard J. Nikitsch

Als nicht italienischer Papst einer Umbruchszeit war Hadrian VI. naturgemäß eine der handelnden Figuren, die von den Zeitgenossen in unterschiedlichster Art und Weise wahrgenommen wurde und zu heftigen Auseinandersetzungen Anlass gab. Während Lucas Cranach im Jahr 1522 den Papst in seiner bekannten konfessionspolemischen Illustration für Martin Luthers Septembertestament als auf dem siebenköpfigen Tier reitende babylonische Hure mit Tiara auf dem Kopf darstellte,[2] verspottete ihn nicht nur das römische Volk als »traiectinus duplex, male fidus, avarus«[3], selbst unter den Kardinälen Roms, die ihn gewählt hatten, war er bald als sittenstrenger weltfremder Asket verschrien, der nach seinem Amtsantritt offensichtlich nichts besseres zu tun wusste, als ihre Privilegien zu beschneiden.[4] Von seiner nächsten Umgebung wurde Hadrian dagegen völlig anders wahrgenommen, hier und auch in Humanistenkreisen galt er als hochgeschätzter, tugendreicher, zutiefst gelehrter und betont frommer Mann, der durch seine schlichte Lebensweise und persönliche Bescheidenheit gut und weise regiert habe.[5] Heute ist man sich darüber einig, dass sein schwieriger, nur 18 Monate währender Pontifikat hauptsächlich durch die sich abzeichnende Reformation im Reich geprägt war, der er

1 Vortrag, gehalten am 17. November 2010 im Rahmen des Symposions über Papst Hadrian VI. in Rom, Päpstliches Institut Santa Maria dell'Anima. Die Vortragsfassung des überarbeiteten Textes wurde weitgehend beibehalten und für den Druck mit Anmerkungen und Abbildungen versehen.
2 Vgl. dazu F. SCHMIDT, Luther und die Bibel. Bd. 1: Die Illustration der Lutherbibel (1522-1700), 1962, 110.
3 Zit. nach G. A. CAESAREO, Pasquino e Pasquinate nella Roma di Leone X., 1938, 60.
4 Vgl. dazu C. RITTER VON HÖFLER, Papst Adrian VI. 1522-1523, 1880, 209 f.
5 Vgl. dazu unten Anm. 25.

trotz ambitionierter Maßnahmen[6] und dem Versuch durchgreifender Reformen letztlich nicht entscheidend begegnen konnte. Erschwerend hinzu kamen die Auseinandersetzungen zwischen dem Reich und Frankreich, bei denen er vergeblich zu vermitteln versuchte, die durch den Fall von Rhodos Ende 1522 ausgelöste osmanisch-islamische Bedrohung Europas, der er wenig entgegenzusetzen hatte, und vor allem die durch seine auf erheblichen innerkirchlichen Widerstand stoßenden Maßnahmen zur Begrenzung des Ablass- und Pfründenwesens. Ein speziell römischer Aspekt bestand in seiner radikalen Beschränkung der verschwenderischen päpstlichen Hofhaltung und der damit verbundenen reichen Kunstförderung, wie sie etwa von seinen aus einflussreichen italienischen Familien stammenden Amtsvorgängern Julius II. (Giuliano della Rovere) und Leo X. (Giovanni de' Medici) praktiziert worden war. Hadrian starb am 10. September 1523 und wurde zunächst in Alt St. Peter bestattet, bis er dann zehn Jahre später im Chor von Santa Maria dell'Anima[7], der damals gerade neu erbauten Kirche des Hospitals der deutschsprachigen Pilger in Rom,[8] endgültig beigesetzt wurde.

6 Einzigartig und von reformationsgeschichtlicher Seite bisher kaum gewürdigt ist etwa sein Schuldbekenntnis, das er durch seinen Nuntius Chieregati am 3. Januar 1523 auf dem Nürnberger Reichstag ablegen ließ. Luther blieb von der Offensive Hadrians völlig unbeeindruckt; er bezeichnete den Papst zudem als einen »magister noster aus Löwen; in derselben hohen Schul krönet man solche Esel«, zit. nach C. R. v. Höfler (s. Anm. 4), 99. – Der vollständige lateinische Text des Schuldbekenntnisses (mit niederländischer Übersetzung) liegt jetzt leicht zugänglich vor in: Adrianus VI en de Lutherse Kwesti (in: De Paus uit de Lage Landen: Adrianus VI, 1459-1523. Catalogus bij de tentoonstelling ter gelegenheid van het 550ste geboortejaar van Adriaan van Utrecht [Supplementa Humanistica Lovaniensia 27], hg. v. M. Verweij, 2009, 272-287); ein Auszug findet sich bei C. Mirbt/K. Aland, Quellen zur Geschichte des Papsttums und des römischen Katholizismus. Bd. 1: Von den Anfängen bis zum Tridentinum, ⁶1967, 516.

7 Vgl. dazu zuletzt G. Knopp und W. Hansmann, S. Maria dell'Anima. Die Deutsche Nationalkirche in Rom, ²1995; B. Baumüller, Santa Maria dell'Anima. Ein Kirchenbau im politischen Spannungsfeld der Zeit um 1500. Aspekte einer historischen Architekturbefragung, 2000; sowie M. Matheus (Hg.), S. Maria dell'Anima. Zur Geschichte einer »deutschen« Stiftung in Rom (Bibliothek des Deutschen Historischen Instituts in Rom 121), 2010.

8 Martin Luther selbst war die Kirche von seiner 1510/11 absolvierten Romreise offensichtlich in guter Erinnerung. Er sieht sie in seinem in späteren Jahren verfertigten Kommentar des Matthäus-Evangeliums wohl ganz bewusst im Gegensatz zu dem »weltlicher

All diese hier nur angedeuteten Aspekte seines Wirkens sind verhältnismäßig gut bekannt und von der Forschung[9] gründlich behandelt worden. Weit weniger Aufmerksamkeit wurde dagegen bisher dem persönlichen Umfeld des Papstes[10] und den damit zusammenhängenden Fragen geschenkt. Daher erscheint es reizvoll und lohnend, einen Blick auf eine Quellengattung zu werfen, die angesichts der um 1500 reichlich vorhandenen archivalischen Quellen gerne übersehen wird: Grabdenkmäler und die damit verbundenen Inschriften. Ausgehend von der Analyse des heute noch vorhandenen, für die Anima in mehrfacher Hinsicht zentralen Grabdenkmals für Papst Hadrian VI. soll der Frage nachgegangen werden, ob sich auch Mitglieder der päpstlichen Klientel in der Anima haben begraben lassen, wie deren Grabdenkmäler beschaffen sind oder waren und welche möglicherweise anderen, weiterführenden Erkenntnisse sich aus den auf ihnen angebrachten Inschriften gewinnen lassen. Denn Inschriften stellen besondere historische Zeugnisse dar,[11] die im Unterschied zu Urkunden, Akten, Briefen oder Chroniken standortbezogene, authentische und aspektreiche Quellen sind, deren Informationen für vielfältige und interdisziplinäre historische Fragestellungen zur Verfügung stehen. So informieren etwa Stifter- und Künstlerinschriften über Auftraggeber, Verfertiger und Stiftungszweck von Kunstwerken; historiographische Inschriften erzählen von zeitgenössisch bemerkenswerten Ereignissen; Rechtsinschriften dokumentieren juristisch bedeutsame Zustände oder Vorgänge; Bildbeischriften bezeichnen und erläutern Bildinhalte; Bau- und

hoffart und wollust« dienenden Hofe des Papstes, »des Teufels bisschoff«; denn: »Zu Rom im Spital ist die deutsche Kirche, die ist die beste, hat ein deutschen Pfarherr« (WA 47; 425,5-13).

9 Vgl. dazu die beiden maßgeblichen Kataloge: E. HOUTZAGER und J. COPPENS (Hg.), Herdenkingstentoonstelling Paus Adrianus VI. Gedenkboek, Catalogus, 1959; und M. VERWEIJ (Hg.), De Paus uit de Lage Landen (s. Anm. 6).

10 Über sein Umfeld gibt die aus den zeitgenössischen Quellen gearbeitete listenartige Zusammenstellung von B. MUNIER, Nederlandse Curialen en Hofbeambten onder het Pontificaat van Adrian VI. (in: Mededelingen van het Nederlands Historisch Instituut te Rome 30, 1959) Auskunft sowie der darauf basierende Überblick von M. VERWEIJ, Adrianus Nederlands-Leuvense Entourage in Rome (in: De Paus uit de Lage Landen [s. Anm. 6], 182-212), der biographische Skizzen seiner engsten Vertrauten bietet.

11 Vgl. dazu zuletzt W. KOCH, Inschriftenpaläographie des abendländischen Mittelalters und der früheren Neuzeit. Früh- und Hochmittelalter, 2007.

Weiheinschriften geben Beginn bzw. Fertigstellung eines Gebäudes an und können zudem über beteiligte Personen sowie über nähere Umstände des Bauvorgangs Auskunft geben. Nicht zuletzt informieren Grabinschriften über Namen und Daten der Verstorbenen, über den Platz, an dem sie begraben liegen, und geben über deren Leben in unterschiedlichster Art und Weise Auskunft, vielleicht auf eine andere Art wie die eben erwähnten Quellen.

Beginnen wir also mit dem Grabdenkmal für Papst Hadrian VI.[12] (Abb. 1). Es handelt sich um eine monumentale, in die nördliche Wand des Chors eingelassene, mehrteilige Ädikula aus Carrara- und Buntmarmor, die um 1750 im oberen Bereich durch den Einbau seitlicher Oratorienbalkone stark verändert wurde,[13] wie an einem den ursprünglichen Zustand zeigenden Stich aus dem Jahr 1591 (Abb. 2) gut zu sehen ist.[14] Die Mitte des Sockels nimmt eine querrechteckige, in Voluten auslaufende Tafel mit der

12 Während der Endredaktion des vorliegenden Aufsatzes erschien die neueste und umfassendste Arbeit über dieses bedeutende Grabdenkmal von J. GÖTZMANN, Römische Grabmäler der Hochrenaissance. Typologie – Ikonographie – Stil (Beiträge zur Kunstgeschichte des Mittelalters und der Renaissance 13), 2010, 190-284, in der ihre früheren (unten zitierten) Arbeiten aufgegangen sind.

13 Unter der Leitung des Architekten Paolo Posi wurde zwischen 1747 und 1751 nicht nur das Kirchenschiff, sondern auch der Chorbereich barockisiert und dadurch stark verändert. Beim Grabdenkmal Hadrians wurden das dritte Nischengeschoss reduziert, die Figuren der Tugenden im oberen Geschoss versetzt und die das Denkmal rahmenden Malereien zerstört. Dabei handelte es sich um bedeutende, von Baldassare Peruzzi ausgeführte Fresken mit der Darstellung der beiden von Hadrian kanonisierten Bischöfe Antonius Pierozzi von Florenz und Benno von Meißen; vgl. dazu ausführlich J. GÖTZMANN, Das Grabmal Hadrians VI. im Chor von S. Maria dell'Anima (in: De Paus uit de Lage Landen [s. Anm. 6]), 82 f.

14 Den ursprünglichen Zustand des Grabdenkmals geben die 1554 angefertigte Zeichnung von Colonna da Tivoli (vgl. dazu M. E. MICHELI [Hg.], Giovanni Colonna da Tivoli: 1554. Faksimile-Ausgabe, 1982) wieder sowie der 1591 angefertigte, noch wenig bekannte Kupferstich von Nicolai van Aelst; vgl. die Abbildung bei M. VERWEIJ, Drie monumenten voor Adrianus VI. (in: De Paus uit de Lage Landen [s. Anm. 6], 410). Gut bekannt ist dagegen der vor 1638 angefertigte, seit 1677 mehrfach nachgedruckte Kupferstich von Matthias Greuter, der allerdings im oberen Teil zusätzlich vier Münzbilder hinzufügte; vgl. die Abb. bei A. CIACONIUS (CHACON), Vitae et res gestae Pontificium Romanorum et S. R. E. Cardinalium ab initio nascentis ecclesiae usque Clementem IX. (…). Bd. 3, 1777, 439 f.

Abb. 1: Grabdenkmal für Papst Hadrian VI.
(† 1522). © Dr. Eberhard J. Nikitsch, Rom

Abb. 2: Grabdenkmal für Papst Hadrian
VI. († 1522), Kupferstich von Nicolai
van Aelst, aus dem Jahre 1591
(Repro s. wie Anm. 14).
© Dr. Eberhard J. Nikitsch, Rom

elfzeiligen Grabinschrift ein, während die beiden leicht vortretenden Seitenteile mit zwei gleichen, von Engelsputten gehaltenen Vollwappen geschmückt sind. Sie zeigen mit den drei Adlern[15] erstaunlicherweise nicht das Wappen des verstorbenen Papstes, sondern aus guten Gründen das des Kardinals Wilhelm Enckenvoirt (Willem van Enckenvoirt). Darüber erhebt sich ein hohes Geschoss mit vier Halbsäulen, das aus einer erhöhten rundbogigen Mittelnische und zwei schmäleren zweigeschossigen Seitennischen besteht.

15 Drei 2:1 gestellte Adler, darüber Bischofs- bzw. Kardinalshut mit beiderseits je sechs Quasten.

Abb. 3: Grabdenkmal für
Papst Hadrian VI. († 1522)
(Detail). © Dr. Eberhard J.
Nikitsch, Rom

In der zurückgesetzten Mittelnische befindet sich unten ein quer-
rechteckiges Relief mit der Darstellung des Einzuges Hadrians in Rom
(Abb. 3): Die Mitte des Reliefs nimmt der auf einem reich geschmückten
Pferd in die Stadt reitende Papst ein, bekleidet mit Chorrock und Mozetta,
Camauro und Hut, die Rechte segnend erhoben. Hinter ihm ist sein aus
Beamten und geistlichen Würdenträgern[16] zu Pferd sowie Hellebardenträ-
gern zu Fuß bestehendes Gefolge zu sehen, vor ihm zwei ihn geleitende,
Vortragekreuz und Hellebarde tragende Landsknechte. Empfangen wird
Hadrian von einem knienden, bärtigen Mann – dem Senator Roms –
und von einer antikisch bekleideten Frau – der Personifikation der Stadt
Rom –, die von drei weiblichen Personen und einem Kind begleitet wird.
Den Hintergrund der Szene bilden zivile und kirchliche Bauwerke der
Stadt, im Einzelnen (von links nach rechts) ein offenes Stadttor, das durch
die dahinter liegende Aurelianische Mauer und der Cestius-Pyramide
leicht mit der damaligen Porta Ostiensis (und heutigen Porta di San Paolo)

16 J. Schmidlin, Geschichte der deutschen Nationalkirche in Rom S. Maria dell'Anima,
   1906, 268 identifiziert die beiden direkt auf Hadrian folgenden, in spanischer Edeltracht
   gekleideten Personen als den Oberarzt Dr. von Agreda und als flämischen Oberkämme-
   rer Peter von Rom.

14

zu identifizieren ist. Dann folgen ein schmaler und ein breiter Turm, die Curia, die »Kapelle der Begegnung von Petrus und Paulus« sowie der Glockenturm von San Paolo fuori le mura. Weiterhin wird die Stadt durch die rechts im Vordergrund liegende Personifikation des Tibers mit Füllhorn sowie der Wölfin mit Romulus repräsentiert.

Über dem Relief befindet sich ein mit dem Papstnamen ADRI// ANVS / • VI • // • P(A)P(A) sowie dem Papstwappen[17] geschmückter Wannensarkophag, auf dem Hadrian in Pontifikalkleidung wie nachdenklich träumend bzw. schlafend liegt, das mit der Tiara bekrönte Haupt auf die Linke gestützt, symbolträchtig flankiert von zwei Putten mit umgedrehten Fackeln. Die beiden mit den Personifikationen der vier Kardinaltugenden (unten links »Fortitudo«, rechts »Justitia«; oben links »Temperantia«, rechts »Prudentia«) besetzten Rundbogennischen werden in der Mitte von einem horizontal verlaufenden Band durchschnitten, das eine mit PROH DOLOR beginnende Spruchinschrift trägt. Der durchlaufende Architrav oberhalb des Sarkophags wird durch eine Lünette geschlossen, die ein Relief der Muttergottes mit dem Kind zwischen Petrus und Paulus füllt. Die Bogenzwickel sind mit fliegenden Genien versehen, die Tiara und Palmzweig bzw. Schlüssel und Lorbeerzweig in den Händen halten. Wie dem erwähnten Stich zu entnehmen ist, waren sie ursprünglich von den figürlichen Darstellungen der Tugendallegorien »Fides« und »Spes« flankiert, eine weitere Figur, »Caritas«, diente neben vier großformatigen Flammenvasen als Bekrönung des Giebels.[18] Flammenvasen und Tugenden

17 Quadriert: 1/4. drei 2:1 gestellte Wolfsangeln, 2/3. ein gekrönter Löwe; darüber Tiara, hinterlegt von zwei gekreuzten Schlüsseln mit beiderseits je einer Quaste. – Das ursprüngliche Wappen Hadrians bestand aus den drei Wolfangeln (so auf seinem von ihm 1517 erbauten Haus in Utrecht), erst als Papst quadrierte er seinen Schild und fügte die Löwen hinzu; vgl. dazu L. PASTOR, Geschichte der Päpste seit dem Ausgang des Mittelalters. Mit Benutzung des päpstlichen Geheimarchivs und vieler anderer Archive bearb. v. L. P., hier Bd. 4. Geschichte der Päpste im Zeitalter der Renaissance und der Glaubensspaltung von der Wahl Leos X. bis zum Tode Klemens' VII. (1513-1534). 2. Abt.: Adrian VI. und Klemens VII., 1907, 26 Anm. 2.

18 Die auf dem Stich von Greuter (s. Anm. 14) zwischen die Flammenvasen gemalten vier Münzbilder bzw. Medaillons Hadrians VI. (von deren ursprünglicher Existenz noch W. BUCHOWIECKI, Handbuch der Kirchen Roms. Der Römische Sakralbau in Geschichte und Kunst von der altchristlichen Zeit bis zur Gegenwart. Bd. 2, 1970, 421 ausgeht) waren in Wirklichkeit nicht vorhanden und stellen einen Zusatz Greuters dar.

wurden Mitte des 18. Jahrhunderts im Zuge der barocken Umgestaltung des Chors entfernt, die Figur der »Fides« wurde statt der der »Caritas« auf die Giebelspitze gestellt, und die »Spes« erhielt ihren Platz auf dem gegenüberliegenden Jülich-Kleve-Bergschen Grabdenkmal[19] Der Verbleib der »Caritas« und der vier Flammenvasen ist unbekannt.[20] Seine Grabinschrift lautet:

HADRIANO • VI • PONT(IFICI) MAX(IMO) EX TRAIECTO INSIGNI INFER(IORIS) GERMANIAE VRBE / QVI DVM RERVM HVMANAR(VM) MAXIME AVERSATVR SPLENDOREM / VLTRO A PROCERIB(VS) OB INCOMPARABILEM SACRAR(VM) DISCIPLINAR(VM) SCIENTIAM / AC PROPE DIVINAM CASTISSIMI ANIMI MODERATIONEM / CAROLO • V • CAES(ARI) AVG(VSTO) PRAECEPTOR ECCLE(SIAE) DERTVSENSI ANTISTES / SACRI SENATVS PATRIBVS COLLEGA HISPANIAR(VM) REGNIS PRAESES / REIPVB(LICAE) DENIQ(VE) CHRIST(IANAE) DIVINITVS PONTIF(EX) ABSENS ADSCITVS / VIX(IT) ANN(OS) LXIIIMEN(SES) VI D(IES) XIII / DECESSIT XVIII K(A)L(ENDAS) OCTOB(RIS) AN(NO) A PARTV VIRG(INIS) MDXXIII PONT(IFICATVS) SVI ANNO / II / WILHELMVS ENCKENVOIRT ILLIVS BENIGNITATE ET AVSPICIIS T(I)T(VLI) S(ANCTORVM) IO(ANNIS) / ET PAVLI PRESB(YTER) CARD(INALIS) DERTVSEN(SIS) FACIVNDVM CVR(AVIT)

(Für Papst Hadrian VI. aus Utrecht, einer ausgezeichneten Stadt in Nieder-Deutschland[21], der, obgleich er dem Glanz irdischer Dinge äußerst abgeneigt war, von den Vornehmsten wegen seiner unvergleichlichen Kenntnisse in den heiligen Wissenschaften und der beinahe heiligmäßigen Enthaltsamkeit einer überaus reinen Seele zum Lehrer Kaiser Karls V., zum Bischof der Kirche von Tortosa, zum Kollegen der

19 Vgl. dazu W. DIEDENHOFEN, Der Tod in Rom. Die italienische Reise des Prinzen Karl Friedrich von Jülich-Kleve-Berg (in: Land im Mittelpunkt der Mächte. Die Herzogtümer Jülich, Kleve, Berg, hg. v. Städtischen Museum Haus Koekkoek. Stadtmuseum Düsseldorf, ³1985 (überarb.), 159-166).

20 Nach J. LOHNINGER, S. Maria dell'Anima, die deutsche Nationalkirche in Rom. Bau- und kunstgeschichtliche Mitteilungen aus dem Archiv der Anima, 1909, 141 f. wurde die Figur der »Caritas« dem Bildhauer überlassen, der zwischen 1747 und 1751 den Chor und die darin befindlichen Grabdenkmäler umgestaltet hatte.

21 Nieder-Deutschland ist lediglich die wörtliche Übersetzung des damals in Rom üblichen Begriffs für das Gebiet der ehemaligen römischen Provinz, in dem Utrecht liegt. Die Stadt gehörte zur Zeit Hadrians VI. zu den Burgundischen Niederlanden und war damit Teil des Heiligen Römischen Reiches Deutscher Nation. Im 16. und 17. Jahrhundert war auch die Bezeichnung »Nederduytsche tale« für diese Gegend gebräuchlich, vgl. dazu M. VERWEIJ, Het grafschrift van Adrianus: KBR ms. 13986 (in: De Paus uit de Lage Landen [s. Anm. 6] 300 Anm. 2).

Väter des heiligen Senats [des Kardinalskollegs; Anm. d. Verf.], zum Statthalter der spanischen Reiche und schließlich auf Gottes Eingebung in Abwesenheit zum Oberhirten des christlichen Staates berufen worden ist. Er lebte 64 Jahre, 6 Monate, und 13 Tage; starb an den 18. Kalenden des Oktobers [14. September] im Jahr nach der Geburt der Jungfrau 1523, im zweiten Jahr seines Pontifikats. Wilhelm Enckenvoirt, durch dessen Güte und Voraussicht Kardinalpriester von St. Johann und Paul sowie [Bischof] von Tortosa, hat [dieses Denkmal] machen lassen].

Hadrian[22] wurde am 2. März 1459 in Utrecht (Niederlande) als Sohn des nicht unvermögenden Zimmermanns Florens Boeyenszoon Dedel und seiner Frau Gertrud geboren. Ab Juni 1476 studierte er in Löwen Philosophie, dann Theologie und Kirchenrecht, wurde 1490 zum Priester geweiht und 1491 zum Doktor der Theologie promoviert. Ab 1493 lehrte er Theologie an der Universität Löwen und fungierte zeitweise als deren Rektor bzw. Kanzler. Zu seinen ihn bewundernden Schülern zählte – späteren Briefen nach zu schließen – auch Erasmus von Rotterdam. An Pfründen hatte Hadrian verschiedene Pfarrstellen inne, war zudem Kanoniker in Löwen, Propst in Utrecht sowie Propst und Dekan in Lüttich. Im Jahr 1507 wurde er von Kaiser Maximilian I. zum *pedagogus*, zum Erzieher seines in den burgundischen Niederlanden aufwachsenden Enkels, des späteren Kaisers Karl V., berufen. Seit 1512 Mitglied im Rat des jungen Fürsten, wurde Hadrian 1515 als Botschafter nach Spanien gesandt. Am 18. August 1516 zum Bischof im katalanischen Tortosa ernannt, fungierte er in der Folgezeit als Generalinquisitor für Aragonien, Navarra, Leòn und Kastilien, zudem als Gouverneur für die Provinzen Kastilien und Leòn, schließlich in Vertretung Karls V. als Statthalter für ganz Spanien. Auf Wunsch Karls V. erhob ihn am 1. Juli 1517 Papst Leo X. zum Kardinal mit der römischen Titelkirche Santi Giovanni e Paolo. Am 9. Januar 1522 als (nicht anwesender) Konsenskandidat zum Papst gewählt, nahm Hadrian als Hadrian VI. die Wahl nach einigem Zögern schließlich am 8. März an, schiffte sich am 5. August in Tarragona ein, ging am 28. August in Ostia an Land,

22 Er nannte sich mit bürgerlichem Namen Adriaan Floriszoon Boyens, auch Adriaan Florisz d'Edel oder Adrianus Florencii, unterschrieb aber auch als Adriaen van Utrecht oder Adrianus de Trajecto; vgl. zum Leben Hadrians immer noch L. Pastor (s. Anm. 17) 2 ff., sowie die einzelnen Beiträge und die dort zitierte neueste Literatur in dem umfangreichen, zum 550. Geburtstag Hadrians von M. Verweij hg. Katalog (s. Anm. 6).

übernachtete im Kloster San Paolo fuori le Mura und zog am 29. August 1522 durch die damalige Porta Ostiensis in die Stadt ein. Genau dieses entscheidende Ereignis gibt das am Grabdenkmal angebrachte, dem Bildtypus des »Adventus Papae«[23] folgende Relief wieder, das die Einholung und den feierlichen Empfang eines Herrschers durch die Bewohner der Stadt zeigt. Während seiner kurzen Regierungszeit nahm Hadrian lediglich eine einzige Kardinalsernennung vor, die seines Vertrauten Wilhem Enckenvoirt, Bischof von Utrecht, am 10. September 1523, wenige Tage vor seinem Tod. Hadrian starb nach mehrwöchiger Krankheit am 14. September 1523 und wurde zunächst in der Andreas-Kapelle in Alt-St. Peter in einem einfachen Backsteingrab[24] und dann zehn Jahre später, wie erwähnt, im Chor der Anima beigesetzt.

Völlig unbeeindruckt von den turbulenten römischen Ereignissen teilt die Inschrift ganz in der antiken Tradition des *cursus honorum* zunächst die Herkunft des Verstorbenen mit, um dann in gewählten Wendungen über seinen Werdegang, seine Ämter und Titel Auskunft zu geben, mit besonderer Betonung seiner Tugenden wie persönlicher Bescheidenheit, Vermeidung von Luxus und der Liebe zur Wissenschaft. Daher dürfte es auch kein Zufall sein, dass die sein Grabdenkmal schmückenden Figuren der Tugenden wohl in enger Bezugnahme auf sein Leben und seine hohe theologische Gelehrsamkeit ausgewählt wurden: Die persönliche Lebensführung gilt als *exemplum virtutis*[25]. Die in sorgfältig gearbeiteter Renaissance-Kapitalis ausgeführten Buchstaben aller drei Inschriften des Denk-

---

23 Vgl. dazu ausführlich J. TRAEGER, Der reitende Papst. Ein Beitrag zur Ikonographie des Papsttums, 1970, 71-77.

24 Das Grab lag zwischen den Gräbern seiner Vorgänger, nämlich der Päpste Pius II. und Pius III. (vgl. dazu die Skizze bei M. E. HOUTZAGER, Le Tombeau du Pape Adrien VI a Santa Maria dell'Anima a Rome (in: Herdenkingstentoonstelling [s. Anm. 9], 219).

25 Vgl. dazu ausführlich I. P. BEJCZY, The cardinal virtues at pope Adrian's grave: a study in context (in: De Paus uit de Lage Landen [s. Anm. 6], pass.) und zur eigenwilligen Ikonographie der Figuren J. GÖTZMANN, Grabmal (s. Anm. 13), 78 ff. – Dieser positive, von seinen Kritikern kaum thematisierte Aspekt seiner Persönlichkeit spiegelt sich in zwei Reden wider, die anlässlich seines Todes gehalten wurden: in der Grabrede des Humanisten Conrad Vecerius und dann in der Rede des Patriarchen Rodrigo Carvajal vor dem zur Wahl von Hadrians Nachfolger versammelten Kardinalkollegiums; vgl. dazu J. GÖTZMANN, Sepulchra, – divitiarum testimonia, non mortis honestamenta. Zum Grabmal Papst Hadrians VI. (in: Praemium Virtutis. Grabmonumente und Begräbniszeremo-

mals unterstützen diese Tendenz, da sowohl der in monumentalen, erhabenen Bronzelettern gehaltene Papstname auf dem Sarkophag als auch die beiden anderen konventionell eingehauenen und schwarz gefassten Inschriften den gleichen antikisierenden weitspationierten Schriftduktus zeigen. Die feinstrichig ausgeführten Buchstaben der beiden Hauptinschriften sind mit kräftigen Serifen und einer dezenten Linksschrägenverstärkung versehen. Auffällig ist die Gestaltung des *E* mit fast gleichlangen Balken, des *M* mit bis auf die Grundlinie reichendem Mittelteil und des *P* mit offenem Bogen.

Die einzige und deswegen umso auffälligere Ausnahme von dieser beeindruckenden Gesamtkonzeption bildet der kurze, der *Naturalis historia* Plinius' des Älteren[26] entlehnte Grabspruch PROH DOLOR // QVANTVM REFERT IN QVAE TEMPORA VEL OPTIMI CVIVSQVE // VIRTVS INCIDAT, der ganz offensichtlich auf den letztlich unglücklichen Pontifikat Hadrians anspielt: »Oh Schmerz! Wie viel hängt davon ab, in welche Zeiten auch des besten Mannes Tatkraft fällt!« Und fast schon dramatisch klingt die heute verschollene Inschrift, die sich auf seinem vorläufigen Grab in Alt-St. Peter befand: D(EO) O(PTIMO) M(AXIMO) / HADRIANVS SEXTVS HIC SITVS EST: QVI NIHIL SIBI INFELICIVS IN VITA / QVAM QVOD IMPERARET DVXIT: »Dem besten und größten Gott. – Hier liegt Hadrian VI., der über nichts in seinem Leben unglücklicher war, als dass er herrschen musste.«[27]

Geplant und erdacht hatte sich dies alles der engste Vertraute des Papstes, Kardinal Wilhelm Enckenvoirt[28], er war Auftraggeber und Finanzier des prachtvollen (von Hadrian ausdrücklich nicht gewünschten) Grabdenkmals.[29] Enckenvoirt stellte aus eigenem Vermögen 1000 Dukaten

niell im Zeichen des Humanismus [Symbolische Kommunikation und gesellschaftliche Wertesysteme 2], hg. v. J. POESCHKE et al., 2002, 289 f.).

26 Devise in Anlehnung an PLINIUS D. Ä., Naturalis historia, lib. 7, 106. »Etenim plurimum refert in quae cuiusque virtus tempora inciderit«, zit. nach J. GÖTZMANN, Grabmal (s. Anm. 13), 76 Anm. 24.

27 Vgl. dazu M. VERWEIJ, Het Grafschrift (s. Anm. 21), 306.

28 Vgl. zu ihm P. BERBÉE, Enckenvoirt (Enckevort), Wilhelm von (1464-1534) (in: Die Bischöfe des Heiligen Römischen Reiches 1449 bis 1648. Ein biographisches Lexikon, hg. v. E. GATZ unter Mitwirkung v. C. BRODKORB, 1996, 154-156).

29 Vgl. dazu J. GÖTZMANN, Grabmal (s. Anm. 13) pass.; speziell zu den drei Künstlern aaO 72 f. und zu Molossi aaO 76. – In der Biblioteca Communale in Siena hat sich ein wohl

bereit[30] und betraute den Sieneser Architekten und Maler Baldassare Peruzzi mit dem Entwurf[31], den der ebenfalls aus Siena stammende Bildhauer Michelangelo (alias Angelo di Mariano) realisierte; kleinere Arbeiten an den Figuren führte der Florentiner Niccolò Pericoli gen. il Tribolo aus. Die Grabinschriften verfasste der Mönch und Dichter Baldassare Molossi gen. Tranquillo (Tranquillus Molossus), wobei vor allem hier eine Beteiligung Enckenvoirts anzunehmen sein dürfte.

Die Arbeiten an dem Grabdenkmal begannen im Jahr 1524 und waren (nach einigen Unterbrechungen, verursacht u. a. durch den auch die Anima nicht verschonenden *Sacco di Roma*[32]) 1529 beendet. Aber erst am 11. August 1533, zehn Jahre nach seinem Tod, wurde Hadrian VI. aus seinem Grab in Alt-St. Peter erhoben, in einer feierlichen Prozession[33] in die Anima überführt und im Chor der Kirche beigesetzt. Wie neuere Untersuchungen anlässlich der Planung der 1937 erbauten Kriegergedächtniskapelle ergeben haben, soll sich sein Sarg tatsächlich in der Mauer dieser Kapelle befinden,[34] genau hinter dem großformatigen Relief, das seinen Einzug nach Rom darstellt. Das Grabdenkmal für Hadrian VI. stellt das erste prachtvolle Ausstattungsstück des 1510 geweihten Chors der neu-

von Peruzzi gezeichneter Entwurf des Grabdenkmals enthalten, vgl. dazu HOUTZAGER, Le tombeau (s. Anm. 9), 226 mit Abb. 71.

30 So C. BURMANNUS (Hg.), Hadrianus VI. sive analecta Historica de Hadriano Sexto Trajectino, papa romano. Collegit, edidit, et notas adjecit C. B., 1727, 505. – Enckenvoirt starb 1534 und wurde ebenfalls in der Anima begraben.

31 Peruzzi orientierte sich dabei von der Gesamtkonzeption her einerseits am traditionellen dreigeschossigen römischen Grabmaltypus mit dem Motiv des Triumphbogens und der Wiedergabe des Verstorbenen als Schlafendem in der Mitte, andererseits bei der Konzeption des Mittelteils mit querrechteckiger Inschriftentafel, Relief mit der Darstellung einer zentralen Begebenheit aus dem Leben des Verstorbenen, Sarkophag und Madonnenrelief an den erstmals so gestalteten Grabdenkmäler für Pius II. († 1464) und Pius III. († 1503) in S. Andrea della Valle; vgl. dazu R. U. MONTINI, Le Tombe dei Papi, [1957], 285 ff. und J. GÖTZMANN, Sepulchra (s. Anm. 25), 283 f.

32 Vgl. dazu ausführlich A. CHASTEL, Il sacco di Roma, 1527, 1983; und V. REINHARDT, Blutiger Karneval. Der Sacco di Roma 1527 – eine politische Katastrophe, ²2009.

33 Vgl. dazu SCHMIDLIN, Anima (s. Anm. 16), 288 f.

34 Vgl. dazu E. HOCKS, Der letzte deutsche Papst. Adrian VI. 1522-1523, 1939, 169; und zum Bau der Kapelle zuletzt J. ICKX, Die Kriegergedächtniskapelle der Anima anno 1937 (in: S. Maria dell'Anima [s. Anm. 7], 85-110), allerdings ohne auf diesen Hinweis einzugehen.

en Kirche dar und wurde durch den hier erstmals in römischen Kirchen verwendeten Buntmarmor zum stilbildenden Vorbild für den Typus des Buntmarmorgrabmals der Hochrenaissance.[35]

Und wie steht es vor diesem Hintergrund um ein Grabmal für Enckenvoirt selbst? Wie um die Grabdenkmäler seiner und des Papstes Klientel, also der Vertrauten und engen Mitarbeiter? Um welchen Personenkreis handelt es sich hier? Und wie ist der Bezug zur Anima?

Bei der intensiven Bearbeitung des noch vorhandenen Denkmälerbestandes in der Anima, der Durchsicht der Fachliteratur und eines Teils der archivalisch vorliegenden Quellen[36] ergibt sich ein auf den ersten Blick überraschend unstimmiges Bild. Denn es kristallisieren sich zunächst die Konturen zweier Personenkreise aus dem Umfeld des Papstes und seines Kardinals heraus, die man aufgrund ihrer eindeutig nicht zum nordalpinen Teil des Heiligen Römischen Reiches gehörenden Herkunft einerseits und aufgrund ihrer beruflichen Stellung andererseits nicht unbedingt in der Anima vermuten würde.

In einer der wenigen dunklen Ecken von Santa Maria dell'Anima unterhalb des prachtvollen Renaissance-Epitaphs für die 1518 verstorbenen Anima-Provisoren Schultz und Knibbe findet sich eine nicht dazu gehörende Inschriftentafel (Abb. 4), die in drei elegischen, schwer verständlichen Distichen über die Mühsal der menschlichen Existenz im Diesseits räsoniert:

---

35 So J. GÖTZMANN, Die Ehrung eines Papstes als Akt nepotistischer Treue. Das Grabmal Hadrians VI. (1522-1523) (in: Totenkult und Wille zur Macht. Die unruhigen Ruhestätten der Päpste in St. Peter, hg. v. H. BREDEKAMP, 2004), 99.

36 Diese Arbeiten sind Teil des Editions-Projektes »Inschriften-Korpus von Santa Maria dell'Anima«, das der Bearbeiter seit Sommer 2010 im Auftrag des Deutschen Historischen Instituts in Rom durchführt; vgl. dazu die Projektskizze in www.dhi-roma.it/1007.html.

Abb. 4: Epitaph für
Saturnus Gerona († 1523).
© Dr. Eberhard J. Nikitsch,
Rom

SCIS REMEARE DATVM NVLLI POST BVSTA DARENT(VR)[37]
SI MICHI[38] SIM NVLLVS SI REMEARE VELIM
AETATES OMNES DEFVNCTVM SERA VOCAVIT
MORS RELIQVV(M) VITE QVID NISI POENA FVIT
SANCTE SI MVSAS COLVI FORTASSE SEPVITVS[39]
VITA INTER VIVOS NVNC MELIORE FRVOR

(Du weißt, dass es niemandem gegeben ist, nach dem Tod zurückzukommen. Falls
mir die Möglichkeit dazu gegeben würde, wäre ich ein Nichts, wenn ich zurück-
kommen wollte. Nachdem ich alle Lebensstufen überstanden hatte, rief mich ein
später Tod. Was war der Rest meines Lebens – außer einer einzigen Qual? Wenn ich
den Musen in der rechten heiligen Weise gedient habe, genieße ich vielleicht jetzt,
als Begrabener, unter den Lebenden ein besseres Leben[40]).

Verfasser dieses merkwürdigen Grabgedichts war der aus Barcelona stammende, erstmals 1473 in Rom nachweisbare Saturnus Gerona[41], der in

37 Sic! für *DARET(VR)*.
38 Sic! für *MIHI*.
39 Sic! für *SEPVLTVS*.
40 Für die Übersetzung dieses Textes danke ich herzlich Herrn Prof. Dr. Fidel Rädle, Göttingen.
41 Mitglieder seiner Familie kamen vermutlich – wie viele ihrer Landsleute – bereits unter
dem Pontifikat des spanischen Papstes Calixtus III. (1455-1458) nach Rom und bekleide-

22

seinem 1523 verfassten Testament nicht nur diese Zeilen, sondern auch die heute fehlende Schlusszeile überliefert hat: SATVRNVS GERONA SIBI IPSI VIVENS[42] (»Saturnus Gerona hat dies sich selbst als Lebender geschrieben«). Er war unter anderem als päpstlicher Schreiber und Abbreviator tätig, zudem versuchte er sich offensichtlich auch als Schriftsteller und Dichter. Als »spagnolo Saturnus« erhielt er am 18. Juni 1522 unter dem Pontifikat Hadrians VI. das römische Bürgerrecht.[43] In welchem Verhältnis Saturnus zu Hadrian und seinem engsten Vertrauten Kardinal Wilhelm Enckenvoirt stand, ist nicht ganz klar. Er muss aber zu deren Klientel gehört haben, da er den Papst in seinem am 13. Mai 1523 abgefassten Testament, also noch zu dessen Lebzeiten, ganz im Gegensatz zur vorher skizzierten, in Rom vorherrschenden Meinung, als »divum Hadrianum, principem optimum« und den Kardinal immerhin als »vir optimus et ornatissimus«[44] bezeichnet. Saturnus hinterließ der Anima insgesamt 40 Golddrachmen (er schreibt tatsächlich »dragmas auri«) und ordnete unter anderem an, dass nach seinem Tod zwei mit Inschriften versehene »tabellas marmoreas« angefertigt werden sollten. Die eine war zur Anbringung am Eingang seines in der *via dei Pontifici* gelegenen Hauses vorgesehen,[45] die andere an einer Wand, einer Säule oder einem Pilaster ganz in der Nähe seines Grabes in der *ecclesia hospitalis beate Marie de Anima Theotonicorum*, wie er die Anima-Kirche ziemlich korrekt bezeichnet. Offensicht-

ten an der Kurie verschiedene Ämter; vgl. dazu und zum Folgenden D. GNOLI, Messer Saturno (Nuova Antologia di Scienze, Lettere ed Arti 3. Ser., Bd. 51), 1894, 232-248.

42 So der Wortlaut der Inschrift in seinem von P. ADINOLFI, La Torre de' Sanguigni e Santo Appolinare. Quarto saggio della topografia di Roma nell' età di mezzo dato sopra pubblici e privati documenti da P. A. 1863, 119-126 edierten Testament. Allerdings lässt sich nicht mehr sicher entscheiden, ob die letzte Zeile tatsächlich ausgeführt war, oder ob es sich um einen erklärenden Testamentszusatz gehandelt hat.

43 Vgl. A. REHBERG, Il Liber Decretorum dello Scribasenato Pietro Rutili. Regesti della più antica raccolta di verbali dei consigli comunali di Roma (1515-1526) (Fondazione Marco Besso, Collana die Storia ed Arte V), 2010, Nr. 151 S. 221.

44 Vgl. ADINOLFI, La Torre (s. Anm. 42), 119.

45 Mit der Inschrift *SATVRNVS GERONA BARCHIONENSIS PRESCRIPTIONE QVINQVAGINTA ANNORVM ET SENATVS CONSVLTO CIVIS ROMANVS AD ORNATVM VRBIS ET HOSPITALIS SANCTI SALVATORIS LATERANENSIS VTILITATEM A FVNDAMENTIS EREXIT LOCVMQVE EX AGRESTI CELEBREM FECIT*; zit. nach ADINOLFI, La Torre (s. Anm. 42), 122 f.

lich sorgte Kardinal Enckenvoirt, den Saturnus als den zur damaligen Zeit amtierenden Anima-Provisor auch als Testamentsvollstrecker eingesetzt hatte, dafür, dass zumindest diese Anweisung ausgeführt wurde, da sich seine Grabinschrift – wenn auch transloziert und vermutlich leicht beschädigt – bis heute in der Kirche erhalten hat. Deutet man die von Saturnus selbst verfasste Inschrift richtig, so sah er sich zumindest gegen Ende seines Lebens als ein verbitterter, vom Leben enttäuschter Mann, der als Dichter wohl nicht sehr erfolgreich war.[46]

Neben dem Spanier Saturnus Gerona finden wir mit dem aus Bologna stammenden, 1527 verstorbenen Camillo Eliazario einen weiteren in der Anima begrabenen »Ausländer«, aus dem Umkreis Kardinal Enkenvoirts. Das bisher weitgehend unbeachtete Epitaph für Camillo und seinen Sohn Paolo Eliazario (Abb. 5) befand sich ursprünglich innen an der Wand neben dem Hauptportal der Anima-Kirche und wurde vermutlich 1750 an seinen heutigen Standort an die Nordwand des Innenhofs versetzt.[47] Es handelt sich um eine Ädikula aus hellem Marmor mit breitem Sockel, darüber befindet sich eine hochrechteckige profilierte Tafel mit der zwanzigzeiligen, schwarz gefassten Grabinschrift (B), flankiert von zwei Pilastern, die mit zwei überdimensionalen ovalen Wappen[48] des Verstorbenen versehen sind. Über dem Gebälk erhebt sich ein (leerer) halbrunder Aufsatz, darüber ein Tondo mit dem Porträt des Verstorbenen. Die Inschrift lautet:

• D(EO) • O(PTIMO) • M(AXIMO) • / CAMILLO ELIAZARIO PATRI/TIO BONO-NIEN(SIS) AB SCRIB/ENDIS AP(OSTOLICIS) LITTERIS CEN/TVMVIRO MAG-NIS ROMANORVM PONT(IFICVM) SACRIQ(VE) SENA/TVS NEGOTIIS PRAE-FECTO / PAVLOQVE EIVS FILIO SVM/MAE SPEI PVERO ROMAE / NATO HVIC IN AGRO TIBV/RTINO ILLI IN NARNIENSI / DEFVNCTVS / W(ILHELMVS EN-CKENVOIRT) CARDINALIS DERTVSEN/SIS EXECVTOR TESTAMEN/TI EIVS CURA TRANSLA/TIS IN VRBEM OSSIBVS / B(ONAE) M(EMORIAE) POS(VIT) / VIXIT PATER • AN(NOS) LIIII • / FILIVS • XI •

46 Anscheinend werden seine noch unveröffentlichten Werke in einer Bibliothek in Perugia verwahrt, vgl. dazu B. CROCE, La Spagna nella vita italiana durante la rinascenta. 1922, 76 f (freundlicher Hinweis von Frau Klara Julia Stadler, Heidelberg, vom 8. Oktober 2010).

47 Grund war vermutlich die Translozierung des Epitaphs des im Jahr 1600 verstorbenen Kardinals Andreas von Österreich an diese Stelle; vgl. dazu LOHNINGER, Anima (s. Anm. 20), 112.

48 Unter Schildhaupt drei 3:2:1 gestellte Kugeln.

Abb. 5: Epitaph für Camillo und Paolo Eliazario († 1522/23). © Dr. Eberhard J. Nikitsch, Rom

(Dem besten und größten Gott. – Für Camillo Eliazario, Patrizier aus Bologna, apostolischer Skriptor, Centumvir und Präfekt in wichtigen Angelegenheiten der römischen Päpste und des heiligen Senats [Kardinalskollegiums, Anm. d. Verf.], und für dessen kleinen Sohn Paolo, einem Knaben voll höchster Hoffnung, geboren in Rom. Dieser ist in Tivoli verstorben, jener in Narni. Wilhelm Enckenvoirt, Kardinal von Tortosa und Testamentsvollstrecker, hat ihre Gebeine mit Bedacht in die Stadt bringen lassen und zum guten Gedächtnis [dieses Monument] errichten lassen. – Der Vater lebte 54 Jahre, der Sohn 11).

Der einem Bologneser Patriziergeschlecht entstammende Eliazario wird am 29. Dezember 1522 als ehemaliger apostolischer Skriptor genannt.[49] Er hinterließ der Anima ein Legat von 200 Dukaten.[50] Auch hier dürfte die erstaunliche Tatsache, dass sich ein nicht aus dem nordalpinen Teil des Heiligen Römischen Reiches stammender Italiener in der Anima beisetzen ließ, mit dem Einfluss seines Testamentsvollstreckers, des der Anima

49 Vgl. dazu E. GÖLLER, Hadrian VI. und der Ämterkauf an der päpstlichen Kurie (in: Abhandlungen aus dem Gebiete der mittleren und neueren Geschichte und ihrer Hilfswissenschaften. Eine Festgabe zum siebzigsten Geburtstag Geh. Rat Prof. Dr. Heinrich Finke gewidmet von Schülern und Verehrern des In- und Auslandes [Vorreformationsgeschichtliche Forschungen, Supplementband], 1925), 398.
50 Vgl. LOHNINGER, Anima (s. Anm. 20), 112.

damals vorstehenden Kardinals Wilhelm Enckenvoirt zu erklären sein. Das inschriftlich undatierte Grabdenkmal dürfte kurz nach dem Tod des Sohnes im Januar 1523 angefertigt worden sein.

Ob der aus einer berühmten Bologneser Juristenfamilie stammende, bereits 1525 verstorbene päpstliche Legat Bartolomeo Saliceto[51] – dessen Grabdenkmal zusammen mit dem seines Landsmannes Camillo Eliazario in den Innenhof versetzt wurde – ebenfalls dem Umfeld Hadrians und Enkenvoirts zuzurechnen ist, ist dagegen eher zweifelhaft. Denn hier werden in der Grabinschrift als Stifter nicht nur die Kardinäle Andrea della Valle und Alessandro Farnese, der spätere Papst Paul III., genannt, die ihrem AMICO INCOMPARABILI (ihrem unvergleichlichen Freund) dieses Denkmal errichtet haben, sondern vor allem der ebenfalls aus Bologna stammende Vianeso Albergati, der als apostolischer Nuntius für Spanien zwar zum Gefolge Papst Hadrians VI. zählte, später aber zu einem seiner schärfsten Kritiker[52] wurde.

Der schon wegen seiner Herkunft aus Brabant zum engeren Kreis um den Papst und den Kardinal zählende Dr. Johan Copis[53], Archidiakon zu Lüttich, päpstlicher Abbreviator und Referent am päpstlichen Gerichtshof, war dagegen ein altgedienter Kurialer. Seit dem Ende des 15. Jahrhunderts gehörte er zusammen mit dem päpstlichen Zeremonienmeister Johannes Burckard und dem Rota-Notar Johannes Sander zu den maßgeblichen Personen der Anima, die sich für einen Neubau der Kirche einsetzten; Copis selbst steuerte im Jahr 1509 200 Dukaten zum Bau der Kirche bei. Bereits seit 1493 Obödienzgesandter des Erzbischofs von Köln, fungierte er 1495 als zweiter und 1496 als erster Provisor der Anima und wurde schließlich 1522 zum Bischof von Terracina ernannt. Über sein allerdings trauriges Ende gibt das Bruderschaftsbuch der Anima eindrücklich Auskunft: »[...] dives in vita obiit pauper spoliatus ab exercitu Imperiali tempore capte urbis et illius desolationis die 15. augusti 1527 requisitus coram Io. Colardi

---

51 Vgl. M. Bellomo, Una famiglia di giuristi: I Saliceto di Bologna. In: Studi Senesi, Jg. 81, 3. Ser., H. 18,3, 1969, 387-417.

52 G. Alberigo, Albergati, Vianesio (Dizionario Biografico degli Italiani 1, 1960, 621-624).

53 Vgl. zu ihm die Nachweise bei Schmidlin, Anima (s. Anm. 16), Register.

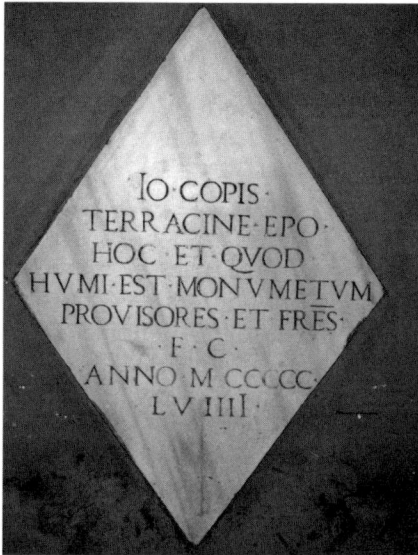

Abb. 6 Epitaph für den Bischof
Dr. Johan Copis († 1527).
© Dr. Eberhard J. Nikitsch, Rom

notario archivii nullum testamentum fecit nec hospitali nostro quidquam reliquit quinimio illius debitor remansit et a confratribus hospitalis sepultus ante sacristiam.«[54]

Die Beisetzung im Boden der Kirche vor der ehemaligen Sakristei erfolgte zunächst offenbar ohne ein die Stelle kennzeichnendes Grabdenkmal. Zwar versprachen die Erbschaftsverwalter des Verstorbenen im Jahr 1535 eine gewisse Summe zur Errichtung eines Grabdenkmals (»pro sepultura et memoria«) beizusteuern,[55] doch erst mehr als zwanzig Jahre später, im Jahre 1559, als die Anima tatsächlich in den Besitz zweier Häuser aus der Copis'schen Erbschaft gekommen war, wurden von der Bruderschaft gleich zwei Grabdenkmäler für ihn in Auftrag gegeben. Das eine, in Form einer rautenförmigen Tafel, hat sich im Original erhalten und ist heute neben dem Eingang zur Kriegergedächtniskapelle in die Wand eingelassen (Abb. 6). Die kurze Inschrift weist den Leser darauf hin, dass hier Johan Copis begraben liegt und die Provisoren der Anima dieses Denkmal haben machen lassen. Das andere Denkmal war die eigentliche, seinen Begräbnisplatz deckende Grabplatte, die heute – allerdings in Form einer um

54 LIBER CONFRATERNITATIS B. Marie de Anima teutonicorum de urbe [...], 1875, 255 (Reich im Leben, starb er arm und ausgeplündert vom kaiserlichen Heer zur Zeit der Einnahme und Verwüstung der Stadt am 15. August 1527; gefragt von dem Notar Johann Colardi, machte er kein Testament und hinterließ unserem Hospiz nichts, ja, er blieb dessen Schuldner und wurde von der Bruderschaft des Hospitals vor der Sakristei begraben).

55 Vgl. dazu F. NAGL, Urkundliches zur Geschichte der Anima in Rom. 1. Theil der Festgabe zu deren 500-jährigem Bestehen (in: Römische Quartalschrift für christliche Alterthumskunde und für Kirchengeschichte, 1899, Supplementheft 12: Mittheilungen aus dem Archiv des deutschen Nationalhospizes S. Maria dell'Anima in Rom, 34 f., Regesten Nrn. 160 f.).

27

1750 angefertigten Kopie – vorne rechts im Boden des Mittelschiffs liegt. Deren aufschlussreiche, durch eine zuverlässige Abschrift gut überlieferte Inschrift lautete:

IO(ANNIS) COPIS BRABANTIO TERRACINEN(SI) / EP(ISCOP)O VTRIVSQ(VE) SIGNATVRE / REFEREN(TI) AC LITTERAR(VM) AP(OSTO)LICAR(VM) ABBRE(VIATORI) CORRECTORI(QVE) / ISTIVS TEMPLI AC HOSPITALIS / PROVISORES ET FRATRES / BENEFICII MEMORES POSVERE / AN(NO) MDLIX

(Für Johann Copis aus Brabant, Bischof von Terracina, den Referenten des weltlichen und geistlichen päpstlichen Gerichtshofs, Abbreviator und Korrektor der päpstlichen Schreiben, haben die Provisoren und Brüder dieser Kirche und des Hospitals eingedenk der Wohltaten [dieses Denkmal] aufstellen lassen im Jahr 1559).

Und die beiden abschließenden, auf der heutigen Grabplatte fehlenden Distichen[56] fasst für den Leser noch einmal das zusammen, was für die Provisoren und Brüder der Anima offensichtlich das Wesentliche war:

DISCE MEO EXEMPLO TEMPLIS / DARE MVNERA MAGNA
    QVANDO HOC PRO PARVIS / HEC MONVMENTA DEDIT
ATQ(VE) SVIS PRECIBVS CELI IN / REGIONE LOCAVIT
    VIRGO PARENS ANIMAM / QVIS MELIORA DABIT

(Lerne durch mein Beispiel, den Kirchen große Geschenke zu machen. Denn diese Kirche hat für meine geringe Gabe dieses Denkmal gegeben, und die jungfräuliche Mutter hat durch ihre Fürbitten meine Seele in der Himmelsgegend mit einem Platz bedacht).

Und Kardinal Enckenvoirt selbst? Ursprünglich gegenüber dem Grabdenkmal Papst Hadrians VI. in der Südwand des Chors angebracht, wurde sein eigenes Grabdenkmal im Jahr 1579 zunächst nach rechts in Richtung Apsis

---

56 Dieses Beispiel verdeutlicht zudem die Notwendigkeit, sich den Inschriften sowohl mit epigraphischen Methoden zu nähern als auch die archivalische Überlieferung zu berücksichtigen: Dass die Grabplatte nicht aus dem Jahr 1559 stammen kann, wie die Inschrift auf den ersten Blick suggeriert, zeigt unter anderem die Verwendung des runden *U* statt des damals noch üblichen antikisierenden *V*. Und warum die Auftraggeber der Mitte des 18. Jahrhunderts neu angefertigten Platte, die damals vermutlich stark abgetreten oder beschädigt war, nicht nur das signifikante Doppeldistichon, sondern auch das durch die kopiale Überlieferung gut bezeugte Todesdatum *OBIIT ILLE XXVIII CAL(ENDAS) SEPTEMBRIS MDXXVII* (Jener starb an den 18. Kalenden des Septembers [15. August] 1527) einfach weggelassen haben, müsste noch näher untersucht werden.

Abb. 7: Epitaph für Kardinal Wilhem Enckenvoirt († 1534) (Detail). © Dr. Eberhard J. Nikitsch, Rom

versetzt, dann Mitte des 18. Jahrhunderts endgültig transloziert[57] und an seinem heutigen Standort innen neben dem Hauptportal in die Wand eingelassen (Abb. 7). Es handelt sich um eine monumentale, leicht konkav gewölbte Ädikula aus hellem Marmor. Im Sockel befindet sich eine querrechteckige Tafel mit 13-zeiliger, schwarz gefasster Inschrift, darüber zwischen zwei Säulen ein von zwei Adlern gestützter Wannensarkophag mit dem Wappen des Verstorbenen in der Mitte. Auf dem Sarkophagdeckel liegt der wie träumend bzw. schlafend dargestellte Kardinal in prachtvoller Pontifikalkleidung, den Kopf mit der Mitra in die rechte Hand gestützt, über ihm ein (nachträglich eingesetztes) Relief[58] mit dem segnenden Gottvater. Über dem Architrav ein gesprengter Giebel, darin ein ovaler Schild

---

57 Grund war das an dieser Stelle errichtete Jülich-Kleve-Bergsche Grabdenkmal, vgl. zum Vorgang LOHNINGER, Anima (s. Anm. 20), 138 ff.

58 Da das Grabdenkmal gegenüber dem Hadrians VI. an der Stelle im Chor errichtet werden sollte, an dem sich bereits das Sakramentshäuschen befand, wurde dieses entfernt und ein neuer, mit zwei Engeln geschmückter Tabernakel aus Marmor angefertigt, der in das neue Grabdenkmal integriert und über der Figur des Kardinals in die Wand eingelassen wurde. Dort befand er sich bis 1546 und wurde in diesem Jahr gegen das heutige Gottvater-Relief ausgetauscht; vgl. dazu LOHNINGER, Anima (s. Anm. 20), 82 f.

29

mit einem weiteren Kardinalswappen. Die in antikisierender Kapitalis[59] ausgeführte Inschrift lautet:

WILHELMO ENCKENVOIRTIO BRABANTINO S(ACRAE) R(OMANAE) E(CCLESIAE) PRESB(ITERI) CARD(INALI) QVI PLVRI/MIS RO(MANAE) REIP(VBLICAE) MAGISTRATIB(VS) ET GERMANIAE PROCVRATIONE INTE-GERR(IME) FVNCTVS / AB HADRIANO VI. PONT(IFICE) MAX(IMO) CVIVS ITEM RES ADMINISTRAVERAT LIBELLIS DAN/DIS ET ECC(LESIAE) DERTVS-EN(SI) PRAEFECTVS ET IN CARD(INALIVM) COLLEG(IVM) CLARO BENI-VOLENTIAE / INDICIO TRA[NS]LATIS IN EVM PRISTINAE SVAE DIGNI-TAT(IS) INSIGNIB(VS) SOLVS COOPTATVS / DEINDE ETIAM A CLEMEN(TE) VII. ECC(LESIA) TRAIECTEN(SI) HONESTATVS EST CAROLO V. IMP(ERATO-RI) / LIBENTISS(IMVS) QVEM AB ILLO CORONAM IMP(ERII) ACCIPIENTEM INVNXIT QVIQ(VE) BENEFITIORVM MEMOR HADRIANI CADAVER E PETRI BASILICA IN HANC AEDEM CVIVS CONSTRVE(N)D(AE) / ET ORNAND(AE) ADIVTOR FVIT SEPVLCRO POSITO TRANSFERRI CVRAVIT IN EGENOS ET IN OMNES HOMINES BENEFICENTISS(IMVS) IO(ANNES) DOMINICVS TRA-NEN(SIS) ANTONIVS / SANSEVERINVS CARD(INALES) ET P(ETRVS) VOR-STIVS EPISC(OPVS) AQVEN(SIS) AND(REAS) CASTILLO / SCRIPT(OR) AP(OST-OLICVS) EX TESTAMEN(TO) POS(VERVNT) / VIXIT ANN(OS) LXX • MORTEM OBIIT M • D • XXXIIII

(Für Kardinal Wilhelm Enckenvoirt aus Brabant, Kardinalpriester der heiligen römischen Kirche, der nach tadelloser Führung sehr vieler Ämter in der Stadt Rom und der Prokuratur Deutschlands von Papst Hadrian VI., dessen Datarie er ebenfalls verwaltet hatte, sowohl der Kirche zu Tortosa vorgesetzt, als auch als einziger in das Kardinalskollegium aufgenommen wurde, indem er zum glänzenden Zeichen des Wohlwollens dessen frühere Würden erhielt. Darauf ist er von Clemens VII. mit der Kirche zu Utrecht beehrt worden. Er war Kaiser Karl V. überaus teuer, den er salbte, als der von jenem die Kaiserkrone erhielt und der – eingedenk der Wohltaten Hadrians – dessen Leichnam aus der Petersbasilika in diese Kirche, die zu erbauen und auszuschmücken er geholfen hatte, in die Nähe des von ihm errichteten Grabdenkmals überführen ließ und der höchst wohltätig gegen die Bedürftigen und gegen alle Menschen war. Ihm haben die Kardinäle Johannes Dominicus von Trani

59 Die feinstrichig mit dezenter Linksschrägenverstärkung ausgeführte Kapitalis erhält ihren raumgreifenden Duktus durch großzügig gesetzte Buchstaben- bzw. Wortabstände sowie durch die nahezu quadratischen Proportionen einzelner Buchstaben. Auffällig ist *E* und *F* mit leicht verlängertem unteren bzw. oberen Balken, rudimentäre obere Schaftverlängerung beim linken Schrägschaft des *M* und beim Schrägschaft des *N*, offenes *P* und *R* mit weit außen am Bogen angesetzter Cauda. Als ungewöhnliche Worttrenner dienen Dreiecke mit halbkreisförmig ausgezogener, bis zur Grundlinie verlängerter unterer Spitze.

und Antonius Sanseverino, sowie Petrus Vorstius, Bischof von Aqui und Andreas Castillo, apostolischer Schreiber, [dieses Grabdenkmal] gemäß des Testamentes errichten lassen. Er lebte 70 Jahre und starb im Jahr 1534).

Wilhelm[60] wurde am 22. Januar 1464 zu Mierlo (heute Mierlo-Hout bei Helmond in Nord-Brabant, Niederlande) als Sohn des Niederadeligen Goyart van Enckenvoirt und seiner Frau Johanna Mijs geboren. Vermutlich studierte er zunächst (ohne Abschluss) in Löwen beide Rechte, freundete sich dort vielleicht mit seinem Mitstudenten Adrian Boeyens,[61] dem späteren Papst Hadrian VI. an, und ist spätestens ab 1489 als Prokurator in Rom nachzuweisen. Im Zusammenhang mit dieser Tätigkeit wurde er Familiar Papst Alexanders VI., fungierte ab 1500 an der Kurie als Rota-Notar, Skriptor, Protonotar, Kubikular und wurde 1507 zum Kollektor für die Bistümer Cambrai, Utrecht und Lüttich ernannt. Erst im Jahr 1505 erwarb er sich nach längerem Studium an der römischen Sapienza das Lizentiat beider Rechte. Als Prokurator vertrat er erfolgreich die Interessen zahlreicher Fürsten, Kapitel und Städte, seit 1517 war er zudem der Vertraute Karls V. in Rom. Vor dessen Kaiserkrönung im Jahr 1530 krönte er ihn mit der lombardischen Krone, bei der Kaiserkrönung selbst assistierte er und zelebrierte die Messe. Durch seine Prokuratorentätigkeit flossen ihm zahlreiche Pfründen zu, gegen Ende seines Lebens waren es etwa 20 größere und 80 kleinere Benefizien, die ihm jährlich um die 25.000 Dukaten einbrachten. Der Höhepunkt seiner Karriere erreichte Enckenvoirt unter Papst Hadrian VI., der ihn 1522 als seinen »amicus meus antiquus et praecipuus«[62] zunächst zum Datar, dann am 11. März 1523 in seiner Nachfolge zum Bischof von Tortosa ernannte und ihn schließlich noch auf dem Sterbebett am 10. September 1523 zum Kardinalpriester mit der Titelkirche SS. Giovanni e Paolo erhob. Nach dem Tode Hadrians VI. sorgte Enckenvoirt aus eigenen Mitteln für die Errichtung des repräsentativen Grabdenkmals in der Anima. Wohl aus Dank für seine Vermittlungstätigkeit beim Abschluss des Vertrages von Dordrecht nominierte ihn Karl V. 1529 mit Zustimmung Papst Clemens' VII. als Bischof von Utrecht.

60 Vgl. zum Folgenden BERBÉE, Enckenvoirt (s. Anm. 28), pass.
61 So MUNIER, Nederlandse Curialen (s. Anm. 10), 202.
62 So in einem Breve vom 18. Februar 1522, zit. nach PASTOR, Päpste (s. Anm. 17), 57 Anm. 1.

Im Jahr 1498 der Anima-Bruderschaft beigetreten, war Enckenvoirt von 1509 bis 1517 deren Provisor, ab 1523 deren Kardinalprotektor und maßgeblich am Neubau der heutigen Kirche und deren Ausschmückung beteiligt, indem er etwa die Ausstattung der Barbara-Kapelle[63] und den Hochalter finanzierte. Er verstarb am 19. Juli 1534 in Rom und hinterließ der Anima unter anderem zwei Häuser und die Hälfte seines eigenen, nahe der Piazza Navona gelegenen Hauses. Am 29. August 1536 und am 26. Oktober 1538 schlossen die Testamentsvollstrecker Johannes Dominicus und Petrus Vorstius Verträge mit dem *scarpellino ed architetto* Johannes Mangonus über die Errichtung des Grabdenkmals ab; dafür und für den ebenfalls von ihm geschaffenen Hochaltar erhielt der Künstler im Jahr 1540 615 Scudi bzw. 100 Dukaten ausbezahlt.[64] Dass Enckenvoirt hinsichtlich seines Grabdenkmals nichts dem Zufall überlassen wollte, zeigen einige Bestimmungen seines am 19. Juli 1534 ausgefertigten Testamentes, in denen er nicht nur den genauen Standort des Denkmals in der Südwand des Chors festlegte, sondern auch verfügte, dass es »mit zwei Säulen aus Buntmarmor« auszuführen sei, »die in den Maßen und in den Proportionen mit jenen des oben erwähnten Grabmals übereinstimmen, das zum Gedenken an Papst Adrian errichtet wurde.«[65]

Während wir bisher mit dem apostolischen Abbreviator und Dichter Saturnus Gerona aus Barcelona, dem apostolischen Skriptor und Geschäftsmann Camillo Eliazario aus Bologna und dem apostolischen Abbreviator und späteren Bischof von Terracina Johan Copis aus Brabant drei höchst unterschiedliche Personen aus dem Umfeld des Papstes und seines Kardinals vorgefunden haben, die eher der offiziellen Kirchenverwaltung zuzurechnen sind, lässt sich durch weitere überlieferte, bisher kaum beachtete Grabinschriften erstaunlicherweise ein zusätzlicher Personenkreis fassen, der eher dem persönlichen Umfeld des Papstes zuzurechnen ist.

---

63 Zur Grundausstattung gehörte eine (bis heute erhaltene) Armreliquie der Heiligen, die Enckenvoirt von Papst Hadrian erhalten hatte, vgl. dazu LOHNINGER, Anima (s. Anm. 20), 95 ff.
64 Vgl. dazu SCHMIDLIN, Anima (s. Anm. 16), 292; und LOHNINGER, Anima (s. Anm. 20), 82 f.
65 Archivio Santa Maria dell'Anima (ASMA) A II, 3 fol. 147ʳ; zit. nach der Übersetzung von GÖTZMANN, Ehrung (s. Anm. 35), 115 Anm. 16.

Im Totenbuch der Anima finden wir den ersten Hinweis auf einen am 8. September 1526 verstorbenen Johannes Rosseau aus Brüssel, der im Boden vor der Markgrafen-Kapelle begraben lag.[66] Durch eine kopiale Überlieferung des 18. Jahrhunderts kennen wir auch die Inschrift seines heute verschollenen Grabdenkmals:

D(EO) O(PTIMO) M(AXIMO) / IO(ANNI) ROSSEAV BRVXELLANO / BELGO TONSORI / HADRIANO VI PONT(IFICI) MAX(IMO) ET / LVDOVICO SVESSAE DVCI OB / PROBATAM FIDEM ET ARTIS / SVAE DEXTERITATEM CHARO / EXECVTORES TESTAMEN(TI) / POS(VERVNT) / VIXIT ANN(IS) XXIII MEN(SIBVS) II / DIEB(VS) VI / OBIIT ANNO A PARTV / VIRGINIS MDXXV / DIE VIII SEPTEMBRIS

(Dem größten und besten Gott! – Für den Barbier Johannes Rosseau aus Brüssel in Belgien, der Papst Hadrian VI. und dem Herzog Ludwig von Sessa wegen seiner bewährten Zuverlässigkeit und der Gewandtheit seiner Kunst lieb war, haben die Testamentsvollstrecker [dieses Denkmal] gesetzt. Er lebte 23 Jahre, 2 Monate, 6 Tage und starb im Jahr nach Christi Geburt 1525 am 8. September).

Der Inschrift zufolge gehörte der aus Brüssel stammende Johannes Rosseau[67] nicht nur dem päpstlichen Hof an, sondern stand auch in Diensten des damaligen spanischen bzw. kaiserlichen Gesandten, Don Luis Fernández de Córdoba, Herzog von Sessa[68]. Da Rosseau außer im *Liber Mortuum* in sonstigen Archivalien der Anima nicht aufscheint, dürften die namentlich nicht genannten Testamentsvollstrecker von seiner Kunstfertigkeit, das Barbier-Handwerk auszuüben, so beeindruckt gewesen sein, dass sie ihm ein Grabdenkmal errichtet haben. Barbiere pflegten zu dieser Zeit

66 ASMA, LIBER MORTUUM 2, fol. 12.

67 An dieser Inschrift lässt sich auch eines der Probleme zeigen, die ein (vermutlich nicht nur deutscher) Bearbeiter mit den zeitgenössischen Namensformen hat: Wie sollen wir den Verstorbenen nennen? Liegt der in der Inschrift gewählten eindeutig französischen Namensform *ROSSEAU* ein lateinisches *Ioannes Rosetus* zugrunde? Oder hieß der Barbier in Wirklichkeit eher *Johan Roosen* oder *Ter Roosen*, weil in Brüssel damals hauptsächlich Niederländisch gesprochen wurde?

68 Vgl. dazu H. Schulz, Der Sacco di Roma, Karls V. Truppen in Rom 1527-1528 (Hallesche Abhandlungen zur Neueren Geschichte 32), 1854, 8. – Der neapolitanische Titel Herzog von Suessa (heute Sessa Aurunca, Caserta, Kampanien) befand sich seit Beginn des 15. Jahrhunderts im Besitz der Grafen von Squillace aus der Familie Marzano. Die Würde ging mit dem 1508 verstorbenen Giovanni Battista Marzano auf Gonzalo Fernández de Córdoba y Aguilar gen. »el Gran Capitán«, über.

nicht nur Haare und Bärte, sondern hatten auch die Aufgabe, Zähne zu ziehen, zur Ader zu lassen oder Klistiere zu verabreichen.

Ebenfalls nur noch in einer Mitte des 18. Jahrhunderts entstandenen Abschrift überliefert ist ein weiteres Grabdenkmal für ein Mitglied des päpstlichen Hofes, für Heinrich von Soye aus Lüttich, verstorben am 13. August 1527 und nach Ausweis des Totenbuches der Anima vor der Barbara-Kapelle[69] begraben. Die Inschrift lautet:

D(EO) O(PTIMO) M(AXIMO) / HENRICO DE SOYE DECANO ECCL(ESIAE) S(ANCTAE) / IOANNIS EVANGELISTAE LEODIEN(SIS) / ADRIANI VI. PONT(IFICIS) MAX(IMI) SCVTIFERO / AMICI AMICO OB MORVM COMITA/TEM SVAVISSI-MO POSVERVNT OBIIT / IDIBVS AVGVSTI MDXXVII QVASI / FVGIENS CALA-MITATEM TEMPORIS / INFELICISSIMI

(Dem besten und größten Gott. – Für Heinrich von Soye, Dekan der Kirche St. Johann Evangelist in Lüttich, *scutifer* Papst Hadrians VI., haben die Freunde dem wegen seines liebenswürdigen Charakters so süßen Freund [dieses Grabdenkmal] errichtet. Er starb an den Iden des August [13. August] 1527, gleichsam die Not dieser sehr unglücklichen Zeit fliehend).

Heinrich von Soye, Dekan des Stiftes St. Johannes Evangelist in Lüttich und spätestens seit 1517 in Rom nachweisbar,[70] schrieb sich am 31. August 1525 in das Bruderschaftsbuch[71] der Anima ein; Stiftungen von ihm sind allerdings nicht überliefert. Er verdankt sein Grab in der Anima wohl seiner Stellung als Familiare Papst Hadrians VI., die er als *scutifer* ausübte. Die quellenmäßig gut bezeugten, von ihrer Funktion her aber schwer fassbaren *scutiferi*[72] zählten zum persönlichen Gefolge des Papstes und dürften

---

69 ASMA, LIBER MORTUUM 2, fol. 12.

70 Vgl. MUNIER, Nederlandse Curialen (s. Anm. 10), 214.

71 LIBER CONFRATERNITATIS (s. Anm. 54), fol. 133.

72 Vgl. A. SLEUMER (Hg.), Kirchenlateinisches Wörterbuch, ⁴2006, 704. – Das *officium scutiferatus* war käuflich und kostete zu Zeiten Hadrians VI. zwischen 600 und 800 Dukaten, die Resignationsgebühr betrug 40 Dukaten; vgl. dazu GÖLLER, Ämterkauf (s. Anm. 49) 386; sowie B. SCHIMMELPFENNIG, Der Ämterhandel an der römischen Kurie von Pius II. bis zum Sacco di Roma (1458-1527) (in: Ämterhandel im Spätmittelalter und im 16. Jahrhundert. Beiträge eines internationalen Colloquiums in Berlin vom 1. bis 3. Mai 1980 [Einzelveröffentlichungen der Historischen Kommission zu Berlin 45], hg. v. I. MIECK, 1984), 29 und 41.

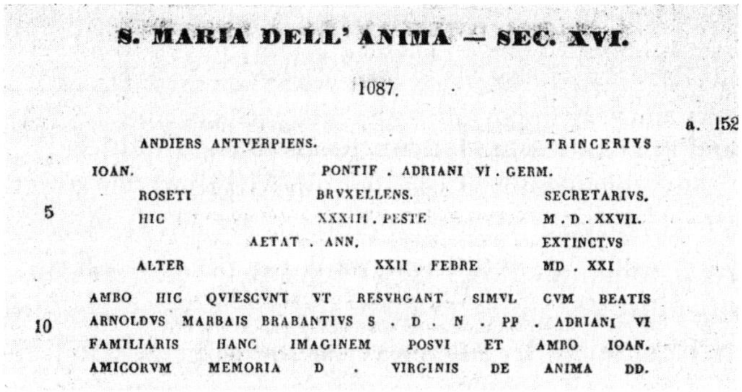

1087.

a. 152

```
         ANDIERS ANTVERPIENS.                    TRINCERIVS
  IOAN.                      PONTIF . ADRIANI VI . GERM.
       ROSETI              BRVXELLENS.                 SECRETARIVS.
5      HIC                 XXXIII . PESTE             M . D . XXVII.
                  AETAT . ANN.                         EXTINCTVS
       ALTER                  XXII . FEBRE            MD . XXI
     AMBO   HIC   QVIESCVNT  VT  RESVRGANT . SIMVL    CVM   BEATIS
10   ARNOLDVS  MARBAIS  BRABANTIVS  S . D . N . PP . ADRIANI  VI
     FAMILIARIS   HANC   IMAGINEM   POSVI   ET   AMBO   IOAN.
     AMICORVM   MEMORIA   D .   VIRGINIS   DE   ANIMA   DD.
```

Abb. 8 Epitaph für Johan Andiers und Johannes Rosetus († 1526/27) (Repro, s. Anm. 73). © Dr. Eberhard J. Nikitsch, Rom

als Banner- oder Wappenträger bei Pontifikalverrichtungen fungiert oder auch Aufgaben der späteren Kammerherren ausgeübt haben. Schlussbemerkung der Inschrift spielt mit großer Sicherheit auf den *Sacco di Roma* an, der auch die Anima in Mitleidenschaft gezogen hatte.

Zuletzt wenden wir uns dem ebenfalls nur abschriftlich überlieferten, gemeinsamen Grabdenkmal für Johannes Andiers und den päpstlichen Sekretär Johannes Rosetus zu. Folgt man der auf den ersten Blick verwirrenden Wiedergabe des Textes bei Forcella, so handelte es sich um ein querrechteckiges Epitaph mit spezieller Zeilenanordnung. Die ersten sechs Zeilen sind textlich so strukturiert, dass jeweils gleichlautende, für beide Personen geltende Textpassagen nur einmal ausgeschrieben werden.[73] Die Inschrift lautet:

[IOAN(ES)] ANDIERS ANTVERPIENS(SIS) [PONTIF(ICIS) ADRIANI VI. GERM(AN-ICI)] TRINCERIVS / IOAN(NES) ROSETI BRVXELLENS(IS) PONTIF(ICIS) ADRIA-NI VI. GERM(ANICI) SECTRETARIVS / HIC [AETAT(IS) ANN(IS)] XXXIII PESTE [EXTINCTVS] M D XXVII / ALTER AETAT(IS) ANN(IS) XXII FEBRE EXTINCTVS M D XXVI / AMBO HIC QVIESCVNT VT RESVRGANT SIMVL BEATIS / AR-NOLDVS MARBAIS BRABANTIVS S(ACRI) D(OMINI) N(OSTRI) P(A)P(AE) ADRIANI VI / FAMILIARIS HANC IMAGINEM POSVI ET AMBO IOAN(NVM) / AMICORVM MEMORIA D(IVINAE) VIRGINIS DE ANIMA D(E)D(I)

73 Vgl. die entsprechenden Wiedergaben bei L. Schrader, Monumentorum Italiae, quae nostro saeculo & a Christianis posita sunt. Libri quattuor, editi a L. S., 1592, fol. 146r und V. Forcella, Iscrizioni delle chiesi e d'altri edificii di Rom dal secolo XI fino al giorni nostri, raccolte e pubblicate da V. F. Bd. 3, 16, 1873, Nr. 1087.

(Johannes Andiers aus Antwerpen, *trincerius* des deutschen Papstes Hadrian VI., und Johannes Rosetus aus Brüssel, sein Sekretär. Dieser verstarb im Alter von 33 Jahren an der Pest im Jahr 1527, der andere verstarb im Alter von 22 Jahren am Fieber im Jahr 1526. Beide ruhen hier, um gemeinsam mit den Seligen aufzuerstehen. Ich, Arnold Marbais aus Brabant, Familiar unseres Heiligen Vaters Hadrian VI., habe dieses Bildwerk aufgestellt zur Erinnerung an die beiden Freunde Johannes und an die göttliche Jungfrau von der Anima).

Weder der päpstliche Sekretär Johannes Rosetus[74] aus Brüssel, Sekretär Papst Hadrians VI., noch sein *trincerius*, Johannes Andiers aus Antwerpen, sind im Bruderschaftsbuch oder im Totenbuch der Anima verzeichnet. Letztlich dürften beide ihr Begräbnis in der Anima-Kirche während der schwierigen Zeit des *Sacco di Roma* ihrer Zugehörigkeit zur Klientel des Papstes zu verdanken haben, in der der aus dem Bistum Cambrai stammende Familiar Arnold Marbais[75] oder Morbays als einer der *servientes armorum* offensichtlich eine besondere Rolle einnahm. Auch hier sei angemerkt, dass sich die Berufsbezeichnung TRINCERIVS in den einschlägigen Wörterbüchern nicht nachweisen lässt.[76] Vermutlich dürfte es sich bei TRINCERIVS um eine Variante von *Trencherius*, für das Hofamt des Tranchierers, des Fleischvorschneiders,[77] handeln.

Zusammenfassend lassen sich nun mindestens drei Gruppen aus dem Umfeld oder der Klientel Papst Hadrians VI. erkennen, die in der Anima begraben liegen. Zunächst sind dies aus seiner Heimatregion Brabant stammende Personen, die bereits vor seiner Wahl zum Papst in Rom in der Kurie tätig waren; dazu zählen natürlich Kardinal Wilhelm Enckenvoirt und Bischof Johan Copis. Eine zweite kleine Gruppe bilden Angehörige anderer Nationen, wie der Spanier Saturnus Gerona und der Bologneser Camillo Eliazario, die vermutlich aufgrund persönlicher Beziehungen zu Enckenvoirt ihr Grab in der Anima erhielten. Eine dritte Gruppe schließlich setzt sich aus sonst schwer

74 Möglicherweise war dieser verwandt mit dem ebenfalls aus Brüssel stammenden, am 8. September 1525 verstorbenen und in der Anima begrabenen Johann Rosseau (s. o.), dem Barbier des Papstes.

75 Er wird auch als Arnold de Morbays (aus dem Bistum Cambrai) genannt, vgl. MUNIER, Nederlandese Curialen (s. Anm. 10), 212 und 222. Sein Amt erhielt er am 25. Oktober 1522, ohne dass er die sonst übliche Kaufsumme entrichten musste, vgl. dazu GÖLLER, Ämterhandel (s. Anm. 49), 397.

76 Der Übersetzungsvorschlag »Mundschenk« stammt von SCHMIDLIN, Anima (s. Anm. 16), 276.

77 Freundlicher Hinweis meines Kollegen Herrn PD Dr. Michael Oberweis, Mainz.

fassbaren und bestenfalls namentlich bekannten Angehörigen des päpstlichen Hofes zusammen, die wiederum aus der Heimat des Papstes stammen, als Sekretär, Bannerträger bzw. Kammerdiener, Barbier oder gar Fleischvorschneider in seiner unmittelbaren Nähe tätig waren und vermutlich auch deswegen in der Anima bestattet wurden. Die für die verschiedenen Grabdenkmäler verwendeten Inschriftentypen decken die gesamte Bandbreite ab, die diese Quellengattung auszeichnet, von der nüchternen Mitteilung der Lebensdaten mit wenigen, jedoch höchst aussagekräftigen persönlichen Einsprengseln wie bei Papst Hadrian VI. und Kardinal Enckenvoirt, über emphatische Bekundungen zum Verlust geliebter Menschen etwa bei Heinrich von Soye, bis hin zu intimen Bekenntnissen bei Saturnus Gerona.[78]

Kardinal Wilhelm Enckenvoirt ist es bereits zu Lebzeiten gelungen, durch die inschriftlich festgehaltene Stiftung des monumentalen Grabdenkmals für Hadrian VI. im Chor der Kirche das Gedenken an seinen Gönner mit der Sicherung des eigenen Totengedenkens zu verbinden. Zudem zeigte er unübersehbare physische Präsenz durch sein eigenes, ursprünglich an gleicher prominenter Stelle platziertes Grabdenkmal. Hinzu kommen die zahlreichen Nennungen seines Namens in den Inschriften der von ihm geförderten Personen. Der nicht nur im Umfeld Papst Hadrians VI. geschickt agierende, lange unterschätzte Wilhem Enckenvoirt war für die Anima zweifelsohne die zentrale Figur in den zwanziger Jahren des 16. Jahrhunderts. Als höchst einflussreicher Kurienfunktionär war er zudem lange Jahre bestimmender Teil eines offensichtlich gut funktionierenden Netzwerks nicht nur römischer Kleriker, dessen weitere Erforschung[79] neue Erkenntnisse zum intellektuellen Milieu Roms im ersten Drittel des 16. Jahrhunderts liefern dürfte.

78 Von epigraphischer Seite zeigt ein Vergleich der verwendeten Schriftformen, die ausnahmslos der zeitüblichen Kapitalis angehören, eindeutig, dass die Inschriften jedes der vorgestellten Grabdenkmäler wohl von einer anderen Hand hergestellt worden ist. Wir können also kaum von einer gemeinsamen Steinmetzwerkstatt ausgehen, die für die Anima gearbeitet hat. Ob dieser Befund auch für die anderen Grabdenkmäler gilt, wird erst die Analyse der Schriftformen des gesamten, sich gegenwärtig in Arbeit befindlichen Inschriften-Korpus der Anima zeigen können.

79 Vgl. dazu die in diese Richtung zielenden Bemerkungen von M. Matheus, *Sola fide sufficit.* »Deutsche Akademiker und Notare« in Rom 1510/12« (in: Martin Luther in Rom. Kosmopolitisches Zentrum und seine Wahrnehmung [Bibliothek des Deutschen Historischen Instituts in Rom], Druck in Vorbereitung).

Resurrection and Justification

Luther's Use of Romans 4, 25

Von Robert Kolb

I Romans 4, 25 in Luther's biblical Thesaurus

The construction of the Wittenberg theology of reform required the construction of a new thesaurus of frequently-cited and doctrinally-useful Scripture passages. The Wittenberg reformers could not always employ the traditional biblical citations used by medieval theologians to explain some scholastic topics which they retained, and they formulated some topics with their own distinct emphases, creating a new shape to the body of biblical teaching. The doctrine of the justification of the sinner in God's sight serves as one example: Bernhard Lohse commented that Luther treated some aspects of this doctrine in a fresh way and that »the kind of concentration on one particular article of faith, as is the case with Luther [in regard to justification], is without any precedent.«[1] Romans 4, 25, Paul's dictum that Christ »was handed over [into death] for our sins and was raised for our justification,« illustrates Luther's use of a passage to summarize the atoning work of Christ and its application to the justification of sinners.

[1] B. Lohse, Luthers Theologie in ihrer historischen Entwicklung und in ihrem systematischen Zusammenhang, 1995, 275; idem, Martin Luther's Theology. Its Historical and Systematic Development, trans. R. A. Harrisville, 1999, 259. H. Oberman, The Harvest of Medieval Theology. Gabriel Biel and Late Medieval Nominalism, ²1967, 160-184, makes it clear that Gabriel Biel spoke of salvation in Scotist terms of »acceptation« more than of justification and that his concept of salvation fundamentally involved the ontological infusion of the habitus of grace rather than the relational reality created by the gospel as re-creative Word of God. On the broader influence of Scotus' view of acceptation, his functional equivalent of justification, in the late middle ages, see W. Dettloff, Die Entwicklung der Akzeptations- und Verdienstlehre von Duns Scotus bis Luther, mit besonderer Berücksichtigung der Franziskanertheologen (BGPhMA 40.2), 1963.

Lohse does not treat the connection between justification and the resurrection of Christ in his own treatment of Luther's understanding of justification in his *Luthers Theologie,* nor does he mention Luther's use of Romans 4, 25 regarding God's justifying action in Christ when treating that topic.[2] Neither does Paul Althaus in his comparable work as he examines Luther's understanding of the work of Christ and the righteousness bestowed upon sinners through it.[3] Oswald Bayer emphasizes the connection between God's creating and his justifying as »categorical gifts,« but does not discuss justification in the context of Luther's proclamation of the resurrection.[4] Marc Lienhard describes »the victory of Christ and justification by faith« as themes highlighted in Luther's great Galatians commentary, but he does not examine the ways in which Luther traces Christ's justifying action to his resurrection.[5] Hans-Martin Barth connects Christ's return to life with the renewal and transformation of believers but not specifically with their justification.[6] Exceptions to the scholarly silence regarding the association in Luther's thought of resurrection and justification include Ulrich Asendorf and Jens Wolff. Uwe Rieske also recognized the link in Luther's thinking between the justification of the sinner and Christ's resurrection triumph over the sinner's enemies.[7]

---

2 LOHSE, Theologie (s. n. 1). 274-283; IDEM, Theology, 258-266.

3 P. ALTHAUS, Die Theologie Martin Luthers, 1962, 177-195; IDEM, The Theology of Martin Luther, trans. R. C. SCHULTZ, 1966, 201-223.

4 O. BAYER, Martin Luthers Theologie. Eine Vergegenwärtigung, ²2004, 87-92; IDEM, Martin Luther's Theology. A Contemporary Interpretation, trans. Th. H. TRAPP, 2008, 95-101.

5 M. LIENHARD, Martin Luthers christologisches Zeugnis. Entwicklung und Grundzüge seiner Christologie, 1980, 210-220, 268-273; IDEM, Luther. Witness to Christ. Stages and Themes of the Reformer's Christology, 1982, 269-286, cf. 361-365.

6 H.-M. BARTH, Die Theologie Martin Luthers. Eine kritische Würdigung, 2009, 503, cf. 244; his extended discussions of justification speak of the healing of the broken relationship between God and the sinner, but not specifically of justification through Christ's resurrection, 253-257, 264-277, 290-298, 491. Barth also highlights the connection between baptism and justification (331-335), as does J. TRIGG, Baptism in the Theology of Martin Luther (SHCT 56),1994, 2, but without specifically tying the latter into the resurrection in Christ. Cf. also R. KOLB, Martin Luther, Confessor of the Faith (Christian Theology in Context), 2009, 118-129.

7 U. RIESKE-BRAUN, Duellum mirabile. Studien zum Kampfmotiv in Martin Luthers Theologie (WFKDG 73), 1999, esp. 247-250.

Asendorf's examination of Luther's theology on the basis of sermons emphasized the connection of the two themes, especially with reference to his preaching on 1 Corinthians 15 but also with a recognition of the importance of Romans 4,25 for this topic.[8] Wolff also treats the resurrection of Christ as the source of the life and righteousness of the faithful although he does not extensively develop the tie between Jesus' rising from the dead and the act of justifying the sinner.[9]

Luther's treatment of the resurrection won the attention of twentieth-century scholars, especially in the wake of Gustaf Aulén's argument that Luther had returned to what Aulén labeled the »classic« »Christus Victor« motif to explicate how God had accomplished salvation through Christ.[10] Aulén used Irenaeus as his »type« for this classic view and emphasized that, for all his focus on the Incarnation, Irenaeus also took seriously Christ's death for guilty sinners, along with his resurrection, as necessary elements of Christ's redemption of sinners.[11] Althaus aptly criticized the Swedish scholar's one-sided over-emphasis on that aspect of Luther's teaching and preaching, but the Erlangen scholar also failed to make clear that the substitutionary satisfaction of which Luther speaks is Christ's suffering God's wrath as he receives the »wages of sin,« death itself, and not merely so much intense suffering.[12]

Marc Lienhard[13] and Ian Siggins respond to Aulén by correctly rejecting the idea that Luther formulated a systematic definition of the atonement. Siggins comments that Luther had no »coherent explanatory discourse about how the atonement works,« but instead his sermons »abound in the motifs which figure in the historic atonement theories – patristic, classic, dramatic, or Western, Latin, and penal; objective or subjective.«[14] Because the atonement did not become the subject of difference and dispute in

8 U. Asendorf, Die Theologie Martin Luthers nach seinen Predigten, 1988, 116-128.
9 J. Wolff, Metapher und Kreuz. Studien zu Luthers Christusbild (HUTh 47), 2005, esp. 480-507.
10 G. Aulén, Christus Victor. An Historical Study of the Three Main Types of the Idea of Atonement, trans. A. G. Hebart, 1969, esp. 101-122.
11 Ibid., 22-35.
12 Althaus, Theology of Luther (s. n. 3), 218-223.
13 Lienhard, Luthers christologisches Zeugnis (s. n. 5), 136; cf. Barth, Theologie (s. n. 6), 270.
14 I. Siggins, Martin Luther's Doctrine of Christ (YPR 14), 1970, 109.

the sixteenth century,[15] no need for more specific definition of how God accomplished salvation arose among the Wittenberg reformers. Had it, Luther might well have explicitly resisted trying to fathom God's thinking on why God chose incarnation, death, and resurrection as the path to rescuing his fallen human creatures from sin and restoring them to righteousness. As it was, Luther simply proclaimed his understanding of the biblical narrative of God's saving action, of Christ's work and the Holy Spirit's delivery of the benefits of Christ to his people.

In his exposition of the work of Christ in Romans, Paul comes to a key transition with the summary statement of 4, 25: »he was handed over for our trespasses, and he was raised for our justification.« The frequency with which the Wittenberg reformer used this passage should not be exaggerated, but at key points in his confession regarding God's salvation of sinners, he used this passage, often as a summary without elaboration. On occasion, especially in some of his sermons for Easter, he expanded on its significance. In so doing he used the resurrection to define what he understood to be the biblical teaching on the justification of sinners, on their restoration to righteousness in God's sight.[16]

---

15 On the implications of this for Luther's and Melanchthon's students, see R. KOLB, »Not Without the Satisfaction of God's Righteousness,« The Atonement and the Generation Gap between Luther and His Students (ARG Sonderband: Die Reformation in Deutschland und Europa. Interpretation und Debatten, ed. H. R. GUGGISBERG and G. G. KRODEL, 1993, 136-156).

16 Current exegetical treatments of Romans 4, 25 do discuss the connection of Christ's resurrection with the justification of the sinner; see, e. g., A. NYGREN, Commentary on Romans, trans. C. C. RASMUSSEN, 1949, 183 f. N. WRIGHT, The New Interpreter's Bible, Volume X, 2002, 504, treats the resurrection as the declaration that Jesus is Messiah, and therefore that »all who belong to Jesus, all those who respond in faith to God's faithfulness revealed in him are themselves part of the true covenant family promised to Abraham. In other words, the resurrection of Jesus can at this level be seen as the declaration of justification.« J. DUNN, Word Biblical Commentary. Volume 38. Romans 1-8, 1988, 240 f., suggests that this verse may have been an early Christian formula of creedal nature, reflecting the fourth Servant song (Isaiah 52-53), and that the resurrection reveals that »the justifying grace of God is all of a piece with his creative, life-giving power,« the resurrection being »proof positive that the same life-giving power which wrought for Abraham and Sarah is still at work in this new stage of God's dealing with humankind and at work in eschatological strength.«

The association of justification with the resurrection was not un-heard of in medieval treatments of the concept. As Joseph Fitzmyer has pointed out,[17] Augustine[18] had been an exception among Latin fathers in that he shared the position of Greek fathers, including John Chrysostom[19] and Cyril of Alexandria,[20] in associating the restoration of righteousness with Christ's rising from the dead; Peter Lombard[21] and Thomas Aquinas[22] also affirmed this position. The Glossa ordinaria commented on Romans 4, 25:

> »Who was handed over, etc.: The death of Christ signifies the demise of the old life and in the resurrection a new life which begins from justification and is completed by immortality. The death and resurrection of Christ are the same in terms of what they effect, freeing us from sins and the yoke of the devil, but in terms of what they signify they are different: for death signifies that we die to the old life: the resurrection that we may walk in newness of life and thus finally in newness of immortality, just as Christ already, we may rise again.«[23]

How much of the patristic and medieval interpretation of this verse Luther knew remains unclear. In the winter semester 1515–1516 he lectured on Romans 4. He glossed verse 25 by commenting simply on »for our offenses,« »that they might be destroyed and put to death,« and »for our justification,« »that it might be established and brought to completion.«[24] His scholion on the text reveals that he was still embedded in the conversation with his scholastic instructors but also that he was moving toward

17 J. FITZMYER, The Anchor Bible. Romans, 1993, 389 f.
18 AUGUSTINE, Sermones 236,1 (PL 38:1120).
19 JOHN CHRYSOSTOM, In epistolam ad Romanos homilia 9,1 (PG 60:467).
20 CYRIL OF ALEXANDRIA, Ad Reginas De recta fide Oratio altera, 2,51 (PG 76:1407f.).
21 PETER LOMBARD, In epistolam ad Romanos 4,25 (PL 191:1378).
22 THOMAS AQUINAS, In epistolam ad Romanos 4,3; Summa theologiae 3.56.2 ad 4.
23 Biblia Latina cum glossa ordinaria. Facsimile Reprint of the Editio Princeps Adolph Rusch of Strassburg 1480/81, ed. K. FROEHLICH and M. T. GIBSON, Volume 4, 1992, 283: »Qui traditus etc. Mors Christi interitum veteris vitae significat: & in resurrectione nova vita quae a iustificatione incipit & immortalitate perficitur. Mors & resurrectio Christi in nobis efficiendo sunt idem, quia liberavit nos a peccatis & a iugo diaboli, sed significando sunt diuersa: quia mors significat ut moriamur veteri vitae: resurrectio ut in novitate vitae ambulemus & sic tandem in nouitatem immortalitatis, sicut Christus iam: resurgemus.«
24 WA 56; 48,15-17 (= LW 25; 42).

his mature understanding of the nature of God's justifying action in Christ and the faith which grasps it:

> »The death of Christ is the death of sin, and his resurrection is the life of righteousness, for through his death he made satisfaction for sin and through his resurrection he delivers righteousness to us. Thus, his death does not merely signify but also accomplishes the remission of sins as an all-sufficient satisfaction. His resurrection is not only the sacrament of our justification, but it effects this righteousness in us, if we believe in it. The resurrection is its cause. More later on this. All the scholastic theologians speak of one change: the expulsion of sin and the infusion of grace.«[25]

Within the Romans lectures it is not possible to identity a passage in which Luther returned to this connection of resurrection and justification as he here said he would. But his continued use of Romans 4, 25 as a summary of the work of Christ for the salvation of sinners demonstrates that these insights remained with him throughout his career. In a sermon at the end of 1516 he defined »alien righteousness« as that which »is necessary to make people sinners, unrighteous, liars, miserable, foolish, lost;« in other words, it is »the suffering of Christ and sufferings in Christ, the crucifixion of the old man and the mortification of Adam.« He continued, »God's proper work, however, is the resurrection of Christ, justification in the Spirit, and the vivification of the new creature,« the proof: Romans 4, 25.[26]

He had cited the passage earlier, in his lectures on the Psalms. In speaking of Christ's ascension over sin (on Psalm 68, 10), Luther used the words »he rose for our justification« to affirm what Christ had done for mortals.[27] On Psalm 111, 4 the passage supported the reformer's distinction of »merciful« and »gracious« since it speaks of »justifying grace« as distinct from guilt forgiven by grace.[28] As he turned to Galatians, following his Romans lectures, he called on Romans 4, 25 twice: once with a more casual reference that focused on putting to death the lusts of the flesh (on G 2, 20),[29] once on Galatians 1, 1, Christ's being raised by the Father. There he linked being raised with Christ to faith:

25 WA 56; 296,17-23 (= LW 25; 284).
26 WA 1; 112,24-113,10 (= LW 51; 19).
27 WA 3; 393,2-5 (= LW 10; 327).
28 WA 4; 243,29-35 (= LW 11; 378 f.).
29 WA 2; 501,38 f. (= LW 27; 238).

»he who presumes that he is righteous in any other way than by believing in Christ rejects Christ and considers Christ's Passion and resurrection useless. However, the person who believes in Christ, who died, dies to sin himself at the same time together with Christ, and whoever believes in the resurrected and living Christ also rises and lives in Christ by the same faith, and Christ lives in him. Therefore, the resurrection of Christ is our righteousness and our life, not only by way of example but also by virtue of its power.«[30]

The reformer was beginning to break out of the medieval mold expressed in Augustine's »sacrament« and »example« terminology to assert the power of the faith that trusts in God's Word to grasp reality.[31] Less explicit was his subsequent comment in his meditation on Christ's passion at the end of the decade (1519): »in his suffering Christ makes our sin known and thus destroys it, but through his resurrection he justifies us and delivers us from all sin, if we believe this.«[32]

Such associations of justification and resurrection occur on occasion through his career. While at the Coburg in 1530, Luther wrote *On Translating*. It described what faith grasps as the justifying action of God: »it is Christ's death and resurrection alone that saves us and makes us free from sin, as Paul says in Romans 4,« citing the words of verse 25. Without dividing Jesus' death »for sin« and resurrection »for justification,« Luther argued, »alone indeed, all alone, without any works, lays hold of this death and resurrection when it is preached by the gospel. [...] His death and resurrection are our life and our righteousness.«[33] At the outset of his exposition of Galatians in 1531 Luther mentions Romans 4, 25, as he again commented on the first verse of the book, »through God the Father, who raised him from the dead.« Citing the second half of the Romans verse, Luther asserted that Christ's victory »is a victory over the law, sin, our flesh, the world, the devil, death, hell, and all evils« – a rather complete catalog of the enemies of the believer – »and this victory he has given to us,« the justifying gift of righteousness in God's sight. »Even though these tyrants, our enemies, accuse and terrify us, they cannot drive us into despair or

---

30 WA 2; 455,16-23 (= LW 27; 168).
31 Cf. N. NAGEL, *Sacramentum et Exemplum* in Luther's Understanding of Christ (in: Luther for an Ecumenical Age, ed. C. S. MEYER, 1967, 172-199).
32 WA 2; 140,22-26 (= LW 42; 12 f.).
33 WA 30,2; 642,9-19 (= LW 35; 196 f.).

condemn us. For Christ, whom God the Father raised from the dead, is victor over them, and he is our righteousness.«[34]

In 1526 the reformer formulated in his *Deutsche Messe* the pedagogical device of placing Bible verses into the pockets of the child. Faith's pocket received the »Rhenish gulden« of Romans 5, 12, »sin came into the world through one man and death through sin,« and Psalm 51, 5, »I was brought forth in iniquity, and in sin did my mother conceive me« as the summary of the crushing law. The gospel's more valuable »Hungarian gulden« were two: Luther joined Romans 4, 25 with John 1, 29, »behold, the Lamb of God, which bears the sins of the world,« as a summary of the object of saving faith.[35] He would use the same two passages together while lecturing on Genesis 3, 15 in 1535, there to affirm his doctrine of »redemption and deliverance« through Christ alone.[36] He joined the two passages in a similar digest of the gospel in the Smalcald Articles a year later.[37] Romans 4, 25 again served as a summation of the content of saving faith in Luther's depiction of the trust of Abraham, Isaac, Jacob, and Sarah at Genesis 23, 2,[38] and at Genesis 28, 3–5.[39]

On the evening before Palm Sunday 1539 Luther preached on the raising of Lazarus (John 11, 1–44) and told the Wittenberg congregation that Christ's »office was to conquer death and to raise the dead from death. We believe that he died for our sins and rose so that we who were dead might live for God and look forward to the resurrection of the flesh.« His comments on the resurrection focused not on the dogmatic terminology of justification by faith but rather the restoration to life which Lazarus enjoyed and which anticipated the resurrection of all believers.[40] These

---

34 WA 40,1; 65,10-18 (= LW 26; 21f.).

35 WA 19; 77,23-78,4 (= LW 53; 67).

36 WA 42; 143,38-144,2 (= LW 1; 192); cf. a similar usage in one of his last sermons, January 26, 1546, WA 51; 144,41-145,11 (= LW 58; 381).

37 BSLK, 415; *The Book of Concord*, ed. R. Kolb and T. J. Wengert, 2000, 301. Luther could, of course, discuss justification with little or no recourse to the atoning work of Christ, as he did in his Theses on Justification in 1536, WA 39,1; 82-86. The focus remained exclusively on the justifying pronouncement of God and on faith rather than works as the human agency of reception of that justification.

38 WA 43; 273,11-14 (= LW 4; 191).

39 WA 43; 563,35-37 (= LW 5; 196).

40 WA 47; 712,8-715,31. Without using the language of Romans 4, 25, Luther attributed to Christ's »passion and resurrection« the power to produce fruit in that the church is

instances illustrate the reformer's continuing resort to the express words, or at least to the concept, found in Romans 4, 25 as a summary of Christ's work, of the gospel.

II Justification in Luther's Easter Preaching

Gustaf Aulén's accent upon the place of Christ's resurrection in Luther's understanding of salvation, even if oversimplified, served as a helpful recalling of the role Jesus' rising from the dead played in the reformer's preaching. In the course of a series of weekly sermons on John's gospel, in 1528-1529, Luther treated the fourth gospel's recital of the resurrection. In commenting on chapter 20 the reformer referred to 20, 31, »these things are written that you may believe that Jesus is the Christ, the Son of God, and that by believing you may have life in his name,« asserting that John wrote his gospel »for our sakes, that we might believe and through faith might attain the power and fruit of the joyous resurrection of our Lord Jesus Christ.« The »article of the resurrection« is, Luther claimed, »the highest and foremost« article of the Christian faith.[41] In that particular homiletical presentation Romans 4, 25 and its association of justification with the resurrection did not gain mention, but references to the Romans passage, scattered throughout a variety of Luther's writings,[42] do also occur in significant passages in his Easter preaching.

Sermons from every Easter during his career are not extant. His proclamation of the Easter message on March 29, 1521, is. It begins with a brief treatment of the Lord's Supper, reminding his hearers that Christ poured out his blood for the forgiveness of their sins so that they might place their sins upon him. »Then he rose and conquered sin. [...] The proper use of Christ's suffering is to produce faith that he took my sins upon

victorious over death, sin and the devil, combining his suffering and his resurrection, which, in the language of Isa 53, 12, »justifies many.« For his students in his lecture on Isaiah 53 (1544), WA 40,3; 737,1-38; Luther described the Servant's »justifying many« (Isa 53, 12) as the fruit of his suffering and resurrection.

41 WA 28; 429,14-24.
42 E.g. his preface to Romans (1522), WAB 7; 6,17-19 (= LW 35; 368); Adoration of Sacrament (1523), WA 11; 450,31-451,3 (= LW 36; 298); Theses concerning Faith and Law (1535), WA 39,1; 45,21f. (= LW 34; 110).

himself. Then one has faith that he rose for me. When you have thrown your sins on him, you have to pay attention to where they are. His sin, his death, are gone, and everything he received from you. Now you see nothing other than life, joy, and salvation. [...] Your sin is in his body, your life in his resurrection.«[43] This use of the motif of the »joyous exchange« between Christ and the sinner, had been prominent in Luther's *Freedom of a Christian* published in the previous year. That treatise contains no explicit reference to Romans 4,25. However, Luther does assert that only one thing is necessary for Christian life, righteousness, and freedom, three terms he used roughly synonymously. The »most holy Word of God, the gospel of Christ,« is that one thing needful, and this Word he summarized with John 11,25, «I am the resurrection and the life,« as well as John 8,36, on Christ's liberation of his people, and Matthew 4,4, that God's Word is all-sufficient.[44] He further defines the Word as the »gospel of God concerning his Son, who was made flesh, suffered, rose from the dead, and was glorified through the Spirit who sanctifies. To preach Christ means to feed the soul, make it righteous, set it free, and save it,« provided it trusts in the one whom God raised from the dead (Romans 10,9).[45] The Easter sermon of 1521 conveys Luther's concept of justification even if he does not employ the terminology of »justification« there. The preacher tied the restoration of righteousness in God's sight closely to the defeat of the enemies from which God has libcratcd sinners, as *Freedom of a Christian* had emphasized: in the sermon of 1521 Luther used his beloved image of Christ as the one who devours death and drowns it in his own life; he places his human nature on the hook of his divine nature as bait and swallows up death.[46]

---

43 WA 9; 658,36-659,10.

44 In *Freedom of a Christian*, WA 7; 50,33-38 (cf. the German, WA 7; 22,3-8) (= LW 31; 345). Cf. WA 7; 25,26-26,12 (German), WA 7; 54,29-55,23 (Latin), esp. 55,16-20, where Luther depicts Christ's sharing of his righteousness with the sinner, giving the sinner »eternal righteousness, life, and salvation.« When preaching at the Coburg on Easter Sunday 1530 Luther again used the image of the hook and bait which trapped Satan. This time the earthworm was Christ's righteousness, »which cannot perish or be condemned« and therefore provided the victory over sin, death, the devil, and hell, WA 32; 41,18-42. 43,11-19. Trust in Christ's resurrection victory brings his righteousness to the believer, WA 32; 43,20-36.

45 WA 7; 51,15-20 (= LW 31; 346).

46 WA 9; 661,10-35.

That afternoon the preacher continued his treatment of Mark 16, building on the morning sermon to accentuate the »Sabbath of the heart,« the freedom, especially freedom of conscience, which Christ's resurrection produces.[47]

On Easter Sunday 1525 Luther preached on »the use and fruit of Christ's resurrection.« Mark's gospel was the text; Romans 4,25 set the outline and topic of the sermon in place.[48] After dwelling at length on the afflictions of the sinner as a »bag of worms,«[49] the sermon turned to »our righteousness,« obtained through Christ's resurrection. Because Christ is God, he cannot die; because he is human, sin could be laid upon him, and he could stand accused as any other human being. Therefore, temporal death attacked him, »wants to devour him, swallow him down. But he is not a person bound to time but an eternal person, who cannot die, and therefore he withstands this episode, for in Christ the power of life is hidden, which devours death and overpowers it.«[50] Therefore, Christ's death and resurrection »have to be the beginning, middle, and end of our righteousness,« for he makes sinners alive as people who are innocent and without guilt.[51] »Even if you work yourself to death, it will not help you, for Paul's judgment is that he died for our sin etc. [= and was raised for our justification]. If you do not believe Paul's words, you are still in sin. Seek righteousness wherever you wish, but it is lost.«[52]

Luther had preached on the gospel lesson for Easter two years earlier, in 1523,[53] a sermon that appeared in the *Sommerpostille* of 1526. He set its topic, also in this sermon entitled »on the fruit and power of Christ's resurrection,« in place with the use of Romans 4,25. Citing the verse, he commented »On this [»Christ's being handed over for our sins and being raised for our righteousness«] enough has been said in this sermon. Whoever wishes to think more about this subject will find more on it in this

47 WA 9; 663,3-665,27.
48 WA 17,1; 184,30-185,16.
49 WA 17,1; 185,17-187,34.
50 WA 17,1; 189,17-31.
51 WA 17,1; 191,37f.; cf. the Latin, »Ergo principium, medium et finis et perfectio nostrae iustitiae est, quod Christus pro nobis mortuus et resurrexit« (191,11-13).
52 WA 17,1; 192,26-29.
53 According to Georg Buchwald's estimate, WA 10,1,2; LXXXII.

postil, so whoever is looking for this topic, should look for it and read.«[54]
This sermon introduced a theme to which Luther returned a number of
times in subsequent Easter sermons. He borrowed a line from Matthew's
account of Christ's resurrection (28,10, cf. John 20,17), Jesus' telling Mary
and Mary Magdalene, »Go and tell my brothers.« From that Luther spoke
of what it means to be the siblings of Christ and thus »fellow heirs« with
him of all that he is and has under his power. With recourse to 1 Corinthians 1,30 – God has made Christ Jesus »our wisdom and our righteousness
and sanctification and redemption« – the preacher employed a variation
of his »joyous exchange« analogy, telling his hearers that they, having
become God's children, share everything with him who is eternal truth,
power, wisdom, and righteousness, who rules everything in heaven and on
earth, who has all in his hands.[55] A decade later, making use of the theme
of »brothers« and »heirs« once more, Luther underscored the transformation of relationships that these words indicate takes place in the life and
thinking of sinners. »My Lord Christ, who died for me and rose from the
dead, says to me that all my sins are forgotten, and he wants to be my
brother and he wants me to be his brother, me, a scoundrel and a villain,
indeed the very brother of despicable devil. As such I do not want to accept
this [gift from God]. Although I am not worthy of it, I really need it, and
even if that were not the case, God is worthy of my giving him the honor
and regarding him as true God. If I do not believe, I commit, above and be-

54 WA 10,1,2; 214,7. 220,4f., and 217,26-38.
55 WA 10,1,2; 215,7-18. In his second sermon on Easter 1530, at the Coburg, Luther treated
   this topic extensively, WA 32; 79,3-93,26. In it he spoke at length in the language of the
   »joyous exchange,« reminding his hearers that Christ shares his »righteousness, life,
   wisdom, joy and comfort« with them, WA 32; 82,12-16. He praised the »presumptuous-
   ness« [Vermessenheit] of faith that grasps Christ as its own, WA 32; 87,3-36. The »joyous
   exchange« of having Christ as brother and joint-heir occurs also in Luther's Eastern
   sermon of April 5, 1533, WA 37; 358,5-363,6. Themes from 1520, in *Freedom of a Christian*,
   including liberation from and power over sin, death, and the devil, as well as the »joyous exchange« are repeated in this sermon. The concept of Christ's being brother and
   co-heir with believers occurs also in the Eastern sermon of March 28, 1535, WA 41; 51,20-
   55,8. In 1538 the theme of »brother« and »heir« again shaped much of what Luther told
   Elector Johann Friedrich and other hearers on Easter Monday, as he treated John 20, 17,
   WA 46; 329,12-354,24. Luther's second Easter sermon in the House Postil also treats this
   concept extensively, WA 52; 255,26-256,33.

yond all other sins, the greatest dishonor against the first commandment, in that I regarding him as a liar and a useless god.«[56] Without recourse to the language of justification, Luther clearly linked the restoration of the relationship between God and the sinner, which he believed constituted the righteousness of the human creature, to Christ's rising from the grave and the promise from his lips as he came back from death.

The affirmation that believers are Christ's siblings led Luther in 1538 to use Romans 4, 25 to come closer to explaining in what way Christ's death and resurrection each function. That he died and rose again »so that we might become his brothers« raised the question: why would Christ have needed to die and rise if not »that he might step in and take my sins and God's wrath upon himself through his cross and death, and through his resurrection give me a place as the heir of the forgiveness of all sins, eternal salvation and glory.«[57] Righteousness, Luther asserted, causes and constitutes this relationship of having Christ as brother, created not by the very best human performance in keeping God's commands but by Christ's making us God's children and bestowing forgiveness of sins and life eternal upon them. Then »you hear this word of Christ saying to you, ›Good morning my dear brother, in me your sin and death have been overcome. What I have done, have done for you.‹«[58] Luther used synonyms for his understanding of righteousness without expressing the fruits of the resurrection with that term. Restoration to righteousness lay for Luther in Christ's taking away sin and death, thus bestowing life through his own death and resurrection. That restores the relationship of sinners with their Creator and Father.

As he grew older, Luther proclaimed the resurrection with as much zest and zeal as ever. In 1544 he again took Mark 16 as his text on Easter Sunday. Without specific or precise citation of Romans 4, 25 he connected Christ's death and resurrection closely with each other and with the nature of God as Creator: God's original work of creation had »gotten moldy, obsolete, obscured, so that we could hardly recognize it as creation. Now there is a new day, a new beginning. Christ has renewed us, polished us

56 WA 46; 343,12-20.
57 WA 46; 348,16-30.
58 WA 46; 351,27-352,21.

up, made us new – yes, even us! That is a joyous proclamation of God's mercy, which he began and completed in his dear Son.«[59] On Christ's cross he completed everything – eternal life and righteousness. »He drowned and lynched death, sin, and hell and broke them to pieces – all of them disappeared. There they all are hanging on the gallows in the bright sun, condemned, accursed.« Luther summarized the battle that had ended in Christ's victory with a reference to Colossians 2, 15 with its comparison of the resurrection to a Roman parade of triumph, which put the conquered powers on public display in a spectacle of shame.[60] This victory becomes complete on Pentecost when the Holy Spirit brings God's people to faith, giving them life and righteousness, even though it may not seem visible in the midst of a sinful world.[61] As he moved toward the completion of his sermon, »Christ died for me, that the sin in me should be dead and that righteousness might be alive in me again,« Luther created several brief dialogs to drive home his point. The law addressed fallen human nature, »you have sinned, you belong to the devil,« to which that nature must agree. Luther urged this nature to open its eyes to the gospel and listen: Christ is not to be found among the dead. He has devoured and strangled the law, the devil, and death. The sinner should look all three in eye and say, »don't you know that the man who is named Christ has chomped you down? He has strangled you. He chewed you up again and today has risen from the dead. The battle is over.«[62] Luther then moved toward his conclusion that believers are alive in the righteousness which Christ has given by first fashioning a prayer, »O, my dear Lord Christ, awake in me the power of your resurrection. Teach me to sing properly ›Christ is arisen,‹« and his hearers were to pray in this manner: »when sin, hell, and the devil want to provoke you and terrify you, protect yourself [by saying]: ›are you listening, devil and sin, Christ is arisen.‹ You had to stomp on his head, devil. Get out of here. You killed an innocent man. If you try it again, you will also be able to believe and sing. Then you can stay. But you are lost [...].«[63]

59 WA 49; 353,25-31.
60 WA 49; 353,33-354,31.
61 WA 49; 355,32-357,25.
62 WA 49; 357,30-37.
63 WA 49; 359,31-37.

52

Luther's first sermon for Easter in the House Postil (1544), which Rörer reported Luther had preached in Wittenberg's town church in 1531, focused on Jesus' walk to Emmaus with the two disciples (Luke 24, 13-35). The scene embraced »two different pictures.« »The one is the sad, miserable, shameful, horrible, bloody picture which we have heard about on Good Friday, Christ hanging among the murderers and dying in great pain.« That presented Christ »as the true, eternal priest [who] gave himself as a sacrifice for our sins and with his death intended to pay for them.« Three days later Christ presents »another, beautiful, lively, cheery, joyous picture in himself, from which we certainly learn to take comfort, that not only are all our sins eliminated and destroyed through Christ's death but also that through his resurrection we are to become righteous.« This he affirmed on the basis of Romans 4, 25 and 1 Corinthians 15, 17f.[64] The rest of the sermon may be seen as an exposition of these verses, particularly the former.

The second picture eliminated the sin that the first placed upon Christ; it depicts »nothing other than righteousness, no pain and sorrow, but only joy, no death, but only life, and eternal life, which is far, far greater than temporal life.«[65] In developing the two pictures Luther had no hesitation to use the language of »payment« in describing what Christ accomplished on the cross. But he moved freely from that language to the language of victory on the battlefield over death and to the affirmation that Christ had risen from the dead to justify his people.[66] In this sermon, too, he turned to Colossians 2, this time using verse 14 as well as 15. Christ cancelled the statement of debt which the law had issued. As a kind of register of the sinner's debt, the conscience had testified against sinners. Just like a merchant confronted with a pledge to pay, signed and sealed by his own hand, sinners stand accused and condemned. But Christ nailed that statement to the cross. He made a hole right through it, tore it to shreds, so it has no validity anymore and can do no harm. Why can it not? »The Lord Christ was hanging for this reason on the cross, that he might step into our sin and pay for our sin with his body. That is the first picture.«[67] The second picture of Colossians

64 WA 52; 246,36-247,22.
65 WA 52; 247,23-33.
66 E.g., WA 52; 248,15-249,6; cf. 255,14f. 259,3-5.
67 WA 52; 249,7-36.

2 displayed again, as in the Easter sermon delivered in 1544, the spectacle of the Christian's enemies suffering the triumph of the resurrected Lord. He conquered death by enduring its attack as a righteous person. The result was that the three powerful enemies, death, sin, and the devil, lie at his feet. »We should take this to heart and believe firmly that in Christ God has fought with the devil and won; in Christ righteousness fought with sin and won; in Christ life fought with death, goodness with evil, honor with slander, and it won.«[68] Good Friday depicted »how our sin, our curse, and our death lay on Christ, but we see on Easter another picture, with no sin, no curse, no wrath, no death, but simply life, grace, salvation, and righteousness in Christ.« That picture sets hearts upright and comforts them.[69] By joining the words »righteous« or »righteousness« to a number of synonyms, Luther called his hearers' attention to the change in reality which Christ's resurrection had effected in their lives.

The second Easter sermon in the House Postil again wove 1 Corinthians 1,30, »Christ was made by God to be our wisdom, righteousness, sanctification and redemption« together with the effect of Christ's resurrection. The inheritance that the risen Christ shares with his people includes his being their righteousness. For those who not only live in sin but were conceived and born in sin, Christ has come »so that God does not look upon our sin nor count it against us, but he gives us the gift and steps back. For to be righteous means that God regards us as righteous despite the fact that we are on our own, poor miserable sinners.«[70]

Although Luther avoided precise description of the mechanics of justification through Christ's resurrection, he did regard the resurrection as the triumph and final setting aside of sin and guilt, of the power of Satan and death. That is what his people needed to hear, he believed. From early in his career to its end he spoke of Christ's death and resurrection as inseparable. Together they constituted God's way of dealing with the reality of human sinfulness and his own wrath against sin as well as his desire to restore his straying human creatures to righteousness, that is, to life in communion with himself.

68 WA 52; 250,23-35.
69 WA 52; 250,36-251,6.
70 WA 52; 257,12-17.

54

Knowing this benefits not at all unless believers recognize that »everything which God has done in Christ, happened for me, has been given to me, bestowed upon me, with the result that his resurrection has its impact on me, so that I arise and become alive with him,«[71] as he remarked in the Summer Postil of 1526. Christ's »rising for our righteousness« means, Luther argued, that as Abraham grasped God's promise to him, believers must trust that Christ's resurrection has taken away and trampled down the serpent's enmity, the curse, sin, death; and the devil. This liberating word from God takes over human hearts as it conquers death, the devil, sin, and every adversity as it turns look at Christ, »who has taken my sins on himself, tramped on the serpent's head, and become the blessing that lifts sin from my conscience and placed it on Christ, whom my sins wanted to kill. [...] God came and tore Christ away from those sins, made him alive, and not just alive, but placed him in the heavens and has him ruling over everything.« Echoing Romans 5, 12–21 (Christ as the Second Adam), the sermon continues to speak in terms of the joyous exchange, but also picturing Christ, laden with human sin, using his strength to stomp all sins into the ground and establishing his rule over all things for eternity, »so that I have a good conscience, am filled with joy, blessed, without fear of this tyrant since Christ took my sin from me and placed it upon himself.«[72] Here the resurrection dealt directly with death and the sin that had caused it. The resurrection placed both outside the reality of the lives of those for whom Christ's death served as the fulfillment of the law's demand for the death of the sinner.

The apprehension and enjoyment in the conscience depends on trust in the proclamation of the resurrection. This trust »creates« the »god« whom people follow, as Luther said in his Large Catechism.[73] When directed to Christ, the true God, trust creates a new identity for those who have this confident faith. At this point in the sermon the focus of Luther's description of the righteousness of the believer falls upon liberation from

71 WA 10,1,2; 220,9-16.
72 WA 10,1,2; 220,19-221,30.
73 Explanation to the First commandment, BSLK, 560f., *Book of Concord* (s. n. 37), 386f.

sin, but that liberation here is attained not through penal suffering or satisfying the law's demands (as earlier in this sermon),[74] but simply on Christ's eliminating sin through his resurrection victory. Hosea 13,14, speaking of redemption from death, and 1 Corinthians 15,54–57, provide more support for the conclusion of Romans 4,25b. Luther paraphrased the latter passage,

> »Death, what happened to your teeth? Come on, bite my finger off. For a while you had a spear; where did it go? Christ took it away from you, death. Where is your spear now? Sin, where is your stiletto and your power? The power of sin, according to Saint Paul, is the law. The more accurately the law is understood, the more sin puts on the pressure and smothers. That is why Paul said that Christ has pulverized the spear and whetstone and destroyed them.«

That meant that Christ »took away death and our sin and made us righteous with his resurrection.« That becomes effective in the believer's life through trust, confidence even in the midst of the on-going struggle with sin.[75]

Luther's sermon at the Coburg in 1530 made it clear that trusting in Christ's resurrection as having happened »for me« is itself the victory that brings salvation. Christ bestows righteousness in the midst of his people's sin and life in the midst of their death. »For sin, a bad conscience, hunger, disease, war, and such things, whatever it may be – you face them all on the basis of your having practiced well and your being well equipped [to combat them]. Therefore, you will quickly see that this terrible picture is nothing but the devil's weapon, and he will never rest.« Satan is always venturing to tempt believers. Even though they cannot take on sin, Jesus can, and so they look to him. In him they find victory and triumph. »On Good Friday I saw all my sins still hanging on Christ, but on Easter they are all gone.« Filled with hope, believers are not struck with fear in the face of sin and death. They hold fast to the resurrection and trust that »we have righteousness in the midst of sin and life in the midst of death through Christ.«[76] Again, the interaction of Christ's death and his resurrection in the restoration dare not be played off against each other. For Luther the two belong inseparably together.

74 Cf. ALTHAUS, Theologie (s. n. 3), 178-183, Theology (s. n. 3), 202-208.
75 WA 10,I,2; 221,35-223,8.
76 WA 32; 44,32-45,30.

That afternoon Luther proceeded with his treatment of the text; it led him to speak of another kind of righteousness, active righteousness, exercised in following God's command and fulfilling his callings for service in his world. Faith in Christ's resurrection creates this righteousness in the believer. Governmental officials, parents, children, servants all please God when they live in the righteousness which he commands and to which he calls. Nonetheless, Luther insisted that this righteousness which belongs on earth is not the righteousness with which God's people want to die. »When we die, we must have another righteousness, the righteousness of Christ,«[77] the righteousness bestowed through his resurrection.

As throughout his Easter preaching Luther's message in his last years emphasized the believer's appropriation of Christ's work through faith. In the House Postil faith was to take hold of the picture of life and find joy and comfort in it.[78] One aspect of faith, banishing of fear of death, devil, and world, which causes the heart to jump for joy and sing God an eternal »*Te Deum laudamus.*«[79] Trust that Christ has made his people his own siblings and co-heirs moves them to have the confidence to pray.[80] It also moves them to »put their sinful desires and activities to death and lay them aside and to live as God's chosen people, holy, beloved, and to put on heartfelt mercy, kindness, humility, gentleness, and patience, so that everyone may bear the other and forgive, etc.,« as Paul had written in Colossians 3, 12 f.[81] The Lucan commission of Christ to preach repentance and forgiveness of sin among all peoples also arose out of Christ's suffering and his rising from the dead and faith in his work. That living in the rhythm of law and gospel arose from the death and resurrection of Christ and bestowed grace and righteousness upon the sinner in God's sight and in the exercise of love for the neighbor.[82]

77 WA 32; 52,23-39.
78 WA 52; 251,32-253,4.
79 WA 46; 333,20-26; cf. WA 52; 254,6-17.
80 WA 46; 344,13-28.
81 WA 52; 258,23-34.
82 WA 52; 261,31-265,10.

Paul's argument in Romans 4 continues through chapter five's association of death with Adam and restoration of life with Christ (5, 12-21) into
his address of daily Christian living set in place through the new identity
bestowed in baptism in chapter six. Luther did not cite 4, 25 explicitly in
lecturing on the sixth chapter in 1515-1516. However, with reference to Augustine's comments on the chapter,[83] he did focus on the death to sin and
gift of new life in baptism, which bring sinners out from death's dominion
into the rule of righteousness.[84] His later understanding of the justifying
nature of the baptismal form of God's Word as promise is not yet evident
at this point, but within the schema of »*sacramentum*« and »*exemplum*,«
Luther emphasized the crucifixion of the old self (Romans 6,6) and the
resurrection of the »inner person« as Paul described it in Colossians 3, 1.[85]
»Baptism was established to direct us toward death and through this death
to life,« Luther concluded, although he focused not on the decisive act
of God's justifying Word but rather on the struggle with the continuing
presence of sin and evil in the lives of the baptized, from which they must
die in daily repentance.[86] Nonetheless, Jens Wolff concludes that here
Luther views the »death of death« as a parallel in its designation of life to
»the sin of sin,« interpreting it as clearly an affirmation of the bestowal
of righteousness.[87] The reformer was still on his way toward the mature
understanding of God's restoration of the sinner to righteousness in his
sight that justifies Jonathan Trigg's judgment that Luther's »doctrine of
justification by faith is intimately related to – indeed even predicated
upon – [his] understanding of the abiding covenant of baptism.«[88]

In the several series of baptismal sermons which the Wittenberg congregation heard from Luther's lips over the years, the connection of the
bestowal of righteousness through the baptismal participation in Christ's

83 *Expositio quarundam propositionum ex epistula ad Romanos*, § 35 (PL 35:2069).
84 WA 56; 321,10-25 (= LW 25; 308).
85 WA 56; 321,25-322,5 (= LW 25; 309f.).
86 WA 56; 324,27-33 (= LW 25; 312).
87 WOLFF, Metaphor und Kreuz (s. n. 9), 482f., referring to WA 56; 323,12-27; cf. Wolff's further development of this comparison, pp. 486-488.
88 TRIGG, Baptism (s. n. 6), 2.

resurrection deepened and expanded this point in the Romans lecture. In 1525 he introduced a lengthy examination of Romans 6 into a sermon on Matthew 5, 20, detailing the death to sin which baptism accomplishes and also proclaiming that »just as Christ died and suffered death, he also rose. Indeed, Christ did both, entering into death and leaving it behind, and we, too, enter into death through faith. Through him we die and are buried. Through his resurrection we move into life and his resurrection.«[89]

In 1528, preparing for writing his catechisms, Luther told the congregation that in Romans 6 Paul had taught that »baptism kills us with Christ, so that we may die to sin, so that sin is drowned, and killed with Christ … with Christ we go down and die to sin.«[90] Then, »through the washing« of Titus 3, 5, sinners »become new creatures: an essential transformation takes place in the person, so that I come from sin to righteousness, from death, etc. and this is no sign.« Luther points to »many passages« in the New Testament, »where remissions of sins, death to sin, putting on Christ, a washing of new birth are ascribed to baptism.«[91] In this and other passages which bring together the death of the sinner to the judgment and condemnation of sin and the resurrection of that sinner to new life as God's child, the reformer did not cite Romans 4, 25, nor did he dwell on the connection of Christ's death and resurrection to the baptismal act of new creation. He did, however explicitly link this death of the sinful self and restoration of life to justification by faith. The link between the two must have been obvious to preacher and hearers who knew the reformer's Small Catechism's use of Romans 6 in speaking of baptism and its impact on daily life.[92]

89 WA 17,1; 339,3-7. In a sermon of October 6, 1532, he also brought Christ's death for human sin into connection with the gift of life given through Christ's resurrection, without using the specific language of Romans 4, 25, including the word »justification,« WA 36; 542,13-543,13. He pursued the same topic in the sermon of the following Sunday, WA 36; 551,4-554,22. See G. EBELING, Des Todes Tod. Luthers Theologie der Konfrontation mit dem Tode (ZThK 84, 1987, 162-194, esp. 172-179).

90 WA 27; 59,25-29.

91 WA 27; 60,3-7. Cf. a similar passage in his sermon of January 25, 1534, where Luther said that the the washing of regeneration of Titus 3 makes the baptized »jung und new. Ibi exutus vetus homo, mortem, Ex morte in vitam, ex peccato in iusticiam, ex ira gratiam, nascimur ex hac vita in eternam,« WA 37; 266,5 f.

92 E. g., a sermon of February 1, 1534, WA 37; 20-34, which explicitly links the death of the sinful self and the restoration of life to justification by faith. In a sermon of February

Luther's use of Romans 4, 25 reveals that his understanding of the restoration of human righteousness – passive or »alien« in God's sight, but also active or »proper« in relationship to God's creatures – flows from his understanding of what Christ accomplished by dying and rising from the dead in behalf of sinners. He continued to speak of Christ's death as the substitutionary satisfaction for the penalty imposed by the law of God and the wrath against sin that stood behind it. This ending of sin and death was an integral part of the restoration of righteousness in God's sight, Luther was convinced. Also integral to his understanding of justification was the restoration of life which Christ's resurrection accomplished and which he exchanged with his bride as he buried human sin through his death and bestowed life through his resurrection, above all, in baptism. The restoration of human righteousness in God's sight not only involved losing one's sinfulness, Luther believed. It also involved the restoration of life, a life of righteousness in God's view and also in the visible, tangible fulfillment of God's expectations for the practice of the righteousness of love toward the neighbor and the rest of creation. Romans 4, 25 served well as a summary of the Wittenberg reformer's conception of the work of Christ as the basis of the justification of sinners.

17, 1538, he more explicitly refers to the bood and death of Christ as bestowing »moritifcatio peccati et mortis« and the washing of regeneration »donacio iusticiae et vitae.« WA 46; 176,2-12. Two weeks later, March 3, 1538, he also spoke of baptism in connection with Christ's blood and asserted that it »wircke das lebenn unnd ewige seligkeit reinige vom tode, von den sunden unnd aller ungerechtigkeit und mach uns kinder der ewigen seligkeit« through the eternal covenant with Christ which baptism effects, WA 46; 195,22-26. In his sermons for the baptism of Bernhard of Anhalt, April 1 and 2, 1540, he focused on the joyous exchange effected by Christ's death, WA 49; 120,25-121,27, and WA 49; 124,23-32, but in the latter passage he described the exchange with reference to the baptizeds' receiving »righteousness and life.« His subsequent elaboration of this reiterates that Christ died for sin without repeating the other half of Romans 4, 25, concerning his resurrection, WA 49; 125,6-127,36; 131,41-133,16.

Opus Dei gratiae: Cooperatio Dei et hominum

Luthers Darstellung seiner Rechtfertigungslehre in *De servo arbitrio*

Von Eilert Herms

Ulrich Köpf zum 70. Geburtstag

In den *Schmalkaldischen Artikeln* hat Luther festgehalten, dass mit seiner Sicht und seiner Lehre vom Gerechtfertigtwerden des Sünders durch und vor Gott das Ganze seiner reformatorischen Theologie stehe und falle.[1] Das ist in der Tat so. Warum? Weil Luthers Rechtfertigungslehre nichts anderes ist als die Konsequenz und Zusammenfassung seiner Sicht der im Christusglauben gewissen Wahrheit über das ursprüngliche Wesen des Menschen, seiner Welt und Gottes. Luther sieht: Die für das Zustandekommen dieses Christusglaubens wesentliche[2] christliche Predigt und Lehre hat – indem sie »den gekreuzigten Christus«[3] zu ihrem einzigen Inhalt hat, also indem sie keinen anderen Gegenstand hat als das Rechtfertigungshandeln des Schöpfers am sündigen Menschen[4] – nichts anderes zum Inhalt als die Wahrheitsgewissheit des Menschen über sich selbst und über Gott,[5] also nichts anderes als die Wahrheitsgewissheit des Menschen über das *Verhältnis* zwischen dem, was er als Geschöpf, und dem, was Gott als der Schöpfer des Alls kann,[6] sowie letztlich über dessen Allwirksamkeit;[7] und

---

1 BSLK 415,4-416,6.
2 Die mündliche Predigt und Lehre des Evangeliums ist die notwendige Bedingung für das Zustandekommen des Glaubens. Die hinreichende Bedingung ist das innere Lehren des Geistes: CA 5. – In *Dsa* (= *De servo arbitrio*): WA 18; 607,4 ff.; 609,11 ff.; 658,17 ff.; 745,29 f.; 751,29-35; 781,32-782,11.
3 AaO 639,1 ff. – Vgl. auch: aaO 648,4 ff; 650,5.
4 Zu Luthers Bestimmung des Gegenstands der Theologie als »homo reus et perditus et deus iustificans vel salvator« vgl. G. EBELING, Cognitio Dei et hominis (1966) (in: DERS., Lutherstudien I, 1971, 222-272).
5 WA 18; 614,18. – Vgl. auch: EBELING, Cognitio (s. Anm. 4).
6 AaO 614,9-18.
7 AaO 614,27 ff.

sie lehrt hinsichtlich des Zustandekommens dieser Wahrheitsgewissheit, diese werde dadurch bewirkt, dass den Adressaten[8] dieser Predigt und Lehre durch die geistgewirkte Erschließung von deren eigenem Gehalt eine erfahrungsmäßige Begegnung mit sich vermittelt werde, welche die jeweils betroffene Person der Realität des Gegenstandes und der Wahrheit dieser Lehre gewiss macht, indem sie sie aus dem Hochmut, der sich aus dem Schein ursprünglicher[9] Selbstständigkeit ihres Seins gegenüber dem Schöpfer speist, in diejenige »wahre« Demut stürzt, welche nicht das Resultat eigener Selbstdemütigung ist, sondern das Resultat des Erlebens ihrer ursprünglichen Nichtselbstständigkeit gegenüber ihrem Schöpfer und ihrer radikalen, und darum auch bleibenden, Ausgeliefertheit an ihn.[10] Es sind diese ontologischen – nämlich theologischen, kosmologischen und anthropologischen – Wahrheiten der christlichen Verkündigung und Lehre, aus denen sich die Wahrheit der reformatorischen Sicht des Gnadengeschehens, das die Gerechtigkeit des Sünders vor Gott und sein ewiges Heil wirkt, *ergibt* – jener Sicht dieses Geschehens als eines solchen, das von der betroffenen Person jeweils ausschließlich erlitten wird, ohne dass diese zu ihm irgendeinen eigenen Beitrag leisten könnte. Darum wird denn auch die spezifische Sacheinsicht, die in Luthers Rechtfertigungslehre zur Sprache kommt, verfehlt, wenn sie nicht als *Konsequenz und Zusammenfassung* all jener ontologischen, anthropologischen, kosmologischen und theologischen Einsichten vorgetragen wird, wenn also nicht deutlich bleibt: All diese ontologischen – theologischen, kosmologischen und anthropologischen – Einsichten werden von dieser Lehre vorausgesetzt und *sind in ihr bleibend enthalten.*[11]

Dem Versuch, Luthers Theologie und ihre summarische Spitze, seine Rechtfertigungslehre, unter Beiseitestellung dieses ihres komplexen onto-

---

8 AaO 609,5-12; 658,17-659,33.

9 Schon hier sei angemerkt: Als falsch erweist sich nur diese Meinung einer *ursprünglichen* Selbstständigkeit des Geschöpfes gegenüber seinem Schöpfer, keineswegs jedoch – wie wir später sehen werden (unten Abschnitt 9) – die Anerkennung einer *relativen* Selbstständigkeit des Geschöpfes gegenüber dem Schöpfer.

10 WA 18; 632,29-633,6; 644,5 ff. – Vgl. auch: aaO 699,3-6.

11 Von dieser Überzeugung leben schon die von mir gemeinsam mit Wilfried Härle verfassten und veröffentlichten Studien in dem Bändchen: W. HÄRLE / E. HERMS, Rechtfertigung – das Wirklichkeitsverständnis des christlichen Glaubens, 1979.

logischen – also horribile dictu: »metaphysischen«[12] – Gehaltes zu würdigen und festzuhalten, begegnen wir nicht erst in programmatisch metaphysikfeindlichen Kreisen evangelischer Theologie in der jüngeren Neuzeit,[13] sondern schon zu Luthers Lebzeiten. Nämlich bei Erasmus,[14] der, ohne Luthers Gnaden- und Sakramentslehre »gänzlich zu verurteilen«[15], dennoch die Behauptung und öffentliche Lehre der darin enthaltenen anthropologischen Einsicht von der radikalen Passivität des Menschen – und dann natürlich erst recht die Behauptung und öffentliche Lehre von deren kosmologischen und theologischen Voraussetzungen: über die Immutabilität von Gottes Präszienz und über die darin begründete Notwendigkeit, die allem Werden auferlegt ist – für entbehrlich, ja schädlich hält.[16]

Diesem ersten – und damit auch jedem späteren – Vorschlag, den Christus- und Rechtfertigungsglauben ohne diesen seinen komplexen ontologischen Gehalt zu verstehen, hat Luther selbst in seiner Antwort an Erasmus eine gründliche Absage erteilt. Wenn Luther diesen Text und die *Katechismen* als die beiden einzig erhaltenswerten unter seinen Schriften einschätzte,[17] so wohl deshalb, weil er hoffen durfte, mit ihnen allen Versuchen, seine Rechtfertigungslehre um deren wesentlichen ontologischen Gehalt zu kürzen, ein für alle Mal den Weg verlegt zu haben. Nirgendwo sonst hat Luther so umfassend und nachdrücklich wie hier die ontologischen, also die theologischen, kosmologischen und anthropo-

---

12 Von »Metaphysik« kann auch in der Theologie unaufgeregt die Rede sein, wenn der Ausdruck nichts anderes bezeichnen soll als den Gegenstandsbezug einer bestimmten Klasse von Aussagen; nämlich derjenigen, welche nicht auf irgendwelche Einzelereignisse oder Mengen oder Klassen von solchen gehen, sondern auf die dauernden Züge, die allen möglichen erkennbaren Ereignissen als solchen eignen und die durch ihr Dauern die Kontinuität und Identität des Ereigniszusammenhangs begründen. Über das Zustandekommen solcher Aussagen besagt der Ausdruck nichts. Keineswegs ist in der Rede von »Metaphysik« immer mitgemeint, dass die in ihr zur Sprache kommenden Einsichten das Produkt einer ihrer selbst mächtigen Vernunft wären.

13 Vgl. etwa W. HERRMANN, Der Verkehr des Christen mit Gott. Im Anschluss an Luther dargestellt, 1886, ⁷1921; K. HOLL, Gesammelte Aufsätze zur Kirchengeschichte, Bd. 1, Luther, 1920, ⁷1948.

14 ERASMUS, De libero arbitrio Diatribe (1524), ed. J. v. WALTER 1910.

15 WA 18; 624,2.

16 AaO 609,15 ff.; 621,1 ff.

17 WAB 8; 99,7 f.

logischen, Voraussetzungen und Implikationen seiner Sicht des Gnaden-
und Rechtfertigungsgeschehens explizit beim Namen genannt und sie als
unverzichtbare Inhalte der christlichen Lehre und auch des christlichen
Glaubens behauptet.

Freilich geschieht das in einer für den Leser nicht eben leicht nach-
zuvollziehenden und durchsichtigen Weise. Luther wendet sich nämlich
dem Text des Erasmus und seinen Aussagen Punkt für Punkt zu und
widerlegt alle diese Punkte einzeln. Dabei greift er in jeder dieser aufein-
anderfolgenden Widerlegungen auf diejenigen Elemente seiner Gesamt-
ansicht zurück, die jeweils für die Entkräftung der aufgegriffenen Einzel-
thesen des Erasmus relevant sind. Dem Leser kann also nicht zweifelhaft
sein, *dass* Luthers Widerlegungen aus dem systematischen Ganzen seiner
christlichen Wirklichkeitssicht, wie es ihm gedanklich präsent ist, schöp-
fen und *dass* er somit dieses Ganze seiner Gesamtsicht gegen Erasmus
zur Geltung bringt. Gleichwohl kommt dem Leser der Schrift nirgends
dieses Ganze der Sicht Luthers in ihrem systematischen Zusammenhang
explizit zu Gesicht, sondern immer nur in den Ausschnitten, die jeweils
für die Widerlegung einer Erasmischen Aussage relevant sind. So bleibt
dem Leser die Aufgabe, selbst die Sicht der Sache, die Luther in immer
neuen Anläufen und von verschiedenen Seiten zur Sprache bringt, nachzuvollziehen und sich ihre zusammenhängende Einheit aus den explizit
vorgetragenen Teilhinweisen klarzumachen.

Einen Vorschlag zur Lösung dieser Aufgabe lege ich hier vor. Er verläuft
in folgenden Schritten: Besinnung auf Luthers Sicht derjenigen Erschlos-
senheit (oder: Zugänglichkeit) des Realen, welche ontologische Gewissheit ermöglicht und begründet (I). Luthers Sicht des einheitlichen Grund-
charakters des so erschlossenen Realen als desjenigen *Werdens* (»fieri«), in
welchem sich die Menschheit als gewordene und werdende vorfindet (II).
Luthers Sicht vom Ursprung dieses Werdens in einem *Wollen* (»voluntas«),
dessen Wesen darin besteht, von sich aus – also frei (»libere«), nicht kraft
Verursachung von außen und nicht gezwungen – für sich selbst Ziele, die
ihm nicht von anders woher vorgegeben sind, vorausschauend (»praescien-
ter«) zu wählen und sie wirkkräftig (»efficaciter«) zu realisieren, sowie Luthers Sicht vom ursprünglichen (d. h. seinem Ursprung entsprechenden)
Charakter solchen Werdens als einer zielstrebigen »operatio« (»actio«,

»opus«, »factum«) (III). Luthers Sicht vom *transzendenten Charakter des Ursprungs dieses Werdens* im Wesen, Wollen und Wirken Gottes, der Welten schaffenden Allmacht, und von dem diesem transzendenten Ursprung entsprechenden Charakter dieses Werdens als immutabel zielstrebigem *opus Dei* (IV). Luthers Sicht dieses *opus Dei* als eines solchen, welches das menschliche Wollen einschließt und das also insofern – eben weil es die *cooperatio Dei et hominis* will und wirkt – ursprünglich, von Anfang bis Ende, das *opus Dei gratiae* ist (V). Luthers Sicht der radikalen *Asymmetrie* dieser *cooperatio* (VI). Luthers Sicht von der *Ökonomie* des *opus Dei gratiae* (VII). Luthers Sicht von der schlechthinnigen *Passivität* des Menschen im *opus Dei gratiae* (VIII). Luthers Sicht von der relativen *Aktivität* des Menschen im *opus Dei gratiae*: seine Sicht vom *dominium terrae* (bzw. den »guten Werken« des Glaubens) sowie vom Glauben selbst als der von der Offenbarung der Gnade Gottes ermöglichten willentlichen Selbstpreisgabe des Geschöpfes an den Schöpfer (IX).

I Die Erschlossenheit (Zugänglichkeit) des Realen

Luther schließt seine Schrift in der Überzeugung, die Wahrheit seiner Sicht von der Nichtexistenz einer Kraft des freien Entscheidungsvermögens[18] zur Hinwendung zu Gott mit unwiderleglichen Argumenten bewiesen zu haben: Sie sei die sachlogische Konsequenz aus Prämissen, die zum Wesensgehalt des christlichen Glaubens gehören, – nämlich aus dem geglaubten unveränderlichen, unwiderstehlichen und darum auch unfehlbaren Vorhergesehen- und Vorherbestimmtsein allen Geschehens durch den Schöpfer (also aus einer theologischen und kosmologischen bzw. schöpfungstheoretischen Prämisse), aus dem geglaubten Ausgelie-

---

18 Die gängige Übersetzung von »arbitrium« als »Wille« oder »Willensvermögen« (so A. Lexutt in: M. Luther, Lateinisch-deutsche Studienausgabe, Bd. 1, 219 ff.) verunklart, dass das *arbitrium* zwar für das Wollen wesentlich, aber nicht einfach mit ihm identisch ist. Für den genauen Nachvollzug von Luthers Sicht der Sache kommt es jedoch gerade darauf an, die Komplexität der konstitutiven Momente dessen, was »Wille« (»voluntas«) genannt wird, in den Blick zu bekommen. Nur unter dieser Voraussetzung kann an der Sache (am Phänomen) selbst eingesehen werden, dass und inwiefern die Behauptung einer Passivität des Wollens *keine* contradictio in adjecto, sondern die genaue Erfassung der Realität ist.

fertsein des ganzen Menschen[19] an den kontinuierlichen und unaufhörlichen Kampf zwischen Satan und Christus um die Herrschaft über den Menschen (also aus einer geschichtstheoretischen Prämisse), aus der geglaubten Realität der Erbsünde, des *peccatum originale* (also aus einer anthropologischen Prämisse), aus dem Faktum, dass Gott das Heil in Christus nicht den Juden aufgrund ihrer Gesetzeserfüllung, sondern aus reiner Gnade den Heiden zugewendet hat (also aus einer soteriologischen Prämisse) und schließlich – summa summarum – aus der Tatsache des Christusgeschehens selbst (also aus der Grundprämisse, in der alle zuvor genannten Prämissen zusammengefasst sind).[20] Dabei ist sich Luther jedoch bewusst, dass die Überzeugungskraft dieser Argumentationen nicht durch ihre logische Fehlerlosigkeit garantiert wird, sondern dass sie zuerst und zuletzt von der Wahrheit eben der genannten Prämissen selber abhängt, die vor und unabhängig von den auf ihnen aufbauenden Schlussfolgerungen zugänglich und gewiss sein müssen. Als das eigentliche Fundament menschlicher Wahrheitsgewissheit nimmt Luther daher auch die »evidentia rerum«[21] an: die unhintergehbare Tatsache der Evidenz (des Erschlossenseins) des dem Menschen zu erkennen gegebenen Realen in seiner Eigenart für den Menschen.[22]

---

19 Zu Luthers Insistieren darauf, dass nicht nur einige – nämlich die niederen – Teile des Menschen, sondern der Mensch im Ganzen, einschließlich seines »Herzens« als Sitz der ihn von den Tieren unterscheidenden Vermögen von Vernunft und Wille (ratio et voluntas) diesem Kampf unterworfen ist, vgl. WA 18; 744,3 ff.; 780,35 ff.

20 AaO 786,3-20. – Zu der Gewissheit, dass das Christusgeschehen eine Kraft des *liberum arbitrium*, von sich aus zum Heil des Menschen beizutragen, ausschließt, vgl. auch: aaO 683,24-681,1; 642,4-6; 648,3 ff.; 649,28.

21 AaO 641,8. – Zur Berufung auf Evidenz vgl. im Übrigen: aaO; 656,25; 699,20 f.; 726,5; 776,27; 777,30.

22 Als altertümlich, für den modernen Menschen fremd und überholt kann das methodische Vorgehen Luthers gegen Erasmus nur solange wirken (wie etwa auf A. FREITAG, den Herausgeber der Schrift in der WA: »Wo er [Luther] beweist, arbeitet er mit einer für uns nicht mehr überzeugenden und oft von scholastischer Dialektik sich in nichts unterscheidenden Methode. Ihren Ausgangspunkt hat dieselbe [...] in den Theologumenen des Paulus in Röm 9 ff. [...] eine tiefere psychologische Betrachtungsweise war jener Zeit noch fremd« [!]: aaO 595), wie nicht gesehen und ernst genommen wird, dass für Luther alle Gewissheit letztlich verankert ist in der »evidentia rerum«.

Warum ist diese *evidentia rerum* von sich aus hinreichend, Wahrheitsgewissheit zu begründen? Etwa deshalb, weil sich in ihr das an-sich-Sein
des Realen in vollendeter Unverhülltheit präsentiert, also die ganze und
vollendete Wahrheit des Realen? Nein. Die durch die *evidentia rerum* begründete Wahrheitsgewissheit hat in den Augen Luthers einen entschieden geringeren Charakter und Status. Sie besteht ausschließlich darin,
dass die *evidentia rerum* für den durch sie betroffenen Menschen insoweit
– also soweit diese Evidenz herrscht – den Zweifel ausschließt.[23] Damit
ist, wie Luther ausdrücklich festhält, *nicht* unüberbietbare Vollkommenheit der Erfassung des Realen in seinem an-sich-Sein verbunden. Die wird
erst erreicht sein, wenn der jetzige Zustand der stückweisen Erfassung,
in dem zugleich und nebeneinander stehen bleiben: die angemessene Erfassung von einigem und die nicht angemessene Erfassung von anderem,
überwunden sein wird zugunsten eines Zustandes, in dem die angemessene Erfassung von *einem* zugleich die angemessene Erfassung von *allem*
einschließen wird. Bedingung dafür ist, dass alles »in Gott« (»in Deo«)
erfasst wird. Denn dessen Wirklichkeit zu erfassen, ist die Bedingung für
jedes angemessene Erfassen von geschaffenem Realen überhaupt.[24] Diese
Wirklichkeit Gottes restlos zu erfassen, wird uns jedoch – das gilt für
Luther mit Paulus[25] – erst im Eschaton gegeben sein.[26] Luther sieht also
die durch die *evidentia rerum* geschaffene Wahrheitsgewissheit in einem
Wachstumsprozess,[27] der auf eschatische Evidenz und Gewissheit hin ausgerichtet ist und erst in ihr sein Ziel findet. Die drei wesentlichen Stufen
dieses Prozesses werden von Luther gegen Ende der Schrift gegen Erasmus
ausdrücklich namhaft gemacht. Es sind die Stufen des Existierens im

---

23 AaO 605,8f.: »Mit Gewissheit« (»certo«) wird etwas »erfasst« (»apprehenditur«), wenn
die Erfassung den Zweifel ausschließt: »Jemand wird etwas mit Gewissheit erfassen,
wenn er es nicht mehr bezweifelt haben wird« (»non dubitaverit«).

24 AaO 605,9–14. – Auf denselben Sachverhalt weist Luther in der *Disputatio de homine*
hin (These 17; WA 39,I; 175,36f.): »Nec spes est, hominem in hac praecipua parte (sc.
anima) sese posse cognoscere quid sit, donec in fonte ipso, qui Deus est, sese viderit«.

25 I Kor 13,12b.

26 Im Eschaton gilt: »cessante lumine verbi et fidei res ipsa et maiestas divina per sese
revelabitur«: WA 18; 785,22f.

27 Zum Ganzen vgl. H. GERDES, Zu Luthers Lehre vom Wirken des Geistes (LuJ 25, 1958,
42-60, dort bes. 51-55).

lumen naturae, im *lumen gratiae* und im *lumen gloriae*.[28] Für alle drei gilt, dass in ihnen das Reale jeweils mit derjenigen jeweils zweifelsfreien Gewissheit erfasst wird, welche durch die für jede Stufe charakteristische *evidentia rerum* geschaffen wird. Wobei gilt, dass die *evidentia rerum* jeder späteren Stufe umfassender ist als die der jeweils früheren.

Luther selbst beansprucht, schlicht als »Christ« zu sprechen,[29] nimmt also als Grund für seine Wahrheitsbehauptungen (für seine »assertiones«)[30] diejenige *evidentia rerum* in Anspruch, die dem *lumen gratiae* gewährt wird. Immer wieder finden sich in unserer Schrift Äußerungen, die erkennen lassen, wie beschaffen die *evidentia rerum* ist, durch die diese Stufe begründet wird, und wie sie sich zur Stufe des *lumen naturae* und den für dieses fundamentalen Evidenzen verhält:

Ein wesentliches Element im Ganzen der evidenten Realien (der evidenten »res«), die das *lumen gratiae* begründen, ist der sprachliche Sinn der christlichen Verkündigung und Lehre, insonderheit in ihrer kanonischen Gestalt, der Heiligen Schrift. Für jeden, der überhaupt der Sprache mächtig ist, ist der Gegenstandsbezug dieser Rede klar; für ihn ist klar, wovon (von welchem Realen) diese Texte reden: Sie bringen die Offenbarung des Gekreuzigten als des Christus zur Sprache als das Offenbarwerden der im Geheimnis Gottes, des Schöpfers, verborgenen Weisheit seines Wollens und Wirkens.[31] Die *res* dieser Rede sind sprachlich unmissverständlich klar: Der Schöpfergott, die Menschen als Kreaturen,[32] die Dreieinigkeit Gottes, die Menschwerdung Christi, des Sohnes Gottes, sein Tod für uns Sünder,[33] seine ewige Herrschaft etc. – Freilich reicht diese natürliche Evidenz des Gegenstandsbezugs der christlichen Verkündigung und Lehre sowie der Heiligen Schrift[34] für jedermann nicht

---

28 WA 18; 785,26-38.

29 AaO 786,25 f.

30 AaO 603,2-604,5; 787,12.

31 AaO 606,17 f.; 607,1-3.8.21 ff.; 639,2 f.; 778,32 ff.

32 AaO 609,9.

33 Auch die Sünde gehört zu dem Realen, das die Schrift zur Sprache bringt, zu dessen Sicht aber der Mensch zunächst nicht fähig ist: aaO 782,15-21.

34 In *Dsa* liegt der Ton vor allem auf der evidenten Klarheit des Literalsinnes der Schrift. Diese Akzentsetzung ist veranlasst durch die Erasmische Behauptung der Unklarheit des Schriftsinnes. Sie schließt keineswegs aus, dass Luther auch hier wie sonst stets die

aus zur Begründung des *lumen gratiae*. Vielmehr ist dafür darüber hinaus erforderlich, dass der Adressat dieser Rede auch zum eigenen Sehen der hier zur Sprache gebrachten Realien (der hier zur Sprache gebrachten »res«) befähigt wird, sodass sie ihm dadurch präsent werden als evidentermaßen an sich selbst so beschaffen wie in der christlichen Predigt und Lehre und in der Heiligen Schrift beschrieben und so, dass ihm damit ipso facto auch die Wahrheit des christlichen Zeugnisses evident wird. Wer im *lumen gratiae* steht, weiß, dass ihm diese Fähigkeit zur eigenen Sicht der in christlicher Lehre und Heiliger Schrift zur Sprache gebrachten Dinge zunächst nicht zu eigen war,[35] sondern dass sie ihm erst durch eine Selbsterfahrung, eine Begegnung mit der eigenen Existenz, zuteilwurde, die allen Schein beseitigte, der ihn bis dato daran hinderte,[36] seiner selbst als des ursprünglich und restlos der Gnade seines Schöpfers ausgelieferten Geschöpfes ansichtig zu werden, als das ihn die christliche Lehre und die Heilige Schrift beschreibt. Luther hat diese – durch die Begegnung mit der christlichen Lehre und der Heiligen Schrift veranlasste, aber nicht auch schon bewirkte – Erfahrung, welche Sichtfähigkeit bewirkt, wie vielfach so auch in unserer Schrift als diejenige »Demütigung« beschrieben, welche deshalb die »wahre« ist,[37] weil sie nicht vom Menschen selbst bewirkt wird, sondern ihm als die Erfahrung seines ihm-selbst-aus-der-Hand-genommen-Werdens widerfährt, die vom Geist des Schöpfers selbst bewirkt wird,[38] durch dessen schaffendes Wirken allein[39] der Mensch dasjenige ausgezeichnete Geschöpf ist, als das er in dieser Welt existiert.[40] Worin aber ist es begründet, dass es just das Wirken dieses Geistes ist, welches den Adressaten von Verkündigung und Schrift die Fähigkeit zur Sicht des von diesen zur Sprache gebrachten Realen (der von ihnen zur Sprache gebrach-

---

Schrift nur im Kontext des Ganzen der mündlichen Verkündigung und Lehre der Kirche vor Augen steht.

35 AaO 609,6; 658,18 ff.

36 Von Luther angesprochen als »obscuritas cordis« (aaO 609,4 f.), als aus Blindheit stammende (aaO 607,10; 658,17-659,33) »persuasio« (aaO 632,33), selbst etwas zum Heil beitragen zu können.

37 AaO 632,29-633,6; 644,5 ff.

38 AaO 609,11 ff.; 658,25 f.; 782,9 f.; 782,17.

39 So Luthers Auslegung von Gen 2,7 in der großen Genesisauslegung: WA 42; 63 ff.

40 Zur geschöpflichen Verfassung des Menschen vgl. unten Abschnitt 6 (b).

ten »res«) befähigt? In nichts anderem als darin, dass dieser Geist, der die Sichtfähigkeit der Adressaten des Zeugnisses schafft, kein anderer ist als derjenige, welcher auch schon die Zeugen, die Autoren der Schrift und des christlichen Zeugnisses, zur Sicht eben derjenigen Züge der Existenz von Mensch und Welt aus und vor Gott befähigte, welche in ihrem Zeugnis zur Sprache kommen. Somit erweisen sich die beiden konstitutiven Momente derjenigen *evidentia rerum*, welche die Existenz im *lumen gratiae* begründet, die Schrift ebenso wie die die Wahrheit ihres Zeugnisses evident machende »Belehrung durch die Natur«[41] bzw. »Erfahrung«[42] des »Lebens«[43], als aus ein und derselben Quelle stammend: aus dem Wirken des Geistes Gottes, des Schöpfers.

Damit aber kommt nun auch schon in den Blick, wie sich die Existenz im *lumen gratiae* zu derjenigen im *lumen naturae* verhält. Jene, die Existenz im *lumen gratiae*, setzt diese, die Existenz im *lumen naturae*, voraus – sowohl für ihr Zustandekommen als auch in ihrem Inhalt:

Schöpfer der Existenz im *lumen gratiae* ist kein anderer als der, welcher auch schon Schöpfer der Existenz im *lumen naturae* ist: der Geist Gottes, des Schöpfers. Dieser bewirkt den Übergang der Existenz im *lumen naturae* in die Existenz im *lumen gratiae*, indem er sich an die Bedingungen des ersteren bindet: die Abhängigkeit der Gewissheit des Menschen – und seines jeweils durch diese Gewissheit bedingten Vernunftgebrauchs – von der ihn jeweils bestimmenden *evidentia rerum*.

In der Bindung an diese Grundgegebenheiten und in ihrer Kontinuierung bewirkt er nichts anderes, als dass er die für die Existenz im *lumen naturae faktisch* – und zwar aus zwei Gründen (»imbecillitas naturae« und »operatio [regnum, oppresio, nequitia] Satanis«)[44], die später genauer zu thematisieren sind – bestehende Beschränktheit des Umkreises von Realem, das evident ist, sowie die entsprechende Beschränktheit der Gewissheit, die auf dieser Evidenz nur eines beschränkten Umkreises von Realem beruht, sowie dann schließlich auch die *wegen* dieser Grenzen *jenseits* ihrer bestehende Blindheit und Ungewissheit überwindet. Diese

---

41 WA 18; 617,23-618,18.
42 AaO 782,16, 786,17.
43 AaO 661,14.
44 AaO 658,23-659,33.

Horizont- und Sichterweiterung bewirkt, dass Reales (»res«), welches die Sicht und darum auch den Begriff (»captum«) des im *lumen naturae* existierenden Menschen übersteigen,[45] der Sicht – und darum auch dem Begriff – des ins *lumen gratiae* versetzten Menschen zugänglich werden: Fragen, die im *lumen naturae* nicht beantwortet werden können, können beantwortet werden im *lumen gratiae*.[46] Daher kann aus der Perspektive der Existenz im *lumen gratiae* auch zwischen dem unterschieden werden, was schon in der Existenz im *lumen naturae* kraft der bereits ihr gewährten *evidentia rerum* bleibende Gewissheit war, und dem, was unter dem *lumen naturae* – eben wegen der Beschränktheit des ihm erschlossenen evidenten Realen – ungewiss, dunkel, falsch und verkehrt war. Das Erste wird im *lumen gratiae* festgehalten, das Zweite korrigiert. So wird im *lumen gratiae* festgehalten die Anerkennung dessen, was »das Leben«,[47] »die Natur« (»natura magistra«)[48] und was die Erfahrung (»experientia«)[49] lehrt. Festgehalten wird die schon im *lumen naturae* herrschende Gewissheit des Menschen hinsichtlich seiner Unterworfenheit unter das unabänderliche, unbeeinflussbare Walten der Schicksalsmacht[50] und hinsichtlich der schon eben darin liegenden Unfreiheit des Menschen.[51] Korrigiert und überschritten hingegen wird die Existenz im *lumen naturae*, für die sich das evident Reale auf das *äußerliche* Leben und Ergehen der Menschen beschränkt und auf das Geschehen *innerhalb* der Welt, durch die Existenz im *lumen gratiae* insofern, als für diese zu dem evident Realen auch die Hinzugehörigkeit des Inneren und des inneren Schicksals des Menschseins gehört, ferner auch das Gründen allen Weltgeschehens in einem weltjenseitigen Grund und daher schließlich auch der reale Charakter dieses Weltgeschehens als

45 AaO 627,19 ff.; 633,7-23.
46 AaO 786,11-19.
47 AaO 661,14.
48 AaO 617,23-618,18; 784,21.
49 Unbeschadet der Tatsache, dass die Existenz im *lumen gratiae* auf Erfahrungen fußt, die erst sie, hingegen die Existenz im *lumen naturae* noch nicht gemacht hat (aaO 778,34 ff.; 782,16 f.; 786,17), hält sie doch auch an Erfahrungen fest, die schon die Existenz im *lumen naturae* kennt, die also ihr mit diesem gemeinsam sind (aaO 634,33-635,3).
50 AaO 617,23-618,18; 718,18 f.; 786,5 f.
51 AaO 718,16; 720,17-31.

ein Hinstreben auf seine jenseitige Vollendung.[52] Dieses Beispiel für das Überschrittenwerden der Grenzen der Sicht desjenigen Realen, welches im *lumen naturae* gesichtet wird, durch die Sicht des Realen, das dem *lumen gratiae* präsent wird, lässt zugleich erkennen, dass und wie darin die Sicht desjenigen Realen, welches schon dem *lumen naturae* präsent ist, festgehalten wird.

Und jedenfalls präsentiert sich wie schon für das *lumen naturae* auch für das *lumen gratiae* das Reale als ein das gesamte Weltgeschehen umfassender Zusammenhang des Werdens, des »fieri«.

II *Der Grundcharakter des dem Menschen zugänglichen Realen: das Werden (»fieri«), in dem sich die Menschheit vorfindet*

Auch für den erklärtermaßen christlichen, also unter den Bedingungen des *lumen gratiae* stehenden Blick Luthers präsentiert sich das Reale als der alles Gewordene umfassende und hervorbringende Zusammenhang des Werdens, des »fieri«. Die gerade für diesen Blick des Glaubens sichtbaren wesentlichen Züge dieses *fieri* betreffen nicht nur dessen Ziel, sondern schon seinen Umfang – das, was es dauernd einschließt:

Das dem christlichen Blick Luthers präsente *fieri* umfasst keineswegs nur das Werden der Umwelt des Menschen und das Werden in dieser Umwelt. Sondern es ist dasjenige Werden, in welchem jeder Mensch sich selbst mit dem Ganzen seiner Existenz vorfindet. Es schließt also durchaus alles ein, was jenseits des Lebens des Einzelnen geschieht (»fit«), neben vor und nach ihm. Aber von diesem allen gilt, dass es eingeschlossen ist in der Einheit desjenigen *fieri*, welches *alles* in ihm Gewordene und Werdende umfasst und in dem *alles* Gewordene und Werdende sich vorfindet: auch der Mensch als leib-seelische Einheit. So ist dieses Werden (»fieri«) für Luther grundlegend dasjenige, in dem jede einzelne Person wird, also auch das Ich des Autors selbst. Luther spricht das ihm präsente Werden als dasjenige an, in dem »Ich werde« (»ego fio«),[53] »wir werden« (»nos fieri«).[54]

---

52 AaO 785,12-19. – Genau dieselbe Sicht vertrat Luther schon früher in *De captivitate* (WA 6; 534,34-39) und dann später in der Disputation *De homine* (These 36; WA 39,1; 177,5 f.).

53 WA 18; 617,12.

54 AaO 719,18.

Dabei betrifft dieses *fieri* jedes Menschen nicht nur *etwas* an ihm, das sich um einen diesem *fieri* entzogenen fixen Kern herum abspielen würde, sondern den ganzen Menschen. Der Mensch »fit totus«[55]. Jeder Mensch existiert in seiner Ganzheit aus und in diesem Werden.

Deshalb schließt dieses Werden natürlich auch das ein, was *vermöge* und *kraft* des Gewordenseins und Werdens des Menschen in diesem Gesamtzusammenhang des Werdens selbst wird. Der Gesamtzusammenhang des Werdens schließt nicht nur das Gewordensein und Werden *des* Menschen ein, sondern damit ipso facto auch das, was *durch* ihn im Gesamtzusammenhang des Werdens wird, was »*a* nobis fit«[56], das Wirken und das Werk des Menschen.

Mehr noch: Sofern der Gesamtzusammenhang des Werdens *einer* ist, der *alles*, was wird, einschließt, schließt er ebenso wie alles, was »*von* uns wird« auch all das ein, was »*in* uns wird«.[57] Damit spricht Luther, für den der Mensch als leib-seelische Einheit real ist, nicht innere Körperprozesse an, sondern das Geschehen in der Seele, der »anima«. Auch was in ihr geschieht, Gutes wie Schlechtes (»tam bona quam mala«[58]), gehört zum Gesamtzusammenhang des Werdens. Und zwar in schlechthin ausnahmsloser Weise. Das wird daran deutlich, dass für Luther ausdrücklich auch der Wechsel, der Übergang, aus dem *lumen naturae* ins *lumen gratiae* in der Einheit dieses Werdens steht.[59]

Soviel zum umfassenden Charakter des Werdens (»fieri«), das dem christlichen Blick Luthers als das Reale präsent ist.

Darüber hinaus steht Luther aber auch – das geht aus seinem Text klar hervor – der Ursprung, der hinreichende Grund dieses Werdens, der es trägt, dauern lässt und ihm seine innere Form gibt, vor Augen. Luther erkennt ihn in einem *Wollen* (einer »voluntas«).

55 AaO 697,28.
56 AaO 616,9-12; 630,21 f.; 634,14.
57 AaO 643,20 f.; 667,21-23; 691,19.
58 AaO 667,22.
59 AaO 697,21-31; 778,26 ff.

III Der Ursprung dieses Werdens im weltschaffenden »Wollen« und sein ursprünglicher Charakter als zielstrebige »operatio« (»actio«, »opus«, »factum«)

Der Ursprung, der hinreichende Grund, dieses Werdens, der es dauern lässt, es trägt und ihm seine innere Form gibt, ist für Luther ein Wollen (eine »voluntas«).[60] Über das Wesen dieses Willens, über die für ihn konstitutiven Momente, hat Luther sich in unserem Text – und auch anderwärts – nicht zusammenhängend geäußert. Dennoch ist aus den verschiedenen Aussagen unseres Textes über diese Wirklichkeit zu erkennen, was Luther als deren Wesenszüge vor Augen steht.

Der weltschaffende Wille ist jedenfalls die *Kraft* (»vis«, »virtus«), durch deren Wirksamkeit (»efficacia«) etwas real wird, und zwar alles, was überhaupt real wird. »Vis« (»virtus«) ist für Luther eins mit »efficacia«.[61] Dieses Realwerden, Eintreffen von etwas, spricht Luther mit der Tradition an als »contingere«.[62] Das schließt ein: Die Kontingenz des real Gewordenen, an dessen Stelle auch etwas anderes hätte real werden können, und somit die faktische Selektivität des Werdens und des Wirkens der das Werden begründenden Kraft.

---

60 In dieser Studie kann nur das Faktum festgehalten werden, *dass* Luther den Ursprung allen Werdens in einer *voluntas* sieht. Er folgt damit einer Tradition, die hier nicht nachgezeichnet werden kann. Freilich vertritt Luther diese Sicht – wie alles, was er vertritt – nicht deshalb als zutreffend, weil sie von der Tradition vertreten wird, sondern deshalb, weil sie für ihn zur *evidentia rerum* gehört. Die evidenten Sachverhalte, die den Ursprung des Werdens in einem Wollen gewiss machen, sind nun allerdings von Luther nicht eigens beschrieben worden. Diese Lücke kann hier ebenfalls nicht gefüllt werden. – Der Sache nach muss diese Aufgabe meiner Einsicht zufolge so gelöst werden, dass die Aufmerksamkeit auf die Möglichkeitsbedingungen des Werdens, auf sein dauerndes Medium, gerichtet wird. Dann kommt »Gegenwart als Medium allen Werdens« in den Blick und »Persongegenwart« als der definitive (nicht hintergehbare) Ursprung allen Werdens. Wobei sich dann die Dynamik von »Persongegenwart« als strukturgleich mit der Dynamik dessen erweist, was »Wollen« genannt wird. Zu dem allen vgl. E. Herms, »Meine Zeit in Gottes Händen« (in: Ders., Phänomene des Glaubens, 2006, 238-261); ders., Prozeß und Zeit (in: Ders., Phänomene des Glaubens, 2006, 262–285); ders., Art. Zeit. Systematisch-theologisch (TRE 36, 2004, 533-551); ders., Zur Systematik des Personbegriffs in reformatorischer Tradition (NZSTh 50, 2007, 377-413).

61 WA 18; 636,11 f.; 645,6; 647,11.

62 Etwa aaO 648,31.

Dass diese das Werden begründende Kraft nun als ein *Wollen* verfasst ist, schließt freilich über ihre bloße selektive *efficacia* hinaus auch ein, dass sie nicht aufgrund hinreichender externer Gründe selektiv wirkt, also auch nicht »gezwungen«[63], sondern von sich aus, »sua sponte«, spontan. Ferner, dass diese Spontaneität nicht blind wirkt, sondern im eigenen Wissen um ihr eigenes Wirken. Das heißt: Die Selektivität des Wirkens einer *voluntas* ist nicht dem Zufall überlassen, sondern durch das die *voluntas* zur *voluntas* machende Wissen gesteuert. Steuernde Kraft hat dieses Wissen, weil es nicht nur retrospektiv, sondern prospektiv ist, nicht nur den Charakter von Erinnerung an real gewordenes Mögliches hat, sondern auch den Charakter des Ausblicks auf Mögliches, dessen Realwerden noch aussteht, und zwar sein Realwerden durch die *efficacia* des Wollens, die als solche eben durch diesen wissenden Ausgriff des Willens auf noch Ausstehendes, durch seine »praescientia«, gesteuert wird. Diese Steuerung vollzieht sich so, dass das Wissen, welches das wollende Wirken als wollendes (eben: als nicht blindes) begründet, in prospektiver Richtung auf die Sphäre des Möglichen, dessen Realwerden durch das selektive Wirken des Willens noch aussteht, das Ziel dieses selektiven Wirkens des Willens erfasst und eben damit das Wollen instand setzt, sein selektives Wirken an diesem bewusst antizipierten Ziel zu orientieren.

Nun hat jedoch das in der Präszienz antizipierte Ziel offenkundig nur dann steuernde Kraft für das selektive Wirken des Wollens, wenn es selbst ein *bestimmtes* ist, von anderen möglichen Zielen unterschieden und diese ausschließend, also wenn es selbst Resultat einer Selektion ist. Wird dann nicht durch diese Selektivität, die schon der Zielpräszienz des Wollens eignet, die Spontaneität des selektiven Wirkens des Willens gefährdet, eingeschränkt bzw. sogar beseitigt? Das ist dann nicht der Fall, wenn eine der beiden folgenden Bedingungen erfüllt ist – oder beide: *Entweder* ist schon die Zielpräszienz selbst ein *Resultat* der spontanen selektiven Wirksamkeit des Willens *oder* die auf andere Weise zustande gekommene Zielpräszienz wird zumindest vom Wollen spontan anerkannt, von ihm in ihrem und einschließlich ihres ihm Vorgegebenseins gewissermaßen »gewollt« *als* die ihn steuernde; das heißt: das Wollen nimmt eine ihm

---

63 Wo Zwang herrscht, existiert nicht »voluntas«, sondern »noluntas«: »Nam coactio potius est (ut sic dicam) Noluntas.« AaO 635,14.

von anderswoher vorgegebene Zielpräszienz spontan in seine eigene Spontaneität auf.

So steht also Luther beides vor Augen: erstens, dass der Wille *Ursprung und tragender Grund* des Werdens ist, weil er wesentlich »vis« und als solche »efficax« ist, und zweitens, dass dieser Ursprung und tragende Grund des Werdens den Charakter eines Wollens hat, weil er eine *vis efficax* ist, die nicht blind ist, sondern durch die »praescientia« ihres Zieles gesteuert wird, also nach Plan, auf »präordinierte« Weise wirkt. »Voluntas«, »praesciencia« und »praeordinatio« gehören für Luther wesentlich zusammen.[64]

Wenn nun aber ein Wollen, das in der skizzierten Art verfasst ist, Ursprung und tragender Grund von allem Werden (»fieri«) ist, dann gewinnt dieses durch seinen so beschaffenen Ursprung und tragenden Grund auch im Ganzen eine dementsprechende innere Form: nämlich die Form einer »operatio«, die in »opera« resultiert, und zwar einer zielgeleiteten und zielstrebigen »operatio«, die insofern auf ein »opus« zielt und in ihm resultiert.

Dieser »operatio«- und »opus«-Charakter allen Werdens steht Luther in unserer Schrift durchgehend vor Augen. Allerdings wird er nicht als eigener Sachverhalt besonders behandelt. Und dies deshalb nicht, weil Luthers christlichem Blick auf das Reale nicht nur vor Augen steht, dass dieses überhaupt den Charakter der Einheit eines umfassenden Werdens hat, und nicht nur, dass der Ursprung und tragende Grund dieses Werdens ein Wollen ist, das dem von ihm bewirkten Werden den Charakter einer zielstrebigen *operatio* verleiht, sondern darüber hinaus zugleich auch schon das *Verhältnis*, in dem dieser Ursprung des Werdens zu dem von ihm gewirkten Werden steht.

---

64 Zur Einheit von »voluntas« und »praescientia«: aaO 610,1 ff.; 614,27 f.40 f.; 615,12-614.29 f.; 622,5; 715,18 ff.; 716,11; 717,13.24-27.39; 718,18; 718,25; 719,19; 720,31 ff.; 786,3 f. – »praeordinatio«: aaO 786,4.

IV Die Transzendenz des Ursprungs unseres Werdens im Wesen, Wollen und Wirken Gottes, der weltschaffenden Allmacht. Der Charakter unseres Werdens als immutabel zielstrebiges opus Dei

Das Wollen, welches der Ursprung alles Werdens, sein tragender und formgebender Grund ist, kann als solches nicht *innerhalb* des von ihm gewirkten Werdens auftreten, vielmehr kann nur umgekehrt alles reale Werden *innerhalb* desjenigen Wollens existieren, welches der Ursprung, der tragende und formgebende Grund dieses Werdens ist. Das Wollen, das alles Werden wirkt, ist die dem realen Werden gegenüber transzendente Wirklichkeit. Es ist die Wirklichkeit der schaffenden *voluntas* Gottes, des Schöpfers.

Aus diesem Verhältnis der Wirklichkeit des göttlichen Wollens zu dem von ihr gewirkten realen Werden ergibt sich die »Natur«[65] des göttlichen Wollens: Weil es alles von ihm gewirkte reale Werden tragend und prägend umfasst, ist alles Werden ihm gegenwärtig und es selbst in allem Werden gegenwärtig. Die Natur Gottes und seines Wollens ist Allgegenwart.[66] Weil Gottes Wollen alles reale Werden wirkt, trägt und prägt, ist ihm dieses Werden unterworfen, aber nicht es selbst diesem Werden und den Veränderungen in diesem Werden. Insofern ist die Natur Gottes und seines Wollens Ewigkeit und Unveränderlichkeit (»Deus natura aeternus et immutabilis«)[67]. Freilich ist in dieser allgegenwärtigen, ewig unveränderlichen Natur der Wirklichkeit Gottes und seines Wollens nichts von dem ausgeschlossen, sondern alles eingeschlossen, was durch dieses Wollen gewirkt wird.[68]

Auch dieses – die allgegenwärtige und ewig unveränderliche Natur Gottes ausmachende – Wollen Gottes ist *vis efficax* in *praescientia*: präs-

---

65 AaO 615,19.

66 AaO 623,15 ff.

67 AaO 615,14 ff.; 724,34 ff.

68 Die *temporalia* sind also von den *aeterna* unverwechselbar unterschieden, aber nicht von ihnen getrennt. Die *aeterna* sind so beschaffen, dass sie alle *temporalia* begründen und einschließen. Ja die *aeterna*, das ewige Wollen Gottes, manifestiert sich im Werden und ist in diesem Sinne »*im* Werden«, nämlich in ihm wirkend präsent. Nicht sagen kann man hingegen »Gottes Sein *wird*« (gleich: ist dem Werden unterworfen).

zientes Wirken.[69] Freilich eignet ihm die einzigartige Majestät,[70] als Wollen des Schöpfers im strikten Sinne »frei« (»liber«) und unbegrenzt mächtig, eben: *all*mächtig (»omnipotens«), zu sein.

Es ist »frei«, weil von nichts außerhalb seiner selbst abhängig. Nur *Gottes* Wollen ist in dieser Weise »frei«.[71] Die Zielpräszienz dieses Wollens richtet sich auf nichts außerhalb dieses Wollens selbst[72] und verdankt sich daher formal[73] und inhaltlich[74] ausschließlich ihm selber. Deshalb ist sie, die an keinem möglichen Zwischenfall scheitern kann, sicher,[75] unfehlbar[76] und – wie das unveränderliche Wollen Gottes selbst – ebenfalls unveränderlich.[77] Auch steht das auf die Erreichung des vorhergewussten Ziels gerichtete Wirken nicht unter Bedingungen, die ihm von jenseits seiner selbst her vorgegeben sind, und vollzieht sich somit auch nicht in einem ihm von außen vorgegebenen Wirkmedium, sondern ausschließlich unter Bedingungen und in einem Medium, die durch es selbst gewirkt sind – mit der Folge, dass das durch dieses Wollen Gewirkte, das *opus*, nicht eine Selbstständigkeit außerhalb dieses wirkenden Wollens und über es hinaus besitzt, wie bei unserem Wollen und Wirken, sondern ausschließlich kraft und *innerhalb* seiner.[78]

Weil in diesem strikten Sinne frei, ist das Wollen des Schöpfers auch all*mächtig*[79] – in dem doppelten Sinne der Macht (»vis«, »virtus«) zum Wirken von schlechthin allem Möglichen[80] und der absoluten Unwiderstehlichkeit all seines Wirkens.[81]

---

69 AaO 610,1ff.; 614,20.40f.; 622,5.

70 AaO 631,43-632,1; 685,21; 686,8; 717,37ff.; 729,17; 785,23.

71 AaO 636,28; 662,6ff.; 718,16; 719,28ff.

72 AaO 708,26f.: »omnia propter semetipsum fecit Dominus«; 731,9; 747,16: »omnia propter semetipsum operatus est Dominus«; 770,10f.

73 AaO 615,29: »volens praescit«.

74 AaO 712,32-38.

75 AaO 718,17f.: »ridiculus ille Deus [...], qui incerto praevideat futura, aut fallatur eventis«; 721,17.

76 AaO 615,13f.; 716,11ff.; 717,13.24-27; 718,1.18.25f.; 719,19; 720,31ff.; 786,3f.

77 AaO 615,29f.: »aeterna [...] et immobilis scientia«.

78 AaO 616,5f.

79 AaO 718,25-719,3.

80 AaO 627,10f.: Gott ist der Schöpfer, »qui innumerabiles mundos creare denuo potest«.

81 AaO 619,20ff.; 786,4.

Es erscheint zunächst widersprüchlich, wenn Luther diesem im strikten Sinne freien und allmächtigen Wollen Gottes die Kontingenz und Veränderlichkeit abspricht.[82] Müssten sie ihm nicht gerade im höchsten Maße zu eigen sein? Nein – wenn wir die Bestimmtheit dieses Wollens durch seine eigene Zielpräszienz in der für sie eigentümlichen Unfehlbarkeit (Infallibilität) und Unveränderlichkeit (Immutabilität) im Blick behalten. Dann nämlich kann es nicht anders sein, als dass diesem Wollen auch in seinem Wirken diejenige Unveränderlichkeit und Unwiderstehlichkeit eignet, die der Unfehlbarkeit und Immutabilität seiner Zielpräszienz eignet. Was dieser Wille will, will er kraft unfehlbarer und unveränderlicher Zielpräszienz unveränderlich und unwiderstehlich so und nicht anders. *Kraft* seiner strikten, nämlich schaffenden, Freiheit und Allmacht herrscht also im Wirken dieses Wollens nicht Kontingenz und Veränderlichkeit, sondern Notwendigkeit: Die Zielpräszienz dieses Wollens ist nicht eine fehlbare und veränderliche, also in diesem Sinne kontingente – so oder anders mögliche –, sondern sie kann nicht anders sein als so, wie sie jeweils von der schaffenden Allmacht gewollt wird. Und in diesem Sinne ist sie – eben als die »aller freieste«[83] – zugleich »notwendig« im Sinne von »unveränderlich« (»immutabilis«).[84] Dieser Immutabilität seiner gewollten Zielpräszienz unterliegt dann auch das Wirken dieses Wollens selbst.[85] Offenkundig handelt es sich bei dem, was hier als »Notwendigkeit« (»necessitas«) zur Sprache kommt, nicht um logische Notwendigkeit, sondern um ein Nicht-anders-sein-können von etwas Wirklichem, eben um das Nicht-anders-sein-können des göttlichen Wollens aufgrund der es ausrichtenden absoluten Zielpräszienz Gottes. Diese Notwendigkeit ist dem göttlichen Wollen nicht etwa als Schranke seiner Freiheit und Allmacht von jenseits seiner selbst her auferlegt, sondern sie ergibt sich gerade *aus* seiner strikten Freiheit. Kraft dieser seiner Freiheit ist das göttliche Wollen durch diejenige unfehlbare und daher auch unveränderliche

---

82 AaO 616,8f.

83 AaO 718,9.

84 AaO 614,40f.; von Gott gilt: »non contingenter« (610,1ff.; 614,27f.), sondern »necessario praescit« (619,7ff.); 619,18: »praescientia necessaria«.

85 AaO 615,13f.: »nihil praescit contingenter, sed [...] omnia incommunitabili et aeterna, infallibilique voluntate et praevidet et proponit et facit.«

Zielpräszienz bestimmt, welche allein *ihm* möglich ist. Die das göttliche Wollen auszeichnende Notwendigkeit ergibt sich aus nichts anderem als aus der Unfehlbarkeit und Unveränderlichkeit seiner Zielpräszienz, sie ist nichts anderes als diese »necessitas immutabilitatis« (verstehe: seiner vollkommen freien, also unbedingten, absoluten, Zielpräszienz).

Das aber schließt nun sachlogisch ein, dass das Werden, in dem wir und unseresgleichen uns finden, weil es von diesem freien und allmächtigen Wollen Gottes gewirkt und getragen ist, auch selbst von diesem seinem Ursprung und tragenden Grund geprägt ist: Es weist kraft dieses seines Ursprungs und tragenden Grundes, ohne und abseits von welchem gar nichts wird,[86] nicht nur überhaupt den Charakter einer zielstrebigen *operatio* auf, sondern näherhin den Charakter einer *operatio* des freien, unveränderlichen und unwiderstehlichen Willens Gottes, also einer »actio«[87], die selbst die Unfehlbarkeit, Unveränderlichkeit und Unwiderstehlichkeit desjenigen Willens aufweist, durch den sie gewirkt wird. Die für das göttliche Wollen wesentliche »necessitas immutabilitatis« teilt sich allem Werden (»fieri«), das durch dieses Wollen gewirkt wird, mit, sie wird ihm, wie Luther wiederholt sagt, durch seinen Ursprung und tragenden Grund »auferlegt« (»imponere«, »inducere«).[88] So dass Luther dann – jeden Zufall ausschließend[89] – mit Nachdruck dem Satz Wyclifs zustimmt: »omnia necessitate fieri«[90]. »Omnia« – also (wie schon erwähnt) nicht nur das Werden der Dinge in der Umwelt des Menschen,[91] sondern auch das Werden des Menschen selbst,[92] alles, was durch ihn wird (also was er tut [»facit«])[93], und alles, was in ihm,[94] d.h. in seiner Seele, wird, einschließ-

---

86 AaO 705,30; 709,10f.: »Deum omnia in omnibus operari, ac sine ipso nihil fieri nec efficax esse«; 716,22: »Dei voluntas, (...) caussa principalis omnium, quae fiunt«; 718,19f.; 786,5.

87 AaO 617,5.10.16; 711,18.

88 AaO 618,4f.; 716,23–25.32; 717,13; 718,16; 725,4. – Vgl. auch aaO 717,24ff.; 719,22–30.

89 AaO 706,15f.; 721,17f.; 785,6.

90 AaO 699,15; 736,30; 746,12f. – Im selben Sinne: aaO 617,19; 670,26; 689,1f. – Vgl. auch aaO 705,16f: »Dei voluntate, nostra vero necessitate omnia fieri«; 705,23f: »necessitate nostra fiunt omnia«, 718,16: »libertate sua necessitatem imponat nobis«.

91 AaO 618,4f.; 619,24.

92 AaO 719,28ff.

93 AaO 610,3; 614,28; 630,21ff.; 634,14; 722,6f.

94 AaO 667,22f.

lich seines Wollens selbst[95] und einschließlich des Wechsels (Übergangs) aus dem *lumen naturae* in das *lumen gratiae*[96] – dies alles geschieht »necessitate immutabilitatis«[97], unter Ausschluss jeden Zwangs.[98]

V Das »opus Dei« *als* opus Dei gratiae, *das die* »cooperatio Dei et hominis« *will und wirkt*

Das Geschehen, in dem wir und unseresgleichen uns vorfinden, ist also dem wirkkräftigen Wollen Gottes entsprungen, insofern von Gott geschaffen,[99] von ihm getragen, insofern erhalten,[100] und als solches auch mit immutabler und unwiderstehlicher Notwendigkeit auf das immutabel vorhergewusste Ziel des Schöpferwillens hin unterwegs. Das ist für den Christen, für sein durch die Christusoffenbarung geöffnetes Auge, sichtbar.

Damit bestätigt sich, aber *vertieft* sich für ihn zugleich auch eine Einsicht schon des *lumen naturale*: nämlich die Einsicht des restlosen Ausgeliefertseins des Menschen an die Schicksalhaftigkeit des Werdens, in dem er sich vorfindet.[101] Die *Vertiefung* besteht einerseits darin, dass die Unwiderstehlichkeit des Werdens nicht die Unwiderstehlichkeit eines blinden Schicksals ist, sondern die Unwiderstehlichkeit des wirkenden Schöpferwillens mit seiner immutablen Zielpräszienz, und zugleich andererseits darin, dass über das *Dass* dieser immutablen Zielpräszienz hinaus auch ihr *Inhalt* erschlossen ist: Die eigentliche Leistungskraft der Christusoffenbarung besteht darin, zugänglich (offenbar) gemacht zu haben, *was* Inhalt der den wirkenden Schöpferwillen steuernden Zielpräszienz

95 AaO 715,20; 716,23.32; 719,26.

96 S.o. Anm. 59.

97 AaO 634,21-635,22; 693,31; 720,32; 747,23. – Für Luther gleichbedeutend mit der »necessitas consequentiae«: 616,13-617,19; 722,4ff. – Der Sache nach ist immer die »necessitas immutabilitatis« gemeint, wo Luther einfach kurz von der »Notwendigkeit« des Geschehens spricht, etwa: aaO; 610,3; 614,28; 618,4; 619,18; 699,15; 710,8; 711,29; 712,13; 719,19; 736,29f.; 746,13f.; 752,13.

98 AaO 634,23; 714,32; 715,20; 720,31. – Stellen wie 717,11 oder 784,4ff. müssen als terminologische Ausrutscher beurteilt werden.

99 AaO 609,9; 631,3-8; 710,18; 711,10-19: »verbo aeterno omnia faciens«; 712,37ff.; 753,21.30; 753,39-754,1; 784,5f.

100 AaO 662,10; 754,2ff.

101 S.o. Anm. 88ff. – Vgl. auch aaO 716,29ff.; 718,18f.

ist, *worin* also die im Geheimnis dieses schaffenden Wollens beschlossene »sapientia eligendi« besteht,[102] *worauf* sie unwiderstehlich hinwirkt.

Dieses Ziel, das Worumwillen, des wirkenden Wollens Gottes ist – wie schon gesagt – jedenfalls nichts außerhalb der Wirklichkeit Gottes, sondern diese selbst.[103] Es ist sie selbst im vollständigen Erkanntsein der Majestät ihres Wesens, Wollens und Wirkens – ihres spezifischen Unterschieden-seins von allem geschaffenen Realen – auf Seiten des geschaffenen Realen selbst. Das immutable Worumwillen von Gottes Wollen und Wirken ist sein vollständiges Erkanntsein als die – um eine treffende Formulierung des Lutheraners Rudolf Bultmann zu gebrauchen – »Alles bestimmende Wirk-lichkeit«[104], also als Schöpfer des Alls, sein vollständiges Erkanntsein im vollständigen Erkanntsein aller Kreaturen in ihm,[105] oder kurz: das *lumen gloriae*, in welchem die Gotteserkenntnis[106] und damit auch die Selbst-erkenntnis[107] des Geschaffenen restlos und vollständig sein wird[108] – jeden-falls für diejenigen Geschöpfe, die er dieses Ziel erreichen lässt.[109]

Vermöge dieser durch die Christusoffenbarung erschlossenen Ziel-bestimmtheit des Wollens und Wirkens der schaffenden Allmacht ist nun auch dessen Qualität offenbar: Das *opus Dei* präsentiert sich in seiner Ganzheit, also von Anfang an (schon im Schaffen selbst) als ein »bene facere«[110] zugunsten derjenigen Geschöpfe, die dazu bestimmt sind an diesem Ziel teilzuhaben: der Menschen.[111] Das restlose Erkannt- und An-

102 AaO 606,26; 607,2 ff.8.21 ff.; 639,2; 706,15 f.; 778,32 ff.

103 S. o. Anm. 72.

104 Vgl. R. BULTMANN, Welchen Sinn hat es, von Gott zu reden (1925) (in: DERS., Glauben und Verstehen I, 1933, 26-37), 26.

105 WA 18; 605,8-14; 614,9 ff.

106 AaO 785,23: »res ipsa et maiestas divina per sese revelabitur«.

107 Diese Pointe des Christseins (vollständige Selbst- und Gotteserkenntnis der Menschen: aaO 614,18) ist zugleich die Pointe des Schöpferwillens (vgl. EBELING, Cognitio [s. Anm. 4]).

108 WA 18; 785,20-38.

109 Zur Frage der Prädestination vgl. u. letzter Absatz von »IX. Die relative Aktivität des Menschen im opus Dei gratiae«.

110 AaO 709,28 ff.; 754,4. – Ebenso spricht der *Große Katechismus* schon die Schöpfung bloß als solche als eine Guttat Gottes zugunsten der Menschen an: BSLK 660,34 ff.

111 Der *Große Katechismus* sagt generalisierend, die Menschen seien »dazu« geschaffen, »erlöst« und »geheiligt« [vollendet: in der Teilhabe am ewigen Leben] zu werden: aaO

erkanntsein von Gottes eigener Majestät in der Teilhabe der Menschen am ewigen Leben im *lumen gloriae*, also der Triumph der Herrlichkeit Gottes im ewigen Heil, in der ewigen Seligkeit, der Menschen – das ist das Ziel, dessen immutable Präszienz das Wollen und Wirken des Schöpfers bestimmt. So präsentiert sich dem durch die Christusoffenbarung geöffneten Auge das Wollen und Wirken der schaffenden Allmacht kraft des Inhalts seiner Zielpräszienz als *opus Dei gratiae*.

Indem nun aber die immutable Zielpräszienz des göttlichen Wollens und Wirkens *dies* zum Inhalt hat, hat sie auch die *Existenz* solcher Geschöpfe zum Inhalt, die so verfasst sind, dass sie die Fähigkeit, die »aptitudo«[112], zur Erreichung des Zieles besitzen, die Majestät des göttlichen Wollens im Unterschied zu ihrem eigenen restlos zu erkennen und wollend anzuerkennen. Zu dieser Erkenntnis gebracht werden können nur Instanzen, denen selbst das Wollen und Wirken, das *velle* und *operari* eignet. Das Ziel des vom Schöpfer gewollten und gewirkten, geschaffenen und erhaltenen Werdens (»fieri«) kann nur erreicht werden, wenn in ihm das Werden solcher selbst wollenden und wirkenden Instanzen eingeschlossen ist. Die Erreichung dieses Zieles des von Gott gewollten und gewirkten *fieri* kann (von Gott) nur gewollt werden, wenn auch das Existieren solcher selbst wollenden und wirkenden Instanzen im von Gott gewollten und gewirkten Werden (»fieri«) gewollt (von Gott gewollt) wird. Und dies zu wollen und zu wirken schließt ipso facto ein, dass das schaffende Wollen und Wirken Gottes auch das »cooperari« mit diesem von ihm geschaffenen Wollen und Wirken will und dessen geschöpfliches *cooperari* mit seinem schaffenden. Weil es auf das angedeutete Heilsziel gerichtet ist, ist

---

660,32 ff. Ebenso generalisierend wird das ewige Leben als Bestimmung »des« Menschen in der Disputation *De homine* ausgesagt: These 21 und 38 (WA 39,1; 176,7; 177,9 f.). In unserem Text heißt es: der Mensch sei »creatus ad vitam vel mortem aeternam« (WA 18; 636,18). Es gibt keinen Anlass, dies entgegen den späteren Aussagen als Behauptung der Gespaltenheit des Schöpferwillens aufzufassen. Das ist auch weder sprachlich noch sachlich notwendig. Vielmehr reicht es aus, diese Formulierung als Hinweis darauf zu verstehen, dass die Anteilhabe am Ziel nicht bedingungslos ist, vielmehr unter Umständen auch nicht erreicht werden kann.

112 AaO 636,16-22: Diese »aptitudo« ist eine besondere. Sie eignet nicht den Pflanzen und Tieren. – Vgl. auch aaO 665,31 f. (ein passives Können, ein Erleidenkönnen).

das göttliche Wollen und Wirken auch auf die Kooperation zwischen Gott und Mensch gerichtet, auf die »cooperatio Dei et hominum«[113].

So gilt also beides: Der Schöpfer will und wirkt das Menschsein als sein geschaffenes Ebenbild, das selbst in Zielpräszienz (bewusst) will und wirkt.[114] Und er will und wirkt es *dazu, dass* es mit ihm und er mit ihm kooperiert.[115]

VI *Die radikale Asymmetrie der* cooperatio Dei et hominis

Von einer *Ko*-operation kann nur die Rede sein, wenn mehrere Bedingungen erfüllt sind. Erstens müssen an ihr verschiedene Instanzen Teil haben (a). Zweitens müssen diese Instanzen beide die konstitutiven Wesenszüge eines Operators aufweisen (b). Drittens stehen sie als solche in einem Verhältnis zueinander, das *insofern* symmetrisch ist, als beide Seiten gegeneinander relativ selbstständig sind (c). Viertens bewegen sie sich in einem gemeinsamen Medium ihres Operierens, in dem sie sich zum Kooperieren verbinden (d). Fünftens, die Kooperation kann beidseitig beendet werden (e). Sechstens können sie sich nach beendigter Kooperation eigenen Zielen zuwenden (f). Siebtens, im Falle der Fortsetzung der Kooperation entscheiden beide darüber, *ob* das Ziel erreicht wird, und tragen gegebenenfalls beide dazu bei, *dass* es erreicht wird (g).

So geschen kommt also das Zusammenwirken eines Operators mit einer Instanz, die er als sein Instrument handhabt (die ihm zu etwas dient), nur bedingt als Kooperation in Betracht, nämlich nur dann, wenn die als Instrument dienende Instanz selbst die Züge eines Operators aufweist: etwa in einem Dienstverhältnis. Immerhin kommt damit die Möglichkeit einer Asymmetrie im Kooperationsverhältnis in den Blick: Ein Operator verhält sich zu dem (den) anderen nicht wie dieser (diese) zu jenem. Kooperation liegt jedoch nur solange vor, wie diese Asymmetrie umfangen

---

113 AaO 753,31: »creatura Deo operanti cooperatur«: als traditioneller Konsens vorausgesetzt.

114 Das ist in unserer Schrift vorausgesetzt und wird explizit gesagt in der Disputation *De homine*: These 21 (WA 39,1; 175,7 ff.).

115 WA 18; 754,5 f.: Wir Menschen sind die, »quos ad hoc creavit et conservavit, ut in nobis operaretur et nos ei cooperaremur«.

ist von einer grundlegenden Symmetrie: Alle beteiligten Instanzen sind in gleicher Weise *Operatoren*, und alle bewegen sich in dem für alle gleichen Medium ihres Operierens, das ihre Verbindung zur Kooperation möglich macht.

Aber von solcher Symmetrie oder wenigstens nur relativen Asymmetrie kann nun offenbar in dem Verhältnis, das dem Christen Luther als *co-operatio Dei et hominum* vor Augen steht, nicht die Rede sein. Zwar sind die beteiligten Seiten verschieden, aber sie sind so *radikal* verschieden (a), dass die sechs anderen Bedingungen (b-f) nicht mehr erfüllt sind.

a) Die radikale Verschiedenheit besteht darin, dass die eine Seite das gerade wesentlich *nicht* ist, was die andere wesentlich *ist* – nämlich im strikten Sinne »frei«. Die strikte Freiheit des Seins Gottes,[116] begründet in dem unbedingten Wollen und Wirken Gottes, das dem durch es gewollten und gewirkten Werden nicht und darum auch keinerlei Veränderungen unterliegt und nichts erleidet außer durch und von sich selbst, eignet dem Menschen gerade nicht: Er kann nicht »facere quodlibet pro sua voluntate« (»was ihm beliebt, zustande bringen nach seinem Willen«),[117] er ist nicht »sui iuris aut operis liber elector aut factor« (»er wählt und vollbringt sein Recht und sein Werk nicht frei« [verstehe: frei im strikten Sinne]).[118] Freiheit im strikten Sinne eignet ihm überhaupt nicht.[119] Und zwar einfach deshalb nicht, weil er nicht der Schöpfer ist, der als solcher nicht dem von ihm gewollten und gewirkten Werden und seiner immutablen Zielstrebigkeit und darum auch keiner Veränderung unterworfen ist, sondern weil er Geschöpf ist, das in dem geschaffenen Werden geworden

---

116 S. o. Anm. 71 ff.

117 AaO 719,28 f.: »Nos non fieri nostra voluntate, sed necessitate; Ita nos non facere quodlibet pro iure liberi arbitrii, sed prout Deus praescivit et agit consilio et virtute infallibili et immutabili.«

118 AaO 748,6 f.

119 AaO 720,5: Es täuscht sich, wer »non sentit libertatem nostram nullam esse«. – In diesem Sinne ist auch die wiederholte Behauptung zu verstehen, dass es ein *freies* Entscheidungsvermögen (ein *liberum arbitrium*) gar nicht gibt (dass es »nullum« oder »nihil« ist, dem Menschen »gar nicht eignet«): aaO 635,24; 638,10; 648,27; 777,29 f.; 781,14; 786,6 f.: »nullum potest esse liberum arbitrium in homine vel angelo aut ulla creatura«. – Ebenso, dass das »liberum arbitrium hominum« ein »inane nomen« ist: aaO 666,8 f.; 667,21 f.; 670,25 f.

ist und wird, unterworfen unter dieses Werden, bedingt durch diese von immutabler Zielpräszienz geprägte *actio Dei* und an sie ausgeliefert.

b) Kooperation läge gar nicht vor, wenn nicht beide beteiligten Seiten trotz dieser Grunddifferenz die Wesenszüge von Operatoren aufwiesen.

Dass sie das tun, daran lässt Luther in seinem Text keinen Zweifel: Auch das Menschsein ist wesentlich selbst- und zielbewusstes Wollen und Wirken mit einer dazugehörigen Freiheit des Entscheidungsvermögens. Durchgehend setzt der Text das Luther seit Jahren vorschwebende Strukturschema des menschlichen Personseins als leib-seelischer Einheit[120] voraus,[121] demzufolge Vernunft und Wille (»ratio« und »voluntas«)[122] die im Herzen (»cor«)[123] fundierten und vom Gewissen (»conscientia«)[124] umgriffenen vornehmsten (»praestantissimae«) Teile des seelischen und damit des menschlichen Lebens überhaupt sind.[125] Dabei gilt für Luther auch im Blick auf den Menschen, dass das Wollen und Wirken als bewusstes fundiert ist in einem Selbst- und Zielbewusstsein, welches seinerseits zwei Schichten aufweist: die Ebene der Vernunft (»ratio«) mit ihrem Denken und Wissen (»cogitationes«, »scientia«),[126] die ihrerseits aufruht und abhängig ist[127] von der Ebene des im Menschen herrschenden Spiritus, d. h.

---

120 Soweit »caro« nicht im Gegensatz zu »spiritus« verwendet wird (dann bezeichnet der Ausdruck das fleischlich ausgerichtete Existieren im Unterschied zum geistlich ausgerichteten), bezeichnet der Ausdruck das Menschsein in seiner natürlichen Leibhaftigkeit: aaO 735,33 ff.

121 AaO 752,23-25.

122 Etwa: aaO 776,29; 777,7.12; 780,19.30; 782,8 u. ö.

123 Etwa: aaO 607,9-17; 609,4-14; 624,24; 658,24; 747,21; 759,30.36 u. ö.

124 Etwa: aaO; 620,3; 624,3.26; 641,8.28 u. ö.

125 AaO 761,32 ff.; 763,42 – Für die Anthropologie Luthers grundlegend: W. JOEST, Ontologie der Person bei Luther, 1967; G. EBELING, Lutherstudien II, 3 Teile in 3 Büchern, 1977 ff.

126 WA 18; 622,5; 707,22-708,8; 709,8 ff.; 784,28.37 f.; 786,6. – Luther anerkennt die Unterscheidung zwischen *voluntas* und dem sie leitenden unterscheidenden Erkennen mit Petrus Lombardus: aaO 665,6 ff. – Er wirft Erasmus vor, dass dieser die Abhängigkeit des Wollens von der *ratio* (die Abhängigkeit der »vis eligendi« von der »vis discernendi«) überspringt: aaO 664,18-24.

127 Daher der immer wieder auffallende Zug in Luthers Anthropologie, dass er einerseits hoch denkt von der Vernunft als dem, was den Menschen gegenüber allen anderen Geschöpfen auszeichnet, gleichzeitig aber die Vernunft als »Hure« bezeichnet, deren Leistungen vollständig im Dienst des sie beherrschenden Herzensbestimmtheit (*sapientia*

des *unmittelbaren* Sichbezogenfindens auf und des Sichangezogenfindens von Realem, des »sapere«[128] von Realem und des Affiziertseins durch es, der »sapientia« und des »affectus«.[129] Luther sieht also – und dies kraft seiner am Bußsakrament gemachten Erfahrung, dass die unmittelbare Bestimmtheit des Herzens, Gefühl und Affekt, nicht gewollt werden können, sondern umgekehrt alles Wollen bestimmen –, dass es beim Menschen vorwillentliche Fundamente des Willens gibt, die darüber entscheiden, was überhaupt vom Willen gewollt werden kann. Dabei steht stets außer Frage, *dass* der Wille, geleitet von der *ratio*, wirkkräftig ist, einschließlich des für ihn wesentlichen freien Entscheidungsvermögens. Ausdrücklich wird anerkannt, dass es »keinen Menschen ohne freies Entscheidungsvermögen gibt.«[130] *Dass* es eine *vis liberi arbitrii hominis* gibt und dass diese eben als solche *efficax*[131] ist, das ist als unstrittig vorausgesetzt im Streit mit Erasmus darüber, *wieweit* diese »vis« sich erstreckt.[132] Dass eine solche *vis* des *liberum arbitrium* des Menschen existiert, gilt unbeschadet des Faktums, dass dieses Entscheidungsvermögen sich *in* einem Bereich von Möglichkeiten bewegt, der ihm von jenseits seiner selbst her vorgegeben ist und *über* den und dessen Umfang es daher selbst nicht wirksam

und *affectus*) stehen. Dazu vgl. B. Lohse, Ratio und Fides. Eine Untersuchung über die Ratio in der Theologie Luthers, 1958.

128 »Sapere« bezeichnet immer eine Bestimmtheit der Unmittelbarkeit, etwa: WA 18; 735,20; 742,20; 743,23 f.; 744,28.

129 Auch »affectus« bringt immer eine Bestimmtheit der Unmittelbarkeit zur Sprache, etwa: aaO 634,34; 644,4-16; 647,16; 735,28. – Dass für Luther »spiritus« und »affectus« selbstverständlich zusammengehören, zeigt z. B.: aaO 644,4-16.

130 AaO 780,1 ff.: »Nam nullus homo non habet liberum arbitrium«. Anerkennung der Realität eines *liberum arbitrium* als eines realen Elements des Menschseins auch: aaO 638,4-9; 651,13 f.; 658,23-25; 752,7 f.: »Scimus liberum arbitrium natura aliquid facere, ut comedere, bibere, gignere, regere« und natürlich auch »peccare«, aaO 759,7 f.; 762,2 f.14 ff.38 f.; 764,2; 765,39 f.; 766,4 ff.; 767,39-768,1.28 f.; 769,6 f.12 f.; 772,7 f.; 774,30 ff.; 775,26; 775,36; 776,13 f.20.28 f.; 777,7 f.: »voluntas principalis pars liberi arbitrii«; 777,12: »voluntas scil. liberum arbitrium«; 779,26: »vocetur praestantissimum«; 779,38: »optimum in homine«; 780,19.28 f; 782,18: »liberum arbitrium cum sua voluntate et ratione«.

131 Keine »vis« ohne »efficacia«: AaO 636,10 f.; 645,6; 647,10 f.

132 Der Streit geht nur über die *Reichweite* dieser *vis liberi arbitrii* des Menschen, über ihre *Grenze*, über das, worüber sie nicht wirksam verfügt: aaO 611,10 ff.; 613,1 ff.18 f.; 614,2 f.; 636,6; 643,11-644,16; 644,18-645,10; 662,40-663,7; 766,19; 773,23; 774,3 f.30 f.; 775,22 f.25; 778,6 f.; 779,2.15 f.34; 780,16 f.

verfügt.[133] Die mehrfachen Aussagen, das *liberum arbitrium* sei »nichts«[134] oder dürfe vom Menschen überhaupt nicht ausgesagt werden,[135] ja, es werde durch Gottes Präszienz und Allmacht überhaupt ausgeschlossen,[136] negieren nur einerseits ein *liberum arbitrium* jenseits dieser Grenzen[137] und andererseits das Freisein als Unbedingtheit, welches nur Gott eignet.[138] Das Freisein des Menschen ist nicht das Freisein der schaffenden Allmacht, sondern das geschaffene Freisein, das durch den *generalis motus* der schaffenden Allmacht existiert (»wird«) und ihm unterliegt.[139] – So viel zur selbst- und zielbewusst wollenden Natur nicht nur des Schöpfers, Gottes, sondern auch seines Geschöpfes, des Menschen.

Diese Wesenszüge des selbst- und zielbewusst Wollend- und Wirkendseins eignen nun aber den beiden Seiten auf *radikal verschiedene Weise:* Das Sein Gottes ist unbedingt und unbegrenzt schaffendes Wollend- und Wirkendsein, das Sein des Menschen hingegen ist das durch dieses schaffende Wollend- und Wirkendsein Gottes geschaffene, gewordene, daher auch bedingte und begrenzte Wollend- und Wirkendsein. So ist das selbstbewusste Wollen des Menschen – samt dem auch für es wesentlichen freien Entscheidungs- und Wirkvermögen – durch zweierlei vom selbstbewussten Wollen und freien Entscheidungsvermögen des Schöpfers unterschieden, nämlich durch seine Konstitution und durch die dementsprechende Begrenztheit seines Gegenstandsbereichs:

Seine Konstitution ist passiv, und zwar in einer *absoluten* Weise, die als solche auch eine beständige *relative* Passivität begründet und einschließt. Beides manifestiert sich in der Natur des Menschseins, in der – eben angedeuteten – Struktur seiner dauernden Verfassung. Diese Struktur des Menschseins, samt dem selbst- und zielbewussten menschlichen Wollen und Wirken der Menschen, das sich innerhalb ihrer vollzieht, ist insofern absolut passiv konstituiert, als sie überhaupt nur durch das *opus*

---

133 Dazu s. u. Anm. 256 f.

134 AaO 635,24; 638,10 f.; 647 f.; 777,29 f.; 781,14; 786,10.

135 AaO 636,32-637,10.17-20.

136 AaO 718,25-32.

137 AaO 777,4 f.; 778,39 f.

138 S. o. Anm. 71 ff.

139 AaO 711,17; 712,6; 714,22.28 ff.; 715,21 ff.; 718,26.28-31; 719,19; 747,18 ff.; 747,32 ff.; 752,12 ff.; 753,30 ff.; 754,6 f.; 762,21 f.

gratiae Dei creatoris und innerhalb seiner existiert.[140] Kraft dieser seiner Struktur existiert das Menschsein in dem von Gott gewollten und gewirkten Werden so, dass es gar nicht anders kann, als eben durch dieses Werden schon vor allem eigenen Entscheiden und Wollen auch die faktische Bestimmtheit dessen zu erleiden, was es jeweils wollen (und worüber es also auch jeweils entscheiden) kann. *Dass* es etwas kann, ist nie in ihm selbst, sondern immer von anderswoher begründet.[141] Und diese von jenseits ihrer selbst, also passiv konstituierte Faktizität seines Könnens gibt es nie »an sich«, sondern nur jeweils in einer positiven Bestimmtheit dessen, *was es kann*,[142] die ebenfalls nicht in ihm selbst gründet, sondern ihm widerfährt.

Bestimmtheit ist stets auch Begrenztheit. Nun ergeben sich aus der gewordenen Struktur des Menschseins selbst die Arten von Bestimmtheit, die die wollende und wirkende Natur des Menschen im Kontext des Werdens erleiden kann und stets erleidet.[143] Damit sind dann auch die strukturellen Grenzen des menschlichen Wollens und Wirkens gegeben, nämlich drei:

Erstens die Grenzen, die sich jeweils aus der aktuellen leibhaft-situativen Bestimmtheit des gewordenen und werdenden Menschseins ergeben. Menschsein heißt, diejenigen Bestimmtheiten und Begrenztheiten zu erleiden, die jeweils mit aktuellen physischen und sozialen Lebenssituationen gegeben sind, etwa schon in einem Dienstverhältnis.[144] *Nur* in diesen Grenzen ist das Entscheiden und Wollen des Menschen wirksam. Innerhalb dieser Grenzen, also im Umweltverhältnis des Menschen, *ist* es freilich auch wirksam.[145] Freilich sind Vernunft und Wille nur wirksam auf dem Boden der vorwillentlich, passiv konstituierten Unmittelbarkeit des menschlichen Personzentrums, des menschlichen Herzens, und darum auch immer

140 AaO 662,7ff.: geschöpfliches Wollen und Wirken existiert nur im schöpferischen.

141 AaO 666,5-9: Die Freiheit des menschlichen *arbitrium* eignet ihm nie (wie Gott) »per se und de substantia«.

142 AaO 670,1ff.: Es ist ein bloßes »figmentum«, »quod in homine sit medium et purum velle« ohne das jeweils faktische so oder so Bestimmtheit dessen, *was es kann*.

143 S.o. Anm. 88ff.

144 AaO 662,9ff.: Einfluss sozialer Instanzen: Befehl eines Herrn.

145 AaO 638,4-9; 672,7-16; 751,23f.; 752,7-12; 767,40-768,1; 771,38-40; 781,8-10: »Scimus, quod homo dominus est inferioribus se constitutus, in quae habet ius et liberum arbitrium ut illa oboediant et faciant, quae ipse vult et cogitat.«

nur in Abhängigkeit von dessen Fühlen (»sapientia«) und Streben (»affectus«), wie sie jeweils aus dem Geist stammen, der das Herz bestimmt.[146]

Eben damit ist die zweite stets erlittene Bestimmtheit und Grenze für das Wollen und Wirken des Menschen im Blick: Dieses Wollen und Wirken erstreckt sich nicht *auf* das Personzentrum, das Herz des Menschen, und den Geist, der es konstituiert und qualifiziert durch Bestimmung der Unmittelbarkeit seines Lebensgefühls und Lebenstriebs.[147] Von der Existenz und Bestimmtheit der Unmittelbarkeit von Lebensgefühl und Lebenstrieb schon *vor* allem eigenen Wollen und Wirken des Menschen hängt dieses vielmehr *ab*. Das Wollen und Wirken des Menschen erstreckt sich nicht auf das Personzentrum des Wollenden, nicht auf »sich selbst«.[148] Das für das Menschsein wesentliche Wollen und Wirken schließt nicht die Kraft (»vis«) ein, *sich* – also dieses Wollen und Wirken selbst[149] – zu wollen und zu wirken,[150] und daher auch nicht die Fähigkeit, sich selbst diese oder jene Grundrichtung zu geben.[151]

Damit ist auch die dritte Grenze der geschaffenen *vis liberi arbitrii* gegeben. Sie betrifft die Qualität des menschlichen Wollens, die sich aus seiner Grundrichtung ergibt, die ihrerseits in der jeweiligen Bestimmtheit der Unmittelbarkeit von *sapientia* und *affectus* des Herzens gründet. Auf die Grundbestimmtheit seines Personseins durch Lebensgefühl und -trieb kann der Mensch mit seinem Wollen und Wirken keinen Einfluss nehmen. Er kann sie nur erleiden.[152] Sie ist und bleibt abhängig von der Bestimmt-

146 S.o. Anm. 127ff.
147 Die Letztentscheidung über die Bestimmtheit der vorwillentlichen Fundamente des menschlichen Wollens liegt *durchgehend* beim Geist. Denn es ist schon das Verhältnis des Schöpfergeistes zur bloßen Kreatürlichkeit des Menschen, die dessen Verführbarkeit durch Täuschung ermöglicht und zulässt. Aus der Natur der Sache heraus ist dann jede Art der Einschränkung und der Überwindung solcher Täuschung Werk des Schöpfergeistes.
148 AaO 665,11-16.
149 Eine in der Erasmischen Definition des *liberum arbitrium* enthaltene Vorstellung, die Luther ablehnt: aaO 663,2-7.
150 AaO 711,27ff.: Der – schon schlechte – Wille Pharaos »se sola non moveretur aut induraretur, sed omnipotens actor cum illam agat inevitabili motu, ut reliquas creaturas, necesse est eam aliquid velle«.
151 AaO 634,30; 636,6; 637,9; 662,14f.; 714,16f.; 750,13-15; 774,39-42; 779,15-27; 782,27-783,1.
152 AaO 643,31-635,7; 636,14-22; 711,27-38; 714,15-37; 715,18-716,1; 721,4ff.; 745,29f.; 747,25f.34ff.: »omnium voluntas rapitur ut vellet et facit«; 749,35-750,18; 752,30; 779,23ff.39ff.; 781,10-14; 781,36-782,11; 782,40f.

heit der vorwillentlichen Fundamente seines vernünftigen Wollens in der Unmittelbarkeit seines Herzens, über die das Wirken des Schöpfergeistes entscheidet.[153] Dafür sieht Luther – vor dem Hintergrunde der Ökonomie der Gnade des Schöpfers[154] – nur die ausschließende Alternative zwischen dem *amor mundi* bzw. *sui*,[155] begründet in der kreatürlichen Schwachheit des Menschen, durch deren Ausnutzung ihn der Teufel verblendet,[156] und dem *amor Dei*, begründet in der Erfahrung der Befreiung aus dieser Verkehrtheit kraft Offenbarung der Wahrheit[157] durch Christus und den Geist.[158] Zwischen Existenz im Reich, unter der Herrschaft und Befehl, des Satans[159] und Existenz im Reich, unter Herrschaft und Befehl, Christi (des Geistes, Gottes)[160] gibt es kein Drittes,[161] und die Entscheidung zwischen beiden fällt nicht durch den Menschen, sondern im Kampf Satans und Gottes um den Besitz des Menschen.[162] Somit besteht die dritte Grenze der geschaffenen *vis liberi arbitrii* des Menschen in der Unfähigkeit des Menschen, sich in der Kraft seines *liberum arbitrium* von sich aus dem Wollen und Wirken der Gnade Gottes und ihrem Ziel zuzuwenden, sich an sie zu halten, vertrauensvoll das Ziel des Schöpfers als das eigene zu bejahen und mit demselben Vertrauen sich auch seinem Wirken als dem alleinigen Grund für die Erreichung dieses Zieles zu überlassen.[163] In diese Vertrauensbeziehung zu dem Verhältnis, in dem sich das geschaffene Wollen und Wirken des Menschen zum schaffenden Wollen und Wirken Gottes kraft des vorgängigen Verhältnisses des schaffenden Wollens und Wirkens Got-

---

153 S. o. Anm. 147 und u. ab Abschnitt XIII.2.

154 Vgl. dazu den nächsten Abschnitt.

155 Der *amor mundi* ist ipso facto der *amor sui*, weil er auf denjenigen Bereich als höchstes Gut ausgerichtet ist, in dem der Mensch selbst Herr ist.

156 AaO 659,27-33.

157 AaO 663,24ff.

158 AaO 663,25.

159 AaO 635,7–14; 658,13; 659,7; 743,32ff.; 744,17; 749,34-750,15; 750,33-38; 762,37-763,3; 776,20f.; 782,30f.

160 AaO 635,7-17; 743,32ff.; 750,14f.

161 AaO 638,9ff.; 750,5ff.; 765,22-38; 768,11ff.17ff.; 774,19ff.; 776,9.32; 779,15-27; 781,17; 782,21-783,1.

162 AaO 626,22-24; 627,32-38; 635,7-22; 638,10f.; 743,22-744,2; 750,5ff.; 751,3ff.

163 Erasmus behauptet diese Fähigkeit, die Luther bestreitet: aaO 611,30-32; 664,1-15. – Vgl. auch: aaO 608,2ff.; 638,9-11; 672,15ff.; 751,36-40; 781,9ff.

tes zum geschaffenen Wollen und Wirken des Menschen findet, – in die Beziehung des Erkennens und des vertrauensvollen Anerkennens dieses Verhältnisses – gelangt der Mensch nicht durch sein Wollen und Wirken, sondern diese Beschaffenheit seines Wollens und Wirkens erleidet der Mensch vom Wollen und Wirken Gottes, und zwar als die Verwandlung der richtungsbestimmenden Fundamente seines Wollens und Wirkens in der Unmittelbarkeit von Gefühl und Affekt des Herzens.

Summa: Die Radikalität des Verschiedenseins der Konstitution des Wollens und Wirkens des einen Kooperators von der Konstitution des Wollens und Wirkens des anderen, besteht darin, dass das Wollen und Wirken des einen der Grund für die *Existenz*, die *Richtung* und das *Geschick* des anderen ist.[164]

c) Die Verschiedenheit ist also so radikal, dass hier die kooperierenden Seiten nicht mehr gegeneinander selbständig sind und damit an die Stelle der in der Selbständigkeit der beteiligten Seiten gründenden Symmetrie der Kooperation eine radikale Asymmetrie tritt:

Kooperation überhaupt liegt zwar auch hier insofern vor, als beide Seiten selbst- und zielbewusst wollend wirken und dabei jeweils mit dem wollenden Wirken der anderen Seite so verbunden sind, dass sie zu ihm beitragen: Das wollende Wirken der Menschen kooperiert mit dem wollenden Wirken Gottes,[165] und das wollende Wirken Gottes kooperiert mit dem wollenden Wirken der Menschen.[166]

Aber radikal asymmetrisch ist diese Kooperation insofern, als die eine, nämlich die Kooperation Gottes, der *hinreichende* Grund für die andere, nämlich die Kooperation der Menschen, ist. Aufgrund dessen steht diese nicht mehr vor der Alternative von Kooperation oder Nichtkooperation, sondern nur noch vor der – faktischen, freilich nicht durch ihn selbst zu entscheidenden – Alternative, entweder im Wissen oder im Nichtwissen über dieses Kooperationsverhältnis zu kooperieren, das als solches für sie unausweichlich ist, ohne Alternative. Das steht Luther klar vor Augen:

Die Kooperation der Menschen mit Gott hat darin ihren hinreichenden Grund, dass Gott mit ihnen kooperiert. Und diese Kooperation Gottes

164 AaO 617,3 ff.; 662,10 ff.; 705,30; 716,22 ff.; 718,20-32.
165 AaO 695,28 ff.; 753,22 ff.; 753,32 f.; 754,6.15.
166 AaO 672,11 f.; 754,21.

mit den Menschen ist von der Art, dass sie die Menschen kooperieren *lässt*.[167] Gottes Kooperation mit den Menschen ist identisch mit dem wollenden Wirken seiner Allmacht, welches in dem von ihm gewollten und gewirkten Werden die Menschen existieren lässt *als* seine Kooperatoren, die ebenso wenig wie sie als Existierende die Wahl zwischen Sein und Nichtsein haben, denn sie existieren ja schon durch das und in dem durch Gottes Allmacht gewirkten Werden, ebenso wenig auch die Wahl zwischen Kooperation und Nichtkooperation haben, denn kraft ihres Geschaffenseins zu wollend-wirkender Existenz existieren sie nur kooperierend, kooperieren sie also schon immer – so oder so, ob sie das wissen oder nicht.[168]

Folglich ist die Kooperation der Menschen mit Gott auch keineswegs auf einen Teil der Menschheit beschränkt, sondern kennzeichnet vielmehr die Menschheit ganz und ausnahmslos.[169] Mit dem einzig möglichen grundlegenden Unterschied, dies entweder in Unwissenheit über das kraft Kooperation Gottes faktisch bestehende Kooperationsverhältnis zu tun, also auch blind für das Ziel des Wirkens der göttlichen Allmacht und deshalb nicht in bewusster Übereinstimmung mit ihm,[170] oder im erlittenen Aufgeklärtsein

---

167 Gott schafft und erhält die Menschen dazu, dass sie ihm kooperieren: aaO 754,6.15. Das tut er durch den *generalis motus omnipotentiae sui*: aaO 753,28-39. So wirkt er *in* ihnen: aaO 754,5.15. Und zwar ohne je selbst müßig zu sein: aaO 712,7; 747,18 f.: »operatio assidua«. Somit lässt er auch die Kreaturen nicht müßig gehen: aaO 709,31 ff.; 710,38-711,10. Und folglich *erleiden* diese ihr Kooperieren als ein kontinuierliches »rapi« und »agi«: aaO 699,11-13; 700,27 f.31 f.; 711,4 f.: »nos actione sua pro natura omnipotentiae suae rapiens«, 747,27 f.; 753,35: »aguntur«. Vgl. auch u. Anm. 194.

168 Detailliert vorgeführt am Beispiel der Verstockung Pharaos: Diese Verstockung wirkt Gott nicht etwa so, dass er Pharao böse macht, sondern so, dass er den bereits böse vorgefundenen Pharao (eine Situation, die als solche in der Ökonomie der Gnade vorgesehen ist: s. u. Abschnitt VII) als diesen Bösen (so wie alle Bösen und den Satan überhaupt: aaO 709,12-36) nicht aus dem *motus* seiner Omnipotenz und damit auch nicht aus dem in diesem *motus omnipotentiae* begründeten *operari* als böser Mensch entlässt, sondern ihm als diesem entgegen tritt und eben dadurch seine Boshaftigkeit reizt und steigert: aaO 710,31-712,24.

169 AaO 753,28 ff.: »Hoc enim nos asserimus et contendimus, quod Deus, cum citra gratiam spiritus operatur, omnia in omnibus, etiam in impiis operatur«. Er lässt ebenso wie die durch das Christusgeschehen Rekreierten auch zuvor schon alle Kreierten mit ihm kooperieren: aaO 753,28-754,17. – Vgl. auch: aaO 709,15-36.

170 Pharao kooperiert blind und auf ein Ziel hin, das dem Ziel Gottes widerspricht.

über das durch die schöpferische Allmacht unterhaltene Kooperationsverhältnis und dann auch in bewusster Übereinstimmung mit ihm.[171]

d) Die radikale Asymmetrie des Kooperationsverhältnisses schließt ferner ein: Die kooperierenden Seiten besitzen kein von ihnen beiden verschiedenes und darum ihnen beiden gemeinsames Medium des Kooperierens, des Zusammenwollens und -wirkens. Vielmehr benötigt die eine Seite, die göttliche, überhaupt kein Medium ihres Wirkens, das von ihr selbst unterschieden wäre, sondern ihr dauerndes Wollen ist selbst das Medium ihres Wirkens und aller ihrer Werke.[172] Dadurch schafft und erhält sie auch das Medium für das Existieren und für das Wollen und Wirken der anderen Seite. Dies Medium ist eben das von ihr, der göttlichen Allmacht, in freier und somit immutabler Zielstrebigkeit gewollte und gewirkte Werden (»fieri«), in dem wir uns finden. Das geschaffene Wollen existiert, lebt und wirkt in einem Medium, nämlich in dem von der schaffenden Allmacht gewollten und gewirkten Werden, welches ihm das schaffende Wollen durch und in sich selber wirkt und gewährt. Die Menschen leben, wollen und wirken in einem Medium, das von Gottes Allmacht in Gott gewollt und gewirkt ist. Sie leben, wollen und wirken also *in* Gott.[173] Folglich haben auch die von Menschen gewollten und gewirkten Werke Bestand *im* allmächtigen Wollen und Wirken Gottes und kraft seiner – und damit *über* das geschaffene Wollen und Wirken der Menschen hinaus.[174]

e) Darin ist eingeschlossen, dass diese Kooperation nicht *beidseitig* beendet werden kann. Ihr Anfang und Ende liegen *einseitig* auf der Seite der Kooperation Gottes, welche die Kooperation der Menschen schafft und trägt. Ebenso wie die Menschen keine Alternative zur Kooperation mit Gott haben, haben sie auch keine Möglichkeit, sich dieser Kooperation Gottes mit ihnen und damit ihrer Kooperation mit Gott zu entziehen.

---

171 Die Verkündigung des Evangeliums (aaO 695,28 ff.; 753,25 ff.) kooperiert in der Helle des *lumen gratiae* und auf ein Ziel hin, das mit dem Ziel Gottes übereinstimmt.

172 AaO 615,35-616,7.

173 Vgl. Act 17,28a.

174 Während das Werk der Menschen bleibt, wenn ihr Wollen aufhört (also in einem Medium existiert, das nicht durch ihr Wollen geschaffen ist und von ihm abhängt, sondern ihm vorgegeben ist), überdauert das Wollen Gottes alle seine Werke (weil diese nur in einem Medium existieren, das dem Wollen Gottes nicht vorgegeben, sondern durch dieses Wollen gesetzt ist). Vgl. o. Anm. 172.

f) Die radikale Asymmetrie dieses Kooperationsverhältnisses gibt Anlass, es sich vorzustellen als das Gehandhabtwerden der einen Seite in der Hand der anderen als deren Instrument. Auch unser Text bietet diese Vorstellung.[175] Sie ist aber nur ein Gleichnis, das an einer bestimmten Stelle versagt: Während ein Werkzeug in der Hand seines Benutzers keine eigene Zielpräszienz besitzt, willenlos beteiligt ist, sind in der Kooperation Gottes und der Menschen trotz der hier vorliegenden radikalen Asymmetrie dennoch beide Seiten, auch der Mensch, willentlich beteiligt, beide Seiten blicken voraus auf ein Ziel, auch der Mensch.

Freilich tritt nun just in diesem Faktum, dass die Kooperation auf beiden Seiten von Zielpräszienz geleitet ist, erneut die radikale Asymmetrie des Verhältnisses hervor: Weil die Kooperation des Menschen in der Kooperation Gottes begründet ist und nur innerhalb ihrer existiert, gibt es für sie auch kein reales Letztziel, das von dem Ziel der Kooperation Gottes verschieden wäre. Die Zielpräszienz der kooperierenden Menschen steht nur vor der Alternative, entweder realistisch zu sein, dann beinhaltet sie kein anderes Letztziel als das auch vom kooperierenden Gott angestrebte, oder, wenn sie ein anderes Ziel anstrebt, illusionär zu sein (also auf ein Ziel hinzuwirken, das es nicht gibt – auf eine Fata Morgana[176] – und das daher auch nicht erreicht werden kann) und zu scheitern.

g) Wer aber sieht, dass es in dieser radikal asymmetrischen Kooperation Gottes und des Menschen für beide Beteiligten nur *ein* reales Letztziel gibt – nur dasjenige, auf das die Kooperation Gottes vorausblickt – ohne reale Zielalternative für den kooperierenden Menschen, der sieht sofort auch diejenige radikale Asymmetrie, die hier zugleich für das tatsächliche *Erreichtwerden* dieses einzig realen Letztziels besteht: Die Bedingungen dafür liegen *ausschließlich* auf einer Seite, *ausschließlich* auf der Seite Gottes. Ebenso wenig wie der menschliche Kooperator sich der Kooperation mit der Kooperation Gottes entziehen kann und ebenso wenig wie deshalb für ihn ein alternatives Letztziel zu dem Ziel Gottes real ist, ebenso wenig entscheidet er darüber, *ob* dieses einzige Ziel erreicht wird, und ebenso wenig trägt seine Kooperation etwas dazu bei, *dass* dieses Ziel erreicht wird. Dass

175 AaO 699,13: »quemadmodum serra aut securis a fabro agitur«; 709,15-36.
176 Diese Fata Morgana hat stets zum Gegenstand: das »Ganz-« und »Erfülltseins« des Lebens *innerhalb* seines Werdens *vor* seiner Verewigung.

dieses Ziel erreicht wird, ist entschieden, garantiert und gewiss *allein* durch die immutable Präszienz dieses Zieles als desjenigen Zieles, welches der Schöpfer immutabel voraussieht und auf das hin er in seinem allmächtigen, nicht irritierbaren, Wollen und Wirken den Menschen schafft und erhält, und zwar zum geschaffenen Kooperator auf diesem Weg seines Schaffens.

Hiergegen scheint gesagt werden zu können: Als Kooperator Gottes weist der Mensch selbst die Wesenszüge eines Operators auf, der als Kooperator Gottes von diesem verschieden ist, also auch überhaupt ein eigenes Wollen und Wirken mit eigenem Entscheidungsvermögen besitzt und daher auch einen Bereich des eigenen wirksamen *operari* hat: eben die ihm unterworfene Welt.[177] Hier gibt es für den Menschen auch eigene Ziele, die nicht mit dem Ziel Gottes identisch sind und die er frei wählen kann. Seinen Umgang mit der Welt (dem geschaffenen Werden [»fieri«]) kann der Mensch – ohne sich um Gottes Ziel zu kümmern – auf frei gewählte eigene Ziele ausrichten. – Antwort: Das ist zwar richtig, ändert aber nichts an der Tatsache, dass das gesamte geschaffene Werden, das gesamte Weltgeschehen, nur der Effekt des Wollens und Wirkens Gottes ist, nur durch dieses Wollen und Wirken Gottes existiert – nur *durch* den »motus« von Gottes schaffender »omnipotentia« und *in* ihm. Folglich existiert auch die gesamte Sphäre des eigenen vernünftig willentlichen *operari* der Menschen samt allen darin angestrebten eigenen Zielen der Menschen ausschließlich *kraft* und *in* diesem universalen *motus omnipotentiae Dei*, der dauernd auf sein vorhergewusstes Ziel zugeht und es erreicht. Dieser *motus* kann durch nichts aufgehalten oder irritiert werden. Auch nicht durch die eigenen Ziele, die die Menschen in ihrem eigenen Umgang mit der Welt verfolgen. Wie immer diese eigenen Ziele des eigenen *operari* der Menschen in der Welt beschaffen sein mögen, sie existieren samt und sonders durch den *motus* von Gottes allmächtigem Wollen und Wirken und in diesem *motus*, werden also auch von diesem samt und sonders auf sein Ziel, das Ziel Gottes, hin mitgenommen und diesem Ziel dienstbar gemacht.[178] Insofern[179] unterliegt auch alles eigene

---

177 S. o. Anm. 177. – Ferner u. s. Abschnitte VIII. und IX.

178 Das ist der festzuhaltende Sinn der Rede vom Wollen und Wirken aller Menschen, auch der Sünder, ja sogar des Satans, als »Instrumente« Gottes: aaO 709,12-36. Vgl. auch das Zitat o. Anm. 175.

179 Zu dieser Einschränkung u. Abschnitt IX.1. mehr.

operari des Menschen mit seinen eigenen Zielen der *necessitas immutabilitatis praescientiae Dei*.[180] So bleibt es dabei: Kein Ziel, das *innerhalb des fieri* erreicht wird, in welchem wir uns als Kooperatoren Gottes finden, ist als solches das Ziel *dieses fieri, dieses kooperativen Werdens, selbst*. Dessen Ziel ist allein das Ziel des Wollens und Wirkens des *einen* Kooperators, Gottes. Diesem Ziel, das durch die eine Seite der Kooperation festgesetzt ist, *kann* die andere Seite, die Menschheit, sich nicht entziehen.

VII Die Ökonomie des opus Dei gratiae

Bisher haben wir nachvollzogen, wie sich dem christlichen Blick Luthers das Werden, in dem wir uns samt unseresgleichen finden, zeigt als das *opus* (der Effekt, das Werk) des *operari* nicht einer blinden Allmacht, sondern einer wollend, und das heißt auch präszient, also planvoll zielstrebig wirkenden Allmacht. Dieser Blick sieht – das haben wir ebenfalls schon nachzuvollziehen begonnen –, dass dieses Wollen und Wirken der schaffenden Allmacht ein Ziel intendiert, das nicht nur das Gute für sie alleine ist, sondern – eben als das Ziel des allmächtig *schaffenden*[181] Wollens und Wirkens[182] – auch dem geschaffenen Andern-ihrer-selbst, also dem geschaffenen Wollen und Wirken, d. h. den Menschen, zugutekommt und insofern in sich selbst das *opus Dei gratiae* ist. Das schließt sachlogisch ein, dass sein *opus* die *cooperatio Dei et hominis* ist. Deren wesentlich (unvermeidlich) radikal asymmetrischen Charakter haben wir soeben nachgezeichnet. Damit allein ist aber der *Gnaden*charakter dieses *opus Dei* noch

---

180 AaO 616,1 f.: Kraft der Ungehindertheit des Willens Gottes, kann auch sein »opus« nicht daran gehindert werden, »quin fiat loco, tempore, modo, mensura, Quibus ipse et praevidet et vult«. – Im Übrigen s. o. Anm. 71, 74, 75 und 76.

181 Für Luther besteht das allmächtige Wesen Gottes nicht in einem *möglichen* operari, sondern in einem *wirklichen*: aaO 718,28-32.

182 Hier ist der Ansatzpunkt für alle Überlegungen, die das Schaffen Gottes und die Weise dieses Schaffens als Vollzug des Wesens Gottes zu begreifen suchen. Das dürfte auf die Einsicht führen, dass Gottes Wesen die absolute Wahrheit (das *absolut angemessene* Umgehen mit sich selbst, also nicht nur absolute Wahrhaftigkeit im Sinne von absoluter Zuverlässigkeit) ist. Luther hat sich in seinen verschiedenen Äußerungen zu diesem Thema darauf beschränkt, das Wesen Gottes als Liebe zu begreifen (so etwa in der Auslegung der ersten zwei Kapitel des Johannesevangeliums: WA 46; 543 ff.). Es könnte sich zeigen, dass absolute Wahrheit und absolute Liebe dasselbe sind.

nicht hinreichend erfasst. Dazu ist über das Bisherige hinaus die Einsicht erforderlich nicht nur, *dass* die Kooperation des schaffenden und des geschaffenen Wollens faktisch durch den *motus* der schaffenden Allmacht gewirkt wird, sondern auch, dass sie *auf eine Art und Weise* gewirkt wird, durch die dieses Wirken des schaffenden Wollens tatsächlich dem Andern-seiner-selbst, dem geschaffenen Wollen und Wirken, *zugutekommt*.

Dafür ist zweierlei erforderlich: Das Ziel des *motus omnipotentiae*, der die coop*eratio Dei et hominum* wirkt, muss so beschaffen sein, dass es tatsächlich das absolut Gute sowohl für den Schöpfer *als auch* für das Geschöpf ist (1), und der *motus omnipotentiae* muss die *cooperatio Dei et hominum* in derjenigen Weise wirken, die eben dieses Ziel, das *absolut Gute für beide*, auch erreicht (2).

1. Das Ziel ist der Eintritt des geschaffenen Wollens und Wirkens ins *lumen gloriae*, d. h. in diejenige Situation, in der die Majestät des Schöpfers selbst von den Geschöpfen restlos erkannt wird,[183] in der alles Geschaffene »in Gott«,[184] d. h. in seinem wahren Charakter als Geschaffenes und daher als nicht in sich selbst, sondern als nur durch den Schöpfer und in ihm existierend erkannt wird, in der alles, was dem irdischen Blick Grausamkeit und Ungerechtigkeit Gottes zu sein scheint und was auch der Blick des Glaubens einstweilen nur als die unter dem Gegenteil verborgene Güte und Gerechtigkeit des Schöpfers glaubt,[185] tatsächlich offenbar sein wird als wirkliche Güte und Gerechtigkeit des Schöpfers,[186] in der also das geschaffene Ebenbild des Schöpfers in vollendeter Selbst- und Gotteserkenntnis[187] selig sein wird.

Wie ist der *motus omnipotentiae*, das Wirken der Allmacht, der als *opus Dei gratiae*, als Werk der *Gnade* Gottes, die *cooperatio Dei et hominum*, die Kooperation Gottes und der Menschen, nicht nur schafft, sondern auch in dieses Ziel trägt, nun hinsichtlich seiner Vollzugsweise beschaffen? Darauf antwortet Luthers Sicht der Ökonomie des Gnadenwirkens des Schöpfers.

183 WA 18; 785,22 f.
184 AaO 605,8-14.
185 AaO 785,36 f. – Für den heilszielstrebigen *motus omnipotentiae* gilt: »malum facere bene facere«: 709,28 ff.; 754,3 f.
186 AaO 785,31-38.
187 AaO 614,18.

2. Dieser Blick auf die Ökonomie des *opus Dei gratiae* ist erschlossen durch das Erlebnis der Christusoffenbarung.[188] Die Christusoffenbarung ist als das Geschehen erlebt worden, in welchem das *Geheimnis* des allmächtigen Wollens und Wirkens des *Schöpfers* durch sich selbst offenbar geworden ist,[189] also als das Geschehen der *Selbstoffenbarung* dieses Geheimnisses des allmächtigen Schöpferwillens und -wirkens. Das schließt die Gewissheit ein, dass die Christusoffenbarung selbst durch dieses – in ihr sein Geheimnis offenbarende – allmächtige Wollen und Wirken des Schöpfers bewirkt ist. Und darin wiederum ist die Gewissheit darüber eingeschlossen, *was* das jetzt offenbar gewordene Geheimnis des allmächtigen Wollens und Wirkens des Schöpfers ist: nämlich, dass es – dieses Wollen und Wirken der schaffenden Allmacht – kraft seines Ursprungs, also auch in sich selbst und damit auch von Anfang an, so beschaffen ist, dass *es selbst* das Offenbarwerden seiner selbst und seines Geheimnisses anzielt und auch wirkt. Somit gibt also die Christusoffenbarung, die als die *Selbst*offenbarung des Geheimnisses des Wollens und Wirkens des Schöpfers erlebt worden ist, einen Blick auf das allmächtige Wollen und Wirken des Schöpfers frei, für den Folgendes sichtbar wird:

2.1. Das allmächtige Wollen und Wirken des Schöpfers ist hinsichtlich seines Ursprungs das Wirken des dreieinigen Gottes, also das Wirken des Vaters im Sohn durch den Geist.[190] Der *motus omnipotentiae* hat durchgehend trinitarischen Charakter.[191]

2.2. Der trinitarische *motus omnipotentiae* wirkt als *schaffender* und *erhaltender* ursprünglich und durchgehend ein *opus gratiae*. Sein Charakter als eines Werkes der *Gnade* besteht darin, dass es nicht nur dem Schöpfer, sondern auch dem Andern-seiner-selbst zugutekommt. Diesen Charakter des Gnadenwerks des Schöpfers (des *opus gratiae creatoris*) hat der *motus* des schaffenden Wollens und Wirkens also dadurch, dass er das Andere-seiner-selbst, das Wollen und Wirken seines geschaffenen Ebenbildes wirkt.[192]

188 Luther trifft seine Wahrheitsbehauptungen (assertiones) als Christ: aaO 786,25 f.
189 AaO 639,1-5. – Vgl. auch: aaO 607,22 ff.
190 In unserer Schrift setzt Luther das ebenso wie anderwärts voraus, ohne es weiter zu entfalten: aaO 606,26-28.
191 Das bleibt in *Dsa* implizit, wird aber im *Bekenntnis* von 1528 (WA 26; 499-509) explizit gemacht.
192 WA 18; 753,220-754,17.

Dies wiederum tut er als schöpferischer *motus* des *dreieinigen* Gottes, der als solcher – eben als Wirken des Vaters *im Sohn durch den Geist* – ursprünglich, von Anfang an und durchgehend, den Charakter der *Selbstoffenbarung* des allmächtigen Wirkens des Vaters im Sohn durch den Geist *für* das geschaffene Ebenbild des Schöpfers trägt. Der ursprüngliche und durchgehende Charakter des *motus omnipotentiae* als eines Wirkens und Werkes der *Gnade* besteht also letztlich genau darin, dass dieser *motus* ursprünglich und durchgehend den Charakter der *Selbstoffenbarung, der Selbstmanifestation und Selbstpräsentation des Wesens des Schöpfers für das Geschöpf* hat.

2.3. Die Christusoffenbarung ist erlebt worden als das Offenbarwerden eben dieses Offenbarungscharakters (und damit auch Gnadencharakters) des Wirkens der schaffenden Allmacht (des *motus omnipotentiae*) durch dieses Wirken der schaffenden Allmacht selber. Folglich werden in ihrem Lichte *unterschiedliche,* aufeinander aufbauende Wirkweisen der einen schaffenden Allmacht sichtbar.

Zu unterscheiden sind: *erstens* diejenige erste und *allgemeine* Wirkweise des *motus omnipotentiae*, in der dieser *motus* das geschaffene Ebenbild, die Menschheit, überhaupt existieren lässt.[193] Diese erste, schlechthin allgemeine Wirkweise des *motus omnipotentiae* wirkt und erhält die Welt des Menschen im Ganzen als Kreatur in ihrer geschöpflichen Natur.[194] Davon zu unterscheiden ist *zweitens* diejenige besondere Wirkweise des *motus omnipotentiae*, die den ursprünglichen Offenbarungs- und Gnadencharakter schon jenes die ganze Welt des Menschen schaffenden Wirkens der göttlichen Allmacht *offenbar* macht und die sich als diese besondere Wirkweise jeweils an einzelne Menschen als solche (»singulariter«[195]) richtet. Weil sie den Gnadencharakter, der an sich schon der ersten Wirkweise

193 Universaler *motus omnipotentiae*. – Natur an sich auch schon ein *opus gratiae*: s. o. Anm. 110.

194 AaO 708,19-710,10; 710,31-711,19; 712,6.11 f.; 714,22.32 f.; 715,20 ff.; 718,26.28-31; 719,19; 747,18 ff. 32 ff.; 752,13 ff.; 753,29 ff.; 754,6 f. – Durch diesen *motus omnipotentiae generalis* wirkt Gott (»operatur«) »alles in allem«: aaO 703,3 f.; 630,22-24; 631,34 f.; 709,10 ff.21 ff.; 711,7 f.; 714,32 f.; 753,36; 754,4 f.15. – Alle Geschöpfe werden durch diesen *motus* des Wirkens der schaffenden Allmacht im allgemeinen Werden mitgenommen (»rapi«): aaO 709,23.31.34; 711,5.8.16; 711,37; 736,19; 747,27.34; 752,14.

195 Versus »generaliter«: aaO 754,6 f.

der schaffenden Allmacht eignet, nun explizit offenbar macht, wird sie von Luther mit der Tradition als diejenige Wirkweise angesprochen, in der sich die Gnade des Schöpfers als solche zur Geltung bringt; terminologisch kurz: als Wirkweise »der Gnade«[196], die den Menschen Christus[197] und das Evangelium[198] begegnen lässt und sie an den Menschen durch den Geist[199] zu verwandelnder[200] Wirkung bringt. Die »Gnade« in diesem engeren Sinne ist wie die Schöpfung eine *operatio* der schöpferischen Allmacht,[201] und zwar eine *operatio* »ex proposito«[202], entspricht also ihrer ursprünglichen unfehlbaren Zielpräszienz, wird daher vom Menschen nur erlitten[203] und schließt jedes *meritum* aus.[204] Davon wiederum unterschieden ist – *drittens* – diejenige Wirkweise der schaffenden Allmacht, die das durch ihre zweite Wirkweise offenbar gemachte Ursprungsziel schon ihrer ersten und grundlegenden Wirkweise gänzlich realisiert.

196 AaO 635,28-636,6; 636,9ff.25; 644,20; 656,35-658,9; 664,11f.; 764,26f.; 769,24ff.; 772,25-39; 775,23ff.42; 777,22-28; 779,30-32.36ff.; 782,37; 786,17.

197 AaO 625,12; 639,1.

198 AaO 628,9ff.; 630,24ff.; 697,21-698,14; 766,19-34; 778,36.

199 Die Gnade ist »translatio mundi in spiritum«: aaO 776,22. Das geschieht durch die »Gabe« des Geistes des Schöpfers: aaO 664,11f.; 705,23; 707,35. Der ist der »Geist der Gnade«: aaO 753,33. Er ist es, der die Erwählten und Frommen zurecht bringt (»corrigere«): aaO 632,3-6; 709,28f. Er verklärt Christus: aaO 603,29f.; 642,11. Er wirkt durch das Wort: aaO 695,22ff. Er ist Autor der Schrift: aaO 725,18f. Er wirkt die Predigt des Evangeliums: aaO 751,35. Er überwindet die Blindheit, erleuchtet das Herz, gibt ihm Sichtfähigkeit für die *res* des äußeren Wortes: aaO 609,11ff.; 658,17ff.25ff.; 709,2ff.; 745,29; 751,29-35; 781,32-782,11. Er lehrt das Gesetz richtig zu verstehen: aaO 765,15f. Er offenbart die Sünde und das Heilswerk Christi: aaO 782,17-19 (vgl. auch: aaO 766,9f.). So schafft er Wahrheitsgewissheit: aaO 605,32. Er rechtfertigt: aaO 760,39. Er betet in den Gläubigen: aaO 746,21-29. So schafft er die »neue Schöpfung«, die »neue Geburt«: aaO 693,88ff.; 754,8-12; 777,1f. So schafft er sein »Reich«: aaO 745,8. Dieses ist zugleich das Reich Christi: aaO 786,8. Das Leben in ihm ist die »Antithesis« zum Leben im »Fleisch«: aaO 735,32. Ebenso zum Leben im »Reich des Fürsten diese Welt«: aaO 753,32ff.; 750,33ff.; 774,29ff.; 782,30ff.

200 AaO 632,3-8; 697,21-27; 782,12-783,2.

201 Bei dem allen handelt es sich ebenfalls um eine *operatio* der schaffenden Allmacht Gottes: aaO 634,16-21; 635,7, um einen speziellen Erweis seiner »virtus« in unserer »imbecillitas«: aaO 659,26ff.; 754,7. Auch sie vollzieht sich als ein »rapi«, als das »rapi spiritualiter in Christum«: aaO 635,14-17; 636,16-22; 782,9f.33.

202 AaO 772,36f.39ff.

203 S. o. Anm. 88ff., 139, 167.

204 AaO 635,27-636,6; 777,36-778,7; 779,34ff.; 785,33f. – »gratia gratis datur«: aaO 775,23ff.42.

2.4. Diese Unterschiede dürfen nun aber nicht darüber hinwegtäuschen, dass es sich hier um drei Wirkweisen *desselben* handelt, eben um Wirkweisen des Wollens und Wirkens des trinitarischen Schöpfers, das ursprünglich und durchgehend trinitarische Struktur besitzt. Jede ist eine Weise des Wirkens des Vaters im Sohn durch den Geist. Schon im Schaffen der Natur des kooperierenden Ebenbildes des Schöpfers sind der Sohn und der Geist wirksam, ebenso im Offenbarwerden der Gnade des Schöpfers durch das Christusgeschehen der Vater und der Geist und so auch im vollkommenen Geheiligtwerden der Geschöpfe durch den Geist der Vater und der Sohn. In allen dreien manifestiert sich das trinitarische Wollen und Wirken des Schöpfers. Deshalb eignet auch ihnen allen dreien der Charakter einer Selbstoffenbarung des Schöpfers für sein geschaffenes Ebenbild. Das kommt besonders deutlich darin zum Ausdruck, dass der Effekt jeder Wirkweise die Entzündung eines *lumen* ist: die erste Wirkweise entzündet das *lumen naturae*, die zweite das *lumen gratiae*, die dritte wird das *lumen gloriae* entzünden.

Die Differenz der drei Wirkweisen tritt nur *innerhalb* dieser sie alle umfassenden Kontinuität auf. Deshalb bauen sie aufeinander auf. Das hat Luther drei Jahre nach unserer Schrift, im *Bekenntnis* von 1528 (und dann auch in den *Katechismen* aus demselben und dem folgenden Jahr), anschaulich durch die Darstellung dieser drei Wirkweisen als der Aufeinanderfolge eines dreifachen »Sichgebens« des dreieinigen Gottes zum Ausdruck gebracht.[205] Auch in unserer Schrift ist nicht zu übersehen, dass und wie jede dieser Wirkweisen das Werk der vorangehenden zur bleibenden Voraussetzung hat und sich vervollkommnend[206] auf sie bezieht:

Das gilt zunächst für das Verhältnis der zweiten Wirkwcise und des durch sie gesetzten *lumen gratiae* zur ersten Wirkweise und dem durch diese gesetzten *lumen naturae*: Der Rückblick aus dem Licht des *lumen gratiae* sieht, dass schon die geschaffene Natur des Menschen, seines geschaffenen Wollens und Wirkens, *gut* ist, sofern es eben das *Werk Gottes* ist.[207]

---

205 WA 26; 499-509.

206 Für Luther gilt zweifellos wie für die Tradition, dass die Gnade die Natur nicht zerstört, sondern vervollkommnet, ihrer Schwäche abhilft. Die Differenz bezieht sich nur auf die Weise, in der das geschieht, in der also die »Kreatur« zur »neuen Kreatur« erhoben wird. Dazu s. u. Abschnitt IX.2.

207 WA 18; 708,19: »ea quae fecit Deus sunt valde bona«. – S. o. Anm. 110.

Diese Güte des geschaffenen Ebenbildes des Schöpfers wird dadurch nicht beeinträchtigt, dass es eben als geschaffenes, in der *Geschöpflichkeit* seiner Natur, schwach ist, geistig (»imbezill«)[208] und physisch,[209] und also seiner selbst körperlich und geistig nicht mächtig.[210] Zwar ist es durch den Geist Gottes geschaffen, aber sein geschaffener Geist ist nicht der schaffende Geist Gottes selbst; der Geist Gottes ist nicht bleibend in ihm.[211] Sich selbst überlassen,[212] ohne den eigenen Geist Gottes,[213] ist der Mensch daher auch ipso facto ohne Widerstandsmöglichkeit gegenüber der teuflischen Versuchung,[214] seine Gottebenbildlichkeit, nämlich Freiheit im Weltverhältnis, als die ganze Wahrheit über sich, d. h. seine Gott*ebenbildlichkeit* als Gott*gleichheit*[215] zu missverstehen. Er erliegt also auch dieser Versuchung tatsächlich. Folge: Jeder Mensch wird in ein von Verblendung beherrschtes Gattungsleben[216] hineingeboren[217] und ist darum auch selbst von Geburt an verblendet, »malus natura«[218] – ohne jede Möglichkeit, diese Schlechtigkeit von sich aus zu überwinden;[219] äußersten Falls wird er der Relativität seiner Freiheit inne sowie der schon in seinem faktischen Ausgeliefertsein an das unwiderstehliche Schicksal liegenden *Zumutung*, diese über ihm waltende Allmacht anzuerkennen und sich ihr ganz auszuliefern, was er aber nicht

---

208 AaO 659,27-33.
209 Bestimmt zu Leiden, Krankheit, Sterben, Tod: aaO 664,7ff.
210 Vgl. o. Anm. 88, 139 – Das *servum arbitrium* gilt bereits von der geschaffenen Natur des Menschen bloß als solcher, also schon vor dem Fall (supralapsarisch).
211 AaO 734,15ff.
212 AaO 634,18-20; 658,30f.; 675,31ff.; 708,13.23ff.32.34; 709,13f.; 711,8; 719,5f.; 735,22; 764,15f.
213 AaO 634,23: »vacat spiritu Dei«; 708,31f.: »subtracto spiritu«; 710,2: »sine spiritu«.
214 Die für das Geschöpf als Nichtschöpfer wesentliche Imbezillität ist der Ansatz für das verblendende Wirken des Satans: aaO 659,30f.
215 Luther sieht, dass genau darauf die Erasmische These von der ursprünglichen Selbstmächtigkeit des *liberum arbitrium* des Menschen hinausläuft: aaO 664,11ff.; 744,18ff.
216 In der Imbezillitas des Menschen wirkt der Verblender und hält den Menschen in seinem Reich gefangen: s.o. Anm. 199, 214 (Reich Satans).
217 Also hat Gott es postlapsarisch mit Menschen zu tun, die von Geburt an unter der Macht der Verblendung sind, deren Herz von Geburt an gottesblind ist und durch den *amor mundi/sui* beherrscht werden: aaO 620,1: »ignorantia Dei agnata«; 711,2-10.
218 AaO 711,4; 736,20-27. – So findet der Schöpfer schon jeden Menschen vor: aaO 711,35f.
219 Die Verblendung ist ja eine des Herzens, also der vorwillentlichen Fundamente des vernünftigen Wollens und Wirkens der Menschen. S.o. Anm. 127ff.

kann, erstens weil er sie und ihre Intention gar nicht kennt[220] und zweitens weil er, selbst wenn er ihm als der Urheber des Gesetzes seines Daseins vorgehalten wird, sie dennoch nicht »über alles«, also auch unter Hintansetzung seiner selbst und seines eigenen Glücks, zu lieben vermag.[221]

Eben das wird erst durch die Entzündung des *lumen gratiae* möglich: also dadurch, dass der Schöpfer selbst sein Wollen und Wirken als Wollen und Wirken derjenigen Gnade, die nicht nur die Existenz seines geschaffenen Ebenbildes will und wirkt, sondern es auch einschließlich und in seiner Gottwidrigkeit trägt und versöhnt, in Christus, seinem inkarnierten Sohn, durch den Geist offenbar macht, das heißt: sein Wollen und Wirken als *opus gratiae* in einer die Unmittelbarkeit von Existenzgefühl (»sapientia«) und Streben (»affectus«) verwandelnden Weise an den Erwählten zur Geltung bringt und sie zum neuen Gottesvolk und zur neuen Menschheit verbindet.[222] Womit der Geist nicht etwa das Werk seines Schöpferhandelns (das geschaffene Ebenbild in seiner Schwäche und Ausgeliefertheit an die Unkenntnis seiner selbst und Gottes) widerruft oder korrigiert, sondern nur den ursprünglichen und wahren Charakter und eigentlichen Sinn schon dieses Wirkens Gottes in der Schöpfung offenbart.[223] Diese zweite Wirkweise der schöpferischen Allmacht setzt also die erste voraus, hält sie fest und bringt deren wahres Wesen an den Tag, welches darin besteht, kraft der Beschaffenheit des Ziels, auf das sie in der Unfehlbarkeit und Unirritierbarkeit ihres allmächtigen Wollens hinwirkt, selbst schon Wollen und Wirken der Gnade zu sein.[224] Sie bringt die Wahrheit des Evangeliums, welches eben dies behauptet,[225] an den Tag und damit die absolute Zuver-

---

220 AaO 663,24-27; 697,7 ff.; 698,3-9; 743,8 ff.; 758,25 f.; 761,24-28; 776,5 f.; 778,36 ff.; 782,19.

221 Situation unter dem Gesetz mit seiner Grund- und Gesamtforderung, Gott über alles zu lieben.

222 S. o. Anm. 31 bis 43.

223 Durch den Geist Christi wird es möglich, die Schöpfung »mit den Augen Gottes zu sehen«: aaO 709,2 ff. Auch dieses Sehen bleibt natürlich *unseres* und als solches an die Bedingungen und Grenzen unseres Geschöpfseins gebunden.

224 Also den Sinn des Schwachseins des Ebenbildes (aaO 659,27-33; 664,8), seiner widerstandslosen Ausgeliefertheit an die Finsternis (zur kraft ihres mit Unfehlbarkeit vorhergewussten Ziels guten *operatio omnipotentiae* gehört es auch, das Reich der Finsternis zu erhalten: aaO 710,8-10 [damit es dann überwunden werden kann]).

225 Das Christusgeschehen ist für Luther Offenbarung des Schöpfungssinnes. Luther legt die Genesis im Sinne des Johannesprologs und im Sinne von I Kor 2,7 (aaO 639,1-6) aus.

lässigkeit seiner Verheißung,[226] dass dieses Ziel erreicht wird. Erst aufgrund dessen – und nur aufgrund dessen – ist es dem Menschen möglich, sich im Glauben[227] restlos dem *motus omnipotentiae* anzuvertrauen als dem schaffenden Wollen und Wirken der Gnade, die von Ewigkeit her und immutabel auf das Ziel der vollendeten Gottes- und Selbsterkenntnis des geschaffenen Ebenbildes des Schöpfers hinwirkt, indem sie es auf dieses Ziel hin nicht nur existieren lässt, sondern es auch in seiner Schwäche und Verkehrtheit trägt und versöhnt.

Dasselbe Verhältnis waltet zwischen der zweiten und dritten Wirkweise der schaffenden Allmacht: Weil die zweite im Rückblick das wahre Wesen schon der ersten an den Tag bringt (eben selbst schon das Wollen und Wirken der Gnade zu sein, die immutabel auf das vorhergesehene und vorherbestimmte Ziel des ewigen Genusses restloser Gottes- und Selbsterkenntnis unterwegs ist), deshalb begründet sie ipso facto auch die prospektive Gewissheit, dass dieses Ziel erreicht werden wird, in dem alle Reste geschöpflicher Schwachheit und Blindheit, die auch noch das Leben im *lumen gratiae* belasten,[228] beseitigt sein werden. Auch hier gilt: Die vorangegangene(n) Stufe(n) werden festgehalten, nur kommt ihre Wahrheit unverhüllt ans Licht: dass sie nämlich – und zwar einschließlich aller im *lumen naturae* und auch noch im *lumen gratiae* als grausam und ungerecht erscheinenden Verläufe – der nun abgeschlossene Weg zur ewigen Herrlichkeit sind.[229]

Diese Stufenfolge der drei Wirkweisen der schaffenden Allmacht (»motus omnipotentiae«) bestimmt das Leben der Gattung[230] *und* jedes Einzelnen.[231] Jede von diesen Stufen ist ein wesentliches Element ein und

---

226 AaO 619,3; 619,24; 783,30.
227 AaO 618,21ff.; 625,11f.; 632,8-11; 633,7-23; 652,7f.; 708,8f: »fides et spiritus aliter iudicant, qui Deum bonum credunt, etiamsi omnes homines perderet«; 784,6-9; 785,37f. – Unglaube: aaO 780,18ff.
228 Reliquiae carnis: aaO 642,7ff.; 649,11; 652,14; 745,9; 750,5f.; 783,4ff.; 785,31ff.
229 AaO 785,35-38.
230 Dass dieser Hintergrund bei Luther selbstverständlich vorausgesetzt ist, wird in unserer Schrift daran deutlich, dass – der Tradition folgend – ausdrücklich mit einer Wirkung des Sohnes Gottes auch schon vor seiner Inkarnation gerechnet wird: aaO 690,5-8.
231 Das ist darin eingeschlossen, dass das Menschsein in seiner *Totalität* dem Wollen und Wirken Gottes ausgeliefert ist.

derselben Wirklichkeit: nämlich des immutabel zielstrebigen Wollens und Wirkens der schaffenden Gnade, die als solche das in Wahrheit Gute nicht nur für das schaffende Wollen und Wirken, sondern auch für das Andere-seiner-selbst, für das geschaffene Wollen und Wirken, vorhersieht und wirkt. Die Substanz des Gesamtprozesses ist dieselbe in allen seinen Schritten.

Das zeigt sich für den Blick des Glaubens nicht zuletzt daran, dass jede Stufe schon in sich selbst auf ihre Weise den Charakter dessen aufweist, was der Prozess im Ganzen ist: Selbstoffenbarung des schaffenden Wollens und Wirkens für das Andere-seiner-selbst, für sein geschaffenes Ebenbild, für das geschaffene Wollen und Wirken: Das *lumen naturae* lebt grundlegend aus derjenigen Offenbarung des Schöpfers an sein geschaffenes Ebenbild, die in dessen eigenem Geschaffensein selbst besteht (hier ist der Schöpfer in seiner schaffenden Allmacht *für* das Geschöpf offenbar *durch* das Geschöpf)[232]; und sodann aus derjenigen weiteren Selbstoffenbarung des Schöpfers durch die Gabe seines Gesetzes, die die Erkenntnis der Sünde schafft.[233] Das *lumen gratiae* lebt aus dem Geschehen, dass sich das unfehlbar zielpräsente Wollen und Wirken der schaffenden Allmacht in Christus durch den Geist *selbst* offenbart als schaffende *Gnade*.[234] Das *lumen gloriae* lebt aus der vollendeten Selbstoffenbarung der schaffenden *Allmacht* als schaffende *Gnade* für sein vollendetes Ebenbild.[235] Hier erfüllt sich die *eine* ursprüngliche Grundintention des schaffenden Wollens und Wirkens (vollendetes Offenbarsein des Wesens des Menschen für ihn selbst *im*[236] vollendeten Offenbarsein seines Schöpfers für ihn), für deren Realisierung die *beiden* vorausgehenden Schritte unvermeidlich sind: der erste Schritt (die Gotteserkenntnis des *lumen naturae*) als diejenige Selbstoffenbarung des Schöpfers, durch die er seinem geschaffenen Ebenbild dessen eigene Nichtgöttlichkeit, den Geschöpfcharakter seiner Natur als solchen, seine Schwäche und

232 Zu dieser in unserem Text nicht anklingenden Hintergrundüberzeugung vom Offenbarungs-, nämlich Anredecharakter der Schöpfung selbst vgl. O. BAYER, Martin Luthers Theologie, 2003, 93-102.
233 WA 18; 766,19-34.
234 S. o. Anm. 110, 193, 207.
235 AaO 785,22 f. (eschatische Erkenntnis ist Erkenntnis alles Geschaffenen *in* Gott).
236 AaO 605,8-14.

Versöhnungsbedürftigkeit, erleben lässt, und der zweite Schritt als diejenige Selbstoffenbarung des Schöpfers, durch die das geschaffene Wollen und Wirken des Gnadencharakters des schaffenden Wollens und Wirkens in seiner ganzen Weite, Ursprünglichkeit und Einheitlichkeit inne wird, nämlich seines Charakters als *Gnade* des *Schöpfers*, die dessen geschaffenes Ebenbild nicht nur existieren lässt, sondern es auch in seiner Schwäche und Verkehrtheit trägt und versöhnt.

Im Kontext dieser Sicht auf den ursprünglichen und durchgehenden Selbstoffenbarungscharakter des gesamten Wollens und Wirkens des Schöpfers steht auch alles, was Luther über die Inkomprehensibilität des göttlichen Wollens und Wirkens sagt,[237] über die Geheimnisse seiner Majestät,[238] über die Differenz zwischen dem verborgenen und dem offenbaren Gott (dem »Deus praedicatus«).[239] Für alle diese Aussagen gilt erstens: Sie alle sind als wahre Aussagen gemacht – und können als wahre Aussagen auch nur gemacht werden – im Lichte der Christusoffenbarung, im *lumen gratiae*. Somit ergeben sich alle diese Aussagen selbst schon aus der Befolgung der Regel, sich strikt an den in Christus offenbaren Gott zu halten, der als solcher auch der vom Glauben und der Gemeinschaft der Glaubenden bezeugte und verkündigte Gott ist, der *Deus praedicatus*.[240] Diese Regel wird allein durch den Christusglauben als gültig eingesehen (außerhalb seiner [bzw. im Fall seiner Missachtung] gibt es auch immer wieder fruchtlose Versuche, abgesehen von dem, was von Gott offenbar ist, etwas über ihn auszumachen). Aber das heißt nicht, dass der Christusglaube sie als nur für sich gültig erkennt, vielmehr erkennt *er* sie als gültig für *alle* Stadien des Gesamtprozesses der Selbstoffenbarung des schaffenden Wollens und Wirkens für sein geschaffenes Ebenbild, also für gültig auch im *lumen naturae*.

Man muss also mit einer Verschiedenheit der Inkomprehensibilität Gottes und der *secreta*[241] *suae maiestatis* in jedem dieser drei *lumina* rechnen: Im *lumen gloriae* wird zwar die dem Wollen und Wirken Got-

---

237 AaO 608,1ff.; 784,11ff.
238 AaO 689,18-690,2; 712,24ff.; 729,17.
239 AaO 685,2-24.
240 AaO 685,2ff.; 712,24ff.; 729,16f.
241 AaO 712,24ff.; 729,16f. – In Gott ist vieles *absconditum*: aaO 606,12; 685,21ff.

tes eigene Gerechtigkeit ganz offenbar sein,[242] aber damit zugleich auch seine Freiheit, die als solche wesentlich Geheimnisse enthält, die nur ihr offenbar sind. Ausgeschlossen ist jedoch nach allem, was schon im *lumen naturae* und *gratiae* über die für Gottes Schöpferwollen und -wirken wesentliche Immutabilität seiner Präszienz des Heilszieles gewiss ist, dass im *lumen gloriae* ein in sich gespaltener Zielwille Gottes sichtbar wird. Ebenso ausgeschlossen ist durch diese Gewissheit von der Absolutheit der Zielpräszienz Gottes, dass der Schöpfer selbst erst im Laufe des von ihm gewollten und gewirkten Prozesses seiner Selbstoffenbarung sein Ziel endgültig festlegt. Folglich muss auch eine provozierende Behauptung wie die, dass der Wille des *Deus absconditus* dem des *Deus incarnatus* widerspreche, weil jener erst in diesem »durchs Wort definiert«[243] sei, auf die unterschiedlichen Stadien der Selbstoffenbarung Gottes bezogen werden. Dann gilt: Noch im *lumen gratiae* ist vieles an der Majestät des Wollens und Wirkens Gottes unbegreiflich. Hingegen ist in ihm vieles von Gottes Wollen und Wirken offenbar geworden, was im *lumen naturae* noch verborgen war. Für dieses war das Wollen und Wirken Gottes noch nicht durch sein Wort (seinen inkarnierten Logos) klargestellt, also noch in wesentlichen Hinsichten verborgen. Gott war nur offenbar als der, der so »alles in allem wirkt«, also den Tod ebenso wie das Leben, dass er dabei »den Tod weder betrauert noch beseitigt«. Hingegen hat er sich durch die Christusoffenbarung als der präsentiert, der indem er alles in allem wirkt, also auch Leiden, Krankheit und Tod,[244] doch letztlich immer nur eines will: das Leben. Für jedes Stadium der Offenbarungsgeschichte gilt: »Quae supra nos, nihil ad nos«[245] – wobei sich freilich die Grenze zwischen beidem mit jedem folgenden gegenüber dem früheren Stadium (man kann auch sagen: mit jeder folgenden gegenüber der früheren Erschlossenheitslage) verschiebt. Vieles, was im *lumen naturae* »supra nos« ist, ist im *lumen gratiae* »ad nos«.

---

242 AaO 731,9-13; 786,29 ff. – Bevor das eintritt, kommt es immer wieder zu dem von Grund auf unangemessenen Versuch, Gottes Wirken nach menschlichen Maßstäben zu beurteilen: aaO 631,3-7.8 f.; 712,34 ff.; 784,1-34.

243 AaO 685,21 ff.

244 AaO 664,7 f.

245 AaO 685,6 f.

Mit jenem ersten ursprünglichen und durchgehenden Charakter des Wollens und Wirkens der schaffenden Gnade als *Selbstoffenbarung des Schöpfers* sind drei weitere Wesenscharaktere unlöslich verbunden, die sich ebenfalls in allen drei Stufen durchhalten: sein Charakter als Wollen und Wirken des Vaters im Sohn, im Christus, sein Charakter als Wollen und Wirken durch den Geist und sein Charakter als Wollen und Wirken der Kooperation des Menschen mit Gott und Gottes mit den Menschen.

Jeder der drei Schritte im Wirken der schaffenden Gnade ist ein Wirken Christi. Unsere Schrift betont das durchgehend für den zweiten Schritt, für die Entzündung des *lumen gratiae*.[246] Aber als Präexistenter bewirkt der Sohn schon vor seiner Inkarnation die Erwartung des Erlösers und Versöhners, die sich bereits im *lumen naturae* aufbaut.[247] Sein Wirken als Richter im Zusammenhang des Übergangs ins *lumen gloriae* ist nicht strittig, darf aber nicht vom Grundcharakter seines Wirkens als Erlöser und Versöhner getrennt werden.[248]

Ebenso ist jeder der drei Schritte im Wirken der schaffenden Gnade ein Wirken des Schöpfergeistes. In der ersten Stufe wirkt dieser so, dass er die geschaffene Natur des Menschen zwar konstituiert, aber in ihrer kreatürlichen Schwäche: Er bleibt nicht selber so in ihr wirksam, dass sie nicht, sich selbst überlassen, die Erfahrung ihrer Schwäche, Blindheit und Erlösungsbedürftigkeit und Unfähigkeit machen müsste, sich aus eigener Kraft ihrem Ursprung, dem Gnadenwirken Gottes zuzuwenden und anzuvertrauen.[249] Im zweiten Schritt des Wirkens der schaffenden Gnade, der Entzündung des *lumen gratiae*, wirkt der Geist als derjenige, der die Sichtfähigkeit des Menschen für das Wirken des Schöpfers als tragende und versöhnende Gnade schafft und es ihm damit ermöglicht, sich ihr im Glauben anzuvertrauen.[250] Sein heiligendes Wirken, das in die Vollendung

---

246 Wird in Christus durch den Geist gewirkt: o. Anm. 31 bis 43, 196 ff.

247 AaO 690,7. – Impliziert ist das auch in der Aussage, dass der Schöpfer »[v]erbo aeterno omnia faciens« sei: aaO 711,10-19.

248 Das ist der Fall, wo Christus nur noch als Richter in den Blick kommt: »Hinc enim Christum iam non suavem mediatorem, sed metuendum iudicem sibi fecerunt, quem placare student intercessionibus matris et sanctorum [...]« aaO 778,8-13.

249 S. o. Anm. 208 ff.

250 S. o. Anm. 199. Vgl. auch u. Abschnitt IX.2.

des *lumen gloriae* führt, wird in unserer Schrift nicht so deutlich angesprochen wie im *Großen Katechismus*.[251]

Von den Stufen des Gnadenwirkens Gottes gilt schließlich auch, dass sie sich durchgehend auf das Verhältnis der Kooperation Gottes und der Menschen richten und es implizieren: Dieses Kooperationsverhältnis liegt nicht nur im *lumen gratiae* vor, sondern schon im *lumen naturae*.[252] In diesem Zustand kooperiert Gott mit dem geschaffenen Wollen und Wirken, das ihn nicht kennt und nicht anerkennt, so, dass er dieses schon als unwissendes und in seinen Willen nicht einstimmendes mit ihm kooperieren lässt, d.h. seinem Ziel dienstbar macht.[253] Im *lumen gratiae* kooperiert Gott mit dem geschaffenen Wollen und Wirken so, dass er es als ein wissendes und in seinen göttlichen Willen einstimmendes mit sich kooperieren lässt. Etwa so, dass er es das Evangelium, die Botschaft von der Offenbarung seiner Gnade in Christus durch den Geist, verkündigen lässt, um dann selbst den Adressaten dieser Verkündigung durch die Gabe seines Geistes die Sichtfähigkeit für die *res* dieses Zeugnisses (für dessen Grund und Gegenstand), und damit auch für dessen Wahrheit, zu verleihen.[254] Nicht angesprochen wird in unserem Text, dass und wie die Kooperation Gottes und der Menschen in der Vollendung des *lumen gloriae* aufgehoben sein wird.[255] Unverkennbar ist aber, dass sich für Luther die Heraufführung der Vollendung *durchgehend* als Schaffung, Erhaltung und Qualifikation der *cooperatio Dei et hominum* durch das Wirken der schaffenden Gnade vollzieht.

So viel zur Ökonomie des *opus Dei gratiae*. Aufgrund dieser Befunde können wir nun die ursprüngliche, fundamentale und bleibende Passivität

---

251 BSLK 659,44-660,13.

252 WA 18; 754,6 ff.: Gott schafft und erhält uns dazu, dass er in uns wirkt »et nos ei cooperaremur, sive hoc fiat extra regnum suum generali omnipotentia, sive intra regnum suum singulari virtute spiritus sui.«

253 Beispiel: Verstockung Pharaos (s.o. Anm. 168).

254 S.o. Anm. 31-43, 171.

255 Zu Gen 26,24f. führt Luther aus, dass wir als von Gott angeredete Kreaturen dazu bestimmt seien, dass Gott mit uns reden wolle »usque in aeternum et immortaliter«: WA 43; 481,35. Das schließt ein, dass wir auch ewig als auf solche Anrede irgendwie Hörende und Reagierende existieren werden.

des Menschen nachzeichnen, die Luther in ihren verschiedenen Dimensionen gegen Erasmus verteidigt.

VIII Die ursprüngliche, fundamentale und bleibende Passivität des Menschseins im opus Dei gratiae

Innerhalb des *opus Dei gratiae* hat der Mensch auf jeden Fall die Position eines Kooperators Gottes inne. Nach der Passivität des Menschseins zu fragen, heißt also auf jeden Fall nach der passiven Bestimmtheit einer *Operator*position zu fragen, nämlich derjenigen, die in den beiden vorstehenden Abschnitten beschrieben wurde. Diese Operatorposition weist in mehreren Dimensionen eine *bleibende* passive Bestimmtheit auf. Einige dieser bleibenden Dimensionen passiver Bestimmtheit sind *fundamental* für andere. Eine weitere ist *ursprünglich* und umgreift die zuvor genannten.

Als »bleibend« sind diejenigen Dimensionen passiver Bestimmtheit der Operatorposition der Menschen anzusprechen, die diese Position auf Dauer bestimmen, also Bedingungen jeder möglichen *operatio hominum* sind. Als in diesem Sinne bleibend präsentieren sich an der vorstehend beschriebenen Operatorposition die folgenden Dimensionen passiver Bestimmtheit:

1. Von jedem geschaffenen Operator sind zu erleiden die wechselnden physischen und sozialen Bestimmtheiten seiner innerweltlichen Situation, seines innerweltlichen Umweltverhältnisses. Diese Bestimmtheiten seines Umweltverhältnisses werden zwar immer auch vom Menschen kraft seines vernünftigen Wollens mitbestimmt,[256] werden jedoch gleichzeitig immer vom Menschen auch erlitten; eine vollständige Bestimmung seines Umweltverhältnisses allein durch sein vernünftiges Wollen ist keinem Menschen möglich. Diese immer auch erlittenen Bestimmtheiten seines Umweltverhältnisses definieren jeweils den Umkreis der realen Möglichkeiten des Menschen, wirksam zu operieren. – Auf diese Dimension der Passivität des Menschen reflektiert Luther nicht ausdrücklich, sie ist aber vermöge der anerkannten Leibhaftigkeit (»körperlichen Existenz«) des Menschen in seiner Gesamtsicht de facto enthalten.

---

256 S. o. Anm. 145.

2. Eine wesentliche Bedingung der Operatorposition des Menschen ist auch seine körperliche Verfassung. Auch sie ist stets passiv bestimmt, unbeschadet der Tatsache, dass auch sie durch vernünftiges Wollen wirksam mitbestimmt werden kann und mitbestimmt wird. – Auch diese Passivitätsdimension ist ein in unserer Schrift nicht eigens reflektiertes, aber ebenfalls de facto ein mit der von Luther ernst genommenen Körperlichkeit des Menschen[257] in seiner Gesamtsicht mit enthaltenes Moment.

3. Über seine wechselnd bestimmte Situation (Umweltbeziehung) und seine körperliche Verfassung verfügt der Mensch wirksam durch sein vernunftgesteuertes Wollen. Dieses Wollen vollzieht sich als ein Wählen (»eligere«) von Zielen und dahin führenden Mitteln oder Wegen, das insoweit vernünftig ist, wie es begründet ist (oder begründet werden kann) durch die aufgrund einschlägiger Kenntnisse eingesehene Vorzugswürdigkeit sowohl der Ziele als auch der Mittel oder Wege zu ihnen. Es gibt einen *Vernunfthorizont* des willentlich wirksamen Umgangs des Menschen mit seiner Situation (seinem Umweltverhältnis). Auch dieser Vernunfthorizont unterliegt – ebenso wie diese Situation selbst – einem Werden, das ihn kontinuierlich verändert und das – ebenso wie das Werden der Situation (des Umweltverhältnisses) – immer passiv bestimmt ist, unbeschadet seines ständigen Mitbestimmtseins durch das wirksame eigene Wollen des Operators. Denn der willentliche Erwerb des einschlägigen Wissens und der Erwerb der Fähigkeit, unter seiner Voraussetzung durch vernünftiges Schließen zu Vorzugswürdigkeitsurteilen zu gelangen, ist immer bedingt durch situative Umstände, die – wie eben gesehen – immer auch passiv bestimmt sind. Eine Bildung der Vernunft durch den Erwerb von materialen Kenntnissen und den Erwerb der dialektischen Fähigkeit zu richtigem Denken unabhängig von situativen Bedingungen, die ihrerseits immer auch passiv bestimmt sind, ist unmöglich. Dazu kommt eine durchgehende Abhängigkeit dieses Lernprozesses der Vernunft von der inneren Bedingung unverfügbarer Einfälle und Einsichten (»Evidenzerlebnisse«), die durch Willensanstrengungen allenfalls begünstigt, nicht aber bewirkt werden können. – Auch diesen

257 WA 18; 735,33 ff.

Passivitätsaspekt reflektiert Luther nicht ausdrücklich, aber auch er ist de facto ein Implikat seiner Gesamtsicht.[258]

4. Für Luthers Anthropologie ist es – wie erwähnt[259] – charakteristisch, dass er die Möglichkeitsbedingungen des vernünftigen Wollens im »Herzen« des Menschen findet, und das heißt der Sache nach auf der Ebene der unmittelbaren Selbsterschlossenheit des innerweltlich-leibhaften Menschseins für sich selbst samt der jeweiligen Bestimmtheit dieser Unmittelbarkeit in Gestalt eines immer schon gegebenen Lebensgefühls oder -geschmacks (»sapientia«) und einer ebenso immer schon durch dieses Lebensgefühl gegebenen Ausrichtung des Strebens (»affectus«). Diese Bestimmtheit der Unmittelbarkeit von Lebensgefühl und Lebensausrichtung entscheidet für Luther über das, was dem Menschen als diejenige Wahrheit über den Ursprung und über das ursprüngliche Ziel seines Existierens gewiss ist, der er vollständig vertrauen kann, und damit auch als dasjenige letztlich Gute, das er zu erwarten, zu erhoffen und zu erstreben hat. Diese Bestimmtheit der Unmittelbarkeit des Herzens entscheidet darüber, woran das Herz des Menschen »hängt«[260]: über das letztlich Wahre und letztlich Gute, also über das »höchste Gut« des Menschen, dessen Erreichung er als die Letzterfüllung, die Seligkeit seines Lebens über alles »liebt« (erhofft und anstrebt) und verehrt. Auf dieser Ebene entscheidet sich, was der »Gott«[261] ist, der das Leben des Menschen zutiefst beherrscht, es antreibt und ausrichtet (seinen Grundaffekt anzieht). Dieser »Gott« ist für Luther entweder der wahre oder ein falscher, ein Abgott oder Götze. Der wahre Gott ist der allmächtige Schöpfer des Alls, dessen immutabel zielpräszientes Wollen und Wirken Ursprung und Ziel des Werdens ist, in dem die Menschheit sich findet, und der diesem Werden und der in ihm herrschenden Mutabilität und Vergänglichkeit nicht unterliegt, während alle falschen Götter im Bereich dieses geschaffenen Werdens liegen und ihm unterworfen sind.

258 Und wird auch – etwa in Luthers Schulschriften – unter dem Titel der Erziehungsbedürftigkeit des Menschen ausdrücklich angesprochen.

259 S. o. Anm. 126.

260 BSLK 560,11-24.

261 AaO 560,11. Eine Feststellung, die Luther aufgrund einer kühnen, aber sachlich tief berechtigten etymologischen Herleitung des Ausdrucks »Gott« von dem Ausdruck »gut« (aaO 565,25) trifft.

Luther sieht, dass mit der Entscheidung dieser Alternative eine Entscheidung *über* das vernünftige Wollen und Wirken des Menschen fällt. Nämlich die Entscheidung über seine Grundrichtung: Im einen Fall sind alle Vollzüge des vernünftigen Willens des Menschen vom *amor mundi/ sui* bestimmt, also *letztlich* auf irgendein vergängliches Gut gerichtet, im anderen Fall sind sie alle – und zwar *im* Umgang mit vergänglichen Gütern – vom *amor Dei* (veri) bestimmt, also *letztlich* auf das ewige Gut gerichtet. Entschieden wird darüber, in welcher Ursprungs- und Letztzielgewissheit das vernünftige Wollen und Wirken des Menschen sich vollzieht, *woher* es sich *ursprünglich*[262] geworden weiß und *worum* es ihm daher letztlich und daher auch immer geht, wir würden heute vielleicht sagen, von welchem Lebens- oder Grundinteresse[263] es geleitet ist.

Diese Entscheidung über das Beherrschtsein des Herzens und all seines vernünftigen Wollens entweder durch den »wahren« Gott oder durch »falsche« Götter ist also jedenfalls eine Entscheidung zwischen Wahrheit und Irrtum, zwischen einer angemessenen oder unangemessenen Wahrnehmung von Realem; freilich nicht bloß zwischen der angemessenen oder unangemessenen Wahrnehmung von Realem beliebiger Art, sondern von Realem einer unverwechselbar besonderen Art:

Alles Reale, das uns überhaupt als angemessen wahrzunehmen gegeben ist, hat stets den Charakter eines Realen-für-uns-und-unseresgleichen und nie den Charakter eines Realen abgesehen von diesem für-uns-und-unseresgleichen-Sein. Es hat also ausnahmslos den Charakter eines Bezogenseins; und zwar genau desjenigen Bezogenseins von etwas auf uns-und-unseresgleichen, kraft dessen eben dieses Bezogensein auf uns-und-unseresgleichen *angemessen wahrzunehmen ist* und daher auch faktisch immer angemessen *oder* unangemessen *wahrgenommen wird.*[264]

---

262 Mit dem Ursprung kommt das Woher des Werdens, in dem sich die Menschheit findet, in den Blick. Diese Frage muss klar von der Frage nach den in diesem Werden wirksamen Ursachen für die gegenwärtige Befindlichkeit der Menschheit und der Einzelmenschen unterschieden werden. Sie schließt diese Fragen nicht aus. Die Antwort auf die Ursprungsfrage kann weder Antworten auf Ursachenfragen ersetzen noch durch Antworten auf Ursachenfragen ersetzt werden.

263 Die Frage nach dem herrschenden »Interesse« ist also für Luther in der Beurteilung der *Qualität* des menschlichen Handelns zentral.

264 Diesem Bezogensein eignet also eine immanente Reflexivität, genauso wie sie jeder An-

Diese Einsicht wird von Luther nicht ausdrücklich reflektiert und entfaltet. Aber sie gilt faktisch auch für ihn, und zwar deshalb, weil er durchgehend vom *Anrede*charakter alles Realen, das uns zu erkennen gegeben ist, ausgeht.

Ferner gilt für alles derart verfasste Reale, dass die Angemessenheit seiner Wahrnehmung stets von zweierlei abhängt: einerseits davon, *dass* und *wie* das wahrzunehmende Reale sich als solches präsentiert, und zugleich andererseits von der auf Seiten des Menschen herrschenden Offenheit und Wahrnehmungsfähigkeit für das sich präsentierende Reale.

Dies alles gilt auch für den vorliegenden Fall. Der ist jedoch von anderen dadurch unterschieden, dass es in ihm um angemessene oder unangemessene Wahrnehmung nicht des auf-uns-Bezogenseins der Instanzen unseres körperlichen Umweltverhältnisses – also der Vorgänge um unseren Körper herum oder in unserem Körper – geht, sondern um die angemessene oder unangemessene Wahrnehmung des auf-uns-Bezogenseins *unseres eigenen Existierens* als zielbewusst wollende leibhafte[265] Wesen innerhalb des universalen Werdens (»fieri«), in dem[266] wir uns geworden und werdend vorfinden. Denn die Alternative zwischen dem »wahren Gott« und den »falschen Göttern« ist ja für Luther eine Alternative zwischen zwei sich gegenseitig ausschließenden Bestimmtheiten eben dieses auf-uns-Bezogenseins unseres eigenen Existierens, nämlich die Alternative zwischen zwei sich ausschließenden Bestimmtheiten des Ursprungs und Ziels, des Wohers und des Wohins, unseres auf uns bezogenen (uns erschlossenen) eigenen Existierens. Angemessen oder unangemessen wahrzunehmen ist im vorliegenden Fall das Woher und Wohin des Werdens des auf-uns-Bezogenseins, des uns Erschlossenseins unseres eigenen Existierens.

Luther sieht nun zweierlei: Er sieht erstens, dass die Alternative zwischen angemessener und unangemessener Wahrnehmung *dieses* Realen, also des innerweltlichen Existierens des Menschen als des in unmittelbarer Selbsterschlossenheit (Bezogenheit auf sich selbst) vernünftig wollen-

rede eignet: Jede Anrede bestimmt uns zur Wahrnehmung eben dieses unseres eigenen Bestimmtseins durch die Anrede.
265 Umweltverhältnis also eingeschlossen.
266 Hier ist an den schon oben (Anm. 53ff.) erwähnten Umfang und damit an die besondere Qualität des *fieri*, in dem wir uns finden, zu erinnern.

den Wesens selbst, *faktisch* nie vom vernünftigen Wollen des Menschen selbst entschieden *wird*. Und er sieht zweitens, dass sie von ihm auch prinzipiell gar nicht entschieden werden *kann*:

Diese Alternative *wird* vom vernünftigen Wollen des Menschen nicht selbst getroffen, sofern dieses immer erst wirkt, *nachdem* es schon durch das alles Gewordene umfassende und hervorbringende Werden geworden ist und in ihm existiert. Stets geht dem Wirken unseres vernünftigen Wollens dessen Existieren kraft seines Gewordenseins im alles Gewordene umfassenden und hervorbringenden Werden voran. Und weil dieses Existieren unseres vernünftigen Wollens, das seinem Wirken vorangeht, eben dasjenige Existieren ist, welches in dem alles Gewordene umfassenden und hervorbringenden Werden *geworden* ist, deshalb ist auch durch dieses vorgängige Gewordensein des vernünftigen Wollens immer schon über beides entschieden: darüber, *wie* es ihm selbst unmittelbar zu erkennen gegeben ist, und darüber, *ob* und *wieweit* er zur angemessenen Wahrnehmung dessen, was ihm damit unmittelbar zu erkennen gegeben ist, seinerseits befähigt ist.

Diese faktische Situation unseres vernünftigen Wollens macht Luther als Erstes gegen Erasmus geltend: Erasmus redet davon, dass das vernünftige Wollen die Fähigkeit (»vis«) habe, nicht nur im Blick auf die für es zugänglichen Gegenstände von sich aus vernünftig zu wählen, den einen zu ergreifen, indem es den anderen verwirft, sondern auch im Blick auf sich – das vernünftige Wollen selbst – die eine Grundausrichtung dieses vernünftigen Wollens, nämlich auf den wahren Gott, *von sich aus* wählen und sich an diese Grundrichtung halten zu können, indem es gleichzeitig die andere verwirft.[267] Durch diese Redeweise wird aber – das sieht Luther klar – diejenige Situation unseres vernünftigen Wollens, in welcher dieses sich auf die Instanzen unseres Umweltverhältnisses richtet, auf das Verhältnis zu ihm selbst übertragen: Wenn das vernünftige Wollen wählend zwischen den Instanzen seines Umweltverhältnisses wechselt, bleibt es in der Tat selbst das überdauernde Medium aller dieser wechselnden Wahlen. In Erasmus' Redeweise ist die Vorstellung einer analogen Situation auch im Verhältnis des vernünftigen Wollens zu sich selbst enthalten: Indem das vernünftige Wollen von sich aus die eine seiner möglichen Grundrichtungen wählt und

267 S.o. Anm. 127 ff., 147 ff.

die andere verwirft, ist es das Medium, in welchem und kraft dessen sich der Wechsel dieser Grundausrichtungen vollzieht und das als solches durch keine von beiden bestimmt ist. Eben diese Vorstellung des vernünftigen Wollens als des Mediums für den Wechsel seiner Grundrichtungen, das an sich keine seiner beiden möglichen Grundrichtungen aufweist, weist Luther als bloß durch die von Erasmus aufgenommene Redeweise induziertes »figment«[268] zurück, welches die faktische Lage verschleiert: dass nämlich jedem Akt des vernünftigen Wollens dessen Existieren vorangeht, und zwar als in dem universalen Werden gewordenes und durch dieses sein Gewordensein auch immer schon in seiner Grundrichtung bestimmtes. Existiert nun zwar das vernünftige Wollen auch in der Tat als das Medium aller von sich aus und in eigener Kraft vollzogenen Akte des Wählens zwischen den Instanzen seines *Umweltverhältnisses*, so existiert es doch nicht als das in seiner Grundrichtung unbestimmte Medium des von sich aus in eigener Kraft vollzogenen Wählens seiner *selbst* in der einen, nämlich der auf den wahren Gott gerichteten, Grundrichtung gegen die andere, die auf die Abgötter gerichtete, Grundrichtung.[269]

Luther verweist nun aber – das ist das Zweite – nicht nur auf dieses *Faktum* der vorwillentlichen Entschiedenheit der Grundrichtung des vernünftigen Wollens (nicht durch es, sondern immer schon für es), sondern er macht auch deutlich, dass dies gar nicht anders sein *kann*. Es *kann* nicht anders sein – nicht nur faktisch aufgrund einer Entscheidung innerhalb des universalen Werdens, in dem wir uns finden, also nicht erst aufgrund und nach dem Fall (postlapsarisch), sondern es *kann* prinzipiell (also schon supralapsarisch) nicht anders sein. Es *kann* nicht anders sein aufgrund der bloßen Tatsache, dass das Werden, in dem wir uns samt unserem vernünftigen Wollen und Wirken finden, den Status eines geschaffenen Werdens hat, das als solches, eben als geschaffenes, *aus* dem immutabel präszienten Wollen und Wirken der schaffenden Allmacht, *durch* dieses und *in* diesem existiert.

Dass unser vernünftiges Wollen und Wirken *durch* das immutabel präsziente Wollen und Wirken der schaffenden Allmacht als dessen geschaffenes Ebenbild existiert, schließt für dieses Letztere Folgendes ein:

268 WA 18; 663,2-7.
269 S. o. Anm. 127 ff., 154 ff.

Erstens und schlechterdings grundlegend diejenige »imbecillitas«[270], durch die es sich als *geschaffenes* Wollen und Wirken von dem *schaffenden* Wollen und Wirken Gottes unterscheidet. Diese *imbecillitas* macht das Wesen des Geschaffenseins unseres vernünftigen Wollens und Wirkens aus. Sie eignet dem geschaffenen Ebenbild von Gottes schaffendem Wollen und Wirken kraft seines Geschaffenseins und deshalb wesentlich, von Anfang an und usque ad aeternum – jedenfalls dann, wenn das Ziel des Wollens und Wirkens Gottes nicht die Vergöttlichung der Kreatur ist (und das ist es nicht). Keinesfalls widerspricht diese unsere »imbecillitas« der Güte, die unserem Geschaffensein eignet, und zwar deshalb eignet, weil und sofern es das Werk (opus) des Wollens und Wirkens Gottes ist, welches in seiner absoluten und immutablen Zielpräsienz schlechterdings gut ist. Wohl aber schließt diese »imbecillitas« ein, dass in ihr der Geist des Schöpfers eben als derjenige wirksam ist, welcher das *Andere*-seiner-selbst, also uns und unseresgleichen in unserem *geschaffenen* Wollen und Wirken, will und wirkt. Das heißt nichts anderes als: Er schafft und trägt uns als solche Wesen, die »Fleisch« (»caro«) – im neutralen Sinne unseres Existierens als innerweltlich leibhaftes Wollen und Wirken[271] – sind und die zwar *vom* Geist Gottes geschaffen sind, aber *in* denen der Geist Gottes als er selber »nicht bleibt« und auch nicht bleiben kann, sondern die eben als vom Geist Gottes geschaffene und insofern eben nicht selbst Gott seiende Wesen sind. Und weil und sofern sie geschaffenes *vernünftiges Wollen und Wirken* sind, existieren sie sich selbst überlassen.[272] Gleichwohl haben sie nicht sich selbst in der Hand, und zwar eben deshalb nicht, weil sie *geschaffenes* vernünftiges Wollen und Wirken sind.

Worin manifestiert sich diese uns als Geschöpfe vom Schöpfer unterscheidende »imbecillitas«? Eben darin, dass unser Wollen und Wirken zwar überhaupt zielpräszient existiert, sonst wäre es kein Wollen und willentliches Wirken, aber *von sich aus* gar nicht an der Zielpräszienz des Schöpfers teilhat und erst recht nicht an deren Immutabilität. Vielmehr ist es von sich aus von unsicher schwankender Zielpräszienz beherrscht.[273]

---

270 S. o. Anm. 208.
271 S. o. Anm. 120.
272 S. o. Anm. 212.
273 S. o. Anm. 208 ff., 220.

Und das nicht nur insofern, als alle vernünftig gewählten Ziele einerseits auch wieder vernünftig aufgegeben werden können und andererseits – im Unterschied zu dem von Gott vohergewussten Ziel – durch den Lauf der Dinge vereitelt werden können, sondern vor allem deshalb, weil es eben zu der »imbecillitas« von Menschen gehört, in der sie nicht durch sich selbst, sondern durch das sie ihnen selbst gewährende Wollen und Wirken der schaffenden Allmacht existieren, dass alle Zielwahlen ihrer Vernunft abhängig sind von der vorgängigen Zielbestimmtheit ihres Herzens, also von der Zielbestimmtheit des in der Unmittelbarkeit ihrer Selbsterschlossenheit herrschenden Lebensgefühls und Affekts, die ihrerseits veränderlich und schwankend sind, weil sie dem von der schaffenden Allmacht gewollten und gewirkten Werden ausgeliefert sind, die aber freilich eben deshalb auch nie fehlen. So ist die für das Geschaffensein als solchem wesentliche »imbecillitas« die Sphäre der Blindheit: die Sphäre aller von sich aus nicht mit der Zielpräszienz des Schöpfers übereinstimmenden Zielpräszienz, die im schlimmsten Falle unter der Macht der Verblendung[274] de facto – *entgegen* der Zielpräszienz des Schöpfers – vergängliche Ziele beinhaltet und auch dann, wenn sie – der Untauglichkeit derartiger Ziele als Letztziele im Zuge ihrer Selbsterfahrung inne geworden[275] – sich auf ein ewiges Ziel richtet,[276] dieses nur unklar und unsicher erfasst und deshalb auch nicht erbringen kann, was für die Erreichung dieses Zieles erfordert ist.[277]

Dies Leben in Blindheit und Verlorenheit gründet in der »imbecillitas« des Geschöpfseins, die nicht nur *durch* das Wollen und Wirken des Schöpfers lebt, sondern auch *aus* ihm. Die geschöpfliche Imbezillität wird vom Wollen der Allmacht gewirkt und auch getragen. Und indem das Wollen der schaffenden Allmacht selbst die geschöpfliche Imbezillität der Menschheit wirkt und trägt, trägt und erhält es in seinem schaffenden Wirken auch das Reich der Blindheit und Verlorenheit.[278]

274 AaO 635,7-14; 658,12f.; 659,6f.; 659,26f.; 743,33ff.; 744,15f.; 762,37-763,3; 782,37f.

275 Luther denkt hier an die Frommen vor Christus – auch unter den Heiden: aaO 617,23-618,18; 718,18f.

276 AaO 618,13f.; 719,20ff.

277 Die Erfüllung der Forderung des – allen ins Herz geschriebenen – Gesetzes, dieses ewige Ziel der schaffenden Allmacht über alles zu lieben.

278 AaO 710,8-10: »Satan adhuc in pace regnat, et atrium suum quietum possidet sub motu isto divinae omnipotentiae«.

Das heißt jedoch weder, dass diese Blindheit und Verlorenheit das dem Glauben in Christus offenbare Ziel des göttlichen Wollens und Wirkens ist, das immutabel vorhergewusst und unwiderstehlich angestrebt wird, noch dass diese Blindheit und Verlorenheit für das von dieser Zielpräszienz beherrschte Wollen und Wirken der schaffenden Allmacht belanglos, ein »nihil«, wäre.[279] Vielmehr ist es dasjenige Wollen und Wirken der Geschöpfe, welches in seiner Blindheit und Verkehrtheit dennoch unter dem unfehlbar heilszielstrebigen Wollen und Wirken Gottes verbleibt und erhalten wird[280] und das insofern von diesem zunächst einmal in gewisser Hinsicht auch gewollt wird – eben um dann auch durch Gottes allmächtiges Wollen und Wirken kraft der Immutabilität seiner eigenen Zielpräszienz bekämpft und überwunden zu werden.

Dieser Kampf gegen die Finsternis wird geführt und der Sieg über sie wird erreicht, indem der Schöpfer selbst die beiden auf Seiten des Menschen bestehenden Bedingungen für die Wahrnehmung des »wahren« Gottes erfüllt: Gott selbst setzt den trügerischen, schwankenden und ungewissen Erscheinungen der ursprünglichen und letzten Zielbestimmtheit des menschlichen Wollens und Wirkens, die in der Unmittelbarkeit des menschlichen Herzens, Lebensgefühl und Lebenstrieb, herrschen, solange der Mensch bloß als Geschöpf sich selbst überlassen lebt, durch seinen Schöpfergeist die Erscheinung des wahren Ursprungs und Ziels des menschlichen Existierens, nämlich Christus, entgegen.[281] Und es ist ebenfalls Gott selbst, der durch seinen Geist die Offenheit und Wahrnehmungsfähigkeit des menschlichen Herzens für diese Erscheinung des »wahren« Gottes, des wahren Ursprungs- und Ziels des menschlichen Lebens, schafft.[282] Gott selbst präsentiert also Menschen die Wahrheit über Ursprung und Ziel desjenigen universalen Werdens, in welchem sie sich als vernünftig wollende und wirkende Wesen finden, nämlich die Wahrheit, dass es sich dabei um das *opus Dei gratiae* handelt, das die Geschöpfe *in* und *samt* ihrer Imbezillität trägt, versöhnt und in das von ihm immu-

---

279 AaO 709,15 ff.; 751,39 f. – Sie sind nur *secundum quid nihil*: nämlich hinsichtlich des Verfügens über die Grundrichtung auf den wahren Gott oder auf den Abgott: aaO 752,7 ff.
280 S. o. Anm. 278.
281 S. o. Anm. 197 f.
282 S. o. Anm. 199 f.

tabel vorhergewusste Ziel ihres ewigen Lebens in vollendeter Gottes- und Selbsterkenntnis hineinträgt; und Gott selbst befähigt das menschliche Herz, diese erschienene Wahrheit über Ursprung und Ziel des universalen Werdens im Wollen und Wirken des Schöpfers auch anzuerkennen und sich im Vertrauen des Glaubens[283] diesem Wollen und Wirken des Schöpfers auch zu überlassen, das *von sich aus* das Ziel der ewigen Seligkeit seines geschaffenen Ebenbildes in vollendeter Gottes- und Selbsterkenntnis anstrebt, es also immutabel und unwiderstehlich anstrebt und daher auch sicher, nämlich ebenfalls *durch sich selbst*, erreicht.

5. Damit zeigt sich eine letzte Dimension von Passivität an der Operatorposition des Menschen: Nicht nur ist seinem eigenen vernünftigen Wollen die Entscheidung darüber entnommen, ob sein eigenes Wollen und Wirken von Grund auf und insgesamt auf sein wahres oder auf ein irriges Letztziel gerichtet ist, sondern sein eigenes Wollen und Wirken trägt auch nichts dazu bei, dass dieses Ziel erreicht wird. An der Erreichung dieses Zieles wirkt das eigene Wollen und Wirken des Menschen nicht mit. Das Erreichtwerden dieses Zieles wird von unserem Wollen und Wirken ausschließlich als Werk des Wollens und Wirkens Gottes erlitten. Deshalb, und nur deshalb, ist dieses Ziel auch sicher.[284]

Die unter Ziffer 4 beschriebene Dimension von Passivität ist für die in den vorherigen Ziffern beschriebenen fundamental. Die in Ziffer 5 beschriebene Dimension ist wiederum für die in Ziffern 4 beschriebene fundamental und somit für das Ganze radikal.

Was Luther mit den beiden zuletzt beschriebenen Dimensionen der Passivität der menschlichen Operatorposition im Blick hat, ist nun aber offenbar nichts anderes als das Geschehen der Rechtfertigung und Heiligung des Sünders. Das in Ziffer 4 beschriebene doppelte Erleiden – das Erscheinen der Wahrheit über Ursprung und Ziel des Werdens, in dem sich der Mensch mit seinem vernünftigen Wollen findet, und die Schaffung der Offenheit des Herzens, die die erschienene Wahrheit wahrnimmt – eröffnet dem Glauben den Blick auf das gerechte, heilschaffende Wollen und Wirken des Schöpfers im Schöpferlogos durch den Schöpfergeist. In diesem Wollen und Wirken der schaffenden Allmacht präsentiert sich dem Glauben sein Grund und

283 S. o. Anm. 224-227.
284 AaO 783,17-39.

Gegenstand, der den Glaubenden in seiner Imbezillität, in der er schuldig geworden ist, trägt und durch die Ausrichtung auf den »wahren« Gott versöhnt. Ziffer 5 beschreibt dann das Erleiden dieses gerechten, heilschaffenden Wollens und Wirkens des Schöpfers in seiner ganzen Radikalität: Aus und in diesem immutabel präszienten Wollen und Wirken Gottes erleidet der Glaube nicht nur seinen Grund und Gegenstand, sondern in diesem findet er sich auch in das durch ihn offenbar gewordene absolute Ziel Gottes für alle Kreatur mitgenommen – nicht nur, ohne dafür durch sein Wollen und Wirken irgendetwas beitragen zu *müssen*, sondern auch ohne dazu selbst etwas beitragen zu *können*. Die Gewissheit, dass jede Abhängigkeit der Zielerreichung von geschöpflichem Wollen und Wirken ausgeschlossen ist, ist die Gewissheit, dass das Ziel sicher erreicht wird.[285]

IX *Die relative Aktivität des Menschen im* opus Dei gratiae

Nicht übersehen werden darf nun: Die beschriebene ursprüngliche, fundamentale und bleibende Passivität des menschlichen Existierens ist die Passivität der Position des Menschen als *Operator* in der Kooperation mit Gott.

Die beschriebene Passivität konkurriert nicht mit dem Operatorsein des Menschen, beschränkt und beseitigt es nicht, sondern qualifiziert sie nur, begründet sie, ja macht es dem Menschen unmöglich, nicht Operator in der Kooperation mit Gott zu sein: Das Werden, in dem sich das vernünftige Wollen des Menschen als gewordenes und werdendes findet, ist das Wirken des kontinuierlich zielstrebigen Willens Gottes, der universale *motus omnipotentiae*, welcher das vernünftige Wollen des Menschen schafft und es in seiner ununterbrochenen und unaufhaltsamen Zielstrebigkeit werdend mitnimmt (»rapere«).[286] Der Mensch erleidet[287] sein vernünftig wollendes Operator-Sein (und das heißt: sein Kooperator-Gottes-Sein) als Werk des kontinuierlich zielstrebigen Wirkens Gottes, sein eigenes vernünftig wollendes Wirken wird von diesem schaffenden Wirken Gottes so agiert (»agi«), dass ihm – dem eigenen vernünftig wollenden Wirken des Menschen – keine Pause (»feriari«)[288] gelassen wird. Das schaffende Wollen

285 Ebd.
286 S.o. Anm. 194.
287 S.o. Anm. 167.
288 AaO 709,32 ff.; 710,38-711,10.

und Wirken des Schöpfers kooperiert mit seinem geschaffenen Ebenbild, dem geschaffenen Wollen und Wirken des Menschen so, dass es dieses sein Geschöpf ununterbrochen mit ihm kooperieren lässt.[289]

Damit zeigt sich, dass bestimmte Weisen des eigenen Operierens und Kooperierens für den Menschen unvermeidlich sind gerade *kraft* seines radikal passiven Konstituiertwerdens *zum* geschaffenen, also zum innerhalb des geschaffenen Werdens vernünftig wollenden Operator und Kooperator Gottes:

1. Unvermeidlich ist zunächst, *dass* der Mensch durch das Ganze seines eigenen vernünftigen Wollens mit Gott kooperiert, also unabhängig davon, welche Bestimmtheit seines Herzens, seines unmittelbaren Lebensgefühls und -triebs, in seinem Gewordensein durch sein von Gott gewirktes Werden faktisch erreicht ist und die Grundrichtung seines vernünftigen Wollens bestimmt. Das eigene vernünftige Wollen und Wirken des Menschen kooperiert mit Gottes Wollen und Wirken schon dann, wenn es in seiner Grundrichtung noch dem »falschen« Gott nachjagt oder den »wahren« erst sucht, und erst recht dann, wenn seine Grundrichtung durch die Erscheinung und Wahrnehmung des »wahren« Gottes bestimmt ist. Unter *beiden* Bedingungen ist das vernünftige Wollen und Wirken des Menschen als sein eigenes für Gott nicht nichts, sondern eben das eigene vernünftige Wollen und Wirken seines geschaffenen Ebenbildes: Im zuerst genannten Fall wirkt es die Werke der Finsternis, im zweiten die »Früchte des Glaubens«[290]: die »guten Werke«[291]. Die ersten werden vom Wollen und Wirken Gottes kraft der Immutabilität seiner eigenen Zielpräszienz bekämpft und zerstört, die zweiten werden von ihm belohnt – also nicht verworfen, sondern mitgenommen in sein immutabel vorhergewusstes und unwiderstehlich erreichtes eigenes Ziel.

---

289 S.o. Anm. 167.

290 AaO 696,20 ff.

291 Die Behauptung in *Dsa*, dass die »opera«, welche die Früchte des Geistes sind, uns *gegeben* und nicht von uns getan (»facere«) werden (aaO 696,20 ff.), darf nicht so verstanden werden, dass dadurch deren Teilhabe an der »natürlichen« Form allen menschlichen Tuns als vernünftiges Wollen und Wirken, wie es im *Sermon von den guten Werken* und im *Großen Katechismus* vorausgesetzt und in allen Schriften Luthers zu ethischen Einzelthemen entfaltet wird, bestritten würde. Sie besagt lediglich, dass die *Qualität* unseres Tuns als eines guten, nämlich als eines, das im Vertrauen auf den wahren Gott und zu seiner Ehre getan und nicht ihm gegenüber als Verdienst geltend gemacht wird, davon abhängt, dass wir unsere Versetzung aus dem Reich der Finsternis in das Reich des Geistes Christi erlitten haben.

Das wirft die Frage auf, wie sich die Ziele des vernünftigen Wollens des Menschen – sei es in der Verkehrtheit oder Unsicherheit seiner Grundrichtung im *lumen naturae*, sei es in der Richtigkeit und Sicherheit seiner Grundrichtung im *lumen gratiae* – zu dem Ziel Gottes verhalten. Sachlogisch sicher ist, dass alle eigenen Ziele, die der Mensch – in welcher Grundrichtung seines Herzens auch immer – kraft seines eigenen vernünftigen Wollens und Wirkens wählen, vorherwissen und erreichen kann, im Bereich der Instanzen seines Umweltverhältnisses liegen und dass kein derartiges Ziel außerhalb des immutabel zielpräszienten Wollens und Wirkens der schaffenden Allmacht steht; jedes derartige von Menschen von sich aus angestrebte und erreichte Ziel und alle seine schließlichen Folgewirkungen werden bestimmt durch die Immutablität der Zielpräszienz des Wollens und Wirkens der schaffenden Allmacht. Nichts geschieht, *kein* menschliches Ziel wird gewählt und erreicht, *ohne* das von immutabler Zielpräszienz bestimmte Wollen und Wirken Gottes und *außerhalb* seiner. *Wenn* Gott etwas vorhersieht und, *was* er vorhersieht, geschieht dies unwiderstehlich genau so, wie er es vorherweiß,[292]

292 Gottes Vorherwissen ist nicht »kontingent«: aaO 610,1 ff.; 614,27 ff., sondern »necessario«: aaO 614,40 f.; 615,13 f.: »nihil praescit contingenter, sed quod omnia incommutabili et aeterna, infallibilique voluntate et praevidet et proponit et facit.« AaO 615,29 f.: »Si volens praescit, aeterna est et immobilis (quia natura [sc. Dei]) voluntas, si praesciens vult, aeterna et immobilis (quia natura [sc. Dei]) scientia.« AaO 616,1 f.; 715,18-176,1: »Si praescivit Deus, Iudam fore proditorem necessario Iudas fiebat proditor, nec erat in manu Iudae aut ullius creaturae, aliter facere aut voluntatem mutare, licet id fecerit volendo, non coactus, sed velle illud erat opus Dei, quod omnipotentia sua movebat, sicut et omnia alia.« [So auch aaO 720,34 ff.] AaO 716,13–15: »De praescientia Dei disputamus; huic nisi dederis necessarium effectum praesciti, fidem et timorem Dei abstulisti, promissiones et minas divinas omnes labefecisti, atque adeo ipsam divinitatem negasti.« AaO 717,13: »necessitatem nobis imponi praescientia divina«; 717,24 f.: »Si Deus praescit, necessario fit, ubi hoc ex scripturis praesuppositum fuerit, quod Deus neque errat neque fallitur.« AaO 717,25-27: »Difficilem quidem esse quaestionem fateor, imo impossibilem, si simul utrunque voles statuere, et praescientiam Dei et libertatem hominis«, denn sie schließen sich logisch aus: wie die Behauptung, eine Zahl sei zugleich 10 und 9); 718,25-28: »Pugnat itaque ex diametro praescientia et omnipotentia Dei cum nostro libero arbitrio. Aut enim Deus falletur praesciendo, errabit et agendo (quod est impossibile), aut nos agemus et agemur secundum ipsius praescientiam et actionem.« – Ein *logisches* Exklusionsverhältnis zwischen dem Begriff der Freiheit des Menschen und dem Begriff der Freiheit Gottes liegt nur dann vor, wenn der Begriff der Freiheit des Menschen so gebildet wird, dass diese erstens der Freiheit Gottes gleich ist und

und zu der Zeit sowie an dem Ort, die er vorherweiß.[293] Heißt das auch, *dass* Gott alles, was im Werden geschieht, immutabel und unfehlbar vorhersieht? Die eben zitierten Stellen besagen das nicht, sondern nur das notwendige Eintreten von etwas, *wenn* und *soweit* es von Gott vorhergewusst wurde. Aber an zwei Stellen bietet unser Text die scheinbar darüber hinausgehende Aussage: »*Omnia* a Deo praesciuntur«[294].

Dies »alles« kann jedoch auf zweifache Weise verstanden werden. Es besagt entweder: Alles was geschieht, bewegt sich im Horizont des göttlichen Vorherwissens. Oder es besagt, dass nicht nur alles, *was* Gott vorhersieht, so geschieht und zu der Zeit und an dem Ort, wie er es vorhersieht, sondern auch *dass* Gott alles vorhersieht, was überhaupt geschieht, so dass in keinem Augenblick irgendetwas geschieht, was nicht so, wie es geschieht, von Gott vorhergewusst ist.

Freilich *muss* die Wendung nicht in dieser zweiten Bedeutung genommen werden. Und sicher ist auch, dass diese Bedeutung mit der Gesamtsicht Luthers sachlogisch nicht zu vereinbaren ist: In dieser Bedeutung läge nämlich die Konsequenz, dass nicht nur das schaffende Wollen und Wirken und das Wollen und Wirken seines geschaffenen Ebenbildes kontinuierlich, in jedem Moment des Werdens, gemeinsam am Werke sind,[295] sondern auch, dass das *geschaffene Wollen und Wirken überhaupt nicht vom schaffenden unterschieden wäre.* Das aber ist unvereinbar mit der dem Glauben aufgrund der Christusoffenbarung sichtbaren Zielpräszienz des Wollens und Wirkens Gottes: mit der ewigen Seligkeit des geschaffenen Ebenbildes des schaffenden Wollens und Wirkens in seiner vollendeten Gottes- und Selbsterkenntnis im *lumen gloriae.* Diese Zielpräszienz schließt nämlich ein, dass das *geschaffene* Ebenbild des schaffenden Wollens und Wirkens von diesem als *schaffendem* verschieden ist. Das ist es, indem es vergleichsweise imbezill *ist, will* und *wirkt.* In dieser Verschiedenheit ist es aber

zweitens mit ihr konkurriert. Einen solchen Begriff der Freiheit des Menschen *kann* man, *muss* man aber nicht bilden. Und nur, wenn die Freiheit des Menschen nicht so gedacht wird, wird sie ihrer evident gegebenen Natur angemessen erfasst. Luther erfasst sie in dieser angemessenen Weise und gibt damit de facto selbst die Lösung jener »quaestio difficilis«.

293 AaO 616,1 f.
294 AaO 719,24-30.
295 Sei es im selben Werk (aaO 751,29 ff.; 753,14-20.25) oder in verschiedenen Werken (aaO 753,27 f.).

auch das *Ebenbild* des göttlichen Wollens und Schaffens, also auch – auf eine eigene, vom Wollen und Wirken des Schöpfers verschiedene, Weise, eben auf seine spezifisch imbezille Weise – selbst wollend und wirkend. In dieser Imbezillität seines eigenen, nicht schaffenden, sondern geschaffenen, Wollens und Wirkens wird es vom Schöpfer geschaffen, versöhnt und ins Eschaton des vollendeten Erkanntseins des *Unterschiedes* zwischen Schöpfer und Geschöpf, zwischen schaffendem und geschaffenem Wollen und Wirken, getragen. Das schaffende Wollen und Wirken will und wirkt also im Lichte *seiner* immutablen Zielpräszienz das geschaffene Wollen und Wirken des Menschen in *seiner* ewigen Unterschiedenheit vom schaffenden. Also: Gott will und wirkt auf ewig das von seinem schaffenden Wollen *unterschiedene* geschaffene Wollen und Wirken seines geschaffenen Ebenbildes. Dieses geschaffene Wollen und Wirken schließt aber als solches auch wesentlich seine *eigene* Zielpräszienz ein. Die Verschiedenheit des geschaffenen Wollens und Wirkens vom schaffenden kennzeichnet dann auch seine geschaffene Zielpräszienz. Diese ist als die eigene Zielpräszienz des geschaffenen Wollens und Wirkens von der Zielpräszienz des schaffenden Wollens und Wirkens verschieden: eben prinzipiell vergleichsweise imbezill. Dies zeigt sich in drei Wesenszügen: a) Sie kennt den Inhalt der Zielpräszienz des Schöpfers nicht von sich aus, sondern erst aufgrund von deren Offenbarung in Christus durch den Geist. b) Die Zielpräszienz ihres eigenen geschöpflichen Wollens und Wirkens ist beschränkt auf die Instanzen ihres Umweltverhältnisses; in diesem Bereich aber *existiert* sie auch, und zwar durch und in dem *motus generalis omnipotentia*, also auch durch die schaffende Allmacht selbst *gewollt* und *gewirkt*.[296] c) Durch die Offenbarung der Zielpräszienz Gottes wird diese Reichweite des von eigener Zielpräszienz bestimmten Wollens und Wirkens des geschaffenen Ebenbildes Gottes keineswegs erweitert, sondern lediglich qualifiziert: Im Bereich seines Umweltverhältnisses vermag das geschaffene Ebenbild Gottes durch sein eigenes vernünftiges Wollen und Wirken statt der Werke der Finsternis die Früchte des Glaubens, die guten Werke, zu wollen und zu wirken. Aber auch in dieser positiv qualifizierten Form bleibt das vernünftige Wollen und Wirken des geschaffenen Ebenbildes des Schöpfers das, was es von Anfang an war und ewig bleibt: ein von Gottes zielpräszientem Wollen und Wirken

296 AaO 638,4-9; 672,7-19; 767,40 ff.; 771,38; 781,8 ff.

unterschiedenes eigenes, nämlich kreatürlich »schwaches« Wollen und Wirken, dessen Verfügungsbereich zwar auf die »inferiora« eingeschränkt ist, aber hier als *eigenes* Wollen und Wirken auch eine *eigene* Zielpräszienz aufweist. Und diese ist und bleibt – soweit sie die eigene Zielpräszienz des Geschöpfes ist und nicht die offenbarte und im Glauben anerkannte Zielpräszienz Gottes – auch *unterschieden* von der Zielpräszienz Gottes.

Eben diese Unterschiedenheit der eigenen Zielpräszienz des geschaffenen Wollens und Wirkens von der Zielpräszienz des schaffenden Wollens und Wirkens macht dann zugleich ipso facto seine relative (!)[297] Selbstständigkeit gegenüber der des Schöpfers aus.

Diese Unterschiedenheit und Selbstständigkeit der kreatürlich schwachen und eingeschränkten Zielpräszienz existiert nur durch das und in dem Wollen und Wirken der schaffenden Allmacht, ist also auch in dessen Vorherwissen enthalten. Das aber schließt sachlogisch ein: Das von diesem Vorherwissen geleitete Wollen und Wirken des Schöpfers will und wirkt im Ganzen des von ihm gewirkten Werdens einen *Bereich*, in dem das, was in ihm geschieht, nicht durch es selbst vorhergewusst, gewollt und gewirkt wird, sondern in dem das, was geschieht, durch das eigene vernünftige Wollen und Wirken des Menschen vorhergewusst, gewollt und gewirkt wird, das vom schaffenden Vorherwissen, Wollen und Wirken unterschieden und ihm gegenüber relativ selbstständig ist und das *samt* dieser seiner relativen Selbstständigkeit gegenüber dem Vorherwissen, Wollen und Wirken des Schöpfers von diesem selbst vorhergewusst, gewollt und gewirkt wird. Die schaffende Allmacht will und wirkt in ihrer immutablen Zielpräszienz denjenigen Bereich des Geschehens, der alle Möglichkeiten dessen umfasst, was durch das geschaffene Wollen und Wirken in seiner Unterschiedenheit und relativen Selbstständigkeit gegenüber dem schaffenden von sich aus entschieden werden kann.

Das aber heißt: Das schaffende Wollen und Wirken sieht in seiner Zielpräszienz diesen Möglichkeitsraum als ganzen voraus, will und wirkt ihn; aber er will und wirkt ihn als spezifisch begrenzten Raum von Möglichkeiten des Geschehens, in welchem er die realisierende Auswahl des hier möglichen Geschehens dem (immer schon vorwillentlich bedingten) vernünftigen Wollen und Wirken der Menschen überlässt. Auf die Präs-

297 Nämlich selbst nur geschaffene und daher auch geschöpfliche Selbstständigkeit.

zienz dessen, was hier geschieht, verzichtet Gott. Dieser Verzicht ist das sachlogische Implikat seines schaffenden Wollens und Wirkens im Lichte seiner eigenen immutablen Zielpräszienz, welche beinhaltet: die ewige Seligkeit seines geschaffenen Ebenbildes im Genuss des restlos offenbaren *Unterschiedes*, der im Verhältnis des Schöpfers zum Geschöpf und im Verhältnis des Geschöpfes zum Schöpfer herrscht. Ohne diesen Verzicht könnten weder die Werke der Finsternis noch die Früchte des Glaubens dasjenige Gewicht für Gott haben, das Luther ihnen zukommen sieht: die einen als das, was von Gott zu bekämpfen und zu zerstören ist, die anderen als das, was von ihm zu belohnen ist: d.h. mitzunehmen ins ewige Leben. Soviel zur ersten Weise des Operatorseins des Menschen, die für ihn gerade kraft seiner radikal passiven Konstitution durch das *opus Dei gratiae* zum Kooperator Gottes unvermeidlich ist: die Unvermeidlichkeit der Mitgestaltung[298] seines Umweltverhältnisses.

2. Aber noch in einem zweiten Bereich existiert der Mensch gerade kraft der radikalen Passivität, in der er im Zusammenhang des geschaffenen Werdens als vernünftig wollendes und wirkendes Wesen geworden ist und wird, unvermeidlich als selbst operierender Kooperator Gottes. Nämlich in dem Bereich, in dem es um die vorwillentliche Qualifikation des Ganzen seines vernünftigen Wollens und Wirkens geht durch den Wechsel von der Ausrichtung auf den Abgott zur Ausrichtung auf den wahren Gott, vom *amor mundi/sui* zum *amor Dei*. Diesen Wechsel kann das vernünftige Wollen des Menschen von sich aus weder anstreben noch vorbereiten noch gar selbst vollziehen, vielmehr widerfährt ihm dieser Wechsel als Wechsel der Bestimmtheit seines Herzens in der Unmittelbarkeit von Lebensgefühl und Lebenstrieb. Das Widerfahrnis betrifft also das »Herz« des Menschen, seine unmittelbare Selbsterschlossenheit. Dass diese Widerfahrnis nun aber jeweils das *Herz, das unmittelbare für sich*

---

298 *Mitgestaltung* ist nicht *Allein*gestaltung. Mitgestaltung heißt also nicht, dass die Gestaltung und der Gestaltwandel des menschlichen Umweltverhältnisses das Werk des Menschen wären. Die Menschheit hat auch das Werden dieser Gestalt letztlich nicht in der Hand, es verbleibt vielmehr in der generellen Zielpräszienz Gottes: aaO 745,33-746,14; 746,33 f.; 747,6 f. Aber es trägt auch Züge, die nicht Gottes Werk, sondern Menschenwerk sind. Vgl. hierzu die aufschlussreiche Zusammenstellung über Luthers Sicht der Kooperation Gottes und der Menschen in den »Ständen« bei M. SEILS, Der Gedanke vom Zusammenwirken Gottes und des Menschen in Luthers Theologie, 1962, 130 ff., 170 ff.

selbst Erschlossensein des Menschen *betrifft*, schließt ein, dass dieses von jenem Widerfahrnis nicht übergangen, nicht als inexistent behandelt, sondern als solches respektiert, einbezogen, beteiligt wird. Das kann man sich folgendermaßen klar machen:

Der Wechsel geschieht, indem zunächst in Christus die reale Zielbestimmtheit des Werdens, aus und in der die Menschen existieren, gegen die verkehrten Trug- oder die unsicheren Phantasiebilder dieser Zielbestimmtheit auftritt und indem sodann auch das Herz des Menschen offen gemacht wird für die Wahrnehmung dieses Realen. Dadurch wird dem Menschen die evidente Wahrheit über das Ziel des Werdens präsent, in dem er sich existieren findet, und damit auch die Wahrheit über das Ziel seines Existierens selbst.

Und nun ist es jedoch ein Faktum, dass der Mensch zwar durch das Erlebnis der Evidenz von Wahrheit in seinem Herzen und in der jeweiligen Bestimmtheit der Unmittelbarkeit von Lebensgefühl und Lebenstrieb wirksam betroffen wird – aber keinesfalls an seinem eigenen vernünftigen Wollen vorbei überwältigt und vergewaltigt. Vielmehr kann der Mensch auch der ihm selbst evidenten Wahrheit widerstehen, sie verleugnen, und er tut es auch immer wieder.[299] Dasselbe gilt für das Evidentwerden der Wahrheit über Gott in Christus durch den Geist. Auch diesem Geschehen, dem Werk der Gnade, kann der Mensch widerstehen, die Anerkennung des Glaubens verweigern. Dieser Widerstand gegen die beschämende Wahrheit wird zwar von der Macht der Verblendung *verstärkt*,[300] aber seinen Grund hat er in demjenigen Realen, welches erst den Ansatzpunkt für das erfolgreiche Wirken der Macht der Verblendung bietet: in unserer Natur[301] (unserem Wesen) als der Natur (als dem Wesen) des geschaffenen und damit schwachen Ebenbildes des göttlichen Wollens und Wirkens, das als von Gott geschaffenes und erhaltenes, also auch gewolltes und gewirktes, dennoch in relativer, nämlich geschaffener, Selbstständigkeit an eigener vernünftiger Zielpräszienz orientiert werden will und wirkt.[302]

Daher kann solcher Widerstand auch nur dadurch überwunden werden, dass dieser *Ansatzpunkt* für das Wirken der Macht der Verblendung besei-

---

299 WA 18; 656,35-658,16.
300 AaO 658,12 ff.; 698,12 f.; 753,20 f.; 743,8 f.
301 AaO 658,13; 659,30 f.
302 S. o. Anm. 130 ff.

tigt wird. Was wiederum nur dadurch möglich ist, dass unsere Neigung zur Selbstbehauptung vor Gott schließlich zermürbt und aufgelöst wird durch das Offenbarsein der Wahrheit unseres Geschaffenseins und unseres Existierens aus und in Gottes Wollen und Wirken – zermürbt und aufgelöst also durch das Offenbarsein dieser Wahrheit, das erst durch die Zuwendung, die Gabe, eben des Schöpfergeistes erreicht wird, der uns zwar geschaffen hat, aber uns eben als Geschöpfen nicht einfach zu eigen ist.[303] Die Zuwendung und Gabe dieses uns schaffenden Geistes und ihr Effekt – d.i. die aus der erschlossenen *evidentia rerum* stammende Gewissheit unseres Gewollt- und Gewirktseins durch die allmächtige Gnade auf ihr vorhergewusstes Heilsziel hin – die ist es, welche der Schwäche, die uns als Kreaturen eignet, abhilft,[304] uns zu neuen Kreaturen macht.[305] Nach Luthers Überzeugung vollendet sich dieses Werk der Gnade und des Schöpfergeistes an uns Menschen jedenfalls nicht eher, als bis wir endgültig wiedergeboren werden durch den Tod ins ewige Leben des Reiches Gottes.[306]

Jedenfalls aber gilt: *Wenn* und *soweit* diese Neigung zur Selbstbehauptung gebrochen ist, tritt an ihre Stelle nicht nichts, sondern eben die aktive Anerkennung der offenbaren Wahrheit im Akt des Glaubens, also dasjenige durch die *evidentia rerum* gewiss gemachte *eigene Wollen*, welches selbst nichts anderes mehr will, als sich selbst an das Ziel des göttlichen Wollens aufzugeben. Die durch Wort und Geist gewirkte Gewissheit über das in Christus offenbar gewordene immutable Heilsziel von Gottes allmächtigem Wollen und Wirken ist von der Art, dass der Mensch das, was damit gewiss geworden ist, nur ergreifen kann, indem er sich selbst

303 S.o. Anm. 211ff.
304 Vgl. Röm 8,26: »Der Geist hilft unserer Schwachheit auf«.
305 Dies ist der sachliche Kern der Rede von der »recreatio per spiritum«: Die Zuwendung des Geistes durch den wir geschaffen sind, der aber nicht unser eigener geschaffener Geist, sondern eben der schaffende Geist ist, beseitigt die dem geschaffenen Geist als solchem eigene unmittelbare Blindheit, Sichtunfähigkeit für sein eigenes Geschöpfsein: aaO 776,4-11. – Vgl. auch WADB 7; 20,6ff.
306 Bis dahin bleibt »Fleisch« in uns (die »reliquia carnis«: aaO 642,8ff.; 649,11; 652,13f.; 745,9; 750,5; 783,4ff.; 785,31ff.; vgl. auch BSLK 659,1-660,13) – eben das natürliche Gefühl, selbst etwas aus eigener Kraft, eigenem Recht und Vermögen, Gott gegenüber zu sein, als genau dasjenige Gefühl, das der Ansatzpunkt für das verführende Wirken der Macht der Verblendung ist. Bis dahin bleiben wir *simul iusti et peccatores*, Heilige im Werden, in via.

in seinem eigenen Wollen auf dieses Geschehen hin völlig verlässt, sich ihm ganz anvertraut. Dieses – willentliche – Sichverlassen und sich Anvertrauen ist der Akt des Glaubens, der das Heil ergreift, indem er sich auf es verlässt.[307] Das Wirken der Gnade durch Wort und Geist behaftet den Menschen bei der Alternative, entweder ihr zu widerstehen und nicht selig zu werden oder selig zu werden, indem er glaubt, d.h. *sich* verlässt auf *sie* hin. Diesen Akt des Glaubens vollzieht der Mensch und nicht Gott. Darum hat Luther ihn – im Gegensatz zu seiner herkömmlichen Beschreibung als eines Habitus – vielmehr als ein *Werk* angesprochen, nämlich als das Haupt aller guten Werke, in dem alle anderen eingeschlossen sind.[308]

Kein Zweifel: Das Heil, welches das immutabel vorhergewusste Ziel des göttlichen Wollens und Wirkens ist, wird nur erreicht unter der Bedingung, dass der Mensch – im *lumen gratiae* – sich *in* seinem eigenen Wollen, also *wollend*, auf es als auf das unfehlbare Ziel des Wollens und Wirkens Gottes verlässt.

3. Darin zeigt sich einerseits, dass Gottes Kooperation mit dem Menschen den Menschen nicht nur auf dem Weg zum Heil, sondern auch noch im Heil selbst als das geschaffene Ebenbild seines schaffenden Wollens und nicht anders als so, also ebenfalls wollend, nämlich *glaubend*, haben will.

Aber wird damit nicht eine menschliche *operatio*, ein *opus* des Menschen, der Willensakt des Glaubens, zur Bedingung für die Erreichung des Heils gemacht? Dieser Eindruck entsteht und festigt sich nur dann, wenn nicht die grundsätzliche Verschiedenheit zwischen dem Glauben als dem Haupt[309] und dem Grund, ja dem Täter[310] aller guten Werke und diesen selbst im Blick behalten wird.[311] Beachtet man diesen Unterschied, dann gilt von allen guten Werken: Sie sind »Früchte« des Glaubens, weil

307 Die systematische Sachanalyse des Glaubens als dieses sich Verlassens auf den *motus omnipotentis operationis gratiae creatoris* würde zeigen, dass er dieselbe Struktur wie die Mk 8,35/Mt 10,39b skizzierte Selbstpreisgabe des Lebens in der Jesusnachfolge an das Reich Gottes hat: die Struktur der *creata voluntas volens creari et perduci ad originalem creatoris triuni finem et aeternam.*
308 Wie schon im *Sermon von den guten Werken* (WA 6; 204,13-216,39, bes. 204,31f.; 205,6-10) dann wieder im *Großen Katechismus* (BSLK 567,34-40).
309 WA 6; 205,10.
310 So in der *Vorrede* zum Römerbrief: WADB 7; 10,9ff.
311 Luther schärft diesen Unterschied ein: WA 6; 206,17ff.; 215,16ff.

sie der Inbegriff desjenigen eigenen vernünftigen Wollens und Wirkens des Menschen sind, das sich auf die ihm übertragene Gestaltung seiner Umweltverhältnisse richtet im *lumen gratiae*, also auf dem Fundament des Ausgerichtetseins seines Lebensgefühls und -triebs auf das durch Wort und Geist offenbare wahre höchste Gut und im Glauben an dieses. Ohne solche Früchte kann der Glaube gar nicht existieren, weil er – übrigens ebenso wie sein Gegenteil, der Unglaube – selbst nur existiert durch und in dem alles Geschaffene umfassenden und hervorbringenden Werden, welches als *motus* der schaffenden Allmacht den Menschen überhaupt nur als vernünftig wollendes Wesen existieren und als solches nicht »Ferien machen« lässt. Aber von allen guten Werken, die die Früchte des Glaubens sind, ist der Glaube jedoch dadurch grundsätzlich unterschieden, dass er selbst nicht, wie alle diese seine Früchte, die guten Werke, auf die Gestaltung des Umweltverhältnisses gerichtet ist, sondern auf dasjenige alles Geschaffene umfassende Werden, welches das Werk des allmächtigen Wollens und Wirkens des Schöpfers ist, und auf dessen in Christus offenbare immutable und unwiderstehliche Zielstrebigkeit. Und zwar ist der Glaube auf diesen heilszielstrebigen *motus omnipotentiae* just in der Weise gerichtet, dass er den einsichtsvollen *Verzicht* auf jeden menschlichen Beitrag zur Erreichung von dessen Ziels leistet. Der Glaube verzichtet darauf, irgendwelche *guten Werke* als Grund für das Erreichtwerden der Seligkeit zu betrachten. Er verzichtet aber auch darauf, *sich selbst* als Grund für das Erreichtwerden der Seligkeit zu missverstehen. Sein Verzichtsakt macht vielmehr mit der Gewissheit Ernst, dass der hinreichende Grund für das Erreichtwerden der Seligkeit allein und ausschließlich die Heilszielstrebigkeit des Wollens und Wirkens des Schöpfers selber ist. Dabei macht der Glaube aber auch mit der Gewissheit Ernst, dass dieses Wollen und Wirken des Schöpfers von sich aus den Menschen nur als denjenigen in die ewige Seligkeit mitnimmt, als welchen sie ihn von Anfang an und auf ewig haben will: als sein geschaffenes Ebenbild, als seinen geschaffenen Kooperator, und das heißt: als versöhnten Sünder *einschließlich* seiner guten Werke und d. h.: *einschließlich* des Täters all dieser guten Werke: eben des Glaubens und *seines* Wollens.

Der Akt des Glaubens ist der *Grundakt* des Lebens im *lumen grati-ae*.[312] Dieser Grundakt ist derjenige *willentliche Verzicht* auf ursprüngliche Selbstständigkeit, in welchem das geschaffene Ebenbild des Schöpfers der radikalen Asymmetrie des Kooperatorverhältnisses entspricht, in der ihn das *opus Dei gratiae* existieren lässt. Er entspricht ihr, indem er *sich selbst samt allen »guten Werken«* restlos dem *motus omnipotentiae* überlässt, der mit seiner in Christus offenbaren Zielstrebigkeit *allein* die Seligkeit schafft. Und anders als in diesem *willentlichen Verzichten* entspricht er ihr gar nicht.

Das aber heißt: Anders als in diesem willentlichen Verzichten *existiert* das geschaffene Ebenbild des Schöpfers gar nicht in vollkommener Entsprechung zu seinem es schaffenden Urbild. Wenn also der vollendete Zustand des Verhältnisses des Schöpfers zu seinem geschaffenen Ebenbild und das darin begründete Verhältnis von diesem zu jenem nicht ein Zustand des Nichtexistierens, sondern des Existierens des geschaffenen Ebenbildes vor (aus und in) seinem es schaffenden Urbild ist – und das ist es für den christlichen Glauben –, dann ist jener Zustand eine Situation, die das Existieren des Geschöpfs in dieser *seiner* Aktivität des Verzichtens und des Gott-allein-alle-Ehre-Gebens einschließt. Das von der schaffenden Allmacht unfehlbar ergriffene, gewollte und erwirkte Ziel schließt *dieses* Existieren – dieses *willentliche*, nämlich willentlich *verzichtende* Existieren – des geschaffenen Ebenbildes Gottes (und eben nicht nur das Existieren Gottes) ein. Und damit schließt es selbst – dieses von Gott selbst unfehlbar vorhergewusste, gewollte und erwirkte Ziel – eine Bedingung auf Seiten des Geschöpfes ein: eben das Existieren des Geschöpfes im geschöpflichen *Verzichtenwollen*. Diese – nota bene in dem unfehlbar von Gott selbst vorhergewussten, gewollten und erwirkten Ziel enthaltene – Bedingung ist von der Art, dass sie vom Geschöpf selber *willentlich* zu erbringen ist, und d. h.: wenn überhaupt, dann von ihm selbst erbracht wird oder nicht. In der Tat: Gott allein erreicht sein Ziel, der Mensch trägt nichts dazu bei. Aber das allein von Gott erreichte Ziel ist selbst von der

---

312 So wurde der Glaube schon beschrieben in: Herms/Härle (s. Anm. 11), 171 f. Das damals Gesagte meint nichts anderes als das oben noch einmal Dargestellte. Ich halte diese Sicht auf den Glauben nach wie vor für angemessen – trotz der Bedenken, die dagegen geäußert wurden in: H. Fischer, Protestantische Theologie im 20. Jahrhundert, 2002, 243 f.

Art, dass es – nicht als noch *zu erreichendes*, sondern als *erreichtes* – die Erfüllung einer Bedingung *auf Seiten des Geschöpfes durch das Geschöpf* einschließt, und zwar eine Bedingung, die von der Art ist, dass sie – weil sie im wiedergeborenen und zur Vollkommenheit gebrachten eigenen Wollen des Geschöpfes besteht: nämlich in dem das Wesen der *fides* ausmachenden Wollen, eben dem sich-auf-Gott-hin-verlassen-Wollen – die Möglichkeit einschließt, nicht vollbracht zu werden: die Möglichkeit des Nichtverzichtenwollens, der nicht vergebbaren Todsünde gegen den Heiligen Geist.

Ich vermag nicht zu sehen, dass das von Gott unfehlbar vorhergesehene, gewollte und erwirkte Ziel, wenn es denn das Existieren des geschaffenen Ebenbildes in vollkommener Entsprechung zum Wollen und Wirken Gottes in dessen ewigem Leben ist, anders als vorstehend skizziert, konsistent begriffen werden kann.

Erst vor dem Hintergrund solcher Klarheit über das Ziel Gottes ist dann diejenige Passage angemessen zu verstehen, in der Luther den Menschen anspricht als »creatus ad vitam vel mortem aeternam«[313]. Diese Wendung *kann* sprachlich als Behauptung einer doppelten Prädestination verstanden werden, also so, als würde sie besagen, dass der unfehlbare Wille Gottes nicht ein *einheitlicher*, auf *ein* Ziel gerichteter sei, sondern ein in sich uneinheitlicher, auf zwei verschiedene Ziele gerichteter. Aber das ist eine sprachlich nicht unvermeidliche und sachlich nicht haltbare Auffassung. Sprachlich möglich und sachlich allein konsistent ist allein eine Auffassung, für die – wie oben schon einmal angedeutet – zweierlei wesentlich ist: einerseits die Einheit des unfehlbaren Willens der schaffenden Allmacht und die Einheit ihres Ziels und zugleich andererseits der sachliche Charakter dieses einheitlichen Zieles selbst als eines solchen, welches in der vollendeten Gemeinschaft des schaffenden Personseins des Schöpfers mit dem geschaffenen Personseins seines geschaffenen Ebenbildes besteht und das damit *in sich selbst* die Erfüllung einer einzigen Bedingung auf Seiten seines Geschöpfes durch das Geschöpf einschließt: das willentliche Verzichten des Glaubens, für das es als ein Wollen des wiedergeborenen Geschöpfes und nicht ein Wollen Gottes, wesentlich ist, auch von Geschöpf nicht erbracht werden zu können. Andernfalls wäre das vom

313 WA 18; 636,18.

Schöpfer unfehlbar vorhergewusste, gewollte und erwirkte Ziel nicht das Ziel ewiger Gemeinschaft des schaffenden *Personseins* Gottes mit seinem geschaffenen Ebenbild, unserem geschaffenen *Personsein*. Das aber ist es.

X Epilog

Über das Verhältnis zwischen Luthers Lehre von der Rechtfertigung und seiner Lehre über die Kooperation Gottes und des Menschen ist in der Literatur oft nachgedacht worden. Martin Seils[314] hat in Überbietung aller früheren Interpretationen gezeigt, dass die beiden Lehren keinesfalls in einem Konkurrenzverhältnis stehen. Dem ist zuzustimmen.

Über Seils hinaus sollte hier gezeigt werden, dass die beiden Lehren nicht nur nicht konkurrieren, sondern dass sie in einem eindeutigen Fundierungsverhältnis stehen: Luthers Rechtfertigungslehre bewegt sich im Horizont seiner Kooperationslehre, ist nur eine Konsequenz seiner Kooperationslehre, setzt sie als ihr Fundament voraus und schließt sie als ihre anthropologische, kosmologische, ontologische und theologische Pointe ein. Nur wenn dies alles festgehalten und entfaltet wird, wird auch das Wirklichkeitsverständnis, die »Metaphysik«, der Rechtfertigungslehre zur Geltung gebracht. Würde sich dieses Wirklichkeitsverständnis der Rechtfertigungslehre als nicht stichhaltig erweisen, so wäre auch die Rechtfertigungslehre selbst nicht stichhaltig.

Damit, dass die Stichhaltigkeit dieses Wirklichkeitsverständnisses gewiss ist, steht und fällt die Möglichkeit eines gelingenden Lebens – auch heute noch, im 21. Jahrhundert. Denn was ist »elender als Ungewissheit«[315] über den Charakter, über Ursprung und Ziel des Werdens, in dem wir uns unwiderstehlich mitgenommen finden? Und was, wenn nicht die beschriebene Wirklichkeitsgewissheit des Glaubens, könnte uns vorm »Fischen im Trüben« bewahren und uns diejenige Gelassenheit schenken, die uns Mut und Kraft gibt, unsere Mitverantwortung für den Gang der Dinge zu erkennen, sie zu übernehmen und ihr durch vernünftiges Handeln gerecht zu werden, uns aber zugleich auch vor Überforderung und Überanstrengung bewahrt, vor Erschöpfung und zynischer Resignation?

314 S. Anm. 298.
315 AaO 604,33: »Quid enim incertitudine miserius?«

Motive der Mystik in Luthers Verständnis des Abendmahls

Von Eberhard Winkler

In der gegenwärtigen Lutherforschung finden die Beziehungen des Reformators zur Mystik verstärkt Beachtung. So vertreten Berndt Hamm und Volker Leppin in einem von ihnen herausgegebenen Band die Auffassung, »dass die Gesamtkomposition der reformatorischen Theologie Luthers mystischen Charakter habe und dass die Genese dieser Theologie als Ausbildung einer neuen Gestalt von Mystik zu beschreiben sei«[1]. Die Tendenz, nicht nur den jungen Luther, sondern seine Theologie insgesamt im Zusammenhang mit der Mystik zu sehen, hängt sicher mit dem gegenwärtigen religiösen Interesse an der Mystik zusammen, so dass wir es nicht nur mit einem historisch interessanten, sondern zugleich mit einem systematisch- und praktisch-theologisch wichtigen Thema zu tun haben.[2] Auch die kritische Abgrenzung reformatorischer Theologie von der Mystik ist nicht frei von einem fragwürdigen Vorverständnis.[3] Die genannten

---

1 B. Hamm/V. Leppin (Hg.), Gottes Nähe unmittelbar erfahren. Mystik im Mittelalter und bei Martin Luther, 2007, VII (Vorwort). Vgl. P. Zimmerling, Überlegungen zu »Gottes Nähe unmittelbar erfahren. Mystik im Mittelalter und bei Martin Luther« (LuJ 75, 2008, 203-208). Zimmerling erklärt aaO 203: »Das vorliegende Buch markiert eine Revolution in der deutschen Lutherforschung. Luther wird darin ganz wesentlich als von der Mystik geprägter Theologe interpretiert.«

2 Als Beispiel vgl. J. Schilling (Hg.), Mystik. Religion der Zukunft – Zukunft der Religion?, 2003. Darin vgl. bes. K.-H. zur Mühlen, Mystische Erfahrung und Wort Gottes bei Luther, 45–66. Bereits 1972 untersuchte zur Mühlen »Luthers Theologie zwischen Mystik und Scholastik« in seinem Buch »Nos extra nos« (BHTh 46).

3 Vgl. V. Leppin, Transformationen spätmittelalterlicher Mystik bei Luther (s. Anm. 1), 165-185. Auf S. 165 weist er auf zeitgeschichtliche Motive hin, die nach 1945 das Bemühen, Luthers Verhältnis zur Mystik positiv zu sehen, nachhaltig diskreditierten. B. Hamm, Wie mystisch war der Glaube Luthers? (s. Anm. 1), 237-287, geht davon aus, dass »eine typisch protestantische Berührungsscheu allem Mystischen gegenüber im Ver-

Autoren behaupten keine einfache Kontinuität zwischen der mittelalterlichen Mystik[4] und Luther, sondern sie sprechen von Transformationen,
und sie geben Rechenschaft über ihr Verständnis des Begriffs »Mystik«.
Nach Hamm »geht es immer um die persönliche, unmittelbare und ganzheitliche Erfahrung einer beseligenden Nähe Gottes, die ihr Ziel in einer
innigen Vereinigung mit Gott findet«[5]. Ob und inwiefern die Unmittelbarkeit zur Definition der Mystik gehört, wird zu fragen sein. Mystische
Erfahrung schließt ja mediale Vermittlung nicht aus, wie schon die Bedeutung der Autoritäten zeigt, auf die sich die Mystiker berufen.[6] Zu beachten
ist ferner, dass jene Mystiker, die nachweislich oder vermutlich Luther beeinflussten, aktiv und bewusst in ihrer Kirche und mit deren Sakramenten
lebten.[7] »Unmittelbar« kann also nicht »ohne Mittel«, ohne *media salutis*

schwinden begriffen« ist und jetzt die Möglichkeit eröffnet wird, den Reformator »als
Begründer einer evangelischen Mystik und eines Heimatrechts mystischer Spiritualität
im Protestantismus zu sehen« (aaO 237f.).

4 Gemeint sind die Autoren von Ps.-Dionysius bis zu von Staupitz, die nachweislich von
Luther rezipiert wurden. Für Meister Eckhart ist zwar ein direkter Einfluss auf Luther
nicht zu belegen, eine indirekte Beziehung über Tauler jedoch von so hoher Wahrscheinlichkeit, dass er mit Recht zu den im oben (s. Anm. 1) genannten Werk am häufigsten
erwähnten Autoren gehört. Vgl. A. M. HAAS, Gottleiden – Gottlieben. Zur volkssprachlichen Mystik im Mittelalter, 1989. Im Kap. »Luther und die Mystik« (264-285) sieht
Haas deutliche Verbindungen zwischen Eckhart und Luther, der Eckhart partiell durch
Tauler kannte. Haas betont die Übereinstimmung Luthers mit Eckhart in der grundlegenden Thematik der Rechtfertigung.

5 HAMM (s. Anm. 3), 243; LEPPIN (s. Anm. 3), 167; HAMM (s. Anm. 3), 115, 134f., 284. Ein
Grund für die protestantische Kritik an der Mystik liegt in der ungenügenden Differenzierung des Begriffs und des Phänomens.

6 Bei Meister Eckhart zeigt der Apparat der im Auftrag der Deutschen Forschungsgemein-
schaft hg. deutschen und lateinischen Werke (künftig zitiert DW bzw. LW), wie stark
Eckharts Gedanken durch die verschiedensten Autoren von der Bibel über Aristoteles,
den Neuplatonismus, die Stoa, die Kirchenväter, arabische Philosophen, den Juden
Maimonides bis zu Bonaventura und Thomas von Aquin beeinflusst wurden, wobei er
überlieferte Quellen oft eigenwillig verarbeitete.

7 Die Kirchlichkeit und damit die positive Stellung zur sakramentalen Heilsvermittlung
bei Mystikern wie Eckhart und Tauler betont V. LEPPIN, Mystische Frömmigkeit und
sakramentale Heilsvermittlung im späten Mittelalter (ZKG 112, 2001, 189-204). Er findet
in der kirchlichen Mystik eine Intensivierung und Verinnerlichung der Sakramenten-
frömmigkeit, aber auch eine Ambivalenz, sofern prinzipiell eine Destabilisierung der
Hierarchie erfolgt. Vgl. ferner B. WEISS, Die Eucharistie in der Deutschen Mystik des

bedeuten. Unter dieser Voraussetzung lädt Hamms Definition der Mystik dazu ein, Luthers Abendmahlsverständnis von seiner Herkunft aus der Mystik her zu beleuchten, geht es doch im Abendmahl um die persönliche und ganzheitliche Erfahrung einer beseligenden Nähe Gottes, um eine innige Vereinigung mit Gott. Ein Vergleich der Abendmahlstheologie in der spätmittelalterlichen Mystik und bei Luther kann dazu beitragen, die These von Hamm und Leppin exemplarisch zu verifizieren und vielleicht auch Luthers Kampf um das Abendmahl besser zu verstehen.

I Die rechte Vorbereitung

Der von Luther hoch geschätzte Tauler erklärt in einer Predigt im Blick auf den Zugang zum Abendmahl, es sei »nicht notwendig, dass man große, empfindliche Andacht verrichte oder große, äußerliche Werke getan habe. Es ist genug, dass man ohne Todsünde sei und gern gut wäre und in einer demütigen, ehrwürdigen Furcht stehe und sich des Sakramentes unwürdig erachte und seine Bedürftigkeit erkenne.«[8] In einer anderen Predigt ist er noch näher bei Luther: »die Würdigkeit kommt nimmer von menschlichen Werken noch Verdiensten, sondern von lauterer Gnade und von dem Verdienste unseres Herrn Jesu Christi und fließt gänzlich von Gott auf uns über.«[9] Auch Meister Eckhart betont den Vorrang der göttlichen Gabe vor der menschlichen Disposition: »Du sollst nicht hoch anschlagen, was du empfindest; vielmehr achte für groß, was du liebst und erstrebst.«[10] Wer sich selber für zu kalt und träge halte, zum Tisch des Herrn zu gehen, der bedürfe seiner umso dringender, fährt Eckhart fort. Die Einsicht in die eigene Unwürdigkeit sei die beste Voraussetzung, das Sakrament zu empfangen, weil Gottes Reichtum nur von geistlich Armen empfangen werde. Daher spreche die Seele zu Gott: »will ich zu dir gehen,

Mittelalters (in: Vorgeschmack. Ökumenische Bemühungen um die Eucharistie. FS Th. Schneider, hg. v. B. J. HILBERATH/D. SATTLER, 1995, 225-257). Weiss berücksichtigt außer Eckhart, Tauler und Seuse auch die Mystikerinnen Elisabeth von Schönau, Mechthild von Magdeburg, Mechthild von Hackeborn und Gertrud die Große.

8 J. TAULER, Predigten. In Auswahl übertragen und eingeleitet von L. NAUMANN, 1923, 182.

9 AaO 103. Vgl. aaO 104: »Es gibt keine bessere Bereitung als Gott selbst.«

10 DW V, 525. Vgl. LW V, 144,10 f.: Agnitio sui ipsius et infirmitatis propriae est unum quod praemittitur ad praeparandum (zit. B. WEISS [s. Anm. 7], 238, Anm. 114).

auf dass dein Reichtum meine Armut erfülle und deine ganze Unermeß-lichkeit erfülle meine Leere und deine grenzenlose, unfaßbare Gottheit erfülle meine allzu schnöde verdorbene Menschheit.«[11]

Luther nimmt diese Gedanken in seiner frühesten Abendmahlsschrift, dem *Sermo de digna preparatione cordis pro suscipiendo Sacramento Eucharistie* 1518 auf.[12] Zuerst sei es nötig, alle offensichtlichen Todsünden zu bekennen und zu bereuen, wobei zu bedenken sei, dass niemand seine verborgenen Sünden kennt, eine Vollständigkeit der Beichte also unmöglich sei. Zweitens seien alle bitteren Gedanken und Gefühle gegenüber den Mitmenschen abzulegen, denn sie widersprechen sowohl dem Namen als auch der Sache dieses Sakramentes: »Nomen est Communio, Res unitas cordium.«[13] Gott sei um ein freundliches und verbindliches Herz (»cor dulce et commune«) zu bitten.[14] Nötig sei es, Gott eine leere und dürstende Seele darzubringen.[15] Die beste Vorbereitung bestehe darin, dass ich mich als völlig unwürdig und der Gnade bedürftig erkenne. Höchst gefährlich sei es, sich auf seine eigene Zubereitung zu verlassen. Insofern hat die Buße ihren Platz besser *nach* dem Sakramentsempfang als davor. Gottes Handeln kommt die absolute Priorität zu. Was Gott schenkt, kann der Mensch nur im Glauben empfangen, nicht aber durch seine Präparation verdienen. Hier kommt das *sola fide* zur Geltung: »Der Glaube, die einzige, höchste und eigentlichste Vorbereitung schafft wahrhaft Reine und Würdige, weil er sich nicht auf unsere Werke oder Kräfte stützt, sondern auf das reinste, treuste und zuverlässigste Wort Christi, der sagt: ›Kommt her zu mir alle …‹ (Mt 11,28).«[16]

---

11 DW V, 526.

12 WA 1; 329-334. Vgl. W. SIMON, Die Messopfertheologie Martin Luthers. Voraussetzungen, Genese, Gestalt und Rezeption, 2003, 223-227; vgl. aaO 702. H. HILGENFELD, Mittelalter-lich-traditionelle Elemente in Luthers Abendmahlsschriften (SDGSTh 29), 1971, 286f. Hilgenfeld verarbeitet eine Fülle scholastischer Quellen, berücksichtigt auch Mystiker, zieht aber die gegenseitige Beeinflussung von Scholastik und Mystik nicht in Betracht. Deshalb lehnt er es ab, mystische Einflüsse auf Luther zu konstatieren (aaO 298 Anm. 485).

13 WA 1; 329,13-14.

14 WA 1; 330,8.

15 WA 1; 330,11: »Oportet ut animam vacuam et esurientem offeras.« Die mystische Sprache ist hier besonders klar.

16 WA 1; 331,11-14: »fides sola et summa ac proxima dispositio facit vere puros et dignos, quia non nititur in operibus aut viribus nostris, sed in purissimo, piissimo firmissimo-que verbo Christi dicentis: Venite ad me omnes […]«

Unter Bezug auf 1Kor 11,28 erklärt Luther, dass keine Selbstprüfung Sicherheit bringe, sondern die nötige Gewissheit auf dem Felsen Christus und seinem Wort stehe. Der Seelsorger Luther weist ähnlich wie Tauler und Eckhart weg von der unsicheren Basis der Subjektivität hin auf das in Christus und seinem Wort gegründete Fundament des Glaubens. Darüber hinaus findet er eine seelsorgerliche Hilfe im Glauben der Kirche oder eines dem Angefochtenen bekannten Gläubigen.[17] Wir stoßen hier auf eine wichtige Dialektik im Verständnis des Glaubens: Einerseits handelt es sich um eine die Person erfassende und prägende, also subjektive Lebenswirklichkeit, von der Luther besonders eindrücklich am Anfang seiner Invokavitpredigten sprach.[18] Andererseits kann die einzelne Person ihren Glauben nur gemeinsam mit anderen praktizieren. Im Abendmahl verbinden sich diese beiden Dimensionen des Glaubens.

II Die geistliche Wandlung

Wie der junge Luther vor 1520 setzen die Mystiker die scholastische Lehre von der Transsubstantiation voraus, legen aber keinen Wert darauf. Wichtig ist vielmehr die Wandlung, die geschieht, wenn »diese liebliche, lebendige Speise wunderbar mit dem Menschen vereinigt wird und ihn ganz in sich zieht und in sich verwandelt, mehr als jede Vereinigung vermag, die menschliches Verständnis erdenken kann in allen und über allen Verwandlungen«[19]. Ebenso erklärt Eckhart: »wir sollen in ihn verwandelt und völlig mit ihm vereinigt werden, so dass das Seine unser wird und alles Unsere sein; unser Herz und das seine *ein* Herz, und unser Leib und der seine *ein* Leib.«[20] Eckhart deutet die Wandlung des Brotes im Sakrament

---

17 WA 1; 333,17 f. rät Luther dem, der seinen Glauben für zu schwach hält, zum Sakrament zu gehen: »in fide vel universalis Ecclesie vel hominis fidelis tibi noti.« Dabei beruft er sich auf Bernhard von Clairvaux (aaO 26–29).

18 Luther geht davon aus, dass jeder seinen eigenen Tod sterben muss und daher jeder für sich die Hauptstücke des christlichen Glaubens kennen muss: WA 10,3; 1,7-9.

19 TAULER (s. Anm. 8), 99. Vgl. aaO 96: »Gott gibt sich hier dem Menschen selbst mit sich selbst unmittelbar, ohne alle Gleichnisse, und vereinigt sich hier mit dem Menschen ganz einfältig und lauter«. Vgl. ECKHART unter Bezug auf 2 Kor 3, 18, DW I, 110,8: »Wir werden alzemale transformiert in got und verwandelt«.

20 DW V, 266, 3-6: »Wan wir suln in in werden gewandelt und alzemâle werden geeiniget,

als Gleichnis für die mystische Transformation der Seele! B. Weiss[21] weist darauf hin, dass Eckhart die Transsubstantiationslehre der Hochscholastik mit ihrer Unterscheidung von Substanz und Akzidenz aufgriff, um Schwierigkeiten beim Glauben an die Realpräsenz Christi zu beseitigen und die Vereinigung mit dem Leib Christi als »ein Gelangen über Ort und Zeit und folglich auch über die Welt« zu erweisen. Gleichgültig, wie viele Brote im Sakrament verwandelt werden, entsteht immer nur der *eine* Leib Christi. »Waz in daz ander verwandelt wirt, daz wirt ein mit im.«[22] Hier klingt einerseits Luthers Gedanke vom »fröhlichen Wechsel und Tausch« an. Andererseits formuliert Eckhart die mystische Einigung so zugespitzt, dass sie von der Inquisition als Einheit im pantheistischen Sinn missverstanden werden konnte. Das sakramentale Geschehen ist bei Eckhart der eigentlichen Wandlung zu- und untergeordnet, die sich vollzieht, wenn der Vater den Sohn in der Seele gebiert »in derselben Weise, wie er ihn in der Ewigkeit gebiert und nicht anders«[23].

Luther vermeidet solche Spekulation. Er verwendet das in der Mystik verbreitete Bild von der Seele als Braut des Bräutigams Christus.[24] Der Glaube »voreynigt auch die seele mit Christo als eyne brawt mit yhrem breudgam. Auß wilcher ehe folget, wie Sankt Paulus sagt, das Christus vnd die seel eyn leyb werden, ßo werden auch beyder gutter fall vnfall vnd alle ding gemeyn, das was Christus hatt, das ist eygen der glaubigen seele, was die seele hatt wirt eygen Christi«[25].

daz daz sîne unser wirt, und allez daz unser wirt sîn, unser herze und daz sîne éin herze und unser lîchame und der sîne éin lîchame.«

21 WEISS (s. Anm. 7) 254f. LW IV,49, 7f.: »nota quod illi corpori uniri est super locum et tempus fieri et per consequens extra hunc mundum.«

22 DW I, 111,5 f. aaO Anm. 1 die Parallele aus Eckharts Verteidigungsschrift: »nos transformamur et convertimur in deum totaliter eodem modo quo in sacramento panis convertitur in corpus Christi. Quicumque sint multi panes, tamen non fit nisi unum corpus omnium.«

23 DW I, 109, 5 f. Vgl. aaO 8: »er gebirt mich sînen sun und den selben sun«.

24 Zahlreiche Nachweise für die mittelalterliche Brautmystik enthält das in Anm. 1 genannte Werk, z. B. B. STEINKE, »Den Bräutigam nehmt euch und habt ihn und verlasst ihn nicht, denn er verlässt euch nicht« (aaO 139-164). Für Luther wurde Bernhard von Clairvaux besonders wichtig. Dazu vgl. S. GROSSE, Der junge Luther und die Mystik. Ein Beitrag zur Frage nach dem Werden der reformatorischen Theologie (aaO 187-235).

25 WA 7; 25,26-32.

In »Ein Sermon von dem hochwürdigen Sakrament des heiligen wahren Leichnams Christi und von den Bruderschaften« wendet Luther diesen Wandlungsgedanken auf das Abendmahl an. Die Frucht des Sakramentes ist die Liebe zu Christus und zu den Gliedern seines Leibes. »Drumb schau auff, es ist dir mehr not, dass du des geystlichen dann des naturlichen corpers Christi acht habist, vnd noetter der glaub des geistlichen dann des naturlichen corpers. Dann der naturlich an den geistlichen hilft nichts in dissem sacrament, es muss ein vorwandlung da geschehen vnd geubt werden durch die lieb.«[26] »Dann wo die lieb nit teglich wechst vnd den menschen alßo wandelt, daß er gemeyn wirt ydermann, da ist diß sacraments frucht vnd bedeutung nicht.«[27] »Alßo werden wir ynn eynander vorwandelt vnd gemeyn durch die liebe, an wilche keyn wandell nit geschehen mag.«[28] Durch das Sakrament vollzieht sich eine geistliche Wandlung, die Teilhabe an Christus und allen seinen Gütern und zugleich diakonische Gemeinschaft mit den »Heiligen«, den Gliedern des Volkes Gottes, bewirkt.

Gott ist die Liebe und damit die Ursache der Liebe zu ihm und den Mitmenschen. Gottes Natur, sein Sein und sein Leben besteht nach Meister Eckhart darin, »dass er sich selbst mitteilt (in se communicando) und dass er sich selbst, sich ganz gibt.«[29] Die Liebe ist also nicht eine moralische Leistung des Menschen, sondern in seiner Selbstmitteilung stiftet Gott im Menschen die Liebe, die Gemeinschaft mit anderen schafft. »Caritas facit omnia communia« – die Liebe macht alles gemeinsam.[30] Je auf ihre Weise bringen alle Mystiker diese notwendige Verbindung von

26 WA 2; 751,13-17.
27 WA 2; 748,3-5. Vgl. aaO 744,8-11: »Alßo yn dißem sacrament wirt dem menschen/eyn gewiß tzeychen/ von gott selber geben/ durch den priester/ das er mit Christo vnd seynen heyligen/ soll alßo voreynigt vnd alle ding gemeyn seyn/ das Christus leyden vnnd leben soll seyn eygen seyn/ dartzu aller heyligen leben vn(d) leyden.« A. ADAM, Lehrbuch der Dogmengeschichte, Bd. 2, 1969, 240 erklärt, dass hier »die Christusmystik der Kern der Sakramentsauffassung ist, nicht die Christusmystik der einzelnen Seele, sondern die Verbindung der gottesdienstlichen Gemeinde mit dem unsichtbar gegenwärtigen Herrn«.
28 WA 2; 748,24-26.
29 Vgl. U. KERN, »Gottes Sein ist mein Leben«. Philosophische Brocken bei Meister Eckhart, 2003, 98-116, Zitat aaO 102 aus LW IV, 55, 1f.
30 Eckhart LW IV, 339,8. Vgl. KERN (s. Anm. 29), 113.

Gottes- und Nächstenliebe zur Geltung. Luther folgt dieser Linie und verstärkt sie unter christologischem und ekklesiologischem Aspekt. Wir, die Christi Gabe empfangen, nehmen in Liebe entzündet »seyn gestalt, vorlassen vnß auff seyn gerechtickeit, leben vnd selickeit, vnd seyn alßo durch gemeynschafft seyner guter vnd vnßers vnglucks ein kuche, eyn brott, eyn leyb, eyn tranck, vnd ist alls gemeyn«[31]. Das Sakrament rottet die eigennützige Liebe aus und macht der gemeinnützigen Liebe Platz, damit »durch der liebe vorwandlung eyn brott, eyn tranck, eyn leib, eyn gemeyn werde, das ist die rechte Christenliche bruderliche eynickeyt«.[32]

Der mystische Hintergrund ist offenkundig. Urheber der Gemeinschaft stiftenden Liebe ist Christus, aber die Glaubenden werden aktiv in das Verwandlungsgeschehen einbezogen, indem sie die eigennützige Liebe lassen und so für die der Gemeinschaft dienende, das Leid und die Seligkeit teilende Liebe Raum schaffen. Die Ausrottung der eigennützigen Liebe ist zu unterscheiden von der Akzeptanz notwendiger Eigenliebe. Luther stimmt mit Eckhart überein, der erklärt: »Liebe deinen Nächsten, wie du dich selbst liebst, nicht, wie du dich selbst hasst.«[33] Die legitime Eigenliebe wird durch die Gemeinschaft begrenzt und korrigiert, nicht aber durch eine rigorose Forderung verworfen. Andererseits trägt die Gemeinschaft das Leid der Einzelnen mit. So betont Luther die diakonische Dimension des Abendmahls: »Da muß nu deyn hertz sich yn die lieb ergeben vnd lernen, wie diß sacrament eyn sacrament der lieb ist, vnd wie dir lieb vnd beystand geschehn, widderumb lieb vnd beystand ertzeygen Christo in seynen durfftigen.«[34]

In seiner Abendmahlsschrift von 1519 betont Luther den Gemeinschaftsgedanken stärker als später, weil er die biblisch begründete Abendmahlspraxis der »bösen Übung der Bruderschaften« entgegensetzt.[35] Bemerkenswert ist, dass die Kritik, die prominente Leute wie Herzog Georg von Sachsen alsbald äußerten, sich nicht gegen die diakonisch und seelsor-

---

31 WA 2; 748,16-18.
32 WA 2; 754,15 f.
33 LW IV, 274, 8: »Dilige *proximum tuum sicut te ipsum* diligis, non quomodo te ipsum odis.« Vgl. KERN, (s. Anm. 29), 112.
34 WA 2; 745,24-27.
35 Vgl. WA 2; 754,20.

gerlich bedeutsamen Intentionen Luthers richtete, sondern den von ihm nur nebenher geäußerten Anspruch auf den Laienkelch angriff.[36] Herzog Georg sah in Luthers Abendmahlsverständnis eine hussitische Ketzerei, und er hat wohl richtig erkannt, dass die reformatorische Sicht auf das Altarsakrament Konsequenzen für das gesamte kirchliche und gesellschaftliche Leben bringen musste.

III Das verbindliche Wort

Die für Luther wichtigen Mystiker verstanden sich je auf ihre Art als der Heiligen Schrift verpflichtete Theologen.[37] In einer lateinischen Predigt über Joh 6,50 folgt Eckhart völlig einem Text des Thomas von Aquin: »Die Wahrheit dieses Sakraments aber wird mit den Worten *ist mein Fleisch* dargelegt. Er sagt nicht: bedeutet mein Fleisch, sondern: *ist mein Fleisch*.«[38] Die Wahrheit der Sache liegt in der Realität dessen, was der Mensch empfängt. Die Wirklichkeit der göttlichen Selbstmitteilung im Sakrament kommt nur im *est* zum Ausdruck, nicht im *significat*. Dass Luther im Abendmahlsstreit kompromisslos auf dem *est* bestand, ist

---

36 Vgl. M. BRECHT, Martin Luther. Sein Weg zur Reformation 1483-1521, ²1983, 346.

37 Für Eckhart vgl. E. WINKLER, Exegetische Methoden bei Meister Eckhart, 1965, 114: »Eckhart ist als Mystiker Exeget und als Exeget Mystiker«. DERS., Wort Gottes und Hermeneutik bei Meister Eckhart (in: Freiheit und Gelassenheit. Meister Eckhart heute, hg. von U. KERN, 1980, 169-182).

38 LW IV 45, 14 f.: »Veritas autem sacramenti huius insinuatur, cum dicit: *caro mea est.* Non dicit: carnem meam significat, sed *caro mea est.*« Zum Verständnis des *est* unter dem Aspekt der Realpräsenz bei Luther und in der Scholastik vgl. HILGENFELD (s. Anm. 12), 60-78. Nimmt man an, dass die von Hilgenfeld mit Recht betonte exegetische Motivation durch die mystische verstärkt wird, gewinnt Luthers leidenschaftliches Beharren auf dem *est* an Plausibilität. Hilgenfeld versteht allerdings Realpräsenz in einem so engen Sinn, dass er urteilen kann, sie sei in der Scholastik für die Heilszueignung an den einzelnen bedeutungslos (aaO 280, 282) und beim jungen Luther von geringer Bedeutung (aaO 299), bzw. vor dem Abendmahlsstreit sei »bei der Vereinigung mit Christus für die Realpräsenz eigentlich gar kein Raum« (aaO 311). In dieser Sicht kennzeichnet der Begriff der sakramentlichen Gemeinschaft »die Verlegenheit Luthers in Bezug auf die Realpräsenz« (aaO 313). Wird Realpräsenz dagegen im Sinne der Mystik als reale Gegenwart Christi in der sakramentalen Vereinigung verstanden, kann von Verlegenheit keine Rede sein.

nicht als stures Beharren auf dem biblischen Wortlaut zu verstehen, sondern als Festhalten am substantiell Wesentlichen. Gottes Sein ist im Sakrament real präsent, nicht nur symbolisiert. Luther teilt zwar nicht Eckharts ontologische Spekulation, aber er stimmt völlig mit ihm überein, wenn er sagt: Gott ist »ein vbernatuerlich vnerforschlich wesen, das zugleich ynn eym iglichen koernlin gantz vnd gar vnd dennoch ynn allen vnd vber allen und ausser allen Creaturn«[39].

1520 erschien »Ein Sermon von dem Neuen Testament, das ist von der heiligen Messe«[40].

Luther setzt ein mit der Kritik an Gesetzlichkeit: »yhe weniger gesetz, yhe besser recht«, das lehren die Erfahrung und die Heilige Schrift.[41] Zu viele Gesetze fördern nicht den Willen zum Guten, sondern die Heuchelei. Eine Frucht vieler Gesetze bestehe darin, dass »dye brueuderliche frey gemeyne lieb untergaht vnd die eygen nuetzige lieb ueberhandt nympt«[42]. Die Gemeinschaft nimmt Schaden. Christus gab seiner Kirche nur »eine Weise oder Gesetz«, eine Ordnung, nämlich die Messe. Er setzte sie so ein, dass es keine Tonsur gab, kein Messgewand, kein Singen, keinen Prunk, »ßondern allein dancksagung gottis vnd des sacraments prauch«[43]. Je näher die Messe dieser ersten Messe Christi komme, desto besser sei sie. Luther will nicht pauschal verwerfen, was die Tradition der Einsetzung Christi hinzufügte, sondern er hält es für wichtig »zu wissen, wilchs grundlich [grundlegend] vnd eygentlich zur meß gehoeret, vnd wilchs zusetzig vnd fremdb ist«.[44] Die Hauptsache bilden Jesu Einsetzungsworte über Brot und Wein. In ihnen kommt zur Geltung, dass Gottes Zusage allem menschlichen Begehren und Tun vorhergeht. Der Mensch kann Gottes Gabe nur dankbar annehmen und seiner Zusage vertrauensvoll glauben.[45]

39 WA 26; 339,34-36.
40 WA 6; 353-378.
41 WA 6; 353,6.
42 WA 6; 354,1 f.
43 WA 6; 354,30 f. Dass Luther hier nicht gegen den Gemeindegesang polemisiert, ist klar. Vermutlich kritisiert er den Chorgesang, bei dem die Gemeinde passiv bleibt.
44 WA 6; 355,13 f.
45 Vgl. WA 6; 356,3-10.

Die Messe ist kein Opfer im Sinne einer menschlichen Leistung:[46] »yn der meß geben wir Christo nichts, sondern nehmen nur von yhm.«[47] Trotzdem ist es sinnvoll, vom Opfer zu reden: »Was sollen wir den opffern? Vns selb vnd allis, was wir haben, mit vleyßigem gepeet.«[48] Durch den Glauben bringen alle Christenmenschen Gott ihr Opfer dar, und im Glauben »seyn all Christen man pfaffen, alle weyber pfeffyn, es sey iungk oder alt, herr oder knecht, fraw oder magd, gelehret oder leye«[49]. Das heißt nicht, alle sollten pfarramtliche Aufgaben übernehmen und die Sakramente verwalten, sondern ihr Handeln ist durch den Glauben geistlich ebenso wertvoll wie das Tun der Pfarrer, deren Wirken im Sakrament sogar unrecht ist, wenn sie meinen, ein Opfer darzubringen.

Das verbindliche Wort der Heiligen Schrift ist zugleich das befreiende, tröstende Wort. Die Erfahrung eigener Anfechtungen motiviert Luther in seiner seelsorgerlichen Verantwortung. Dadurch wird auch manche polemische Schärfe verständlich, die bezogen auf das Abendmahl besonders in der Schrift »Vom Abendmahl Christi, Bekenntnis« von 1528 Ausdruck findet.[50] Das symbolische Abendmahlsverständnis Zwinglis und Ökolampads empfand er als teuflischen Angriff auf das Wort, das ihm persönlich Trost und Kraft gab. Zwingli habe Christus verloren und wolle ihn auch uns rauben, behauptet Luther.[51] Wie konnte er sich zu solcher Polemik hinreißen lassen? Zwinglis Abendmahlsverständnis prägen die Elemente »Erinnerung, Dank, Zusammenkommen, Bekenntnis und Verpflichtung«[52],

---

46 Vgl. die gründliche Untersuchung der Messopfertheologie Luthers bei SIMON (s. Anm. 12), passim. Nach WEISS (s. Anm. 7, 226-228) legen die mittelalterlichen Mystiker und Mystikerinnen kein Gewicht auf den Opfercharakter der Eucharistie und bleiben, wo sie ihn berühren, in herkömmlichen Bahnen.

47 WA 6; 364,23. Vgl. 365,5 f.: »das testament und sacrament, wilchs niemant opffern odder geben kan«. Ähnlich WA 6; 366,23-28; 368,1-6.

48 WA 6; 368,5 f.

49 WA 6; 370,25-27; vgl. 371,21-23.

50 WA 26; 261-509. Im Jahre 1527 litt Luther unter schweren äußeren und inneren Belastungen. Vgl. dazu E. KOCH in StA 4, 14: »Dieser Hintergrund muss zum Verständnis der Leidenschaftlichkeit seiner Auseinandersetzung mit den Schweizern im Auge behalten werden, zumal da in dieser Zeit der Abendmahlsempfang für Luther Trost und Vergewisserung bedeutete.«

51 Vgl. WA 26; 317,21-28.

52 U. GÄBLER, Huldrych Zwingli. Eine Einführung in sein Leben und sein Werk, 1985, 122.

also die Antwort der Gemeinde auf Gottes Handeln. Luther geht es dagegen um die absolute Priorität des göttlichen Tuns, ohne dass dies die Motive Zwinglis ausschlösse. Sie sind aber für ihn sekundär, und das entspricht der Intention der Mystiker, die er rezipierte. Bei den Einsetzungsworten ist für ihn der Skopus nicht »die historische Reminiszenz der Einsetzung: So war es – sondern das gegenwärtige ‚verbum externum': So ist es«[53]. Luther hielt Zwinglis Begründung seines symbolischen Verständnisses der Einsetzungsworte exegetisch für falsch und argumentativ nicht für plausibel. Zwinglis Behauptung, Christi Leib könne nicht im Himmel zur Rechten des Vaters und zugleich im Sakrament sein, hält er entgegen, dass Christi Leib überall ist, »weil Gotts rechte hand allenthalben ist«[54]. Für die mystische Tradition ist es keine Frage, dass Gott in allen Dingen ist und darum auch im Brot und im Wein sakramental präsent sein kann. Entscheidend ist, dass er sich *für mich* gibt. Entscheidend ist, wie Luther im Kleinen Katechismus sagt, der Glauben an diese Worte: »Für euch gegeben und vergossen zur Vergebung der Sünden«[55] und »wer diesen Worten glaubt, der hat, was sie sagen und wie sie lauten, nämlich Vergebung der Sünden«, und »wo Vergebung der Sünden ist, da ist auch Leben und Seligkeit«.

Das gilt, weil das verbindliche Wort ein wirksames Wort ist. Die schöpferische Kraft des göttlichen Wortes ist für die Mystiker ebenso grundlegend wie für Luther. Meister Eckhart geht in einer Fronleichnamspredigt davon aus, dass im Sakrament »die göttliche Kraft wirkt, welche alles aus dem Nichts hervorbringt und hervorgebracht hat«[56]. Im Wort manifestiert der Sprechende sich selber.[57] So bringt Eckhart die Priorität des göttlichen Handelns im Sakrament zur Geltung, an der Luther entscheidend liegt. Luther drückt die Kreativität des göttlichen Wortes im Sakrament mit einem Wortspiel aus: »So ist sein wort freylich nicht ein

---

53 K. BEYSCHLAG, Grundriß der Dogmengeschichte, Bd.II/2, 2000, 383.

54 WA 26; 318,1 f.

55 BSLK 520, 24-40.

56 LW IV, 33,7 f.: »Primo notandum quod virtus ibi operatur divina, quae cuncta producit et produxit de nihilo.« Vgl. LW 1, 191, 15: »dei dicere est suum facere. « E. WINKLER, Wort Gottes und Hermeneutik bei Meister Eckhart (in: Freiheit und Gelassenheit [s. Anm. 37], 169-182). Zur Theorie des Wortes bei Eckhart vgl. ferner U. KERN, Wort und Worterkennen bei Meister Eckhart (ZKG 116, 2005, 297-326).

57 Vgl. LW III, 23,9 f.: »verbum quo dicit et manifestat se ipsum et omne quod sui est.«

nachwort, sondern ein machtwort, das da schaffet, was es lautet. Psalm
33. Er spricht, so stehets da«.[58] Luther stimmt mit den Mystikern darin
überein, dass nicht die *potestas ordinis* des Priesters für die Realpräsenz
Christi konstitutiv ist sondern die Kraft des sich selbst vergegenwärtigen-
den Wortes. Dieses *extra nos* Fleisch gewordene Wort will in uns wohnen:
»Denn wenig bedeutete es mir, dass das Wort für die Menschen Fleisch
wurde in Christus, jener von mir verschiedenen Person, wenn es nicht
auch in mir persönlich [Fleisch annähme], damit auch ich Gottes Sohn
wäre«, sagt Eckhart.[59]

IV *Die Notwendigkeit des Sakraments*

Wer das Sakrament begehrt und glaubt, empfängt es geistlich, lehrt
Augustin, und ihm folgen die Mystiker sowie Luther.[60] Wozu ist es
dann nötig, dass man es in der Kirche feiert, fragt Luther. Er antwortet
mit einem psychologischen und einem theologischen Argument: Wir
brauchen Orte der Erinnerung und die Stärkung durch die versammelte
Gemeinde, und wir haben die göttliche Einsetzung zu ehren. Dieses
letztere Argument, dass Gottes in der Heiligen Schrift bezeugtem Willen zu folgen ist, hebt Luther in den künftigen Auseinandersetzungen
stärker hervor. Enttäuscht musste Luther beobachten, dass »die Freiheit
eines Christenmenschen« weithin als bloße Freiheit *von* alten Zwängen
missverstanden, nicht aber als neue Freiheit *zum* rechten Gottesdienst
begriffen und praktiziert wurde. Freiheit ist für mystische Frömmigkeit
eine Voraussetzung,[61] denn das Verlangen nach geistlicher Vereinigung
lässt sich nicht erzwingen. Luther legte Wert darauf, dass in Glaubens-
dingen kein Zwang herrscht, und mehrfach betonte er das im Blick auf

58 WA 26; 283,4f. Vgl. Hilgenfeld (s. Anm. 38, 129f.), wo eine Verbindung mit der no-
minalistischen Worttheorie angenommen wird. AaO 130, Anm. 483 nennt Hilgenfeld
mehrere Stellen, an denen Luther Ps. 39,9 im genannten Zusammenhang zitiert.
59 LW III, 101,14-102,2.
60 Vgl. StA 1, 273,4f. und Anm. 7; WA 2; 742,27–29: »[...] ßo doch woll allein des glaubens
begirde gnug ist, Als sanct Augustin spricht ›Was bereytist du den bauch und die tzeen?
Glaub nur, ßo hastu das sacrament schon genossen‹.«
61 Vgl. U. Kern, Die Anthropologie des Meister Eckhart, 1994, 125: »Meister Eckhart wendet sich gegen alle normierende Frömmigkeit.«

den Gottesdienst.[62] Die Erfahrung zeigte jedoch, nicht zuletzt bei den kursächsischen Kirchenvisitationen von 1527/28, dass viele Gemeindeglieder keineswegs so zur Beteiligung am Gottesdienst motiviert wurden, wie Luther das erhoffte. Im Großen Katechismus beklagt er, »dass man sich eben lass und faul dazu stellet und ein großer Haufe ist deren, die das Evangelion hören, welche, weil des Bapsts Tand ist abkommen, dass wir gefreiet sind von seinem Zwang und Gebot, gehen sie wohl dahin ein Jahr, zwei oder drei und länger ohn Sakrament, als seien sie so starke Christen, die sein nicht [be]dürfen«[63].

Luther fordert nun die Pfarrer auf, »jhr volck zu vermanen und zum Sacrament zu locken«, und will ihnen »ettlich sachen anzeigen, damit man sie bewegen sol, das sie williglich und on menschen zwang zum Sacrament gehen und mit lust dasselbige empfahen«[64].

Zuerst führt er aus, dass Gott durch Christus in seiner Liebe dieses Sakrament für uns eingesetzt hat. »Wo aber ein christlich hertz solchs bedenckt, wie ist's muglich, das es nicht solt mit andacht bewegt werden, dasselb williglich, mit lust und lieb zu suchen und zu begeren on allen zwang und gesetze?«, fragt Luther fast beschwörend.[65] In der Feier des Sakramentes gibt der Mensch Gott die Ehre, wird er gar zum Gottmacher.[66] Der mystische Hintergrund ist wieder offenkundig. Derselbe Mensch, der alles nur von Gott empfangen kann, macht sich im dankbaren Annehmen der Gabe diesen Gott zu seinem Gott und bekennt sich damit unter den Menschen zu diesem Gott.

62 WA 6; 353,19 f.: »was nit willig geschicht, ist nit gut.«; Deutsche Messe (1526), WA 19; 72,3–8: »Vor allen dingen will ich gar freundlich gebeten haben, auch vmb Gottis willen, alle die ienigen, so diese vnser ordnunge ym Gottis dienst sehen, odder nach folgen wollen, das sie ja keyn nöttig gesetz draus machen, noch yemands gewissen damit verstricken odder fahen.« Ermahnung zum Sakrament des Leibes und des Blutes unseres Herrn, WA 30,2; 598,22-24: »Nicht, das ich hiemit wil geraten haben, die leute mit gesetzen auff bestimpte zeit und tage zum Sacrament zu treiben, wie es der Bapst gefasset hat.«
63 BSLK 715, 36-43.
64 WA 30,2; 599,10-12. Luther verweist hier auf den entsprechenden Passus im Großen Katechismus.
65 WA 30,2; 600,1 f.: »Gleubestu das nicht, So wisse, das du kein Christen, sondern ein abtrunniger, verdampter heide und Turcke bist.«
66 Vgl. WA 30,2; 602,39: »wiltu nu ein Gott macher werden [...]«

Für Luther ist es unverständlich und nicht akzeptabel, wenn Christen über eine lange Zeit nicht am Abendmahl teilnehmen. Wer Christi Jünger sein will, der »halte sich auch dazu, nicht aus Zwang, als von Menschen gedrungen, sondern dem Herrn Christo zu Gehorsam und Gefallen. Sprichst Du aber: Stehet doch dabei: ›sooft Ihr's tuet‹, da zwingt er je niemand, sondern lässet's in freier Willköre«[67]. Auf diesen Einwand, Jesu Einsetzung lege nicht fest, wie oft das Sakrament zu feiern sei, erwidert Luther, es sei jedenfalls oft zu tun und die Freiheit nicht so misszuverstehen, dass man ohne zwingenden Grund auf das Abendmahl verzichtet und es so verachtet.[68] Tatsächlich enthält Jesu Einsetzung kein Gebot der Häufigkeit des Vollzugs, und es ist zu fragen, in welchem Verhältnis Frequenz und Qualität der Sakramentspraxis stehen. Für Luther und für die in Klöstern beheimateten Mystiker gehörte die Messe zur spirituellen Routine. Die von Luther kritisierten kirchlichen Normen wie das Gebot des 4. Laterankonzils (1215), mindestens einmal jährlich zu Ostern die Eucharistie zu empfangen,[69] beweisen die Zurückhaltung der Gemeindeglieder gegenüber häufiger Kommunion schon im Mittelalter. Solche Zurückhaltung ist nicht pauschal als Verachtung oder Geringschätzung zu werten, wie es in Luthers Kritik geschieht, sondern sie kann im Gegenteil Ausdruck einer Ehrerbietung sein, die das Sakrament vor routinehafter Abwertung schützt.

Luthers Mystik ist ebenso wie die der Mystiker, die ihn beeinflussten, theozentrisch geprägt. Dass der Mensch Gottes Nähe erfahren kann, verdankt er diesem Gott, der sich in Christus den Menschen schenkt. Eine für Christen unverzichtbare Möglichkeit zu dieser Erfahrung ist im Heiligen Mahl gegeben. Von Gottes Seite ist es seine souveräne Entscheidung, wie er sich den Menschen nähern will. Er teilt seinen Willen in der Heiligen Schrift mit, und er vollzieht seine Selbstmitteilung in der Predigt des Wortes und in der Feier der Sakramente. Nimmt der Mensch dieses Tun Gottes als seine Gabe im Glauben an, so empfängt er in der Gemeinschaft mit ihm das Leben, denn »Gott allein ist das Leben«, wie Meister Eckhart

---

67 BSLK 717, 3-11.
68 Vgl. BSLK 717, 23-42.
69 Darauf bezieht sich Luther bei seinem Vorwurf, der Papst habe aus dem Abendmahl wieder ein Judenfest gemacht: BSLK 717, 30f.

sagt.[70] Luther stimmt mit ihm darin überein, doch findet er diesen Gott in keiner theo-ontologischen Spekulation, sondern allein im Gekreuzigten und Auferstandenen. Er transformiert das mystische Erbe, weil Gott selber sich im Sinne von Phil 2, 5-11 transformiert hat. »Der Franckforter«, jener von Luther sehr geschätzte und edierte Mystiker, empfängt im Abendmahl das Christusleben als das beste und edelste Leben.[71] Bei allen unterschiedlichen Akzenten, die Luther im Zuge der Auseinandersetzungen um das Abendmahl setzte, ging es ihm doch immer um die Erfahrung des Christuslebens.

70 LW IV 445, 6: »solus deus vita«.
71 Vgl. Der Franckforter (»Eyn deutsch Theologia«), hg. v. W. Uhl, 1912, 53, 4-19.

»Si domus in pace sunt …«

Zur Bedeutung des ›Hauses‹ in Luthers Vorstellungen
vom weltlichen Frieden[1]

Von Inken Schmidt-Voges

»Si domūs in pace sunt, est et tota respublica in pace et totum regnum«[2]
– so kurz und prägnant formulierte Luther 1526, wie ein umfassender und
nachhaltiger innergesellschaftlicher Friede zu stiften und zu erhalten sei.
Während man sich vor dem Hintergrund der entstehenden Ordnungsleitbilder der ›Guten Policey‹ und des ›Ewigen Landfriedens‹ von 1495 eine
recht gute Vorstellung davon machen kann, wie eine *res publica* bzw.
ein *regnum* in Frieden zu halten sei, ist dies für den Zusammenhang des
›Hauses‹ als weiterer zentraler sozialer wie politischer Institution weitaus
weniger klar. Bezieht sich der Friedenszustand auf die Unversehrtheit des
materiellen Raumes ›Haus‹ und der in ihm lebenden Menschen? Oder
wird dem Haus als sozialem Raum mit gesellschaftlicher Ordnungsfunktion auch eine spezifische, eigene, in die Gesellschaft wirkende Friedensleistung zugesprochen? In der Tat sind beide Aspekte angesprochen, wenn
man den Kontext hinzuzieht:

> »Inde et Cesareum ius statuit *vom haußfride und landfride.* […] Non enim familia
> contemnenda est, a qua incipit reipublicae salus: si domus in pace sunt, est et tota
> respublica in pace et totum regnum. Non igitur leve ducatur aut schertz, si quid
> contingat domui, e qua vel pax vel dissensio nascitur civitatis.«[3]

1 Die Leitgedanken dieses Aufsatzes wurden im September 2007 als Vortrag im Symposium »Luthers Lebenswelten« des Landesamts für Denkmalpflege und Archäologie
Sachsen-Anhalt in Halle entwickelt. Für die kritische Lektüre eines früheren Entwur-
fes dieses Aufsatzes und fruchtbare Anregungen bin ich Martin H. Jung (Osnabrück),
Gudrun Gleba (Osnabrück), Harald Haferland (Osnabrück) und Siegrid Westphal (Osnabrück) zu besonderem Dank verpflichtet.
2 »Wenn die ›Häuser‹ in Frieden sind, ist auch das ganze Gemeinwesen in Frieden und das
ganze Reich […]«, Predigten über das 2. Buch Mose (1524–1527), WA 16; 543,20-21.
3 WA 16; 542,7-543,21: »Deshalb ordnet das Kaiserliche Gesetz auch den Hausfrieden und

153

Diese Predigtstelle über Ex 2, 21, die im Rahmen der mosaischen Rechtsordnung die Injurien-, Eigentums- und Gewaltdelikte im häuslichen und nachbarschaftlichen Bereich behandelt, stellt eine enge Verbindung zwischen dem obrigkeitlichen Rechtsschutz des Hausfriedens und der besonderen Ordnungsfunktion der ›Häuser‹ bzw. ›Familien‹ für das Gemeinwesen her. Auffällig ist hierbei, dass diese gesellschaftlichen Implikationen häuslicher Ordnung auch mit dem stark rechtlich geprägten Begriff der *pax* (zum Gegenbegriff der *dissensio*) belegt wird – ein Befund, der aus der mittelalterlichen Tradition der häuslichen und ehelichen Katechese und theologischen Literatur nicht erwartbar ist.

Die begriffliche und argumentative Engführung zwischen dem Frieden im häuslichen und dem Frieden im gesellschaftlichen-politischen Bereich führt zu der Frage, wie sich Luther diese aus dem Inneren des Hauses hervorkommende Friedensleistung vorstellte, welche Handlungsmaximen und Verhaltensweisen er zugrunde legte und nicht zuletzt: welche Wirkungsmechanismen einen solchen Frieden im Hause bedeutsam und grundlegend für den Frieden im Inneren eines Gemeinwesens machen. Mit dem Blick auf verschiedenste Schriften Luthers soll im Folgenden gezeigt werden, auf welche Denkmodelle er dabei rekurrierte und wie er sie in einer Weise verknüpfte, die nicht nur die theoretische Interdependenz beider Friedensaspekte anschaulich machte, sondern sie auch begrifflich miteinander koppelte, indem er den *pax*-Begriff auch dort anwandte, wo mittelalterliche und zeitgenössische Autoren von *concordia* sprachen.

Luthers politisch-pragmatische Mehrfachperspektivierung des Friedensbegriffes gewinnt vor dem Hintergrund des disparaten Forschungsstandes zum ›Hausfrieden‹ in der Frühen Neuzeit an Kontur. Denn bisher kam eine Verbindung des Hausfriedens mit gesellschaftlichen Friedenskonzepten lediglich – dafür aber umso nachhaltiger – in den rechts- und verfassungshistorischen Diskussionen um das mittelalter-

den Landfrieden an. […] Die Familie soll nämlich nicht unterschätzt werden, da von ihr das Wohl der Gesellschaft den Ausgang nimmt: wenn die Häuser in Frieden sind, ist auch das ganze Gemeinwesen in Frieden und das ganze Reich. Von daher sollte man es nicht leicht nehmen oder für einen Scherz halten, was das Haus betrifft, von dem der Frieden oder die Uneinigkeit des Gemeinwesens ausgehen.«

liche Fehderecht und die Durchsetzung des ›Ewigen Landfriedens‹ zum Tragen.[4]

Die Fokussierung auf rechtshistorische Kontexte ist umso erstaunlicher, wenn man sich vor Augen hält, dass der häusliche ›Frieden‹ in seiner ethischen Dimension ein Kernelement sozialer Ordnungsprozesse darstellte, der bis in das 19. Jahrhundert hinein seine Wirkmächtigkeit auch vor Gerichten behauptete.[5]

Der enge Zusammenhang eines handlungsorientierten, ethisch dimensionierten Friedensbegriffs mit der Vorstellung eines weltlichen Friedens ist auch in der Lutherforschung mehrfach festgestellt und betont worden, ohne jedoch den Funktionszusammenhängen und ihrer sozialen Verankerung im lebensweltlichen wie politischen Kontext genauer nachzuforschen.[6] Neben generalisierenden Betrachtungen über »Krieg und

4 So hat etwa Peter Blickle diesen Fokus jüngst noch einmal zum zentralen Topos einer »vormodernen« Gesellschaft erklärt. Vgl. P. BLICKLE, Das Alte Europa. Vom Hochmittelalter bis zur Moderne, 2008, 120-121. Grundlagenwerk der wenigen historischen Auseinandersetzungen mit dem Problem des Hausfriedens ist nach wie vor E. OSENBRÜGGE, Der Hausfrieden. Ein Beitrag zur deutschen Rechtsgeschichte, 1857 (Neudruck 1968). Ergänzend, vor allem in begriffsgeschichtlicher Hinsicht, kam 1970 eine kleine rechtshistorische Dissertation hinzu, die aber kaum die gesellschaftlichen Funktionsmechanismen in den Blick nimmt: J. TRABANDT, Der kriminalrechtliche Schutz des Hausfriedens in seiner geschichtlichen Entwicklung, 1970; K. KROESCHELL, Art. Hausfrieden (HDRG 1, 1971, 2022-2024).

5 Darauf weisen die vielen Quellenbelege in den Untersuchungen zur Sitten- und Kirchenzucht im häuslichen Bereich hin, die vor allem im Rahmen der Konfessionalisierungsforschung erarbeitet wurden, etwa bei H.-R. SCHMIDT, Hausväter vor Gericht. Der Patriarchalismus als zweischneidiges Schwert (in: Hausväter, Priester, Kastraten. Zur Konstruktion von Männlichkeit im Spätmittelalter und früher Neuzeit, hg. v. M. DINGES, 1998, 213-236, hier 221, 223); H.-R. SCHMIDT, »Nothdurfft und Hußbruch«. Haus, Gemeinde und Sittenzucht im Reformiertentum (in: Ehe – Familie – Verwandtschaft. Vergesellschaftung in Religion und sozialer Lebenswelt, hg. v. A. HOLZEM/I. WEBER, 2008, 301-328, hier 308); A. HOLZEM, Religion und Lebensformen. Katholische Konfessionalisierung im Sendgericht des Fürstbistums Münster 1570–1800, 2008, 314. Vgl. auch B. BASTL, Caritas Conjugalis. Der Begriff des Friedens in der Ehe (WGbl 54, 1999, 221-233); I. SCHMIDT-VOGES, Mehr als eine (Rechts)Ordnung. Hausfrieden um 1800 (Frühneuzeit-INFO 19, 2008, 71-77).

6 V. STÜMKE, Das Friedensverständnis Martin Luthers. Grundlagen und Anwendungsbereiche seiner politischen Ethik, 2007; W. HUBER/H.-R. REUTER, Friedensethik, 1990, 68; W. REININGHAUS, Elternstand, Obrigkeit und Schule bei Luther, 1969; G. SCHARFFE-

Frieden«[7] hat sich bisher nur Takashi Kibe explizit den familiären und gesellschaftlichen Interdependenzbeziehungen als Friedensprozess gewidmet.[8] Darin macht er deutlich, dass »Frieden« nicht nur als Ziel, sondern vor allem als Prozess zu begreifen sei; allerdings kommt die Analyse der gegenseitigen Verflechtung von *politia* und *oeconomia* auf zwei (!) Seiten kaum über die bekannten Konstellationen hinaus.[9] In den Arbeiten zu Luthers Ehe- und Familienverständnis finden sich keine Hinweise auf Gebrauch und Funktion des Friedensbegriffs.[10]

Für den weltlich-politisch bezogenen Friedensbegriff bei Luther gilt, was auch für die »Zwei-Reiche-« und »Drei-Stände-Lehre« festgestellt worden ist: Es liegt keine systematisch-geschlossene Bearbeitung des Themas vor.[11] Es lassen sich keine größeren, geschlossenen Textkorpora zu diesem Thema finden, vielmehr taucht der Begriff immer wieder in ganz unterschiedlichen Kontexten über eheliche, häusliche, erzieherische und gesellschaftliche Problemstellungen auf – vor allem in den Auslegungen zum vierten Gebot, oft verschränkt mit den neutestamentlichen Haus-

NORTH, Den Glauben ins Leben ziehen …, 1982, 302f.; U. DUCHROW, Christenheit und Weltverantwortung. Traditionsgeschichte und systematische Struktur der Zweireichelehre, 1970, 489.

7 M. A. RODRIGUEZ LORENZO, Del capricho de dios a la voluntad de los gobernantes. El pensamiento religioso-politico de Erasmo de Rotterdam, Martin Lutero y Juan Luis Vives sobre las guerras y la paz (in: Procesos Historicos 4, 2005 [http://www.saber.ula.ve/bitstream/123456789/23154/1/articulo3–8.pdf]); H.-R. REUTER, Martin Luther und das Friedensproblem (Suche nach Frieden. Politische Ethik in der Frühen Neuzeit, hg. v. N. BRIESKORN, 2000, 63-82); A. LAUBE, Martin Luther über Krieg und Frieden (in: Militärgeschichte 22, 1983, 567-575).

8 T. KIBE, Frieden und Erziehung in Martin Luthers Drei-Stände-Lehre, 1996.

9 Ebd., 177-179.

10 So etwa jüngst J. STROHL, Luther's new view on marriage, sexuality and the family (LuJ 76, 2009, 159-192); S. KARANT-NUNN, ›Fragrant Wedding Roses‹. Lutheran Wedding Sermons and Gender Definition in Early Modern Germany (German History 17, 1999, 25-40).

11 Zur Problematik, die hier die Annahme eines geschlossenen Denk-Systems voraussetzt, vgl. B. LOHSE, Luthers Theologie in ihrer historischen Entwicklung und in ihrem systematischen Zusammenhang, 1995, 335-337; R. SCHWARZ, Luthers Lehre von den drei Ständen und die drei Dimensionen der Ethik (LuJ 45, 1978, 15-34); L. SCHORN-SCHÜTTE, Die Drei-Stände-Lehre im reformatorischen Umbruch (in: Die frühe Reformation in Deutschland als Umbruch, hg. v. B. MOELLER, 1998, 435-461).

tafeln, in den Auslegungen der Psalmen und der Seligpreisungen, oder in eher programmatischen Schriften zur Eheführung oder Kindererziehung. Dieser Befund weist bereits darauf hin, dass das Friedensproblem im ›Haus‹ einen allgegenwärtigen Interpretationshintergrund bildete, wenn es um die Problematik der Verwirklichung und Integration individuellen Alltagslebens in die soziale Ordnung der *civitas* und der *res publica* ging.

Das ›Haus‹ als Schnittstelle und Mittelpunkt ethisch codierter, gesellschaftlicher Ordnungsprozesse zwischen sozialer Interaktion und politisch-rechtlicher Institutionalisierung[12] verdichtet sich bei Luther in dessen Friedensbegriff. Die dazu notwendige mehrdimensionale Bedeutungsfüllung zwischen heilsgeschichtlicher Notwendigkeit, politisch-sozialer Möglichkeit und rechtlicher Sanktion steht im Folgenden im Mittelpunkt. Dafür sollen zunächst die Kontexte und Inhalte derjenigen Passagen analysiert werden, in denen Luther vom ›Frieden im Hause‹ und vom ›Hausfrieden‹ spricht, um seinem Friedenskonzept näher zu kommen. Ausgangspunkt ist dabei nicht die Entwicklung in Luthers Schriften, sondern die innere Systematik des Hauses, zeitgenössisch als »Ehestand«, »Elternstand« und »Gesindestand« bezeichnet (I). Die spezifische Struktur und Verankerung des Hauses als sozialer Institution hat erhebliche Auswirkungen auf dessen innere Ordnung und damit auch auf das soziale und emotionale Beziehungsgefüge. Inwieweit der Appell der Friedfertigkeit hier nicht nur als besondere Herausforderung, sondern geradezu als Milderung struktureller Widersprüche Wirkung entfalten sollte, wird zu klären sein (I.1.), bevor die Bedeutung für die Aufrechterhaltung und Bewahrung des gemeinen Friedens in der engen Wechselwirkung und Verknüpfung von *familia/domus*

---

12 Wenn im Folgenden vom ›Haus‹ die Rede ist, beziehe ich mich damit auf das der aristotelischen Philosophie entnommene Ordnungsmodell des *oikos*. Es diente seit der Spätantike als Zuschreibungsmodell jeder Form gesellschaftlicher Ordnung und entfaltete in der beginnenden Neuzeit eine eigene Wirkmächtigkeit zur Kategorisierung häuslicher Ordnung im Rahmen sozialer und politischer Hierarchien (U. MEYER, Soziales Handeln im Zeichen des ›Hauses‹, 1998). Dass Modell Otto Brunners Konzept vom ›ganzen Haus‹ als heuristisches Modell zur allumfassenden Erklärung vormoderner gesellschaftlicher Prozesse nicht funktioniert, ist vielfach nachgewiesen, kritisiert und diskutiert worden und braucht hier nicht wiederholt zu werden. Wichtig bleibt festzuhalten, dass das ›Haus‹ als Zuschreibungsmodell eine zentrale Rolle in den kommunikativen Ordnungsprozessen spielte.

und *civitas/res publica* diskutiert wird (I.2). Auf welche Denkmodelle und -konzepte Luther hierbei zurückgriff, in welchen Traditionen er stand und inwieweit er damit einen mittelalterlichen Prozess abschloss[13] und eine neue Perspektive eröffnete, wird im Anschluss zu erörtern sein (II). Dabei wird einerseits nach der Kontinuität mittelalterlicher Denktraditionen zu fragen sein (II.1), andererseits steht der Abgleich mit anderen zeitgenössischen Hausfriedensvorstellungen im Mittelpunkt, wie sie in den Ehe- und Hausschriften anderer Humanisten und Reformatoren formuliert wurden (II.2). Ein Blick auf die Wirkungen seiner Friedensvorstellungen im Rahmen der frühneuzeitlichen Ehegerichtsbarkeit und Sittenzucht bildet den Abschluss der Ausführungen (II.3).

I Der Frieden im Hause

Die Wahrung des weltlichen Friedens, des »allerhöchsten Gutes« oblag – abgesehen vom grundsätzlichen Friedensappell an jeden Christenmenschen – insbesondere den Institutionen der weltlichen Regimente, deren herrschaftliche Machtbefugnisse die dazu notwendige Gewaltanwendung legitimierten. Zu diesen Institutionen zählte auch das ›Haus‹ als *status oeconomicus*, mit dem Amt des Hausvaters, der aufgrund seiner Rechtsvormundschaft über die Haushaltsmitglieder und seine politischen Vertretungsrechte definierte Machtbefugnisse innerhalb des ›Hauses‹ besaß.[14]

13 »Luther completed a transfer which had been underway since the twelfth century« (TH. A. BRADY, Luther and Society. Two Kingdoms or Three Estates? Tradition and Experience in Luthers Social Teaching [LuJ 52, 1985, 197-212, hier: 203]). Auch Dallapiazza hat auf die Heterogenität, auf Brüche und Kontinuitäten in Luthers Ehelehre zu mittelalterlichen Vorläufern hingewiesen, ohne jedoch auf den Friedensaspekt näher einzugehen. Vgl. M. DALLAPIAZZA, minne, husêrê und das ehlich leben, 1975, 162-164.

14 Zur Kategorisierung der »politischen« Sphäre sehr präzise und prägnant, wobei sie die besondere Wirkmächtigkeit aus Luthers Verknüpfung der spätmittelalterlichen Denktraditionen mit den zeitgenössischen Problemstellungen ableitet, L. SCHORN-SCHÜTTE, Luther et la politique (in: Luther et la réforme 1525-1555. Le temps de la consolidation religieuse et politique, hg. v. J.-P. CAHN/G. SCHNEILIN, 2001, 162-170, hier: 163); L. SCHORN-SCHÜTTE, Die Drei-Stände-Lehre im reformatorischen Umbruch (in: Die frühe Reformation in Deutschland als Umbruch, hg. v. B. MOELLER, 1998, 435-461). Auch Thomas Simon hat aus rechtshistorischer Perspektive auf die Wirkmächtigkeit der reformatorischen »Drei-Stände-Lehre« im Hinblick auf die Politik- und Ordnungsziele

Während sich im *status politicus* bereits eine Vielzahl an politischen Verfahren entwickelt hatte, die Verlässlichkeit und Stabilität der innergesellschaftlichen Friedenswahrung sichern sollten,[15] stellte sich die Situation für den *status oeconomicus* ungleich komplexer dar.

Denn das ›Haus‹ war – noch vor der Überformung mit politisch-institutionellen Funktionen – der innerste Kern der sozialen Umwelt eines Menschen, worauf der Begriff der *oeconomia* bereits hinweist.[16] Als soziale Umwelt war die häusliche Lebenswelt charakterisiert als ein vielschichtiges Beziehungsgeflecht zwischen den Eheleuten, Eltern, Kindern, Geschwistern, Gesinde und evtl. sogar Mietern, die wiederum in weitere soziale Netzwerke eingebunden waren wie Nachbarschaft, Verwandtschaft und Gemeinde.[17] Flankiert von einer Vielzahl von sozialen Normen und Wertvorstellungen bestimmte das ›Haus‹ das Alltagshandeln seiner Bewohner auf allen Ebenen und stellte somit eine elementare soziale Institution dar.[18] Gerade diese Gleichzeitigkeit institutioneller Funktionen

der ›guten Policey‹ hingewiesen, Th. SIMON, »Gute Policey«. Ordnungsleitbilder und Zielvorstellungen politischen Handelns in der Frühen Neuzeit, 2004, 126-151. 218-225).

15 Vgl. SCHARFFENORTH (s. Anm. 6), 301-309; HUBER/REUTER (s. Anm. 6), 67; KIBE (s. Anm. 8), 33-54. Grundsätzlich zur Entwicklung der politischen Friedensinstrumente und ihrer Implementierung im 15. und 16. Jahrhundert vgl. M. FISCHER, Reichsreform und »Ewiger Landfriede«. Über die Entwicklung des Fehderechts im 15. Jahrhundert bis zum absoluten Fehdeverbot 1495, 2007 und: L. AUER (Hg.), Höchstgerichte in Europa. Bausteine frühneuzeitlicher Rechtsordnungen, 2007.

16 »[...] das ›haus bawen‹ heyst hie nicht alleyne holtz und steyne auff richten, das man wende und dach, kamern und gemach habe, Sondern viel mehr alles, was ynn eyn haus gehört, das wyr auff deutsch sagen haushallten, gleych wie Aristoteles schreybt ›Oeconomia‹, dazu weyb und kind, knecht und magd, vieh und futter gehört.«: Der 127. Psalm an die Christen zu Riga in Lieffland (1524), WA 15,364,1-6. Vgl. hierzu I. SCHMIDT-VOGES, Oíko-nomía – Wahrnehmung und Beherrschung der Umwelt im Spiegel adeliger Haushaltungslehren im 17. und 18. Jahrhundert (in: Adel und Umwelt. Horizonte adeliger Existenz in der Frühen Neuzeit, hg. v. H. DÜSELDER/O. WECKENBROCK/S. WESTPHAL, 2008, 432-467, hier: 435).

17 Zu Mietverhältnissen im Spätmittelalter und der Frühen Neuzeit vgl. G. SIGNORI (Hg), Häuser, Namen, Identitäten. Beiträge zur mittelalterlichen und frühneuzeitlichen Stadtgeschichte, 2009.

18 Dass das Zusammenleben von Eltern und Kindern im Rahmen der »Brutpflege« in kleineren oder größeren sozialen Gruppen als erste Vergesellschaftung des Menschen als anthropologische Grundkonstante der menschlichen Existenz anzusehen ist, ge-

im Bereich der politischen wie der sozialen Ordnung stellte besonders den Hausvater – gemeinsam mit (aber in abgestuften Rechten) der Hausmutter – vor hohe Ansprüche, nämlich Amt und Person in weit höherem Maße in Übereinstimmung zu bringen, als dies für Träger politischer Ämter der Fall war. Gelang es nicht, emotionalen Impuls und sozial erwünschtes Verhalten dauerhaft in ein ausgewogenes Verhältnis zu bringen, waren die Folgen gravierend. Umso wichtiger war es also gerade im häuslichen Kontext, nicht nur den Frieden zu wahren, sondern die Friedfertigkeit seiner Bewohner zu stärken – sollte die »Harmonie der Ungleichheit«[19] als Basis der gesellschaftlichen Ordnung funktionieren.[20]

Im Zentrum des Interesses stand das Ehepaar als *nucleolus* der ›Haushaltung‹, das die Verantwortung für alle wirtschaftlichen Aufgabenbereiche wie auch die Versorgung und Erziehung ihrer Schutzbefohlenen trug. Erschwert wurde dies durch die zeitgenössische Anthropologie, die der Frau grundsätzlich eine geringere Vernunftbegabung und Affektkontrolle zuschrieb,[21] so dass der Hausvater ihr nicht nur rechtlich, sondern auch intellektuell übergeordnet wurde.

Einem so geformten Herrschaftsauftrag gerecht zu werden, setzte eine große soziale Handlungskompetenz voraus, denn während sich die Interaktionen zwischen Obrigkeiten und Untertanen immer stärker durch verrechtlichte Verfahren und entsprechende Zwangsmittel zu strukturieren

hört zum wissenschaftlichen Konsens. Zum Begriff der »Vergesellschaftung« vgl. A. HOLZEM/I. WEBER (Hg.), Ehe – Familie – Verwandtschaft. Vergesellschaftung in Religion und sozialer Lebenswelt, 2008. Mit der Fokussierung auf diesen Begriff ist auch die Diskussion um »Gemeinschaft und Gesellschaft«, die zu Beginn des 20. Jahrhunderts die beginnende Soziologie prägte und damit auch nachhaltig die ältere Diskussion zum ›Haus‹ beeinflusste, zu den Akten gelegt. Zum Begriff der »elementaren Institution« vgl. H. ESSER, Soziologie. Spezielle Grundlagen, Bd. 5: Institutionen, 2000, 39-45. Zu Ehe und Familie als »Institution« vgl. R. NAVE-HERZ, Ehe- und Familiensoziologie. Eine Einführung in Geschichte, theoretische Ansätze und empirische Befunde, 2004, 137-177.

19 SCHORN-SCHÜTTE (s. Anm. 11), 438.

20 Heinrich-Richard Schmidt hat jüngst auf den prozessualen, dynamischen Charakter des Konzeptes ›Haus‹ hingewiesen, wenngleich er selbst stärker auf das Wirtschaften abhob. Auch zum Stand der Debatte zum ›Haus‹ vgl. SCHMIDT (s. Anm. 5), 306-308.

21 Zur Problematik der Ehe- und Geschlechterdiskurse im 15. und 16. Jahrhundert vgl. R. SCHNELL, Frauendiskurse, Männerdiskurse, Ehediskurse. Textsorten und Geschlechterkonzepte in Mittelalter und Früher Neuzeit, 1998.

begannen,[22] waren die ›Hauseltern‹ ganz auf die Verbindlichkeit ihres All-tagshandelns angewiesen:

> »Aber da ist lauter liebe, dienen und wohlthun vom Vater und Mutter, strecken leib und gut dar an, tragen sorge und angst, ist lauter mühe und erbeyt tag und nacht vorhanden für die kinder [...] Also scheidet sich die öbirckeit und gewalt der Eltern von der gewalt der weltlichen Herrn, Bey den Eltern ist keine forcht und schrecken, sondern lautter liebe, bey der öbirckeit ist nicht viel liebe, sondern forcht und er-schrecken.«[23]

Was sich seit dem 13. Jahrhundert theoretisch in den Ehelehren etabliert hatte, schien für die Praxis, wie sie Luther aus seiner seelsorgerlichen und beratenden Tätigkeit kannte,[24] kaum Bedeutung zu haben. Neben dem Kirchenrecht, dessen Restriktionen Luther einen Großteil der un-klaren Rechtsverhältnisse vieler Ehen zuschrieb, machte er vor allem die mangelnde Glaubensorientierung im ehelichen Alltag, die Trennung der *spiritualia* von den *temporalia*, dafür verantwortlich.[25] Dass gerade der

22 Auch wenn es in der Literatur immer wieder zu Analogisierungen des ›Hausvaters‹ und des ›Landesvaters‹ kam, unterschieden sich beide Formen von Herrschaft doch gewaltig von einander. Vgl. SCHORN-SCHÜTTE (s. Anm. 11), 446; SIMON, »Gute Policey« (s. Anm. 14), 128. Beide machen in ihren Darlegungen sehr deutlich, dass es sich hier um eine ideelle Analogie handelt, die nicht mit einer direkten Gleichsetzung der Herr-schaftspraxis zu verwechseln ist, wie dies in der älteren Literatur gerne interpretiert wurde. Vgl. G. FRÜHSORGE, Oeconomie des Hofes. Zur politischen Funktion der Vater-rolle des Fürsten im Oeconomus prudens et legalis des Franz Philipp Florinus (Daphn 11, 1982, 41-48); P. MÜNCH, Die ›Obrigkeit im Vaterstand‹ – zu Definition und Kritik des ›Landesvaters‹ während der Frühen Neuzeit (Daphn 11, 1982, 15-40); J. F. HARRINGTON, Hausvater and Landesvater: Paternalism and Marriage Reform in Sixteenth-Century Germany (CentrEuropHist 25, 1992, 52-75).
23 M. LUTHER, Predigten über das 2. Buch Mose (1524-1527), WA 16; 488,36-489,11.
24 R. FRASSEK, Eherecht und Ehegerichtsbarkeit in der Reformationszeit. Der Aufbau neuer Rechtsstrukturen im sächsischen Raum unter besonderer Berücksichtigung der Wir-kungsgeschichte des Wittenberger Konsistoriums, 2005; H. JUNGHANS/A. FLEGEL, Drei unbekannte Briefe von Martin Luther und Philipp Melanchthon zur Ehesache Anna Schulze in Eilenburg (LuJ 65, 1998, 85-100); U. MENNECKE-HAUSTEIN, Luther als Seelsor-ger (in: Martin Luther ungewohnt, hg. v. R. EHMANN, 1998, 55-78); O. BAYER, Freiheit als Antwort. Zur theologischen Ethik, 1995, 148-150.
25 G. SCHARFFENORTH, »Im Geiste Freunde werden«. Mann und Frau im Glauben Martin Luthers (in: Wandel der Geschlechterbeziehungen zu Beginn der Neuzeit, hg. V. CH. VANJA/H. WUNDER, 1991, 97-108, hier: 105).

eheliche bzw. häusliche Rahmen den Kern heilsgeschichtlicher Erfüllung
bilden, tritt deutlich zu Tage, wenn Luther die zentralen Fragen einer
christlichen Lebensführung immer wieder am Beispiel des häuslichen
Lebens illustriert. Dies gilt ganz besonders für die ›Friedfertigkeit‹ und
den ›Frieden‹.

1 Häuslicher Friede als Prozess und Handlungsmaxime

Am umfassendsten und ausführlichsten formulierte Luther die ethischen
Anforderungen zur Wahrung des häuslichen Friedens in seinen Ausführungen zur Bergpredigt in der Hauspostille von 1544. Luther bettet hier
»Friedfertigkeit« in den unmittelbaren Alltagszusammenhang des häuslichen Kontexts ein:

> »Fridfertig sein heyst zu friden und söne gern helffen und rathen, zorn, unfrid,
> unwillen und anders alltenhalb gern verhueten. Das ist auch eine tugent, die ein
> sondere christen tugent heyst und seer herrlich hie geruhmet wird. Nun hat es aber
> die meynung nit, das man das allein wölte fridfertig heyssen, wenn zwey balgen,
> sich stechen vnd hawen, das man einlauffen frid nehmen und die von einander
> reyssen wollte. Dise tugent kann und soll man uben in allen Stenden und unter
> allen leuten, das man zorn verhuette und zur soene helffe. Man sihet im hause,
> das Man und Fraw nit allweg zu gleich mit einander einziehen, [...] Aber was sagt
> Christus? Du Ehman, Du Ehfraw, bist du mein Jünger, so wisse, meine jüngern
> sind fridfertige leut, sie haben nicht lust zum zancken, schelten, fluchen, Und ob
> sie schon bißwehlen der zorn erhaschet, das sie mit eim bösen wort herauß faren,
> bald besinnen sie sich und lassens jn leid sein und dencken, wie man die sache
> wider auff gute weg vnnd einigkeyt bringen möge. Also thu du jm auch, Gib nicht
> ursach, das der unwille sich einreisse, Suche ursach, das die eynigkeit wider new
> und gantz wer. [...] So aber im haußhalten dise tugent so hoch von nöten ist, wie
> vil mer will es im Regiment und höheren Stenden von nötten sein, das man nicht
> zu zorn reytze, sonder, wo ymmer mer möglich, grosse Herrn auff gelindigkeyt und
> zum fride weyse?«[26]

Die hier formulierten grundlegenden Gedanken, die noch einmal die
gesellschaftliche Reichweite friedlichen Handelns im Hause aufrufen,
wiederholen sich in zahlreichen Varianten und an ganz unterschiedlichen
Stellen. Mal steht das Verhältnis der Eheleute zueinander im Vordergrund,
mal das zwischen Kindern und Eltern oder Herrschaft und Gesinde. Im-

---

26 M. LUTHER, Hauspostille. Am Siben unnd Zweyntzigsten Sontag nach der Trifeltigkeyt
(1544), WA 52; 561,4-562,4.

mer wieder aber wird deutlich, dass ›Friede‹ nicht nur Zielorientierung sein kann, sondern dass es dazu zuallererst der Einübung bestimmter Verhaltensmuster und Handlungsparameter bedarf: der ›Friedfertigkeit‹. Diese umfasst, wie gesehen, sowohl die Schlichtung von Streit, vor allem aber zielt sie nach Luthers Darlegung darauf, keinen Anlass zu negativer Emotionalität zu geben. Im Falle der von Luther immer zugestandenen emotionalen Reaktion solle man nicht dem eigenen Impuls zur Gegenwehr folgen, sondern deeskalierend im Sinne der Vergebung handeln. Diese Friedfertigkeit ist umso wichtiger, als sich hier nicht nur die Grenzen, sondern auch die Bedingungen der Möglichkeit dieses relativen irdischen Friedens zeigen: Die prinzipielle Sündhaftigkeit des Menschen, wie sie sich in den zahlreichen Alltagskonflikten zeigt, gefährdet diesen Frieden immer wieder. Zugleich ermöglicht die Rechtfertigung des Glaubens in der Lebenspraxis das fortwährende Bemühen um Friedfertigkeit, die durch Erfahrungen wachsen kann.[27]

Im Mittelpunkt stehen dabei vor allem die Eheleute, denen als Kern und Zentrum jeden Haushaltes die entscheidende Bedeutung zukommt. Ihre Beziehung zueinander und damit auch ihr Potenzial als »Arbeitspaar« ist trotz anthropologischer und rechtlicher Unterschiede partnerschaftlich angelegt, was neben der ehelichen Liebe, der *caritas*, [28] als zentrales Charakteristikum in einer Predigt über die Petrus-Briefe von 1523 hervorgehoben wird:

27 A. BEUTEL, Martin Luther. Mönch, Professor, Reformator (in: Theologen des 16. Jahrhunderts. Humanismus, Reformation, katholische Erneuerung, hg. v. M. JUNG/P. WALTER, 2002, 62 f.).

28 Zum Zusammenhang von »Liebe« und »Friede« in der Ehe vgl. Winterpostille, Evangelium am Andern Sonntage nach der Erscheinung Christi, Joh 2, 1-11 (1528), WA 29; 59,1-5 und 31-35: »Zum dritten so ist es ein stand der liebe, nicht der fleischlichen liebe, sonder darynne eines dem andern aus liebe dienen, ratten und helffen mus und sol, der man dem weibe, sie beyde den kindern, und mus eins nicht thuen, was yhm gefelt, sondern, was das andere gut dünket und yhm wolgefelt [...] Darüber hebet sich mancher hadder und manch unglück, da laufft der man vom weibe und das weib vom manne, und ist widder tag noch nacht friede, denn es ist keine liebe, auch kein glaub furhanden, welche das creutz und kummer ynn dem ehelichen stande susse und freundlich machen.« Vgl. auch BASTL (s. Anm. 5), 221-233.

»Drumb sihe du drauff, das du eyn man seyest, und deste mehr vernunfft habst, wo sie ym weyb zu wenig ist, du must zu weylen durch die finger sehen, etwas nach lassen und weychen, und dem weyb auch seyne ehre geben.

Die ehre hatt man gedeut, weyss nicht wie. [...] Ich halt, es sey das die meynung, [...] das der man das weyb also ansehen soll, das sie auch eyn Christen sey und Gottis werck odder rustzeug. Und also sollen sie es beyde hallten, das das weyb den man ynn ehren hallt, und widderumb der man auch dem weyb seyn ehre gebe. Wenn man sich also dreyn schicket, so würde es feyn zu gehen ynn fride und liebe.«[29]

Dies sei umso wichtiger, als eine unbedingte Durchsetzung der dem Ehemann durch seine Rechtsstellung gegebenen Macht kaum auf eine langfristige Stabilisierung und Befriedung der Beziehung zielt, wie er kurz zuvor deutlich machte:

»Denn mit schlagen wirstu nichts aussrichten, das du eyn weyb frum und bendig machst, schlechstu eyn teuffel heraus, so schlechstu yhr zween hyneyn (wie man sagt). O wenn die leut, die ym ehelichen stand sind, solchs wussten, wie sollten sie so wohl stehen. [...] Darumb das es nur friedlich und stille ynn eym hauss zugienge.«[30]

Das Friedegebot gilt für Luther sogar in dem Fall, wenn die Ehepartner in ihren christlichen Überzeugungen nicht übereinstimmen und eine Trennung der einzige Ausweg scheint, wie in einer Auslegung der paulinischen Korinther-Briefe ausführlich dargelegt wird:

»›Im fride hatt uns Gott beruffen‹ (spricht er), das ist, das wyr sollen fridlich mit eynander leben, also, das auch eyn Christlich gemahl sich nicht haddern soll mit seynem unChristlichen gemahl umb des glaubens odder unglaubens willen. [...] Darumb soll eyn Christlich gemahl das eusserlich weßen ehlichs stands mit friden furen bey seynem unChristlichen gemahl, und dem selben widder trotzen noch drewen, wieder mit lauffen noch mit iagen. Denn gott ist nicht eyn gott des unfrids, sondern des frids. [...] Das ist: Darumb sollt yhr fridlich mit eynander ynn der ehe leben, auch mit ewrem unChristlichen gemalhen (so sie ewr Christlich weßen nicht hyndern).«[31]

29 Epistel S. Petri geprediget und ausgelegt (1523), WA 12; 346,25-347,1. Ähnlich auch in: Das siebente Kapitel S. Pauli zu den Corinthern (1523), WA 12; 137,3-6: »Die ander ist, die S. Petrus ruret, das eyn weyb eyn schwach ding ist und gebrechlich, das der man viel an yhr mus vertragen, sollen die eyns bleyben. Aus welchem feyl es kompt, das man so gar selden eyn gutte ehe findet, da liebe und fride ynnen ist.«
30 Epistel S. Petri geprediget und ausgelegt (1523), WA 12; 342,33-343,8.
31 Das siebente Kapitel S. Pauli zu den Corinthern (1523), WA 12; 125,6-25.

Der eheliche Frieden ist also abhängig von der Fähigkeit beider Partner, ihre Affekte zu kontrollieren, die Fehltritte des anderen konstruktiv zu korrigieren und nicht auf der Durchsetzung der eigenen Interessen zu beharren. Grundlage sind dabei eheliche Liebe und gegenseitiger Respekt. Zwar entspringt die Friedfertigkeit dem individuellen Glauben und christlicher Tugendhaftigkeit beider Partner, aber das Ziel erschöpft sich beileibe nicht in der Befriedigung des individuellen Seelenheils. Der eheliche Friede ist vielmehr die Basis, von der ausgehend die Aufgaben im weltlichen Stand erst hinreichend erfüllt werden können, wie Luther bereits 1522 »Vom ehelichen Leben« schrieb:

> »Die sinds aber, die es erkennen, die festiglich glewben, das gott die ehe selbs eyngesetzt, man unnd weyb zusamen geben, kinder zeugen und wartten verordenet hat. [...] Nu sage myr, wie kann eyn hertz grosser gutt, frid und lust haben denn ynn gott, wenn es gewiß ist, das seyn stand, weßen und werk gott gefellet? Sie, das heysset, eyn weyb finden. [...] Und weyl sie sehen, das yhrs lieben gottis wolgefallen ist, kunden sie fride ynn leydt unnd lust mitten ynn der unlust, freud mitten ynn dem trubsall [...] haben.«[32]

So wie der Ehestand das Fundament eines Hauses bildete, so bildete eine auf Friedfertigkeit ausgerichtete und praktizierte Beziehung der Eheleute untereinander die Grundlage für den häuslichen Frieden, den sie so gewissermaßen in all ihre Handlungsbereiche einfließen lassen sollten. Hausfrieden war also in erster Linie eine Frage der Geschlechterbeziehungen, inwieweit es Mann und Frau gelang, trotz unterschiedlicher – damals durchaus auch als gegensätzlich wahrgenommener – Voraussetzungen das gemeinsame Leben erfolgreich zu gestalten.

Ein Kernbereich im Aufgabenfeld eines haushaltenden Ehepaares war die Kindererziehung, womit sowohl die Reproduktivität als auch die Sozialisation gemeint war – also der physische Aspekt der Geburt, der Ernährung und Gesunderhaltung wie auch das Vermitteln zentraler Fähigkeiten und Fertigkeiten wie Sprechen, Denken und soziales Verhalten, das Vermitteln sozialer Normen und Wertvorstellungen. Kibe hat darauf hingewiesen, dass diese Erziehungsleistung der Eltern einen wesentlichen Aspekt ihrer gesellschaftlichen »Friedensarbeit« ausmache, da die nachfolgenden Generationen die ihnen übertragenen Ämter im Kirchen- und

---

32 Vom ehelichen Leben (1522), WA 10,2; 294,27-295,8.

Verwaltungsdienst nur auf der Basis einer umfassenden, den christlichen Friedens- und Gerechtigkeitsbegriff internalisierenden Erziehung adäquat ausüben könnten. Denn die Übernahme dieser Grundnormen bringt Kibe zufolge »impliziterweise die Legitimation der soziopolitischen Ordnung mit sich«,[33] die ihrerseits für die obrigkeitliche Erhaltung des weltlichen Friedens notwendig ist.[34]

Was Kibe aber nicht berücksichtigt, ist, dass auch der Erziehungsprozess selbst einen wichtigen Teil dieser »Friedensbildung« darstellt, wie Luther in einer Auslegung des vierten Gebotes 1525 ausführt:

> »Wo nu Vater und Mutter ubel regieren, lassen den kindern yhren mutwillen, da kann widder Stat, marck, dorff, land, Fürstenthumb, Königreich noch Keyserthumb wol und friedlich regieret werden, denn aus dem son wird ein hausvater, ein Richter, Bürgermeister, Fürst, König, Keyser, Prediger, Schulmeister etc. wo er nu ubel erzogen ist, werden die unterthanen wieder herr, die gliedmas wie das heupt. [...] Darumb hat er uns die kinder so nahe eingepflantzet, das er sie nicht aus stein oder holtz sondern aus userm eigen fleisch und blut spynnet, das ja die ehr und gehorsam der kinder gegen den Eltern Und die sorge, mühe und grosser fleis der eltern gegen den kindern dester herztlicher und williger geschehe. [...] Die Eltern schaffen recht und friede ym hause, Die öbirckeit schafft fried und recht ynn einer gantzen gemeyn [...]«[35]

Neben der gesellschaftlichen Bedeutung der Primärsozialisation für den weltlichen Frieden wird aber auch deutlich, dass sich der Modus der Ausgestaltung von Friedfertigkeit im Kindesstand doch erheblich von dem im Ehestand unterscheidet. Während sich hier die Friedfertigkeit gerade in der Nivellierung der Statusunterschiede von Mann und Frau äußert, ist das Eltern-Kind-Verhältnis von einer massiven Betonung der Hierarchie und Weisungsbefugnis geprägt. So rät Luther in einem Ratgeber für die Seelsorge von Eltern:

> »Wenn Du sie nu solchen kurtzen Catechismum geleret hast, Als denn nim den grossen Catechismum für dich und gib ihn auch reichen und weiter verstand, Da selbst streich ein iglich gebot, bitte, stück aus mit seinen mancherley wercken,

33 KIBE (s. Anm. 8), 177.
34 Von zentraler Bedeutung für diesen Gedanken ist die Schrift »Die Kinder zur Schule halten« von 1530, in der die Friedensleistungen der Sekundärsozialisation durch Schule im Mittelpunkt stehen.
35 Predigten über das 2. Buch Mose, Kap. 20 (1525), WA 16; 500,27-501,19. 501,29-33. 505,29-30.

nutz, frumen, fahr und schaden, wie du das alles reichlich findest inn so viel büchlein da von gemacht. Und inn sonderheit treibe das gebot und stück am meisten, das bey deinem volck am meisten not leidet, [...] Item das vierde gebot mustu bey den kindern und gemeinem man, das sie stille, trew, gehorsam, fridsam sein.«[36]

Für den erzieherischen Alltag hingegen modifizierte er die Anweisungen, da hier vor allem erfolgreiche Lernprozesse im Vordergrund standen: »Es sindt wortt, die viel in sich haben. [...] Eine mutter wirfft ein beschiessen kindt auch nicht weg, der Sohn undt tochter thun im hause offt, das unrecht ist, werden drumb nicht enterbet undt ausgestossen, Sondern der vater saget wiltu mein Sohn undt tochter sein undt ich sol vater bleiben, so thue das undt jenes nicht, dis mahl wil ich dirs geschenckt habenn.«[37]

Wenngleich also Nachsicht und Geduld die Erziehungsarbeit prägen sollen, so heißt dies nicht etwa, dass auf körperliche Züchtigung verzichtet werden soll, wie dies für die Partner propagiert wurde. Denn wie bei einer Erörterung der Barmherzigkeit deutlich wird, sieht Luther für eine internalisierte Friedfertigkeit die Notwendigkeit der konsequenten Durchsetzung des Gehorsams auch durch (Prügel)Strafen: »Also sollen die Elthern nicht barmhertzig sein gegen die Kinder, wenn sie böß sind, sonder sollen flugs zuhawen, Herr und Fraw sollen gegen das gesind auch nit barmhertzig sein, sondern straffen, was zu straffen ist.«[38] Während sich also im erziehenden Gebrauch körperlicher Züchtigung die Verantwortung der Eltern im Sinne ihrer *potestas* zeigt,[39] ist auf der anderen Seite die illegitime Gewalt der *violentia*, der sich Menschen immer wieder vor allem im ›Hause‹ ausgesetzt sehen und den dortigen Frieden erheblich stören, sehr klar nach ihren unterschiedlichen Erscheinungsformen als verbale und physische Gewalt definiert:

36 Der Kleine Katechismus (1531), WA 30,1; 274,27-275,20.

37 Wochenpredigten über Joh 6,35, 5. Sonnabend nach Allerheiligen (1530), WA 33; 69,15-38.

38 Hauspostille. Am vierdten Sontag nach der Trifeltigkeyt (1544), WA 52; 386,6-9.

39 Zum Diskurs der Züchtigung als Lernstrategie im Humanismus vgl. jetzt A. TRANINGER, Whipping Boys. Erasmus' Rhetoric of Corporeal Punishment and its Discontents (in: The Sense of Suffering: Constructions of Physical Pain in Early Modern Culture, hg. v. J. F. VAN DIJKHUIZEN/K. A. E. ENENKEL 2009, 39-57). Zur Unterscheidung von *potestas* und *violentia* vgl. M. HOHKAMP, Häusliche Gewalt. Beispiele aus einer ländlichen Region des mittleren Schwarzwaldes im 18. Jahrhundert (in: Physische Gewalt. Studien zur Geschichte der Neuzeit, hg. v. TH. LINDENBERGER/A. LÜDTKE, 1995, 276-302).

»[...] wo du wilt ein fromer Christ sein, ob der warheit halten und gegen jederman recht leben, Da wirstu erfaren allerley böse tücke und betrug, untrew, nachrede von denen, welchen du alles guts gethan, Item offenbarlich gewalt und unrecht von denen, die dich schützen und zu recht helffen solten, das wird dir wehe thun und zu zorn bewegen. Ja in deinem eigen Hause und unter deinen lieben Brüdern und Christen wirstu offt sehen und hören, das dich verdreusset, oder widerumb dir ein wort entfaren, das inen nicht gefallen wird, Da wird nichts anders aus, es leidet sich in diesem leben nicht anders, Fleisch und Blut kann sich des nicht erwehren, das es nicht solt solche bewegung fülen zu zorn und ungedult.«[40]

Es ist also das prekäre Verhältnis von emotionalem Impuls und sozialer Erwünschtheit, von legitimer und illegitimer Gewaltanwendung, die das Friedensgebot in einem so komplexen Funktionssystem wie einem Haushalt so herausfordernd für den Einzelnen macht und so uneindeutig in der Wahrnehmung für die Anderen. Auch wenn die Hierarchien und Machtbefugnisse immer wieder mit teils großer Vehemenz betont werden, ist dem Missbrauch nicht Tor und Tür geöffnet, denn es finden sich immerhin zaghafte Formulierungen eines Widerstandsrechts, sofern Gottes Gebote verletzt würden:

»Was kan fur grosser unfride und unordnung sein, denn so nicht allein ein land, eine Stat, ein bürger und nachbar wider den andern ist, sondern inn einem haus vater und son, mutter und tochter widernander sind? Und der mensch von seinen nehesten und liebsten freunden sich mus scheiden, abgesonder und verfolgt werden, und seiner veterlichen oder regirenden oberkeit, welchen er doch sonst inn ihrem regiment allen gehorsam schuldig ist, um Christi willen mus ungehorsam werden, damit er nicht dem Teuffel gehorsam sey?«[41]

Das Friedensideal, das Luther hier für das ›Haus‹ als soziale Umwelt des Menschen entwirft, ist ein auf die Handlungsorientierung jedes einzelnen Menschen zielendes Friedenshandeln gegenüber seinem Nächsten. Das häusliche Umfeld als unmittelbare soziale Umwelt bildet damit die Matrix,

40 Crucigers Sommerpostille. Epistel am neunzehnten Sonntag nach Trinitatis, Eph 4, 22-28 (1544), WA 22; 318,32-319,4. Die Unterscheidung zwischen verbaler und physischer Gewalt findet sich auch in der Klassifizierung der Herrschaftsaufgaben der weltlichen Obrigkeit: »Denn die zwey gehen auch ynn der welt, nemlich unrecht und gewalt, wie man spricht: Er thut mir gewalt und unrecht. Unrecht geschicht durchs urteil odder mit dem munde, Gewalt geschicht mit der faust und mit frevel. Allen beiden soll ein Fürst und herr steuren.« Der 82. Psalm ausgelegt (1530), WA 31,1; 204,32-205,3.
41 Predigten des Jahres 1535, 110. Psalm, Lunae post Exaudi (1535), WA 41; 137,33-138,5.

innerhalb derer sich das Gebot der Friedfertigkeit für jeden Christenmenschen tagtäglich erfüllen kann und soll. Mit einer solchen Charakterisierung ruft Luther unbewusst die aus dem Alten Testament überkommene Friedensethik des *schalom* auf, die ihren »Sinn aus dem elementaren Lebenszusammenhang, der jeder Objektivierung der Lebensbeziehungen durch Macht und Herrschaft vorausliegt«[42], gewinnt. Es geht ihm hier also gerade nicht um den vertragsrechtlichen Charakter von Frieden, sondern um die grundlegende Verankerung einer Lebensform, die auf Friedfertigkeit (und semantisch wie thematisch eng damit zusammenhängend, der Nächstenliebe) basiert und in alle weltlichen wie geistlichen Ordnungen des menschlichen Lebens ausstrahlt. Diese Friedensvorstellung ist deutlich unterschieden von jenen, die er im Hinblick auf die Position des ›Hauses‹ innerhalb der politischen Ordnung entwickelt. Denn diese stehen ganz im Zeichen der im Humanismus verstärkt diskutierten aristotelischen Philosophie mit ihrem gänzlich differenten Friedensbegriff. Dieser ist, wie Huber und Reuter zeigen, gerade durch die vertragsrechtliche und verfassungsmäßige Einbindung und Strukturierung der sittlichen Grundlage der Freundschaft gekennzeichnet.[43] Luther arbeitet damit die bereits in der Vulgata angelegte Engführung eines allgemeinen Friedensbegriffs in Kontexten heraus, in denen häusliche Konflikte verhandelt werden.[44] Gleichwohl wird man dabei annehmen müssen, dass ihm als eigener Erfahrungshintergrund der hier skizzierten Sozialkompetenz sicherlich sehr viel eher der klösterliche Umgang miteinander vor Augen stand als familiäre Beziehungsgeflechte.[45]

42 HUBER/ REUTER (wie Anm. 6), 39 und M. OEMING, Friedensbegriff und Friedensauftrag im Alten Testament. Biblische Impulse zur Vision vom Frieden (in: Der Frieden. Rekonstruktion einer europäischen Vision, Bd. 1: Erfahrung und Deutung von Krieg und Frieden. Religion – Geschlecht – Natur und Kultur, hg. v. K. GARBER et. al., 2001, 27-43, hier: 29). Vgl. auch H. H. SCHMID, Art. Frieden II (TRE 11, 1993, 605). Takashi Kibe hat in seiner Untersuchung eine große Analyse und Systematisierung zwischen einem »anthropologischen« und einem »politischen« Friedensbegriff bei Luther angestellt, ohne jedoch die unterschiedlichen antiken Friedenstraditionen zu berücksichtigen. Vgl. KIBE (s. Anm. 8), 109-112.

43 HUBER/REUTER (s. Anm. 6), 31.

44 Ich beziehe mich hier auf die im Text erörterten Beispiele Ex 21; Mt 5,9; 1 Kor 7,15; Eph 4,22-28; 1 Petr 3,7-11.

45 Zur idealen Klostergemeinschaft als einer Gemeinschaft von *pacifici* vgl. D. MÜLLER, Gesellschaft und Individuumum 1300 in volkssprachlicher franziskanischer Prosa, 2003,

2 Friedensschutz und Friedenswirkungen des ›Hauses‹ in der weltlichen Ordnung

Die soziale Umwelt des ›Hauses‹ hat, wie eben gezeigt wurde, innerhalb der gesellschaftlichen Ordnung eine besondere Stellung inne, die auf ihrer Funktion als Raum der Primärsozialisation gründet. Dementsprechend findet sich auch bei Luther die selbstverständliche Annahme, dass das ›Haus‹ einen besonders – durch die weltliche Obrigkeit – zu schützenden Raum darstellte im Sinne des *usus politicus legis*:

> »Also ist des welltlichen regiments werck und ehre, das es aus wilden thieren menschen macht und menschen erhellt, das sie nicht wilde thiere werden. Er erhellt einem iglichen seinen leib, das den nicht jederman erwurgen musse, Es erhellt jglichen sein weib, das nicht iederman das selbige nemen und schenden musse, Es erhellt iglichem sein kind tochter und son, das yhm dasselbige nicht yederman entfuren noch entwenden musse, Es erhellt iglichem sein haus und hoff, Das nicht ein yderman hinein brechen noch drinnen frevlen müsse, Es erhellt jglichem sein acker, vihe und allerley guter, das die selbigen nicht ein yderman angreiffen, stelen, rauben, beschedigen müsse […]«[46]

Hier wie auch in den Eingangszitaten und anderen Textstellen tritt der Zusammenhang von den Gesellschaft begründenden sozialen Institutionen und deren besonderem Schutzstatus hervor.[47]

Das zeigt sich auch in der obrigkeitlichen Regelungskompetenz für den Hausfrieden, denn »on weltlich regiment kein friede ist, wo kein friede ist, kann kein Haus wesen sein, wo kein Haus wesen ist, da können weder kinder gezeuget noch erzogen werden.«[48] Hier rekurriert Luther

45-52; A. HAGENLOCHER, Der guote vride. Idealer Friede in deutscher Literatur bis ins frühe 14. Jahrhundert, 1992, 75-78; B. MOELLER, Die frühe Reformation in Deutschland als neues Mönchtum (in: Die frühe Reformation in Deutschland als Umbruch, hg. v. S. BUCKWALTER, 1998, 76-91).

46 Kinder zur Schule halten (1530), WA 30,2; 555,5-13.

47 So etwa in einer Predigt über die mosaische Rechtsordnung: »Qui percusserit hominem. Hoc lege wirt er nun lang denet. Ad eos pertinet qui hoc regimen hindern quia ex bona familia venit communitas. Dives civitas est, ubi wol habend burger sind. Impedimentum est pacis civitatis, quando non sunt pacifici. Ibi vides dominos, dominas, filios, filias, servos: illi debent pacem habere. Ut ergo personae et res sint in custodia, tulit hanc legem.« Predigten über das zweite Buch Mose (1525), WA 16; 535,33-536,1.

48 Eine einfältige Weise zu beten für einen guten Freund (1535) WA 38; 367,28-30. Vgl. auch exemplarisch Textstellen wie: »Igitur vos pii considerate hoc verbum »Date« deyn ehol-

auf den seit der römischen Antike rechtlich fixierten Sonderstatus des ›Hauses‹ als eines gewaltfreien Raumes.[49] Der Verpflichtung der Obrigkeit auf den Schutz und die Sicherheit entspricht die reziproke Forderung an die Untertanen zur Gehorsamspflicht, die Luther eng an die Aufgabe der Friedewahrung auf beiden Seiten koppelt:

> »Est de opere politico. Pro pace publica petit, ne fiat confusio in Politia. Sic Paulus admonet ›Orandum pro regibus‹ etc., 1. Timo. 2., ›ut tranquillam vitam agamus‹ pro pietate. Quia, wenn das haus nicht friede hat, so ists bos kinder ziehen und predigen. Es wil pax necessaria sein non tantum ad alendum corpus, sed etiam docendam pietatem.«[50]

Hier wird die Verknüpfung jener rechtlich-juristischen, der aristotelischen Gesellschaftstheorie verbundenen Friedensidee mit der theologischen Füllung des Friedensbegriffs in der alttestamentarischen Tradition des *schalom* deutlich – es ist eine zirkuläre Beziehung, wobei die Prägung durch das häusliche Umfeld und insbesondere die häuslichen Autoritäten entscheidend ist: Die Bildung zum friedfertigen Menschen geschieht in der Interaktion mit der sozialen Umwelt, wobei das ›Haus‹ sowohl als Ort der Erfahrung von Friedfertigkeit durch die Eltern als auch als Ort der unmittelbaren Anwendung gegenüber den Eltern, den Geschwistern und anderen Bewohnern im Zentrum steht. Neben der Ein- und Ausübung der Friedfertigkeit als eines inneren, d.h. im Inneren jedes Einzelnen empfundenen Friedens als Lebenshaltung steht die Sicherung des äußeren Friedens als Schutz vor Gewalt. Dies ist Aufgabe der mit Herrschaftsrechten und -befugnissen versehenen Autoritäten, die als Gegenleistung den Ge-

dung der Obrigkeyt Gehorsam zw seyn myt leyb und gut. Dw hast dich vorret, darumb thues myt der that ouch. Si nolueris obedire, Szo sage es vor der Obrigheyt uff, tunc audies responsionem tibi non convenientem. Ideo scito ordinacionem dei esse Potestates quorum usus et fructus publica pax, das dw yhn deynem hauße fride hast.« Predigten des Jahres 1529, Matei vigesimo secundo (1529), WA 29; 602,28-33; »Denn wie das geistlich Regiment oder ampt die leute sol uber sich weisen gegen Gott recht zu thun und selig zu werden, also sol das weltlich regiment unter sich die leute regirn und schaffen, das leib, gut, ehr, weib, kind, haus, hof und allerley güter im friede und sicherheit bleiben und auff erden selig sein mügen.« Auslegung des 101. Psalms (1534), WA 51; 241,35-39.

49 OSENBRÜGGE (s. Anm. 4); TRABANDT (s. Anm. 4); KROESCHELL (s. Anm. 4); HUBER/REUTER (s. Anm. 6), 55.

50 Enarratio Psalmi XC (1534), WA 40,3; 592,11-593,1.

horsam der Schutzbefohlenen erwarten können. Das wird immer wieder an der Analogiebildung zwischen dem Eltern-Kind- und dem Untertanen-Obrigkeiten-Verhältnis deutlich. Funktionale Bedeutung erhält es aber da, wo Luther darauf hinweist, dass alle politischen Obrigkeiten zugleich häusliche Obrigkeiten sind, weshalb die Qualität des Hausregiments genauso als Qualifikation für ein politisches Amt anzusehen sei wie das reine Fachwissen:

> »Darumb so erwele man zu Emptern in einer Stad leute, die da from, geschickt, Erfaren, Erbare, Eheleute sind, sie da ire kinder ehrlich auffziehen, auch friedliebend sind, Ob sie nicht so klug und weise als Salomon und Moses sind, da ligt nicht macht an.«[51]

Die Spezifik dieses Zusammenhangs, der auch bei Kibe als zentrales Moment der *politia-oeconomia*-Beziehung in Friedensdingen benannt ist, wird da offenbar, wo sich der institutionelle Kreis schließt – in der Ehegerichtsbarkeit. Allzu oft kam es in den ›Häusern‹ zu Konflikten, weil den vielfältigen Problemen des Alltags kein ausreichendes Handlungsrepertoire zur Verfügung stand, um sie nachhaltig und die Integrität der beteiligten Personen wahrend zu lösen. Ruft man sich die oben ausgeführten Vorstellungen Luthers von einem friedlichen Hausleben in Erinnerung, mussten diese Konflikte – so sie sich auf die Ehe- und Hausführung bezogen und nicht auf rechtliche Fragen des Ehestatus – als Friedensproblem angesehen werden. Deren Lösung setzte aber Kompetenzen der Richter voraus, die auf die Friedenswahrung nicht nur nach den Rechten, sondern auch nach ethischen Maßstäben zielten:

> »Ich rede hierin von tunckeln, irrigen sachen, die man nach den offentlichen gewissen rechten nicht scheiden kan und da der recht und bücher zu wenig ist, Das man daselbst der sachen ein ende gebe und die leute zu frieden stelle ym gewissen. Sintemal friede gilt mehr denn alles recht, und friede ist nicht umbs rechts willen, sondern recht ist umbs frieden willen gemacht. Wo man nun kann ohne rechts zanck frieden haben, da lasse man das zenkisch recht fahren … ist eine große Tugend des friedes.«[52]

Abermals erscheint das ›Haus‹ hier als Schnittstelle zweier Friedenstraditionen, die eng mit der institutionellen Ambivalenz des Hauses verknüpft

51 Predigten über das fünfte Buch Mose, Kap. 1, Dominica Oculi (1529), WA 28; 531,29-32.
52 Von ehelichen Sachen (1530), WA 30,3; 223,22-33.

sind. Auf der einen Seite die unmittelbare soziale Umwelt, die – durch vielerlei Normen reguliert – die Ebene der Alltagspraxis darstellt, auf der anderen Seite die Aspekte einer politischen Institutionalisierung, die gesellschaftliche Ordnung auf der Basis rechtlicher Ungleichheit und Abhängigkeit im ›Haus‹ aufbaut. Und dieser *basso continuo* verweist sehr deutlich auf die augustinische Tradition des lutherischen Friedensdenkens, die dieser Denkhaltung zugrunde liegt und in der Formel der *pax omnium rerum tranquillitas ordinis* ihren Kern hat.[53]

Und fehlt die Grundlage der häuslichen Erziehung, kann auch die Vermittlung und Anwendung von Spezial- und Praxiswissen durch Schule und Universität nicht in vollem Umfange gelingen. Dies ist aber im Hinblick auf den Multiplikatoreneffekt der Funktionseliten von Schulmeistern, Predigern und Juristen für einen grundgefestigten gesellschaftlichen Frieden unablässig.

Luthers Verständnis des zeitlichen Friedens ist also das eines komplexen Wechselverhältnisses zwischen religiöser Friedensethik und rechtlicher Friedenssicherung, wobei die rechtliche Friedewahrung immer nur Teilaspekt eines übergeordneten, ethisch motivierten Friedens und ohne diesen nicht vollständig sein kann.

Und gerade in der häuslich erworbenen Friedfertigkeit sieht Luther den entscheidenden Mehrwert, der auch die Juristen zu einem nachhaltigen zeitlichen Frieden beitragen lassen kann. Aus dieser Bedeutung eines ›befriedeten Hauses‹ ergibt sich die Verpflichtung der weltlichen Obrigkeit, den Hausfrieden vor externen Gefährdungen zu bewahren.

Das gesellschaftliche Zusammenleben erschöpft sich bei Luther aber nicht nur darin, wie sich die Untertanen zur Obrigkeit halten. Ganz entscheidend ist auch eine Mittlerinstanz, die sich außerhalb des ›Hauses‹ im Rahmen der Nachbarschaft und der Gemeinde entfaltet. Dabei wird deutlich, dass hier nicht die politisch institutionalisierten Formen beider Kontexte angesprochen sind, sondern wiederum eher die soziale Umwelt,

---

53 »Daraus entspringt also weiterhin der Hausfriede, d.i. die geordnete Eintracht der Angehörigen in Bezug auf Befehlen und Gehorchen. Denn es befehlen die, die behilflich sind. Und es gehorchen die, denen die Hilfe vermeint ist. Indes dienen auch die Befehlenden denen, welchen sie scheinbar befehlen. Sie befehlen ihnen ja nicht aus Herrschsucht, sondern aus erbarmender Fürsorge.« A. AUGUSTINUS, De civitate Dei (CChr. SL XIV), 345.

die auf vielfältige und unterschiedliche Weise in das Alltagsleben und die Erfahrungswelt der Mitglieder eines Haushaltes einbezogen ist.[54] Gerade weil Nachbarschaft ein ausgesprochen konfliktträchtiges Beziehungsfeld darstellte, verweist Luther immer wieder auf das Ideal, das Ziel und die Notwendigkeit, mit den Nachbarn in Frieden zu leben, bei den Nachbarn Frieden zu stiften bzw. die Nachbarn als Friedensstifter im eigenen ›Hause‹ zuzulassen. So heißt es in einer Predigt zu den Seligpreisungen:

> »Sihe das ist eines, das Christus hie foddert widder die rachgyrige und rumorische köpffe, und heisset Friedefertigen zum ersten die da land und leuten zum friede helffen, als frome Fursten, Rethe odder Juristen und Oberkeit, so umbs frieden willen inn irem ampt und regiment sitzen, Darnach auch frome bürger und nachbarn, die hadder und zwitracht (so durch böse, gifftige zungen zugericht) unter man und weib odder nachbarn richten, sunen und wegnehmen durch ire heilsame gute zungen [...]«[55]

Ausgehend von der Feststellung, dass Luthers Institutionenlehre in erster Linie als Beziehungslehre konzipiert war,[56] zeigt das für die Aufgabe der Friedenswahrung, dass damit nicht die Erreichung eines Zieles – des weltlichen Friedens als Zustand – gemeint war, sondern in besonderem Maße die Wahl der geeigneten Mittel. Über das Gebot der Friedfertigkeit wurde »Frieden« gerade da, wo sich religiöse Notwendigkeiten und soziale Ordnung miteinander verschränkten, zum Prozess, der nicht von dem zu erreichenden Zustand zu trennen war – weltlicher Frieden konnte also nur in seiner fortwährenden Neuschöpfung im Prozess nachhaltigen Bestand haben.

Luthers Friedensbegriff erschöpft sich also mitnichten in seinen Ausführungen zum Krieg oder zum Landfrieden resp. in zumeist apolitisch ge-

---

54 Zur Definition, Vielgestaltigkeit und Bedeutung von ›Nachbarschaft‹ in der gesellschaftlichen Ordnung der Frühen Neuzeit vgl. jüngst J. HAACK, Der vergällte Alltag. Zur Streitkultur im 18. Jahrhundert, 2008, 90-92; C. SCHEDENSACK, Nachbarn im Konflikt. Zur Entstehung und Beilegung von Rechtsstreitigkeiten um Haus und Hof im frühneuzeitlichen Münster, 2007, 204; H.-R. SCHMIDT, Pazifizierung des Dorfes – Struktur und Wandel von Nachbarschaftskonflikten vor Berner Sittengerichten 1570–1800 (in: Kirchenzucht und Sozialdisziplinierung im frühneuzeitlichen Europa, hg. v. H. SCHILLING, 1994, 91-128).
55 Wochenpredigten über Matth 5, 8-9 (1532), WA 32; 331,24-30.
56 SCHARFFENORTH (s. Anm. 6).

dachten heilsgeschichtlichen Zusammenhängen. Die soziale Institution des ›Hauses‹ erscheint in Luthers Werken als ein Raum, in dem sich das heilsgeschichtliche Friedensideal und die Verankerung des Glaubens im Alltag überschneiden und verstärken. Vor dem Hintergrund, dass Befriedungsprozesse ganz massiv zur Stabilisierung und verstetigenden Nachhaltigkeit von sozialer und politischer Ordnung beitragen, setzt Luther über den rechtlichen Schutz des Hausfriedens als Minimalbasis die Implementierung des ›Friedens‹ als Lebenshaltung, etabliert einen positiv gefüllten, auf ethische Handlungsorientierung zielenden Friedensbegriff.[57] Das Besondere liegt dabei nicht so sehr in der prononcierten Formulierung, sondern eher in der Unscheinbarkeit, mit der dieser Begriff des Friedens als prozessuale Performanz im Komplex des Hauses immer wieder zur Illustrierung und Charakterisierung häuslicher Alltagsbeispiele beinahe das ganze Werk durchzieht. Achtet man auf die angegebenen Sonntage im Kirchenjahr, zu denen die jeweiligen Lesungen und Predigten vorgesehen waren, so erkennt man eine recht gleichmäßige Verteilung, was der kontinuierlichen Auseinandersetzung im Gottesdienst sicher außerordentlich zuträglich war.

II Traditionen und Wirkungen des Lutherischen Hausfriedens

1 Mittelalterliche Traditionen in Luthers Rede vom Frieden

Die zahlreichen Einzelaspekte dieses lutherischen Friedensverständnisses sind keineswegs neu. Bereits im Spätmittelalter lassen sich zwei Traditionslinien festhalten, deren Verquickung sich findet und vor allem im Rahmen der städtischen Disziplinierungspraxis in der Forschung behandelt wurde.

Dabei steht zunächst die rechtliche Fixierung des Hausfriedens in den Rechtstexten und unterschiedlichen Stadt- und Landrechten. Seit der römischen Antike ist der Schutz des ›Hauses‹ und seiner Bewohner Bestandteil des geschriebenen Rechts, wobei es offenbar erst in den Synopsen der karolingischen Kapitularien zu einer Verknüpfung mit dem Begriff

---

57 Kibe (s. Anm. 8), 21 hat diesen Aspekt »anthropologisch« genannt, ohne dabei jedoch auf die alttestamentarischen Wurzeln einzugehen.

›Frieden‹ kam.[58] Der rechtlich fixierte Schutz des ›Hauses‹ war also nicht zwingend mit dem Friedensbegriff verknüpft. So findet sich der Begriff ›Hausfrieden‹ in zahlreichen Stadt- und Landrechten wieder, auch in einigen Landfriedensvereinbarungen.[59] Mindestens genauso oft lässt sich aber auch eine Beschreibung des Deliktes finden, die ohne den Friedensbegriff auskommt und sich auf die ›Heimsuchung‹ konzentriert, wie in der *Pax Bavarica* (1244) oder der Wormser Reformation von 1498.[60] Diese Tendenz blieb auch während der Frühen Neuzeit bestehen, erst im 19. Jahrhundert setzte sich im Zuge der Kodifikation der allgemeine Sprachgebrauch des ›Hausfriedens‹ bzw. ›Hausfriedensbruches‹ durch, wie er heute noch besteht – als ein strafverschärfendes Delikt.[61]

Diese rechtlichen Traditionen könnten Luther aus seinem Studium der Rechte vertraut gewesen sein und sind sehr deutlich in den Passagen zum obrigkeitlichen Schutz des Hausfriedens als eines ›äußeren‹ Friedens zu erkennen.

Aber auch die Vorstellungen eines von innen heraus gelebten Friedens im ›Hause‹ lässt sich bereits im 13. Jahrhundert in der Predigtliteratur zur Eheführung finden. Vielfach ist auf die Entstehung einer spezifisch stadtbürgerlichen Ethik hingewiesen worden, die in direkten Zusammenhang mit dem häuslichen Leben gesetzt wurde. Nicht umsonst waren es Pre-

---

58 Vgl. Trabandt (s. Anm. 5), 96. Da zu dieser Frage noch keine genaueren Untersuchungen vorliegen, können hier nur Indizien angeführt werden. Der enge Zusammenhang zwischen der Verschriftlichung von Recht in den Skriptorien der frühmittelalterlichen Klöster und der Übernahme christlicher Denkmuster und Begriffe wurde vielfach festgestellt, vgl. die Aufsätze in G. Dilcher/E.-M. Distler (Hg.), Leges – Gentes – Regna. Zur Rolle von germanischen Rechtsgewohnheiten und lateinischer Schrifttradition bei der Ausbildung der frühmittelalterlichen Rechtskultur, 2006.

59 Vgl. die zahlreichen Einträge im Deutschen Rechtswörterbuch, Bd. 5, Weimar 1960; Trabandt (s. Anm. 4), 110-114. Hierzu zählen etwa die *Pax Dei incerta* aus dem späten 11. Jahrhundert oder die *Pax Alemannica* von 1104. Zum Zusammenhang mit der Gottesfriedensbewegung vgl. Huber/Reuter (s. Anm. 6), 55. Hierzu nehmen auch Stellung G. Dilcher, Friede durch Recht (in: Träger und Instrumentarien des Friedens im hohen und späten Mittelalter, hg. v. J. Fried, 1996, 203-229) und U. Meier, Pax et tranquilitas. Friedensidee, Friedewahrung und Staatsbildung im spätmittelalterlichen Florenz (aaO 489-525).

60 Vgl. Trabandt (s. Anm. 4), 132.

61 AaO 131-178.

diger der Bettelorden, die eine strenge Observanz der göttlichen Gebote auch für die Ehe forderten. So nannte bereits Berthold von Regensburg (1210-1272) in seinen Ehepredigten als erste Voraussetzung einer erfolgreichen Ehe, dass die Eheleute friedlich, geduldig und fürsorglich miteinander leben müssten.[62] Die Ambivalenz zwischen häuslicher Herrschaft und christlicher Nachsicht lässt sich auch bei ihm erahnen. Berthold kleidet sein Anliegen in das alttestamentarische Bild des Tierfriedens, das die Versöhnung aller Gegensätze aufgriff: »Es gibt bestimmte Eheleute, die gute Treue, Frieden und Eintracht bewahren wie der Falke mit dem Huhn, wie der Wolf mit dem Hund, der Habicht mit der Taube, die Schlange mit dem Elefanten, wie die Störche mit den Fröschen.«[63] Gleichwohl bleibt die Betonung des Ehefriedens ganz auf die Binnenbeziehung zwischen Mann und Frau beschränkt, ohne in einem größeren gesellschaftlichen Friedenskontext betrachtet zu werden.

Während dieser Gedanke des häuslichen Friedens in den volkssprachlichen Haushaltslehren nicht vertreten ist,[64] findet sich ein topischer Rekurs darauf in den frühhumanistischen Geschlechterdiskursen, deren Schauplatz das Eheleben ist. Unmittelbar von der sehr populären und in

62 BERTHOLD VON REGENSBURG, Von dem fride, in: DERS., Deutsche Predigten Bd. 2, hg. von K. RUH, 1965, 124-136. SCHNELL (s. Anm. 21), 59. Zur Bedeutung der Ehe als Ort einer spezifischen ethisch orientierten Lebenshaltung in der Philosophie des Spätmittelalters und städtischen »Befriedungsprozessen« vgl. DALLAPIAZZA (s. Anm. 13), 28 f.; A. SIGNORI, Fürsorgepflicht versus Eigennutz. Die Verfügungsgewalt über das Errungenschaftsgut in den Eheschriften des 15. Jahrhunderts (in: Ehe – Familie – Verwandtschaft. Vergesellschaftung in Religion und sozialer Lebenswelt, hg. v. A. HOLZEM/I. WEBER, 2008, 181-190).

63 Zit. nach: SCHNELL (s. Anm. 21), 63; Zur Problematik der Autorschaft von Berthold von Regensburg vgl. D. NEUENDORFF, Überlegungen zu Textgeschichte und Edition Berthold von Regensburg zugeschriebener deutscher Predigten (in: Mystik – Überlieferung – Naturkunde. Gegenstände und Methoden mediävistischer Forschungspraxis, hg. v. R. LUFF, 2002, 125-178).

64 Diese Feststellung gilt für die volkssprachlichen Bearbeitungen der »Epistola de cura rei familiaris« (ca. 1410), »Die Lehre von Haushaben« (ca. 1450) und die »Haussorge« (ca. 1460), alle ediert und kommentiert bei C. COSSAR, The German Translations of the Pseudo-Bernhardine »Epistola de cura rei familiaris«, 1975. Auch das bekannteste Werk, die »Yconomica« des Konrad von Megenberg von 1458 spricht nicht von Friedensszenarien (MGH SS Staatsschriften des späteren Mittelalters III, 5).

diversen Drucken bis in das 16. Jahrhundert hinein verbreiteten Schrift *De re uxoria* von 1415 nahmen Albrecht von Eyb, Marcus von Weida und Erhart Groß die Thematik des Friedens in der Ehe auf. So schreibt etwa Erhart Groß im *Laien doctrinale* (ca. 1460) über die Aufgaben der Frau im ›Haus‹: »wo die frauwe in dem huße richtig ist die ist irem mann nutz zuo fryde v'sehen das hüß vn sie ist des mannes leben.«[65] Albrecht von Eyb ergänzt in seiner Schrift *Ob einem manne dey zunemen ein eeliches weyb oder nicht* (1472) den Zusammenhang von friedlichem Eheleben und dem innergesellschaftlichen Frieden: »Die E ist ein nützs heilsams ding durch die werden die landt stet und heuser gepawen gemeret und fride behalten.«[66]

Diese kurzen Ausschnitte machen deutlich, dass durchaus eine mittelalterliche Tradition zu erkennen ist, die das ideale Verhältnis und Zusammenleben von Mann und Frau mit dem Begriff des ›Friedens‹ verknüpft. Allerdings scheint dies auf den Bereich der ethisch orientierten Erbauungs- und Predigtliteratur für das Geschlechterverhältnis beschränkt geblieben zu sein, im Hinblick auf den Umgang mit dem Gesinde oder die Kindererziehung lassen sich keine Bezüge ausmachen. Dieser Befund käme noch deutlicher zum Tragen, bezöge man die weitaus gebräuchlicheren Wörter *concordia*, *tranquillitas*, *caritas*, *aequitas* ein, die ja auch das allerengste semantische Umfeld von *pax* bzw. ›Frieden‹ bilden.

Auch eine Verknüpfung mit den rechtlichen ›Hausfriedens‹-Konzepten ist nirgends nachzuweisen.[67] Insofern bauen Luthers Ausführungen zum ehelichen und häuslichen Frieden durchaus auf einem mittelalterlichen Wissenskern auf – wobei die systematische, umfassende Verknüpfung der mittelalterlichen Traditionen der *pax interior* und der *pax exterior* zu einer Matrix idealer Häuslichkeit als das Spezifikum der lutherischen Interpretation angesehen werden kann, wenngleich diese im Hinblick auf

---

[65] E. Gross, Der Laien Doctrinale, Cap. XVIII, zit. nach Dallapiazza (s. Anm. 13), 156.

[66] A. von Eyb, Ehebüchlein, Neudr. Wiesbaden 1966.

[67] Zur mittelalterlichen Auslegung der siebenten Seligpreisung vgl. B. Stoll, De Virtute in Virtutem. Zur Auslegungs- und Wirkungsgeschichte der Bergpredigt in Kommentaren, Predigten und hagiographischer Literatur von der Merowingerzeit bis um 1200, 1988, 203-248. Zur Trennung von ethischen und rechtlichen Belangen bzw. deren Überschneidung in der Figur des Friedensherrschers vgl. Hagenlocher (s. Anm. 45), 214-230.

178

die starken mittelalterlichen Traditionen nur graduell erscheinen – jedoch mit nicht geringer Wirkung.

2 Haus- und Ehefrieden in den Schriften anderer Humanisten und Reformatoren

Dieser Befund lässt mit einem vergleichenden Blick auf zeitgenössische humanistische Eheschriften durchaus erweitern. Denn sie stehen in ihrer Interpretation der Ehe und deren gesellschaftlich-ethischer Verortung sehr stark in der Tradition dieser frühen Geschlechterdiskurse. Betrachtet man zwei prominente, mehrfach verlegte und übersetzte Werke, fällt auf, dass sie vergleichsweise herkömmlich strukturieren und argumentieren, und den Frieden lediglich isoliert im Kontext der Paarbeziehung thematisieren.

So beschreibt etwa Juan Luis Vives im zehnten Kapitel der deutschen Übersetzung seines Bestsellers »Vom gebihrlichen thun und Lassen eines Ehmanns« die sorgfältige Abwägung einer Bestrafung, denn: »Warumb vbersichst du dem nitt auch dahaim etwas das so vil geringer ist: damit du frid vnd ruw erhaltest, on welche kain reichthumb nutz, auch das leben nit lieblich ist.«[68]

Vives rekurrierte damit auf ältere Modelle der Ehestandsliteratur, die bereits vorlagen, wobei ethische Fragen der Paarbeziehung betont werden, während die ökonomischen Aspekte nur am Rande eine Rolle spielen. Noch deutlicher ist diese Tendenz der Ethisierung des Ehelebens bei einem Verfasser zu erkennen, der für die lutherisch-reformatorische Eheberatung eine wichtige Rolle spielen sollte: Desiderius Erasmus von Rotterdam. Er entwickelte in seinen zwischen 1518 und 1523 erschienenen Eheschriften den Entwurf eines harmonieorientierten, befriedeten Ehelebens, der die spätmittelalterlichen Traditionen in humanistischer Manier durch Rückgriffe auf antike Schriften im Hinblick auf die Sittlichkeitsbildung intensivierte. Gleichwohl lässt sich hier keine unmittelbare Verknüpfung mit dem Friedensbegriff finden, selbst in seiner utopischen Schrift der *Querela pacis* (1522) werden zwar die familiären Lebensumstände angesprochen, aber nie direkt mit einer Friedensbegrifflichkeit ver-

---

68 JUAN LUIS VIVES, Vom Gebirlichen Thun und Lassen aines Ehemanns, Ain buch verteutscht durch Christophorum Brunonem, Augsburg 1544, S. LI.

knüpft – sondern, wie schon in den spätmittelalterlichen Eheschriften zu beobachten war, mit *concordia, tranquillitas* etc.[69]

Angelika Dörfler-Dierken hat den Einfluss von Erasmus auf Luthers Ehelehre vor allem im Hinblick auf die Ethisierung betont und auf den engen zeitlichen und räumlichen Konnex der Drucklegung ihrer jeweiligen Eheschriften um 1520 herum in Basel zurückgeführt. Diese gegenseitige Beeinflussung dahingehend, dass Luthers theologisch-rechtlichen Reformen mit der intensiven Eheethik Erasmus' sich in den späteren Schriften Luthers miteinander verbanden, lässt sich auch umgekehrt feststellen. Wenn Luther sehr viel intensiver als seine Vorgänger und Zeitgenossen den gesamten Komplex der ethischen Ideale mit ›Frieden‹ bezeichnete, musste das auch Rückwirkungen auf die Wahrnehmung der erasmischen Schriften haben. Als Beispiel sei hier auf die Ehepassage in seiner Satire *Moriae Encomium* von 1509/10 verwiesen. Dort steht im lateinischen Originaltext: »[…] Atque haec quidem merito stultitiae tribuuntur, uerum ea interim praestat, ut marito iucunda sit uxor, uxori iucundus maritus, ut *tranquilla domus* [Herv. ISV], ut maneat affinitas.«[70] Die einzige deutsche Übersetzung von Sebastian Franck im Jahre 1543 übersetzt diese Passage mit »ebendas würde billich der Torheit geben und zugemessen. Doch dieweil schafft sie diese Ding, das dem man wunsam ist sein weib, der haußfraw froedenreich ihr Mann, Das das Hauß *still und zufrieden* [Herv. ISV] ist, Das die nachpurschafft, liebe und freündtschafft gantz bleibt.«[71]

---

69 Vgl. A. Dörfler-Dierken, »Es ist warlich eyn geringe lust darbey«. Erasmus als Eheberater im Luthertum (ZKG 113, 2002, 172-189). Vgl. zu Erasmus' Einfluss auf die lutherische Ehelehre auch T. Kaufmann, Ehetheologie im Kontext der frühen Wittenberger Reformation (in: Ehe – Familie – Verwandtschaft [s. Anm. 5], 285-300). Zur Stellung Erasmus' in der Ehestandsliteratur des Humanismus vgl. R. Schnell (Hg.), Geschlechterbeziehungen und Textfunktionen. Eheliteratur im 15. und 16. Jahrhundert, 1998.

70 Opera omnia Desiderii Erasmi Roterodami, Ordo 4, Tomus 3, hg. v. C. H. Miller, 1979, 419-421.

71 S. Franck, Das Theür vnd künstlich Büchlin Morie Encomion, das ist, Ein Lob der Thorheit [ca. 1543], fol. 16. Die gleiche Erscheinung findet sich auch in der von Angelika Dörfler-Dierken bearbeiteten Übersetzung des »Colloquium Coniugium« durch Stephan Roth bereits 1525. Vgl. Dörfler-Dierken (s. Anm. 69), 186.

Auch in Heinrich Bullingers ebenfalls sehr einflussreichen Eheschrift »Der Christlich Eestand« von 1540 lässt sich kein ähnlich intensiver Gebrauch des Friedensbegriffs finden.[72]

Die Bearbeiter und Reformatoren der zweiten Generation – auch Franck – rezipierten in ihren Schriften diesen Friedensmodus offenbar selbstverständlich.[73] Auch bei ihnen findet sich kaum eine dezidierte Bearbeitung des ›Hausfriedens‹, vielmehr taucht der ›Frieden‹ auch hier meist als Signalwort für den ethischen Idealzustand des häuslichen Lebens auf. So beginnt etwa Adam Schubarts weit verbreiteter »Hauß-teufel« von 1565 mit »allen Lieben Brüdern und Schwestern des heiligen Ehelichen ordens wünsche ich Gottes Gnade und den lieben Hauß-frieden« und schließt mit dem Wunsch »Ein stedte lieb auff Erden hienieden gieb ir den lieben Hausfrieden.«[74]

Eine Ausnahme bildet die für den Druck überarbeitete Predigt des ehemaligen Kostgängers bei Luther, Pfarrers und Gymnasiallehrers Paul Rebhun, die unter dem Titel »Den lieben Hauß-fried zu erhalten« zwischen 1546 und 1633 mindestens 13 Auflagen erfuhr.[75] Ähnlich wie die heute weitaus bekanntere *Oeconomia christiana* des Lutherschülers Menius bildete er aus den sehr heterogenen Textstellen und Verweisen Luthers auf häusliche und eheliche Kontexte eine systematisierte Synopse, in der er alle Aspekte des häuslichen Lebens nacheinander abhandelte und zueinander in Beziehung setzte, aber immer unter der Leitidee des Friedens – im Hinblick auf die häusliche, aber auch die gesellschaftliche und politische Ordnung insgesamt:

72 Vgl. hierzu D. ROTH, Heinrich Bullingers Eheschriften (Zwing. 31, 2004, 275-309).

73 Vgl. hierzu die zahlreichen Nennungen in E. KARTSCHOKE, Repertorium deutschsprachiger Ehelehren der frühen Neuzeit, 1996.

74 A. SCHUBART, Haussteufel, das ist der Meister Sieman. Wie die bösen Weiber ire fromme Männer und wie die bösen leichtfertigen Buben ire fromme Weiber plagen. Sampt einer vermanung auß heiliger Schrifft und schönen Historien wie sich fromme Eheleut gegen einander verhalten sollen, nützlich und lustig zu lesen (in: Teufelbücher in Auswahl, Bd. 2, hg. v. R. STAMBAUGH, 1972, 237-307, hier: 307).

75 P. REBHUN, Hausfried. || Was fur Vrsachen den || Christlichen Eheleuten zube=||dencken/ den lieben Haus-||fried in der Ehe zu=||erhalten.|| Jn kurtzer Summa gepredigt/ vnd || schrifftlich weiter erkleret/|| durch Paulum Reb=||hun/ Pfarherr || zu Olsnitz, 1546. Zu den weiteren Auflagen vgl. die Titelnennungen im VD 16 und VD 17. Zu Rebhun und seinem Werk vgl. neuerdings P. F. CASEY, Paul Rebhun. Das Gesamtwerk, 2002.

»Letzlich aber ist in keinem wege zu unterlassen, den lieben Haußfried zwischen Christlichen Eheleuten mit allerley Gottseligen Lehren vnd vermanungen anzurichten vnd zuerhalten. Denn auß diesem friede folget der gemeine friede oder Landßfriede, ja auch der Göttliche friede. Denn rechte christliche friedliebende eheleute ziehen auch mit allem fleyß friedliebende Kinder auff. Auß friedliebenden Kindern werden friedliebende nachtbarn vnd Leutselige Bürger. Friedliebende Bürger geben auch gehorsame vnterthanen gegen der Oberkeyt.«[76]

Nimmt man die Vielzahl an Gebetbüchlein, Predigt- und Erbauungsliteratur hinzu, die eher auf den regionalen als einen übergreifenden Lesermarkt zielten, kommt man auf erstaunlich große Präsenz dieser Friedenskonnotation in der Frühen Neuzeit – und zwar nicht nur im protestantischen Bereich, sondern auch in den, wenn auch zahlenmäßig weitaus geringeren – katholischen Ehespiegeln und Gebetbüchlein.[77] So führt etwa Wolfgang Rauschers Predigtsammlung den prägnanten Titel »Von dem Zerrütten Hauß-Friden.«[78] Und noch 1787 schreibt ein lutherischer Pfarrer schon in aufklärerischer Manier in einem Erbauungsbüchlein im Kapitel »Über den Hausfrieden«:

»Daß Du in Frieden und Einigkeit mit den Deinigen leben, daß ihr ein recht ruhiges und frohes, das heißt nach meiner Meynung, ein glückliches leben mit einander führen möchtet, das wünscht ich von Herzen. [...] Ohne Frieden und Einigkeit, was wäre da sein Leben? Wenn dein übriger Zustand in der Welt auch noch so viel gutes hätte, und du konntest deine Wohnung nicht als einen Ort ansehen, wo du in dem Schoos der Deinigen die stillen Früchte des Friedens und der Einigkeit genössest, wo Liebe und Wohlwollen dich erwarten, wo du ohne alle Besorgniß von Hinterlist und böser Gesinnung, unbemerkt von der Welt, als Vater, Mutter, Bruder, Schwester, Freund, Hausgenosse dich mit den Deinigen freuen könntest.«[79]

76 REBHUN (s. Anm. 75), 6 f.
77 Zu Bedeutung und Charakter der frühneuzeitlichen katholischen Eheliteratur vgl. A. HOLZEM, Familie und Familienideal in der katholischen Konfessionalisierung. Pastorale Theologie und soziale Praxis (in: Ehe – Familie – Verwandtschaft [s. Anm. 5], 243-284, hier: 247 f.); H. SMOLINSKY, Ehespiegel im Konfessionalisierungsprozeß (in: Die katholische Konfessionalisierung, hg. v. W. REINHARD, 1995, 311-331); E. MOSER-RATH, Familienleben im Spiegel der Barockpredigt (in: Predigt und soziale Wirklichkeit. Beiträge zur Erforschung der Predigtliteratur, hg. v. W. WELZIG, 1981, 47-66).
78 W. RAUSCHER, Zugab Etwelcher Predigen Von der guten und schlimmen Haußhaltung/ Von dem Testament der Philautiae oder eignen Lieb: Von dem Zerrütten Hauß-Friden. Durch drey lustige/ Sinn- und Lehrreiche Ostermärlein erklärt/ sambt noch ein und anderer Predig; Auff der Cantzel dem glaubigen Volck vorgetragen, Dillingen 1695.
79 H. M. A. CRAMER, Unterhaltungen zur Beförderung der häuslichen Glückseligkeit, 1781, 132 f.

3 Einfluss auf die frühneuzeitliche Ehe- und Sittenzucht

Dieses ethische, auf dem Prinzip des *schalom* aufbauende Friedensverständnis für das häusliche Leben, das zugleich die sozialen Ordnungsprozesse in der sich ausdifferenzierenden frühneuzeitlichen Gesellschaft steuerte, war aber nicht nur ein Papiertiger in Form lose verstreuter Signalwörter in variierenden Kontexten und Medien. Es entwickelte sich im Rahmen der geistlichen und weltlichen Sittenzucht zu einem zentralen Begriff der Selbstverständigung zwischen den Beteiligten, ob ein bestimmtes Verhalten eines Haus- und Gemeindemitgliedes »die von Schicklichkeit, Nützlichkeit und Verträglichkeit gezogenen Grenzen«[80] überschritten hatte oder nicht – und zwar nicht im Hinblick auf eine konkrete Situation, sondern als Rückkoppelung auf und Appell an die grundsätzliche Lebensführung eines Einzelnen, eines Paares oder einer Familie. Eingang in die Rechtssphäre der Gerichte fand das Konzept zum Teil über die Eheordnungen, in denen die wenigen Passagen, die sich mit der Eheführung auseinandersetzen, den Normenkomplex des häuslichen Lebens mit Attributen wie »friedlich«, »friedsam« oder »friedfertig« versahen. Vor allem aber ist die breite mediale Vermittlung im Rahmen von Predigten, Flugblättern und Ratgeberliteratur von Bedeutung. Das zeigen die zahlreichen Untersuchungen zur obrigkeitlichen Ahndung von häuslichen Konflikten, wo in den Quellenzitaten immer wieder auf den »Frieden« Bezug genommen wird.[81] Bedeutsam in diesen Untersuchungen ist die Tatsache, dass der gerichtlichen Behandlung sehr oft Interventionen und Mediationen aus der sozialen Umwelt der Hausbewohner, der Nachbarschaft und der Gemeinde fassbar werden.

---

80 HOLZEM (s. Anm. 5), 312.

81 Beispielhaft sei hingewiesen auf SCHMIDT (s. Anm. 5), 308; D. W. SABEAN, Das zweischneidige Schwert. Herrschaft und Widerspruch im Württemberg der frühen Neuzeit, 1990; A. LUTZ, Ehepaare vor Gericht. Konflikte und Lebenswelten in der Frühen Neuzeit, 2006; I. KALTWASSER, Ehen vor Gericht. Kriminalfälle und zivilrechtliche Ehesachen aus den Akten der Frankfurter ›Criminalia‹ und des Reichskammergerichts (AFGK, 68, 2002, 235-273. Für katholische Gebiete lässt sich das aufzeigen bei HOLZEM (s. Anm. 5), 315 und E. LUEF, »vom drohen sey noch niemand gestorben«. Häusliche Gewalt im 18. Jahrhundert (in: Ehe-Haus-Familie. Soziale Institutionen im Wandel 1750–1850, hg. v. I. SCHMIDT-VOGES, 2010, 95-118).

Die Präsenz in den gerichtlichen Verhandlungen sollte nicht dahingehend missverstanden werden, dass die frühneuzeitliche Gesellschaft von
einem tiefempfundenen Friedensbedürfnis durchdrungen war – vielmehr
zeigt es das Wissen der Beteiligten, dass man durch den Gebrauch des Friedensbegriffs vor Gericht einen ganz bestimmten Interpretationshintergrund aufrufen konnte, vor dem man seine Interessen erfolgreich durch-
zusetzen meinte. Diese Deutungsfolie war immer auf die Ambivalenz des
häuslichen Normgefüges ausgerichtet, das nicht nur den Untergebenen
Gehorsam abforderte, sondern vor allem den Vorständen die Grenzen
ihrer Macht und Herrschaftsbefugnisse aufzeigen sollte, wenn sie diese
nachhaltig überschritten hatten.[82] Dabei ging es nur vordergründig um
das Aussetzen der zumeist gewalttätigen Konfliktaustragungen, auf lange Sicht war die Obrigkeit immer – vor allem im Interesse der eigenen
Armenkassen und öffentlichen Ordnung – daran interessiert, ein funk-
tionierendes, auf Interessenausgleich ausgerichtetes Miteinander in den
Haushalten wieder herzustellen.

Gerade diese Beobachtungen aus der sozialen und auch politischen
Praxis der ›guten Policey‹ bis zum Ende des Alten Reiches machen deutlich, dass die Verkürzung des Friedensbegriffs auf die Abwesenheit von
Krieg bzw. Landfriedensbruch für die Frühe Neuzeit kaum zu vertreten
ist. Die Feststellung, dass im Laufe des 17. Jahrhunderts der Zusammenhang von *pax* mit *concordia* und *iustitia* aus pragmatischen Gründen
aufgegeben worden und damit gescheitert sei,[83] trifft nur auf den diploma-
tisch-rechtlichen Aspekt zu, der sich in der aristotelischen Tradition und
damit der politischen Theorie der Frühen Neuzeit etabliert hatte – damit
stellt sich die heutige Forschungssituation als ein langfristiger Reflex auf
eben jenen Differenzierungsprozess dar. Bezieht man allerdings die Ebene
der Niedergerichtsbarkeit, der Konflikte zwischen Ehepartnern, Eltern,
Nachbarn, Mietern und anderen als Teil politischer Ordnungsprozesse an
der Schnittstelle von sozialer und politischer Ordnung in die Betrachtung
mit ein, dann ist dieser Zusammenhang, dieser positive Friedensbegriff

82 Hier kommen die Argumentationsmuster wieder zum Tragen, die Heinrich-Richard
Schmidt und David W. Sabean als das »zweischneidige Schwert des Patriarchalismus«
bezeichnet haben. SCHMIDT (s. Anm. 5).
83 Vgl. C. KAMPMANN, Art. Frieden (EnzNZ 4, 2006, 1).

keineswegs obsolet – genauso wenig, wie der innere Friede dann als gelöst betrachtet werden kann. Dieses Problems entledigte man sich erst im 19. Jahrhundert, als mit dem Verschwinden der geistlichen Gerichtsbarkeit und der Einführung der Kodifikationen die letzten Reste von ethischen und Billigkeitsnormen in der gerichtlichen Konfliktlösung verschwanden.

Mit seiner Engführung eines auf Harmonie, Eintracht und Liebe ausgerichteten spätmittelalterlich-humanistischen Eheideals mit gesamtgesellschaftlichen Ordnungsprozessen, die er zusammengenommen als ›Frieden‹ bezeichnete, hat Martin Luther eine entscheidende Erweiterung und Verdichtung hin zu einem positiven Friedensbegriff vorgenommen.[84] Er etablierte ihn als Matrix des Alltagsleben in Haus und Familie, die für das frühneuzeitliche Friedensverständnis prägend war und in den vielfältigen sozialen, politischen und kulturellen Wandlungsprozessen dieser Epoche vom Prinzip her immer wieder eingebunden werden konnte.

---

84 Die inhaltliche Analyse der Begriffe »Frieden« und »Friedfertigkeit« in Luthers Schriften kann auch dazu beitragen, ein neues Licht auf die unterstellte Passivität dieser Übersetzungen des gr. *eirenopoioi* zu werfen. Vgl. K. DICKE, Friedensvorstellungen in Deutschland um 1800 (in: »Der Friede ist keine leere Idee…« Bilder und Vorstellungen vom Frieden am Beginn der politischen Moderne, hg. v. TH. KATER, 2006, 33-46, hier: 37).

Luthers Totenmaske?

Zum musealen Umgang mit einem zweifelhaften Exponat

Von Jochen Birkenmeier

Seit 1933 zeigte das ›Sterbehaus‹ Martin Luthers in Eisleben, das bekanntermaßen nicht mehr als tatsächlicher Ort seines Todes gilt,[1] die Gipsabgüsse einer Totenmaske und zweier Hände als glaubwürdige Abbildungen des Reformators im Tode. Es handelte sich dabei um Gipskopien jener Wachsabformungen, deren Vorlagen 1546 vom Leichnam Martin Luthers abgenommen worden sein sollen und die im 17. Jahrhundert in Halle (Saale) zu einer lebensgroßen, an einem Schreibpult sitzenden Wachsfigur (Effigie[2]) Luthers erweitert wurden.[3] Während die Hände als direkte Kopien vorlagen, zeigte das Sterbehaus die Totenmaske in einer ›Rekonstruktion‹, die der Anthropologe Hans Hahne 1926 auf der Grundlage der – im 17. Jahrhundert offensichtlich stark bearbeiteten – Wachsmaske angefertigt hatte. Diese Version unterschied sich nicht nur durch die veränderten Gesichtszüge von der Wachsmaske in Halle, sondern auch durch das Fehlen der Kehlkopf- und Ohrabformungen, die die Erstellung einer realistischen Wachsfigur ursprünglich ermöglicht hatten.[4]

---

1 A. STAHL, Zur Authentizität des Luther-Sterbehauses in Eisleben (in: Denkmalpflege in Sachsen-Anhalt 12/1, 2004, 77-78); zur Geschichte des Sterbehauses s. M. STEFFENS, Luthergedenkstätten im 19. Jahrhundert. Memoria – Repräsentation – Denkmalpflege, 2008, 93-144.

2 Der Begriff *Effigie* wird im Folgenden allgemein verstanden als illusionistische, d. h. lebensecht wirkende figürliche Nachbildung eines Verstorbenen.

3 Zu Geschichte und Ikonographie der Effigie s. U. KORNMEIER, Luther in effigie, oder: Das »Schreckgespenst von Halle« (in: Lutherinszenierung und Refomationserinnerung [Schriften der Stiftung Luthergedenkstätten in Sachsen-Anhalt 2], hg. v. S. LAUBE/K.-H. FIX, 2002, 343-370, bes. 351-370).

4 Die Effigie existierte noch bis in die 1930er Jahre. Seit 2006 werden Wachsmaske und -hände als Einzelstücke wieder in der Marktkirche zu Halle gezeigt.

Eingebettet in eine historistische Rauminszenierung des 19. Jahrhunderts verliehen diese Gipskopien den an historischen Originalen armen ›Sterberäumen‹ in Eisleben ein hohes Maß an Authentizität und Erhabenheit, die die Wirkung des von William Pape geschaffenen Historiengemäldes *Luthers letztes Bekenntnis* verstärken und das friedliche Dahinscheiden Luthers eindrucksvoll beglaubigen sollten. Mit der Schließung des Hauses im September 2010 – in Vorbereitung der grundlegenden Sanierung des Gebäudes und seiner Erweiterung zum *Museumsquartier »Luthers Sterbehaus«* – fand diese Tradition ein vorläufiges Ende, und durch die Neukonzeption der Dauerausstellung, die mit dem Gebäudeensemble 2012 eröffnet werden soll, entstand die Notwendigkeit, über die Rolle von Totenmaske und Handabformungen in der künftigen musealen Präsentation grundsätzlich nachzudenken.

Die Bewertung von Totenmaske und Händen ist in diesem Konzeptionsprozess nicht nur von akademischem Interesse, wirft doch die geplante Rekonstruktion der historistischen ›Sterberäume‹ in der Fassung von 1894 die Frage auf, wo und wie diese nachträglich eingefügten Exponate künftig präsentiert werden sollen: Wenn die Vorlagen zu den Abformungen tatsächlich von Gesicht und Händen Luthers abgenommen worden sind, dann erschiene es aus kuratorischer Sicht unbedingt sinnvoll, diesen Objekten einen herausgehobenen, wenn nicht gar zentralen Platz im neu zu konzipierenden Ausstellungsrundgang zuzuweisen. Denn selbst wenn es sich nicht um Originale, sondern nur um deren Gipskopien handelt, besäßen die Authentizität der Darstellung und die Begegnung mit dem ›wahren Antlitz‹ Luthers eine emotionale Qualität, die Gemälde, Zeichnungen oder Stiche nicht in gleichem Maße erreichen könnten. Ganz anders würde sich die Situation darstellen, wenn sich zeigen sollte, dass Masken- und Handvorlagen nicht von Luther stammen – stünden doch in diesem Falle nicht nur die Exponate selbst, sondern auch die auf sie ausgerichtete Ausstellungskonzeption und Präsentation in Frage. Der Ursprung von Maske und Händen ist daher gerade in einem Gebäude, das nicht mehr als Sterbeort, sondern nur noch als traditionsreicher Gedenkort Authentizität beanspruchen kann, von größter Bedeutung. Vor diesem Hintergrund gilt es daher zu prüfen, ob die in der alten Ausstellung gezeigten Gipsabformungen – mit zumindest großer Wahrscheinlichkeit – die

Züge des verstorbenen Reformators zeigen, oder ob es begründete Zweifel gibt, die eine prominente Platzierung problematisch erscheinen lassen und eine andere Gewichtung der Ausstellung nötig machen würden.

I Eine Totenmaske?

Wer sich mit Luthers Totenmaske beschäftigt, muss feststellen, dass dieses Thema »von einem eigenartigen Geheimnis umgeben und mit Verlegenheiten verbunden«[5] ist. Dieses Phänomen ist eine Folge der bisher vorgenommenen Versuche der Forschung, die heute vorliegende Totenmaske (bzw. deren ›Rekonstruktion‹ von 1926) mit den Beschreibungen zu Luthers Tod in Übereinstimmung zu bringen und eine entsprechend schlüssige Überlieferungsgeschichte zu (re)konstruieren. Diese Versuche blieben bislang unbefriedigend, und mitunter geben die dabei verwendeten Methoden und Argumente ebenso viel Anlass zu Fragen und Zweifeln wie der Gegenstand selbst. Neben mitunter fragwürdigen Beweisführungen ist es nicht zuletzt der unhinterfragte Glaube an die Existenz und Authentizität der Totenmaske, die eine unvoreingenommene Beurteilung bis heute erschweren.[6] So scheint es angesichts der bestehenden Unklarheiten sinnvoll, zunächst nach dem Ursprung der vorliegenden Abformungen zu fragen, bevor man die Existenz einer ›Luther-Totenmaske‹ voraussetzt.

Der Blick in die Quellen ist in dieser Hinsicht äußerst ernüchternd: Die Anfertigung einer Totenmaske oder die Abformung von Luthers Händen wird in keinem der zahlreichen Berichte über Luthers Tod erwähnt,[7]

---

5 O. KAMMER, Lutherus redivivus – die Totenmaske und die umstrittene Effigie in Halle (in: Luther mit dem Schwan. Tod und Verklärung eines großen Mannes [Ausst.-Kat. d. Lutherhalle Wittenberg], 1996, 25-32, hier 25).

6 So geht etwa Uta Kornmeier von der Prämisse aus, dass die Anfertigung der Totenmaske und ihre spätere Verarbeitung zu einer Effigie »unzweifelhaft« sei (KORNMEIER [s. Anm. 3], 347); Inge Mager spricht in diesem Zusammenhang – trotz der in der Forschung bekannten Zweifel – sogar von einem »Forschungskonsens« (I. MAGER, Justus Jonas an Luthers Sterbebett. Zur Entstehung der Totenmaske (Luther 77, 2006, 164-170, hier 170 Anm. 34).

7 Darauf verwies schon F. LOOFS, Die angebliche Totenmaske Luthers (RelKu 15, 1918, 2-13), in seiner Replik auf P. BRATHE, Luthers Totenmaske (in: RelKu 14, 1917, 129-139). In der darauf folgenden Diskussion konnte zwar Loofs Datierung der Maske, nicht aber der offenkundige Mangel an Belegen für die Existenz und Authentizität der Totenmaske

obwohl man bereits in der Todesnacht großen Wert darauf gelegt hatte, den sanften Tod Luthers zur Beglaubigung bildlich festhalten zu lassen: So hätten »zween maler also das todte angesicht abconterfeit, einer von Eisleben, dieweil er noch im stublin auf dem bett gelegen, der andere, meister Lucas Fortenagel von Hall, da er schon eine nacht im sark gelegen.«[8] Das Werk des ungenannten Eisleber Künstlers ist verschollen; als das vom Hallenser Maler Lukas Furtenagel angefertigte Porträt wurde hingegen eine 1911 dem Kupferstichkabinett in Berlin geschenkte Pinselzeichnung identifiziert, die offenbar auch Vorlage für die in zahlreichen Kopien verbreiteten Gemälde von Luther auf dem Totenbett war.[9] Von einer Totenmaske ist erst 1710, also über 150 Jahre nach Luthers Tod, in einer Beschreibung der Marienbibliothek in Halle, in der die im 17. Jahrhundert angefertigte Effigie des am Schreibtisch sitzenden Luther als Sehenswürdigkeit zur Schau gestellt wurde, die Rede.[10]

Diese Figur, ausgestattet mit einer Wachsmaske, einer schreibenden und einer flach aufliegenden Wachshand,[11] wurde somit erstmals zu Beginn des 18. Jahrhunderts mit der Überführung Luthers von Eisleben nach Wittenberg in Verbindung gebracht: In der Nacht vom 20. zum 21. Februar 1546, als der Leichenzug in Halle Station machte, soll demnach eine To-

zurückgewiesen werden, vgl. dazu P. BRATHE, Die Lutherfigur in Halle (RelKu 15, 1918, 67-73); B. WEISSENBORN, Die sogenannte Totenmaske Luthers. Zur Frage ihres Alters (RelKu 17, 1920, 39·39); P. BRATHE, Neues Material zu »Luthers Totenmaske« (RelKu 18, 1921, 111-113).

8 Justus Jonas, Michael Cölius und Johannes Aurifaber, Bericht über Luthers Tod und Begräbnis, 1546 (CH. SCHUBART, Die Berichte über Luthers Tod und Begräbnis. Texte und Untersuchungen, 1917, Nr. 69, 66, 5-8).

9 Lucas Furtenagel, *Kopf des toten Luther*, Federzeichnung, 1546, Staatliche Museen zu Berlin, Kupferstichkabinett (Inv.-Nr. KdZ 4545); zum Verhältnis von Zeichnung und Gemälden aus restauratorischer Sicht am Beispiel der Dresdener Version des Totenbildnisses s. CH. SCHÖLZEL, Zeichnungen unter der Farbschicht. Zu den Unterzeichnungen von Cranachs Gemälden in der Gemäldegalerie Alte Meister und in der Rüstkammer Dresden (in: Cranach [Ausst.-Kat.], hg. v. H. MARX/I. MÖSSINGER, 2005, 182-197, hier 195-196).

10 KAMMER (s. Anm. 5), 25.

11 Eine ausführliche Beschreibung von Maske und Händen findet sich bei A. DIECK, Cranachs Gemälde des toten Luther in Hannover und das Problem der Luther-Totenbilder (NDBKG 2, 1962, 191-218, hier 208-211).

tenmaske in der Sakristei der Hallenser Marktkirche angefertigt worden sein, die dann als Vorlage für das Gesicht der Effigie gedient habe. Einen Beleg für diese Überlieferung gibt es jedoch nicht. Da man Luthers Sarg in Eisleben verlötet hatte[12] und die Bedingungen für eine Abformung in Halle ungünstig gewesen wären[13], gilt die Anfertigung einer Totenmaske in der Marktkirche auch bei Verfechtern ihrer Authentizität als unwahrscheinlich.[14] Es dürfte daher zu vermuten sein, dass diese Überlieferungsgeschichte auf einer nachträglichen, möglicherweise lokalpatriotisch gefärbten Legende basiert, die die Bedeutung der Luther-Effigie hervorheben sollte. Da Sitzfigur und Maske während des Reformationsjubiläums 1717 keine Rolle spielten, scheint diese Entstehungsversion aber schon zur Zeit der Überlieferung keinen besonderen Stellenwert besessen zu haben.[15]

Die Annahme, dass überhaupt eine Totenmaske von Luthers Antlitz abgenommen wurde, beruht im Wesentlichen auf zwei Beobachtungen: Zum einen, dass das Gesicht der hallischen Wachsfigur unter Verwendung einer Vorlage gefertigt wurde, und zum anderen, dass diese Vorlage mit einer gewissen Wahrscheinlichkeit von einem Toten abgenommen wurde. Der Zeitpunkt dieser ursprünglichen Abformung vom Antlitz des Toten ist unbekannt, während sich der Zeitraum, in dem Wachsmaske und -hände angefertigt oder bearbeitet wurden, ins 17. Jahrhundert datieren lässt: Durch einen Zahlungsbeleg an den Künstler Lucas Schöne ist die Erstellung einer Luther-Wachsmaske im Jahr 1663 belegt, wobei unklar bleibt, ob Schöne die Maske zu diesem Zeitpunkt komplett hergestellt, bearbeitet oder lediglich nach einer Beschädigung repariert hat.[16] Das an ihn ausgezahlte Honorar wird in diesem Zusammenhang von der Forschung widersprüchlich bewertet und interpretiert: Während es einerseits wegen

---

12 D. Matthäus Ratzeberger, Bericht über Luthers Krankheit und Tod (SCHUBART [s. Anm. 8], Nr. 81, 85,5).

13 DIECK (s. Anm. 11), 213 nennt die große Anzahl von Anwesenden, die schlechte Beleuchtung und die Tatsache, dass Luther zu diesem Zeitpunkt bereits drei Tage tot gewesen war.

14 DIECK (s. Anm. 11), 213f.; KAMMER (s. Anm. 5), 31 Anm. 2.

15 Auch die Dreyhauptsche Chronik bezeichnete 1750 die Abformung als Überlieferung, nicht als historische Tatsache, s. DIECK (s. Anm. 11), 205.

16 B. WEISSENBORN, Urkundliches zu der Lutherfigur in Halle. Ein wiedergefundenes Dokument (BCAK 2, 1926, 47-48); KORNMEIER (s. Anm. 3), 346-347.

seiner Höhe als Beleg für eine weitreichende Neuschöpfung der Maske angesehen wird,[17] gilt es andererseits wegen seiner Geringfügigkeit als Hinweis auf eine bestenfalls marginale Bearbeitung.[18]

Sofern man davon ausgehen will, dass die Maske 1663 nicht erst geschaffen, sondern lediglich repariert wurde, ist nach derzeitigem Forschungsstand eine Entstehung in der ersten Hälfte der 1630er Jahre die wahrscheinlichste Annahme.[19] Wann und von wem die Umformung der offenbar zugrundeliegenden Totenmaske zu einer wächsernen ›Lebendmaske‹ mit Glasaugen und neu modellierten Gesichtszügen vorgenommen wurde, ist dabei ebenso wenig zu bestimmen wie Herkunft und Aussehen der Ursprungsmaske. Auch die Identität des Toten muss offen bleiben, denn der im Zahlungsbeleg an Schöne genannte Name ›Luther‹ bezieht sich auf die zu schaffende oder zu reparierende Maske der Effigie und kann daher nicht als Beleg für die Existenz einer authentischen Luther-Totenmaske gewertet werden. Es muss daher festgehalten werden, dass zwischen Luthers Tod und der mutmaßlichen Entstehung der Wachsmaske mindestens 80 Jahre liegen, in denen kein einziger Hinweis auf eine Luther-Totenmaske zu verzeichnen ist.

Um die Herstellung einer Totenmaske dennoch plausibel zu machen und mit den Berichten über Luthers Tod in Übereinstimmung zu bringen, hat man versucht, in den Quellen einen versteckten Hinweis auf ihre Entstehung zu finden: Dazu griff man auf die Angaben des Berichts zurück, der dem katholischen Apotheker Johann Landau zugeschrieben wird und in dem es heißt, dass der aus Halle herbeigerufene Maler [= Lukas Furtenagel] ein zweites Bild des toten Reformators angefertigt habe, weil das erste nicht gelungen sei.[20] Mit diesem zweiten Bildnis habe Landau in Wirklichkeit die Abformung der Totenmaske gemeint, deren Anfertigung auch für die Verzögerung des Trauergottesdienstes verantwortlich gewesen sei.[21]

17 DIECK (s. Anm. 11), 213.
18 KORNMEIER (s. Anm. 3), 347. Eine Auseinandersetzung mit der konträren Einschätzung Diecks fehlt.
19 AaO 353.
20 Johann Landau (?) an Georg Witzel, 1546 (SCHUBART [s. Anm. 8], Nr. 78, 74-80, hier 79, 29-30); zur Identifizierung des Autors s. N. PAULUS, Luthers Lebensende, 1898, 67-76.
21 DIECK (s. Anm. 11), 214.

Gegen diese Konstruktion lassen sich jedoch gleich mehrere Einwände ins Feld führen: Erstens hat die Quelle – sofern sie überhaupt echt ist – eine problematische Überlieferungsgeschichte und ist (vermutlich mehrfach) polemisch bearbeitet worden, u. a. von Luthers Intimfeind Johannes Cochläus;[22] zweitens kennt (oder nennt) die Quelle den Eisleber Maler nicht, der das erste Totenbildnis anfertigte, so dass die Erwähnung eines zweiten Furtenagel-Bildes entweder auf einer Verwechslung beruhen könnte oder auf der polemischen Absicht, das angeblich schreckliche oder unwürdige Aussehen des Leichnams und eine zeitaufwändige Vertuschung anzudeuten; und drittens spricht die Quelle weder von einer Totenmaske, noch von Hand- oder Ohrabformungen. Die zweimalige Verwendung des Verbes *depingere* zur Beschreibung der künstlerischen Prozesse[23] macht es zudem unwahrscheinlich, dass hier zwei völlig unterschiedliche Techniken wie Zeichnen und Abformen bezeichnet werden sollten, zumal die Anfertigung von Totenmasken zu diesem Zeitpunkt im Mansfelder Land faktisch unbekannt war und auf jeden Fall ungewöhnlich (und damit berichtenswert) erschienen wäre.

Einen anderen Hinweis, der auf die Anfertigung einer Totenmaske hindeuten könnte, gibt es nicht. Von der genannten Umdeutung des ›zweiten Bildnisses‹ abgesehen, stützt sich die gesamte Hypothese und die aus ihr abgeleitete Chronologie bei näherer Betrachtung auf die wenig überzeugende Behauptung, dass die Ohrabformungen große Ähnlichkeit mit den auf Cranachs Luther-Porträts (wohl eher schematisiert) dargestellten Ohren hätten.[24]

II Luthers Hände?

In der Diskussion über die Echtheit der Totenmaske sind die mit ihr zusammen überlieferten Hände weitgehend unberücksichtigt geblieben, obwohl doch gerade sie vor dem Abguss eine radikale Umarbeitung er-

---

22 Vgl. SCHUBART (s. Anm. 8), 110-113; ein Beitrag des Verfassers zu dieser Quelle erscheint in Luther 83, 2012.

23 SCHUBART (s. Anm. 8), Nr. 78, 79, 14/15 u. 29/30, jeweils in Verbindung mit *pictor* (nicht *sculptor*).

24 DIECK (s. Anm. 11), 212.

fahren hatten. So wurden beide Hände vor dem Abklingen der Totenstarre – offenbar mit einiger Mühe – in Form gebracht, um den Eindruck einer schreibenden und einer auf der Tischplatte ruhenden Handhaltung zu erwecken. Dabei wurden die Finger der linken Hand gespreizt und die ganze Hand auf eine Fläche gepresst, wobei die Gelenke durch die nötige Krafteinwirkung sichtbare Beschädigungen erfuhren.[25]

Sofern man von der Echtheit der Abgüsse ausgehen will, bleibt dieses Arrangement und die mit ihm verfolgte Absicht völlig unklar; dem Argument, dass vor allem sentimentale Gründe des vermuteten Auftraggebers Justus Jonas für eine Abformung der Hände ausschlaggebend gewesen seien,[26] widerspricht die mit einiger Gewalt vorgenommene Manipulation der Finger ebenso wie der naheliegenden Annahme, dass die Hände der Beglaubigung des in den Sterbeberichten geschilderten friedlichen und christlichen Todes dienen sollten.[27] In beiden Fällen wäre die in den Quellen genannte Position mit »gefalten in einander geschlagen henden«[28], die belegen sollte, dass Luther »mit stille und großer gedult« sowie ohne »unruge, quelung des leibes oder schmerzen des todes« starb, die einzig stimmige Handhaltung gewesen – zumal die Sterbeberichte Wert auf die Feststellung legten, dass sich zum Zeitpunkt des Todes »nicht mehr ein finger noch bein« Luthers geregt habe.[29] In einer entsprechend ruhenden Haltung findet man die Hände konsequenterweise auch in den bildlichen Darstellungen von Luther auf dem Totenbett wieder.[30]

Fragen wirft in diesem Zusammenhang zudem der Umstand auf, dass der Leichnam nicht nur im Sterbezimmer, sondern anschließend auch in

25 H. HAHNE, Luthers Totenmaske (Luther 12, 1931, 74-79, hier 77).
26 DIECK (s. Anm. 11), 214-215; MAGER (s. Anm. 6), 169.
27 DIECK (s. Anm. 11), 214; KORNMEIER (s. Anm. 3), 347. Zu den Gerüchten über Luthers angeblich schrecklichen Tod vgl. die noch von Luther selbst kommentierte Schrift *Eine wälsche Lügenschrift von Doctoris Martini Luthers Tod*, 1545 (WA 54; 188-194); zum Topos des schrecklichen und/oder unwürdigen Todes in der konfessionellen Polemik s. PAULUS (s. Anm. 20), 1-55.
28 Justus Jonas an Kurfürst Johann Friedrich von Sachsen, 18. Februar 1546 (SCHUBART [s. Anm. 8], Nr. 1, 5,14).
29 Justus Jonas, Michael Cölius und Johannes Aurifaber, Bericht über Luthers Tod und Begräbnis, 1546 (SCHUBART [s. Anm. 8], Nr. 69, 64, 15-17).
30 Eine Übersicht der erhaltenen Gemälde bietet DIECK (s. Anm. 11), 200-201.

der Andreaskirche im offenen Sarg aufgebahrt wurde: Für diesen Anlass hätte Furtenagel nach dem gängigen Erklärungsschema Luthers Finger vor dem Trauergottesdienst zuerst mit Gewalt zurecht formen und sie anschließend mit erneutem Kraftaufwand wieder in die anfängliche Haltung bringen müssen, wobei die Beschädigung der Gelenke und eine Veränderung der Handhaltung unübersehbar gewesen wären. Da die Aufbahrung Luthers auch der Beglaubigung seines friedlichen Dahinscheidens diente und zahlreiche Trauergäste in der Andreaskirche die ursprüngliche Haltung der Hände bereits im Sterbezimmer gesehen hatten, muss man sich zumindest fragen, ob es wahrscheinlich ist, dass Jonas und Furtenagel das Risiko einer sichtbaren zweifachen Verformung der Hände eingegangen wären, nur um einen ›privaten‹ Abguss vornehmen zu lassen.[31]

Es muss daher festgehalten werden, dass die Schreibsituation, die durch die manipulierte Handhaltung inszeniert wurde, ebenso wie die Manipulation selbst aus den Umständen des 18. und 19. Februars 1546 nicht schlüssig zu erklären ist. Sinnvoll erscheint sie nur dann, wenn man annimmt, dass der Künstler zum Zeitpunkt der Abformung bereits gewusst hat, dass Maske und Hände einmal zu einer Effigie des schreibenden Luthers erweitert werden würden bzw. dass er selbst plante, eine solche herzustellen. Diese Annahme lässt sich allerdings kunsthistorisch nicht untermauern, da die ersten Darstellungen dieser Art erst vom Anfang des 17. Jahrhunderts bekannt sind – und dies auch nur in England und den Niederlanden.[32] Spekulationen über eine geplante »Grabfigur«, »Funeraleffigie«, »ephemere Schaufigur«, »naturalistische Grabmalsskulptur« und ein »öffentlich zugängliches Sitzdenkmal«[33] zum Zeitpunkt von Luthers Tod bleiben daher ohne ausreichende Wahrscheinlichkeit; manche dieser Vermutungen sind sogar auszuschließen: So wäre etwa die Anfertigung einer Funeraleffigie, die bei toten englischen und französischen Fürsten »als illusionistischer Ersatz der Leichen präsentiert wurden, um das entstandene Machtvakuum zu überbrücken«,[34] nicht nur der Situation unangemessen, sondern auch gänzlich sinnlos gewesen, da man in Eisleben

---

31 So Dieck (s. Anm. 11), 214-215; Mager (s. Anm. 6), 167 u. 169.
32 Kornmeier (s. Anm. 3), 352.
33 AaO 349, 350 u. 351.
34 AaO 349.

Luthers Leichnam im offenen Sarg aufbahrte und sich bei der Überführung nach Wittenberg damit begnügte, an den Stationen des Trauerzugs den verlöteten, mit einem Bahrtuch bedeckten Sarg aufzustellen. Gegen eine Skulptur spricht vor allem – wie selbst Anhänger dieser Spekulationen einräumen –, dass zu diesem Zeitpunkt »ein eigenständiges Denkmal für einen Gelehrten [...] eine große Neuheit gewesen« wäre und »bis zum Ende des 18. Jahrhunderts [...] Denkmalsstatuen weitgehend auf die Darstellung von Königen und Feldherren begrenzt« blieben.[35] Selbst wenn man annehmen will, dass die Effigie 1612 zur Eröffnung der Marienbibliothek in Halle geschaffen wurde, wäre sie »die wohl erste explizite Schau- und Gedenkfigur« gewesen, »die unabhängig von Bestattungsriten und nicht für einen Herrscher angefertigt« worden wäre.[36]

Aus dem Vorangegangenen drängt sich die Folgerung auf, dass die Abformungen der Hände eher dem 17. Jahrhundert zuzuordnen wären als dem Todesjahr 1546. Wenn man davon ausgehen will, dass Maske und Hände Teile einer gemeinsamen Überlieferung sind, wäre dies ein gewichtiges Argument für die Annahme, dass die Maske nicht von Luthers Gesicht abgenommen wurde. Setzt man dagegen weiterhin voraus, dass die Wachsmaske tatsächlich auf einer Luther-Totenmaske beruht, dann wird man angesichts des kunsthistorischen Befundes vermuten müssen, dass die Hände im 17. Jahrhundert nachträglich hinzugefügt wurden, um die gewünschte Effigie herstellen zu können. Das aber würde bedeuten, dass es sich nicht um Abformungen von Luthers Händen handelt, sondern um die eines unbekannten Fremden.

III Offene Fragen

Die angebliche Entstehungs- und Überlieferungsgeschichte der Totenmaske wirft noch weitere Fragen auf: So ist angesichts der beiden in Eisleben tätigen Maler völlig unklar, warum eine Maske »überhaupt und warum obendrein auch noch mit der Kehlkopfpartie, den Ohren und den Händen abgenommen«[37] worden sein soll. Die Dokumentation und Beglaubigung

35 AaO 351.
36 AaO 352.
37 So selbst DIECK (s. Anm. 11), 214, der die Authentizität der Maske annimmt.

des friedlichen Todes lieferte bereits die Zeichnung Furtenagels, die sich wohl aufgrund ihrer höheren Qualität gegen die Darstellung des Eisleber Künstlers durchsetzen konnte. Während die ältere Forschung noch davon ausging, dass ein Teil der Darstellungen auf der verlorenen Zeichnung des Eisleber Malers basierte, gilt heute als wahrscheinlich, dass die Gemälde von Luther auf dem Totenbett auf ein verschollenes Urbild aus der Cranach-Werkstatt zurückzuführen sind, das wiederum die Furtenagel-Zeichnung zur Vorlage hatte.[38] Wie die Lebendporträts der Cranach-Werkstatt hat auch dieses Bildnis des toten Luther als Form lutherischer Bildpropaganda weite Verbreitung gefunden. Wenn eine Totenmaske als noch glaubwürdigeres Zeugnis existierte, warum wurde sie dann – anders als die Zeichnung – nicht in den Sterbeberichten erwähnt? Wenn sie mit Zustimmung oder gar im Auftrag der Mansfelder Grafen hergestellt wurde,[39] warum gibt es im Mansfelder Land keinen Hinweis auf dieses wertvolle Relikt, vor allem, da die Grafen den Leichnam Luthers ungern nach Wittenberg hatten ziehen lassen und einen ›Ersatz‹ vermutlich gerne zurückbehalten hätten? Wenn das Abbild von Luther auf dem Totenbett zahlreiche Kopien und druckgraphische Reproduktionen erfuhr, warum gab (bzw. gibt) es dann keine Kopie der angeblichen Totenmaske in einer fürstlichen oder städtischen Sammlung? Warum finden sich keine Hinweise auf die Maske im Briefwechsel oder Nachlass der Augenzeugen Michael Coelius, Johannes Aurifaber oder Justus Jonas, der sie doch angeblich in Auftrag gegeben hatte? Und schließlich: Wenn die Maske als Beleg des friedlichen Dahinscheidens von Martin Luther dienen konnte, warum wurde sie nie als unwiderlegbarer Beweis gegen die zahlreichen polemischen Behauptungen von katholischer Seite über Luthers Tod ins Feld geführt?

Seltsam mutet das Schweigen der Quellen auch angesichts der bereits unmittelbar nach Luthers Tod einsetzenden Luther-*memoria* an: Ist es wahrscheinlich, dass, während man in Eisleben Luthers Sterbebett und

---

38 K. Kolb, Cranach und Dresden. Die Werke Cranachs in der Dresdener Gemäldegalerie, 2005, 109-113 u. Dies., Martin Luther im Tode (in: Cranach [Ausst.-Kat.], hg. v. H. Marx/I. Mössinger, 2005, Kat.-Nr. 43, 480-486), die dies anhand des Gemäldes *Martin Luther im Tode* (Staatliche Kunstsammlungen Dresden, Gemäldegalerie Alte Meister, Gal.-Nr. 1955) belegt. Gestützt wird die Argumentation durch die restauratorischen Befunde, dazu Schölzel (s. Anm. 9), 195 f.

39 So Dieck (s. Anm. 11), 214 f.; Mager (s. Anm. 6), 167.

letztes Trinkgefäß zeigte,[40] und eine wahre Sammelwut sich in den Jahren und Jahrzehnten nach Luthers Tod der echten und vermeintlichen Luther-Relikte bemächtigte,[41] ausgerechnet so einzigartige Zeugnisse wie Totenmaske und Hände unberücksichtigt und unerwähnt geblieben sein sollen? Ist es wahrscheinlich, dass man auf protestantischer Seite ausgerechnet in der ersten Hälfte des 17. Jahrhunderts, dem mutmaßlichen Entstehungszeitraum der Wachsmaske, den Besitz oder das Wiederauffinden von Luthers Totenmaske übergangen oder verschwiegen haben soll?

Unklar ist auch der Grund für die massive Überarbeitung der ursprünglichen Maske im 17. Jahrhundert und ihre fehlende Ähnlichkeit mit den überlieferten Gesichtszügen Luthers. Dass die Umformung einer Totenmaske in eine Lebendmaske mit Glasaugen Modifikationen erfordert, ist einleuchtend; dass Lucas Schöne (oder ein früherer Bearbeiter) die Maske jedoch so gravierend verändert haben soll, dass sie keine Ähnlichkeit mehr mit den auf Furtenagel zurückgehenden Totenbildnissen und den – im 17. Jahrhundert schon kanonisch zu nennenden – Luther-Porträts der Cranach-Tradition hatte, wäre zumindest verwunderlich.[42] Dies gilt umso mehr, als der Bearbeiter offensichtlich auch Gesichtspartien wie der Nase, die durch den Tod nicht wesentlich verändert werden, eine gänzlich andere Form verliehen hat.

Man hat eingewandt, dass die Bearbeitung versucht habe, das tote Antlitz allzu sehr den jugendlichen Luther-Porträts anzunähern;[43] die Einarbeitung von Krähenfüßen und tiefen Falten lässt aber im Gegenteil vermuten, dass es dem Bearbeiter eher darum ging, den Dargestellten älter erscheinen zu lassen. Betrachtet man die Alterserscheinungen auf der

---

40 Steffens (s. Anm. 1), 40 u. 95.

41 Dazu S. Laube, Von der Reliquie zum Relikt. Luthers Habseligkeiten und ihre Musealisierung in der frühen Neuzeit (in: Archäologie der Reformation. Studien zu den Auswirkungen des Konfessionswechsels auf die materielle Kultur [AKG 104], 2007, 429-466); M. Gutjahr, »Non cultus est, sed memoriae gratia« – Hinterlassenschaften Luthers zwischen Reliquien und Relikten (in: Fundsache Luther [Ausst.-Kat.], hg. v. H. Meller, 2008, 100-105).

42 Dieck räumte ein, dass die Annahme, der Wachsmaske könne »eine Originalmaske zugrunde liegen«, kaum zu glauben sei und man vielmehr den Eindruck habe, »irgendeine Phantasiefigur aus dem Barock vor sich zu haben« (Dieck [s. Anm. 11], 208).

43 Hahne, Totenmaske (s. Anm. 25), 77.

Furtenagel-Zeichnung oder das nüchterne Porträt, das Johann Reiffenstein 1545 von Luther angefertigt hat,[44] gibt es für zusätzliche, künstlich geschaffene Alterungsspuren keinen ersichtlichen Grund. Man wird sich daher zumindest fragen müssen, welche Annahme wahrscheinlicher ist: Dass der Bearbeiter des 17. Jahrhunderts eine Original-Maske bis zur Unkenntlichkeit verändert hat oder dass er versuchte, eine heute unbekannte, weit unähnlichere Vorlage dem bekannten Bild Luthers anzunähern.

IV Die ›Rekonstruktion‹ der Totenmaske

Während die Authentizität einer ursprünglichen, tatsächlich von Luthers Antlitz abgenommenen Totenmaske zwar nicht ausgeschlossen, aber nach derzeitigem Kenntnisstand äußerst zweifelhaft ist, stellt ihre 1926 vom Hallenser Arzt und Anthropologen Hans Hahne vorgenommene ›Rekonstruktion‹ eine Herausforderung ganz anderer Art dar. So ist noch vor wenigen Jahren behauptet worden, dass die im 17. Jahrhundert vorgenommenen Veränderungen an der Wachsmaske »nach fachmännischen Untersuchungen [...] mühelos erkannt und rückgängig gemacht werden« konnten und der »neutrale Wissenschaftler« Hahne damit den endgültigen Beweis für die Echtheit der Totenmaske erbracht habe.[45] Diese Darstellung ist jedoch in mehrerer Hinsicht irreführend, da weder die ›Neutralität‹ Hahnes, noch sein ›fachmännisches‹ Vorgehen einer näheren Untersuchung standhalten können.

Hans Hahne war als frühes NSDAP-Mitglied und Vorkämpfer der Rassenkunde alles andere als ein ›neutraler‹ Naturwissenschaftler: Der Arzt und Prähistoriker gehörte vielmehr zu den eifrigsten Verfechtern der völkischen Bewegung, veranstaltete die *Hallischen Jahreslaufspiele*, die der Pflege angeblich nordisch-germanischer Volksbräuche gewidmet waren, und betrieb Vor- und Frühgeschichte auf rassekundlicher Basis. Nach der ›Machtergreifung‹ wurde er für diese langjährige völkische Betätigung mit der Berufung zum ordentlichen Professor an die Universität Halle und der

---

44 Johann Reiffenstein, *Luther im letzten Lebensjahr*, Federzeichnung, 1545 (in: Evangelium Secundum Mattheum Secundum Marcum [...], Paris: Robert Stephanus, 1541, hinteres Vorsatzblatt), Stiftung Luthergedenkstätten in Sachsen-Anhalt, Signatur: ss 1007.

45 MAGER (s. Anm. 6), 170.

Ernennung zu deren Rektor ›belohnt‹. Außerdem war Hahne bis zu seinem Schlaganfall 1934 u. a. als stellvertretender Gaukulturwart des Gaues Halle-Merseburg, Referent des Ministeriums für Volksaufklärung und Propaganda und Schulungsleiter für Rassekunde im Gau Mitteldeutschland des Rasse- und Siedlungshauptamtes der SS tätig. Auf sein Wirken geht eine heute noch zum Bestand des Landesmuseums für Vorgeschichte in Halle gehörige Sammlung »germanischer Idealtypen« sowie eine Sammlung von Schädeln und Totenmasken aus Gips zurück.[46]

Die Gelegenheit, Luther anhand der Totenmaske in diese Galerie arischer Heroen einzureihen und die Aussagekraft rassisch-anthropologischer Kriterien zu belegen, ließ sich Hahne nicht nehmen – und so zeigte er sich im Fall der vorgeblichen Luther-Handabgüsse überzeugt, dass die Details einzelner Finger »ganz kennzeichnende Schlüsse auf Charakter und Wesensart des zugehörigen Menschen nach alten, in der Gegenwart wissenschaftlich neu unterbauten Regeln«[47] zuließen: »Die Verschiedenheit rechts und links, schon durch die Gewöhnung an Schreiben und Lautenspiel genugsam erklärt, mit den kurzen Nägeln, dem linken Greifdaumen und dem rechten Streichdaumen des Lautenspielers, – mit den starken Mittelfingern des sich mühenden ›Arbeiters‹, mit den gekrümmten Kleinfingern des geistig äußerst Regsamen, mit den schönen Goldfingern des künstlerisch Begabten usw.«[48] All dies, so folgerte Hahne, entspreche »charakterologisch der gemütsstarken, seelisch aktiven Persönlichkeit Luthers« und bestätigte ihn in seiner Auffassung, dass hier »eindeutig Luther erkennbar« sei[49] – ein Urteil, das bereits bei der Betrachtung der Ohren mit ihren »charaktervollen Läppchen« zur Gewissheit gereift war.[50] Wenige Jahre später konnte Hahne die nationalsozialistischen Hintergrün-

---

46 F. HIRSCHINGER, »Zur Ausmerzung freigegeben«. Halle und die Landesheilanstalt Altscherbitz 1933-1945 (Schriften des Hannah-Arendt-Instituts für Totalitarismusforschung 16), 2001, 49-50, Zitat: 50; zu Hahne ausführlich I. ZIEHE, Hans Hahne (1875-1935), sein Leben und Wirken. Biographie eines völkischen Wissenschaftlers (Veröffentlichungen des Landesamtes für Archäologische Denkmalpflege Sachsen-Anhalt 49), 1996.

47 HAHNE, Totenmaske (s. Anm. 25), 78.

48 Ebd.

49 Ebd.

50 AaO 77. Die Ohren sind auf der als Vergleich dienenden Furtenagel-Zeichnung interessanterweise nur angedeutet.

de dieser ›neutralen‹ Untersuchung ganz offen formulieren: Die Maske, so der Rassekundler, zeige Luther als Mann mit »ostisch-ostmitteldeutsch-mitteleuropäischen, ostoberdeutschen Zügen und Einschlägen alter mitteldeutscher, an die waldigen Mittelgebirge gebundener Eigenarten«[51] – auf diese Weise ›belegten‹ sich die Echtheit der Maske und die wissenschaftliche Gültigkeit der Rassenlehre scheinbar gegenseitig. Spätestens hier wird deutlich, dass Hahne gar nicht daran interessiert war zu klären, »ob es sich überhaupt, wie die Überlieferung will, um eine Luther-Totenmaske handelt«[52], wie es seinem ursprünglichen Auftrag entsprochen hatte.

Vom gleichen fragwürdigen Wissenschaftsverständnis war auch Hahnes ›fachmännisches‹ Vorgehen bei der Rekonstruktion der durch »Verschlimmbesserungen aus dem 17. Jahrhundert«[53] veränderten Original-Maske. So entfernte er an einem Abguss die als Bearbeitungen identifizierten Partien des Gesichts, um sie anschließend mit Plastilin neu zu modellieren.[54] Folgt man seiner Bestandsaufnahme der historischen Bearbeitungen,[55] so dürfte dieser Vorgang mindestens zwei Drittel, wenn nicht gar drei Viertel des Gesichtes betroffen haben, darunter die gesamte Augen-, Nasen- und Mundpartie. Nach welchen Kriterien und Vorlagen die Neumodellage erfolgte, verschwieg Hahne – aber da sich bei seinen Arbeiten »ganz eindeutig« ein Abbild ergab, »das in allen Einzelheiten sowie besonders auch durch den Gesamteindruck zweifelsfrei das Luthergesicht« zeigte,[56] darf angenommen werden, dass er entweder auf den allgemein bekannten und verinnerlichten Luther-Typus der späten Cranach-Porträts zurückgriff oder die Furtenagel-Zeichnung als direkte Vorlage verwendete – was Hahne allerdings ausdrücklich bestritt. Der Umstand aber, dass die Übereinstimmung mit der Zeichnung »bis in die Einzelheiten«[57] so überdeutlich ist, lässt an Hahnes Darstellung zweifeln, zumal er zugab, bei der Mundpartie sehr frei

---

51 H. HAHNE, Luther als mitteldeutscher Mensch (in: 450 Jahre Luther. Sonderausgabe der Illustrirten Zeitung, hg. v. O. THULIN, 1933, 4f., hier 4).
52 HAHNE, Totenmaske (s. Anm. 25), 74.
53 AaO 78.
54 AaO 76.
55 AaO 74-76.
56 AaO 76/77.
57 AaO 77.

vorgegangen zu sein.[58] Überhaupt hätten »Ehrfurcht und Liebe« ihm »die Hand geführt«[59], wodurch – wie er selbst einräumte – das vorgelegte Ergebnis als »Idealisierung« bezeichnet werden müsse.[60] Man kann daher mit guten Gründen dem Urteil Uta Kornmeiers beipflichten, dass das, »was immer wieder als ›rekonstruierte Totenmaske‹ bezeichnet« werde, mit großer Wahrscheinlichkeit »nichts anderes als eine Neubearbeitung nach dem Furtenagelschen Totenbild« ist.[61]

V Konsequenzen für die museale Präsentation

Die Frage, ob Gesicht und Hände Luthers tatsächlich nach seinem Tode abgeformt wurden und Grundlage der heute vorliegenden Abgüsse sind, muss weiterhin offen bleiben. Die Authentizität von Totenmaske und Handabformungen kann zwar nicht gänzlich widerlegt, aber auch nicht wahrscheinlich gemacht werden. Sofern keine neuen Quellen auftauchen, wiegen die Argumente gegen die Authentizität momentan jedenfalls schwer.[62]

Beide Versionen der Totenmaske sind gleichermaßen problematisch: Hahnes ›Rekonstruktion‹, weil sie eine ohne erkennbare methodische Grundlage erstellte Phantasiedarstellung ist, die einer subjektiven und pseudowissenschaftlich-rassekundlichen Motivation folgte; die Wachsmaske aus der Hallenser Marktkirche, weil nicht nur zweifelhaft ist, ob von Luthers Antlitz überhaupt eine Totenmaske abgenommen wurde, die als Vorlage dienen konnte, sondern auch, weil deren ursprüngliche Gestalt durch die Bearbeitungen des 17. Jahrhunderts eine gravierende Ver-

---

58 AaO 78.

59 AaO 79.

60 AaO 78. Hahne setzte hier die Bezeichnung »rekonstruierte« [Totenmaske] selbst in Anführungszeichen. Später sprach er sogar von einer »gereinigten« Totenmaske (HAHNE, Luther [s. Anm. 51], 5).

61 KORNMEIER (s. Anm. 3], 365.

62 Gewissheit könnte möglicherweise ein Vergleich mit Luthers Schädel liefern; ob allerdings eine solche Untersuchung anlässlich der geplanten Sanierung der Wittenberger Schlosskirche sinnvoll und vertretbar ist, kann nur unter gründlicher Abwägung aller wissenschaftlichen, religiösen und ethischen Aspekte in einer fachübergreifenden Diskussion geklärt werden.

änderung und Überformung erfuhr. Als Abbilder Luthers im Sinne einer getreuen Wiedergabe seiner Gesichtszüge im Tode, mithin als zentrale Objekte der neuen Dauerausstellung im Eisleber *Museumsquartier »Luthers Sterbehaus«*, sind beide Versionen daher nicht geeignet. Gleichwohl bleiben sowohl die ›Rekonstruktion‹, als auch die in Eisleben als Kopie ebenfalls vorhandene Hallenser Wachsmaske wichtige kulturhistorische Zeugnisse des Luther-Gedenkens, die unter Berücksichtigung ihres historischen Kontextes einen angemessenen Platz in der Ausstellung finden sollte.

Erasmus and the alleged ›*dogma Lutheri*‹ concerning War against the Turks

Von Christoph J. Steppich

Erasmus of Rotterdam wrote his treatise *Utilissima Consultatio de Bello Turcis inferendo / Most useful deliberations on War against the Turks*[1] in March 1530, half a year after the Ottoman army of Sultan Suleiman the Magnificent had unsuccessfully besieged Vienna and was feared by many to return with a vengeance, possibly to advance all the way to the Rhine. Known from earlier works for his moderate Christian pacifism, in particular since his adage *Dulce bellum inexpertis* (1515), *Educatio Principis Christiani* (1516), and the *Querela Pacis* (1517), Erasmus had condemned, again and again, the inhumanity of war as such, and had bitterly deplored and castigated the constant random warfare between the so-called »Christian« princes. Now he saw himself pressed to ponder the looming inevitability of a large-scale defensive war against a powerful non-Christian aggressor, a conflict in which, as he feared, the survival of Europe and Christendom itself might be at stake.

Together with many of his contemporaries, including Martin Luther, Erasmus regarded the astonishing success of the Turkish advances into Europe as »as the voice or the scourge of God«[2], i.e. as a warning manifestation of God's ire and a God-sent punishment for sinful Christianity.

---

1 Desiderius Erasmus Roterodamus, *Utilissima Consultatio de bello Turcis inferendo et obiter enarratus Psalmus XXVIII* (Basileae: Hieronymus Froben, 1530); also in: *Desiderii Erasmi Roterodami opera omnia*, ed. J. LE CLERK, (LB 5, 1706, repr. 1962, 345-368); modern critical Latin edition by A. G. WEILER (ASD V-3, 1986); English edition, with introduction and annotations, by M. J. HEATH (CWE 64, 2005, 197-266).

2 HEATH (s. n.1), 203; cf. C. A. PATRIDES, „The Bloody and Cruell Turke«:The Background of a Renaissance Commonplace (Stud Renaiss 10, 1963, 126-135); J. W. BOHNSTEDT, The Infidel Scourge of God: The Turkish Menace as seen by German Pamphleteers of the Reformation Era (TPS, N. S. 58, 1968, 5-23).

The central message of his *Consultatio* is, accordingly, the insistence on the need for Christians to repent so that their compunction and spiritual renewal might placate God's wrath – as a first step long before they should even think of taking any military measures against the Turks:

> If we really want to heave the Turks from our neck, we must first expel from our hearts a more loathsome race of Turks [*teterrimum Turcarum genus*], avarice, ambition, the craving for power [...], anger, hatred, envy; having slaughtered these with the sword of the spirit, let us rediscover a truly Christian spirit and then, if required, march against the flesh-and-blood Turks under the banners of Christ and with him as our champion defeat them.[3]

When assessing already existing positions and attitudes towards war against the Turks, Erasmus refutes, on the one hand, the blind eagerness of those who plead for a crusading-style »Holy War« in the name of God in which the killing of Turks should be deemed a meritorious act in itself for the mere reason that they were »Infidels.« On the other hand, he rejects the »extreme pacifist« stance of those who – like the non-violent branch of the Anabaptists – maintained as a matter of principle that Christians were denied the right to make war under any circumstances.[4] A third position Erasmus takes issue with is what he calls the *dogma Lutheri* in the Turkish question:

> Now I deal with those who are pleased with Luther's doctrinal tenet [*dogma Lutheri*] in which he holds that those who wage war against the Turks rebel against God who chastises our wickedness through them. The Parisian Theologians cen-

3 ASD V-3, 243; CWE 64, 242. For a detailed analysis and evaluation of the main arguments of Erasmus' *Consultatio* see, besides Weiler's and Heath's introductions to their Latin and English editions, the following studies: M. CYTOWSKA, Érasme et les Turcs (Eos 62, 1974, 311-321); J-C. MARGOLIN, Érasme et la guerre contre les Turcs (PPol 13, 1980, 3-38); A. G. WEILER, The Turkish argument and Christian piety in Desiderius Erasmus' *Consultatio de bello Turcis inferendo* (1530) (in: Erasmus of Rotterdam: The Man and the Scholar. Proceedings of the Symposium held at the Erasmus Univ. Rotterdam, 9-11 Nov. 1986, ed. J. SPERNA WEILAND and W. T. FRIJHOFF, 1988, 30-39); M. J. HEATH, Erasmus and War against the Turks (in: Acta Conventus Neo-Latini Turonensis, Sept. 1976, ed. J-C. MARGOLIN, 1980, 991-999); M. J. HEATH, Erasmus and the Infidel (ERSY 16, 1996, 19-33); N. HOUSLEY, A Necessary Evil? Erasmus, the Crusade, and War against the Turks (in: The Crusades and their Sources: Essays presented to B. HAMILTON, ed. J. FRANCE and W. G. ZAJAK, 1998, 259-279).
4 ASD V-3, 52-54; CWE 64, 232-233.

sured this sentence with the following words: »This proposition, when understood universally [i.e. without any qualifying restrictions], is false and not in conformity with the Holy Scriptures.[5]

The sentence condemned by the Theological Faculty of the Sorbonne as Martin Luther's stance on war against the Turks,»Praeliari adversus Turcas est repugnare Deo visitanti iniquitates nostras per illos« [»To fight against the Turks is to resist God who punishes our iniquities through them«][6], which was issued together with other anti-Lutheran censures in April 1521, is, at closer inspection, a verbatim repetition of the thirty-fourth of altogether forty-one specific errors ascribed to Martin Luther in the Roman bull *Exsurge Domine* (15 June 1520) of Pope Leo X.[7] Many of Luther's opponents seem to have taken this concise Roman condemnation formula at its face value, convinced, or at least pretending, that it adequately represented Luther's attitude toward the Turkish threat. Soon widely publicized, it had caused the impression that Luther went far beyond the widespread view of the Ottoman Turks as the rod of God's wrath against impenitent Christianity, by supposedly preaching that any resistance against their military advances, even when undertaken by the lawful civil authorities in charge of defending their countries, would amount to sinful rebellion against God.[8]

---

5 ASD V-3, 54; translation by C.S.; M.J. Heath, in CWE 64, 234, translates the beginning of the passage as follows: »Now I come to those who agree with Luther's contention, in which he claims that those who make war on the Turks are rebelling against God, who punishes our sins through them«, a somewhat freer rendition of the Latin text which says: »Nunc cum his ago, quibus placet Lutheri dogma, quo censet eos qui belligerantur cum Turcis rebellare Deo per illos nostra celera castiganti.«

6 Contained in the *Determinatio theologicae facultatis Parisiensis super doctrina Lutheriana hactenus per eam visa* of 15 April 1521 (in: C.E. du Boulay, *Historia universitatis Parisiensis*, 1665-1673; repr. 1966, VI, 116-127).

7 See DH[38], 1999, 492; cf. P. FABISCH and E. ISERLOH, eds., Dokumente zur Causa Lutheri (1517-1521) (CCath 41-42), 1988-1991, II, 383-384.

8 The Viennese humanist and imperial diplomat Johannes Cuspinianus speaks of this position, allegedly held by Luther, as something generally known when, under the immediate impression of the destruction wrought by the Turks in Hungary at and after the Battle of Mohács (1526), he admonishes: »Don't falter by giving in to the hollow persuasions of a certain person who pretends that fighting against the Turks means fighting

Apparently agreeing with the anti-Lutheran censure of the Parisian theologians, Erasmus can easily refute this alleged *dogma Lutheri* by showing, in his *Consultatio*, that if it was wrong to fight the Turks because they were being used by God as an instrument to chastise sinful Christendom, Christians would, by the same logic, also rebel against God's will if they call a doctor to get healed from a sickness that might have been sent by God to discipline and cleanse them. Or, to state it over-subtly, they would not even be allowed to resist the ruses and attacks of the devil which God permits as a device to tempt and test them.[9]

The question is, however, whether Erasmus did Luther justice by nailing the German reformer down on what he calls the *dogma Lutheri*, as condemned by Rome and Paris in 1520/21 – a question which appears to have not received any explicit attention from modern Erasmus and Luther scholarship. Luther did not get down to publish anything that would specifically deal with the Turkish threat until April 1529, when his *Vom Kriege wider die Türken / On War against the Turks* appeared[10] (the printing of which was delayed for several months by circumstances beyond his control). In September 1529 followed Luther's *Heerpredigt wider den Türken / An Army Sermon against the Turk*,[11] which had been written under the immediate impact of the Ottoman siege of Vienna. A main purpose of both tracts is to show how Christians can fight with a clean conscience in a defensive war against the Turks. They make it clear that Luther refutes any papal instigation and any Church involvement in the anti-Turkish military defense, reserving the duty of repelling the Turkish aggressor exclusively to the holders of the secular power. At the same time, Luther exhorts his German followers to prepare for this war with prayer and a contrite heart in order to first reconcile with God and then lend their armed fist to military combat in obedience to the emperor's command.[12]

against God.« Quoted after C. GÖLLNER, Turcica, III: Die Türkenfrage in der öffentlichen Meinung Europas im 16. Jahrhundert, 1978, 195; cf. WA 30,2; 95.

9 ASD V-3, 58; CWE 64; 237; Cf. Eph 6, 11 and 1 Pet 5, 9.

10 WA 30,2; 107-148.

11 WA 30,2; 160-197.

12 Among the vast and steadily growing literature on Luther's attitude toward Islam and the Turks, see in particular the following studies that pay closer attention to *Vom Kriege*

Recently the question has arisen whether Erasmus had read Luther's *Vom Kriege wider die Türken*, or if he knew at least about its contents, before he composed his *Consultatio*, given the fact that his own treatise shows close parallels and unmistakable similarities with Luther's tract.[13] From Erasmus' correspondence with a friend, Bonifacius Amerbach in Basel, we know that he was well aware of Luther's new publication on the subject and that he was eager to read it: He had asked Amerbach early in the year 1530 to send to him »as soon as possible« a copy of Luther's »new booklet« on war against the Turks to nearby Freiburg im Breisgau, his residence at the time, which he received shortly after.[14] Did this give Erasmus enough time to familiarize himself with Luther's »new booklet« before the publication of his own treatise, in the middle of March 1530? The opinions of A. G. Weiler, editor of the *Consultatio* in the Amsterdam Latin edition (ASD) of Erasmus' *Opera Omnia*, and Michael Heath, editor of the new English version of the treatise in the *Collected Works of Erasmus* (CWE), differ slightly in this respect. Weiler leaves the question open,

wider die Türken and Heerpredigt wider den Türken: H. LAMPARTER, Luthers Stellung zum Türkenkrieg, 1940; G. W. FORELL, Luther and the War against the Turks (ChH 14, 1945, 256-271); H. BUCHANAN, Luther and the Turks 1519-1529 (ARG 47, 1956, 145-160); K. M. SETTON, Lutheranism and the Turkish Peril (BalS 3, 1962, 133-168); E. GRISLIS, Luther and the Turks (MW 64, 1974, 180-193 and 274-291); R. MAU, Luthers Stellung zu den Türken (in: Leben und Werk Martin Luthers von 1526 bis 1546. Festgabe zu seinem 500. Geburtstag, ed. by H. JUNGHANS, 1983, 647-662 and 956-966); G. RUPP, Luther against the Turk, the Pope, and the Devil (in: Seven-Headed Luther. Essays in Commemoration of a Quincentenary, 1483-1983, ed. by P. NEWMAN BROOKS, 1983, 256-273); J. T. BALDWIN, Luther's Eschatological Appraisal of the Turkish Threat in *Eine Heerpredigt wider den Türken* (AUSS 33, 1995, 185-202); M. BRECHT, Luther und die Türken (in: Europa und die Türken in der Renaissance, ed. by B. GUTHMÜLLER and W. KÜHLMANN, 2000, 9-27); G. J. MILLER, Luther on the Turks and Islam (in: Harvesting Martin Luther's Reflections on Theology, Ethics, and the Church, ed. by T. J. WENGERT, 2004, 185-203); A. S. FRANCISCO, Martin Luther and Islam: A study in sixteenth-century polemics and apologetics, 2007.

13 See HEATH, Erasmus and War (s. n.3), 995: »In fact, Erasmus agrees in the *Consultatio*, presumably without realizing the fact, with many of the arguments of the *Vom Kriege*, particularly on the role of the Church in war and on the question of the divine scourge.« Cf. also HEATH's introduction to Erasmus' *Consultatio*, CWE 64, 207, and E. RUMMEL, Erasmus Reader, 1990, who draws attention to the conclusions of Erasmus' *Consultatio* and Luther's *Vom Kriege* which she finds »strikingly similar« (315).

14 ALLEN Ep. 2279; cf. Allen's introductory comment to this letter.

yet he ponders the possibility that reading Luther's *Vom Kriege* might have been the decisive prompt that induced Erasmus to finally write his own treatise on the subject while forcing him, at the same time, to dissimulate his basic agreement with Luther on this topic.[15] Heath, on the other hand, maintains that the requested book did not arrive in time to be used by Erasmus[16] but suggests instead that he must have had indirect knowledge of the contents of Luther's *Vom Kriege* from reading an anti-Lutheran satirical tract by Johannes Cochlaeus: The polemical *Dialogus de bello contra Turcas, in antologias Lutheri*, of June 1529, which exploits purported contradictions between opinions imputed to the younger Luther of 1518 and the newest stance of »Palinodus« (= the »recanter«) who is supposed to represent the later Luther of 1528/29, i. e. the author of *Vom Kriege*.[17]

Yet regardless whether Erasmus had personally read Luther's new tract on war against the Turks or, as Heath assumes, had only indirect knowledge of it through Cochlaeus' polemical *Dialogus*, the obvious question remains why he intentionally ignores Luther's new detailed publication that unambiguously expressed his views on the subject, and instead tries to tie him down to a position that Luther had allegedly adopted more than a decade earlier – a course of action which in itself raises already some doubt about his academic honesty and plain dealing with the German reformer.

The present study intends to approach this problem of Erasmus' scholarly sincerity and fairness towards Luther in the Turkish question from a different ankle, going one step further by moving back in time. Instead of dwelling on his perhaps only simulated ignorance of Luther's *Vom Kriege* of 1529, it will propose that the Dutch humanist, closely familiar with Luther's early output, must have been aware from the very beginning that

---

15 A.G. WEILER, *La Consultatio de Bello Turcis inferendo*: une œuvre de piété politique (in: Actes du Colloque international Érasme [THR 239], ed. J. CHOMARAT et al., 1990, 99-108), at 102.

16 HEATH, CWE 64,203; cf. HEATH, Erasmus and War (s. n.3), 995: »But if Erasmus read the book [i.e., Luther's *Vom Kriege*] at all, it was *after* the publication of the *Consultatio*.«

17 HEATH, CWE 64, 205 and 207. Cf. Johannes Cochlaeus, *Dialogus de bello contra Turcas in Antilogias Lutheri* (Leipzig: Valentin Schumann, 1529); microfiche repr. (in: Flugschriften des frühen 16. Jahrhunderts, ed. H-J. KÖHLER et al., 1981, fiche 757-758, Nr.1933).

what he refers to in his *Consultatio* as the *dogma Lutheri* concerning war against the Turks, as condemned by Rome and the Sorbonne, was in fact not even the earlier Luther's authentic opinion on the issue: That it was rather the result of the manipulation and curtailment of a single short passage – essentially a polemical, ironical aside – in Luther's *Resolutiones disputationum de indulgentiarum virtute / Explanations of the Ninety-Five Theses concerning the Value of Indulgencies*[18] of 1518, which was taken out of context and given a distorting interpretation in order to trim it down to a catchy anti-Lutheran formula.

The argument will proceed in three stages: A first step (I) will determine the function and meaning of this early short statement on fighting the Turks, as intended by Luther, as well as the nature of its misrepresentation in *Exsurge Domine* – and in the respective Parisian censure – by establishing its immediate argumentative context. In doing so, special attention will be given to its sarcasm, hyperbolic nature and polemic thrust, together with its broader referential background: Luther's critical reflections based on his central concern – already voiced in his *Ninety-Five Theses* – with certain developments in the officially adopted doctrine and praxis of the indulgences, and his criticism of the ways they were preached to the faithful. A further step (II) will draw attention to the fact that Erasmus himself was an early and often sarcastic critique of papal warmongering and crusading plans against the Turks, but also of the church-promoted indulgences traffic. It will be argued that back at the time of the promulgation of *Exsurge Domine* Erasmus should have neither had a problem with identifying Luther's similar authentic intention, nor with realizing that the ironical statement in question had been ripped from its defining context and refashioned into an officially sanctioned weapon against the German reformer. The third and final step (III) will try to lay open the main reason why Erasmus, nevertheless, opted in his *Consultatio* to nail Luther down to the respective anti-Lutheran Parisian condemnation formula that repeated the Roman censure of *Exsurge Domine*.

18 WA 1; 525-628; LW 31, 81-252.

I

Luther's isolated short reference to war against the Turks occurs in *Reso-lutio* 5 and refers indirectly, in passing, to ongoing preparations for an anti-Turkish military offensive planned by the highest representatives of the church. Its immediate context is part of Luther's critical questioning of the claim that the pope's power to grant pardons and amnesty is not confined to removing church penalties (like excommunication and other punishments decreed by canon law), but that it can also remit divinely imposed punishments for sins committed, and that it even extends, beyond death, into purgatory.[19]

The fifth of Luther's *Ninety-Five Theses* had already asserted: »The pope neither desires nor is he able to remit any penalties except those imposed by his own authority or that of the canons«.[20] After repeating this statement at the beginning of *Resolutio* 5, Luther lists and discusses the different types of punishments which, in his view, cannot and do not fall under the pope's jurisdiction and authority. Among them are the spiritual penance and self-inflicted »evangelical punishments« which consist in a person's acceptance of suffering and cross in Christ's name, including the exercises of voluntary self-mortification that the Gospel recommends to all Christians in this lifetime. Then, there are the two forms of punishments that divine justice might exact after an individual's death, namely

19 As it is well-known, this particular understanding of the papal »power of the keys«, a tenet itself derived from the traditional interpretation of Mt 16,19, is based on the medieval scholastic *theologoumenon* (and later official Catholic doctrine) that the pope can freely dispose of the so-called »treasure of the Church«, i.e. the inexhaustible merits of Christ as well as the »surplus« merits of the saints, and that he can apply them at will to the suffering souls in purgatory to make up for their own shortcomings and »speed up« their admittance into heaven. See S.H. HENDRIX, Luther and the Papacy. Stages in a Reformation Conflict, 1981, 24-25; B. MOELLER, Die letzten Ablaßkampagnen. Der Widerspruch Luthers gegen den Ablaß in seinem geschichtlichen Zusammenhang (in: Lebenslehren und Weltentwürfe im Übergang vom Mittelalter zur Neuzeit, ed. H. BOOCKMANN et al., 1989, 539-567), at 542. For more detail see N. PAULUS, Geschichte des Ablasses im Mittelalter vom Ursprunge bis zur Mitte des 14. Jahrhunderts, 1922/23, II, 167-169; III, 380-386.
20 LW 31, 89-97; WA 1; 534-538.

either eternal damnation or temporary penalties in purgatory. As an additional form of divinely imposed punishment, Luther mentions

> God's correction and scourging, concerning which Psalm 89 says: »If however, his
> children shall sin and not keep my law, I will punish their iniquities with the rod
> and their sins with the scourges of men.« Who would doubt that this punishment
> is beyond the power of popes?[21]

Not the papal power of the keys, but sometimes the tears and the »prayer of faith« for others may help to remove or relieve such scourges or chastisements that were sent or permitted by God, such as the sickness and fever that has befallen one of the brethren in the church community [cf. Jak 5, 14–16]. Not a papal dispensation, but deep-felt remorse expressed in acts of self-inflicted punishment might assuage God's anger, as we are taught by the biblical example of the people of Niniveh who, according to Jon 3, 5–10, turned to fasting in sackcloth and ashes: They »humbly scourged themselves by their penances and thereby managed to avert the rod of destruction intended for them.«[22]

In order to drive home his point that divinely imposed and sanctioned punishments, the acts of »God's correction and scourging«, are beyond any interference by the papal power of the keys, Luther continues on a sarcastic note:

> Otherwise, if a priest of the church, whether he be of high or low rank, can remove
> God's punishment by the power of the keys – may he, then, also drive away plagues,
> wars, insurrections, earthquakes, fires, murders, thefts, as well as the Turks, Tar-
> tars, and other infidels;[23] none but a poor Christian would fail to recognize in these

---

21 LW 31, 91; WA 1; 535.

22 Ibid.

23 »[...] may he, then, also drive away [...] (plagues, wars, etc.)«: Corrective translation by
C. S., instead of the grammatically faulty »then he also drives away [...]« in LW 31, 91.
The Latin text has »pellat ergo pestes, bella [...]«. By mistaking *pellat*, the 3rd person
singular present subjunctive of *pellere* [here: »to chase away; to dispel«], for the in-
dicative form *pellet*, the English translation in LW, by CARL W. FOLKEMER, also misses
the evident irony of this passage: If the pope or any priest whosoever is indeed able to
countermand and cancel divinely decreed punishments by that claimed power of the
keys, why doesn't he then freely use it, out of the goodness of his heart, to take away
this whole Pandora's box of God-sent evils, including the Turks and other infidels that
threaten and beleaguer Christianity?

the lash and rod of God. For Isa 10 says, »Ah, Assyria, the rod of my anger, the staff of my fury. In its hand is my indignation«.[24]

Here the allegedly limitless power of the keys, said to be even able to reduce or completely nullify God's justly decreed punishments that affect the souls in purgatory, is being ironically questioned in its efficacy to revoke these divinely enforced penalties in the otherworld since it is obviously not even powerful enough – as Luther points out indirectly – to counteract or make disappear the more tangible forms of chastisement through which God's indignation manifests itself in this present world. This sarcastic remark is immediately followed by a kind of afterthought of hardly less subversive irony, in which Luther admits that the same people certainly try their best to make up for this inefficacy of the supernatural power of the keys (when it comes to chasing away the Turks) by resorting to more »worldly« means:

> Although, admittedly, quite a few, and exactly the same high-ranking persons in the church, now dream of nothing else but wars against the Turk; that is to say, they are intent on fighting not against iniquities, but against the rod that is punishing iniquity, and thus they are going to resist God who says that he chastises our sinfulness with this rod, since we fail to punish ourselves for it.[25]

Quite obvious in the center of this provocatively ironical second statement is the direct reference to the then widespread double assumption

24 LW 31, 91-92; cf. Is 10,5. In its entirety, this important passage reads in the Latin text as follows: »Alioqui si sacerdos ecclesiae sive summus sive infimus potest hanc poenam potestate clavium solvere: pellat ergo pestes, bella, seditiones, terremotus, incendia, caedes, latrocinia, item Turcas et Tartaros aliosque infideles, quos esse flagella et virgam dei nemo nisi parum christianus ignorat. Dicit enim Isa: x. Vae Assur! virga furoris mei et baculus ipse est. In manu eius indignatio mea« (WA 1; 535,30-35).

25 Translation by C.S. In the Latin original, the sentence reads as follows: »Licet plurimi nunc et iidem magni in ecclesia nihil aliud somnient quam bella adversus Turcam, scilicet non contra iniquitates, sed contra virgam iniquitatis bellaturi deoque repugnaturi, qui per eam virgam sese visitare dicit iniquitates nostras, eo quod nos non visitamus eas« (WA 1; 535,35-39). The translation in LW 31, 92 somewhat diminishes the obvious emphasis on the high church leaders: »Many, however, even the ›big wheels‹ in the church, now dream of nothing else than war against the Turk. They want to fight, not against iniquities, but against the lash of iniquity and thus they would oppose God who says that through that lash he himself punishes us for our iniquities because we do not punish ourselves for them.«

that God was using the Turks as his scourge to punish unrepentant Christendom, similar to the way Isaiah had threatened that God would send
Assur/Assyria as the instrument of his fury to chastise unfaithful Israel.
And that the indispensible precondition for assuaging God's anger and for
regaining his favor, as the only basis for any hope to successfully ward off
the Turks, would be the serious effort of all Christians to amend their lives
in the face of God through repentance and atonement.[26]

The whole passage, with its double reference to the Turks and the
Turkish war, is tinged with sarcasm and amounts, in the given context,
to hardly more than a provocative aside. The ironical discourse used in
its first part is reminiscent of the type of pointed arguments and cynical
questions about indulgences and clerical greed, including witticisms and
»disrespectful« talk about the Holy See and the pope's power of the keys,
which at the time of Luther's own public criticism had already emerged
as a popular form of critical reaction and indirect protest against the
indulgences-traffic in certain parts of Germany. They were among the
jokes and wisecracking stories that circulated in inns and taverns [*fabulae
in tabernis*],[27] as Luther pointed out in his letter to Pope Leo X of May 1518
which accompanied the *Resolutiones* he had sent to Rome. As Wilhelm
Winterhager has demonstrated, Luther actually spent more than ten per-
cent of the entire text of his *Ninety-Five Theses*, namely theses 81 through
90,[28] on drawing attention to this sort of shrewd questions and sarcastic
remarks of the less gullible among the lay people who had turned to that
subversive form of ridicule and cynical criticism to vent their indignation
over the scandalizing money-making practices of the preachers of the so-
called Saint Peter's indulgences.[29]

26 This was a basic conviction shared by both Luther and Erasmus. See Heath's introduction to Erasmus' *Consultatio*, CWE 64, 207, and passim. Cf. E. RUMMEL, Erasmus, 2004,
   65.
27 WA 1; 527f.
28 WA 1; 237f.
29 W. WINTERHAGER, Ablaßkritik als Indikator historischen Wandels vor 1517. Ein Beitrag zu
   Voraussetzungen und Einordnung der Reformation (ARG 90, 1999, 6-71), in particular 13-
   15. In his *Resolutiones*, Luther keeps blaming the indulgences preachers for successfully
   luring the gullible part of the population with their false promises, while he points out,
   at the same time, that devout minds were revolted by their shameless exploitation of

One of the favorites among these popular »irreverent« quips and questions went like this: If the pope really has the power to grant the departed souls in purgatory impunity from God's punishments, why, then, doesn't he make the very best use of this great privilege by freeing every single suffering soul from purgatory for nothing else than »for holy mercy's sake,« simply out of the goodness of his heart, instead of stingily limiting his generosity just to the ones for whom somebody was prepared to put a financial contribution for the construction of Saint Peter's cathedral into the money chest?[30]

While this type of popular »disrespectful« criticism and questioning of the papal power of the keys may have inspired the similarly cynical first part of the above-mentioned double reference to the Turks (i. e. Luther's own sarcastic comment on the obvious inefficiency of the power of the keys when it comes to averting Turks, Tatars and other God-sent punishments experienced in this world), the provocative irony of its second part, concerning the highest church representatives and their obsession with war against the Turks, is of a somewhat different kind. It lies primarily in the hyperbolic nature of the statement and the use of an over-simplifying argument that leads to a paradoxical subversive inference. Luther makes frequent use of the rhetorical device of hyperbolic over-exaggeration in order to drive home his point – usually to expose the inadequacy, absurdity or inherent contradiction of the position he attacks. This is most evident in an example found in *Resolutio* 35 [LW 31, 186-188[31]] which, at the same time, shows clearly that these purposeful exaggerations and intentionally preposterous conclusions are not supposed to be taken literally. Expressing his irritation with the *Instructio Summaria* of Albrecht of Brandenburg, archbishop of both Magdeburg and Mainz,[32] which directed the preachers

the people's piety, and other, more cynical observers reacted to the church-authorized wholesale of indulgences by making church and clergy the target of their ridicule and tavern jokes [»alios per tabernas ridere et sanctum sacerdotium Ecclesiae manifesto ludibrio habere«] (WA 1; 625; LW 31, 247). Cf. WINTERHAGER (s. n.29), 16.

30 See *Thesis* 82 (WA 1; 237) and the corresponding *Resolutio* in WA 1; 625 (LW 31, 32 and 247; cf. also 158 and 166).

31 WA 1; 591-592.

32 See E. ISERLOH et al., Reformation and Counter Reformation, tr. by A. BIGGS and P. W. BECKER (History of the Church V), 1980, 44-46, for a short account of the *Instructio Sum-*

who sold papal letters of indulgences to tell the faithful »that contrition is not necessary on the part of those who intend to buy souls out of purgatory or to buy confessional privileges,«[33] Luther asks: If it was indeed true that the spiritual disposition of the ones who buy indulgences did not matter at all, why, then, »do we not call upon the Turks and Jews to contribute their money with us also«, adding, tongue in cheek, »not, of course, because of our greed, but for the redemption of souls.«[34] In further mock-adoption of the attacked argument, Luther then drives it to its absurd extreme by concluding: »I believe that even if a jackass deposited gold, he would also redeem souls (from purgatory).«[35] Now, in spite of the fact that this last sentence explicitly starts with the words »I believe that [...]«, nobody in

maria and the well-known »deal« between Albrecht of Brandenburg and Pope Leo X who authorized Albrecht to sell letters of plenary indulgences for the living and the dead in his newly acquired German bishoprics as well as in the Brandenburg area, and who directed him that half of the proceeds of these indulgencies sales should be spent for the rebuilding of Saint Peter's Basilica in Rome, whereas the other half should be used to repay the immense debt still owed to the Roman curia for his elevation as archbishop of Magdeburg, administrator of the diocese of Halberstadt, and archbishop-elector of Mainz. For the text of the *Instructio Summaria* see W. KÖHLER, ed., Dokumente zum Ablassstreit von 1517, ²1934, 104-124.

33 *Thesis* 35 / *Resolutio* 35 (LW 31, 28 and 186); see KÖHLER (s. n.32), 116. Cf. also *Thesis* 27 / *Resolutio* 27: »They preach only human doctrines who say that as soon as the money clinks into the money chest, the soul flies out of purgatory« (LW 31, 27 and 175–176).

34 LW 31, 186. A perhaps better known later instance where Luther uses the Turks as a – negatively charged – instance for comparison in an ironical hyperbolic statement occurs in the Twenty-Fifth Article of his »Grund und Ursach aller Artikel D. Martin Luthers, so durch römische Bulle unrechtlich verdammt sind« (March 1521): Quoting John 21, 15-19, where Christ asks Peter three times: »Peter, do you love me?« and Peter answers three times: »Yes Lord, I love you«, which is followed by Christ's double command to tend his lambs and, finally, also to tend his sheep, Luther takes issue with the claim that the pope is the successor of Peter: »Three times Christ demands love from St. Peter before he commends the sheep to his care. This shows clearly that the tending of the sheep does not belong to him who is without love. And since the pope and the papacy are without love, ›tending the sheep‹ cannot refer to [...] the loveless rule and power of the papacy. If we are willing to allow Christ's words to be thus torn to pieces and distorted, I might as well say that the rule of the Turk [– stereotypically decried as savage and cruel by Luther's contemporaries –] means tending the sheep.« (LW 32, 71-72; WA 7; 416; translation and brackets by C.S.).

35 LW 31, 186.

217

his sober mind, not even among Luther's most narrow-minded opponents, could possibly miss its irony and seriously contend that another condemnable *dogma Lutheri* consisted in his assertion that even animals, and in particular jackasses, are able to free souls from purgatory as long as they put the required sum into the indulgences money chest.

The second part of Luther's above-quoted provocative aside uses the device of sarcastic exaggeration and subversive inference in a similar way, this time by exploiting and over-stressing, or rather over-simplifying, a seemingly logical connection between two disparate assertions concerning the Turks. Again, the objective reader should have no difficulty discerning his sarcasm and realizing that the continued pervasive irony acts like a red flag to indicate that what is said here is intentionally lopsided, spoken in a kind of bitter facetiousness, and should not be taken« at its face value. Luther comes back to what he shortly before had referred to as a genuine Christian conviction, namely the generally held idea that God uses the Turks as his »rod of his anger« the same way as in the Old Testament he is said to have used Assur against Israel. But now Luther gives this concept a provocative twist by juxtaposing it with the generalizing statement that the highest church officials »dream of nothing else but war against the Turks«, at the expense of the duty of their pastoral office to battle against and ward off sin. The implicit assumption that God himself is waging a sort of warfare against the sinfulness of Christianity, in which the Turks serve him as a means to reach his purpose, receives an unexpected explosiveness when Luther puts it into this antithetic contrast to the church leaders' alleged factual behavior: By stressing the opposition between the war »against iniquity« which they are indeed supposed to lead but, as a matter of fact, seem to neglect or ignore, and a war which they eagerly strive for, but which – at least in Luther's eyes – is none of their business, or should at least not be their primary concern. One might argue about where exactly the fallacy of his over-simplifying »sophistic« argument lies, but Luther makes only explicit what seems to follow logically from the given premises: If »they have no intention of fighting against iniquities, but instead against the rod that is punishing iniquity«, then they find themselves in diametrical opposition to and on a direct collision course with God's own apparent intention. The paradoxical consequence of this pointedly simplistic subversive argument is thus that it is exactly the ones that God has chosen as his protagonists in the battle against sin who end up fighting God himself.

There is no denying that Luther uses this ironical paradox as another sarcastic squib at the expense of the pope and the Roman Curia. Instead of preaching and instigating war against the Turks, the leaders of the church should rather stick to preaching the Gospel and its central call for conversion and repentance.[36] Stretching the contrast between their obsession with war against the Turks and their neglected duty to lead war against sin to the point where its last and absurd consequences become apparent, he intentionally exaggerates in order to drive home his point, this time to reveal the basic incongruity in the church leadership's flawed understanding of its priorities.[37] Yet even as an expression of Luther's sarcasm, the passage

36 The sharp contrast Luther establishes between their eagerness to fight the Turks and their apparent imperviousness to the demands of fighting sinfulness points to an even deeper dimension of factual irony: Since the divinely ordained protagonists in the battle against sin are blamed for being oblivious to this most urgent of their pastoral duties, they also appear as the ones who have forced God in the first place to step in and do the job they are unwilling to do: They leave God no other choice for dealing with sinful Christianity than to use the Turks as his rod of anger and tool of discipline.

37 A similar strategy involving ironical inference and a perplexing conclusion can be found in Luther's provocative argument towards the end of the first half of his long *Resolutio* 58 where, again, he takes issue with the *theologoumenon* of the »treasures of Christ« and the pope's alleged power to apply them when granting indulgences. Exploiting an apparent inconsistency and contradiction between two traditional theological doctrines, namely the position of »St. Thomas and St. Bonaventura and their followers«, on the one hand , who unanimously insist »that good works are better than indulgencies« and, on the other hand, an opinion continually maintained »by all teachers«, namely that »the merits of Christ are applied and administered through indulgences«, Luther reaches a subversive conclusion: »Here I conclude with this inference. Unhappy is he who does not put aside his good works and seek the works of Christ alone, that is, indulgences, since it would be the greatest blasphemy of all for one to prefer his own good works over the works of Christ. Therefore either the works of Christ are not the treasury of indulgences or else that person is a most arrogant and wretched individual who does not disregard all the commandments, even the divine commandments, and only purchases indulgences, that is, the merits of Christ.« (LW 31, 218; WA 1; 609). See B. A. FELMBERG, Die Ablasstheologie Kardinal Cajetans, 1998, 336-337: Drawing attention to the »sophistic ways« and dialectic subtleties which Luther adopted from the scholastics as a favorite tactic to show them their own incongruities (337), Felmberg observes, with

cannot be isolated from its surrounding textual background. In the given context within the *Resolutiones*, the reproach that the highest church leaders, i.e. pope and bishops, do »not wage war against sin« is directly related to and not separable from Luther's main concern throughout this whole document: Namely his deep-felt conviction that the new emphasis of the official church on proclaiming indulgences as the ultimate pastoral commodity, at the expense of preaching from the pulpits the authentic Word of God with its insistence on life-changing repentance,[38] is liable to lead the faithful astray. That it diminishes their fear of God by advertising a seemingly easy means to circumvent his fair and salutary punishments for their sins, and that it lulls them into a false sense of security, as if the mere purchase of indulgences letters could assure them of their salvation. The pope, whom Luther, at the time, was still willing to respect as the Vicar of Christ,[39] should lead Christians to the readiness to accept Christ's cross and the suffering that results from their own sinfulness, instead of catering to them loop-holes that promise to let them escape from being disciplined by God's own salutary wisdom.[40] An additional critical element present in the same ironical passage is, of course, that the highest church leaders, by dreaming of war against the Turks instead of doing their duty of »fighting sin«, have obviously come in conflict with Scripture itself by ignoring that they should be the leaders in the »spiritual fight« not against armies of »flesh and blood«, but against the invisible forces of evil [Eph 6, 12 ff.], a battle to be fought with »the sword of the Spirit which is the Word of God« [Eph 6, 17].[41]

> reference to the quoted passage from *Resolutio* 58: »Die scholastische Argumentations-weise karikierend macht er am Beispiel der Verdienste Christi deutlich, wie durch den Vergleich von Inkommensurablem sich die allgemeinen ›Lehrsätze‹ hinsichtlich des Schatzes der Kirche und der Verdienste Christi bzw. des Ablasses an sich letztlich ad absurdum führen lassen« (336).

38 See, in particular, *Resolutiones* 53 and 54.

39 Cf. WA I; 527. See HENDRIX (s. n.19), 41-42.

40 Among several other sections elaborating on the same theme, see especially *Resolutiones* 32, 49, 52, and 72.

41 For the behavior expected of the religious leaders in this *militia spiritualis*, the warfare for God and against sin, see also 2 Tim 2, 4, on the »good soldier of Jesus Christ« who knows that »no one who fights for God« (»nemo militans Deo«) entangles himself in secular affairs« (»implicat se negotiis secularibus«).

The clear and explicit reference to the church leaders' mixed up priorities and the neglect of their God-given responsibility of fighting sin is essential to do justice to this polemical passage from Luther's pen in *Resolutio* 5. No matter whether Luther's irony, however bitter, is being recognized and taken into account or not, the passage is and remains a direct and explicit criticism of the highest authorities in the church, and as such the statement cannot be pressed into a categorical rejection of war against the Turks in general. Luther does simply not proclaim in these lines, as he has often been accused of later on, that whosoever fights the Turks, including the legitimate secular magistrates in fulfillment of their duty of defending their country against unprovoked Turkish aggression, rebels against God.[42] He does neither declare that he personally adopts a stance of nonresistance against the Turks, should they attack Europe and Germany, nor does he exhort his followers that they should rather opt to become Turkish subjects than resort to resolute fighting against them if they invade their homeland, nor does he express his own preference of the rule of the Sultan over the rule of the emperor. It was definitely not Luther's objective, at this point, to set forth a theological theory or political manifesto on how to respond to the menacing expansion of the Turkish Empire. Suppressing the critical reference to the church leaders who chose to fight the Turks instead of doing their duty of fighting sin would distort and falsify Luther's statement in its entirety. But this is exactly what happens in the truncated respective Roman condemnation formula in *Exsurge Domine* which, in turn, would condition the judgment and shape the opinion of many of Luther's contemporaries,[43] obviously also including his theological opponents at the Sorbonne.

As an ironic expression of Luther's annoyance with what he considers a misguided zeal of the highest church officials to get involved in aggressive military action against »the Infidels«, the passage in question must also be seen against the specific historical background of the Roman Cu-

---

42 See Mau (s. n.12), 959-960.
43 Cf. Forell (s. n.12), 257: »In this misleading form, Luther's attitude toward the war against the Turks had been widely publicized. This had given the general impression that Luther considered a war against the Turks sinful and preferred the rule of the Turks to the rule of the emperor.«

ria's anti-Turkish initiatives and activities under Pope Leo X. As to the pope himself, the last non-priest in history to be elected to the highest Catholic church office, a former military commander and army leader of the Holy League in Italy,[44] Luther's remark that the leaders of the church »dream of nothing else than fighting the Turks« is hardly an exaggeration. Already on 16 August 1514, one year after Leo's election to the papal throne, Baldassare da Pescia, from among the circle of his closer friends, wrote to Lorenzo de' Medici, the pope's nephew:

> »[…] our lord [the pope] remains very well, thanks to God, and does nothing else than make plans for the expedition against the Turks, and he says he wants to go in person.«[45]

After the encyclical letter of 3 September 1513 in which he had addressed the kings and people of Poland, Bohemia, Prussia, and Russia in an attempt to incite them to war against the Turks,[46] Leo X sent, during the following years, numerous similar missives to other European princes, from Emperor Maximilian I and the kings of Spain, England and France to the Grand Masters of the Teutonic Knights and of the Knights of Saint John in Rhodes.[47] In several sessions of the Fifth Lateran Council (1512–1517) preparations for a crusade against the Turks ranked high on the agenda. A major part of the money needed to finance the campaign was expected to come from a special new crusading indulgence which Leo X issued on 11 November 1517 with the bull *Humani generis Redemptor*. At that time, the pope committed a team of eight cardinals to work out a detailed strategic plan for an international European anti-Turkish military expedition. This strategic plan was sent to the emperor and to Francis I of France for their approval. It also contained the request that all Christian princes

---

44 Before his election to the papal throne, Giovanni de' Medici had served as a commander in the Papal-Spanish army which was meant to drive the French out of Italy. After its defeat in the battle of Ravenna on 11 April 1512, he was held in Milan as a French prisoner before he succeeded in escaping and returning to Rome. Cf. G. Schwaiger, Art. Leo X (in: Dictionary of the Reformation, ed. by K. Ganzer and B. Steimer, tr. by B. McNeil, 2004, 180-181).

45 Quoted after K. M. Setton, Pope Leo X and the Turkish peril (PAPS 13, 1969, 367-424), at 380.

46 Setton (s. n.45), 375-376.

47 J. W. Zinkeisen, Geschichte des osmanischen Reiches in Europa, 7 vols., 1840-1863, II, 579.

should form a sworn alliance with the pope, a »brotherhood of the Holy Crusade« [*fraternitas Sanctae Cruciatae*], to make sure that the European powers would put their own hostilities aside and unite for a massive assault on the dominion of the Grand Turk: The emperor and the king of France were to lead the army; England, Spain and Portugal were to provide most of the fleet; and their combined forces were to be directed against Constantinople.[48]

All of this was going on while the Ottoman Sultan, Selim »the Grim« (r. 1512-1520), had tied up most of his military forces in the Near East. Averting the threat posed by Shah Ismail Safavi and his Shiite supporters in Anatolia, Selim first occupied Tabriz in north-eastern Persia, in 1514, and annexed the whole of the eastern Anatolian plateau, Kurdistan, and northern Mesopotamia in 1515. Exploiting the weaknesses of the rivaling Mamluk sultanate, he then turned to the south and subjected, in short sequence, Syria and Palestine in 1516, and Egypt with its Arabian provinces, including the holy sites of Mecca and Medina, in 1517.[49]

The Roman Curia under Leo X wanted to take advantage of this particular military situation and surprise Selim, while he was still occupied in the East, by launching a powerful offensive of European armies against the western flank of his empire, in spite of existing Turkish-Hungarian and Turkish-Venetian peace treaties and truce agreements.[50] Kenneth M. Setton sums up the pope's strategic reasoning in the given circumstances: »Leo X realized that there was the opportunity, now or never, to take offensive action against the Porte.«[51]

Luther's *Resolutiones* were sent to Rome in June 1518,[52] just three months after Leo X, eager to get the anti-Turkish military alliance underway, had appointed four cardinal-legates to force a five-year truce on Christendom.[53] These cardinal-legates were dispatched to the principal centers

---

48 N. HOUSLEY, The Later Crusades: From Lyons to Alcazar 1274-1580, 1992, 125-126; SETTON (s. n.45), 401-404.

49 HOUSLEY (s. n.48), 119-123.

50 ZINKEISEN (s. n.47), II, 575; SETTON (s. n.45), 380-381 and 388.

51 SETTON (s. n 45), 388; but he also notes that »Leo seemed to be the only sovereign in Europe trying to make preparations against the Turk« (ibid., 392).

52 See the introductory notes to the *Resolutiones* by J. R. F. KNAAKE, in WA 1; 522.

53 HOUSLEY, The Later Crusades (s. n.48), 126.

of European power, the imperial court in Germany and the royal courts of France, England and Spain, in order to speed up and coordinate the campaign's organization. The papal legate to Germany was the same Cardinal Thomas de Vio, better known as Cajetan, who officially interrogated Luther, in October 1518, about his views on indulgences and papal authority at the Diet of Augsburg. Yet his foremost assignment at the imperial diet was to plead for a new tithe to be imposed on the German people in order to finance the Turkish campaign, an appeal which, however, was almost unanimously rejected by the German princes[54] who, taught by past experience, were suspicious that these »crusading tithes« were just another crude ecclesiastical device to extort more German money that would end up in Roman coffers.[55]

Together with Johannes Eck, Luther's main German theological adversary and challenger at the Leipzig Debate of July 1519, Cardinal Cajetan was then on the last of the three papal commissions in charge of preparing the papal bull *Exsurge Domine*.[56] Their final version of its text was based on a memorandum of the theologians of Louvain, of November 1519, and was supposed to conform to a request expressed in a letter of Cardinal Adrian of Utrecht, the later Pope Hadrian the VI, which demanded »that Luther's works be quoted literally.«[57] When the draft was handed over to the Roman cardinals, they discussed it in four consistories, in late May and early June 1520, and decided again »to cite the errors of Luther verbatim from his works.«[58] Although, as Scott H. Hendrix has pointed out, »all forty-one condemned propositions of Luther except one can in fact

---

54 With the notable exception of Luther's protector, Prince-Elector Frederick the Wise of Saxony. Cf. HENDRIX (s. n.19), 171-172: The pope »was favorably disposed toward Frederick because he alone, of all German princes, supported the papal proposal for a tax on the German estates to finance a campaign against the Turks.« See also P. KALKOFF, Forschungen zu Luthers römischem Prozess, 1905, 184 f.
55 Cf. KALKOFF (s. note 54), 94; R.H. BAINTON, Here I stand: A Life of Martin Luther, 1977, 69-71; SETTON (s. n.45), 415-416.
56 Cf. HENDRIX (s. n.19), 107-108: »The second commission, composed of theologians, recommended a mild document in which the works of Luther would be condemned but not Luther's person. After Eck's arrival, affairs took a radically different turn.«
57 P. FABISCH, Art. *Exsurge Domine* (Dictionary of the Reformation [s. n.44], 112).
58 HENDRIX (s. n.19), 108.

be matched with a citation from Luther's works«[59], the thirty-fourth of Luther's alleged errors, »Proeliari adversus Turcas est repugnare Deo visitanti iniquitates nostras per illos«[60] [»To fight against the Turks is to fight against God who, through them, visits our iniquities upon us.«], is by no means a verbatim quote of what Luther actually wrote. While being a reference to Luther's marginal remark on the Turkish war in *Resolutio* 5, it rather amounts, in its shortened and generalizing form, to a distortion of Luther's original text and its authentic meaning by ripping it from its determining contextual setting. As a matter of fact, the intentional omission of Luther's explicit reference to the highest church leaders and their lacking eagerness of »fighting against iniquities« was all that was needed to turn Luther's ironical aside against pope and curia into a potent weapon against his own person: For taking his statement on the Turks as the lash of the sins of Christianity out of its defining context of satirical polemic against the questionable warmongering priorities of the highest church leaders fell nothing short of suggesting that Luther held that any military action against the Turks, including any resistance against Turkish attacks, was tantamount to fighting God himself, and that he was rejecting as sinful even the right and duty of the legitimate secular leaders to defend their country should it become the target of Turkish aggression.[61]

In short, while most of the other assertions of *Exsurge Domine* concentrated on branding Luther a heretic because of his criticism of the theological doctrine and practice of the indulgences and for his attack on

---

59 Ibid.

60 It was qualified as »erroneous, offensive to pious ears, suspect of heresies or even outright heretic since in conflict with Holy Scripture.« See FABISCH/ISERLOH, Dokumente (s. n.7), II, 384.

61 This distorted interpretation of Luther's utterance on war against the Turks in *Resolutio* 5, as officially sanctioned in the condemnation formula used in *Exsurge Domine*, seems to be at the basis of Johannes Faber's description of Luther's purported position in his »Address to King Henry of England«, namely that »[...] contra Turcos bellare non liceat, sed Turcis omnes aperire portas Christianum & Evangelicum principem conveniat« / [»[...] that it is not allowed to fight against the Turks; rather, a Christian and Evangelical prince has the duty to open all doors for the Turks«]. *Johannes Fabri Oratio de origine, potentia et tyrannide Turcorum ad Henricum Angliae Regem* (Vienna: Singriener, 1528), C 1ᵛ. Cf. T. KAUFMANN, Türkenbüchlein. Zur christlichen Wahrnehmung »türkischer Religion« in Spätmittelalter und Reformation, 2008, 185.

the power of the keys, the extent of papal authority, the pope's apostolic primacy etc., the construction of this alleged thirty-fourth error opened an unexpected additional opportunity for ostracizing the German reformer, but this time in a different way: With their minds set on refuting any attack on papal authority, Luther's Roman adversaries obviously resented that the German monk also dared to call into question the centuries-old papal prerogative of summoning a crusade against the »Infidels«. Whether this was already their original intention or not, they found, with this succinct condemnation formula, an effective device to convince the Catholic community that Luther had also to be considered a potential traitor against the Holy Roman Empire and all Christian nations,[62] as somebody spreading a dangerous defeatist message[63] that would undermine any will to stop the military advances of the Turkish enemy into Europe.[64]

It was by suppressing the ironic reference to the misguided zeal of the highest church officials – eager of fighting the Turks instead of quelling iniquity (i.e. leading the faithful to repentance, in order to mitigate God's

62 Luther's alleged pro-Turkish stance finds its pictorial expression in the title woodcut of Johannes Cochlaeus' polemical pamphlet *Septiceps Lutherus* (Leipzig: Valentin Schumann, 1529) which represents Luther in analogy to the seven-headed monster of the Apocalypse and shows his third head wearing a Turkish turban. Cf. the frontispiece in NEWMAN BROOKS (s. n.12).

63 See BRECHT, Luther und die Türken (s. n.12) 10, concerning early local German reactions to the undeserved stigma of Luther as a »defeatist«: „Early on, when Luther was still an Augustinian monk and in charge of the pastoral care of his parishioners at Wittenberg on the Elbe, he had to deal with the accusation that he was against resisting the military aggression of the Turks. This was in large part due to [...] number 34 of the 41 rejected sentences [...] of [...] the papal bull *Exsurge Domine* of June 15, 1520.«

64 In his Luther biography, *Commentaria de actis et scriptis Martini Lutheri* (1549), Cochlaeus blames Luther even for the disastrous defeat of the battle of Mohács (1526) in Hungary which, he pretends, was due to insufficient help from German support troops, »because Luther had by then made the [German] soldier unwilling to march against the Turk since he wrote that fighting the Turks would be resisting God who visits our iniquity through them.« Quoted after the German translation, *Historia Martini Lutheri: Das ist, Kurtze Beschreibung seiner Handlungen und Geschrifften* [...], tr. by Johann Christoph Hueber (Ingolstadt: David Sartorius, 1582), 328f. Cf. M. KLEIN, Geschichtsdenken und Ständekritik in apokalyptischer Perspektive. Martin Luthers Meinungs- und Wissensbildung zur ‚Türkenfrage' auf dem Hintergrund der osmanischen Expansion und im Kontext der reformatorischen Bewegung, Diss. 2004 (Online-Resource), 110.

anger against sinful Christendom) – that the succinct Roman formulation of Luther's alleged 31ˢᵗ error eliminated the element that defines and
determines the meaning and polemical thrust of the entire passage. That
Luther was keenly aware of this official misrepresentation of what he said
and meant with his remarks on war against the Turks in *Resolutio 5* is
obvious from his reaction in *Grund und Ursach aller Artikel D. Martini
Lutheri, so durch römische Bulle unrechtlich verdammt sind* (March
1521),[65] where he takes issue with the respective Roman condemnation
formula in *Exsurge Domine*:

> Now, I set up this article not meaning to say that we are not to make war against
> the Turk, as that holy heresy-hunter [»Ketzermacher«, literally «heretic-maker«],
> the Pope [...] charges me, but to say that we should first make ourselves better and
> cause God to be gracious to us.[66]

II

Judging by the standard of Erasmus' works and letters at the time, it seems
highly improbable that back in 1518, the year Luther wrote his *Resolutiones*, he should have found fault with the German reformer's critical
attitude toward the unwarranted zeal of pope and Roman curia to start
war with the Turks, or that he considered the way Luther expressed this
criticism as scandalizing or unorthodox. The contrasting juxtaposition of
war against sin and war against the »Infidels« that we find in this passage
had, at the time, already been a recurring topic in Erasmus' own writings.
In his letter to Pope Leo X of 21 May 1515, he differentiates between two
campaigns: One »against wickedness, the most pestilential and perhaps
only enemy of our Christian profession«, and the other »against enemies
on a narrower front, the impious and barbarian opponents of Christianity and the Roman see.« The first campaign is »by far the more difficult.«
Once it is won, winning the second campaign will, with Christ's help, be

---

65 WA 7; 308-457; LW 32, 3-99. It is the somewhat differing German version of his *Assertio
omnium articulorum D. M. Lutheri per bullam Leonis X. novissimam damnatorum*
(WA 7; 94-151) which had appeared in December 1520.
66 WA 7; 443; here quoted after the edition of H. E. JAKOBS and A. SPAETH, Works of Martin
Luther, with introductions and notes, 6 vols., III, 105-106; brackets by C. S.

easy.[67] But whereas even »some excellent men disapprove« of the second type of campaign, the first one meets with universal approval:

> For to the war against wickedness we are summoned beyond a doubt by Christ and spurred on by Paul; but to fight the Turks we get no instructions from Christ and no encouragement from the apostles.[68]

Luther was aware that he thought like Erasmus in this respect. When asked by Georg Spalatin whether a military expedition against the Turks – obviously in the sense of a traditional crusade summoned by the church »in the name of God« – can be justified and commanded on the grounds of Holy Scripture, he replied, in a letter of 21 December 1518, that he had just issued a sermon where he talked about this subject:

> What I asserted there was that a war of that kind should in no way be undertaken. I am still of the same opinion […] and so is Erasmus in many of his writings […] My point of view is that if there has to be a fight against the Turks at all, it has to start with ourselves. For in vain do we wage mundane wars [carnalia bella] against foreign enemies when at home we are defeated in spiritual wars [quando domi superamur spiritualibus bellis].[69]

As has been shown above, even in his *Consultatio* Erasmus still insists that a war against the »flesh-and-blood Turks« would necessarily have to start with a defeat of »the most ugly kind of Turks«, sin and vice, in the heart of the Christians, a battle to be won with the »sword of the spirit.«[70] As to the compatibility of a war against the Turks with Christian principles, he suggests, towards the end of his letter to Pope Leo X, that the real encouragement Christians should be getting from the New Testament and

---

67 CWE 3 (Letters, 1514-1516), 105; cf. ALLEN, Ep. 335.

68 Ibid.

69 WAB 1; 282; cf. Luther's sermon *Auslegung deutsch des Vater unnser für dye einfeltigen leyen*, WA 2; 96 and 110-111; LW 42, 37-38 and 55-56. When pointing out that he shares Erasmus's opinion in this respect, Luther might also have thought of statements like the following, in Erasmus' adage *Dulce bellum inexpertis*: »To me it does not even seem recommendable that we should now be preparing [an offensive] war against the Turks. The Christian religion is in a bad way, if its safety depends on this kind of defense.« LB II, 966D; quoted after M. MANN PHILIPS, tr. and ed., The Adages of Erasmus, 1964, 344; brackets by C.S.

70 ASD V-3, 243; CWE 64, 242.

from the example of the apostles is to make any effort to convert the Turks to Christianity rather than engage them in warfare.[71]

By 1516 Erasmus was well aware of Leo's anti-Turkish crusading propaganda and urges the princes in his *Institutio principis Christiani* not to get hastily involved in such a campaign against the Turks, reminding them that at the time of the apostles and the primitive Church the »kingdom of Christ was created, spread, and secured« not by leading wars against the non-Christians but »by very different means. Perhaps it should not be defended by other means than those which created and spread it.«[72] Then, in an obvious allusion to the inappropriate use, in the past, of money raised by church-imposed crusading tithes, taxes and crusading indulgences, Erasmus goes on: »In addition we can see that wars of this kind have too frequently been made an excuse to fleece the Christian people – and then nothing else has been done.«[73] As is well known, Luther dwelled on the same reproach in his programmatic address of August 1520, *An den christlichen Adel deutscher Nation / To the Christian Nobility of the German Nation*,[74] where he puts it among the principal grievances (*gravamina*) of the German people against Rome. Attacking the Roman practice of using the Turkish threat as a pretense to exploit Germany, he states as a fact that »for more than a hundred years« neither the annates from German ecclesiastical benefices nor the funds raised from crusading indulgences have been used for their original destination of defending Christendom against the Turks.[75] Then he appeals to the emperor and the whole nation that the ones who abused their privilege should be deprived of it, and that

---

71 See also Erasmus' letter to Abbot Paul Volz of 14 August 1518 (Ep. 858; CWE 6, 76), where he asserts that true Christians should be concerned with the salvation of the Turks rather than being intent on killing as many as possible. This letter to Paul Volz served, in 1518, as the preface to the second edition of Erasmus' *Enchiridion militis christiani* (CWE 66, 11) and was reprinted in its subsequent editions.

72 ASD IV-I, 218; CWE 27, 287. The argument for peaceful evangelization of the Turks was also made in Erasmus' *Querela Pacis* (ASD IV-2, 96; CWE 27, 319), and the call to »join them to us in a fellowship of worship and faith«, rather than slaughtering them, reoccurs again in his *Consultatio*, ASD V-3, 62; CWE 64, 242f.

73 ASD IV-I, 218; CWE 27, 28.

74 WA 6; 404-469; LW 44, 115-217.

75 LW 44, 142-144.

229

the misappropriated funds should in the future be kept at home instead of being sent to Rome – where they served »to provide salaries« for the Roman Curia and the many employees of the papal household[76] – or else be abolished.[77] That Luther, even before the bull *Exsurge Domine* was presented to him on 10 October 1520,[78] had nothing against a timely German military defense against the Turks whenever it should become necessary, is evident from the following passage in the same document *To the Christian Nobility of the German Nation*:

> Even if it were ever desirable to raise such funds for fighting the Turk, we ought to have enough sense at least to see that the German nation could be a better custodian of these funds than the pope. The German nation itself has enough people to wage the war if the money is available.[79]

To come back to Erasmus, he disapproved hardly any less than Luther himself of Pope Leo's plans for a preemptory military strike against the Turks and, like him, had not only become skeptical but sarcastic about the »crusading« indulgencies campaigns organized and orchestrated by Rome. In a series of letters of 1518, Erasmus goes certainly far beyond Luther's own sarcastic criticism of the highest Church leaders and their obsession with making war against the Turks when he cynically suspects ulterior motives behind Leo's crusading projects of 1517-1518, attributing them to »ruthless political ambitions«[80] and denouncing them as a ploy of papal power machinations.[81] In a letter to Johannes Sixtinus, of 22 February 1518, he writes:

> The pope and the emperor have a new game on foot: they now use war against the Turks as an excuse, though they have something very different in mind. We have reached the limits of despotism and effrontery.[82]

76 LW 44, 144.
77 LW 44, 145-146.
78 Cf. CWE 76, Introduction, xxxvii.
79 LW 44, 145.
80 D. S. CHAMBERS, Art. Pope Leo X (COE 2, 321).
81 Cf. K. SCHÄTTI, Erasmus von Rotterdam und die Römische Kurie, 1954, 63-64; R. P. ADAMS, The Better Part of Valor: More, Erasmus, Colet, and Vives on Humanism, War and Peace 1496-1535, 1962, 171.
82 ALLEN, Ep. 775; quoted after HOUSLEY, A necessary Evil? (s. n.3), 262.

Erasmus suspects that the preparations to mobilize for a Turkish campaign were being used by Rome »to disguise alliances formed against other Christian powers«, citing rumors of a new »Franco-papal plan to expel the Spanish from Naples under cover of the crusade.«[83] A passage from Erasmus' letter to his English friend John Colet, written on or around 5 March 1518, links his disgust with the exploitation of the simple faithful through the indulgences with his outrage about the pope's political intrigues under the guise of promoting a war against the »Infidel«:

> The Roman curia has abandoned any sense of shame. What could be more shameless than these constant indulgences? And now they put up war against the Turks as a pretext, when their real aim is to drive the Spaniards from Naples. For Lorenzo, the [pope's] nephew, is trying to claim Campania, having married a daughter of the king of Navarre. If this turmoil goes any further, the rule of the Turks will be more tolerable than the rule of Christians like them.[84]

In a letter to Thomas More that was also sent from Louvain on 5 March 1518,[85] Erasmus points out that »the pope and the princes have several new plays in rehearsal, using as a pretext a frightening war against the Turks.« Poking fun at Leo's crusading plan, he jokingly alerts his happily married English friend that, in order to ensure its success, it was the pope's will that all married men up to the age of fifty were to be conscripted, and »that the wives of those who were away fighting the Turks should fast every other day and dress and behave in an abstemious manner.« Men who stayed at home had to abstain from making love with their wives: »Nor may they exchange kisses until by the mercy of Christ this terrible war is successfully concluded.«[86]

With this same letter to Thomas More, Erasmus dispatched two published prints that had just recently appeared in Germany: »I send you [...] the Conclusions on Papal pardons, and the Proposals for a Crusade

83 HOUSLEY, ibid., with reference to a letter of 5 March 1518 to an unidentified correspondent, where Erasmus comments on this rumor by saying: »If I mistake not, the pretext is one thing, and the purpose another.« See ALLEN, Ep. 781.

84 CWE 5, 330; ALLEN, Ep. 786. For the background of Leo's ambiguous scheming to promote Medici and papal politics in Italy, in particular his »unparalleled double-dealing« in secret treaties with France vs. Spain and with Spain vs. France, see L. PASTOR, The History of the Popes, VIII, 1950, 269–271.

85 CWE 5, 320–327; ALLEN, Ep. 785.

86 Quotations after HOUSLEY, A necessary Evil? (s. n.3), 264.

against the Turks, as I suspect they may not yet have reached your part of the world.«[87] There can be little doubt that the »Conclusions on Papal pardons« were Luther's *Ninety-Five Theses*,[88] which were first printed in Basel in late 1517, and that the »Proposals for a Crusade against the Turks« are Leo X's *Consultationes pro expeditione contra Turcas*, which had just appeared in publishing houses in Strassburg and Augsburg.[89]

Correctly deeming Luther's *Ninety-Five Theses* at least as consequential as Pope Leo's memorandum on the Turkish war, Erasmus was obviously from the very beginning aware of the sensational impact of the fact that a German monk and theology professor had dared not only to publicly criticize the excesses of the sales of indulgences, but also to question the very doctrine of the »power of the keys«, inasmuch as this doctrine was considered the basis of the papal claim to remit divine punishments, including those for the souls in purgatory. That Erasmus was closely following Luther's cause is apparent from his letter to Johannes Lang of 17 October 1518 where he writes:

> Eleutherius[90], I hear, is approved of by all the leading people [...]. I imagine that his *Conclusions* satisfied everyone, except for a few of them on purgatory, which that school of thought[91] are loath to lose because of its effect on their daily bread.«[92]

Given his interest in Luther's *Conclusiones* (i. e. his *Ninety-Five Theses*) and the anticipated Roman reaction they would be met with – he mentions in the same letter that he has read the »insipid response« of Sylvester Prierias (Mazzolini),[93] Luther's official Roman censor – it is safe to assume

---

87 CWE 5, 327; cf. ALLEN, Ep. 785.

88 See ALLEN's introductory remarks to Ep. 757.

89 *Sanctissimi Domini Nostri Papae Leonis Decimi* [...] *consultationes pro expeditione contra Thurcum* [with an introduction by papal legate Antonio Pucci] (Strassburg: Johann Knobloch; Augsburg: Johann Miller, 1518; microform repr. 1990, fiche E2127: 42x).

90 Luther's grecized nom de plume, »the free[d] one«, as used by himself between 1517–1519 in letters to some of his Humanist friends like Georg Spalatin (WAB 1; 118, and more often) and Johannes Lang (WAB 1; 130, and more often).

91 Namely the scholastic theologians of the mendicant friars, in particular the Dominicans whose preachers – among them Johannes Tetzel – were entrusted with and benefitted financially from the sales of indulgences.

92 ALLEN, Ep. 872; CWE 6, 137; brackets by C.S.

93 *R. P. Fratris Siluestri Prieratis ordinis predicatorum* [...] *in presumptuosas Martini Lutheri conclusiones de potestate pape dialogus* (Leipzig: Melchior Lotter d. Ä., 1518). For

that Erasmus was no less eager to read Luther's more detailed elaboration on the by now highly explosive subject of the indulgences, i. e. his *Resolutiones disputationum de indulgentiarum virtute*. Submitted to Rome, with an accompanying letter to Pope Leo X, in June 1518, they were published in October 1518 in a collection of Luther's early Latin writings by Erasmus' printer Hieronymus Froben in Basel,[94] of which a copy was sent to him by Froben in early December 1518.[95]

In Spring 1519, Justus Jonas came from Wittenberg to visit Erasmus in Louvain and to bring him some recent works of Luther. Erasmus was particularly impressed by his *Operationes in psalmos* which made him think of Luther as a »mighty trumpet of Gospel truth«[96] and, according to James D. Tracy, »convinced him more than ever before that Luther had to be defended.«[97] On the other hand, he was concerned that his own humanist preoccupation with the *bonae litterae* and his philological approach to biblical studies would be lumped together with the agenda of the German reformer. Careful from the very beginning of not committing himself publicly to Luther's cause, Erasmus had, at the same time – even before the bull *Exsurge Domine* appeared – serious forebodings that Luther would not be dealt with fairly by his Roman adversaries,[98] and this even more so because of his repeatedly expressed concerns about Luther's provocative attitude, confrontational style and unvarnished language.[99]

At this juncture, the following question seems in place: Was Erasmus, back then, around 1519/20, in a position to adequately assess the nature of Luther's short observation on war against the Turks in *Resolutio* 5, and to

Erasmus' »scathing judgment« of Prierias' book against Luther see J. D. TRACY, Erasmus: The Growth of a Mind, 1972, 194.

94 See J. K. SOWARDS' introduction to CWE 71, xxxvi. This collection also contained a print of Prierias' *Dialogus* [...] *in presumptuosas Martini Lutheri conclusiones*.

95 Cf. ALLEN, Ep. 904.

96 Quoted after J. D. TRACY, The Politics of Erasmus: A Pacifist Intellectual and His Political Milieu, 1978, 116.

97 Ibid.; for Justus Jonas' visit and its impact on Erasmus, see also TRACY, Growth of a Mind (s. n.93), 181f.

98 See J. K. SOWARDS, in his introduction to CWE 71, xxxix.

99 See Erasmus' appeal for moderation in his letter to Martin Luther (of 30 May 1519), ALLEN Ep. 933; cf. Ep. 947 (to Melanchthon), and Ep. 1033 (to Albrecht of Brandenburg).

recognize that the respective condemnation formula used in *Exsurge Domine* (and, subsequently, in the verdict of the Parisian theological faculty) unduly pressed and distorted its meaning? During the many controversies with his own critics and theological opponents, Erasmus saw himself frequently forced to insist on due procedure and adherence to the rules of fairness and objectiveness, including the duty of the critical evaluator to quote correctly and to paraphrase without obscuring an author's point or altering his authentic meaning. He deemed it indispensable that a fair critique had to pay due attention, among other things, to the context and genre of an author's statements, that he had to ascertain »whether [they were] spoken in jest or earnest«, »whether they have been proposals rather than firm pronouncements«[100], etc. With his well-trained scholarly eye as an experienced philologist, his personal share of unfair attacks and the resulting heightened awareness of and sensibility for the basic standards and principles of correct method and procedure, Erasmus can certainly be expected to have been able to realize that Luther's provocative aside about the Turks in *Resolutio* 5 was just that: an aside, a marginal remark. It must have been obvious to him that, as such, due to its peripheral nature and low relative significance in the whole of *Resolutio* 5, it was not a theme systematically developed in the given context, and that it cannot be objectively qualified as a consolidated doctrinal opinion, let alone a serious theological conviction and dogmatic statement that could be rightfully called the *dogma Lutheri* on the subject of the Turkish war. Luther's topic, in his *Resolutiones*, was, after all, the papal indulgences and – in the particular context of *Resolutio* 5 – his questioning of the efficiency of the pope's power when it comes to grant impunity from divine punishments. In short, the Turks and the Turkish war were not the theological focus of *Resolutio* 5, and Erasmus must have realized that Luther's short critical observation concerning high-ranking churchmen who dream of nothing

100 See E. RUMMEL, Erasmus and the Valladolid Articles: Intrigue, Innuendo, and Strategic Defense (in: SPERNA WEILAND / FRIJHOFF [s. n.3], 69-78), at 71 f.; cf. E. RUMMEL, Erasmus and his Catholic critics (BHRef 45), passim, in particular I, 172, on Erasmus defense against Stunica (Diego López de Zúñica) whom he accuses of deliberately misinterpreting certain phrases, quoting his words out of context and sometimes inaccurately, cutting them short and thereby omitting important qualifiers.

else than warfare against the Turks was carrying any doctrinal weight, but was, by its very nature, hardly more than a passing shot at Pope Leo X himself and the cardinals of the Roman Curia who were behind the plan to form an anti-Turkish confederacy of the European princes.

Arguably the most brilliant humanist writer north of the Alps and unsurpassed as a judge in questions of Latin style and diction, Erasmus was an accomplished expert in the use of the various literary modes, genres and rhetorical techniques. As such he can furthermore be expected to have been immediately aware of the dimension of irony and the attitude of sarcasm that imbues Luther's short mention of the Turks and the Turkish war in his polemical aside at the expense of the church leadership. After all, Erasmus was and is still regarded, in content and form, as the uncontested master of humanist wit and satire. As Geraldine Thomson has shown, his »ironic ingenuity« has at its easy disposal the complete tool-set of satirical discourse and its rhetorical devices[101] which, in *Praise of Folly*, he delegates to Lady Folly who uses the full gamut of pointed arguments and puns, of hyperbole, incongruity and related *topoi*, including the »tricks of witty paradox to set up a false syllogism.«[102] In *Praise of Folly*, in his *Complaint of Peace*, and in many of his *Adagia* and other writings Erasmus has, notoriously, poured his ridicule and scorn on the inadequacies of the contemporary society and on whatever appeared to him as questionable religious institutions and abusive church practices in need of reform. It hardly needs to be pointed out that biting mockery directed at theologians and monks, prelates and popes, was so typical for his satirist pen that not only most of his contemporaries, Martin Luther included, but also the majority of modern Erasmus scholars were – or still are – convinced that the caustic sarcasm poked at the »warrior-pope« Julius II in the anonymously published dialogue *Julius exclusus e coelis* (1514) must also have been his doing.[103]

---

101 G. THOMPSON, Under the Pretext of Praise: Satiric Mode in Erasmus' Fiction, 1973, 7.
102 Ibid., 63f.; cf. 45-50, 65-71, and passim.
103 For a new discussion of Erasmus' authorship and a possible alternative see P. FABISCH, Iulius exclusus e coelis: Motive und Tendenzen gallikanischer und bibelhumanistischer Papstkritik im Umfeld des Erasmus (RST 152), 2008; for Erasmus' satirical style and its influence on some of his contemporaries, see in particular 282-300.

With his own penchant for sarcasm and for the use of paradox and hyperbolic exaggerations as regular tools of his irony – including also the occasional »sophistic« argument – Erasmus was hardly likely to experience any difficulty realizing that Luther was using the same rhetorical devices in the passage at issue: In other words, for Erasmus, of all people, it must have been obvious that Luther was making an oversimplifying and intentionally perplexing sarcastic inference when he pointed out that the highest church officials, eager on battling not sin but the Turks, were as a matter of fact fighting God himself – provided that it was true that God, in accordance with the prevailing opinion of the time, had chosen the Turks as his new »infidel« rod to punish sinful Christianity. That Erasmus, consequently, must also have been aware that this ironical aside concerning war about the Turks had, like any rhetorical over-statement for emphasis' sake, to be taken with a grain of salt and not simply at face value, seems beyond question – all the more so since he himself had long been accustomed to referring to the Turks and war against them in sarcastic allusions and hyperbolical comparisons. So he complained, e.g., of »certain Dominicans and Carmelites who were so censorious that he 'would rather be subject to the Turk than bear their tyranny'.«[104] Already in his *Praise of Folly*, Lady Folly had recommended to enlist the aggressive mindset and the passionately combative spirit of the different factions of scholastic theologians in order to ensure victory in a war against the Turks: Instead of watching them attack each other incessantly

> Christians would show sense if they dispatched these argumentative Scotists and pigheaded Ockhamists and undefeated Albertists along with the whole regiment of sophists to fight the Turks and Saracens instead of sending those armies of dull-witted soldiers with whom they've long been carrying on war with no result. Then, I think, they'd witness a really keen battle and a victory such as never before.[105]

And he certainly had no qualms directing his sarcasm against the latest papal summons to start war against the Turks, by poking fun at it, as we have already seen, in his letter to Thomas More of 5 March 1518, with its jokes about the special contributions of husbands and wives necessary to ensure the success of Pope Leo's planned crusading expedition.

104 RUMMEL, Erasmus and his Catholic critics (s. n.100), I, 121, with reference to ALLEN, Ep.1192, 75 f.
105 CWE 27, 129.

Cast in a similar ironic mold are many of Erasmus' own critical and skeptic remarks on what he, like Luther, considers excessive claims for the papal power of the keys and its »extension into purgatory«. There is therefore certainly no reason to assume that Erasmus might have been scandalized about Luther's sarcastic quip, in *Resolutio* 5, why the pope, if he was indeed that well able to remit divine punishments as some theologians claimed, did not start to prove it by doing away with all the God-sent calamities experienced already in this world, and, in the process, simply »lift« the Turkish threat off the map. Already in the *Praise of Folly*, Erasmus has Lady Folly gibe at some people's fixation on indulgences as a means to reduce their punishments in the afterlife:

> Now what am I to say about those who enjoy deluding themselves with imaginary pardons [= indulgences] for their sins? They measure the length of their time in Purgatory as if by water-clock, counting centuries, years, months, days, and hours as though there were a mathematical table to calculate them accurately.[106]

And in the 1522 edition of his *Ratio ad veram theologiam perveniendi / A systematic approach to true Theology*, conceived as a guide for theology students, Erasmus wistfully sighs, with regard to the claims made for the pope's power of the keys: »If only [*utinam*] he could indeed remove souls from the punishments of purgatory!«[107] – leaving little doubt that he considers this to be wishful thinking. This irony is still obvious even in his *Consultatio* of 1530, in a passage referring to the escalation of papal indulgences and the widespread view that they basically served as nothing else than a means to extract ever more money from the people, no matter under what label they were promoted, including the plenary indulgences for the dead due to which now »purgatory was in danger to lose all its inmates.«[108]

In short, Erasmus' basic critical stance concerning indulgences, the extent of the papal power of the keys, and war against the Turks as instigated at the behest of the Pope, but also his general tendency to resort to irony and sarcasm when expressing this criticism, were features he had

---

106 CWE 27, 114.
107 *Ratio ad veram theologiam perveniendi*, 1522 edition (in: Holborn, 1933; repr. 1964), at 207; LB, V, 91A.
108 CWE 64, 247; ASD V-3, 66.

in common with Luther. And even though Luther's Roman (and Parisian) censors did not keep up with the fair standards of quoting and objectively assessing Luther's text passage that served them as the basis for constructing his so-called »34th error«, it seems reasonable to conclude that Erasmus was able to read the same passage in *Resolutio* 5 in a way that did it more justice by taking into account its marginal status within the document and by having due regard to its ironical nature. He was doubtlessly in a position to realize that this alleged »error« of Luther's was in fact a misconstruction that should rather be blamed on his censors, for misunderstanding or intentionally manipulating what Luther had actually said. And this irrespective of the fact that by the time of the issuance of the papal bull Exsurge Domine, Erasmus' attitude towards Luther was still predominantly one of basic sympathy and of concern over hateful reactions against him, to the point that he was willing to take active measures to ensure a fair process for him.

III

After the promulgation of *Exsurge Domine*, in September 1520, Erasmus issued three brief documents that were highly critical of the bull, its origins and procedural methods. As is well known, one of them, the *Axiomata Erasmi R. pro causa Martini Lutheri theologi* / Brief Notes of Erasmus of Rotterdam for the Cause of the Theologian Martin Luther,[109] written at the request of Luther's prince, Frederick the Wise, was probably of immediate consequence for Luther at a moment when he was most vulnerable, since it provided the Elector with convincing arguments against extraditing his subject to Rome. Published against Erasmus' expressly stated will, these *Axiomata* would, however, confirm his own opponents in their suspicion that he was siding with Luther.[110] Listed among the *Axiomata* are some who question the »tainted source« from which the bull has sprung, including »the hatred of literature and the claim for spiritual domination.«

---

109 CWE 71, 106 f.
110 Cf. M. Lowry's »Introductory Notes« to his translation of the three short documents in CWE 71, 98-100, at 99.

Branding the persons by whom the action against Luther has been pursued as »suspect«, Erasmus insists that, by contrast,

> the best authorities and those closest to the doctrine of the Gospels are least offended by Luther [...] The world is thirsting for the gospel truth, and it seems to be borne on its way by some supernatural desire

that should rather »not be resisted by such hateful means.«[111] The two other documents, namely the *Minute composed by a person who seriously wishes provisions to be made for the reputation of the Roman Pontiff and the peace of the church,*[112] and the *Acts of the University of Louvain against Luther*[113] were both published anonymously. The *Minute* was a plea for moderation, proposing ways for unbiased arbitration between Rome and Luther, whose integrity of intent and whose fighting for a deserving cause is not being put into question. On the contrary, Erasmus insists that

> as far as the case of Luther is concerned, by far the greatest part of this trouble should be blamed on those who, both in sermons and pamphlets, made claims about the nature of indulgences and the power of the pope which no educated and religious audience could tolerate. So, if we look at the beginning of the trouble, Luther seems to have been stirred by righteous indignation and zeal for the Christian faith.«[114]

The *Minute* also casts doubts on whether *Exsurge Domine* was really issued at the behest of and with the full support of Pope Leo X:

> The bull against Luther is being published in a form that lacks all mercy and is viewed with displeasure even by those who support the claims of papal power. It smacks more of the uncontrollable hatred of a few monks than the peaceful character of the person who now fills the role of our most gentle Saviour, and has none of the sharp intelligence of our Lord Leo, who so far has appeared as the most mild and approachable of men.[115]

The *Acts of the University of Louvain,* in turn, are a sarcastic attack on the circumstances of the promulgation of the bull in Louvain which, ac-

---

111 Ibid.
112 CWE 71, 108-111.
113 CWE 71, 101-105.
114 CWE 71, 108f.
115 CWE 71, 109.

cording to R. Crahay, are presented as »a sinister comedy played between the theologians of the university« who had been involved in its preparation »and contriving representatives of the Roman curia.«[116] Erasmus charges that the bull »was hatched at Cologne and Louvain« and »that the matter was handled in Rome without proper procedure.«[117] In response to the public burnings of Luther's works, enforced in the Netherlands and at the imperial court by papal nuncio Hieronymus Aleander, Erasmus declares that

> »it is easy enough to remove Luther from libraries. It's not going to be nearly so easy to remove him from men's hearts [...] Truth will not be crushed even if Luther is.«[118]

As in the other two documents, he makes a point to contest the bull's authenticity and to discredit its validity: »Experts by whom the bull has been read confirm that many of its clauses rouse suspicion of forgery.«[119] Obviously he is counting himself among these experts who have critically read and studied *Exsurge Domine*. That he was closely aware of the particulars of the bull's content and wording seems evident from his denunciation of its pedestrian style and faultiness of procedure:

> The style is that of the friars, which is poles away from that of the Roman court, and it contains a great many vulgarisms. No one accepts it as authentic, except the theologians. It has never been examined. Nor does it specify the errors which it mentions.[120]

This allegation that the bull's assertions have never been »examined,« i. e. critically compared with what Luther actually said and wrote, suggests, at the same time, that the writer of these lines, i. e. Erasmus himself, wanted to be taken as a more competent judge able to ascertain whether the accusations made in the bull had indeed a justified basis in the writings Luther's censors took issue with, in particular his *Resolutiones* which,

---

116 R. CRAHAY, Les Censeurs Louvanistes d'Erasme (in: Scrinium Erasmianum: Mélanges historiques publiés sous le patronage de l'Université de Louvain à l'occasion du cinquième centenaire de la naissance d'Érasme, ed. J. COPPENS, I, 221-249), at 127.
117 CWE 71, 103.
118 CWE 71, 105.
119 CWE 71, 103.
120 Ibid.

together with his *Ninety-Five Theses*, had obviously served as the main quarry for the forty-one officially proclaimed errors rejected in *Exsurge Domine*.

At any rate, even in the improbable event that Erasmus had not already previously read the *Resolutiones*, the very promulgation of the bull that threatened the German theology professor with excommunication must have given him enough incentive to scrutinize, by personal inspection, which of the tenets of this specific document had been singled out, justifiably or not, for condemnation. It is naturally difficult to furnish conclusive proof that someone must have read something, without himself telling us so explicitly. But even supposing that Erasmus had only a general knowledge of the contents of the *Resolutiones* and had not bothered to read every one of them in detail, there are several reasons why Luther's alleged »thirty-fourth error« [»To fight against the Turks is to fight against God who, through them, visits our iniquities upon us«] was certain to arouse enough of his curiosity, if not suspicion, to make him want to see for himself in what precise context Luther had actually criticized the war against the Turks, and what exactly he had to say about it. The first reason for that is the mere oddity and seeming heterogeneity of the inclusion of this isolated »topical error« relating to the actual political and military circumstances, in a bull which otherwise concentrates on branding Luther as a heretic for his different views on rather »timeless« and strictly theological and ecclesiastical issues such as the sacrament of penance and the indulgences, or the question of the extent of papal authority.[121] Secondly, Erasmus' must have been instantly aware that what was targeted here had obviously to do with the wide-spread conviction that God was using the Turks as his rod of anger for chastising sinful Christendom. He must have been intrigued to find out how Luther managed to adopt or reformulate this generally held opinion in such a way that his censors, justifiably or not, were able to turn it into an explosive political weapon that could proof extremely harmful for Luther himself. Did he really bluntly say: »To fight the Turks is to resist God«, or did it take some deliberate obfuscation and manipulation on the part of his adversaries to arrive to this concise condemnation formula?

121 Cf. HENDRIX (s. n.19), 108.

Finally, and most importantly, there were personal reasons. For Erasmus, it was not just a scholarly question of whether quoting, genre evaluation and assessment of the relative significance of the text section were done in an objective and adequate or in an arbitrary and misleading manner – in other words, it was not just a question likely to attract his attention merely qua academic and expert textual critique, nor was it simply a matter of his solicitude about a fair procedure for Luther, given his general doubts about the correctness of the accusations leveled against the German Augustinian. Rather, it was for Erasmus obviously also an issue of major personal concern and uneasiness: For he himself, as has been pointed out above, had written – and not just in asides – about the Turkish War, and about war in general, in a plainly critical fashion that could easily arouse similar suspicions and make him vulnerable for similar strictures and sanctions as they were pronounced here against Luther.

Erasmus had, indeed, exposed himself early on to the accusation of advocating a subversive form of pacifism. In fact, in his famous adage *Dulce bellum inexpertis*, he seems to anticipate a central pacifist tenet of the non-violent Anabaptists when he uses Mt 5, 39-40: *Non resistere malo/* »Do not resist the evildoer« as the basis for the assertion »that the right to make war is strictly denied to Christians.«[122] As Norman Housley has accurately observed,

> Erasmus was concerned to demonstrate how firmly his obsession with peace was based on essential Christian principles, and to discredit any association between religion and war. This provoked the concentrated assaults on the scholastic theory of the just war which makes it possible to understand how he came to be accused of pacifism.[123]

Conservative theologians who had found fault with Erasmus' editions of the Greek New Testament and his *Annotations* to the Gospels were indeed quick, after the appearance of *Exsurge Domine*, to charge that »by tampering with interpretations long hallowed« he had »opened the way

---

122 Quoted after L-E. HALKIN, Érasme, la guerre et la paix (in: Krieg und Frieden im Horizont des Renaissancehumanismus [Kommission für Humanismusforschung 13], hg. von F. J. WORSTBROCK, 1986, 13-44), at 23.
123 HOUSLEY, A necessary Evil? (s. n.3), 271.

for the heresies of Martin Luther.«[124] Among them were the Spaniard Ia-
cobus Stunica (Jaime López Zúñiga). In a sequence of four letters to Leo
X, Stunica had tried, in 1520, to obtain the pope's patronage for his *Erasmi
Roterodami blasphemiae et impietates*, a collection of excerpts from
Erasmus' *Annotations* to the New Testament that he found suspicious,
unorthodox and dangerous for the Christian faith. He urged the pope to
take steps against Erasmus whom he denounces as the »origin of evils [...];
from him as from a fountain head flowed all Lutheran impieties.«[125] Items
specified by Stunica as »blasphemous« and »impious« included Erasmus'
pronouncements on papal authority, patristic exegesis, religious orders,
matrimony, the veneration of saints, miracles, ceremonies and the obser-
vance of feast days, but also the fact that »everywhere he criticizes every
type of warfare indiscriminately.«[126] While Stunica was not successful in
obtaining Leo's permission for the publication of his booklet, he took advantage of the interregnum following the pope's death, in December 1521,
and had it printed in late April or early May 1522.[127]

In his hastily composed *Apologia*[128], Erasmus took exception to the
general allegation that he was »not only a Lutheran but a standard bearer
and leader of the Lutherans.«[129] Disproving Stunica's individual accusations one after the other, he also defends himself against the imputation
that his own criticism of warfare and his stance on war against the Turks
did not differ from the respective position of Luther:

> I speak out in many places against war and as vehemently as I can, yet nowhere do I
> lay down the law that no war is permitted among Christians. I find it difficult, how-
> ever, to agree that there should be any war between the children of peace – Luther

---

124 TRACY, Politics (s. n.96), 113.
125 RUMMEL, Erasmus and his Catholic critics (s. n.100), I, 166, with reference to H.J. DE
    JONGE, Four unpublished letters on Erasmus from J.L. Stunica to pope Leo X (1520) (in:
    Colloque Erasmien de Liège [1987], ed. by J-P. MASSAUT, 1988, 147–160), at 153.
126 RUMMEL, Erasmus and his Catholic critics (s. n.100), I, 165; cf., ibid, 166-167, and DE
    JONGE (s. n.124), 155.
127 According to RUMMEL, Erasmus and his Catholic critics (s. n.100), I, 165, it »was distrib-
    uted in spite of a resolution by the cardinals to block its sale in Rome.«
128 *Erasmi Roterodami in Iacobum Stunicam non admodum circumspectum calumniato-
    rem Apologia* [...] (Argentorati: H. Morhard, 1522).
129 RUMMEL, Erasmus and his Catholic critics (s. n.100), I, 166.

perhaps condemns all warfare completely. I do not approve of those who invade the Turks merely for the sake of booty and make no attempts to induce them to believe in the gospel by using Christian arguments rather than compulsion alone – Luther, I hear, writes that those who resist the Turks resist God.[130]

It is obvious that in this response to Stunica Erasmus wants to disassociate himself from Luther. In the defensive situation of an »apologia« which, as such, serves the purpose of refuting the charges of unorthodoxy leveled against his own person, he would naturally stress what separates him from the officially condemned heretic, and therefore intentionally omit anything that could be interpreted as indicating that he might have sympathized or agreed with him. Accordingly he would, of course, also refrain from the impulse to point out that, to his understanding, Luther's alleged »thirty-fourth error«, seemingly based on his *Resolutio* 5, was actually rather something construed by his censors and was not warranted by an adequate reading of Luther's text itself.

Admittedly, by that time, in 1522, Erasmus had already become increasingly alarmed with and alienated by what he perceived as Luther's escalating radicalism and open defiance, as expressed in the Wittenberg burning of the Church Law decretals, the publication of his *Assertationes* and, in particular, his *Babylonian Captivity* of 1521 which for Erasmus marked the reformer's definite break with the Catholic church, beyond repair or chance of reconciliation, so that now he »looked back with some bitterness on his original hope for Luther.«[131] Yet there is no reason to assume that this disappointment with and alienation from Luther retroactively changed Erasmus' former basic attitude and insights gained from reading Luther's *Ninety-Five Theses* and his *Resolutiones*, or that he had given up his previous conviction that Luther, at the time of the promulgation of *Exsurge Domine*, needed to be protected against the »hatred« and hostile censoriousness of his Roman opponents.

Erasmus' *Apologia* is, however, concerned with self-protection and the vindication of his own orthodoxy. For this reason, he resorts to the defensive

---

130 Quoted after RUMMEL, Erasmus and his Catholic critics (s. n.100), I, 171.
131 TRACY, Growth of a Mind (s. n.93) 186; cf. ibid., 188: »In 1520, Erasmus may have excused Luther's anger. In 1521 he began to reflect that Luther's *spiritus* was very different from the gentleness of Christ.«

strategy of pretending that he has no direct knowledge of what Luther actually said and wrote, leaving the impression of being dependant on hear-say and second-hand, indirect information. Thus, in the particular question at issue, he claims a lack of precise knowledge that would not allow him to either verify or deny that »Luther condemned war as such«, while insinuating at the same time that it might well be true that he actually did. Accordingly, while his remark: »Luther, I hear, writes that those who resist the Turks resist God«, obviously refers to the respective anti-Lutheran censure in the bull *Exsurge Domine,* it seems at the same time to imply that he has not read any statements in Luther's works that would allow him to judge whether this censure was justified or not. Protesting his personal unfamiliarity with Luther's respective views helps, in turn, create an additional dimension of distance between him and the reformer, thus serving the attempt to avert the allegation that he and Luther colluded in the question of the Turkish war.

This defensive strategy of disassociating himself from Luther by pretending ignorance of his works was already used by Erasmus when he came under attack as a hidden Lutheran by his enemies in Louvain. Even when reporting about these charges in a letter to a friend, he writes:

> They have got it into their heads that I am the champion and mainstay of Luther's ideas, although I do not know the man and have never read anything of his.[132]

Already when writing to Martin Luther himself, on 30 May 1519, he mentions that he had assured the theologians in Louvain of not knowing Luther's works, in order to make sure that they would not draw himself and his preoccupation with the *bonae litterae* and humanistic and biblical philology into their attacks on Luther's strictly theological reformation program.[133] Similar pleads affirming his lack of familiarity with Luther's works – initially intended to sustain his image as an uninvolved and neutral observer between the Lutheran and anti-Lutheran camps – occur frequently in Erasmus' correspondence,[134] although one may doubt

---

132 ALLEN, Ep., 993: Letter to Leonardus Priccardus, canon of Aachen, written from Louvain on 1 July 1519; quoted after CWE 7, 3.

133 ALLEN, Ep. 933.

134 Starting with his letter to Elector Frederick the Wise of Saxony, of 14 April 1519, followed by the one to Melanchthon, of 22 April 1519 (ALLEN, Ep. 939 and 947; CWE 6, 297 and 309), and to Cardinal Thomas Wolsley of 18 May 1519 (ALLEN, Ep. 967; CWE 6, 967).

if they were ever successful in »fooling« anybody. Erika Rummel aptly remarks that Erasmus »strained the credulity of his readers by maintaining for years [...] that he had no time to peruse Luther's writings, except in snatches«[135], whereas Uwe Schultz regards these routine protestations that Luther's books were basically unknown to him as an »ignoble hiding game« (»unwürdiges Versteckspiel«) that was liable to affect and ruin Erasmus' credibility in general.[136]

In his *Consultatio* of 1530, Erasmus goes obviously one step further than in the *Apologia* against Stunica, now speaking of »Luther's doctrinal tenet [*Lutheri dogma*] in which he holds that those who wage war against the Turks rebel against God who chastises our wickedness through them.« With this Erasmus seems to leave no doubt that he agrees that Luther has indeed pronounced the erroneous view of which he was accused in the condemnation formula used by the Parisian Theologians of the Sorbonne. Any possible ambiguity, as it was still present in the rather vague statement of the *Apologia* against Stunica (»Luther, I hear, writes that those who resist the Turks resist God«), is now gone. Still, the question arises why Erasmus, in his *Consultatio*, quoted the censure of the Parisian Theologians rather than the earlier identical condemnation formula contained in the papal bull *Exsurge Domine*. Was he hesitant to simply hide behind the traditional maxim *Roma locuta, causa finita* [»Once Rome has spoken, the case is closed«], i. e., in this case, behind what the official church document declared as Luther's error concerning the question of War against the Turks – no matter whether the formula rendered correctly what Luther actually said? Was he reluctant to do so because back in 1521, when *Exsurge Domine* was promulgated, he had discredited it as the result of the hostility of certain monks rather than reflecting the authentic opinion of the pope himself? Did he not mention Rome's condemnation and instead refer to the verdict of the Sorbonne because a decision by the Parisian theologians had a comparatively less binding character, or also perhaps because they seemed to have left some leeway for interpretation by adding, as mentioned above, the qualifying statement: »This proposi-

135 RUMMEL, Erasmus (s. n.26), 92.
136 U. SCHULTZ, Erasmus von Rotterdam, der Fürst der Humanisten. Ein biographisches Lesebuch, 1998, 190-192.

246

tion (namely *Praeliari adversus Turcas est repugnare Deo visitanti iniq-uitates nostras*), when understood universally [i. e. without any modifying restrictions], is false and not in conformity with the Holy Scriptures«?

Valid as some of these considerations may be, the fact that Erasmus chose to refer to the Parisian verdict against Luther rather than to the papal bull had certainly also to do, and most probably mainly so, with his own ongoing conflict with the Parisian theologians and with the attempt of fending off their accusations against his own person.[137] By pointing out that the *dogma Lutheri* in the Turkish question had been condemned by the Parisian theological faculty, and by apparently identifying with and subscribing to this condemnation, he obviously also intended to use his *Consultatio* on war against the Turks to publicly disassociate himself from Luther, one of his major concerns at the time.

Already since 1525, Erasmus had been anxious to prevent an official censure of his own works through the Sorbonne. In vain had he sought to avert this threat by trying to convince the Parisian theologians that their doubts about his orthodoxy were unfounded. As James K. Farge has pointed out, they firmly believed

> that Erasmus' critical methodology in scriptural exegesis, his attitudes to reform of Church institutions, and his ideas on the development of doctrine had created the negative climate of criticism which Luther and others tragically exploited to propagate heretical doctrines and to implement their schismatic designs.[138]

In 1529, the year before the publication of Erasmus' *Consultatio*, he was publicly denounced as a »hidden Lutheran« by Noël Béda, the syndic of the Parisian theological faculty. In his *Declaration against the clandestine Lutherans*,[139] Béda left no doubt that, to his mind, »either Erasmus lutheranizes or Luther erasmianizes.«[140] He dismissed Erasmus' most prominent initiative to clear his name from the charge of colluding with

137 For the general history of this conflict, from about 1526 onward, see J. K. FARGE, Orthodoxy and Reform (in: Early Reformation France: The Faculty of Theology of Paris, 1500-1553 [SMRT 32], 1985), 186-197.

138 FARGE (s. n.136), 187.

139 NOËL BÉDA, *Declaratio* [...] *contra clandestinos Luteranos* (Paris: Josse Bade, 1529).

140 Quoted after RUMMEL, Erasmus and his Catholic critics (s. n.100), II, 44-45. For the same longstanding accusations leveled against Erasmus in Italy, especially in the circles of the Roman Academy, see S. SEIDEL MENCHI, Erasmus als Ketzer: Reformation und In-

Luther, his controversy with the German reformer on the »Freedom of Human Will« (1524-1527), as nothing but a sham to make Luther look as innocuous as possible, instead of truly defending the Roman church against Luther's attacks on the sacraments, on monasticism, on papal authority and similar topics which, in Béda's eyes, were incomparably more weighty and crucial.[141] More importantly in our context, the syndic of the Parisian faculty of theology also assaulted Erasmus as a radical pacifist:

> According to Erasmus' teaching, [war] is forbidden by divine decree. This is greeted with surprise by those who are loyal to their princes, by scholars, and by those who excel in sound knowledge and counsel.[142]

Eventually the Theological Faculty of Paris as a whole reacted very sharply against the Dutch humanist's alleged position of extreme pacifism. When, in May 1525, a French version of *Quaerimonia Pacis*[143] / *The Complaint of Peace* – Erasmus' most elaborate plea against the inhumanity of war as such – was submitted to the Procurator at the Royal Court to see whether it »could be printed without danger,« the latter did not dare to make this decision on his own and forwarded the book to the theologians of the Sorbonne. They sent it back with the verdict that because of the errors and »perverse articles« contained in it, it »should in no way be printed« and »that the Faculty condemns the book and judges it worthy of being burnt« (*Facultas damnat libellum & dignum flammis judicat*).[144] When the same Parisian theological faculty compiled its official list of thirty-two anti-Erasmian censures,[145] the fifth proposition, *De reparatione injuriæ*,[146] concentrated on Erasmus' interpretation of Lk 22, 49-51[147] and his conclusion that Christ explicitly prohibited his followers to resort to armed violence against unjust aggressors. With that

quisition im Italien des 16. Jahrhunderts, 1993, in particular the 2. chapter with the title »*Erasmus Lutheranus*. Ein Konstrukt der italienischen Theologie 1520–1535«, 33-66.

141 Cf. RUMMEL, Erasmus and his Catholic critics (s. n.100), II, 45.
142 Quoted after RUMMEL, Erasmus and his Catholic critics (s. n.100), ibid.
143 Now generally known as the *Querela Pacis*.
144 CH. DU PLESSIS D'ARGENTÉ, Collectio Judiciorum de Novis Erroribus […], 1738; repr. 1963, II, 42.
145 D'ARGENTÉ, Collectio Judiciorum, II, 53-77.
146 Ibid., 56.
147 It is the account of Jesus' arrest on the Mount of Olives, where he rebukes one of his disciples (Peter) who had struck the High Priest's servant with his sword and cut off his right ear.

Erasmus asserted, according to the explanation given in the respective Parisian *censura*, that Christians are not allowed »to lead war against the impious, as if there were never, if the legitimate course of the law is maintained, a just cause for a war of self-defense.« This proposition is then condemned because it »enervates any reasonable political action and is in discrepancy with natural and divine law«[148], clearly contradicting the evidence of the Old Testament according to which, from Joshua to the Maccabees, many wars have been wielded on explicit divine order. The proposition is also deemed »consentaneous with Luther's heresy« (*consentanea hæresi Lutheri*)[149] – obviously a reference to the Roman and Parisian earlier condemnation of Luther's alleged position on war against the Turks. A similar anti-Erasmian list of censures in a Brussels manuscript, most probably dependant on the Parisian compilation, explicitly rejects Erasmus' alleged views on war against the Turks as unorthodox, under the heading: *Contra bellum et de vim vi non repellenda et de bello contra Turcas* [»Against War, and that violence should not be repelled by violence, and on war against the Turks«].[150]

The official Parisian list with the censures of Erasmus' »errors« was compiled in 1526 and the following year, and was voted on by the theological faculty on 16 December 1527, although – perhaps due to royal intervention[151] – it was only published in 1531.[152] Judging from his letters written to Paris during the fall of 1527, Erasmus »sensed that the condemnation he had tried to avoid so long was imminent.«[153] Thus one can infer that he wrote his *Consultatio*, of Spring 1530, also with an eye on this pending verdict against himself, to serve as a precautionary measure to establish the largest possible discrepancy between his own stance on war against the Turks and the opinion that had been officially attributed to Luther in the Parisian condemnation formula.

148 D'ARGENTÉ, Collectio Judiciorum, II, 56.
149 Ibid.
150 See CRAHAY (s. n.115), 242.
151 Cf. RUMMEL, Erasmus and his Catholic critics (s. n.100), II, 29: »Official criticism of Erasmus by the faculty of theology at Paris was held in abeyance for some time because Erasmus enjoyed royal favor.« Francis I. had even invited him, in 1525, to become one of the founding fathers of the Collège de France (cf. ibid., n.104).
152 FARGE (s. n.136), 195f.
153 FARGE (s. n.136), 195; cf.187-195.

There can be little doubt that Erasmus, back in 1520, had not found any more fault with Luther's ironical aside about war against the Turks in *Resolutio* 5 than with some of the sarcastic and hyperbolical remarks on Turks and Turkish rule in his own letters, e. g., when he pointed out that certain European princes, the pope included, made common action with the Turks as far as their despotic oppression of the people was concerned.[154] And he had repeatedly mused that the yoke of the Turks might, in the long run, be more bearable than the constant tyranny inflicted by some »Christian« rulers on their subjects, as in his letter to John Fisher of 2 April 1519:

> O that Christ would at long last arise and liberate his people from tyrants of so many kinds! For the end seems likely to be, unless steps are taken, that it would be more tolerable to live under the tyranny of the Turks.[155]

Had comments like this one reached the public forum, they would have been at least as »sensitive« and susceptible to misinterpretation and could have been as easily forged into a charge that Erasmus was trying to surreptitiously undermine the resolve to resist any Turkish attempts to further advance into Europe. For this reason, resorting to what he calls the *dogma Lutheri* in order to pretend, against his better insight, that there existed an enormous difference between his own and Luther's stance in the question of the Turkish War seems disingenuous, to say the least, if not hypocritical. And this even more so if it also served the purpose to dissimulate the close parallels and similarities which, as a matter of fact, existed between *On War against the Turks*, Luther's new detailed and elaborate tract of 1529, and Erasmus' own *Consultatio* of 1530. Upholding the hailed standards of academic fairness, honesty and scholarly integrity did not seem to have been among the foremost priorities, even for the Prince of the Humanists, when it came to fending off the attacks of overzealous »inquisitors« who scrutinized his own orthodoxy.

---

154 Letter to John Colet, of 23 Oct 1518. ALLEN, Ep. 891; CWE 6, 168: »The princes, together with the pope, and I dare say the Grand Turk as well, are in league against the well-being of the common people.« Quoted after HOUSLEY, A necessary evil? (s. n.3), 265.

155 ALLEN, Ep. 936; CWE 6, 291. See also the already mentioned passage in the letter to John Colet of early March 1518, ALLEN Ep. 786; CWE 6, 330. HOUSLEY, A necessary evil? (s. note 3), refers to several other similar statements in Erasmus' letters about Christian rulers being »so tyrannical that the rule of the sultan could hardly be worse« (278; cf. 273).

Rhetorik und Poesie im Bildungssystem Philipp Melanchthons

Von Christine Mundhenk

Heinz Scheible zum 80. Geburtstag

Im spätantiken System der septem artes liberales, dem aus sieben Disziplinen bestehenden wissenschaftlichen Propädeutikum, das durch das Mittelalter hindurch den Lehrstoff der Artistenfakultät an den Universitäten bestimmte, war das trivium, sozusagen der Dreikampf, der sprachlichen Ausbildung gewidmet: Es setzte sich aus den Disziplinen Grammatik, Rhetorik und Dialektik zusammen. Im hochmittelalterlichen *Hortus deliciarum* der elsässischen Äbtissin Herrad von Landsberg gibt es eine berühmte Darstellung der Philosophie: In der Mitte sitzt die als Frau dargestellte Philosophie, zu ihren Füßen Sokrates und Platon, die Musterbeispiele des Philosophen schlechthin. Die sieben Flüsse, die aus dem Herzen der Philosophie entspringen, führen zu sieben Frauengestalten, den *septem artes liberales*, die im Kreis um die Philosophie herum angeordnet sind. Jede Disziplin wird durch gegenständliche Attribute und einen gereimten Hexameter charakterisiert. Außerhalb dieses hermetisch abgeschlossenen Systems, am unteren Bildrand, sitzen die Dichter. In guter platonischer Tradition wird ihnen und ihrer Kunst der Zutritt zu den Wissenschaften verwehrt, sie werden als »Zauberer« (»magi«) bezeichnet, die, von »unreinen Geistern« (»immundi spiritus«) inspiriert, Lügengeschichten erdichten.

Der Humanismus mit seiner Rückbesinnung auf die antiken Quellen und Ideale verschob die Schwerpunkte innerhalb des wissenschaftlichen Systems. Besonders anschaulich ist das in einer Allegorie der Philosophie dargestellt, die Albrecht Dürer 1502 in Zusammenarbeit mit Konrad Celtis als Holzschnitt schuf.[1] Auch hier thront die Philosophie im Zentrum. Aus

---

[1] Zur Beschreibung, Deutung und Einordnung des Holzschnittes vgl. J. ROBERT, Konrad Celtis und das Projekt der deutschen Dichtung. Studien zur humanistischen Konstitution von Poetik, Philosophie, Nation und Ich (Frühe Neuzeit 76), 2003, 104-153.

oder zu ihrem Herzen führt ein Schriftband oder eine Schärpe, auf dem bzw. der die Anfangsbuchstaben der sieben freien Künste angeordnet sind. Das Ende des Bandes stößt auf ein Medaillon, in dem eine mit Lorbeerkranz geschmückte Person abgebildet ist. Links von ihr steht der Name »Cicero«, rechts »Virgilius«. Die offenbar als Personalunion gemeinte Darstellung des Dichterkönigs Vergil und des großen Redners Cicero sowie die Umschrift »Dichter und Redner der Römer« (»Latinorum poetae et rhetores«) manifestieren nicht nur die Integration der Poeten in den Kreis des humanistischen Wissenschaftssystems, sondern betonen darüber hinaus die enge Zusammengehörigkeit dieser beiden Ausformungen von Sprache, die – wie zwei Seiten einer Medaille – unzertrennlich sind. Zusammengefasst zur eloquentia bilden sie das Fundament, auf dem die Philosophie ruht; sie sind das Medium der Welterkenntnis und damit Grundlage und Voraussetzung jeglicher Bildung.

In seiner Rede *De artibus liberalibus*, die der junge Philipp Melanchthon 1517 in Tübingen hielt, bezeichnete er die drei Disziplinen des Triviums als drei harmonisch zusammenklingende Saiten einer Lyra und hob damit ihren engen Zusammenhang hervor.[2] Geschickt wies er jeder der sieben Künste eine der Musen zu – mit dem Erfolg, dass zwei der neun Musen übrig blieben, nämlich Klio, die Muse der Geschichtsschreibung, und Kalliope, die Muse der Dichtung. Mit diesem Kunstgriff gelang es Melanchthon, vor allem die Dichtung als weitere Disziplin in den Fächerkanon einzufügen und das Trivium um diese wichtige Komponente zu erweitern. Immer wieder betont Melanchthon den engen Zusammenhang derjenigen Disziplinen, die sich mit der Sprache bzw. den Sprachen befassen – der Begriff »Sprache« meint mit Melanchthon in erster Linie die Sprache, »qua publice utimur«[3], die Verkehrssprache der Wissenschaft, der Kirche und der Politik: das Latein. Obwohl es schwierig ist, die einzelnen Disziplinen aus ihrem Zusammenhang gelöst zu betrachten, soll versucht

---

2 Vgl. PH. MELANCHTHON, De artibus liberalibus, Juli [1518] (VD 16, M 2587); CR 11, 5-14 Nr. 1, bes. Sp. 10; MELANCHTHONS Werke in Auswahl, hg. v. R. STUPPERICH, 1951-1975, ²1969-1983 (im folgenden: MSA) 3, 17-28, bes. 22.

3 PH. MELANCHTHON, Necessarias esse ad omne studiorum genus artes dicendi, 1523 (VD 16, M 3709); Köln, Eucharius Cervicornus, 1523 (VD 16, M 3710). Unter dem Titel *Encomion eloquentiae*: CR 11, 50-66; MSA 3, 43-62, hier S. 46. Deutsche Übersetzung: MELANCHTHON deutsch, hg. v. M. BEYER/S. RHEIN/G. WARTENBERG, 1997, Bd. 1, 64-91.

werden, die charakteristischen Aspekte der Einzeldisziplinen Rhetorik und Poesie herauszustellen. Dazu soll zuerst Melanchthons Sicht der Rhetorik beleuchtet werden; anschließend soll die Rolle der Poesie und Poetik in der Sprachausbildung untersucht werden.

I Die Bewertung der Rhetorik durch Melanchthon

1 Die Rolle der Rhetorik innerhalb der universitären Ausbildung[4]

Als Melanchthon 1518 seine Antrittsvorlesung in Wittenberg hielt, beeindruckte er die Zuhörer mit seiner Rede *De corrigendis adolescentiae studiis*[5], die nicht nur ein erstaunlich umfassendes Bildungsprogramm enthielt, sondern auch von ihrer äußeren Gestaltung her höchsten Ansprüchen genügte. Zu diesem Zeitpunkt hatte der junge Dozent sich bereits intensiv mit der Rhetorik befasst, und er brachte sogar ein fast fertiges Rhetorik-Lehrbuch mit, das 1519 in Wittenberg gedruckt wurde.[6] Es blieb nicht das einzige Lehrbuch Melanchthons zu diesem Thema: 1521 folgten die aus Vorlesungsmitschriften entstandenen *Institutiones rhetoricae*[7] und 1531 seine *Elementorum rhetorices libri duo*[8]. Besonders die *Elementa*

---

4 Ausführlicher befasst sich damit O. BERWALD, Philipp Melanchthons Sicht der Rhetorik (Gratia 25), 1994.

5 PH. MELANCHTHON, De corrigendis adolescentiae studiis: CR 11, 15-25; MSA 3, 29-42; MELANCHTHON deutsch (s. Anm. 3), Bd. 1, 41-63.

6 Vgl. PH. MELANCHTHON, De rhetorica libri tres 1519. Wittenberg, Johann Rhau-Grunenberg, 1519 (VD 16, M 4180): CR 20, 693-698 (Auszug). Dazu: C. J. CLASSEN, Neue Elemente in einer alten Disziplin. Zu Melanchthons *De Rhetorica libri tres* (in: DERS., Antike Rhetorik im Zeitalter des Humanismus [Beiträge zur Altertumskunde 182], 2003, 254-309).

7 PH. MELANCHTHON, Institutiones rhetoricae. Wittenberg, [Melchior Lotter d. J., September? 1521] (VD 16, M 3517) u. ö.; Melanchthons Vorrede: Melanchthons Briefwechsel, hg. v. H. SCHEIBLE u. C. MUNDHENK, 1977 ff. (im folgenden: MBW [nur mit Briefnummer]), Nr. 161. – Ebenfalls als Vorlesungsmitschrift sind Melanchthons *Dispositiones rhetoricae* von 1553 überliefert: Philologische Schriften Philipp Melanchthons, hg. v. H. ZWICKER (Supplementa Melanchthoniana 2/1), 1911.

8 PH. MELANCHTHON, Elementorum rhetorices libri II. Wittenberg, Georg Rhau, 1531 (VD 16, M 3101) u. ö.: CR 13, 413-506; Philipp Melanchthon, Elementa rhetorices. Grundbegriffe der Rhetorik, hg., übersetzt und kommentiert v. V. WELS (Bibliothek seltener Texte in Studienausgaben 7), 2001. Melanchthons Vorrede und eine Liste der ermittelten Drucke: MBW 1183.

rhetorices hatten einen überwältigenden Erfolg: Bis zum Jahr 1600 erschienen 75 Drucke dieses Handbuchs, und es wurde zum Standardlehrbuch des 16. Jahrhunderts.[9] Seine in den Lehrbüchern dargelegte Theorie setzte er auch in die Praxis um: Aus Melanchthons Feder flossen zahlreiche Reden zu meist akademischen Anlässen; im *Corpus Reformatorum* (CR) sind 180 von ihm verfasste Reden abgedruckt.[10] Selbst gehalten hat Melanchthon von diesen Reden nur etwa ein Drittel; zwei Drittel schrieb er für andere. Das zeigt, dass er nicht nur als Theoretiker, sondern auch mit seiner praktischen Umsetzung der Vorschriften große Anerkennung fand. Worin nun für Melanchthon die Bedeutung der Rhetorik lag, soll aus seinem 1523 selbst vorgetragenen *Encomion eloquentiae* und aus seiner Widmungsvorrede zu den *Elementa rhetorices* von 1531 herausgefiltert werden.

Seine Rede darüber, dass »die Kunst zu sprechen für jedes Studium nötig ist«[11] – so lautet nämlich der Titel, unter dem die Rede erstmals gedruckt wurde –, beginnt Melanchthon mit einer Klage über die Ignoranz der Jugendlichen, die den Wert der sprachlichen Schulung nicht erkannten und sie deswegen für nicht der Mühe wert hielten. Ihnen hält Melanchthon entgegen, dass das ganze Leben innerhalb der menschlichen Gesellschaft vom gesprochenen Wort geprägt sei. Dabei komme es nicht nur darauf an, sich irgendwie auszudrücken, sondern korrekt (d.h. nach einer fest umrissenen Methode) und angemessen – Melanchthon benutzt das Wort »elegantia«. Diese »elegantia« benötige man einerseits, um selbst seine Meinung verständlich auszudrücken, andererseits, um die Schriften, die von den Altvorderen überliefert sind, zu verstehen. Der Nutzen liege in der Schärfung und Ausbildung des Verstandes, und »die Klugheit schließe sich genauso eng an die Eloquenz an, wie der Schatten einem Körper folge«[12]. Wer zur Verbesserung seiner Sprachkompetenz die Schriften antiker Autoren lese, auf den färbe auch die Aussage des Autors

9 In Tübingen gab es zwischen 1535 und 1595 sogar mehrfach Vorlesungen über Melanchthons Rhetorik; vgl. N. Hofmann, Die Artistenfakultät an der Universität Tübingen 1534-1601 (Contubernium 28), 1982, 243 und 245.

10 CR 11 und 12.

11 Melanchthon, Necessarias (s. Anm. 3).

12 »[...] neque propius umbra corpus assectatur, quam eloquentiam comitatur prudentia« (CR 11, 55; MSA 3, 49,20-22).

ab, wie jemand, der in der Sonne spazieren geht, braun wird.[13] Mit etlichen Beispielen wirbt Melanchthon dafür, was man aus der Lektüre der antiken Autoren alles lernen könne. Man dürfe es jedoch nicht bei der bloßen Rezeption bewenden lassen, sondern müsse durch Nachahmung und praktische Übungen die eigenen sprachlichen Fähigkeiten verbessern. Dann räumt Melanchthon mit dem Vorurteil auf, Theologen bräuchten die *artes* des Triviums nicht: Er weist nach, dass etliche Irrtümer in der kirchlichen Lehre auf mangelnde Sprachkenntnisse zurückzuführen seien. Das Darniederliegen der Wissenschaften in den vergangenen Jahrhunderten habe zum Entstehen der Sophistik[14] beigetragen, die sich in oberflächlichen und törichten Wortklaubereien ergehe; auch sei viel Gestrüpp über die Heiligen Schriften gewachsen. Mit dem Aufleben der Wissenschaften habe man jedoch Werkzeug in die Hand bekommen, das auch für die Bearbeitung des Evangeliums hilfreich sei, um z. B. die an vielen Stellen kunstvoll gestaltete Sprache der Bibel zu verstehen. Abschließend ermahnt Melanchthon die Studenten, nicht vorschnell in die höheren Fakultäten zu streben, sondern sich zuerst intensiv der sprachlichen Ausbildung zu widmen, weil ihnen dadurch auch die übrigen Fächer leichter fallen würden.

In diesem Plädoyer für das gründliche Studium der Sprachen knüpft Melanchthon eine enge Verbindung zwischen Sprache, Bildung und christlicher Gesittung und schlägt eine Brücke zwischen Humanismus und Reformation. Der humanistische Ruf *Ad fontes!* mahnt ihn nicht nur zur Rückbesinnung auf die heidnisch-antiken Texte; Melanchthon bezieht diese Aufforderung auch auf die christlichen Quellen. Er regt dazu an, sie vom Ballast vergangener Jahrhunderte zu befreien und sie durch intensive Bearbeitung zu neuem Leben zu erwecken. Es sind Melanchthons christlicher Humanismus und sein Idealbild der *docta fides*, die hier hervorblitzen.

---

13 »[...] fit, ut nonnihil iudicii contrahant lectores et, tamquam qui in sole ambulant, colorentur« (CR 11, 65; MSA 3, 50,17-19).

14 Spätestens seit den Religionsgesprächen in Worms und Regensburg 1540/41 wird die Sophistik, die mit Spitzfindigkeiten versucht, die Wahrheit zu verdrehen, zu verzerren oder ihr auszuweichen, der Hauptgegner in Melanchthons Kampf für Wahrheit und Wahrhaftigkeit; seinem Hass verleiht er Ausdruck in der *Oratio de sophistica*. Wittenberg, Josef Klug, 1541 (VD 16, M 3884): CR 11, 544-550 Nr. 67.

In seiner Widmungsvorrede zu den 1531 erschienenen *Elementa rhetorices* legt Melanchthon wiederum seine Argumente für die Rhetorik dar und beschreibt, was er mit diesem Buch beabsichtigt: Sein Lehrbuch solle nicht die Standardwerke Ciceros und Quintilians ersetzen, sondern es solle zur Lektüre dieser hervorragenden Autoren hinführen. Er habe Regeln von ihnen übernommen, aber mit Beispielen versehen, die lebensnäher und somit für sein Publikum einfacher verständlich seien. Der Nutzen rhetorischer Schulung erschöpfe sich nicht darin, ein Briefchen von acht bis zehn Zeilen schreiben zu können, in das zwei oder drei Halbverse oder Sprichwörter als Schmuck eingefügt seien; vielmehr sei Eloquenz in allen Bereichen des bürgerlichen Lebens von größter Bedeutung: »um die Religion zu erhalten, um Gesetze auszulegen und zu verteidigen, um Gericht zu halten, um dem Staat in größten Gefahren Ratschläge erteilen zu können«[15]. Den Studenten müsse deutlich gemacht werden, dass die schwierigste Sache überhaupt sei, »gut zu reden«[16]; ihnen müsse der Sinn für die spätere Beschäftigung mit Cicero und Quintilian geschärft werden, weil diese Autoren nicht nur der Eloquenz, sondern darüber hinaus auch der Weisheit zuträglich seien.

Es verwundert nicht, dass es in dieser Vorrede hauptsächlich um den praktischen Nutzen der Rhetorik geht. Doch auch hier stellt Melanchthon die rhetorische Ausbildung nur als *einen*, wenn auch wichtigen, Schritt auf dem Weg zu einer umfassenden Bildung dar; es geht ihm nicht darum, belanglose Sätze mit schönen Worthülsen und leeren Phrasen äußerlich aufzupeppen, sondern darum, sich die Inhalte zu erschließen und anzueignen, die tief in den Worten versteckt sind, um sie dann in angemessener Sprache anwenden, wieder- und weitergeben zu können.

Angesichts dieser hohen und über die reine Wissensaneignung hinausgehenden Bildungsziele, die Melanchthon formuliert, muss untersucht werden, wie er sie zu erreichen versucht.

Melanchthon orientiert sich ganz pragmatisch an der Schul- und Universitätsausbildung und scheut sich nicht, Grenzen zu überschreiten und

---

15 »[...] ad retinendas religiones, ad interpretandas ac defendendas leges, ad exercenda iudicia, ad consilium dandum reipublicae in maximis periculis« (MBW 1183, Z. 65-67).

16 »Diligenter et hoc monendi sunt studiosi, rem unam esse omnium humanorum operum longe difficillimam: bene dicere« (MBW 1183, Z. 67 f.).

neue, eigene Wege zu gehen. Dass er sich von überlieferten Systemen abhebt, zeigt sich in folgenden Punkten:

1. Melanchthon bezieht dialektische Elemente in die Rhetorik ein: In besonders auffälliger Weise stellt er das *genus didascalicon* oder *didacticum*, die belehrende Rede, an die Seite des *genus demonstrativum*, derjenigen Redeart, die traditionell für Lob und Tadel zuständig ist. Die belehrende Redeform, die eigentlich zur Dialektik gehört, weist er der Rhetorik zu und unterstreicht damit die Zusammengehörigkeit von Dialektik und Rhetorik, von Inhalt und Form, *res* und *verbum*.

2. Melanchthon verzichtet – das kommt an mehreren Stellen zum Ausdruck – ganz bewusst darauf, ein vollständiges Lehrbuch zu verfassen, das alle Aspekte der Rhetorik behandelt, sondern er begnügt sich damit, die für die Ausbildung der Jugend und die praktische Anwendung elementaren Probleme zu erörtern; so verzichtet er z. B. bei den Aufgaben des Redners darauf, das Einprägen (*memoria*) und den Vortrag (*actio*) einer Rede zu behandeln. Da sein Hauptaugenmerk auf der Struktur und dem Gedankengang der Texte liegt, also auf der inhaltlichen Ebene, lässt er die rein technischen Fertigkeiten unberücksichtigt.[17]

3. Die Beispiele, die Melanchthon zur Illustration der aufgestellten Regeln anführt, stammen zum großen Teil aus der Bibel und aus dem religiösen Kontext. Damit entkräftet er einerseits die verbreitete Meinung, dass die Rhetorik für Theologen nutzlos sei, indem er die Anwendbarkeit der Regeln auf biblische Texte demonstriert[18]; andererseits weist er auf die kunstvolle sprachliche Gestaltung bestimmter Teile der Bibel hin, deren tiefes Verständnis sich nur rhetorisch geschulten Lesern erschließt. So ermutigt Melanchthon seine Schüler und Studenten dazu, die Bibeltexte selbst kritisch zu lesen und zu hinterfragen, um zu einem vollständigen Verständnis zu gelangen.[19]

17 Melanchthon weist auch darauf hin, dass die Art des Vortrags seiner Zeit sich sehr von dem unterscheidet, was in der Antike gut geheißen wurde: CR 13, 419; WELS (s. Anm. 8), 26f.

18 Diesen Aspekt behandelt ausführlicher: C. J. CLASSEN, Die Bedeutung der Rhetorik für Melanchthons Interpretation profaner und biblischer Texte (NAWG I, 1998 Nr. 5), 1998.

19 Ein Blick in Melanchthons griechische Grammatik (Institutiones Graecae grammaticae. Hagenau, Thomas Anshelm, Mai 1518 [VD 16, M 3491]), die noch zu seiner Tübinger Zeit erschien, beweist, dass sich Melanchthon bereits vor seinem Wechsel nach Wittenberg

2 Die Rhetorik im kirchlichen Alltag

2.1 Die Predigt in Melanchthons Lehrbüchern

Der Bereich, in dem die Relevanz der Rhetorik für den Glauben und die Frömmigkeit am deutlichsten sichtbar wird und besonders fruchtbringend einzusetzen ist, ist die Predigt. Durch gute, planvoll gestaltete Predigten kann ein Pfarrer den Glauben und die Moral seiner Gemeinde stärken. Wie wichtig gute Predigten sind, hat Melanchthon schon früh erkannt; deshalb widmet er den *conciones sacrae*, also der Predigtlehre, in seiner Rhetorik von 1519 ein eigenes Kapitel und behandelt in den *Elementa* einige Aspekte der Predigt innerhalb der allgemeinen Rhetorik.[20] Darüber hinaus gibt es mehrere homiletische Schriften aus den Jahren 1529 bis 1552, die sich mit den Aufgaben des Predigers befassen; sie sind allerdings teils nur fragmentarisch, teils als Mitschriften von Vorlesungen, die unter Melanchthons Namen überliefert sind, erhalten.[21] Hier sollen nur die Aspekte genannt werden, die im Zusammenhang mit der Rhetorik von Bedeutung sind.

Melanchthon grenzt die Homiletik von der allgemeinen Rhetorik ab, indem er die für die Predigt besonders bedeutsamen Elemente herausstellt. Er schneidet das rhetorische System passgenau zu, indem er z. B. das *genus demonstrativum*, also lobende und tadelnde Reden, sowie das *genus iudiciale*, also die Gerichtsrede, für die Homiletik komplett ausschließt.[22] Auch bezeichnet Melanchthon das erste *officium* des Redners, die Auffindung des Themas (*inventio*), für den Prediger als wenig aufwen-

---

intensiv mit der griechischen Bibel befasst und sie in seinen Lehrplan integriert hatte, denn schon hier verwendete er mindestens 20 Beispiele aus der Septuaginta (v. a. aus den Psalmen und dem Römerbrief). Dementsprechend ist auch davon auszugehen, dass Melanchthon während der Arbeit an seiner Rhetorik (s. Anm. 6) bereits in Tübingen Beispiele aus der Bibel heranzog und sie nicht erst in Wittenberg nachträglich einfügte (so W. MAURER, Der junge Melanchthon zwischen Humanismus und Reformation 2, 1969, 31-36).

20 Im Druck von 1519 (s. Anm. 6) steht der Abschnitt »De sacris concionibus« auf Bl. G4^b-H1^b. –

21 Ausgabe: PHILIPP MELANCHTHONS Schriften zur praktischen Theologie. Teil 2: Homiletische Schriften, hg. v. P. DREWS/F. COHRS (Supplementa Melanchthoniana 5/2), 1929 (im folgenden: Suppl. 5/2). Zu Melanchthons Predigttheorie vgl. die Arbeit von U. SCHNELL, Die homiletische Theorie Philipp Melanchthons (AGTL 20), 1968.

22 Vgl. Suppl. 5/2, 6,7-7,8.

dig: die Predigttexte seien schließlich festgelegt.[23] Die beiden wichtigsten Ziele, die der Prediger verfolgen soll, sind: 1. »belehren, was die Natur und die Kraft der Religion ist« (»docere, quae sit vis et natura religionis«), und 2. »zum Glauben und zu guten Sitten ermahnen« (»hortari tum ad fidem, tum ad bonos mores«).[24] Dabei muss eine gute Predigt an der Gemeinde ausgerichtet sein; die sprachliche Gestaltung soll schlichter sein als bei einer Universitätsrede.[25]

2.2 Melanchthon als Prediger

Melanchthons Selbsteinschätzung war, dass er – offenbar wegen seines Sprachfehlers[26] – zum Predigen nicht geeignet sei: »Ego concionari non possum« [27], schrieb er an Johannes Brenz. Das hielt ihn jedoch nicht davon ab, für andere Predigten zu verfassen[28] und sonntags vor dem Gottesdienst für die ausländischen Studenten den Predigttext in lateinischer Sprache auszulegen, damit sie dem deutschen Gottesdienst besser folgen

23 Vgl. AaO 8,1-3; WELS (s. Anm. 8), 36f.

24 AaO 5,11-13.

25 Vgl. AaO 8,27-9,4.

26 Vgl. Melanchthon an Johann Konrad Ulmer, 6. Juni [1544]: »Adolescens Georgius Grim Laureacensis [aus Lohr/Main], etsi literis mediocriter excultus est, et bonis moribus praeditus est, tamen ad concionandum non videtur vocandus. Nam pronunciatio Templis non est idonea, propter τραυλότητα [Stammeln], quae in me quoque reprehenditur. Sed ego agnosco et deploro mea vicia, et si me abdere possem in specum aliquem, facerem. Alijs melius consulo, ne, cum libera est deliberatio, vitae genera suscipiant, ad quae natura non sunt idonei. Queratur ergo locus Georgio in schola aliqua« (Philippi Melanchthonis epistolae, iudicia, consilia, testimonia aliorumque ad eum epistolae, hg. v. H.E. BINDSEIL, 1874, 191f. Nr. 258; MBW 5377).

27 Melanchthon an Johannes Brenz, 17. Oktober 1536: MBW 1796 Z. 56.

28 Er schrieb z.B. für Fürst Georg III. von Anhalt Weihnachtspredigten. Ein besonders schöner Beleg für Melanchthons Pragmatismus ist in seinem Schreiben an Georg von Anhalt vom 9. Dezember 1549 zu finden. Melanchthon äußert seine Ansicht, dass man durchaus die Predigt vom Vorjahr wiederholen könne, und kritisiert die Prediger, die den Ehrgeiz haben, zu den jährlich wiederkehrenden Festen stets etwas Neues sagen zu wollen: »Concionem scribam, etsi proximo anno scriptam repetere non est inutile, et ego scribens idem argumentum recitabo. Saepe cogito dictum D. Doctoris Hieronymi Schurffii, qui dicit, sic mutatam esse et corruptam Ecclesiae doctrinam, quia concionatores existimarunt gloriosum esse, non repetere eadem, sed alia et nova adferre redeuntibus iisdem festis« (CR 7, 512; MBW 5690.2).

konnten. Diese sonntäglichen Veranstaltungen werden als »Sonntagsvorlesungen« bezeichnet, womit schon auf das akademische Umfeld seiner Predigten hingedeutet wird. Melanchthons Predigten lassen sich nicht nur wegen der lateinischen Sprache, sondern auch von ihrem Anspruch her wohl kaum mit den Predigten einer durchschnittlichen Pfarrkirche vergleichen.[29] Dennoch fanden sie auch außerhalb der Universität Verbreitung. Ein Beispiel dafür ist eine Predigt über die Engel, die Melanchthon am 29. September, also dem Michaelistag, des Jahres 1535 in Jena hielt; die Universität war damals wegen einer Seuche von Wittenberg dorthin verlegt worden. Überliefert ist diese Predigt in verschiedenen Fassungen: Der lateinische Text ist in einer Abschrift durch Stephan Roth erhalten[30]; Melanchthon selbst fügte ihn seiner *Loci*-Ausgabe von 1536 als letzten Abschnitt hinzu[31]; Georg Spalatin hielt die Predigt für so bedeutend, dass er eine deutsche Übersetzung anfertigte und drucken ließ[32].

Die Predigt *De angelis* ist in fünf Teile gegliedert: Zu Beginn zitiert Melanchthon den Predigttext, den *locus classicus* über die Engel (Hebr 1,14). Von dieser Bibelstelle ausgehend benennt er zwei Themenfelder, die er im zweiten Teil seiner Predigt behandeln will: einerseits das Wesen, andererseits die Aufgaben der Engel. Unter Bezugnahme auf Christi Unterscheidung zwischen Geistern und Leibern definiert Melanchthon die Engel als Geister, unterscheidet jedoch zwischen guten und bösen Geistern.[33] Die lieben Engel haben alle Hände voll zu tun, um die Chris-

29 Zahlreiche dieser Sonntagsvorlesungen sind in Mitschriften erhalten. Zusammengefasst zur *Postilla Melanchthoniana* füllen sie im CR die Bände 24 und 25.

30 Zwickau, Ratsschulbibliothek, Ms. 36, f. 145ʳ-147ʳ unter der Überschrift: »Concio de Angelis habita Ihene, in die Michaelis ab Phil. Mel. Anno domini etc. 1535«.

31 Vgl. PH. MELANCHTHON, Loci communes theologici recens collecti et recogniti. Wittenberg, Peter Seitz d.Ä., 1536 (VD16, M 3618); CR 21, 557f. – Deutsch durch Justus Jonas: Melanchthon, Loci Communes, das ist, die furnemesten Artikel Christlicher lere. Wittenberg, Georg Rhau, 1536 (VD 16, M 3626), Bl. 314ª-317ª.

32 Es gab sogar zwei Ausgaben: Magister Philipps Melanchthon Christliche erinnerung von den lieben Engeln, an S. Michels tag zu Jenaw an die Studenten gethan, aus dem Latein durch GEORGIUM SPALATINUM ins deudsch gebracht. Wittenberg, Georg Rhau, 1536 (VD 16, M 3634) und [Augsburg, Philipp Ulhart d.Ä., 1536] (VD16, M 3633); auch bei R. STUPPERICH, Der unbekannte Melanchthon, 1961, 152-158.

33 Eine ähnliche Gegenüberstellung von lieben und bösen Engeln findet sich in Melanchthons Auslegung der Evangelien zu Mt 18,1-10: In evangelia, quae usitato more in

tenheit zu erretten und zu erhalten. Um seine Ausführungen anschaulicher zu gestalten, fügt Melanchthon hier einen Vergleich ein: Wie eine Stadt von den Teufeln bestürmt und von den Engeln verteidigt wird, so sind die Menschen von Engeln und Teufeln umgeben, die sie beeinflussen wollen. Die Aufgaben der Engel verdeutlicht Melanchthon, indem er sie von den Aktivitäten des Teufels abgrenzt und sie ihnen gegenüberstellt: Christi Darstellung des Teufels als Lügner und Mörder (Joh 8,44) belegt Melanchthon mit Beispielen: Als Lügner trat der Teufel schon im Paradies auf und verführte Eva; als Mörder stürzt er die Menschen durch Krankheit, Unwetter, Sünde, Tyrannei und Krieg ins Verderben. Geschickt schlägt Melanchthon den Bogen von den ersten Menschen zu den Bedrohungen seiner eigenen Zeit und charakterisiert damit den Teufel als Feind und Gegenspieler aller Menschen. Die lieben Engel stellen sich dem Kampf mit dem Teufel und weisen ihn in seine Schranken. Sie fördern und behüten die christliche Lehre und die Kirche und setzen sich bei Gott für die Menschen ein (Mt 18,10). Gott benutzt sie als Boten wie bei Maria (Lk 1). Sie vereiteln schlimme Taten von Tyrannen, verhindern Kriege, bewahren den Frieden und beschützen jeden einzelnen Menschen (Mt 18,10). Um diese Aufgaben der guten Engel zu verdeutlichen, nennt Melanchthon im dritten Teil seiner Predigt Beispiele aus der Bibel (Jakob und Tobias) und der Kirchengeschichte (Epiphanius). Nachdem er die Wohltaten der Engel gegenüber den Menschen beschrieben hat, kommt Melanchthon im vierten Teil auf die moralische Verpflichtung der Menschen zu sprechen, die er als Gegenleistung für den Dienst der Engel an der Menschheit darstellt: Die Menschen sollen Gott für solche Wohltaten Dankbarkeit erweisen, indem sie den Tugenden der Engel nacheifern. Das geschieht einerseits durch Wahrhaftigkeit; andererseits durch den Glauben an Gott und daran, dass er den Menschen solche Wächter an die Seite gestellt hat; und schließlich durch Dankbarkeit Gott gegenüber und anständiges Verhalten gegenüber den Mitmenschen, denn nur durch gute Sitten und Gottesfurcht werden die Engel veranlasst, bei den Menschen zu bleiben. Mit der Bitte um den Beistand Christi endet die Predigt.

diebus dominicis et festis proponuntur, annotationes. Wittenberg, Peter Seitz, 1544 (VD 16, E 4532), Bl. H6^b-7^a; vgl. auch den entsprechenden Abschnitt in Melanchthons *Postilla*: CR 25, 570-590.

Vergleicht man den Aufbau dieser Predigt mit den Regeln, die Melanchthon in seinen theoretischen Schriften aufstellt, stellt man weitgehende Übereinstimmung fest: Für die *quaestiones simplices* – zu denen das Thema »De angelis« zu rechnen ist – hat Melanchthon bestimmte Aspekte oder *loci argumentorum* vorgegeben: Zu fragen ist, was der behandelte Gegenstand ist; welche Arten es davon gibt; was die Ursache ist; was er bewirkt.[34] Diesen Fragenkatalog arbeitet Melanchthon in seiner Predigt über die Engel der Reihe nach ab und setzt diesem belehrenden Komplex als letzten Teil eine Ermahnung zum Glauben und zu moralisch gutem Verhalten hinzu.[35] Die Sprache der Predigt ist schlicht, klar und gut verständlich. Es ist anzunehmen, dass Melanchthon seine Sonntagsvorlesungen kurzfristig vorbereitete und sich deshalb nicht besonders vor allzu großer *subtilitas* in Acht nehmen musste.[36] Auch seine Forderung, Beispiele aus der Bibel, der Kirchengeschichte und dem Alltag zu verwenden, setzt Melanchthon um.[37] Allerdings fühlt er sich an die Regel, dass der Prediger in einer Predigt nicht mehr als drei Beispiele anführen soll, um die Zuhörer nicht zu ermüden, offenbar nicht gebunden; da er bei seinen Zuhörern profunde Kenntnisse der Bibel und der Kirchengeschichte voraussetzte, schätzt er die Gefahr der Überforderung offenbar nur gering ein. Alles in allem hielt er sich weitgehend an die von ihm selbst aufgestellten Regeln; die Abweichungen lassen sich mit der Ausrichtung auf sein akademisches Publikum begründen.

Auf Spalatins Übersetzung und das Verhältnis des deutschen zum lateinischen Text kann hier nur kurz eingegangen werden: Spalatin hat die Predigt nahezu wörtlich übersetzt, nur das Beispiel des Epiphanius genauer ausgeführt[38] und ein Beispiel von den Engeln, die die Apostel aus dem Gefängnis befreien (Act 5,17-20), hinzugefügt. Häufig ist zu bemerken,

---

34 Rhetorik von 1519 (s. Anm. 6), Bl. H1ᵃ; in den *Elementa rhetorices* ist die Frage nach Verwandten und Gegenteilen hinzugefügt, die sich beim Thema »Engel« nicht stellen lässt: CR 13, 424; WELS (s. Anm. 8), 40-43.

35 Vgl. oben Anm. 23.

36 Zur sprachlichen Gestaltung einer Predigt vgl. Suppl. 5/2, 8,30-9,4.

37 AaO 20,18-27.

38 Während Melanchthon im lateinischen Text nur den Namen nennt, führt Spalatin aus: »In der geschicht auch Epiphanii, des lieben Bischoffs in Zipern, von welchem man im neündten bůch der dryfachen Historien liset, das im der Engel des Herren selbs ain

dass er anstelle eines lateinischen Begriffs zwei, öfter sogar drei deutsche Begriffe verwendet: Beispielsweise übersetzt er »officium« mit »dienst, ampt und werck«; »defendendae« mit »geschützt, errettet und erhalten«; »gloria« mit »rhum, ehre und preis«; »respublicas« mit »Commun, Land und leut«; »consilia persecutionis« mit »ferlichen, bittern und gifftigen furnemen, practicken und anschlegen«. Derartige Häufungen von Synonymen lassen sich in deutschen Texten jener Zeit häufig beobachten; Spalatin richtet seine deutsche Übersetzung also nach dem aktuellen Sprachgebrauch aus. Gleichzeitig dient diese Verwendung von Synonymen der Veranschaulichung, indem wichtige Begriffe durch die *variatio* betont und hervorgehoben werden. Außerdem wird der Textfluss an diesen Stellen verlangsamt. Spalatins Veränderungen tragen somit zum einfacheren Verständnis der Predigt bei.

Rückblickend und zusammenfassend lässt sich über die Bewertung der Rhetorik durch Melanchthon festhalten: Sprache ist für Melanchthon der Schlüssel zur Welt. Ohne umfassende Sprachkompetenz ist keine wirkliche Bildung möglich; nur wer die Sprache beherrscht, kann auch die Aussagen und Inhalte verstehen und hinterfragen. Und nur, wer die Inhalte der paganen und christlichen Texte gründlich durchdrungen hat, kann ihre Botschaft für sich selbst nutzbar machen und – wiederum in jeweils angemessener Form – anderen weitervermitteln. Rhetorische Kompetenz gehört für Melanchthon nicht zu den *Soft skills*, die heutzutage neben den eigentlichen Studienfächern als Zusatzqualifikation beworben werden, damit Berufseinsteiger durch geschicktere Selbstpräsentation ihren Marktwert steigern können. Sondern ihm geht es um den tieferen Zusammenhang von Denken und Sprache. Beide sind für Melanchthon untrennbar miteinander verknüpft. Klarheit der Sprache zeigt und prägt ihrerseits die Klarheit des Denkens.[39] Gleichzeitig schmückt eine schöne Sprache auch ihren Besitzer, wie Melanchthon sagt: »Keine Sache, kein Schmuck ziert den Menschen mehr als eine angenehme Sprache. Keine süßere oder erfreulichere Musik kann von den Ohren oder vom Geist aufgenommen werden, als eine gleichmäßige Rede, die aus guten Worten und Aussagen

beütel mit vil gelts gebracht habe, den armen Dirnen zugeben unnd helffen, wie er denn trewlich gethan« (SPALATIN [s. Anm. 32], Bl. A3ᵇ).

39 Vgl. A. KELLER, Frühe Neuzeit. Das rhetorische Zeitalter, 2008, 45.

besteht.«[40] Somit ist Sprachkompetenz für Melanchthon die fundamentale Schlüsselqualifikation – nicht nur für eine spätere Anstellung im Schul- und Kirchendienst oder in einer höfischen Kanzlei, wo damals gut ausge- bildete Leute dringend gebraucht wurden. Melanchthons großes Ziel ist es, durch die Verbreitung der Bildung gleichzeitig eine moralisch gute Ge- sellschaft zu schaffen und die Religion auf eine solide und dauerhaft siche- re Basis zu stellen, »denn das Licht der prophetischen und apostolischen Schriften kann ohne Kenntnis der Sprachen nicht bewahrt werden«[41].

II Poesie und Poetik bei Melanchthon

1 Die Rolle der Poesie innerhalb der Sprachausbildung

Melanchthon war kein begnadeter Dichter; es hätte wohl auch nicht zu seinem Charakter und seiner Lebensführung gepasst, die von unglaublicher Disziplin und großer Rationalität geprägt war, und sein anstrengender All- tag zwischen Universität, reformatorischen Belangen und Politik, der ihn oft bis an die Grenzen seiner Kräfte forderte, ließ ihm nicht die nötige Muße für kunstvolle Ausarbeitungen. Er selbst hielt sich sogar für einen schlech- ten Dichter; seine künstlerische Ader sei dürftig und ungeschliffen, seinen Versen fehle es an Glanz.[42] Derartige Äußerungen, die sich in etlichen Brie- fen Melanchthons finden, lassen sich nicht einfach als Bescheidenheitsto- poi abtun; Melanchthon war sehr wohl in der Lage, gute von schlechter Poe-

40 »Nulla res enim, nullus cultus, magis ornat hominem, quam suavis oratio. Neque mu- sica dulcior aut iucundior auribus aut mente percipi ulla potest, quam aequabilis oratio, constans bonis verbis ac sententiis« (PH. MELANCHTHON, Elementa rhetorices: CR 13, 460; WELS [s. Anm. 8], 170 f.).

41 »Nam lux propheticorum et apostolicorum scriptorum sine linguarum cognitione retineri non potest« (Melanchthon an Balthasar Käuffelin, 8. Februar [1543]: MBW 3160 Z. 8 f.).

42 »Certe quos privatim doceo adhortor sedulo ad faciendos versiculos, neque id simplici- ter sed et praeludo nonnunquam, quanquam malus poeta« (Melanchthon an Eobanus Hessus, [ca. August 1522]: MBW 233 Z. 15-17); »Scio venam meam aridam et horridam esse, et me fatum meum ad alia studia traxit, quae utinam gubernet et adiuvet Deus« (Melanchthon an Johannes Gigas, 13. Februar [1544]: CR 5, 679 Nr. 3138; MBW 3452.1); »Etsi scio deesse meis versibus splendorem, tamen hoc labore excutio alias molestas cogitationes« (Melanchthon an Johannes Mathesius, 16. März [1552]: CR 7, 962 Nr. 5072; MBW 6383.3).

sie zu unterscheiden, denn er hatte früh gelernt, selbst Verse zu schmieden, verbesserte sein dichterisches Handwerkszeug ständig und schrieb bis kurz vor seinem Tod Gedichte.[43] Als Dichter war er ein Dilettant im eigentlichen und besten Sinne des Wortes, jemand, der in erster Linie zu seinem eigenen Vergnügen dichtete, wenn er die Gelegenheit hatte. Im Universitätsalltag agierte er professionell als hervorragender Theoretiker und Vermittler der Poetik: Er regte seine Schüler und Studenten zum Dichten an, gab ihnen Themen vor und korrigierte ihre Dichtungen. Auf diese Weise trug er zum Entstehen eines Dichterkreises in Wittenberg bei und beeinflusste lateinische Dichter bis nach Dänemark hin.[44]

Bereits in seiner Wittenberger Antrittsvorlesung hatte der junge Melanchthon die Dichtung (neben der Mathematik) denjenigen Wissensbereichen zugerechnet, ohne deren Beherrschung niemand als gebildet gelten könne.[45] Damit lief er in Wittenberg offene Türen ein, denn die hiesige Universität verfügte bereits seit ihrer Gründung im Jahr 1502 über einen Poetik-Lehrstuhl.[46] Die Ausbildung in Poetik war für Melanchthon ein wichtiger, geradezu grundlegender Bestandteil des Sprachunterrichts im Lateinischen und Griechischen und ergänzte die Disziplinen Grammatik und Rhetorik. In seiner Auslegung des zehnten Buches von Quintilians *Institutio oratoria* benennt Melanchthon einen vierfachen Nutzen der Poesie: 1. bringe sie perfekte Grammatiker hervor; 2. trage sie zur Erweiterung des Wortschatzes bei; 3. könne man an Gedichten am besten Stilmittel lernen und sie in der Rede erkennen; 4. bewirke sie eine Verbesserung der Sitten und eine Verfeinerung des Charakters. [47] Diese vier Effekte sollen genauer unter die Lupe genommen werden:

43 Das letzte erhaltene Gedicht Melanchthons blieb unvollendet: CR 10, 648 Nr. 333.

44 Vgl. T. Fuchs, Philipp Melanchthon als neulateinischer Dichter in der Zeit der Reformation (NeoLatina 14), 2008, 12 f.; M. Schwarz Lausten, Philipp Melanchthon. Humanist og luthersk reformator i Tyskland og Danmark, 2010, 326-329.

45 »Accedunt sine quibus nemo potest eruditus censeri, Mathematica, item Poëmata, Oratores, professoribus non proletariis« (Melanchthon, De corrigendis [s. Anm. 5]: CR 11, 22; MSA 3, 38,23-25; Melanchthon deutsch [s. Anm. 3], Bd. 1, 55).

46 Vgl. W. Friedensburg, Urkundenbuch der Universität Wittenberg 1 (Geschichtsquellen der Provinz Sachsen und des Freistaates Anhalt, Neue Reihe 3/1), 1926, 3 f. Nr. 2.

47 Vgl. Ph. Melanchthon, Enarratio libri X. Institutionum oratoriarum Quintiliani: CR 17, 658 § 27.

1. »Die Poesie bringt perfekte Grammatiker hervor.« Das streng metrische System der antiken Dichtung verlangt eine genaue Kenntnis der Silbenlängen. Nur wer die Längen und Kürzen der Silben kennt, kann Verse richtig lesen und schreiben.[48] Häufige Gedichtlektüre, das Skandieren und Auswendiglernen lateinischer Verse stellen einen wichtigen Beitrag zur Verbesserung der Prosodie dar, die sich natürlich auch auf die gesprochene lateinische Sprache und ihre Verständlichkeit auswirkt, denn nur richtig betont lassen sich die Wörter auch richtig verstehen und Missverständnisse vermeiden. Die Erkenntnis, dass sich Verse einfacher memorieren lassen als schnöde Regeln, war sicher der Anlass dafür, dass Melanchthon in seiner lateinischen und seiner griechischen Grammatik mehrheitlich poetische Beispiele anführte. Man muss annehmen, dass ein Nebeneffekt von Melanchthon durchaus beabsichtigt war: dass nämlich die Schulkinder, die anhand seiner Grammatik Latein oder Griechisch lernten, sich auf diese Weise schon einen Grundstock an Dichtung einprägten, auch wenn sich der Inhalt der Verse ihnen vielleicht erst später erschloss.

2. »Die Poesie trägt zur Erweiterung des Wortschatzes bei.« In antiken Dichtungen werden oft Themen behandelt, die genauso wenig zur Alltags- und Gedankenwelt des 16. Jahrhunderts gehörten wie zu unserer Zeit. Wenn man diese Dichtung verstehen will, muss man auch ungebräuchliche Vokabeln lernen und sich im Idealfall an ihnen erfreuen – oft sind es ja gerade die seltsamsten Wörter, die man sich am einfachsten merkt. Weil Gedichtlektüre zu Melanchthons Zeit nahezu gleichbedeutend mit Auswendiglernen war, trug sie auch auf diese Weise zur Bereicherung des Wortschatzes bei. Doch Melanchthon ging es nicht nur um die Rezeption antiker Vorbilder, sondern auch um die praktische Umsetzung des Gelernten; er hielt es für nützlich, selbst Verse zu schmieden – zumindest für

---

48 Im Mittelalter hatte z.B. Terenz als Prosaautor gegolten, weil man die Verse nicht erkannte; 1516 war Melanchthon an einer Ausgabe des »wiederhergestellten« Terenz beteiligt: MELANCHTHON an Paul Gereander. Vorrede zu: Comoediae P. Terentii metro numerisque restitutae. Tübingen, Thomas Anshelm, 1516 (VD 16, T 378): MBW 7. Zu Melanchthons Anteil an dieser Ausgabe vgl. R. WETZEL, Melanchthons Verdienste um Terenz unter besonderer Berücksichtigung ‚seiner' Ausgaben des Dichters (in: Philipp Melanchthon in Südwestdeutschland. Bildungsstationen eines Reformators, hg. v. ST. RHEIN/ A. SCHLECHTER/U. WENNEMUTH, 1997, 101-127).

diejenigen, die ein gewisses Talent aufwiesen.[49] Wer es versucht, sieht sich durch die engen Vorgaben der römischen Metrik oft gezwungen, Synonyme zu suchen, die sich ins Versmaß fügen. So vergrößert sich durch einen wachsenden Vorrat an variierenden Ausdrucksmöglichkeiten sowohl der passive als auch der aktive Wortschatz.

3. »An Gedichten kann man am besten Stilmittel lernen, die sich auch in der gesprochenen Sprache erkennen lassen.« Dichtung ist die im höchsten Maße ausgestaltete Form der Sprache. Zur Ausgestaltung gehören auch die stilistischen Ausdrucksmittel. Wer sich am schönen Klang der Verse erfreut und erkennt, welche Möglichkeiten die Sprache bietet, wird dazu angeregt, sich die entsprechenden Mittel anzueignen und sie selbst zu verwenden, indem er z. B. seine Rede mit Klauseln, d. h. mit metrischen Satzschlüssen, schmückt. Auch bei diesem Aspekt geht die Ausbildung der Schüler über das rein Rezeptive hinaus und wirkt sich auf die aktive und bewusste Gestaltung eigener Äußerungen aus.

4. »Dichtung bewirkt eine Verbesserung der Sitten und eine Verfeinerung des Charakters.« Nach drei Effekten, die primär auf die schulische bzw. universitäre Ausbildung zielen, weist dieser vierte Effekt über die Schule und das sture Lernen hinaus auf die Charakterbildung. Obwohl bei dem, was Melanchthon als Poesie bezeichnet, formal die metrischen Versmaße der heidnisch-antiken Dichtung im Vordergrund stehen, geht es nicht nur um die Heroen der antiken Dichtung, die den Schülern und Studenten als Vorbild dienen sollen, wie z. B. Aeneas, der seinen Vater aus dem brennenden Troja trug und deshalb als Musterbild der *pietas erga parentem* galt. Melanchthon bezieht hier christliche Literatur in seinen Dichtungsbegriff ein. In seiner Vorrede zur 1539 erschienenen Metrik des Jacob Micyllus betont er, dass auch die meisten Psalmen »Gedichten ähnlich« (»similes epigrammatum«) seien, und demonstriert dies am Beispiel des 127. Psalms (»Wo der Herr nicht das Haus bauet, so arbeiten umsonst, die dran bauen«)[50], indem er die bildhafte Sprache detailliert vor

---

49 Melanchthon an die Studenten: Vorrede zu Jakob Micyllus, De re metrica libri tres. Frankfurt/Main, Christian Egenolff, 1539 (VD 16, M 6123): MBW 2255 Z. 90: »Deinde si qui a natura adiuvantur, illis prodest etiam versus componere«.

50 Ps 126 Vg.: »Nisi Dominus aedificaverit domum, in vanum laboraverunt, qui aedificant eam«.

Augen führt und interpretiert.[51] Damit unterstreicht Melanchthon zum wiederholten Male die enge und wechselseitig fruchtbare Beziehung von Humanismus und Theologie: Er fordert dazu auf, das Instrumentarium, das die Philologie bereitstellt, auch für die Theologie anzuwenden und auszuschöpfen. So tragen nicht nur antike Vorbilder, sondern vor allem die intensive Beschäftigung mit der Bibel zur Verfeinerung des Charakters bei.

Für Melanchthon ist die Poesie die Basis der höheren sprachlichen Ausbildung, da sie die im Anfangsunterricht rudimentär erlernten Disziplinen Grammatik, Rhetorik und Dialektik auf eine höhere Stufe stellt. Dementsprechend ist die Beurteilung der sprachlichen Fähigkeiten in Vers und Prosa ein wichtiger Bestandteil von Schreiben, mit denen Melanchthon seine Absolventen künftigen Arbeitgebern empfiehlt; er schreibt beispielsweise: »Dieser junge Mann, dem ich diesen Brief anvertraut habe, [...] ist mit einzigartiger Liebenswürdigkeit und Feinheit begabt. Er schreibt glänzend Prosa und Verse.«[52]

Melanchthon ist überzeugt, dass die Kunst, Prosa zu schreiben, nur erhalten bleibt, wenn auch die Übung im Dichten bewahrt wird.[53] Deswegen blieb er auch selbst sein Leben lang in Übung.

2 Melanchthon als Dichter[54]

Anlass zum Dichten boten Melanchthon – neben dem Schulunterricht, in dem er seinen Schülern mit gutem Beispiel vorangehen musste – vor allem seine Reisen; an Johannes Gigas schreibt er: »Du weißt, dass ich einerseits meiner Hausschüler wegen gelegentlich Verse schreibe, so gut es geht; andererseits, wenn ich im Wagen sitze, um mich von der Betrachtung schlimmer Dinge abzulenken, und damit, wie Horaz sagt, durch die Dich-

51 Melanchthon an die Studenten (s. Anm. 49): MBW 2255, bes. § 3.

52 »Hic iuvenis, cui has literas tradidi, [...] singulari praeditus ingenii suavitate atque elegantia. Scribit enim solutam orationem et versus nitidissime« (Melanchthon an Veit Dietrich, 9. Oktober [1538]: MBW 2102 Z. 3-5).

53 »Illud quoque velim persuasissimum esse omnibus, quod est verissimum non posse conservari facultatem recte scribendae solutae orationis, nisi exercitatio faciendorum versuum conservetur« (Melanchthon an die Studenten [s. Anm. 49]: MBW 2255 Z. 97-100).

54 Eine ausführliche Studie zu Melanchthon als Dichter steht seit kurzem mit der Arbeit von Fuchs (s. Anm. 44) zur Verfügung.

tung finstere Sorgen verschwinden.«[55] Die Zeit der Untätigkeit, zu der Melanchthon und seine Kollegen z.B. auf dem Wormser Religionsgespräch von 1541 verurteilt waren, nutzten sie auch zum Verfassen kleinerer Gedichte, mit denen sie sich gegenseitig einluden oder Informationen austauschten.[56] Wenn ihn nachts die Schlaflosigkeit wach hielt, schrieb Melanchthon Gedichte[57], und gelegentlich lud er seine Studenten mit versifizierten Vorlesungsankündigungen zu seinen Lehrveranstaltungen ein.[58] Insgesamt sind von Melanchthon etwa 600 lateinische und rund 60 griechische Gedichte in unterschiedlichen Versmaßen erhalten. Davon sind ein gutes Drittel Gelegenheitsgedichte, etwa ein Drittel befasst sich mit antiken Stoffen und dem Universitätsbetrieb, ein Viertel der Gedichte hat biblische oder religiöse Themen; der Rest fällt unter die Rubrik »Vermischtes«, wozu auch logisch-mathematische und naturwissenschaftliche Gedichte zählen.[59] 26 Stücke seines Briefwechsels sind in Versform gestaltet. Eins seiner Gedichte soll an dieser Stelle genauer betrachtet werden.

Am 27. September 1543 verfasste oder beendete Melanchthon zum bevorstehenden Michaelistag, dem 29. September, einen Hymnus über die Engel.[60] Diesen Hymnus ließ er zusammen mit einem Hymnus des von

---

55 »Scis me vel adolescentum causa utcunque interdum versiculos scribere, vel dum sedeo in curru, ut abducam animum a cogitatione malarum rerum, et, ut Horatius inquit, ut minuantur atrae carmine curae« (Melanchthon an Johannes Gigas [s. Anm. 42]); vgl. HORAZ, Oden 4, 11, 35 f.: »minuentur atrae | carmine curae.« – Melanchthon verwendet hier für seine Dichtung den Begriff »versiculos«, also die Diminutivform, und drückt damit die Geringschätzung seiner eigenen Gedichte aus.

56 20 Gedichte, die meisten von Melanchthon verfasst, erschienen gedruckt unter dem Titel: Epigrammata aliquot Wormatiensia. Wittenberg, [Josef Klug], 1541 (VD 16, E 1628).

57 Z.B.: »Nihil habeo, quod nunc mittam, nisi hos tristes versus hac nocte factos, cum somniis ingratis excitatus essem« (Melanchthon an Joachim Camerarius, 29. Februar [1552]: CR 7, 956 Nr. 5065; MBW 6368.4); »Hac nocte excitatus, hoc argumento versiculos faciebam, quos mitto, qualescunque sunt« (MELANCHTHON an Paul Eber, 29. Februar [1552]: CR 7, 957 Nr. 5066; MBW 6369).

58 Z.B. CR 10, 539 Nr. 115; 545 Nr. 126; 547 Nr. 129 f.

59 Diese Zahlen ermittelte R. F. GLEI, *Multa sit in versu cura laborque meo*. Melanchthon als Dichter (in: Philipp Melanchthon. Exemplarische Aspekte seines Humanismus, hg. v. G. BINDER, 1998, 143-170, hier 155 f.).

60 Zu einer derartigen Dichtung hatte ihn Johannes Bugenhagen angeregt: »Nunc qui meum hymnum, quem nuper Pastori postulanti de angelis utcunque cecini, laudas, ...« (Melanchthon an Johannes Gigas [s. Anm. 42]).

ihm geförderten und gerühmten Johannes Stigel über dasselbe Thema drucken.[61] Am 4. Oktober schrieb er an Stigel: »Als ich gestern in die Stadt kam, zeigte mir jemand auf dem Markt sofort [den Druck] jener Hymnen über die guten Engel, was ich als gutes Vorzeichen gedeutet habe. Ich habe mich über dein Gedicht gefreut, in dem du geradezu mit lebendigen Farben das Thema ausgemalt hast, das ich dir nur in groben Zügen vorgegeben hatte. Ich musste an den Maler Lukas [Cranach] denken, dem ich gelegentlich Entwürfe zu Bildern für die Bibel geliefert habe. Meiner Meinung nach ist mein Gedicht nicht schöner als jene groben Skizzen. Aber ich freue mich, dass du diesen Stoff so anmutig behandelt hast.«[62] Melanchthon hatte also Stigel mit seinem als Skizze empfundenen Gedicht dazu aufgefordert, dasselbe Thema kunstvoller auszugestalten.[63]

Der *Hymnus de angelis* ist das einzige Gedicht, das Melanchthon in sapphischen Strophen dichtete. Jede der zehn Strophen besteht aus drei Elfsilblern und einem Adoneus. In formaler Hinsicht lässt sich in der Verwendung dieses Strophenmaßes eine Imitation des Horaz erkennen, der dieses System häufig benutzte.[64] Der lateinische Text lautet:

Dicimus grates tibi summe rerum
Conditor, Gnato tua quod ministros
Flammeos finxit manus, Angelorum
    Agmina pura.

61 Ph. Melanchthon/J. Stigel, De angelis duo hymni. Wittenberg, Josef Klug, 1543 (VD 16, M 2445).

62 Melanchthon an Johannes Stigel, [4. Oktober 1543]: »Boni ominis loco ducebam heri, quod ingresso mihi in oppidum mox in foro quispiam exhibuit illos angelorum piorum hymnos. Delectatus sum tuo carmine, in quo velut vivis coloribus illuminasti sententiam a me extremis tantum lineis designatam. Venit mihi in mentem pictoris Lucae, cui interdum praeformatas imagines tradere solebam in Bibliis. Nec iudico meum poema illis rudibus picturis meis pulchrius esse, sed gaudeo te idem argumentum venustius tractasse« (MBW 3332a Z. 2-8).

63 Eine ähnliche Aufforderung schickte Melanchthon später nochmals an Johannes Stigel (7. Februar 1556): »Mitto nostros versiculos, quorum sententiam vellem te tuis versibus dulcissimis reddere« (CR 9, 90 Nr. 6195; MBW 7713.2). Bemerkenswert ist hier, dass Melanchthon seine eigenen Verse im Vergleich zu denen Stigels mit dem pejorativen Diminutiv »versiculi« bezeichnet.

64 Vgl. R. F. Glei, *Sed pudenter et raro?* Lateinische Dichtungen Melanchthons (in: Die Musen im Reformationszeitalter, hg. v. W. Ludwig [Schriften der Stiftung Luthergedenkstätten in Sachsen-Anhalt 1], 2001, 189-208, hier 203).

Qui tuae lucis radiis vibrantes,
Te vident laetis oculis, tuasque
Hauriunt voces, sapientiaeque
    Fonte fruuntur.
Hos nec ignavum sinis esse vulgus,
Nec per ingentes volitare frustra
Aetheris tractus, temere nec inter
    Ludere ventos:
Sed iubes Christo comites adesse,
Et pios coetus hominum tueri,
Qui tuas leges venerantur, atque
    Discere curant.
Impiis ardent odiis, et ira
Nam tuis castris Draco semper infert
Bella qui primus scelus, atque mortem
    Intulit orbi.
Hic domods, urbes, tua templa, gentes,
Et tuae legis monumenta tota,
Et bonos mores abolere tentat
    Funditus omnes.
Interim sed nos tegit Angelorum
Quae ducem Christum sequitur, caterva,
Atque grassantis reprimit cruenta
    Arma Draconis.
Tutus est inter medios leones
Angelis septus Daniel Propheta,
Sic tegit semper Deus his ministris
    Omnia nostra.
Hoc tuum munus celebramus una
Et tibi noster chorus Angelique,
Gratias dicunt simul accinentes,
    Conditor alme.[65]

65 CR 10, 584–586 Nr. 206; dort steht zwischen der siebten und achten Strophe eine weite-
re, offenbar später hinzugefügte Strophe, die im Druck von 1543 fehlt: »Angeli Lothon
Sodomae tuentur, | Inter infestos Elisaeus hostes | Angelis cinctus nihil extimescit |
Bellica signa.« Deutsche Übersetzung: MELANCHTHON deutsch (s. Anm. 3), Bd. 2, 117 f.;
GLEI (s. Anm. 64), 204 f.

Die erste Strophe beginnt mit einem Dank an den Schöpfergott dafür, dass er die Engel geschaffen hat. »Wir sagen Dank« steht an exponierter Stelle ganz zu Beginn des Hymnus, dann wird der Empfänger des Dankes direkt angesprochen: »Dir, höchster Schöpfer der Dinge«. Die Formulierung »summe rerum conditor« klingt stark an die Anfangszeile des bekannten ambrosianischen Morgenhymnus »Aeterne rerum conditor«[66] an. Mit diesem Anklang verknüpft Melanchthon gleich zu Beginn das heidnisch-antike Versmaß mit der christlichen Hymnentradition. Wofür gedankt wird, beschreibt der Rest der Strophe: »dass deine Hand für deinen Sohn die glänzenden Diener geschaffen hat, die reinen Heerscharen der Engel«. Dabei nimmt die Formulierung »ministros flammeos« eine Stelle aus dem Hebräerbrief auf[67], die »agmina« spielen auf Bezeichnungen aus den Evangelien an, z. B. die himmlischen Heerscharen der Weihnachtsgeschichte.[68] Die Strophen zwei bis vier beschreiben die Tätigkeiten der Engel: Sie leuchten in den hellen Lichtstrahlen Gottes, sehen Gott, hören seine Stimme und trinken aus dem Quell der Weisheit.[69] Gott lässt nicht zu, dass die Engel sich müßig von den Winden durch die himmlischen Sphären treiben lassen, sondern er befiehlt ihnen, Christus zu begleiten und diejenigen Menschen zu beschützen, die sich um die Einhaltung der göttlichen Gesetze bemühen. Auch hier hält sich Melanchthon eng an biblische Aussagen über die Engel. In den beiden zentralen Strophen fünf und sechs erklärt Melanchthon, warum dieser Einsatz der Engel überhaupt nötig ist: Der Drache, d. h. der Teufel, der aus Hass und Zorn ständig Krieg gegen Gott führt und als erster die Bosheit in die Welt gebracht hat (indem er nämlich Eva dazu brachte, vom Apfel zu essen), versucht ständig, Gottes Häuser, sein Volk, seine Lehren und alle guten Sitten zu zerstören. Eingeleitet von dem adversativen »Währenddessen aber«, nimmt Melanchthon in Strophe sieben wieder die Engel in den Blick, die im Gefolge Christi die Menschen beschützen und den Teufel in Schach halten. Als Beispiel führt die achte Strophe Daniel an, den die Engel in der Löwen-

---

66 AHMA 50, 11 Nr. 4.
67 Vgl. Hebr 1,7: »qui facit angelos suos spiritus et ministros suos flammam ignis«.
68 Vgl. Mt 26,53: »plus quam duodecim legiones angelorum«; Lk 2,13 »multitudo militiae caelestis«.
69 Vgl. Mt 18,10.

grube beschützten. Die neunte Strophe nimmt die erste Strophe wieder auf, wobei der Chor der Menschen nun durch die Engel verstärkt wird: »Dieses Geschenk von dir preisen wir gemeinsam, und unser Chor und die Engel sagen und singen dir zusammen Dank, gnädiger Schöpfer«. Mit der inständigen Bitte, Gott möge auch weiterhin seine guten Engel zum Schutz der Kirche und des Volkes Christi schicken, endet der Hymnus.

In seinem klar strukturierten und sprachlich schlicht gestalteten Hymnus[70] verleiht Melanchthon seinem festen Glauben an die Engel Ausdruck[71]: Inhaltlich übereinstimmend mit seiner Predigt über die Engel, jedoch ganz komprimiert und verdichtet, handelt Melanchthon nah am Bibeltext die wichtigsten Punkte seines Engelverständnisses ab: Die Engel sind geistige Wesen. Ihr von Gott erteilter Auftrag ist es, die Christenheit zu schützen und zu bewahren. Um die Arbeit der Engel zu erkennen, muss man sich die Anfeindungen des Teufels vor Augen führen und darauf achten, wo überall die Engel über den Teufel siegen; auch hier wird Daniel als Beispiel angeführt. Aus der Erkenntnis dieser Wohltaten Gottes entspringt bei den Menschen eine tiefe Dankbarkeit, die in einem entsprechenden Dank an Gott formuliert wird.[72]

Melanchthons *Hymnus de angelis* wurde im 16. und 17. Jahrhundert mehrfach, meistens vierstimmig, vertont.[73] Außerdem wurde er, wie die Predigt über die Engel, ins Deutsche übertragen. 1554 verfasste Melanchthons Freund und Wittenberger Kollege Paul Eber eine Nachdichtung. Eber hat sich recht eng an die lateinische Vorlage gehalten; die erste Strophe lautet bei ihm: »Herr Gott, dich loben alle wir | und sollen billig danken dir | für dein Geschöpf der Engel schön, | die um dich schweben in deim Thron.« Auch seine Dichtung besteht aus zehn Strophen, wobei die

---

70 Bis auf einige Alliterationen und eine chiastische Konstruktion lassen sich kaum Stilmittel feststellen.

71 Melanchthons Verhältnis zu den Engeln ähnelt dem Luthers, von dem mehrere Engelpredigten überliefert sind; vgl. M. Plathow, »Dein heiliger Engel sei mit mir«. Martin Luthers Engelpredigten (LuJ 61, 1994, 45-70).

72 Aus reformatorischer Sicht ist es wichtig, dass nicht Michael selbst angesprochen oder verehrt wird, obwohl »sein« Tag gefeiert wird, sondern Gott.

73 Vgl. L. Knopp, Melanchthon in der Musik seiner Zeit – eine bibliographische Studie (in: Der Theologe Melanchthon, hg. v. G. Frank [Melanchthon-Schriften der Stadt Bretten 5], 2000, 411-432), bes. 412-420.

Einteilung jedoch etwas anders ist als im lateinischen *Hymnus*. Während Melanchthon die mittleren zwei Strophen seines symmetrisch aufgebauten Gedichts[74] dem Wirken des Teufels widmet, handelt Eber es in den Strophen vier bis sechs, also in drei Strophen ab. Seine Dichtung besteht aus drei Dreiergruppen, zusätzlich ist als zehnte Strophe eine Doxologie angefügt, die in Melanchthons Fassung fehlt. Ebers Text war in musikalischer Hinsicht erfolgreicher und publikumswirksamer als Melanchthons: Als Nr. 115 im Evangelischen Kirchengesangbuch (EKG) gehörte das Lied bis zur letzten Überarbeitung des Gesangbuches zum Liederkanon der evangelischen Kirche; im aktuellen Gesangbuch (EG) steht es allerdings nicht mehr. Außerdem verarbeitete Johann Sebastian Bach den Text Ebers in seiner Kantate *Herr Gott, dich loben alle wir*, die am Michaelistag 1724 uraufgeführt wurde (BWV 130). Dort sind die erste, achte und neunte Strophe von Ebers Text unverändert in den Anfangs- und den Endchoral übernommen worden, während die Texte für die Rezitative und Arien bearbeitet wurden.

1560, in Melanchthons Todesjahr, schuf der Joachimsthaler Pfarrer Nikolaus Herman eine freiere Übertragung des melanchthonischen *Hymnus*. Seine aus acht Strophen bestehende Fassung »Heut singt die liebe Christenheit | Gott Lob und Preis in Ewigkeit | und dankt ihm für sein Güte, | dass er der lieben Engel Schar | erschaffen hat, die immerdar | unser pflegen und hüten« wurde ebenfalls ins Evangelische Kirchengesangbuch (EKG) aufgenommen, und zwar als Nr. 116. So kam es zu einer bemerkenswerten Situation: Die Abteilung »Michaelis« bestand im Evangelischen Kirchengesangbuch aus zwei Liedern, nämlich diesen beiden Übertragungen von Melanchthons *Hymnus de angelis*. Um den Sprung ins neue Evangelische Gesangbuch zu schaffen, musste sich die Fassung Hermans einer Verjüngungskur durch Detlev Block (* 1934) unterziehen: Weil heute nicht mehr als bekannt vorausgesetzt werden kann, wer »der Prophete« ist, wird er jetzt beim Namen genannt: »Jesaja«; der Erzengel Michael ist kein »hoher Fürst« mehr, sondern »der starke Held«; statt »Der alte

---

74 Die Strophenfolge ist 4 – 2 – 4: Die ersten vier Strophen danken Gott für die Dienste der Engel; die fünfte und sechste Strophe beschreiben das Wirken des Teufels; in den letzten vier Strophen wird der Sieg der Engel über den Teufel behandelt und Gott dafür gepriesen.

Drach, der feiert nicht« heißt es nun »Der alte Drache schlummert nicht«, um nur ein paar Beispiele zu nennen.[75] Das Lied »Heut singt die liebe Christenheit« ist im aktuellen Evangelischen Gesangbuch die Nr. 143. Man mag den altertümlichen Formulierungen nachtrauern, die der Neubearbeitung zum Opfer gefallen sind; die neue Fassung orientiert sich am Sprachgebrauch und Kenntnisstand der Gemeinde des 21. Jahrhunderts. Nach Jahrhunderten der Sprachentwicklung macht sie den Text wieder unmittelbar verständlich und erfüllt damit Melanchthons Forderung nach Angemessenheit der Sprache.

III Resümee

Rhetorik und Poesie – in seinem »Philosophia«-Holzschnitt hat Dürer Vergil und Cicero verschmolzen. Melanchthon geht noch weiter, indem er Rhetorik und Poesie mit Grammatik und Dialektik zu einer *eloquentia* verschmilzt, der wissenschaftlichen Beschäftigung mit Sprache. Sprache ist das konstituierende Element der menschlichen Gemeinschaft, sie ist der Schlüssel zur Welt. Deswegen misst Melanchthon ihr so eine fundamentale Bedeutung und so ein großes Gewicht in der Ausbildung bei. An den Bedürfnissen der Schüler und Studenten orientiert, aber gleichzeitig weit über die fachliche Ausbildung hinausweisend, knüpft er ein komplexes Netz, in dem Sprache, Bildung, sittliche Erziehung und Religion mit ihrem ganzen Facettenreichtum eng und vielfältig aufeinander bezogen sind und voneinander abhängen. Das Mittelalter ist für Melanchthon ein warnendes Beispiel, wie durch mangelnde Sprachkenntnis auch die Religion verdorben werden kann. Mit seinem unermüdlichen Einsatz für die *eloquentia* versucht Melanchthon einem neuerlichen Verfall entgegenzusteuern, »denn weder die Religion noch die anderen Wissenschaften können erhalten werden, wenn die Kunst zu reden verloren geht«[76].

---

75 Dabei drückt die Verneinung »nicht feiern« eine besonders intensive und rastlose Aktivität aus, was im neuhochdeutschen Ausdruck »schlummert nicht« nicht angemessen zum Ausdruck kommt; vgl. DWB 3, 1437 f. Nr. 3.

76 »Neque enim religio neque aliae artes bonae retineri possunt amissa dicendi ratione« (Melanchthon an Leonhard Crispinus in Homberg [Efze], 1. August 1538: MBW 2072 Z. 5 f.).

Paul's Juxtaposition of Freedom and Positive Servitude in 1 Cor 9:19 and its Reception by Martin Luther and Gerhard Ebeling

Von Wayne Coppins

I Introduction

In my book *The Interpretation of Freedom in the Letters of Paul* I presented an in-depth study of freedom in Paul's letters with special reference to
twentieth-century ›German‹ New Testament scholarship.[1] In this article
my purpose is to highlight the fruitfulness of reception history for theological reflection by examining how Paul's juxtaposition of »freedom«
and »positive servitude« in 1 Cor 9:19 was taken up by Martin Luther in
his 1520 tractate *The Freedom of a Christian* and how both of their contributions were taken further by the Lutheran theologian Gerhard Ebeling.
In the first instance, I aim to show that rather than merely replicating
or reasserting Paul's thinking on the relationship between freedom and
positive servitude,[2] Luther develops Paul's thought in important respects.
Likewise, I will contend that while aiming and claiming to bring the common vision of Paul and Luther to expression, Gerhard Ebeling formed
a new synthesis that went beyond them both. In comparing the three
authors' treatments of this issue, my goal is both to draw out the distinc-
tive voice of each and to show how their thinking emerges from a shared
engagement with the same subject matter. In my conclusion, I will then

---

1 See W. COPPINS, The Interpretation of Freedom in the Letters of Paul. With Special
Reference to the ›German‹ Tradition, 2009.
2 In my book I chose to speak of freedom and »service« when referring to those instances
in which Paul made a positive use of the metaphor of slavery. Here I have decided to
adopt the more cumbersome phrase »positive servitude« in order to flag up more clearly
the fact that Paul is making use of the *slavery metaphor* in a positive manner. It now
seems to me that the use of »service« does not sufficiently highlight this point and thus
loses some of the power of Paul's language.

examine how both of these points can be seen as vital contributions to the contemporary theological task of entering into dialogue with others and of thinking constructively about the relationship between freedom and positive servitude. To this extent, I also understand this article to be a contribution to the theological interpretation of scripture.

II Paul's Juxtaposition of Freedom and Positive Servitude in 1 Cor 9:19

As my use of »positive servitude« rather than simply »slavery« indicates, my focus is upon Paul's positive employment of the δουλ- word group in the context of his use of the ἐλευθεϱ- word group.[3] At the outset, of course, it should be acknowledged that this is *not* always the case. On the contrary, in many key passages Paul emphatically distances believers from the metaphor of slavery which is negatively contrasted with the positive metaphor of freedom (Gal 2:4; 4:21–31; 5:1; Rom 8:15.21). Moreover, his use of the substantive δουλεία is exclusively negative (Gal 4:24; 5:1; Rom 8:15.21). Alongside these distancing uses, however, Paul can also positively employ δουλ- terminology, in the context of ἐλευθεϱ- terminology, to portray the (present or future) situation of believers (1 Cor 7:22b; 9:19; Gal 5:13; Rom 6:18. 22; Rom 7:6). For reasons of space and with a view to its rich reception history, this article will focus exclusively on a single key text,[4] namely Paul's juxtaposition of »freedom« and »positive servitude« in 1 Cor 9:19.[5]

As will become evident from my subsequent discussion of Luther and Ebeling, 1 Cor 9:19 has played a key role in the history of scholarship on the relation between freedom and positive servitude in Paul. For this reason, it is all the more necessary to pay careful attention to the dynamics

---

3 I am, of course, aware of the limitations associated with restricting my focus to selected word-groups. For a discussion of this point, see COPPINS (s. n. 1), 46–51.

4 For an analysis of the full range of Paul's ἐλευθεϱ-texts, see COPPINS (see n. 1). For a broader discussion of Paul's treatment of freedom and positive servitude, see esp. 41-45 and 169-174.

5 For the sake of precision, it should be noted that Paul does not make use of the substantives ἐλευθεϱία and δουλεία in this verse, which employs the adjective ἐλεύθεϱος and the verb δουλόω.

and constraints of the text itself.[6] The Greek text of 1 Cor 9:19-23 may be presented as follows:

19a ἐλεύθερος γὰρ ὢν ἐκ πάντων
19b πᾶσιν ἐμαυτὸν ἐδούλωσα,
    19c ἵνα τοὺς πλείονας κερδήσω·
20a καὶ ἐγενόμην τοῖς Ἰουδαίοις ὡς Ἰουδαῖος,
    20b ἵνα Ἰουδαίους κερδήσω·
20c τοῖς ὑπὸ νόμον ὡς ὑπὸ νόμον,
    20d μὴ ὢν αὐτὸς ὑπὸ νόμον,
        20e ἵνα τοὺς ὑπὸ νόμον κερδήσω·
21a τοῖς ἀνόμοις ὡς ἄνομος,
    21b μὴ ὢν ἄνομος θεοῦ
        21c ἀλλ᾽ ἔννομος Χριστοῦ,
            21d ἵνα κερδάνω τοὺς ἀνόμους·
22a ἐγενόμην τοῖς ἀσθενέσιν ἀσθενής,
    22b ἵνα τοὺς ἀσθενεῖς κερδήσω·
22c τοῖς πᾶσιν γέγονα πάντα,
    22d ἵνα πάντως τινὰς σώσω.
23a πάντα δὲ ποιῶ
23b διὰ τὸ εὐαγγέλιον,
    23c ἵνα συγκοινωνὸς αὐτοῦ γένωμαι.

The translation and interpretation of v. 19 is hotly debated. Contested issues include 1) the scope of πάντων, 2) the meaning of ἐλεύθερος, and 3) the force of the present participle ὤν. I will tackle each of these issues in turn, with special reference to the difficult third question, which is particularly relevant for determining the relationship between »freedom« and »positive servitude« in 1 Cor 9:19.

Issue 1: *The interpretation of πάντων*. While a weighty minority of scholars such as Wolfgang Schrage, Andreas Lindemann and Raymond Collins wish to leave open the possibility that πάντων may refer to »all things« and not merely »all people«,[7] the immediate context strongly

---

6 I recognize, of course, that not everyone would accept the view that texts have »dynamics« and »constraints«. I think they do, at least for interpreters who wish to enter into dialogue with them.
7 See W. SCHRAGE, Der erste Brief an die Korinther. 1 Kor 6,12-11,16. Vol. 2, 1995, 337; A. LINDEMANN, Der Erste Korintherbrief, 2000, 209-211; R. F. COLLINS, First Corinthians, 1999, 353.

militates against this equivocation. In short, since Paul goes on to speak of his purpose of saving »the many« (τοὺς πλείονας) in v. 19c, which can only be understood as a masculine plural, and since it is to save the many that Paul makes himself a slave to all (πᾶσιν), which is the counterpart of the all (πάντων) from which he is said to be free, there is very good reason to conclude that the grammatically ambiguous πάντων and πᾶσιν in vv. 19a and 19b should both be understood as masculine plurals, i. e., in each case the reference is to »all people« rather than »all things«.

Issue 2: *The meaning of ἐλεύθερος in 9:19a.* As with most instances of Paul's talk of »freedom«, there is no consensus regarding the meaning of ἐλεύθερος in v. 19a. Rejecting attempts to discern a reference to »freedom from the law« in v. 19, F. Stanley Jones associates the »freedom« in question with Paul's financial independence.[8] Samuel Vollenweider, however, argues that »*Eleutheria* is now taken up in its relation to the law«, claiming that the »freedom« of v. 19a returns in the subsequent phrases »not being myself under the law« (μὴ ὢν αὐτὸς ὑπὸ νόμον), »as without the law« (ὡς ἄνομος) and »in the law of Christ« (ἔννομος Χριστοῦ).[9] Against Jones' attempt to link Paul's »freedom« to his »financial independence« it may be objected that Paul's practice of not taking remuneration seems to have been viewed with suspicion by (some of) the Corinthians (cf. 9:3), whereas Paul appears to expect them to affirm his claim to be free (from all) in 9:1.19. In response to Vollenweider's line of thought, two points must be made. On the one hand, he may well be correct in suggesting that *the idea or concept* of »freedom from the law« comes to expression in the phrases »not being myself under the law« and »as without the law« in vv. 20 and 21. On the other hand, it is far from clear that this idea should be included in the meaning of ἐλεύθερος in v. 19, which appears to be concerned exclusively with the fact that Paul is »free from all people« (see issue 1 above). Accordingly, the most one should conclude is that Paul's »freedom« from people is *indirectly* related to *the concept* of »freedom from the law«. As for the meaning of ἐλεύθερος, the fact that Paul juxtaposes his being »free

8 See F. S. JONES, »Freiheit« in den Briefen des Apostels Paulus. Eine historische, exegetische und religionsgeschichtliche Studie, 1987, 46.

9 See S. VOLLENWEIDER, Freiheit als neue Schöpfung. Eine Untersuchung zur Eleutheria bei Paulus und in seiner Umwelt, 1989, 213.

from all people« and his making himself »a slave to all people« suggests that the sense of ἐλεύθερος in v. 19 (and v. 1) is »independent«, that is, »not a slave to others« or »not subject to the demands or compulsion of others«.

Issue 3: *The force of the participle ὤν.* The interpretation of the force of the present participle ὤν is perhaps the most decisive issue for the interpretation of the relationship between »freedom« and »positive servitude« in 1 Cor 9:19. It involves two sub-issues, namely a) whether or not Paul ceased to be free from all when he made himself a slave to all and b) whether the force of the participle is concessive, causal or modal.

Sub-Issue A: *Past or present »freedom«.* Since the present participle indicates an action or state of being contemporaneous with the action of the main verb, should we understand Paul to mean that he *was* free from all but *ceased to be* so when he made himself a slave to all? Or should we understood him to mean that being free from all in the past he made himself a slave to all *without thereby ceasing to be free from all*? In short, is the sense of v. 19a »I was free from all but ceased to be« or »I was free from all and continued to be«? In my judgment, two reference points allow us to answer this question with a relatively high degree of certainty. First and foremost, with the rhetorical question of 9:1 (Am I not free?), Paul is clearly concerned to assert that »he is free« in the present! Hence, it is highly unlikely that he subsequently intends to acknowledge the loss of his freedom in v. 19. Secondly, Paul's subsequent use of ὤν participial constructions in v. 20d (not being myself under the law; μὴ ὢν αὐτὸς ὑπὸ νόμον), v. 21b (not being without the law of God; μὴ ὢν ἄνομος θεοῦ), and implicitly in v. 21c (but [being] in the law of Christ; ἀλλ' ἔννομος Χριστοῦ) are meant to stress that in becoming »as under the law« he did not cease to be »not under the law« and in becoming »as without the law« he did not cease to be »not without the law of God« but rather remained »in the law of Christ«. Likewise, Paul's point in v. 19a is most likely *not* that he *was previously* »free from all« but ceased to be so when he made himself a slave to all, but rather that in making himself a slave to all he did not, in fact, cease to be »free from all«.[10]

Sub-Issue B: *Concessive, Causal or Modal.* Whereas most scholars are agreed that 9:19a should not be understood to mean that Paul ceased

10 For a more extensive presentation of this line of thought, see COPPINS (see n. 1), 70-72.

281

to be »free from all« when he made himself a slave to all,[11] there is less consensus on whether the force of the participial construction should be understood as concessive (»*though* I am free from all«), causal (»*because* I am free from all«) or modal (*as* one who is free from all). This is not, however, to say that there is no prevailing view, at least with regard to which interpretation is *not* correct. Adopting a modal, causal or modal-causal understanding, a significant number of scholars, especially within the ›German‹ tradition, have emphatically rejected the concessive interpretation. Adopting a modal interpretation, Andreas Lindemann states that »the participle is not strictly causal *and certainly not to be understood as concessive*«.[12] Leaving open both causal and modal interpretations, Samuel Vollenweider insists that »with a view to the whole of Pauline theology *it is absolutely necessary* to translate the participial expression in v. 19a *not as concessive* but at least as modal if not as causal: ›because or in that I am free …‹«[13] Finally, combining the two approaches, Wolfgang Schrage maintains that it is »*in* and out of ἐλευθερία that Paul makes himself ever anew into a δοῦλος«, and explains that if freedom itself is the ground and point of departure for servitude, then it is not »although« but »because« Paul is free that he makes himself a slave to all.[14]

Despite the weighty stature and eloquent rhetoric of the representatives of this influential tradition of interpretation, I remain unconvinced. Instead, I find myself in agreement with Gerhard Dautzenberg's contention that »only a concessive understanding of the participle construction corresponds to the opposition of freedom and enslavement«,[15] i. e., 1 Cor 9:19ab should read »*Although* being free from all, I made myself a slave to all«. Here, a comparison with the participial clauses in v. 20d (not being

---

11 Cf. VOLLENWEIDER (see n. 9), 210: »Unbestritten ist, dass v. 19a gegenüber 19b nicht einen vergangenen Zustand meint«. Contrast e. g., D. B. MARTIN, Slavery as Salvation. The Metaphor of Slavery in Pauline Christianity, 1990, 133 f. While Vollenweider and others assume agreement on this point, I have attempted to marshal the decisive arguments in its favor.

12 LINDEMANN (see n. 7), 211 (my emphasis).

13 VOLLENWEIDER (see n. 9), 209 n. 53 (my emphasis).

14 SCHRAGE (see n. 7), 338.

15 G. DAUTZENBERG, Freiheit im hellenistischen Kontext (in: Der neue Mensch in Christus. Hellenistische Anthropologie und Ethik im Neuen Testament, ed. J. BEUTLER, 2001, 65).

myself under the law), and v. 21bc (not being without the law of God but [being] in the law of Christ) may again be helpful. In these instances, it is generally recognized that the force of the participle is concessive[16]: to those under (the) law [I became] as under the law, *though* not being myself under (the) law; to those without (the) law [I became] as without (the) law, *though* not being without (the) law of God but (being) in (the) law of Christ. Paul's emphasis here is *not* that he became »as under the law« *because* he was »not himself under the law« nor that he became »as without the law« *because* he was »not without (the) law of God but in (the) law of Christ«, nor is he concerned to explain that it was precisely as one who was »not himself under the law« and »not himself without (the) law of God but in (the) law of Christ« that he became »as under the law« and »as without the law«. Instead, Paul is concerned to introduce a qualification so as to avoid a potential misunderstanding. His point is that becoming X might be expected to entail Y, but it does not, that is, becoming »as under the law« (20c) might be expected to entail »being under (the) law« (20d) but it does not; likewise, becoming »as without (the) law« (21a) might be expected to entail »being without (the) law of God« (21b) and not being »in the law of Christ«, but it does not.

It is my contention that the logic of v. 19ab is in many ways the converse of 20cd and 21abc. Here, Paul's point is that whereas being »free from all people« might be expected to *preclude* its apparent antithesis, namely making oneself a slave to all people, it does not, in fact, do so! Such a reading fits well with my earlier contention that the sense of ἐλεύθερος in v. 19a (and v. 1) is »independent«, that is, »not a slave to others« or »not subject to the demands or compulsion of others«. In short, Paul's point is that *although* he was and remained (not a slave to human beings but rather) »free from all people« (and thus could not be expected, required or compelled to subject himself to the wishes of others), he nevertheless made himself »a slave of all people« in order that he might gain the many.[17]

While this reading fits well with the hard juxtaposition of »freedom« and »servitude« in the verse, the causal and modal interpretation fail to do justice to this fact. Beyond this crucial point, I would like to highlight two

---

16 See e. g., SCHRAGE (see n. 7), 336: »eine konzessive Partizipialbestimmung«.
17 Cf. COPPINS (see n. 1), 72 f.

further weaknesses of the causal interpretation, namely a) the fact that its advocates continue to employ concessive or quasi-concessive language such as »paradox«, »oxymoron«, and »dialectic« in their analyses,[18] and b) the failure of its advocates to address the implications of the fact that something other than »freedom« is given as the basis and cause of Paul's actions in v. 23: »But I do all things *on account of the gospel* in order that I may become a sharer in it.« From this verse, it is evident that *the gospel* is put forth as the basis and cause of Paul's actions in vv. 19–23. Accordingly, it is not necessary to present the »freedom« mentioned in v. 19a as the cause of Paul's making himself a slave to all. This point, of course, is already suggested by v. 19c (cf. 20b, 21d, 22b, 22d), which can be understood to provide both the purpose and cause of Paul's action in v. 19b. In short, it was not his being »free from all« that provided his rationale or actively caused him to make himself »a slave to all« but rather he did so in order that he might gain the many.

III Luther's Reception of 1 Cor 9:19 in his 1520 Tractate The Freedom of a Christian

The most influential reception of Paul's juxtaposition of freedom and servitude in 1 Cor 9:19 and elsewhere is undoubtedly Martin Luther's 1520 tractate *The Freedom of a Christian*, which Luther sent with a letter to the Pope as part of Karl Miltitz's last ditch effort to reconcile him with Rome in the context of the proclamation of his excommunication.[19] That the relationship between freedom and servitude lies at the heart of this tractate is already evident from Luther's famous two propositions, which read as follows in the Latin and in German versions:

> Christianus homo omnium dominus est liberrimus, nulli subiectus
> Christianus homo omnium servus est officiosissimus, omnibus subiectus.

18 See e.g., Schrage (see n. 7), 334-337, who also states that »in v. 19 freedom and servitude stand hard alongside each other« (337). See also my discussion of Ebeling's position below.
19 For further discussion of the context, character and text of the tractate, see Coppins (see n. 1), 10–14 and the additional literature cited there. In what follows I employ the following abbreviation: LW = Luther's Works. American ed., 56 vol.s, 1955 ff., e.g. LW 31, 343 = *Luther's Works*; vol. 31; page 343.

A Christian person is a most free lord of all (things), subject to none.
A Christian person is a most dutiful servant of all (things), subject to all.

Eyn Christen mensch ist eyn freyer herr ueber alle ding und niemandt unterthan
Eyn Christen mensch ist eyn dienstpar knecht aller ding und yderman unterthan
A Christian person is a free lord over all things and subject to none.
A Christian person is a dutiful servant of all things and subject to everyone.

Luther himself makes it abundantly clear that he views these two propositions as representing Paul's line of thought in 1 Cor 9:19.[20] In the words of the German version: »These two propositions are clearly Saint Paul's, 1 Cor 9:19: ›I am free in all things and have made myself a slave of everyone‹«; or as the Latin puts it: »For both are from Paul himself, who says, 1 Cor 9:19: ›Though I am free, I made myself a slave of all‹«.[21]

In seeking to unpack Luther's reception of Paul's juxtaposition of »freedom« and »positive servitude« in 1 Cor 9:19 I will focus on a) differences between 1 Cor 9:19 and Luther's two propositions, b) Luther's Latin and German translations of 1 Cor 9:19 and c) the witness of the tractate as a whole.

1 Luther's Two Propositions and 1 Cor 9:19

While Luther expressly suggests that his two propositions »are clearly Saint Paul's« (German) or are those »of Paul himself« (Latin), for our purposes it is necessary to identify and discuss a number of significant differences.

1) In 1 Cor 9:19 the Apostle Paul is speaking of himself; Luther's two propositions, by contrast, speak of the Christian person. On the one hand, it is not self-evident that Paul would make this precise point in relation to all Christians. On the other hand, Paul's line of thought in 1 Cor 10:32-11:1 ap-

---

20 This is not to say, however, that Luther regarded 1 Cor 9:19 as the sole basis for his propositions. In fact, the Latin version appears to place 1 Cor 9:19 and Rom 13:8 on equal footing, while presenting Gal 4:4 and Phil 2:6f. as further support. In the German version, however, it is more apparent that 1 Cor 9:19 has pride of place, since the word »again« presents Rom 13:8 and Gal 4:4 as additional support.

21 For the Latin Version, see WA 7; 49,22-25; 49,27f. For the German Version, see WA 7; 21,1-6. Unless otherwise indicated all translations are my own.

pears to point in this direction: »Be without offense to Jews and to Greeks and to the church of God, just as I also please all in all things, not seeking my own benefit but that of the many, in order that they may be saved. Be imitators of me as I also am of Christ«. Hence, Luther's development of Paul's line of thought is arguably justified – but it is a development nonetheless.

2) Whereas Luther's two propositions can be seen to correspond with 1 Cor 9:19ab, there is nothing that corresponds to the purpose statement »in order that I might gain the many« in v. 19c. On the one hand, the significance of this point should not be exaggerated, since one of the concerns of the tractate is that the believer may seek the interests of others, since s/he is not concerned with his or her own interests.[22] On the other hand, it should not be overlooked that Luther's two propositions do not retain the focus on mission, whereas 1 Cor 9:19–23 is focused on the specific mission of Paul in relation to his self-understanding as Apostle.

3) Luther's two propositions consist of two sentences with main verbs, whereas 1 Cor 9:19 is a single sentence comprised of a participial construction, a main verb and a purpose clause. The result of this difference is that in Luther's case the relation between the two propositions is not expressed syntactically. This relates to the fact that in contrast to his ›German‹ interpreters who frequently speak of Luther's »double thesis«, Luther consistently speaks of his »two propositions«. As for the relationship between the two propositions, Luther writes that »although these seem to fight, nevertheless when they will have been found to come together they will serve beautifully for our purpose.«[23] Here, Luther acknowledges that the two propositions appear to be in tension, but also indicates that he expects to find them coming together and sees this as congenial to his purpose. From this perspective, it is understandable that many scholars speak of Luther's double thesis, and viewing the beginning from the end one may indeed conclude with Dietrich Korsch that »out of the two theses

22 See WA 7; 64-69.
23 WA 7; 49,26: »Haec quanquam pugnare videantur, tamen, ubi convenire inventa fuerint, pulchre facient ad institutum nostrum«.

one thesis has arisen«.[24] Moreover, this observation enables one to grasp why Luther found it appropriate to entitle the tractate *The Freedom of a Christian*.

4) Luther speaks of the Christian as »a free lord of all (things)« and »a free lord over all things«, and adds that s/he is subject to none, whereas Paul states that he is »free from all (people)«. Here, there are two points to note. First, while Luther's »subject to none« arguably makes a similar point to Paul's »free from all«, Luther's lord of/over introduces a new emphasis, in which »freedom« appears to be associated with a positive lordship of/over. Secondly, while we have argued above that Paul speaks of being free from »all people«, Luther speaks of being lord over »all things« in the German. That this is also the meaning of the grammatically ambiguous *omnium* is clear from the fact that the Latin version subsequently states that the Christian is free »from all things and over all things«.[25] These changes together constitute a significant development. Rather than merely being free from all people, in the sense of not being subject to their wishes or demands, the believer is said to be »a most free Lord over all things«.

In sum then we see that Luther's two propositions represent a subtle development of 1 Cor 9:19 rather than a precise representation of it.

2 *Luther's Translations of 1 Cor 9:19 in the* Freedom of a Christian

Luther's Latin and German translations of 1 Cor 9:19 also shed light upon his reception of the verse. The Latin reads: ›Cum liber essem, omnium me servum feci‹[26] and the German: ›Ich byn frey yn allen dingen, und hab mich eynß yderman knecht gemacht‹.[27] In both cases, Luther does not translate 1 Cor 9:19c, which results in a loss in the missionary focus as noted in relation to his two propositions. Other significant differences from the Greek, however, also emerge in both the Latin and German versions.[28]

---

24 D. Korsch, Freiheit als Summe. Über die Gestalt christlichen Lebens nach Martin Luther (NZSTh 40, 1988, 154): »Aus den zwei Thesen ist eine These geworden.«

25 See WA 7; 58,5: »omnibus et super omnia«.

26 WA 7; 49,27f.

27 WA 7; 21,5f.

28 Both versions may also be compared to Luther's New Testament translation, which not surprisingly remains closer to the Greek text: »Denn wiewohl ich frei bin von jeder-

The Latin version of the tractate remains fairly close to the Greek text. In addition to leaving out the purpose clause in v. 19c, the most significant difference is that Luther merely writes »free«, omitting the phrase »from all« which is found in both the Greek text and the Latin Vulgate (*ex omnibus*). This arguably has the effect of making the »freedom« in question more open to be understood in a positive or active manner, i. e., as »freedom for« or »freedom over« rather than merely »freedom from«. In agreement with the Greek text, however, Luther's Latin translation of v. 19a should be understood to mean that Paul »was free and continued to be« rather than that he »was free and ceased to be«.[29] Likewise, as I argued for the Greek text, the *cum*-clause in the Latin text should be interpreted in a concessive manner: »although I am free«.[30]

Whereas Luther merely wrote »free« in the Latin, the German version includes the phrase »free in all things« rather than »free from all« as in the Greek. Here, by employing »in« rather than »from«, Luther again arguably leaves more room for a positive or active understanding of the »freedom« in question. Moreover, by speaking of »all things« rather than »all people«, he broadens its scope. Both of these changes are all the more striking when one considers that in his New Testament translation he writes »frei … von Jedermann« (free from everyone). In writing »I am free in all things« the German version leaves no ambiguity about the present nature of the freedom in question. But this version transposes the Greek

mann, habe ich doch mich selbst jedermann zum Knechte gemacht, auf dass ich ihrer Viele gewinnen« (»For though I am free from everyone, I nevertheless made myself a slave to everyone, so that I might win the many«).

29 As with the Greek syntax, the Latin syntax of Luther's translation of v. 19a allows for both readings. That the option stated above captures Luther's understanding is evident from the fact that when he explicates his understanding with reference to the example of Christ, he speaks of Christ as *at the same time* (*simul*) a free person and a slave.

30 Like the Greek participial construction, the force of the Latin cum clause is largely dependent upon the context. Hence, on the basis of the syntax alone, it could have a range of meanings including »because« and »although«. With a view to the context, however, it seems clear that the sense here is »although«, since Luther employs unambiguously concessive language when he goes on to unpack his point with reference to Gal 4:4, stating that »Christ, although (*quanquam*) lord of all, nevertheless (*tamen*) was born from a woman, born under the law, at the same time a free person and a slave, at the same time in the form of God and in the form of a slave«.

participial construction into two sentences connected by ›and‹ (und). In this way it leaves open the question of the precise relation between them and thus conforms more closely to Luther's two propositions.

3 The Relation of Freedom and Positive Servitude in the Tractate as a Whole

Rather than attempting to provide an exhaustive study of the relation between freedom and servitude in the tractate in its entirety, the limited aim of this section is to show how some of the differences highlighted thus far are taken up in the tractate. The first point to highlight is how it unpacks the »all things« from Luther's two propositions and his translations of 1 Cor 9:19. Whereas I have argued that Paul is concerned to assert that he is free from all people and that the relation of this »freedom« to the law and other entities is at most indirect, Luther's »all things« is broad enough to include an astonishing range of entities including the law,[31] life,[32] sin(s), death, and hell.[33]

With regard to the relation between freedom and servitude, the tractate contains a number of different emphases. Here, Luther is especially fond of the concessive construction »although free, nevertheless a slave«: »although (quanquam) the Christian is thus free from all works, s/he ought nevertheless (tamen) … to take the form of a slave … and to serve«.[34] Alongside this emphasis, however, there are also instances in which Luther indicates that the Christian serves »freely«, »in freedom«, or »as a free person«.[35] Finally, though less frequent, there are some cases in which freedom is identified as the ground, cause or impetus of service. For example, it is said that Christians do the will of the authorities »out of love and freedom« and elsewhere that the Christian does everything »out of pure freedom«.[36] In other words, Luther also makes use of both modal and causal constructions.

---

31 WA 7; 53,31 (= LW 31, 349). Cf. LW 31, 361. 366. 371-373.
32 LW 31, 355.
33 LW 31, 352. 355. 368.
34 WA 7; 65,32-34. Cf. WA 7; 49,28; 50,2-4; 65,11-13.
35 See e.g., WA 7; 64,36; 64,33; 67,5; 67,31; 37,4; 67,7; 37,9 f.
36 See WA 7; 37,4; 62,12; 32,31.

In sum Luther's reception of 1 Cor 9:19 extends and alters Paul's own line of thought in several ways. Noteworthy developments and shifts of emphasis include, a) applying a statement about the apostle Paul to the Christian person in general; b) omitting the mission focus in v. 19c, which is specifically concerned with Paul's own apostolic mission; c) using language suggestive of a more positive or active freedom such as »free lord over«, and »free in all things«, rather than simply replicating Paul's more negative expression »free from all«; d) expanding the reference of the freedom in question from »all people« to »all things« and filling out this point with concrete examples such as the law, sin(s), life, death, and hell; and e) retaining and even sharpening Paul's concessive presentation of the relationship between »freedom« and »positive servitude«, while also including both modal and causal emphases. The inclusion of these latter emphases appear to contribute to Luther's more overarching purpose of showing how his seemingly antithetical theses can be found to come together, a purpose that gives rationale to his decision to place both of his theses under the single title *The Freedom of a Christian*.

4 Gerhard Ebeling's Reception of 1 Cor 9:19 and Luther's Two Propositions

The topic of freedom was a life-long theme of the Lutheran theologian Gerhard Ebeling. In addition to his concise book *Frei aus Glauben* (Free by Faith) and his many articles devoted to the topic,[37] Ebeling developed his understanding of freedom in his books on Luther, his *Dogmatik des christlichen Glaubens* and his commentary on Galatians.[38] Again and again in these works, Ebeling zeroes in on 1 Cor 9:19 and Luther's two

---

37 See G. EBELING, Frei aus Glauben. Das Vermächtnis der Reformation, 1968 (in: IDEM, Lutherstudien, vol. 1, 1971, 308-329); IDEM, Die königlich-priesterliche Freiheit (in: IDEM, Lutherstudien, vol. 3, 1985, 157-180); IDEM, Der kontroverse Grund der Freiheit. Zum Gegensatz von Luther-Enthusiasmus und Luther-Fremdheit in der Neuzeit (in: IDEM, Lutherstudien, vol. 3, 1985, 366-394).

38 See G. IDEM, Luther. Einführung in sein Denken, 1964, 239-258; English translation: IDEM, Luther, translated by R. A. WILSON, 1970, 210-225; IDEM, Martin Luthers Weg und Wort, 1983, 75-77; IDEM, Dogmatik des christlichen Glaubens, Vol. 3, 1979, 171-190; IDEM, Die Wahrheit des Evangeliums. Eine Lesehilfe zum Galaterbrief, 1981; English

propositions in order to unpack his own understanding of the relation between freedom and positive servitude.[39] At the outset it should be noted that in this matter Ebeling finds no dissonance between Paul and Luther, whose shared vision he seeks to unpack.[40]

In his 1964 book on Luther, Ebeling argues that »the against-each-other of freedom and servitude upon which Luther builds his work ›On the Freedom of a Christian person‹ only interprets in paradoxical formulation the unity of both and thereby the nature of freedom«.[41] Ebeling's point here is that while Luther's *formulation* may be paradoxical, *the nature of freedom itself is defined by the unity of freedom and servitude* and thus implicitly not paradoxical. This second point is repeatedly emphasized with increasing sharpness in subsequent works. His 1968 work, *Frei aus Glauben*, insists that since Paul's concern in 1 Cor 9:19 is not with the limitation of freedom but rather with its realization, one should not speak straightaway of »paradox«. His 1979 *Dogmatik* makes the same point even more pointedly, stressing that in 1 Cor 9:19 Paul is concerned with an understanding of freedom as freedom to serve, an understanding that is »united in itself« and therefore »completely non-paradoxical«.[42] Likewise, his 1983 Luther book insists that one should not speak of paradox in relation to Luther's two propositions since »Christian freedom is not constricted and diminished through servitude but rather fulfills itself therein«.[43]

translation: IDEM, The Truth of the Gospel. An Exposition of Galatians, translated by D. GREEN, 1985.

39 See esp. IDEM, Frei aus Glauben, 1971 (see n. 37), 319; IDEM, Dogmatik (see n. 38), 190. Cf. also IDEM, Luther, 1964 (see n. 38), 242; IDEM, Luther, 1970 (see n. 38), 212.

40 See IDEM, Frei aus Glauben, 1971 (see n. 37), 319; IDEM, Dogmatik (see n. 38), 190. Though a student of both Dietrich Bonhoeffer and Rudolf Bultmann, Ebeling regarded himself as a student of Luther before anyone else. See IDEM, Gespräch über Dietrich Bonhoeffer (in: IDEM, Theologie in den Gegensätzen des Lebens, 1985, 647): »Wenn ich eines Schüler bin, dann am ehesten Luthers«.

41 IDEM, Luther, 1964 (see n. 38), 242; cf. IDEM, Luther, 1970 (see n. 38), 212.

42 IDEM, Dogmatik (see n. 38), 190.

43 IDEM, Weg (see n. 38), 76f. Notably, Gerhard Ebeling's teacher Rudolf Bultmann employed the language of paradox in his discussion of freedom and servitude in relation to 1 Cor 9:19. See R. BULTMANN, Theologie des Neuen Testaments, ⁹1984, 343 (original emphasis): »es bedeutet, daß die grundsätzliche Freiheit in jedem Augenblick die Gestalt des *Verzichtes* annehmen kann – des Verzichtes scheinbar auf die Freiheit selbst, der

Ebeling's growing antipathy to the language of paradox is directly related to his central conviction that the nature of freedom is defined by *the solidarity of freedom and servitude*. Since his 1968 work *Frei aus Glauben* develops this point with particular nuance and eloquence in relation to both Luther and Paul, my further analysis of Ebeling will primarily consist in a close study of this key passage:

> And finally Christian freedom is also defined by an inner tension, which Luther brought to expression in the famous formula: ›A Christian person is a free lord over all things and subject to none. A Christian person is a dutiful servant of all things and subject to everyone.‹ This is the exact paraphrasing of that which Paul says in 1Cor 9:19: ›Though I am free over against all, I made myself a slave to all.‹ The sense would come out still more clearly if one were to translate: ›*Because* I am free over against all I made myself a slave to all‹. For here the concern is not with the limitation of Christian freedom but precisely with its execution in the solidarity of freedom and service. Therefore one should not speak straightaway of ›paradox‹ either. It is not a contradictory subject matter but one that completely fits together, not discord but concord, that freedom is both of these together and that freedom is only in the with-each-other of both.[44]

Notably, Ebeling begins here by acknowledging that »Christian freedom is also defined by an inner tension«. This, he claims, is brought to expression in Luther's famous formula, which is regarded as »the exact paraphrasing of what Paul says in 1Cor 9:19«. In this context, Ebeling initially translates 1Cor 9:19ab: »Though (*Wiewohl*) I am free over against (*gegenüber*) all, I made myself a slave to all«, before asserting that »the sense would come out still more clearly if one were to translate: ›*Because* (*Weil*) I am free over against all I made myself a slave to all‹«. At this point, Ebeling then provides the rationale for his alternative translation by explaining that the concern here is not with the limitation of freedom but rather with its execution or realization in the solidarity of freedom and service.

aber vielmehr eine paradoxe Betätigung der Freiheit selbst ist, wie sie in dem ἐλεύθερος γὰρ ὢν ἐκ πάντων πᾶσιν ἐμαυτὸν ἐδούλωσα spricht (1 Kor 9, 19)«; »the basic freedom can at any moment take on the form of *renunciation* – seemingly the renunciation of freedom itself, but in reality a paradoxical exercise of freedom itself, as in the declaration ἐλεύθερος γὰρ ὢν ἐκ πάντων πᾶσιν ἐμαυτὸν ἐδούλωσα (1 Cor 9:19)« (my translation). Cf. R. BULTMANN, Theology of the New Testament. With a New Introduction by Robert Morgan, translated by K. GROBEL, vol. 1-2, 2007, 342.

44 EBELING, Frei aus Glauben, 1971 (see n. 37), 313.

Having thus articulated his basic position, Ebeling then unpacks it in several ways. Firstly, he suggests that one should not immediately reach for the language of paradox. Secondly, taking up the language of music he explains that rather than being contradictory, as in a paradox, the subject matter here is one that completely fits together or is completely in tune, being an example of concord or harmony rather than discord or disharmony. Finally, he explains further that freedom is the with-each-other of both freedom and servitude and that freedom is only found in the with-each-other of both.

Before turning to the heart of Ebeling's argument, attention should be given to two points of detail in his discussion. First, it is noteworthy that, like Luther, Ebeling leaves off v. 19c in his translation, which results in a loss of the mission context in general and Paul's apostolic mission in particular. Secondly, it is perhaps significant that Ebeling chooses to translate the Greek ἐκ with *gegenüber*, which I have translated literally as »over against«. In this way, he arguably prepares the way for his more positive or active understanding of freedom, »freedom over against«, in contrast to a solely negative understanding of freedom as »freedom from«.

But perhaps the most striking feature of Ebeling's argument is that he initially translates 1 Cor 9:19a as: »Though (*wiewohl*) I am free over against all« before arguing that »the sense would come out still more clearly if one were to translate: ›*Because* I am free over against all‹«.[45] It is unclear why Ebeling begins with the traditional translation »though«. Perhaps it is nothing more than a tip of the hat to Luther, who employs *wiewohl* in his translation of the New Testament. Alternatively, he may do so for rhetorical reasons, i.e., because stating the traditional translation first enables the reader to perceive the difference in his alternative translation more clearly. Or it may reflect a tacit acknowledgment that the surface level favors this translation, whereas *the sense* of the verse is captured more clearly with the translation »because«. Though it is difficult to be certain, I am inclined to favor the last of these options, perhaps in conjunction with one or both of the others. Whether or not this speculation is accurate, it is clear that Ebeling's primary emphasis lies elsewhere, namely in his contention that *the sense* of 1 Cor 9:19 is concerned with the realization

45 IDEM, Frei aus Glauben, 1971 (see n. 37), 319.

or execution of freedom in the solidarity of freedom and service. It is at this point that one of the most interesting facets of Ebeling's interpretation emerges, namely his twofold use of freedom. We could call these »freedom-1« and »freedom-2« or »small freedom« and »big freedom«. On the one hand freedom-1 is the entity that is in solidarity with servitude. On the other hand, freedom-2 consist in the with-each-other of freedom-1 *and* servitude, and it is freedom-2 that is meant when Ebeling speaks of »Christian freedom«.

Having traced the contours of Ebeling's thought in some detail, I now wish to compare his presentation to that of Luther and Paul. The first point to note is that Paul (as I have interpreted him) and Luther (as Ebeling acknowledges) highlight the apparent tension involved in the relationship between freedom and servitude. By contrast, Ebeling seeks to minimize this tension or at least to place it in a larger context. He does not, however, remove it entirely, for he explicitly acknowledges that Christian freedom is defined by an inner tension. Where this tension is located exactly is not stated and one can only speculate on where Ebeling would place it. But with a view to his overall synthesis perhaps he would place it in the relation between freedom-1 and servitude? Whatever the answer to this question, Ebeling's main concern is clearly to show that rather than being constricted by servitude, freedom-2 (or Christian freedom) realizes itself in the solidarity of freedom-1 and servitude. To what extent then is this latter concern also present in Luther or Paul?

Three observations suggest that Luther does share Ebeling's central concern. First, while noting that his two propositions *appear* to be at odds, Luther foresees them coming together and regards this as congenial to his purpose.[46] Secondly, Luther's placement of both of his propositions under the overarching rubric of »The Freedom of a Christian« is comparable to Ebeling's twofold use of freedom, in which Christian freedom (or freedom-2) consists in the solidarity of freedom-1 and servitude. Thirdly, the fact that Luther also includes modal and causal emphases can be seen to point in this direction. In short, it is possible to view Ebeling's position as in tune with that of Luther.

46 See WA 7; 49,26. See n. 23.

Luther's treatment, however, also differs from Ebeling's in several respects. As already noted, Luther does not eliminate concessive emphases. On the contrary, the concessive construction »although free, nevertheless a slave« occurs frequently throughout the tractate. In this way, Luther's presentation appears to give greater emphasis to the striking and unexpected nature of such servitude, that is, it seems to work with the logic that freedom might be expected to preclude servitude but it does not. Notably, Martin Penzoldt advances a similar thesis in critical dialogue with Ebeling's translation of 1 Cor 9:19:

> But it appears to me that this ›although‹ expresses yet a small reservation against thinking all too quickly from the end of the whole Christian movement and instead stresses the unheard of fact that one becomes completely free and then in this freedom and out of this freedom becomes active in servitude.[47]

Luther also differs from Ebeling in the precision of his formulations. While I have attempted to show above that Ebeling's interpretation can be seen to develop certain lines of thought advanced by Luther, it should not be overlooked that in *The Freedom of a Christian*, Luther never presents the reader with a precise formulation that sets forth the causal relationship between freedom and servitude. In fact, it is telling that when Ebeling wishes to reach for an optimal quotation from Luther, he has to employ a statement that is oriented in the first instance around faith and love rather than one specifically ordered around freedom and service: »Behold, from faith thus flow love and desire for God and from love a free, willing, joyful life to serve the neighbor without reward«[48]. In contrast to Luther, Ebeling never tires of advancing his thesis with tightly formulated precision: »The freedom that the Christian has through faith is precisely freedom to the servitude of love. And it is only then the servitude of love when it

---

47 M. PENZOLDT, Der Begriff Freiheit bei Luther (in: Dimensionen menschlicher Freiheit, ed. H. BIELFELDT et al., 1988, 229-242, 232): »Aber mir scheint in diesem ›wiewohl‹ doch ein kleiner Vorbehalt ausgedrückt, allzu schnell vom Ende der christlichen Gesamtbewegung her zu denken, statt lieber diesen unerhörten Sachverhalt, daß einer ganz frei und dann in dieser Freiheit und aus dieser Freiheit dienend tätig wird, zu betonen«.

48 See EBELING, Luther, 1964 (see n. 38), 242: »Siehe, also fließt aus dem Glauben die Liebe und Lust zu Gott und aus der Liebe ein freies, williges, fröhliches Leben dem Nächsten zu dienen umsonst«; cf. IDEM, Luther, 1970 (see n. 38), 212; WA 7; 36, 3f.

occurs out of freedom«;[49] »For here the concern is not with the limitation of Christian freedom but precisely with its execution in the solidarity of freedom and servitude«[50]

In sum, while Ebeling's interpretation of the relation between freedom and servitude can be seen to develop the trajectory and concerns of Luther's argument, he has both minimized Luther's concessive emphasis with its expression of the unexpected or striking character of a freedom that is joined with servitude, and he has presented his synthesis with greater frequency and precision than Luther. This latter point may result from the fact that Ebeling more clearly advances a twofold use of freedom, which I have identified as freedom-1 and freedom-2. In other words, while we have already seen that Luther extended and introduced shifts into Paul's line of thinking, we see here that Ebeling, in turn, extended and developed Luther's line of thought further.

What then is the relationship between Ebeling's interpretation and that of Paul himself? Here, I think the difference of perspective is greater. Whereas Luther's tractate may well reflect a movement akin to Ebeling's twofold use of freedom, it is far from clear that the same can be said of Paul. In short, whereas 1 Cor 9:19ab appears to juxtapose »freedom« and »servitude«, it is not evident that Paul has developed the insight that the with-each-other of freedom-1 and servitude is itself the realization of Christian freedom or freedom-2. Nor does he appear to develop the less complex idea that »servitude« is a/the realization of freedom rather than its surrender or the limitation of its use. In part, this difference may follow from the fact that Paul already has an entity that is doing the work of Ebeling's freedom-2 (or of freedom in the less complex model), namely the gospel, on account of which he does all things in v. 23, or his purpose of gaining the many, which gives him the impetus to make himself a slave to all in v. 19bc. As for the logic of Paul's juxtaposition, his emphasis appears to lie primarily on the seemingly counterintuitive fact that though he is free from all, which might be expected to preclude his becoming a slave to others, he has, in fact, made himself a slave to all. This is not to say that Paul's argument contains no room for the more developed understanding

49 See IDEM, Luther, 1964 (see n. 38), 242; cf. IDEM, Luther, 1970 (see n. 38), 212.
50 See IDEM, Frei aus Glauben, 1971 (see n. 38), 319.

of Ebeling, but merely that Paul himself doesn't appear to develop this vision himself. What Ebeling appears to do is to re-interpret Paul's argument from the end of Ebeling's own complex synthesis:[51] »rather than precluding servitude, freedom-1 proved compatible with it; hence the whole process involving the solidarity of freedom-1 and servitude should be redefined as the realization rather than the constraint or limitation of freedom-2.[52]

V Reception History and Theological Interpretation of Scripture

In this article I have argued that Gerhard Ebeling has developed and given greater precision to the concerns of Luther, while both Luther and Ebeling have introduced a greater shift of perspective in relation to Paul. I hope that this examination of the juxtaposition of »freedom« and »servitude« in 1 Cor 9:19 and its reception by Luther and Ebeling may serve as a positive example of how the discipline of reception history can contribute to theological interpretation of scripture. Here, part of the question concerns the meaning and goal(s) of exegesis. On the one hand, Karl Barth famously chastised New Testament scholars for the poverty of our attempts at genuine understanding and interpretation, which in his view entails a reconsideration of the material until the actual meaning of it is disclosed.[53] On the other hand, New Testament scholars are often rightly skeptical of the extent to which theologians find their own understanding of the subject matter already implicit or developed in the New Testament itself. Whether or not one agrees with Barth's position in its entirety, it does seem reasonable to expect New Testament scholars to make at least some attempt to understand the subject matter of the New Testament texts and not merely to concern ourselves with matters of socio-historical and literary context. At the same time, if one should indeed attempt to reconsider the material until the actual meaning of it is disclosed, then it is also crucial to make a distinction between the steps that appear to

---

51 Cf. PENZOLDT (see n. 47), 232.
52 In response to my presentation of an abbreviated version of this article at the 2010 Regional SBL conference in Atlanta, Dan Cantey plausibly suggested to me that Ebeling's concern to establish a higher unity may reflect the influence of Hegel.
53 See K. BARTH, The Epistle to the Romans, translated by E. C. HOSKYNS, 1953, 6f.

have been taken by the author we are interpreting and our own wrestling with the logic and problems posed by the subject matter. It is my contention that the discipline of reception history can do justice to both of these concerns. While the interpreter will indeed be concerned to reconsider the subject matter with a view to genuine understanding, s/he will also take care to show how and where subsequent interpreters have introduced new distinctions or developed a new synthesis, always with a view to the strengths and weaknesses of a given development.

If the purpose of theological interpretation of scripture, however, is indeed to penetrate to the meat of the nut, to adopt a phrase from Luther, then the question will not merely be whether or not Paul or another has taken a given step, but rather whether a new distinction or perspective furthers our understanding of the subject matter. In our case, this means asking whether or not Luther's shifts of emphasis and Ebeling's new synthesis further our understanding of the question of relationship between freedom and servitude, which is raised by Paul's argument in 1 Cor 9:19. For, as Cristina Grenholm and Daniel Patte rightly argued in a criticism of my own teacher Peter Stuhlmacher, the fact that a Biblical writer has not yet developed a certain idea or distinction is *not* sufficient in itself to declare it to be invalid.[54] With a view to this perspective, the task of reception history is not merely to identify new developments which are assumed to be false by necessity. On the contrary, by attending to both similarities and differences of perspective, reception history presents us with the opportunity to advance our understanding of the subject matter as we seek to pursue the task of theological interpretation of scripture with both nuance and depth.

---

54 See C. Grenholm/D. Patte, Overture. Receptions, Critical Interpretations, and Scriptural Criticism (in: Reading Israel in Romans. Legitimacy and Plausibility of Divergent Interpretations, ed. C. Grenholm/D. Patte, 2000, 26 f.).

Bildung in evangelischer Perspektive heute[1]

Von Michael Beintker

In der berühmten Lobrede auf das Leben an Hohen Schulen hat Philipp Melanchthon die Erforschung und Entfaltung von Wahrheit und Gerechtigkeit in das Zentrum der Wissenschaften gestellt.[2] Zwei Dinge seien »besser und göttlicher als alles, das dem menschlichen Wesen zugehört: die Wahrheit und die Gerechtigkeit«[3]. Von der Erkenntnis der Wahrheit und der Erkenntnis der Gerechtigkeit hängt das gute Leben unmittelbar ab. Hier hat man es mit den höchsten Bildungsgütern zu tun. Ohne das Streben nach Wahrheit gibt es keine Wissenschaft. Und ohne das Streben nach Gerechtigkeit gibt es kein gedeihliches Zusammenleben.

»Die Gerechtigkeit ist die erste Tugend sozialer Institutionen, so wie die Wahrheit bei Gedankensystemen«[4], liest man in unserer Zeit bei John Rawls, gleich am Anfang seiner berühmten *Theorie der Gerechtigkeit*. Das ist eine überraschende Parallele. Sie zeigt, wie dicht Melanchthon den Grundfragen der Wissenschaften auf der Spur war und wie nahe er der Gegenwart kommt. Es könne kein Zweifel daran bestehen, hatte er dann ausgeführt, »daß der Lebensform des Lehrens und Lernens das größte Wohlgefallen Gottes gilt und daß den [Hohen] Schulen im Blick darauf der Vorrang vor Kirchen und Fürstenhöfen gebührt, weil man in ihnen mit

1 Vortrag, gehalten am 25. September 2010 auf dem Seminar der Luther-Gesellschaft e. V. »Glaube und Bildung. Impulse Philipp Melanchthons für die Gegenwart« und am 2. November 2010 als Vortrag zum Reformationsfest an der Westfälischen Wilhelms-Universität Münster.

2 Vgl. Ph. Melanchthon, De laude vitae scholasticae oratio (1536) (in: Ders., Glaube und Bildung. Texte zum christlichen Humanismus, ausgewählt, übersetzt u. hg. v. G.R. Schmidt, 1989, 204-221), bes. 204-209.

3 AaO 205.

4 J. Rawls, Eine Theorie der Gerechtigkeit, übersetzt v. H. Vetter, 1975, 19.

größerem Einsatz nach der Wahrheit strebt«[5]. Auch bei der Beschäftigung mit der Wissenschaft gehe man mit Heiligem um. Die Hinwendung zu ihr gewinnt in Melanchthons Lobrede deutlich gottesdienstliche Züge: »Mit der gleichen Haltung, mit der die Gläubigen in die Kirchen kommen, um ihre Andacht zu verrichten, solltet ihr in die [Hohen] Schulen eintreten«[6], wird den jungen Scholaren zugerufen. Es sei jedenfalls »nicht weniger schuldhaft, Künste und Wissenschaften verkommen zu lassen, als die Gottesdienste in den Kirchen mit Schande zu bedecken«[7].

Man sieht hier, dass die Reformation nicht nur eine Bewegung zur Erneuerung der Kirche gewesen ist. Sie war zugleich eine Bildungsbewegung – eine Bewegung zur Belebung des schulischen Unterrichts und zur Belebung der Wissenschaften und Künste. Bildung und Bildungsfragen sind nichts Ergänzendes oder gar Zweitrangiges, sie gehören unmittelbar in die evangelische Perspektive hinein. Die recht verstandene evangelische Perspektive ist vom Bildungsgedanken geprägt – das Gebildetwerden und Gebildetsein gehört zum Selbstverständnis der evangelischen Christenheit. Das kann kaum erstaunlich sein: Eine im *sola scriptura* fundierte Glaubensweise verträgt sich nicht mit Analphabetentum. Sie setzt wenigstens voraus, dass alle lesen können.

Dabei ist Bildung in evangelischer Perspektive nichts Elitäres. Jenes Bildungsbürgertum, das später als vermeintlicher Träger protestantischer Kultur von den einen bewundert und von den anderen verpönt worden ist, stand den Reformatoren nicht vor Augen, als sie über Schulen und Hochschulen, Fächer und Unterrichtsstoffe nachdachten und von der Schönheit des Lehrerberufs schwärmten. Bildung ist ein hohes Gut, das allen zugute kommen sollte. Sie zielt nämlich auf die Befriedung und Zivilisierung einer ohne Bildung rohen und ungesitteten Gesellschaft. Im lateinischen Wort *eruditio*, das damals für »Bildung« stehen konnte, klang immer auch der Aspekt der »Ent-rohung« mit. Es sei des weltlichen Regiments Aufgabe und Ehre, »das es aus wilden thieren menschen macht und [als] menschen erhellt, das sie nicht wilde thiere werden«[8], schrieb

5 MELANCHTHON (s. Anm. 2), 209.
6 AaO 215.
7 Ebd.
8 WA 30,2; 555,23f.

Luther in seiner *Predigt, daß man Kinder zur Schulen halte solle*. Und die vorzüglichste Gestalt des weltlichen Regiments war eben die Schule: »Faust und harnsch thuns nicht, es müssen die köpfe und bücher tun, Es mus gelernt und gewust sein, was unsers welltlichen reichs Recht und Weisheit ist.«⁹ Ohne Bildung kann es kein rechtschaffenes Leben und keinen Frieden geben.

Für Luther fand nur *einer* keinen Gefallen daran. Und das war der Teufel, der in seiner Schulschrift auffällig oft Erwähnung findet. Der Teufel mag nämlich keine Bildung. Den Teufel freut die Dummheit der Leute, denn dann hat er leichtes Spiel, und deshalb wird er alles daran setzen, dass sie »das wort Gottes und die schulen verachten«¹⁰. Der Teufel will das Volk wehrlos haben, damit er mit ihm machen kann, was er will; er bringt die Menschen durcheinander und stürzt sie – ohne dass sie es gleich merken – in die Orientierungslosigkeit, dass am Ende Schrift und Kunst untergehen und »ein sew stall und eine rotte von eitel wilden thieren«¹¹ übrig bleiben. Man mag das für eine sehr drastische Schilderung halten. Aber dass Bildung ständig gegen die Dummheit verteidigt werden muss – übrigens erst recht gegen jene Dummheit, die zu allem Überfluss auch noch mit einem hohen Intelligenzquotienten ausgestattet ist – und dass Unbildung im Verein mit hochintelligenter Dummheit nur zu rasch dem Bösen in die Hände arbeitet, ist durch mehr als eine geschichtliche Erfahrung hinreichend belegt. Der oberösterreichische Landeshauptmann Josef Pühringer hat es einmal so formuliert: »Bildung ist teuer, Unbildung ist noch viel teurer.«¹² Das hätten auch Luther und Melanchthon sagen können.

In unseren Tagen ist ständig und überall von Bildung die Rede. Das ist keineswegs so selbstverständlich, wie es angesichts der vielen Bildungsbücher, Bildungskongresse, Bildungsaktionen und Bildungsprogramme zu sein scheint. Die Erziehungswissenschaftler der letzten Generation sprachen lieber vom Lernen und von der Sozialisation des Menschen und

9 AaO 557,36-558,19.
10 AaO 518,3f.
11 AaO 523,27f.
12 Gefunden in der Frankfurter Allgemeinen Zeitung v. 22.8.2001, 3.

kritisierten den Bildungsgedanken als elitäres, ideologiebesetztes Konstrukt privilegierter Schichten. Aber in den 1990er Jahren änderte sich das. Symptomatisch für den Stimmungsumschwung war die 1997 gehaltene bildungspolitische Grundsatzrede des damaligen Bundespräsidenten Roman Herzog, in der er programmatisch forderte: »Bildung muß in unserem Land zum ›Megathema‹ werden, wenn wir uns in der Wissensgesellschaft des nächsten Jahrhunderts behaupten wollen. Wir brauchen eine breite nationale Debatte über die Zukunft unseres Bildungssystems.«[13]

Zum »Megathema« ist Bildung tatsächlich geworden. Allerorts wird von ihr gesprochen, und das Denkschriftenmachen scheint kein Ende zu nehmen. Manchmal, so scheint mir, wäre es besser, das Thema etwas verhaltener zu intonieren, damit den Leuten angesichts der Inflation an Bildungsreden nicht die Freude am Nachdenken über Bildung vergeht. Denn die allermeisten Bildungsreden sind bisher den Nachweis schuldig geblieben, dass durch sie etwas zum Besseren bewegt wird. In ihrer einseitigen Ausrichtung auf die Wissensgesellschaft und die Erfordernisse des Umgangs mit riesigen Datenmengen wirken sie eigentümlich konzeptionslos. Der österreichische Philosoph Konrad Paul Liessmann hat den vielen Sonntagsreden trotzig eine *Theorie der Unbildung*[14] entgegengesetzt, in der er mit scharfsinniger Ironie die Selbstmissverständnisse der Bildungsredner offenlegt. Die Idee von Bildung habe aufgehört, Ziel und Maßstab für die zentralen Momente der Wissensproduktion, der Wissensvermittlung und der Wissensaneignung zu sein.[15] Gemessen an dem, was in der europäischen Tradition seit der Antike einmal als Bildung des Menschen verstanden worden sei, müsse alle Bildungstheorie in Fortführung des kritischen Programms Adornos eine »Theorie der Unbildung« sein.[16] Liessmann kommt zu dem unerfreulichen Ergebnis, dass sich die heutige Wissensgesellschaft unter dem Diktat der ökonomischen Effizienz der Freiheit des Denkens beschnitten habe, ihre Illu-

13 R. HERZOG, Freiheit ist anstrengend: Fördern und Fordern. Eine neue Kultur der Selbständigkeit und Verantwortung als Gebot – Bildung für das 21. Jahrhundert, Frankfurter Allgemeine Zeitung v. 6. 11. 1997, 9.
14 K. P. LIESSMANN, Theorie der Unbildung. Die Irrtümer der Wissensgesellschaft, 2006.
15 Vgl. aaO 9 f.
16 Vgl. aaO 10.

sionen nicht mehr durchschauen könne und sich damit der Unbildung verschrieben habe.

Es fällt nicht schwer, das mit Beispielen zu belegen. Wer miterlebt hat, wie eine Koalition von Bildungspolitikern und ministerialen Kultusfunktionären das immer noch bewährte und arbeitsfähige deutsche Hochschulwesen gegen jeden guten Rat und gegen jede wohlbegründete Kritik der sogenannten Bolognareform auslieferte, oder wer die zeitweise bis in den Schreibwirrwarr getriebene Reform der deutschen Rechtschreibung noch vor Augen hat, wird Liessmanns Ausführungen fast wie ein Trostbuch lesen, weil da immerhin jemand den Mut gefunden hat, die zentralen Probleme anzusprechen.

Auch die evangelische Kirche hat sich in den vergangenen Jahren wiederholt zum Bildungsthema geäußert. 2001 erschien die Studie des Theologischen Ausschusses der Evangelischen Kirche der Union *Bildung in evangelischer Verantwortung auf dem Hintergrund des Bildungsverständnisses von F.D.E. Schleiermacher*[17], in der Grundeinsichten des neben Melanchthon anderen großen Bildungstheoretikers des Protestantismus zur Sprache kamen, um den zeitgenössischen Bildungsdiskursen eine fundierte Konzeption anzubieten. Im Jahr 2003 folgte die Denkschrift des Rates der EKD *Maße des Menschlichen*[18], vorbereitet von der Kammer für Bildung und Erziehung, Kinder und Jugend. Ganz ausdrücklich wird davon gesprochen, dass sich unser Bildungssystem in einer Krise befindet.[19] Hier ging es vor allem um die Menschengemäßheit der Bildungsprozesse und ihre Gestaltung unter den Erfordernissen der Gegenwart. Schließlich erschien 2009 die Orientierungshilfe des Rates der EKD *Kirche und Bildung*[20]. Damit wollte man an *Maße des Menschlichen* anschließen und

---

17 Bildung in evangelischer Verantwortung auf dem Hintergrund des Bildungsverständnisses von F.D.E. Schleiermacher. Eine Studie des Theologischen Ausschusses der Evangelischen Kirche der Union, hg. v. J. OCHEL, 2001, 13-56.

18 Maße des Menschlichen. Evangelische Perspektiven zur Bildung in der Wissens- und Lerngesellschaft. Eine Denkschrift des Rates der Evangelischen Kirche in Deutschland, 2003.

19 Vgl. aaO 7.

20 Kirche und Bildung. Herausforderungen, Grundsätze und Perspektiven evangelischer Bildungsverantwortung und kirchlichen Bildungshandelns. Eine Orientierungshilfe des Rates der Evangelischen Kirche in Deutschland, 2009.

die sich daraus ergebenden Konsequenzen für die eigene Bildungsarbeit der Kirche aufzeigen.

In *Bildung in evangelischer Verantwortung auf dem Hintergrund des Bildungsverständnisses von F. D. E. Schleiermacher* ist man nicht so weit gegangen wie Liessmann. Totalkritik mag dem Philosophen durchaus anstehen. Aber wenn man auch von denen gehört werden will, die es angeht, muss man behutsamer vorgehen. So hat man im Wissen um die Kompromisshaftigkeit des politischen und also auch des bildungspolitischen Handelns keinen Zweifel an der Verbesserungsfähigkeit des Bestehenden aufkommen lassen und in diesem Sinne auf einige Einseitigkeiten und Engführungen der heutigen Bildungsdiskussion aufmerksam gemacht.[21]

Problematisch ist zunächst die alles andere überlagernde Dominanz des Wissensaspekts. Bildung setzt Wissen voraus, aber sie erschöpft sich nicht im Wissen. Angesichts der permanenten Kumulation des kollektiven Menschheitswissens betrachtet man heute die Fähigkeiten zur Erschließung, Aneignung, Verwaltung und Transferierbarkeit von Wissen als vordringlichstes Ziel aller bildungspolitischen Maßnahmen. Daran ist richtig, dass in der von den modernen Informationssystemen geprägten Welt Medienkompetenz zu einer herausragenden Kulturtechnik geworden ist, die der ihr zustehenden Förderung bedarf.

So wichtig solche Medienkompetenz auch ist, sie darf nicht mit Bildung verwechselt werden. Wissen gehört zur Bildung, aber der technisch vermittelte Umgang mit Wissensvorräten und Lerninhalten ist bestenfalls ein Teilschritt im Bildungsgeschehen. Bildung ist viel umfassender, sie soll den Menschen zum Staunen bringen, ihm die Lust zu eigenen Entdeckungen und zu selbsterworbenen Erkenntnissen wecken und ihn zur Auseinandersetzung mit seiner Welt führen. Nur so können selbstständiges Denken, eigene Urteilskraft und Kreativität entstehen. Der zum bloßen Datenmanager erniedrigte Mensch wird den vielfach beschworenen Herausforderungen der Zukunft schwerlich gewachsen sein. Wie soll er in der Lage sein, mit dem ihm zugänglichen Wissen kritisch und schöpferisch umzugehen, wenn er es gar nicht gelernt hat, kritisch

---

21 Der Vf. nimmt sich die Freiheit, hier einige von ihm entworfene Textpassagen aus »Bildung in evangelischer Verantwortung« aufzunehmen (s. Anm. 17, 36-40).

und schöpferisch zu denken? »Wahre Bildung will lieber in einem Minimum von Aneignung ursprünglich selbst sein, als in der großartigsten Welt sich in Verwechslungen verlieren«[22], hat Karl Jaspers festgehalten. Auch hier gilt, dass weniger oft mehr ist. Der Gedanke kommt zu seiner Tiefe nur dann, wenn ihm Zeit gelassen wird, sich intensiv mit sich selbst zu beschäftigen. Zur Medienkompetenz gehört daher auch die Fähigkeit, den eigenen Medienkonsum zu steuern. Inzwischen hat sich nämlich herausgestellt, dass die Absorption durch die digitale Welt, der die Heranwachsenden heute ausgeliefert sind, ihre Fähigkeiten zur Konzentration und zum sprachlichen Ausdruck sowie ihre sozialen Anlagen nachhaltig schädigt.

Problematisch ist sodann die Vorherrschaft des Kosten-Nutzen-Denkens. Man kann zwar verstehen, dass angesichts stetig steigender Kosten nach der Effektivität und Finanzierbarkeit von Bildungswegen und -programmen gefragt wird. Zu denken geben jedoch das einseitige Interesse an rascher Verwertbarkeit und die Übertragung von betriebswirtschaftlichen Rentabilitätskriterien auf Bildungsprozesse, so als könnte man diese den Wettbewerbsregeln profitabler Unternehmen unterwerfen und Bildung wie Automobile am Fließband produzieren. Bildungsprozesse setzen angemessene Freiräume zu ihrer Entfaltung voraus. Zudem sind sie auf Langzeitwirkung angelegt. Viel wichtiger als der Augenblickserfolg der schnellen Verwertbarkeit sind Tiefenwirkung und Nachhaltigkeit. Haben wir nicht früher gesagt: »Non scholae, sed vitae discimus«? Schon die einseitige Ausrichtung der Bildung auf praktische Zwecke muss sich der Gefahr einer bildungsschädigenden Instrumentalisierung bewusst sein. Tatsächlich sind die eigentlichen »Bildungserlebnisse« ebenso unberechenbar wie der gute Einfall. Sie brauchen ihre effektivitätsunabhängigen Zeiten und Räume. Sie verlangen nach Zweckfreiheit und Muße (nicht Müßiggang!), in denen sich die Neugier auf Entdeckungen als Schrittmacherin allen wissenschaftlichen Fortschritts zu entfalten vermag. »Die Bezeichnung ›Schule‹ leitet sich von dem griechischen Wort für ›Muße‹ her«[23], heißt es bei Melanchthon. So solle der Staat bezeugen, »daß er uns von niedrigen Arbeiten freistellt, damit wir uns ganz unseren heiligen Pflichten widmen

22 K. JASPERS, Die geistige Situation der Zeit (1931), ⁵1979, 113f.
23 MELANCHTHON (s. Anm. 2), 215.

können«[24]. Die uneingeschränkte Forderung nach praktischer Verwertbarkeit steht der Ausbildung von Phantasie und Kreativität im Wege. Aber ohne diese beiden gibt es keine Originalität und auch keine Innovationen. Ohne diese beiden ist alles nur Kopie und Plagiat.

Schleiermacher regt dazu an, in der einseitigen Dominanz der öffentlichen Systeme des gesellschaftlichen Lebens eine weitere Engführung zu erkennen.[25] Hier war er näher an den modernen Verhältnissen als Luther und Melanchthon. Er forderte eine ausgewogene Balance zwischen Öffentlichkeit und Privatheit, zwischen den gesellschaftlichen Institutionen und den familialen Lebensbereichen. Er sah, dass bestimmte Bildungsvollzüge – so z.B. die Heranbildung sozialer und kommunikativer Fähigkeiten oder die das Selbstsein des Menschen elementar prägende religiöse Bildung – an die Gemeinschaft im Haus, in der Familie geknüpft sind und nicht einfach von öffentlichen Bildungsträgern übernommen werden können. An dieser Stelle ist inzwischen ein tiefgreifender Wandel eingetreten: Während der bildende Einfluss des Elternhauses aus verschiedenen Gründen immer mehr zurückging – wenn man heute nicht sogar von einem unheimlich um sich greifenden Versagen dieses Einflusses reden muss –, wuchs der Einfluss der gesellschaftlichen Institutionen. Die damit entstandene Allzuständigkeit des Staates für Schulen und Hochschulen wird zumeist fraglos hingenommen. Aber wir müssen sehen, was wir uns damit einhandeln, dass wir dem weltanschaulich neutralen Staat einen so weitreichenden Einfluss auf Bildungskonzepte, Bildungsgehalte und Curricula zugestehen und ihm damit die Entscheidung über Sachverhalte überlassen, die ihrem Wesen nach vielfach deutliche weltanschauliche Komponenten aufweisen. Dazu kommt noch die Macht der Medien, die nicht nur die in der Gesellschaft gängigen Meinungen, Lebensdeutungen und -orientierungen reproduzieren, sondern diese bis hin zu den Details des individuellen Lebensstils definieren und beeinflussen können. In dieser Situation käme alles darauf an, die Bildungskompetenz des Elternhauses und der Familie, der sozialen Kleingruppe, des Freundeskreises zu erfassen und gezielt zu stärken, denn die für den Bildungsprozess des Individuums konstitutive Erfahrung der Individuation und zugleich des Erwerbs grundlegender kommunikativer Fähigkeiten lässt

24 Ebd.
25 Vgl. Bildung in evangelischer Verantwortung (s. Anm. 17), 39.

sich durch die gesellschaftlichen Bildungseinrichtungen allenfalls behelfs-weise vermitteln.

Das Nachdenken über Bildung fußt in der Regel auf anthropologischen Daten und Deutungen oder setzt solche voraus. Es wird von bestimmten Annahmen über das Menschsein und die Fähigkeiten des Menschen ins-piriert und von Vorstellungen von dem guten Leben angeregt, aber auch – was leicht übersehen wird – von schlechten Beispielen abgeschreckt. Man will es dann auf jeden Fall besser machen.

Man sollte es aber nicht *zu* gut machen wollen. Ein zentraler Impuls der reformatorischen Theologie kann in der Erinnerung daran bestehen, dass man das Heilsdenken aus Bildungsreflexionen tunlichst heraushalten soll und sich nicht zu viel vornehmen darf. Nicht grundlos haben Luther und Melanchthon die Schulen und Universitäten im Bereich des *welt-lichen* Regiments Gottes verortet. Soteriologische Anwandlungen wären hier sogar gefährlich. Ein perfektionistisches Menschenbild, eine Konzep-tion gar vom »neuen Menschen«, tun dem Leben Gewalt an. Wir haben das Unheil noch deutlich in Erinnerung, das im Namen des marxistischen Menschenbilds angerichtet worden ist, das sich den von vermeintlicher Dekadenz getrübten Menschenbildern der westlichen Welt eine ganze Epoche vorausfühlte, aber tatsächlich mit dem Pathos der Aufklärung hin-ter die Aufklärung zurückgefallen war. Werden Bildungsprozesse zu sehr in den Dienst der Ideale gestellt, die die Lehrenden und Erziehenden vom Gelingen des (genauer: ihres!) Lebens haben, ist Gefahr im Verzug. Das kann man schon in der Auseinandersetzung mit Platon und den seinem *Staat* zugrundeliegenden Idealvorstellungen lernen.

Im Zentrum der Bildung stehen immer diejenigen, denen sie gilt. Bil-dung soll in ihnen etwas zur Entfaltung bringen; sie soll den zu Bildenden dabei helfen, ihre Gaben und Fähigkeiten frei zu entfalten. Sie soll sie vor allem an die Kunst einer *selbstverantworteten Lebensführung* heranfüh-ren. Die Fähigkeit zu dieser Kunst in den hochkomplexen Gesellschafts-lagen der Zeit ist das Kostbarste, was Bildung heute vermitteln kann. Aber es ist auch das Zerbrechlichste. Tatsächlich bevorzugen viele Menschen Lebensweisen, in denen sie die Verantwortung für ihre Lebensführung an andere abtreten. Das ist in einem gewissen Sinne entlastend. Wenn ich mich immer nach anderen richte, brauche ich mich nicht mit meinen eigenen Einstellungen und Entscheidungen auseinanderzusetzen. Aber die damit verbundene Außensteuerung ist mit dem Preis der Entfremdung von mir selbst verbunden, und sie macht sich als Selbstverunsicherung, Angepasstheit, Mangel an Risikobereitschaft und Mangel an Mut und Initiative bemerkbar.

Was wir freilich zur Lösung der sich stellenden Zukunftsaufgaben besonders brauchen, sind gerade sie: Selbstgewissheit, Eigenständigkeit, Mut und Initiativbereitschaft. Damit stellt sich an alle basalen Bildungsbereiche – an die Familie, den Kindergarten, die Schule, die Hochschule – die Leitfrage, was sie zur Entfaltung solcher Bildungsziele wie Selbstgewissheit, Eigenständigkeit, Mut und Initiativbereitschaft beizutragen vermögen.

Es ist der Impuls der Freiheit, der hier so klar wie möglich zur Geltung kommen soll. Und das ganz im Sinne der markanten These von Luthers Schrift über die christliche Freiheit: »Eyn Christen mensch ist eyn freyer herr über alle ding und niemandt unterthan. Eyn Christen mensch ist eyn dienstpar knecht aller ding und yderman unterthan.«[26] Luther hatte unüberhörbar den Christenmenschen vor Augen. Aber was spricht dagegen, in Entsprechung zum ersten Satz dieser These den Impuls der Freiheit nun auch für das alltäglich gelebte Leben aller Menschen zur Geltung zu bringen? Wer hier anthropologisch weiterdenkt, wird sehen, dass die Freiheit zur geschöpflichen Bestimmung des Menschen gehört. Es ist ein Wesenszug seiner Gottebenbildlichkeit, dass er sich in Freiheit und Selbstverantwortung übergeben wird, ganz unabhängig davon, was er dann daraus macht. Wir sehen heute deutlicher als Luther und Melanchthon, dass damit alle Bestrebungen für den Zuwachs an Freiheit ins Recht gesetzt sind und dass der Mensch auch dann noch auf seine Bestimmung zur Freiheit anzusprechen ist, wenn er die Freiheit verwirkt hat oder sich auf der Flucht vor der Freiheit befindet, um auf ein Buch Erich Fromms anzuspielen, der den modernen Menschen nicht als Freiheitssucher, sondern als Freiheitsflüchter ansah.[27]

26 WA 7; 21,1-4.
27 Vgl. E. FROMM, Die Furcht vor der Freiheit, 1983 (Amerikanische Originalausgabe: Escape from Freedom, 1941). – Vgl. auch die weiterführende Untersuchung: DERS., Wege

Erich Fromm war von den damaligen Entwicklungen in Ost und West – sein Buch war 1941 veröffentlicht worden – in gleicher Weise desillusioniert. Er nahm wahr: Für ein bisschen besseres Leben sei der Mensch nur zu rasch bereit, den Diktatoren zu opfern, die Wahrheit zu unterdrücken, sich allen Zwängen und Konventionen zu unterwerfen und eben das zu tun, was er eigentlich hassen müsste: nämlich sich selbst als Individuum, das sich frei entfalten soll, in der Anonymität der Massengesellschaft auszulöschen, um so zu einem Wesen zu werden, das gelebt wird, statt selbst zu leben. Fromm hob vor allem die Außensteuerungen hervor: die Meinungsmache der Medien und des »Man«, die Vorgaben der Mode und des Geschmacks, die Freizeitindustrie, die uns vorschreibt, wie wir die Welt zu entdecken haben, und natürlich die auf die Befriedigung unserer oralen Bedürfnisse gestimmten Kaufzwänge, denen die Konsumtempel an die Stelle der Kirchen rücken.

Mancher wird sich des Eindrucks nicht erwehren wollen, dass Fromm die Verhältnisse gelegentlich hyperkritisch überzeichnet hat. Aber auch wenn nur die Hälfte von Fromms schonungslosen Analysen wahr sein sollte, muss die Kunst der selbstverantworteten Lebensführung ein leitendes Thema des heutigen Bildungsdiskurses sein. Luthers Freiheitsschrift macht Mut zur Freiheit. Sie zeigt, dass und wie diese Freiheit im Inneren des Menschen verankert ist und seinem Selbstsein entspringt. Und umgekehrt wird deutlich, dass der Verlust der inneren Freiheit mit dem Verlust des Selbstseins bezahlt werden muss.

Aber Luthers These sprach auch das andere an: »Eyn Christen mensch ist eyn dienstpar knecht aller ding und yderman unterthan.« Dieser Aspekt steht zumeist im Vordergrund, wenn in der evangelischen Kirche von Bildung gehandelt wird. Er lässt sich im Ethos der Nächstenliebe verankern und motiviert die breite Entfaltung der sozialen Dimensionen des Bildungsgeschehens. So kommt auch die EKD-Denkschrift von 2003 ziemlich direkt auf die Themen der Gerechtigkeit, des Friedens und des sozialen Zusammenlebens zu sprechen, als sie die »Grundsätze evange-

aus einer kranken Gesellschaft. Eine sozialpsychologische Untersuchung, 1981 (Amerikanische Originalausgabe: The Sane Society, 1955).

lischen Bildungsverständnisses« umreißt.[28] Selbstständigkeit und »verant-
wortungsbewusste Mündigkeit«[29] werden explizit genannt, und es wird
ausdrücklich vermerkt, dass angesichts der heutigen Veränderungen »in
der Breite der Bevölkerung und zumal der jungen Generation selbstständiges Denken, soziale Sensibilität und kulturelle Kompetenz gefördert
werden«[30] müssen. Aber der zwischen Selbstständigkeit und sozialer Sensibilität bestehende unmittelbare Zusammenhang und damit die Bedeutung der Freiheitsdimension für die Gerechtigkeitsdimension werden eher
angedeutet als ausgeführt.

Dabei ist das ganz wichtig: Es ist die *Freiheit* des Christenmenschen,
die ihn zum dienstbaren Knecht macht. Das Eine ist nicht ohne das Andere. Seine Freiheit erfährt der Christenmensch in der Bindung an Christus,
und kraft seiner Christusbindung vermag er sich frei und dankbar an seine
Mitmenschen zu binden. Aus der beklemmenden Enge von Selbstbehauptung und Selbstverwirklichung wird er in den weiten Raum einer Liebe
geführt, die gerade darin wächst, dass sie sich verschenkt. Aus Menschen,
die sich und ihre Existenz mit allen erdenklichen Mitteln zu sichern
trachten, werden solche, die sich in vorbehaltlosem Vertrauen für Gott
und den Mitmenschen öffnen. Das schwankende Dasein in der schein-
baren Fülle diverser Entscheidungsmöglichkeiten weicht der nichtbelie-
bigen, eindeutigen Tat. Der Mensch in der Christusbindung ist frei und
deshalb schwerlich manipulierbar. Unter dem Zuspruch des Evangeliums
verliert er die Fesseln, die ihn von Christus, von sich selbst und von den
Mitmenschen trennen. Er kann nun »frey, frölich und umbsonst«[31] – nicht
zwanghaft und verkrampft, sondern »auß freyer lieb«[32], wie Luther sagt –
für das Wohl seiner bedürftigen Nächsten einstehen.

Hier ist das Geschenk der Freiheit und die damit verbundene Hinwendung zum Nächsten so unmittelbar mit der Erfahrung des Glaubens
verknüpft, dass es nicht einfach zu sein scheint, auch an dieser Stelle eine
Entsprechung zu gewinnen, die als allgemeiner, über die Grenzen der

28 Vgl. Maße des Menschlichen (s. Anm. 18), 60.64.
29 AaO 61.
30 Ebd.
31 WA 7; 35,34.
32 AaO 36,14 f.

christlichen Kirche hinausgehender Impuls für das Bildungsgeschehen wirksam zu werden vermag. Dabei gilt das Gleiche: Luthers Freiheitsschrift macht Mut zur Hinwendung zu den Mitmenschen, wie sie Mut zur Freiheit macht. Diese Ermutigung wird ausgesprochen werden müssen, auch wenn große Teile der Bevölkerung den christlichen Gehalt dieser Ermutigung nicht mehr erkennen. Aus evangelischer Perspektive gehören die Bildungsoption für eine selbstverantwortete Lebensführung und die Bildungsoption für soziale Kompetenz unmittelbar zusammen. Deshalb wird die evangelische Kirche immer Bildungskonzepte unterstützen, für die dieser Zusammenhang maßgebend ist.

Soziale Kompetenz ist an die Fähigkeit gebunden, sich in die Lage anderer Menschen zu versetzen. Damit beginnt, wenn es zu seinem Ziel führen soll, alles soziale Lernen. Von Luthers Theologie her liegt es nahe, hier den heute oft vernachlässigten Gedanken der Gewissensbildung aufzunehmen. Das Gewissen ist das basale innere Orientierungszentrum der Person, durch das ihre Identität und ihre Integrität maßgeblich beeinflusst wird. Es ist weder irrtumslos noch kulturell unabhängig – deshalb muss es ja gebildet werden. Man kann bekanntlich auch das Böse mit gutem Gewissen tun; ein gutes Gewissen ist keine Garantie für wahrgenommene Verantwortung. Die Theologie hat keinen Anlass, die Relativität des Gewissens zu beanstanden; es gibt irritierte und getröstete Gewissen, empfindsame und abgestumpfte Gewissen. Deshalb haben Luther und die reformatorische Theologie das Gewissen auf die Anrede des Wortes Gottes justiert.[33] Erst in dieser Bindung wird das Gewissen aus seiner Willkür erlöst. »Das Gewissen ist die Kompaßnadel, die hin und her schwankt und durch tausend Magnete abgelenkt werden kann, während erst der Pol des Wortes Gottes ihm wirklich wegweisend werden kann«[34], so lässt sich das evangelische Gewissensverständnis einleuchtend zusammenfassen.

Der Vergleich des Gewissens mit einer Kompassnadel ist anschaulich. Die Kompassnadel muss geschützt werden, weil nur sie Orientierung

33 Vgl. hierzu G. EBELING, Theologische Erwägungen über das Gewissen (in: DERS., Wort und Glaube I, 1967, 429-446); M. SEILS, Die Rolle des Gewissens bei Luther und die Bedeutung des Gewissens heute (in: Norm und Gewissen. Beiträge aus katholischer und evangelischer Sicht, hg. v. W. ERNST, 1984, 101-127).
34 W. KRECK, Grundfragen christlicher Ethik, 1975, 177f.

gestattet. Die Kompassnadel ist störanfällig und bedarf der Wartung und Pflege. Die Kompassnadel kann durch falsche Magnete abgelenkt werden, deshalb muss sie sich die Ausrichtung auf den richtigen Pol gefallen lassen. Anspruchsvoller formuliert: Das menschliche Gewissen ist lernfähig, es bedarf der Unterrichtung, Schulung und Bildung. Für Luther kann diese Aufgabe in vollem Umfang nur so gelöst werden, dass sich das angefochtene Gewissen von der Zusage der Vergebung aufrichten lässt und mit dem Geschenk der Vergebung für die Verletzungen sehend wird, die wir einander zufügen. Das vom Evangelium gehaltene Gewissen wird hellsichtig für Verhaltensmuster, die der Auszeichnung des Menschen zum Ebenbild Gottes widersprechen, die ihm die ihm geschuldete Aufmerksamkeit und Zuwendung vorenthalten und ihn seiner Personhaftigkeit berauben. Dagegen wird es den Menschen in seinem Mitgefühl für die Not der anderen bestärken und ihn zu einem Handeln ermutigen, das sich durch Verantwortung, Solidarität und Respekt auszeichnet, ohne dass darüber Worte verloren werden müssen. Einem so gebildeten Gewissen wird man eine hohe Urteilsfähigkeit zubilligen, obschon auch das gebildete Gewissen niemals unfehlbar ist und den ihm aufgegebenen Lernweg der Einfühlsamkeit für die anderen und für sich selbst weitergehen muss. So wird aus der Gewissensbildung Herzensbildung, nämlich Einübung in die Barmherzigkeit.

Die lebensdienlichen Reflexe des Evangeliums gestatten es aber auch, Gewissensbildung als ein Lernziel zu begreifen, das *jedem* Menschen zugemutet werden darf. Es handelt sich dann um den intimsten Zielgedanken der menschlichen Sozialisation: Menschen sollen entdecken, dass ihr Mitgefühl für andere, ihre Sensibilität für das Leid und den Schmerz anderer und die damit verbundenen Handlungsimpulse immer Vorrang haben und aus dem Schattendasein ichzentrierter Bedürfnisorientierung herauszurücken sind. Dieser Lernweg ist beschwerlich, aber er sollte immer neu versucht werden – nicht mit programmatischen Parolen übrigens, die sich meistens vergaloppieren, sondern in höchster Behutsamkeit, mit Augenmaß und Liebe. Das Gewissen ist sehr verletzlich; seiner Bildung ist nur Behutsamkeit angemessen. Pädagogischer Übereifer wird sich an den ihm anvertrauten Gewissen nur versündigen. Wer zu viel des Guten tut und das kindliche Gewissen wie einen groben Klotz behandelt, wird am Ende vor Menschen mit einem überregulierten, angstbesetzten Gewissen stehen. Wer auf die Gewissensbildung verzichtet, weil er alle Verbindlichkeiten suspekt findet, bleibt den Heranwachsenden den Dienst der Förderung der Orientierungsfähigkeit schuldig und liefert sie der Unübersichtlichkeit beliebiger Ansprüche und Forderungen aus, an die sie sich je nach Erwartungslage ständig anpassen müssen. Weil sie das überfordert, können sie dann erst recht von Schuldgefühlen heimgesucht werden.

Und der christliche Glaube? Bildung, die in evangelischer Verantwortung wahrgenommen wird, wird der Bildung im Glauben ganz selbstverständlich die ihr zukommende Beachtung und Aufmerksamkeit schenken. Die christliche Gemeinde wird stets nach Wegen suchen, auf denen ihre Glieder mit den Quellen vertraut werden, von denen der Glaube lebt, und sich nicht damit abfinden, dass an dieser Stelle Unwissen und Langeweile um sich greifen. Sie wird getreu der Einsicht in die Balancen zwischen Öffentlichkeit und Privatheit die Unterrichtung im christlichen Glauben nicht einzig dem Religions- und Konfirmandenunterricht überlassen; sie wird vielmehr überlegen, wie die Familie in ihrer Rolle als das primäre Lern- und Bildungsfeld des christlichen Glaubens ermutigt und gestärkt werden kann. Sie wird sich wünschen, dass möglichst viele Menschen von der Lebenskraft des Evangeliums erreicht werden, und das Evangelium so zum Reden, Klingen und Leuchten bringen, dass die Zeitgenossen hellhörig werden.

Der christliche Glaube ist ein eminenter Bildungsfaktor. Denn er zielt auf den Gewinn von Gottesgewissheit, Selbstgewissheit und Weltgewissheit und damit auf den Gewinn der entscheidenden, untrennbar ineinander verflochtenen Grundgewissheiten des menschlichen Daseins überhaupt. Diese Gewissheiten lassen sich nicht in technischem Sinne erzeugen. Gewissheiten kann man nur *gewinnen*, das heißt: Man muss sie sich schenken lassen. Man kann weder sich noch andere auf den Glauben programmieren. Wohl aber lässt sich ein Klima schaffen, das solche Gewissheitsbildungen fördert. Christliche Gemeinden sollen auf jeden Fall solche Klimazonen sein. Davon hängt für die Zukunft unserer Gesellschaft viel mehr ab, als den meisten bewusst ist.

Eine Aufzeichnung über Luthers Unterredung mit Martin Bucer und Bonifatius Wolfart 1537 in Gotha

Von Henning Reinhardt

Im Codex Ms. Add. 12059 der British Library in London[1] findet sich auf den Blättern 156r-158r (= S. 294–298) die Abschrift eines Berichts über eine Unterredung, die am 1. März 1537 zwischen Luther, Martin Bucer und dem Augsburger Theologen Bonifatius Wolfart stattfand. Sehr weitgehend deckt sich dieser Bericht mit einer Textfassung, die in die von Ernst Kroker besorgte Ausgabe der Tischreden Luthers aus dem Gothaer Codex Chart. B 15 übernommen worden ist.[2] Bemerkenswert an der Londoner Fassung ist aber, dass sie einen Text bietet, der im Umfang um gut ein Viertel (in der Edition unten die Zeilen 65-88) über die edierte Version und zwei weitere bekannte Fassungen hinausgeht.[3] Daher soll diese Fassung hier nun vorgelegt werden.[4] Als ursprünglichen Verfasser wird man sehr wahrscheinlich Friedrich Myconius ansehen können. Von ihm ist zum einen bezeugt, dass er bei dem Gespräch am 1. März zugegen war.[5] Zum anderen ist belegt, dass er in Gotha Aufzeichnungen über die Vorgänge um Luther machte.[6]

1 Zu diesem nach seinem ehemaligen Besitzer Georg Kloß auch *Codex Closii* genannten Band vgl. die eingehenderen Angaben bei M. PRIEBSCH, Deutsche Handschriften in England. Band 2: Das British Museum, 1901, Nr. 140.

2 Vgl. dazu WAB 14; 62 f.; der Text WAT 3; Nr. 3544.

3 Die weiteren Handschriften sind 1. Hamburg, Staats- und Universitätsbibliothek, Sup. ep. (4°), f. 104a-106a. 2. Gotha, Forschungsbibliothek, Chart. A 402, f. 83b-85a (Abdruck der Varianten in WA 48; 557).

4 Die Edition erfolgt mit freundlicher Genehmigung der British Library, London nach den Empfehlungen zur Edition frühneuzeitlicher Texte der Arbeitsgemeinschaft außeruniversitärer historischer Forschungseinrichtungen in ARG 72, 1981, 299-315.

5 Vgl. dazu Martin Bucers Deutsche Schriften. Band 6,1, Wittenberger Konkordie (1536), 1988, 282,12-14.

6 Vgl. WAT 3; Nr. 3543B; 394, 12-15.

Das Zusammentreffen von Gotha muss im Kontext der Bemühungen um die »Wittenberger Konkordie« gesehen werden. Auf dem Wittenberger Theologenkonvent waren im Mai 1536 kursächsische und oberdeutsche Theologen zusammengetroffen und hatten dort Konkordienartikel zu Abendmahl, Taufe und Einzelbeichte formuliert und unterzeichnet.[7] Darüber hinaus hatte man sich auf ein Verfahren für die Ratifizierung verständigt, demzufolge die Artikel den weltlichen Obrigkeiten und anderen Theologen beider Seiten zur Beurteilung vorgelegt werden sollten.[8] Trotz Luthers Fürsprache zugunsten der Konkordie stieß diese in seinem eigenen Lager auf Widerstand. Zu einer heftigen Auseinandersetzung um die Konkordie sollte es dann bei einer Versammlung der Theologen auf dem Bundestag in Schmalkalden am 23. Februar 1537 kommen.[9] Als Luther den Bundestag wegen der lebensgefährlichen Entwicklung seines Harnsteinleidens am 26. Februar verlassen musste, reisten ihm Bucer und Wolfart auf Befehl des sächsischen Kurfürsten zu einer Unterredung über die Zukunft der offensichtlich gefährdeten Konkordie nach Gotha nach.[10] Für die historische Rekonstruktion dieser Begegnung ist der Bericht des Myconius von großer Bedeutung, weil uns ansonsten nur eine Darstellung Bucers vorliegt.[11]

7 Zu den Vorgängen auf dem Konvent vgl. W. KÖHLER, Zwingli und Luther: Ihr Streit über das Abendmahl nach seinen politischen und religiösen Beziehungen, II. Band (QFRG 7), 1953, 444-457; E. BIZER: Studien zur Geschichte des Abendmahlsstreits im 16. Jahrhundert, ²1962, 96-130.

8 Die maßgebliche Edition der Konkordienartikel liegt vor in MBW 7, 1744. Zu den Bestimmungen über die Ratifizierung vgl. aaO 146,30-38.

9 Vgl. dazu H. VOLZ, Urkunden und Aktenstücke zur Geschichte von Martin Luthers Schmalkaldischen Artikeln (1536-1574), 1957, 171-173.

10 Zu Luthers Erkrankung und Abreise vgl. M. BRECHT, Martin Luther. Die Erhaltung der Kirche 1532-1546, 1994, 185-188.

11 Vgl. Martin Bucers Deutsche Schriften (s. Anm. 5), 278,4 – 284,5.

|156r| Acta inter reverendum dominum patrem Doctorem Martinum Lutherum et magistrum Bucerum Lycosthenemque, Augustensium concionatores in causa εὐχαρισίαι [sic] Gothae Turingorum.

Haec egit Gothae Lutherus de εὐχαρισία [sic] cum Bucero et Lycosthene,
5 qui eum gravißime et periculosissime aegrotantem illo fuerant secuti a conventu Smalcaldensi, quem nondum solutum deserere locutus est Lutherus propter adversam valetudinem, qua Smalcaldiae magno principum et aliorum ordinum dolore fuerat conflictatus. Acta autem sunt haec die Jovis post reminiscere 1532[12].

Lutherus:
10 Ego sum homo candidus, nihil minus possum quam simulare et dissimulare, sed quicquid dico in hac summa εὐχαρισίας [sic] causa, ex corde dico, und bitt euch, allerliebster Bucere und Lycosthenes, ir wollet es je dafur halten und nicht an mir zweiflen, auch eurn leuten draussen anzeigen, daß sie gleuben, das ich ᵃmit dieser sach mit inen one falsch umbgehe. Ich
15 kann fur meine person gantz wol geduld mit euch haben und gleuben, weil die Sach durch euch so tieff vorfurt ist, das irs so plutzlich nicht heraus reissen und daß vorderbt nicht so bald widerumb gut machen kunde. So hab ich grosß |156v| hauffen hie zu lande, wie ir zue Schmalkaln gesehen und sonst one daß wisset, die kan ich nicht alle in der faust furen und sie
20 zwingen, daß sie alweg das beste sich zu euch versehen. Den wen solche bucher[13] außgen und ir so von der sach schreibet und lehret, wie geschriben und gelert wird, so kan es kein gedult bey den unsern machen. Widerumb werden eure leut freilich auch nit bald zufriden sein, wen ir fluchs anders reden und lehrn wölt denn zuvor gethan. Und wir kunnen das in

12 Die Jahreszahl ist an dieser Stelle falsch überliefert. Die Unterredung fand am Donnerstag dem 1. März 1537 statt. Vgl. dazu unten Zeile 86-88 und Anm. 29 sowie WAT 3; Nr. 3544; 395,1 und dort Anm. 3.
13 Zu denken ist hier zunächst an die lateinischen Retraktationen, die Bucer in die dritte Auflage seines Evangelienkommentars aufgenommen hatte. Vgl. Martin Bucers Deutsche Schriften (s. Anm. 5), 306-376. Dass man in Luthers Lager an dieser Schrift Anstoß nahm, geht aus dem oberdeutschen Bericht über die Versammlung der Theologen am 23. Februar 1537 hervor. Vgl. H. VOLZ, Urkunden (s. Anm. 9), 172.

25 keinen wege leiden noch dulden, das ir sagen wöld, ir habt nicht geirret.[14]
So wirds doch auch nicht thun, das ir vorgeben wolt, wir haben beider
seitts einander nicht vorstanden.[15] Denn wir euch gar sehr woll vorstanden haben.[16] Ob aber ir unß nicht wold vorstanden haben, das mussn wir
euch sagen und furgeben lassen. Das beste nun zur sach were, das ir ent-
30 weder vonn der sachen still schweiget und nun hinfurt recht lehret oder
frei rund herauß bekennet: Lieben freund, gott hatt uns fallen lassen, wir
haben geirret, last uns nun fursehen und recht lehren. Denn es sein auff
unser seitn, die euer umbhermenteln nicht leiden konnen, als Amsdorff,
Osiander und ander mehr.[17] So thut es auch one das der leut gewissen nicht
35 genug. Kund irs nun nicht fluchs und auff ein mal thun, so thut es doch in
einem viertel, halben oder gantzen Jar. Denn es muß doch ja geschehen,
und wir mussen Gott vor sein volck antwort geben vnd vns richten lassen,
wie wir das hohe ministerium gefurt haben. Ich hab dem Burgemeister zu
Basel[18] auffs allerfreundtlichst, gutichst und lieblichst geschriben, auch jn
40 gar nicht fur den Kopf gestossen.[19] Der wird euch meine schrifft weisen, da
wöllet euch auff referiren. Wir mussen doch je mit solchen sachen recht
umbgehn und durffen |157r| nichts unsern Hernn gott vorgeben, den er ge-
stehet es uns nicht, und wen die leut meineten, wir hetten ihnen gegeben,
so wern sie betrogen etc. Blarerius[20] hatt gelehrt, wie ich bericht binn, das
45 brott und wein sein obiecta sensuum, aber der leib und blud Christi sein
obiecta fidei, machen jm also erst duo obiecta daraus.[21] Ey lieber Gott, was

14 In seinen Retraktationen behauptete Bucer, dass man auf Luthers Seite Zwingli missverstanden habe. Vgl. Martin Bucers Deutsche Schriften (s. Anm. 5), 320,1 – 322,8.
15 Bucer erklärte in den Retraktationen, dass er Luther zunächst falsch verstanden habe.
   Vgl. Martin Bucers Deutsche Schriften (s. Anm. 5), 308,1-4; 312,9-16; 316,7-12; 338,3-7.
16 Bucer nahm in den Retraktationen für sich in Anspruch, er habe nie gelehrt, dass im
   Abendmahl nur Brot und Wein gegenwärtig seien. Vgl. Martin Bucers Deutsche Schriften (s. Anm. 5), 312,1-8.
17 Die oberdeutsche Relation über die Versammlung der Theologen vom 23. Februar 1537
   zählt neben den im Text namentlich genannten beiden Personen Johannes Schlaginhau-
   fen zur lutherischen Opposition. Vgl. H. VOLZ, Urkunden (s. Anm. 9), 173.
18 Jakob Meyer zum Hirzen († 1541).
19 Vgl. Luthers Brief vom 17. Februar 1537 in WAB 7, Nr. 3137.
20 Ambrosius Blarer (1492-1564).
21 Möglicherweise sind diese Ausführungen Blarers seinen Äußerungen über die mandu-

ist doch das. Karolstadt²² ist auch draussen keinn nutz, ist weder Dialec-
ticus noch Rhetoricus und kan nichts ᵇlheren, wen er schon etwas wuste.
Ehr hatt mich promovirt und bin ᶜihm nit gram. Aber seinem nerrischen
50 furgeben kan ich gar nicht zufallen. Ir werdet doch jhe nichts guts mit
jm konnen ausrichten. Wenn man jn brauchen will, so lasse ᵈman jnᵈ in
der universitet zu Basel lesen und disputirn, da schadet es dem gemeinen
man nicht und findet woll, die jm antworten werden. Dem gemeinen
man muß man nicht mit hohen, schweren und vordeckten worten lheren,
55 denn er kan es nicht fassen. Es komen in die kirch arme, kleine kinder,
megde, alte frauen und menner, denen ist hohe lehr nicht nutz, fassen
auch nichts davon, und wann sie schon sagen: Ey, er hatt kostlich ding gesagt, wen man sie fraget: Was war es den? Ich weis es nicht. Man muß den
armen leuten sagen: scapha scapha, ficus ficus²³, fassens dennoch kaum.
60 Ach wie hatt doch unser lieber herr Christus vleiß gehabt, das er einfeltig
lehret, brauchte gleichnus vom ackerbau, von der ernde und Weinstock
und schifflein etc. alles darumb, das es die leut vorsthen, fassen und behalten kondten. Ir habt draussen grosse, treffliche, volckreiche gemeinden
und vil leut, bey denen ir groß vleiß zu thun habt, |157v| das ir das hohe,
65 göttliche ministerium verbi und sacramentorum ausrichtet, und musset
Gott grosse antwort dafur geben. Vleissiget euch jhe, sie einfeltig, treulich
und deutlich zu lhern. Sterbe ich, so referirt euch auff die schrifft, die ich
dem Burgemeister zue Basel²⁴ gethan habe, den ich doch jhe lieb habe und
fur einen fromen, trewen man halte. Lebe ich aber und sterckt mich unser
70 lieber herr Gott, dem ich mich ubergeben hab, so will ich gern denen guten leuten, die mir so freundlich geschriben²⁵, auffs treulichst und freund-
lichst widerumb mit meiner schrifft dienen.²⁶

catio indignorum in der Zusammenkunft der Theologen am 23. Februar 1537 zuzuordnen. Vgl. H. Volz, Urkunden (s. Anm. 9), 173.
22 Andreas Bodenstein von Karlstadt (1480-1541).
23 Sprichwörtlicher Ausdruck der Antike für freimütige Rede. Vgl. dazu I. Sluiter und
R. M. Rosen, Free speech in classical Antiquity, 2001, 7.
24 Vgl. oben Anm. 18 und 19.
25 Vgl. dazu das Schreiben der eidgenössischen Bürgermeister und Räte vom 12. Januar 1537
in WAB 12, Nr. 4268.
26 Vgl. dazu Luthers Schreiben an die Schweizer Städte vom 1. Dezember 1537 in WAB 8,
Nr. 3191.

So sein Gott lob die artes nun wider rein unnd werden in den schulen rein gelert, und die Jugent wirdt recht instituirt, das man hoffnung
75 hatt, Gott soll dennoch, wo fridt bleibt, gnad geben, das man leute haben
kunne. Da kund ir draussen auch zuhelffenn und fodern. Auch Madeburg
ist fein angericht und itzt die kron aller schulen, 600 knaben auffs beste
instituirt werden. Gorg Maior hatt wol gethan etc.[27]

Ad haec Bucerus respondit de candore et animo Lutheri se nihil unquam
80 dubitasse, ut iam neminem tum apud suos tum apud Helvetios, maxime
qui sunt prudentiores et cordatiores, dubitare, se item explicuisse, quod
non intellexerit, ut sic res sibi olim obscura iam fuerit clarior et hoc de-
bere se uni Luthero non dubitabat pro palam affirmare, se revocasse verbo
scripto[28] et voce, ubi erraverit, sicut |158r| vere erraverit in quibusdam.
85 Neque se hoc urgere ᵉquenquam quodᵉ D. Lutherus se suosque non intellexerit aut quod iam in ipsorum sententiam concesserint nostri. Nihil dubitare se dicebat de simplicitate et probitate suorum, et se, quantum fieri
possit, daturos operam, ut quam certissime simplicissime explicatissime
docerent. Voluisse se tantum crassos vulgi intellectus et abusus papisti-
90 cos de transsubstantiatione, de crassa et experimentali praesentia Christi
reprobare et explicare etc. Sperare se, quod utrinque ad plenam certamque
concordiam sint venturi. Rogabat item Doctorem Martinum Lutherum,
ut se et suos, illas item ecclesias haberet commendatas. Deinde summis
votis optabat, ut si quando convalesceret per misericordiam Dei optimi
95 maximi, ad eos, quod receperat se facturum, de tota causa scriberet. Iam
enim, quicquid Lutherus scribat, studiosissime apud suos legi ᶠet suos
eum tanquam communem patrem et apostolum, per quem Deus optimus
maximus dederit verbum suum, revereri diligere et observare etc.
Ad haec omnia et plura, quae ex hac brevitate estimare poterant, Lut-
100 herus pollicebatur iterum, si convalesceret, se scripto inserviturum esse
Helvetiis et superioris Germaniae ecclesiis. Laudabat item Bucerum, quod
Witenbergae pure de hac sententia de sacramento praedicavisset et satis-

27 Zu Georg Major (1502-1574) und seinem Wirken für das Schulwesen in Magdeburg vgl.
   zuletzt M. WRIEDT, Georg Major als Pädagoge (in: Georg Major (1502-1574), hg. v. I. DIN-
   GEL und G. WARTENBERG [LStRLO 7], 2008, 159-188).
28 Vgl. dazu oben Anm. 15.

fecisset Witenbergensi ecclesiae. Deinde ad coenam invitavit utrumque; invitati cum Luthero caenarunt. Feria V. post Reminiscere[29] reverendus pater Lutherus Bucerum et Lycosthenem abituros benedicens rogavit, ut Christum fideliter sequerentur, atque ita dimisit a se Smalcaldiam recta reversuros ad conventum, qui nondum erat solutus. 1537.

105

    a Hs. gestrichen: nicht
    b Hs. gestrichen: hh
    c Hs. gestrichen: ich
  d-d Hs. korrigiert aus: in man
  e-e Hs.: quod quenquam quod.
    f gestrichen: ut

29 Donnerstag, 1. März 1537.

Buchbesprechungen

CHRISTIAN FELDMANN: Martin Luther (Rowohlts Monographien 50706). Reinbeck bei Hamburg: Rowohlt Taschenbuch Verlag 2009. 160 S. m. Abb.

Das vorliegende Lutherbüchlein schickt sich an, in große Fußstapfen zu treten! Denn es löst in der rororo-Reihe eine der populärsten Luthermonographien der vergangenen Jahrzehnte ab: jene 1964 erstmals im Furche-Verlag und seit 1965 im Rowohlt-Verlag publizierte großartige Biographie von Hanns Lilje »Martin Luther. In Selbstzeugnissen und Bilddokumenten«. Diesem bis 2008 in 27. Auflage erschienenen und in zahlreiche Sprachen übersetzten grundsoliden Erfolgstaschenbuch, dessen umfangreiche Bibliographie noch 2002 durch Helmar Junghans neu bearbeitet wurde, tritt jetzt ein modern aufgemachtes, bunt bebildertes und flott geschriebenes Büchlein gegenüber. Ob es an die Verbreitung jenes mit stupender Gelehrsamkeit, theologischem Sachverstand und persönlichem Engagement verfassten Werk des 1977 verstorbenen Hannoverschen Landesbischofs anknüpfen kann, wird sich in Zukunft zeigen müssen.

Das freche Buch des Journalisten und studierten katholischen Theologen Christian Feldmann, das sich in erster Linie an ein interessiertes Laienpublikum richtet, zeichnet in acht Kapiteln ein kritisch-ambivalentes Lutherbild. Luther wird als »maßloses Genie« (7), als »stürmischer Kraftmensch, der gern mit dem Kopf durch die Wand wollte« (43), als »Pionier der Moderne« (51), »Medienstar« (57), »Reformator wider Willen« (78), »zorniger Kirchenvater« (108) oder »jähzorniger Grobian« (117) beschrieben. F. betont in seiner Darstellung, sich den »neuesten Forschungsergebnissen« – so der Klappentext – anzuschließen und sich kultur- und mentalitätsgeschichtlichen Fragestellungen zu eigen zu machen. In der Tat greift der Autor dabei direkt oder indirekt auf die Lutherdarstellungen von Volker Leppin (2006), Otto Hermann Pesch (³2004), Peter Manns (1982) u.a. zurück.

Mit seinem Werk will F. »altvertraute Klischeevorstellungen« (7) hinterfragen und den quicklebendigen »Mythos Luther« destruieren. So habe nicht Luther die 95 Thesen an die Wittenberger Schlosskirchentür geschlagen, sondern – wenn überhaupt – der Pedell der Universität. Den trotzigen Satz »Hier stehe ich, ich kann nicht anders« (8) habe Luther nie vor dem Wormser Reichstag gesagt. Und seine Bibelübersetzung sei keineswegs die erste gewesen.

Mit dererlei Abgrenzungsaussagen würzt F. seine Lutherskizze, in die sich an verschiedenen Stellen leider ein paar Ungenauigkeiten eingeschlichen haben. Die Aussage, dass Luthers kritische Anmerkungen zur Ablasspraxis »weitgehend traditioneller Theologie und offizieller römischer Lehre« (8) entsprachen, entbehrt einer näheren Begründung. Warum, darf gefragt werden, wurde dann eine von Cajetan entworfene »päpstliche Präzisierung der Ablasslehre« (51) nötig? Die Behauptung, dass der Bauer in den reformatorischen Flugschriften oft als »sympathische Gegenfigur zu Priestern und Krämerseelen« gezeichnet wurde, während Luther die Bauern »offenbar nicht besonders« mochte (91), ist problematisch. Auch wenn Luther nach dem Bauernkrieg ein gebrochenes Verhältnis zum Bauernstand hatte, sprach er, der sich selbst bäuerlicher Herkunft rühmen konnte, in seinen frühen Schriften durchaus auch respektvoll von den Bauern (vgl. u. a. WA 7; 315,4-7). Trefflich ist der Satz: »Was über Martin Luther erzählt wird, stimmt nicht immer.« (10) Fragen wirft aber der lapidare Nachsatz auf: »Was er selbst von sich berichtet, noch viel weniger.« Zwar ist bekannt, dass Luther biographische Angaben bisweilen stilisierte, so dass historische Rekonstruktionen und Datierungen verschiedener Ereignisse aus dem Leben des frühen Luther – wie z. B. seine Romfahrt – in der Forschung umstritten bleiben. Ihn aber in die Nähe eines Schwindlers zu rücken, erinnert an polemische Lutherdarstellungen kontroverstheologischer Gegner.

Die an der theologischen Entwicklung Luthers orientierte Darstellung hebt mit der Schilderung des beruflichen Werdeganges Luthers an. Hierbei folgt F. dem populären Trend, Luther bis zum 31. Oktober 1517 als »Luder« zu bezeichnen. Konsequent wird Luthers Denken in der mittelalterlichen Frömmigkeit und Theologie verortet, seine Person in eine um die »Zentralfigur« Johan-

nes von Staupitz versammelte »Gruppe von Vor- und Querdenkern« eingeordnet (22) und sein sogenanntes »Turmerlebnis« (28) kritisch diskutiert.

Höchst aufschlussreich ist auch das Bild der Luthergegner. Im Kapitel um den Ablassstreit sticht das freundliche Wesen des Mainzer Erzbischofs Albrecht von Brandenburg hervor, der zwar eine »Mätresse« hatte, aber seine priesterlichen und bischöflichen Funktionen »sehr pflichtbewusst« ausübte (32). Er, der dringend Geld zur Schuldentilgung benötigte und somit den »Petersablass« mit Hilfe Tetzels in »Sachsen« (!) anbot, begegnete Luther »mit Toleranz und Nachsicht« (32) und schickte die von Luther erhaltenen 95 Thesen »eilends direkt an den Papst [...] – was keinesfalls üblich war« (37). Dass Albrecht dadurch den kurialen Prozess gegen Luther mit auslöste, wird nicht erwähnt. In ähnlich sympathischer Weise wird im Kapitel über den Romkonflikt Kardinal Cajetan geschildert, der, »obwohl Papalist und Verfechter der päpstlichen Unfehlbarkeit«, »maßvolle Ansichten zum Ablass« vertrat und sich »in Luthers Position hineinfühlen« konnte (47). Und auch Papst Hadrian VI. sticht als »strenger Asket« und »institutionskritischer Pontifex« (74) hervor. Er wird als »der Einzige« geschildert, »der die Beweggründe der Reformation versteht und ihren Zorn teilt und fähig wäre, eine Erneuerung der Kirche« zustande zu bringen (74f.).

Hingegen wird Johannes Eck als hoch gebildeter und kompromissloser Theologe dargestellt, der »Luthers Bereitschaft zur Versöhnung – sofern die tatsächlich vorhanden gewesen ist« – 1519 in der Leipziger Disputation »zunichte« machte (51). Übrigens übersieht F. in seiner verkürzten Darstellung von Leipzig, dass im Streit um die Legitimation des Papstprimats Luther in sensationeller

Weise die Autorität des Konstanzer Konzils in Frage stellte und somit erstmals öffentlich die Irrtumsfähigkeit der Konzilien postulierte.

Das behutsam positive Bild katholischer Würdenträger, das F. zeichnet, bestimmt die Gesamtdarstellung und ökumenische Ausrichtung des Büchleins. Immer wieder spielt F. auf die heutige römisch-katholischen Kirche an und sucht Brücken zwischen Luthers reformatorischer Theologie und der Kirche des 2. Vatikanischen Konzils zu schlagen. Dieses engagiert vorgetragene Grundanliegen durchzieht die von F. gebotenen Interpretationen und hat u. a. zur Folge, dass die Darstellungen des innerevangelischen Abendmahlsstreits und des Streits mit Erasmus fehlen.

Kenntnisreich wird Luthers reformatorische Theologie als »eine aufregend neue Theologie« (69) entfaltet. Dennoch fehlt beispielsweise bei der Darstellung der Adelsschrift (54 f.) ein expliziter Hinweis auf das die römischen Kirche umstürzende »allgemeine Priestertum der Gläubigen«. Zudem wird Luthers Judenpolemik nicht nur als »Sündenfall« (103) verurteilt, sondern sogar zum ewigen konfessionellen Trennungsgrund erhoben. Nicht, weil Luther eine »Konkurrenzkirche hervorgebracht« habe, sondern weil er »so fürchterlich unchristlich über die Juden geredet und geschrieben« habe, werde kein Papst ihn heiligsprechen (100). Auf der Linie eines viele Anhänger verprellenden »Cholerikers« (119), der 1525 immerhin die freche »Himmelsbraut« und »Powerfrau« (112) Katharina von Bora heiratete, entwirft F. schließlich ein düsteres Bild vom späten Luther. Als »hasserfüllter Demagoge« (134) verhinderte er zusammen mit dem Papst eine Einigung zwischen den Konfessionen 1540 in Worms und 1541 in Regensburg – gemeint sind die Reichsreligionsgespräche –, indem er den »schönen Kompromissformeln« (134) – welche meint F.? – eine Abfuhr erteilte. Dass F. hier die historischen Tatsachen verzeichnet und die »neuesten Forschungsergebnissen« zu den Religionsgesprächen missachtet, muss nicht eigens erwähnt werden.

Dennoch ist die Darstellung immer spannend erzählt und entbehrt jeglicher Langeweile. Die vielfältig eingestreuten und modifizierten Lutherzitate werden umfangreich belegt. Aussagen bedeutender Persönlichkeiten zu Luther zieren – wie bereits in Liljes Werk – den Anhang. Ein Namensregister hilft bei der Suche, eine Bibliographie mit Websites und Lutherfilmen bei der eigenständigen Weiterarbeit. Eine Zeittafel bietet die im Fließtext bisweilen vermisste historische Genauigkeit, wobei fraglich ist, warum die Gründung der EKD und des ÖRK sowie das 2. Vatikanische Konzil sowie die »Einigung zwischen Lutheranern und Katholiken über die Rechtfertigungslehre« (148) Erwähnung finden, die für den heutigen Protestantismus aber deutlich bedeutendere Leuenberger Konkordie von 1973 aber nicht.

Wer ein gut lesbares, modern gestaltetes und ökumenische Impulse ventilierendes Werk sucht, sollte F.'s Luthermonographie zur Hand nehmen. Wer hingegen einem interessierten Laienpublikum Martin Luther auf solider Basis näher bringen möchte, der mag weiterhin beherzt »den Lilje« empfehlen.

Göttingen   Christopher Spehr

Denis R. Janz: The Westminster Handbook to Martin Luther. Louisville/Kentucky: Westminster John Knox Press 2010. 147 S.

Wer versucht, auf 147 Seiten und in nicht einmal 60 Stichworten als alleiniger Autor ein Handbuch zu Luther vorzulegen, dürfte wissen, dass er es kaum einem Luther-forscher gerecht machen kann. Ein solches Werk lebt von der Selektion, die letztlich über seine Nutzbarkeit entscheidet.

Es lebt freilich auch von der Intensität der einzelnen Artikel, und die ist in J.s Handbuch beeindruckend. Sie sind durchweg von großer Dichte, berücksichtigen chronologische Entwicklungen und sind zugleich erkennbar systematisch strukturiert. Das Oeuvre Luthers wird in beachtlicher Breite rezipiert. So wird etwa die Bedeutung der Hölle ausführlich anhand der entsprechenden Passagen in der Genesisvorlesung ausgeführt (70), während in vielen anderen Artikeln sachgemäß frühere Werke in den Vordergrund treten. Der Verlockung, breitere forschungsgeschichtliche Exkurse einzufügen, gibt J. selbst im Artikel »justification« nicht nach: Man muss hier seinen Überlegungen folgen, die in der Entwicklung von Luthers Lehre einen starken Angelpunkt in der *Disputatio contra scholasticam theologiam* haben – die lange Debatte um den Zeitpunkt der reformatorischen Erkenntnis wird nicht entfaltet. Das ohne kritische Reflexion präsentierte »Turmerlebnis« erscheint eigenartigerweise nicht hier, sondern im Artikel »Monasticism« (96).

Dieser Artikel ist überhaupt derjenige, der am reichsten biographische Informationen gibt. Das Handbuch ist in seiner ganzen Anlage dezidiert theologisch orientiert ist. Wer sich über die Biographie Luthers informieren will, wer etwa Genaueres über Katharina

von Bora, die Stadt Wittenberg oder die sächsischen Kurfürsten erfahren will, kommt in diesem Handbuch nicht auf seine Kosten. Das gibt ihm einen klaren Zuschnitt auf die Inhalte von Luthers Denken. J. hat die Gabe, auch komplexe Zusammenhänge auf engem Raum darzustellen. So führen die zehn Spalten zu Luthers Abendmahlslehre in dessen innere Entfaltung, in die Auseinandersetzung mit der altgläubigen Kirche wie in die innerreformatorischen Streitigkeiten ein. Freilich sind die Akzentsetzungen hierbei nicht immer überzeugend: Die Kritik am Werkcharakter der Messe wie an ihrer opfertheologischen Deutung erscheint in einer langen Liste von »abuses« (86). Auch wenn J. die Frage des Werkes noch einmal als »most fundamental of all« hervorhebt, drohen damit die eigentlichen Kontroverspunkte zu verschwinden.

Es wäre wohl auch zu viel, von diesem Werk eine differenzierte Verhältnisbestimmung Luthers zur mittelalterlichen Kirche und zu zeitgenössischen altgläubigen Gegnern zu erwarten. Es ist erkennbar, dass thomasische Lehren für J.' Bild vom Mittelalter eine besondere Bedeutung haben – auf sie verweist er wiederholt, freilich ohne sich dem Systemzwang zu unterwerfen, sie überall vorzubringen. Im Blick auf andere Traditionen bleibt er eher unbestimmt. So überrascht es, dass der in seiner systematischen Entfaltung eindrucksvolle Artikel zur »Anfechtung« (als deutsches Lemma aufgenommen, weil es »no exact equivalent in English« hat [1]) ohne die reiche spirituelle Tradition insbesondere in der mystischen Theologie auskommt oder dass der »Baptism«-Artikel nicht auf die Ausführungen von Heiko Oberman zur Bedeutung der *pactum*-Vorstellung im Zusammenhang der Taufe eingeht. So entsteht an den Stellen, an denen auf das Mittelalter eingegangen wird, ein traditionell thomismus-zentriertes Bild, das durch die Forschungen des letzten halben Jahrhunderts eigentlich als überwunden gelten könnte.

Dem Rahmen einer an thomistischen Fragestellungen interessierten Theologie entspricht nun allerdings auch die Auswahl der Stichwörter – wenn man nur 58 zur Verfügung hat, erstaunt es, dass »Marriage« und »Divorce« jeweils als eigene Einträge erscheinen, während etwa der für Luther so wichtige Begriff des »Antichrist« im Artikel »papacy« nur knapp erscheint, und hier auch mit einer irreführenden Erklärung: Es handle sich um einen Begriff »referring directly to the pope« (101) – korrekt müsste es wohl heißen: »to the papacy«. Diese Verschiebung nimmt dem Begriff seine Schärfe, und die starke und berechtigte Betonung des polemischen Charakters von Luthers Papstkritik droht in diesem Zusammenhang die grundsätzlichen Elemente darin zu überlagern. Beim Blick auf die Lemmaliste geht es nicht nur um ein Fehlen hier und da oder ein Zuviel an anderen Stellen: Ein Luther-Handbuch, das »Descent to Hell« eigens zum Thema macht, nicht aber »Cross«, das die Zwei-Reiche-Lehre in »Ethics,Social/ Political« verschwinden lässt, aber »Extreme Unction« aufführt, wo »fanatics«, Schwärmer, gelegentlich erwähnt, nicht aber lexikalisch erklärt werden, droht die Achse von Luthers Theologie zu verschieben. Es entsteht der Eindruck, dass diese nicht nach ihren eigenen Grundlagen befragt und in Stichwörter gefiltert wurde, sondern dass ein dogmatisches Raster angelegt wurde, dessen innere Leitlinie die (im einzelnen differenziert eingeschätzte) Passfähigkeit zu römisch-katholischer Theologie ist.

Auf unglückliche Weise verbindet sich dies damit, dass diese Perspektive neben interessanten Hinweisen auch eine Fülle von schiefen Gesamtdeutungen mit sich bringt. Zu ersteren gehört der Hinweis auf Luthers moderate Äußerung zu einem nichtsakramentalen Gebrauch der Letzten Ölung im Zusammenhang der Brandenburgischen Kirchenordnung (54), der freilich auch unter dem Gesichtspunkt zu wägen wäre, ob gutachterliche Tätigkeit, wie sie seit Mitte der zwanziger Jahre bei Luther vielfach begegnet, tatsächlich primär als Gestaltungsaufgabe zu sehen ist oder ob man hier nicht doch eher das Zurücktreten einer aktiven Mitwirkung Luthers am Geschehen zugunsten einer Begleitung anderer Akteure konstatieren müsste.

Für die entstehenden Schieflagen der Deutung können hier nur einige Beispiele genannt werden. Der unglücklichste Artikel ist wohl der zum Kirchenverständnis. Ohne das Vorliegen von »tensions, developments, even contradictions« in diesem Zusammenhang (28) bestreiten zu wollen, stellt sich doch der Eindruck ein, dass sich diese hätten reduzieren und größtenteils klären lassen, wenn J. die Unterscheidung von sichtbarer und verborgener Kirche nicht nur beiläufig mit angeführt, sondern stärker in den Mittelpunkt gerückt hätte. Auch sonst ist die Unterscheidungslehre Luthers kaum zureichend gewürdigt. Sie hätte J. davor bewahrt, Luther einen »ethical dualism« zuzuschreiben (50), zu dem J. nicht zuletzt deswegen kommt, weil er zwar zutreffend zwei Reiche und zwei Regimente als »sphere of rule« und »means of rule« unterscheidet (47), in seiner ausführenden Darlegung der Zwei-Reiche-Lehre aber beides immer wieder vermengt. Als drittes eklatantes Beispiel sei die Deutung von Luthers Lehre vom Freien Willen genannt, die auf einen kruden Determinismus hinausläuft und die soteriologische Ausrichtung von Luthers Argumentation nicht zureichend erkennen lässt.

So ist ein »Handbook« entstanden, das ein unangemessen vereinseitigtes und in Umfang wie Inhalt verkürztes Lutherbild bietet. Wem dies nützen kann, lässt sich schwer sagen. Deutsche Leser und Leserinnen werden ohnehin nicht eben zur Lektüre eingeladen. Hiervon schreckt schon allein das im Blick auf deutschsprachige Titel veraltete Literaturverzeichnis ab. Dass ein englischsprachiges »Handbook« Beutels Luther-Handbuch nicht einmal bibliographisch erwähnt, ist mehr als ein kleiner Lapsus. Ärger aber ist der Umgang mit Luthers Werken selbst. Die Forderung, zu Luthers Werke durchweg die Identifikation in der WA anzugeben, hält J. für »a kind of teutonic, wissenschaftliche snobbery« (XI). Es mag Argumentationsmuster deutschsprachiger Diskussionsbeiträge geben, die eine solche stereotype Wahrnehmung verstehen lassen – geschadet hat J. vor allem seinem eigenen Anliegen. Denn dass er Luthers Werke, wo immer es geht, nicht nach der WA, sondern nach »Luther's Works« zitiert, führt dazu, dass sich die erfreulich zahlreichen Stellenangaben, die von der Gelehrsamkeit und breiten Lutherkenntnis des Verfassers zeugen, nur auf Umwegen verifizieren lassen. Womit dann auch die Möglichkeit entfällt, dass man das »Handbook« wenigstens als Stellensammlung gebrauchen könnte.

Tübingen   Volker Leppin

SCOTT H. HENDRIX: Martin Luther. A Very Short Introduction. New York: Oxford University Press Inc 2010. XVII, 126 S.

Die Abfassung einer fundierten Lutherstudie stellt jederzeit eine veritable Herausforderung dar. Noch anspruchsvoller gestaltet sich die Erarbeitung einer soliden historischen oder theologischen Luther-Monographie. Doch am schwierigsten ist es zweifellos, das Leben, Denken und Wirken des Reformators in knapper, solider und allgemein verständlicher Weise im Überblick zu erfassen. Diese Aufgabe hat Scott H. Hendrix, der am Princeton Theological Seminary lehrende Meister der amerikanischen Lutherforschung, auf bravouröse Weise erfüllt. Seine »very short introduction« zeichnet von Luther ein konturscharfes, quellennahes und in all den Ambivalenzen, die der Gegenstand aufweist, fassliches Bild.

Dabei unterzieht Hendrix den Reformator, was längst nicht nur für den amerikanischen Markt als unbedingt sachdienlich erscheint, einer konsequenten Historisierung und Kontextualisierung. Die Umstände, welche die Reformation ermöglicht haben, werden ebenso prägnant präsentiert wie die unableitbaren Einsichten und Postulate, die Luther dabei artikulierte; dessen biographische Voraussetzungen und Lebensgestaltungen kommen ebenso distinkt in den Blick wie die politischen, kirchlichen und frömmigkeitspraktischen Konsequenzen, die sein geschichtliches Auftreten zeitigte. Das Büchlein verdankt sich einem lebenslang betriebenen, intensiven Lutherstudium und entfaltet in der urteilskompetenten Gewichtung, die der Verfasser seinem Thema angedeihen lässt, und in der souveränen Sprachgestalt, in die es gewandet ist, seinen besonderen Reiz. Trefflich ausgesuchte Abbildungen und Quellenzitate, eine verlässlich erstellte und kommentierte Auswahlbibliographie, dazu ein knapp erläuterndes begriffliches und biographisches Glossar ergänzen den Band zu einer mustergültigen Basispräsentation, die im englischsprachigen Raum derzeit konkurrenzlos sein dürfte und sich zudem dringend für eine deutsche Übersetzung empfiehlt.

Als Brückenschlag über den Atlantik hinweg ist auch die Dedikation an den langjährigen Herausgeber des Lutherjahrbuchs Helmar Junghans zu deuten, dem der Verfasser in besonderer Weise verbunden war.

Münster   Albrecht Beutel

BERNDT HAMM: Der frühe Luther. Etappen reformatorischer Neuorientierung. Tübingen: Mohr Siebeck 2010. VIII, 318 S.

Ein Vierteljahrhundert lang lehrte der aus der Schule Heiko A. Obermans hervorgegangene Kirchenhistoriker Berndt Hamm an der theologischen Fakultät der Universität Erlangen-Nürnberg. Mit einer Sammlung von neun gelehrten Studien zur Theologie des frühen Luther verabschiedete er sich im vergangenen Jahr aus dem aktiven Dienst. Die Texte, von denen sieben zwischen 1983 und 2007 schon einmal, teilweise im Lutherjahrbuch, erschienen sind, stellen jeweils in sich geschlossene, fundierte und innovative Untersuchungen dar. Nicht zuletzt mit ihnen begründete und festigte Hamm seinen Ruf als exzellenter Kenner der spätmittelalterlichen und frühreformatorischen Geschichte der Frömmigkeit. Im vorliegenden Band wurden die Studien »in lockerer Folge« als »Kapitel« eines Buches, das gleichwohl weit mehr anthologischen denn monographischen Charakter trägt, »aneinandergereiht« (VII).

Indessen kann der Autor darauf verweisen, dass zwei Beiträge »eigens für dieses Buch verfasst« (VII) worden sind. Der hier erstmals veröffentlichten Studie »Gerechtfertigt allein aus Glauben – das Profil der refor-matorischen Rechtfertigungslehre« (251-277) liegt ein im November 2009 gehaltener Vortrag zugrunde, der seinerseits auf einen 1986 publizierten Aufsatz des Verfassers zurückgreift und diesen teilweise präzisiert (vgl. 256 Anm. 11). Demgegenüber stellt das 4. Kapitel einen nicht nur, wie alle Beiträge dieses Bandes, sachkundigen, anregenden und klugen, sondern dazu auch von Grund auf neu erarbeiteten Forschungsbeitrag bereit.

Er trägt den Titel: »Die 95 Thesen – ein reformatorischer Text im Zusammenhang der frühen Bußtheologie Martin Luthers« (90-114). Angesichts der zäsuralen Bedeutung von Luthers Ablassthesen hält Hamm zunächst den erstaunlichen Umstand fest, dass Luther, obwohl er »schon längst vor dem Ablassstreit die Grundlagen für sein neues, reformatorisches Rechtfertigungs-, Gnaden- und Heilsverständnis gelegt hat und bereits seit seiner Ersten Psalmenvorlesung (1513-15) nicht mehr – gut mittelalterlich – in der Liebe, sondern im Glauben den Zentralbegriff des wahrhaft christlichen Lebens sah«, von dieser schon Jahre zuvor vollzogenen theologischen Zentrierung auf die »Rechtfertigungsthematik und -terminologie« (95) in seinen Ablassthesen scheinbar nicht die geringste Spur zu erkennen gab. Nun hatte »die Problematik des Ablasses« in der Tat »die Lebensperspektive der Buße« (96) und nicht eine rechtfertigungstheologische Grundsatzerklärung nahegelegt. In minutiöser Analyse einiger von Luther aus der Zeit vor Oktober 1517 hinterlassenen Texte kann Hamm jedoch zeigen, dass Luther damals zunächst einen »integrativen Glaubensbegriff« ausbildete, in dem »Rechtfertigungs- und Bußtheologie« (102) zur Einheit gebracht schienen. Die zentrale entwicklungsgeschichtliche Bedeutung der Ablassthesen tritt nun aber, wie Hamm ebenso überraschend wie einleuchtend zu zeigen vermag, eben darin hervor, dass Luther sich just in dieser elementaren Auseinandersetzung dazu genötigt sah, *contritio* und *fides*, die ihm zunächst als die beiden Pole jener Einheit erschienen, in zwei ganz heterogene Perspektiven auseinandertreten zu lassen: Die »wahre Buße« habe damit »ihre rechtfertigungstheologische Relevanz« (107) verloren und bezeichne für Luther lediglich noch die »dunkle Rückseite des Glaubens und Folgewirkung des Glaubens« (110). Wenn über die These, seit Ende 1517 habe Luther »mit dem Begriff ›fides/glauben‹ nur noch die helle Seite der Gottesbeziehung« (106) verbunden, das letzte Wort längst nicht gesprochen sein dürfte – gilt nicht gerade dem späteren Luther die Anfechtung, also die Erfahrung des verborgenen Gottes, als ein integrativer Bestandteil des Glaubens? –, so hat Hamm damit für die Rekonstruktion der prozessualen Ausgestaltung von Luthers reformatorischer Theologie doch fraglos eine vitalisierende, die Dialektik von Kontinuität und Diskontinuität zu weiterer, präziser Analyse rufende Einsicht eröffnet.

»Etappen reformatorischer Neuorientierung«, lautet der Untertitel des Bandes. Mit den Studien, die er vereint, bahnt Hamm der Lutherforschung, diesen Etappen entlang, einen neu vermessenen, einladenden Weg.

Münster   Albrecht Beutel

DIETRICH KORSCH und VOLKER LEPPIN (Hg.): Martin Luther – Biographie und Theologie (Spätmittelalter, Humanismus, Reformation 53). Tübingen: Mohr Siebeck 2010. VII, 335 S.

Die Lutherbiographie des Mitherausgebers Volker Leppin hat eine lebhafte Diskussion über die Methode der biographischen Erforschung Luthers in lutherischem Kontext hervorgerufen. Der vorliegende Band versammelt die Beiträge zu einer dadurch veranlassten Tagung, auf der kontroverse Positionen zu dieser Frage laut werden sollten. Die Einleitung des Mitherausgebers Dietrich Korsch lotet die Dimensionen des Biographischen in seiner Narrativität aus und postuliert einen religiösen Grund von Biographie. Aus der Vieldimensionalität, die in der Entwicklung Luthers selbst einen Grund habe, insofern von ihm ein neues Selbstverständnis des Menschen ausgegangen sei, erwüchsen die beiden Perspektiven des Biographischen, der eher äußere Aspekt der Handlungsebene und der eher innere Aspekt des religiösen Selbstverständnisses. Deshalb sei es naheliegend, gerade die Biographie Luthers als Paradigma des Biographischen in der Neuzeit zu behandeln. Der Band weist dem entsprechend sechs Paare von Beiträgen auf, von denen jeweils einer sich auf das Äußere des Lebens Luthers konzentrieren soll, während der andere sich in die innere Welt des Reformators, seine religiöse oder theologische Selbst- und Weltdeutung vertiefen möchte. So reizvoll diese Paarbildungen sein mögen, so sehr stellt sich aber die Frage, ob, wie die Einleitung selbst meint, diese »idealtypische Differenzierung« nicht eine Abstraktion ist und das eine ohne das andere zu betrachten möglich ist.

Das erste Aufsatzpaar ist dem Freiheitsverständnis Luthers gewidmet. Georg Schmidt skizziert ausgehend von der neuzeitlichen Diskussion des Freiheitsverständnisses die sozialen und rhetorischen Rahmenbedingungen von Luthers Freiheitsvorstellungen, lässt aber letztlich offen, in welchem Kontext Luther ein »Medienstar« wurde. Die theologische Tiefendimension des Freiheitsverständnisses Luthers arbeitet Reinhard Schwarz heraus, indem er von der sprechenden Namensänderung Luthers von »Luder« in »Luther«, einer durch das griechische »eleutheros« (frei) inspirierten Variation, ausgeht, sein akademisches Freiheitsbewußtsein als Doktor der Theologie herausstellt, um schließlich sein auf das Evangelium bezogenes spezifisch religiös-theologisches Freiheitsverständnis in Bezug auf das Gesetzesverständnis und auf die ethischen Folgen der christlichen Freiheit zu bedenken. Schon dieses erste Aufsatzpaar zeigt deutlich, dass die Trennung von Biographischem oder Äußerem und Theologischem oder Innerem eine nicht durchzuhaltende Abstraktion ist, da beide Autoren das eine nicht ohne das andere behandeln können.

Das nächste Paar befasst sich mit Luthers Verhältnis zum Mönchtum, aus dem er selbst stammte. Hier tritt der Unterschied der Perspektiven nicht mehr zutage. Andreas Odenthal stellt differenziert die Entwicklung des Umgangs Luthers mit dem monastischen Stundengebet dar, das er nicht völlig verwarf, sondern nach reformatorischen Grundsätzen aufgriff und für den Gemeindegottesdienst fruchtbar werden lassen wollte. Wolf-Friedrich Schäufele stellt eine doppelte Distanzierung Luthers vom Mönchtum fest, die sowohl theologisch reflektiert war, als auch zu praktischen Konsequenzen führte, zuerst zu seiner Kritik an den Mönchsgelübden 1521 und dann zu seiner Eheschließung 1525. In beiden Beiträgen greifen wieder äußere und innere Gesichtspunkte ineinander.

An den Block über das monastische Leben Luthers und seinen endgültigen Abschied davon mit der Eheschließung schließt sich ein Paar an, das gemeinsam seine Eheschließung als theologisches Zeichen deutet. Zuerst analysiert Armin Kohnle die psychologischen und theologischen Motive Luthers, dann stellt Wolfgang Breul den Vorgang in

den Kontext des Bauernaufstandes von 1525. Kohnle urteilt zur Methode: »Biographische und systematisch-theologische Fragestellungen sind also keine gegensätzlichen, sondern komplementäre Zugangsweisen, die für das Verständnis Martin Luthers aufeinander angewiesen bleiben« (151). Stellt er damit die paarbildende Konzeption des Bandes in Frage?

Im nächsten Aufsatzpaar reflektieren die beiden Bandherausgeber die Methode der theologischen Biographie und das Verhältnis von Historiographie und Theologie am Beispiel von Luthers Coburgaufenthalt 1530. Volker Leppin analysiert die Situation Luthers unter kommunikationstheoretischem Aspekt, besonders sein Verhältnis zu Melanchthon, das von starker Kritik geprägt sei. Dietrich Korsch arbeitet eine theologische Spannung in der Reformation selbst heraus, die »Spannung zwischen der subjektiven Authentizität des Glaubens und der lehramtlichen Ordnung der Kirche« (183).

Darauf folgen zwei Beiträge zu Luthers Antinomerdisputationen 1537–1540, in denen Martin Brecht wesentliche Motive erkennt, die auf die Anfänge der Reformation zurückreichen und die sie fortwährend begleitet hätten. Walter Sparn zeigt das unterschiedliche Gesetzesverständnis bei Luther und Johann Agricola, das von einem unterschiedlichen Verständnis des Evangeliums abhinge, auf.

Mit der Spätzeit Luthers befassen sich zwei Beiträge zu seinen Schriften über die Juden. Anselm Schubert ordnet das Problemfeld in die zeitgenössische auch juristische Diskussion über die Mitschuld an der fremden Sünde der Gotteslästerung ein, während Hans-Martin Kirn den aus einer vermeintlichen äußeren Klarheit der Schrift gespeisten apokalyptischen Hintergrund beleuchtet und damit die theologische Dimension herausstellt.

Drei weitere Beiträge reflektieren das methodische Rahmenthema des Bandes, das Verhältnis von Biographie und Theologie. Johannes Schilling zeigt, wie sich Lebensvollzug und Glaubensleben in Luthers Briefen spiegeln. Bernd Moeller spricht von einem biographischen Sonderfall bei Luther sowohl in der Geschichte als auch für die Geschichtsschreibung, da die Diskrepanz beider hier besonders scharf sei. Volker Leppin beschließt den Band mit einem Nachwort, in dem er sowohl eine historische Kontextualisierung als auch eine theologische Entkontextualisierung einfordert, um Luther eingebunden in seine Zeit und befreit von späteren Bewertungen wahrzunehmen, aber auch eine Unterscheidung von Selbstbeschreibung und kritischer Fremdbeschreibung, kurz eine »Dekonstruktion«.

Die Doppelperspektive des Bandes auf wichtige Themenfelder der Biographie und Theologie Luthers lässt die Themen in unterschiedlichen Beleuchtungen erscheinen, allerdings weist sie kaum Spannungen auf, woran sich wiederum zeigt, dass der Perspektivendualismus wohl eher eine Komplementarität darstellt.

Tübingen   Reinhold Rieger

DOROTHEA WENDEBOURG (Hg.): Sister Reformations – The Reformation in Germany and in England. Symposium on the Occasion of the 450th Anniversary of the Elizabethan Settlement September 23rd-26th, 2009. Tübingen: Mohr Siebeck 2010. 355 S.

Die Unterschiede und Gemeinsamkeiten zwischen der englischen Reformation und der Reformation auf dem Kontinent haben seit jeher die Frage aufgeworfen, ob man angesichts der unterschiedlichen historischen Voraussetzungen und Entwicklungen von *einer* Reformation sprechen kann oder zutreffender von zwei Reformationen. Der vorliegende Band, in dessen Titel das komplexe Verhältnis zwischen der englischen und der Reformation »Wittenberger Prägung« (VII) sinnfällig zum Ausdruck kommt, bündelt die Ergebnisse eines im September 2009 veranstalteten Symposiums, das Gemeinsamkeiten, Verschränkungen und Unterschiede verhandelt hat.

Zuerst untersucht *Diarmaid MacCulloch* (Oxford) in »Sixteenth-century English Protestantism and the continent« die Beziehungen zwischen dem englischen und kontinentalen Protestantismus (1-14). Er verweist darauf, dass wegen Heinrichs VIII. monarchischem Selbstverständnis eine Kooperation mit Friedrich dem Weisen und der Reformation Wittenberger Prägung natürlicherweise näher gelegen hätte als eine Verständigung mit den Schweizer Städten. Für die Distanzierung der englischen Reformation von Wittenberg macht der Vf. insbesondere drei theologische Ursachen verantwortlich: Wesentliche Unterschiede im Eucharistieverständnis, in der Moralkonzeption und im Umgang mit Bildern und Heiligenschreinen (4f.). Der Vf. zeigt, wie infolge der Abwendung von der Wittenberger Reformation eine Annäherung an die Schweizerische stattfand, die insbesondere Thomas Cromwell in den 1530er Jahren forcierte: »Cromwell has often been called a Lutheran; perhaps he was actually Zürich`s best friend in Henry`s England.«(7)

Carl R. Trueman (Philadelphia) stellt in seinem Beitrag »Early english evangelicals: three examples« drei englische Theologen vor, die verschiedene Facetten des frühen englischen Protestantismus verkörperten (15-28). Dabei vertritt der Vf. die These: »[I]t is impossible to understand English Protestant theology in this period without connecting it to this continental background« (16). William Tyndale, der als erster betrachtet wird, wandte sich aufgrund desillusionierender Erfahrungen mit dem Humanismus konsequent Luthers Theologie zu, von dessen Schriften und Terminologie er für seine eigenen Publikationen reichhaltigen Gebrauch machte. Dabei zeigt der Vf., dass bei Tyndale die existentielle Dimension der Lutherschen Kreuzes- und Rechtfertigungstheologie weitgehend fehlte (22) und dieser stattdessen verstärkt den Akzent auf moralische Fragestellungen legte. Der Zeitgenosse Tyndales, John Frith stimmte zwar mit Tyndale bezüglich der Hochschätzung moralisch guter Werke überein, war aber andererseits deutlich stärker der Kreuzeskonzeption Luthers verpflichtet. Die Ausführungen zu Frith sind allerdings viel zu kurz gehalten (22f.), um einen Einblick in dessen theologisches Profil zu gewinnen. Der dritte der hier vorgestellten Theologen, Robert Barnes, stimmte bei allen einzelnen Differenzen zu Luther mit diesem in der Abendmahlsauffassung überein (25). T. verweist unter Bezug auf diese drei Theologen auf drei spezifische Merkmale des englischen Protestantismus in seiner Frühphase: Ein geringeres Engagement in der exegetischen Arbeit, eine gewisse Engführung des theologischen Programms sowie eine eklektische Lutherrezeption (27f.). Allerdings wird nicht recht deutlich, inwiefern besonders der letzte Aspekt ein spezifisch englisches Differenzierungsmerkmal gewesen sein soll.

Rory McEntegart stellt in seinem Aufsatz »Henry VIII and the German Lutherans: a reassessment« (29-52), die These in den Raum, ob »a more nuanced assessment of Henry`s relationship with the German Lutherans might be attempted.« (29) Anhand der »Assertio septem sacramentorum«, zeigt der Vf., inwiefern Heinrich bei allen Unterschieden zu Luther im Sakramentsverständnis hinsichtlich einer Überwindung der kirchlichen Hierarchie mit diesem übereinstimmte. Der Vf. kommt zu dem Schluss, man solle Heinrichs »Assertio« weniger als »destructive assault on Luther's teaching« verstehen, sondern vielmehr als »exercise in engagement«, mit dem Heinrich, anders als andere zeitgenössischen Herrscher wie Franz I. oder Karl V., tief in die Gedankenwelt Luthers eintauchte und sich kritisch mit dieser auseinandersetzte (37). Die Gründung der Schmalkaldischen Liga eröffnete neue Optionen für eine Annäherung Englands an den kontinentalen Protestantismus, die insbesondere von Thomas Cromwell gefördert wurde. Allerdings verunsicherte die Exekution von Heinrichs zweiter Frau, Anne Boleyn, der Sympathien für die protestantische Sache nachgesagt wurden, die dt. Gesprächsseite. Erst 1538 kam eine protestantische Delegation nach England, jedoch brachen nach Cromwells Exekution 1540 die Beziehungen wieder ab. Zwei kleine Monita gilt es bei diesem Beitrag anzumerken: Auch wenn es dem Vf. gelingt, bezeichnende Schlaglichter auf die Beziehung Heinrichs zu den dt. Protestanten zu werfen, hätte man sich als Leser eingedenk der eingangs genannten These eine abschließende Einschätzung über die Natur dieser Beziehung gewünscht. Außerdem wären insbesondere in diesem Aufsatz weitere Informationen zu Thomas Cromwell hilfreich gewesen.

Dorothea Wendebourg (Berlin) geht in »Die deutschen Reformatoren und England« (53-93) zunächst auf die Auseinandersetzungen zwischen Heinrich VIII. und Luther ein und zeigt, wie Luther 1525 infolge einer Fehlinformation gegenüber Heinrich kurzfristig einen veränderten Standpunkt einnahm: Luther bat Heinrich demütig um Entschuldigung für frühere Beleidigungen. Fälscherlicherweise habe er die »Assertio« für ein Werk Heinrichs gehalten, wisse aber nunmehr, dass der König der Reformation zugeneigt sei. Heinrich glaubte jedoch hinter Luthers Bescheidenheitstopik eine List zu erkennen und antwortete barsch abweisend. In diesem Kontext verweist die Vf. auf die von Johannes Bugenhagen nahezu zeitgleich zu Luthers Entschuldigungsbrief verfasste »Epistola ad Anglos«, in der Bugenhagen für ein englisches Publikum eine bündige Zusammenfassung der Rechtfertigungslehre bot. Aufgrund der zeitlichen Nähe und desselben Abfassungsortes beider Briefe dürfte es sich um eine »reformationsmissionarische Doppelstrategie« (67) gehandelt haben. W. zeigt ferner anschaulich wie Heinrich seit 1533 aktiv nach antirömischen Verbündeten suchte und bei einer möglichen politisch-theologischen Verständigung seine Hoffnungen auf Melanchthon setzte, den er seit 1534 mehrfach nach England einlud. Dabei gründeten sich Heinrichs Hoffnungen in Bezug auf Melanchthon wohl weniger auf die Lektüre seiner Schriften, als vielmehr auf dessen europaweit ausstrahlender Reputation (83 Anm. 190). Allerdings lehnte Melanchthon die Überfahrt nach England ab, vor allem, weil er sich vor dem Eintreffen eines negativen Horoskops fürchtete, dass ihm »pericula in Arctoo Oceano« (84) vorausgesagt haben soll. Weitere Verhandlungen brachten ebenfalls keine tragfähige Lösung, da Heinrich die Confessio Augustana nicht einfach übernehmen, sondern über gewisse theologische Punkte (Privatmessen,

Pflichtzölibat, Mönchsgelübde und Kelchentzug) neu verhandeln wollte.

Ashley Null (Berlin) richtet den Blick in seinem Beitrag »Princely marital problems and the reformer's solutions« auf die verworrenen Eheverstrickungen Heinrichs VIII. und einige daraus resultierende Entwicklungen (133-149). Heinrich rechtfertigte seine Scheidung von Katharina von Aragon u.a. damit, die Ehe verletze göttliches Gesetz, da sie vorher mit seinem Bruder verheiratet war (138 f.). Außerdem beleuchtet der Vf. einschlägige durch die Ehekrise Heinrichs ausgelöste publizistische Stellungnahmen: So schien zwischenzeitlich eine u.a. von Luther ins Spiel gebrachte Doppelehe des Königs eine wählbare Option (144 f.).

N. Scott Amos (Lynchburg, Virginia) spürt in seinem sehr aufschlussreichen Beitrag »Protestant exiles in England. Martin Bucer, the measured approach to reform, and the Elizabethan Settlement – eine gute, leidliche Reformation« präzise den Beziehungen zwischen Martin Bucer und Thomas Cranmer, bzw. weiteren englischen Theologen (unter ihnen Matthew Parker) nach. A.s These lautet, insbesondere durch diese Beziehungen sei »an important link between the Continental Reformation and the English Reformation« realisiert worden. Der Vf. legt die Motive Bucers für seine Übersiedlung nach England 1549 offen, wobei er besonders Bucers Interesse hervorhebt, »to achieve in England what had eluded him in Germany: the implementation of a European standard for Reformation that had universal application« (154). Anhand von Bucers Beweggründen für die Übersiedlung nach England, könne man erkennen, dass England für Protestanten auf dem Kontinent als ein »center of much expectation« (174) figurierte. A. schildert ferner die Zusammenarbeit zwischen

Cranmer und Bucer: Während ersterer zunächst behutsam die traditionelle Liturgie mit protestantischem Gedankengut auszubalancieren suchte, insistierte letzterer mit Nachdruck auf umfangreicherer evangelischer Predigtverkündigung (161). Allerdings scheint Bucer sehr viel weniger als er ursprünglich erwartet hatte, von Cranmer in die Arbeit miteinbezogen worden zu sein, wofür der Vf. hauptsächlich unterschiedliche Auffassungen in der Abendmahlsfrage verantwortlich macht (163) sowie die Beeinflussung Cranmers durch kritische Zürcher Stimmen über Bucer (167). Die These des Vf.s, man könne anhand von Bucers Einfluss auf das »Common Prayer Book« nachweisen »that the echo of Bucer's voice was the longest not in Straßburg [...] but in England« (174) bedarf allerdings noch weiterer eingehender Überprüfung. Insgesamt hat A. luzide am Beispiel Bucers gezeigt, wie eng die Verbindungen zwischen der englischen und kontinentalen Reformation partiell geknüpft werden konnten.

Bryan D. Spinks (New Haven, Connecticut) untersucht in »German influence on Edwardian liturgies« die verschiedenen Einflussfaktoren bei Thomas Cranmers Konzeption des »Book of Common prayer« (175-189). Cranmer profitierte von einem Aufenthalt in Nürnberg, wo er den von Osiander und Justus Jonas herausgegebenen Katechismus kennen lernte, hernach setzte er sich intensiv mit der von Melanchthon und Bucer publizierten »Simplex ac pia Deliberatio« auseinander. Ein eigenständiges Profil gewann Cranmer u.a. in seiner sich an Augustin orientierenden Hochschätzung der Prädestinationslehre (180). Exemplarisch weist der Vf. außerdem anhand des Verständnisses der Taufe bei Cranmer verschiedene deutsche Einflussfaktoren nach, von denen dieser ek-

lektischen Gebrauch gemacht hat (182-186). Angesichts der Betonung der Eigenständigkeit von Cranmers Positionen ist allerdings die Angabe hinsichtlich Cranmers Sakramentsverständnisses, es sei »essentially Cranmerian« (186) wenig hilfreich. Hier hätte man präzisere Einschätzungen des theologischen Profils dieser Schlüsselfigur des englischen Protestantismus erwarten dürfen.

Martin Davie (London) vergleicht in »The Augsburg confession and the thirty nine articles« zwei zentrale Dokumente der Reformationsgeschichte (191-211). Der Vf. stellt die These auf, ob anstelle der Rede von einer Eltern-Kind Abhängigkeit beider, die er wohlbegründet ablehnt (201), ihr Verhältnis zutreffender als das zweier geschwisterlich verbundener Glaubensdokumente beschrieben werden kann (191). Nach einem kurzen Überblick über die unterschiedlichen historischen Umstände bei der Abfassung der Augsburger Konfession und der 39 Artikel, untersucht der Vf. die stilistischen Unterschiede und einige exemplarische inhaltliche Übereinstimmungen und Differenzen. Insbesondere der apologetische Tonfall, der für die Augsburger Konfession charakteristisch sei, fehle in den 39 Artikeln. »The *Thirty nine Articles*, on the other hand, are non designed as an apology fort he English reformation. They are, rather, concerned with setting down the doctrinal limits of a church that has already been reformend for some years.« (204). Dennoch seien sie angesichts ihrer vielen Gemeinsamkeiten »sister statements of faith, produced by sister reformations« (211).

Alec Ryrie (Durham) analysiert in »The afterlife of Lutheran England« die englische Lutherrezeption zwischen 1547 (Tod Heinrichs VIII.) und 1660 (Thronbesteigung Charles II.) (213-234), die er als »peculiar«

(215) bezeichnet. Man verehrte Luther als Vater der Kirche, als religiöses und moralisches Beispiel und als Prediger, wobei die primäre Funktion darin bestand ein »exemplar of courage« (218) darzustellen. Störend wirkt in diesem Beitrag das teilweise ausufernde *name-dropping* (222). Auch wird nicht recht deutlich, wodurch sich die spezifisch englische Sichtweise Luthers auszeichnete. Die wirkmächtigste theologische Rezeption Luthers erkennt der Vf. in seiner Kreuzestheologie. Am Beispiel von John Foxe zeigt R. anschaulich, wie tiefgreifend Luthers Verständnis des Kreuzes in England gewirkt hat (231f.) und wie diese theologische Basisidee als wirkungsvolles Korrektiv fungieren konnte: »The theology of the cross served as a corrective to the complacent triumphalism into which Reformed providentialism could all too easily degenerate.« (234)

Instruktiv veranschaulicht *Martin Ohst* (Wuppertal) die Unterschiede im Märtyrerverständnis Luthers gegenüber der englischen Märtyrerverehrung bei John Foxe (235-254). Am Beispiel der Stellungnahmen Luthers zur Hinrichtung Robert Barnes 1540 verweist der Vf. auf zwei charakteristische Züge in Luthers Märtyrerdeutung: Die Existenz von Märtyrern bezeugt das Bevorstehen des Jüngsten Gerichts, und der Märtyrer repräsentiert in seiner Person die Passion Christi. Charakteristisch für Luthers Märtyrerverständnis sei seine Auffassung, dass das den Märtyrern auferlegte Leiden zu ihrem Besten dienen werde und dass diejenigen, die gänzlich auf Gott vertrauen wegen ihres aufrichtigen Sündenbekenntnisses zu verehren sind, während Luther ihre asketischen Tugenden gering schätzte. Anders akzentuiert gestaltete sich das Märtyrerverständnis in England, wo es infolge von Heinrichs schwankender Religionspolitik deutlich

mehr Märtyrer, gerade auch auf katholischer Seite, gab. John Foxe funktionalisierte in seinem »Book of Martyrs« das Verständnis des Märtyrers, der wie im Fall William Tyndale noch im Sterben um die Erleuchtung Heinrichs VIII. bat, zur Konzeption einer »narrative[n] Geschichtstheologie« (252). Die Märtyrer sind vor allem deshalb in dankbarer Erinnerung zu behalten, weil sie für die Emanzipation der englischen Kirche von Rom mit ihrem Leben eingetreten sind.

David J. Crankshaw (London) betrachtet in »Ecclesiastical statesmanship in England in the age of the Reformation« (271-303) die Arbeit des englischen *Privy Council*. Anhand der Tätigkeit des *Privy Council*, dessen wichtigste Funktion die Beratung des Herrschers war, zeigt der Vf. einige charakteristische Überschneidungen der staatlichen und kirchlichen Verwaltungstätigkeit. Insbesondere Matthew Parker, unter Elisabeth I. Erzbischof von Canterbury, verkörperte dabei die Rolle eines »ecclesiastical statesman« (277). Der Vf. verweist darauf, dass sich auch die Bischöfe gegenüber dem *Privy Council* verantworten mussten und kommt angesichts der Befugnisse dieser Institution zu der Schlussfolgerung: »[P]rivy councillors enjoyed a freedeom of action that members of the Church hierarchy lacked.« (299) Auch wenn die administrativen Besonderheiten erläuternswert sind, ist dieser Beitrag insgesamt deutlich zu lang geraten (insbesondere S. 277-288).

Thomas Kaufmann (Göttingen) vergleicht in »Elizabethan Settlement und Augsburger Religionsfriede. Strukturgeschichtliche Beobachtungen zur englischen und zur deutschen Reformation« (305-326) zwei Konzeptionen miteinander, welche die jeweilige Religionskultur nachhaltig prägten. Der Augsburger Religionsfriede stabilisierte bekanntermaßen auf der Ebene des Reiches den Zusammenhalt, während er bezüglich der Territorien und Städte sowohl die »Ausbildung konfessionskultureller Identitäten« als auch die »polemische Agonalisierung des Religionskonfliktes« förderte (313). Anders dagegen das Elisabethan Settlement, das unter dem primären Gesichtspunkt der Staatsräson einen »dezidiert integralistischen Ansatz« (321) vertrat. Es beendete das kurze katholische Intermezzo unter Maria Tudor und sorgte für die nachhaltige Durchdringung der englischen Gesellschaft mit protestantischem Gedankengut. Anders als der Augsburger Religionsfriede, der das Verhandlungsresultat zwischen Kaiser und Ständen und damit auch zwischen unterschiedlichen Religionsparteien darstellte, trug das Elizabethan Settlement die entscheidende Referenzgröße bereits im Namen. Der möglicherweise wichtigste Unterschied zur Kirchenpolitik Heinrichs VIII. lag dann darin, dass Elisabeth I. als »queen in Parliament« die Kirche von außen und nicht als oberste innerkirchliche Instanz regieren wollte (319 f.). Während der Augsburger Religionsfriede die religiöse Differenz voraussetzte und Koexistenz innerhalb eines Reiches ermöglichen wollte, zielte das Elizabethan Settlement auf die Einheit von Kirche und Nation ab. Daraus leitet der Vf. wohlbegründet mehrere grundlegende Konsequenzen für die Folgezeit ab: Die englische Geistlichkeit könne zutreffender als die Pfarrer im Reich als »Staatsagenten« definiert werden (325) und die theologische Polemik, die im Konfessionellen Zeitalter im Reich aufblühte, konnte sich in England nur schwer entfalten, da sie stets unter dem Verdacht politischer Subversion stand.

Dieser Tagungsband bietet facettenreiche Einblicke in das komplizierte und außergewöhnliche Verhältnis der englischen und Wittenberger Reformation. In ihrer Differenziertheit bestätigt die Mehrzahl der Beiträge, dass der Titel *Sister Reformations* mit Bedacht und zu Recht gewählt worden ist. Hinsichtlich der Gesamtkonzeption dieses Bandes ist lediglich auf ein Manko hinzuweisen. Die gelegentlich anklingenden Beziehungen zwischen der englischen und schweizerischen Reformation hätten in einem eigenständigen Beitrag untersucht werden können.

Münster   Malte van Spankeren

ATHINA LEXUTT: Die Reformation. Ein Ereignis macht Epoche. Köln: Böhlau 2009. 232 S.

Dass es der Reformationsgeschichte angesichts ihres immer weiter ausdifferenzierenden Forschungshorizonts dringend an einer aus theologischer Perspektive konzipierten Zusammenfassung bedarf, hat Heinz Schilling bereits vor mehr als 15 Jahren provokant formuliert, als er die versammelten Kirchenhistoriker provokant fragt, ob ihnen die Reformation abhanden gekommen sei. Diesem ambitionierten Vorhaben hat sich die in Gießen lehrende und für flott geschriebene Beiträge bekannte »Luther- und Reformationshistorikerin« Athina Lexutt gewidmet. Für den auch wegen seines reformationshistorischen Programms renommierten Böhlau-Verlag mit Sitz in Köln hat sie mit unverhohlener Sympathie für die Protagonisten der Reformation, allen voran Luther, und das mit ihm verbundene Geschehen, ein Buch geschrieben, dass Entdeckungen und Forschungsergebnisse präsentiert, »die auf's Papier drängen«. (7) Dafür setzt die Verfas-

serin bei der durch die aktuelle Konfessio-
nalisiserungsdebatte ein wenig verdrängte
Epochenfrage ein. Dies völlig zu Recht, weil
die Konfessionalisierungsthese ein Ergebnis
der sehr viel älteren Epochendebatte war.

Der erste Abschnitt lautet also»Warum
die Reformation eine Epoche ist«. Der For-
schungsüberblick zeigt deutlich, dass diese
Frage in vorausgehenden Publikationen alles andere als beantwortet worden ist. In
einem weiten Querschnitt wird zielführend
nachgewiesen, dass die bisher angebotenen
Modelle zur Bestätigung wie zur Bestreitung
des epochalen Charakters des Reformations-
geschehens defizitär bleiben. Diese Ansätze
mutig überbietend postuliert Lexutt die Reformation als Epoche, welche sie »als in sich
weitgehend homogenen Zeitabschnitt (versteht), wobei diese Homogenität Prozesse
und Entwicklungen nicht ausschließt, aber
die gemeinsamen Merkmale überwiegen.«
(7) Diese Feststellung wird durch ein weiteres Argument ergänzt: Die Reformation hat
ihren Ausgang in Luthers theologischer Reflexion und weitet sich zur Theologie- und
Politikkritik mit weitreichenden Folgen.
Lexutt erwägt die engen Verknüpfungen
dieses Ereigniszusammenhanges mit spätmittelalterlichen Zeiten, betont aber doch
den »herausragenden Stellenwert« der theologischen Initiation Luthers. Dies ist eine
nicht unbestrittene Position: wird doch in
der gegenwärtigen Forschung mit qualitativ
höchst unterschiedlichen Argumenten hef-
tig darüber diskutiert. Lexutt bemüht sich
hier erneut die Synthese, indem sie mittelalterliche Prägung und radikalen System-
bruch zu verschmelzen sucht:»Die Reformation ist meiner Ansicht nach also deshalb eine Epoche, weil sie auf beinahe allen
Ebenen einen Umbruch allererst provoziert
oder aber so beschleunigt hat, dass das mit-

telalterliche Weltbild danach keinen Bestand
mehr hatte, und zwar weder theologisch
noch religiös noch politisch und sozial. Da
sie andererseits aber in dieser Hinsicht wie
ein Katalysator wirkte, kann sie auch nicht
einfach in den gesamten Frühneuzeitprozess
aufgehend interpretiert werden, denn auch
zu dem, was ihr folgte, sind zu große Unterschiede auszumachen, als das dies legitim
wäre.« (21f.)

Dieser Grundansatz ist Ausgangspunkt
für einen knappen Abriss der spätmittelalterlichen Geschichte als »Vorgeschichte
einer Epoche« unter Hinweis auf die politischen, sozialen und wirtschaftlichen
Umstände, Renaissance und Humanismus
sowie die kirchliche Frömmigkeit des ausgehenden Mittelalters. Die Skizze der »vorreformatorischen« Bewegungen mit dem
aus älteren Darstellungen bekannten Drei-
klang von Konziliarismus, John Wycliff
und Jan Hus mag dem mit der bisherigen
Forschung wenig vertrautem Leser Grundlagen zu vermitteln. Die sehr viel breitere
Geistes- und Theologiegeschichte, wie auch
die Geschichte der praktischen Frömmigkeit dieser Zeit wird allerdings sehr auf die
der Reformation zuarbeitenden Momente
zugespitzt. Entsprechend konzentriert auf
das der These von der ‚herausragenden Bedeutung' Luthers und der von ihm mit den
Thesen vom 31. Oktober 1517 an die Öffentlichkeit getragenen Thesen begonnenen Reformation zutragende Material wird sodann
der weitere Ablauf des Geschehens über
den römischen Prozess Luthers, sowie weitere reformatorische Bewegungen (Zwingli
und die oberdeutsch-zürcher Reformation,
die Wittenberger Bewegung und ihre wei-
tergehende radikale Differenzierung sowie
der deutsche Bauernkrieg) knapp skizziert.
Mit dem Ende der Unruhen um das Jahr

1525 sieht Lexutt eine Phase der Konsolidierung eintreten, die mit den Reichstagen von Speyer (1526, 1529), und Augsburg (1530 und 1555) den ersten lehrmäßigen Formulierungen der reformatorischen Doktrin, der Reformation in England, den vergeblichen Religionsgesprächen, dem Schmalkaldischen Krieg, in dessen Folge ein erster, freilich vorläufiger Friedensschluss 1555 möglich wurde, sowie die Genfer Reformation unter Johannes Calvin konturiert werden. Der für eine Einführung konzipierte enge Rahmen des chronologischen Abrisses verleitet ein wenig zur Zusammenstellung höchst komplexer Sachverhalte und der gedrängten Synthese, die den inzwischen erreichten Stand der gegenwärtigen Reformationsgeschichtsforschung auf das Format einer Einleitungsvorlesung zusammenpresst. Ein dritter Teil wird mit »Unumkehrbarkeit« überschrieben und behandelt mehr oder minder die Zeit der Konfessionalisierung, mit jene Phase in der die Reformation kulturelle, politisch und theologisch kohärente Homogenitäten schaffen konnte. Hierzu verweist die Verfasserin neben der knappen Skizze protestantischer Lehrbildung und -differentiation auf die Ausbreitung der Reformation in Europa. Das vierte Kapitel bietet zunächst vier Biographien von Martin Luther, Ulrich Zwingli, Philipp Melanchthon und Johannes Calvin, sowie eine Übersicht zu den lutherischen, reformierten und dem anglikanischen Bekenntnis. Die Entwicklung der römisch-katholischen Konfession mag man dem engen Referenzrahmen der Konfessionalisierungshypothese entnehmen wollen, freilich stehen die damit verbundenen Entwicklungen in einem sachlichen und zeitlichen engen Zusammenhang und werden nicht eigens erwähnt. Hingegen findet sich ein Ausblick auf die Zeit nach der Reformation, in dem die Verfasserin auf knapp sechs Seiten die Entwicklungen der lutherischen Orthodoxie, des dreißigjährigen Krieges und dem sog. Westfälischen Frieden umreißt.

Der eingangs gestellten Frage nach dem Epochencharakter der Reformation fasst das sechste Kapitel die knappe Darstellung zusammen und fokussiert dieses auf die Beantwortung der eingangs gestellten Frage. Diese Antwort wird als durch die Darstellung im Fokus der einleitenden Definition dessen, was unter Reformation zu verstehen sei, entworfen. »Dass also die Reformation wirklich und ganz und gar eine Epoche genannt werden muss, scheint mit aller Klarheit und Deutlichkeit ausgesagt werden zu können, und es ist dabei unausweichlich, der theologischen Seite dieser Epoche gebührende Beachtung zu schenken. Eben in der unvergleichlichen Neuentdeckung des theologischen Fundaments mit ihrem entsprechenden Folgen liegt das Epochale der Reformation.« (209)

Die beiden nachfolgenden Fragen nach dem Verhältnis von politischer Geschichte und theologischem Impuls sowie nach der Nachhaltigkeit einer historischen Beschäftigung mit der Epoche der Reformation werden in diesem Duktus beantwortet: Die Politik lebt von dem epochalen Impuls der Reformation und hat sich insofern diesem zu beugen. Die Nachhaltigkeit des reformatorischen Impulses hingegen rührt aus dem dialektischen Wechselverhältnis des Schriftprinzips gleichermaßen als Formal- wie als Materialprinzip evangelischer Theologie bis in die Gegenwart hinein: »Das Schriftprinzip schützt also zum einen davor, in den theologischen Erkenntnissen und Formulierungen der Reformationszeit mehr zu sehen als Erkenntnisse und Formulierungen bestimmter Autoren; es schützt aber zugleich davor, darin weniger zu entdecken als Texte, die nicht historisch zufällig, sondern exegetisch notwendig sind. Und eben darin über ihre Zeit hinaus gelten wollen.« Ihrer identitätsstiftenden Rezeption wegen bleiben sie, Lexutt folgend, bleibend gültig und haben auch im Kontext ökumenischer Annährung nichts an Bedeutung verloren.

Die rhetorisch ansprechende Darstellung und die immer wieder durchscheinende Sympathie für Luther und seine Reformation mögen den unter vielfältigem Zeitdruck stehenden Rezipienten dazu verleiten, um eines gut konsumierbaren Überblicks willen historisch-kritische Solidität und methodische Sorgfalt zu vernachlässigen. Zu leicht brennen sich guten lesbare Formulierungen und identifikatorische Assertionen ein. Zweifellos ist die Schuld der Vereinfachung und Verknappung nicht allein der Autorin, sondern zu einem großen Teil auch dem vom Verlag vorgegebenen Format anzulasten. Dies ist freilich in seiner Wirkung nicht zu unterschätzen: die konfessionelle Luther- und Reformationsgeschichtsforschung hat vor dem Hintergrund einer um sich greifenden Debatte um den wissenschaftstheoretischen Wert theologischer, mithin auch der kirchenhistorischen Wissenschaft um so mehr jenes unangemessenen Präjudiz zu erwehren, wonach jegliches bekenntnisorientierte a priori per se unter dem Verdikt ideologischer mithin unwissenschaftlicher Methodik steht. So fasst etwa Helga Schnabel Schüle ihre Reformationsgeschichte (Stuttgart 2006) eine derartige Sicht der Dinge provokant in dem Satz zusammen: »Die Reformation war in ihren Wirkungen zumindest ambivalent, dies muss deutlich herausgestellt werden. Ein ›Minimum an Sympathie‹ kann daher als Prämisse der Forschung schon identisch mit einem ho-

hen Maß an Befangenheit sein.« (281) Eine bekenntnishafte oder auch nur -orientierte Lutherforschung hat in derartigen Diskursen bereits im Ansatz nur begrenzte eine Chance, Gehör zu finden. Dem Vorwurf konfessioneller Positionalität und millieustabilisierender Identifikationsrhetorik gilt es darum schon im Ansatz zu wehren.

Mainz   Markus Wriedt

JOACHIM RINGLEBEN: Gott im Wort. Luthers Theologie von der Sprache her (HUTh 57). Tübingen: Mohr Siebeck 2010. XI, 638 S.

Über Gott zu sprechen, das verlangt, im genauen Sinn, von *Gott* zu sprechen. Wer ist denn Gott, daß man von ihm reden könnte? Und was bedeutet es für die Sprache, wenn sie von Gott redet? Nicht von ungefähr ist, gerade im sprach- und erkenntnistheoretischen Horizont der Gegenwart, verschiedentlich über »Gott« als Wort unserer Sprache nachgedacht worden (Eberhard Jüngel, Trutz Rendtorff). In gewissem Sinne steht das neue Buch des Göttinger Systematischen Theologen Joachim Ringleben im Kontext dieser Fragen und nimmt sie doch auf eine ganz eigene Weise wahr, indem er das Thema in Gestalt einer umfangreichen Luther- Monographie erörtert, die zugleich den Anspruch erhebt, eine Sprachphilosophie zu entwickeln, die so fundamental ist, daß sie jeder Erkenntnistheorie zuvorkommt. Diese soll sich jenseits einer Sprachauffassung bewegen, nach der die Sprache ein nur äußerliches Mittel zur Darstellung von außersprachlichen Sachverhalten darstellt, aber auch jenseits einer solchen theologischen Sprachaneignung, die

die Wahrheit der Sprache nur von ihrer theologischen Deutung und ihrem religiösen Gebrauch her zu erfassen vermag. Vielmehr wird nach einem Verständnis der Sprache gesucht, nach dem »die menschliche Sprache selber metaphysisch nur im Horizont des göttlichen Seins zu verstehen« ist (17), so daß also, bei aller Gebrochenheit, in der Sprache »die Sache selbst« zum Vorschein kommt. Erst dadurch, daß Gott selbst im Wort ist, erlangt auch die Sprache ihre eigene Gestalt und Wahrheit. Oder anders formuliert: Die Unbedingtheit der Sprache überhaupt ist ein Ausdruck des Unbedingten, Gottes selbst, von dem in der Sprache gesprochen wird.

Diese Einsicht zieht methodische Konsequenzen nach sich. Zum einen kann man verstehen, warum sich diese sehr umfassende These als eine Luther-Interpretation darstellt. Wenn nämlich die universelle Deckungsgleichheit von Gott und Sprache gilt, dann kann man grundsätzlich an jedem Punkt der gesprochenen Sprache einsetzen und muß dafür stets faktische Ausgangspunkte wählen. Es empfiehlt sich aber, von Schlüsselfiguren auszugehen, die diesen Zusammenhang selbst schon thematisch im Blick haben; das gilt prononciert für Luther. Sodann enthält die These, daß Gott im Wort ist, also: daß Gott selbst spricht, zur anderen Seite hin die Implikation, daß damit auch das gesamte Spektrum der Sprache betroffen ist, von ihrer Sinnlichkeit über ihre Sozialität bis zu ihrer semantisch-syntaktischen Struktur und ihrer Schriftlichkeit. Drittens kann man gegenüber der Unterstellung des Anthropomorphismus sagen, daß die Aussage »Gott spricht« nicht als Zuschreibung menschlichen Sprechens an Gott zu verstehen ist, sondern als ein faktisches Sich-Ereignen des Unbedingten in der Sprache überhaupt, eine Figur, die theologisch als Kondeszendenz beschrieben wird: Gott selbst ermöglicht den Gebrauch der Sprache in der Weise, daß von ihm gesprochen wird und die Sprache dabei zu sich selbst kommt. Gott ist in unserem menschlichen Reden von ihm gegenwärtig (26). Schließlich läßt sich gegen den reflexionstheoretischen Einwand, daß nach den Bedingungen der Möglichkeit dieser Deckungsgleichheit von zwei Unbedingten zu fragen sei, geltend machen, daß auch, ja gerade diese Figur von der Unhintergehbarkeit, also Unbedingtheit der Sprache selbst ausgeht. Der Einsatz bei Luther, so kontingent er sein mag, läßt sich danach ebensosehr nachvollziehen wie die starke systematische These, daß »Gott spricht«. Allerdings hängt, wenn die vorauslaufenden methodischen Einwände nicht sogleich durchschlagen, alles von der Triftigkeit der Darstellung selbst ab. Es wird sich zeigen, daß manche der vorab in der Tat abstrakt scheinenden Bedenken auch am Ende nicht völlig ausgeräumt sind.

Die Darstellung selbst teilt sich in eine »Grundlegung«, in der, gewissermaßen fundamentaltheologisch, das Verhältnis von Gott und Sprache behandelt wird (30–90) und in eine »Durchführung« in zehn Kapiteln (91–620), die den Grundriß einer – originellen – Dogmatik entfaltet. Der Grundlegungsteil, der schon Luther-Auslegung ist (bei dem sich natürlich keine entsprechend fundamentaltheologische Abhandlung findet), stellt einmal das in der Tat hoch integrative *Sprach*verständnis Luthers heraus, das auf Beteiligung und »Mitsprechen« ausgerichtet ist, sodann aber die Bedeutung, die »Gott im Wort« für *Gott selbst* besitzt. Der Ertrag dieser Beobachtungen an Luther läßt sich sehr schön in der knappen trinitätstheologischen Zusammenfassung studieren, die den Abschnitt beschließt (89 f.):

Es gelingt beeindruckend schlüssig, die trinitätstheologischen Strukturen des Zusammenhangs und der Unterscheidung im Zugleich von Sich-Überschreiten und Bei-sich-Bleiben mit den Strukturen des gesprochenen Wortes zu synchronisieren. Dieser Gedanke des Sich-Überschreitens (das das Bei-sich-Bleiben nicht zerstört) prägt dann auch grundlegend die materialdogmatisch gegliederten Ausführungen im Durchführungsteil (exemplarisch: 95). Die Welt als *Schöpfung* versteht sich daher als im Wort geschehend und durch das Wort bestehend; man könnte diese Figur auf das Verhältnis hin gegenrechnen, die die menschliche Sprache zur Wirklichkeit einnimmt, in der sie lebt: Sie muß beanspruchen, das ihr Gegebene ins eigene Verständnis aufzunehmen, ohne dessen die Sprache selbst bedingendes Vorgegebensein aufzulösen (92–112). Daß der *Mensch* in diesem Zusammenhang als Wort-Geschöpf zu stehen kommt, ist gewissermaßen schon von der Anlage des Ganzen her selbstverständlich (113–120). Der Abschnitt über das *menschgewordene Wort* (121–143) pointiert Luthers Christologie, meines Erachtens zutreffend, als Wort-Christologie. Auch hier vermittelt eine konzentrierte systematische Darstellung die Bewegungs- und Übergangsdynamik, die diesem Gedanken innewohnt (132 f.). Naheliegenderweise ist es eben die Gestalt Christi, in dessen Wort die göttliche Verknüpfung seiner selbst mit Welt und Mensch geschieht – als eine Bewegung, in die Wort-Wesen hineingenommen werden können, aber auch integriert werden müssen. Mit diesen vier elementaren Stücken (Gott, Schöpfung, Mensch und Menschwerdung Gottes) sind die Bestimmungsmomente gesetzt, die die Gesamtbewegung »Gott im Wort« gründen. Sie ist nun in ihren Ausgestaltungen und Konse-

quenzen zu beobachten – und das macht die originelle Gestalt des dogmatischen Grundrisses aus, der sich nun anschließt. Dabei nimmt, erwartungsgemäß, *das sakramentale Wort* (144–169) eine Schlüsselstellung ein. Es repräsentiert in seiner Konzentration und Verknappung das Sprachgeschehen insgesamt, sofern es die Gegenwart des Unbedingten in der (umfassend verstandenen, also das Leibliche einschließenden) Sprache zur Sprache bringt: »*das* Sprachgeschehen schlechthin« (149). Der Sprachhorizont des sakramentalen Wortes aber ist *die Kirche des Wortes* (170–192), die eben durch ihre (in diesem Sinne des Sich-Überschreitens zu verstehende) Worthaftigkeit mit dem Wortgeschehen bekannt und vertraut macht. Sie wird selbst als creatura verbi herausgestellt, als aus dem Wort selbst geboren (vgl. 181). Mit *Gesetz und Evangelium* sind die elementaren Sprachstrukturen beschrieben, die in der Sprachschule des Glaubens gebraucht werden (193–251). Sie zielen auf den Zuspruch der Sündenvergebung, der sozusagen das Eingangsportal in die Welt der Sprache Gottes darstellt. Unter dem Aspekt der göttlichen Rede handelt es sich hier um ein neues Sprechen Gottes, in dem auch eine Selbst-Überschreitung Gottes selbst stattfindet. Das ist ohne Zweifel ein starker Gedanke. Eigentümlicherweise fehlt ihm aber auf der subjektiven Seite des Menschen eine genaue negative Entsprechung, trotz vieler Stellen, an denen von der Sünde die Rede ist. Denn ganz offensichtlich läßt sich dieses Phänomen nur dann zureichend beschreiben, wenn man die Selbstverhältnisse in den Blick nimmt, die sich darin verbergen. Dieser Verhältnisse aber wird eine an der Sprache orientierte Darstellung nur dann inne, wenn sie sich der Reflexion auf derartige Strukturen nicht mit Hinweis auf die

Unhintergehbarkeit der Sprache verschließt. Oder, anders gesagt: Ohne eine Subjektivitätstheorie kommt man nicht aus, will man das Phänomen der Sünde überhaupt annäherungsweise verstehen. Das umfassendste Kapitel handelt von *Wort und Schrift* (252-443). Darin geht es um die Gestalt des Wortes, das als solches auch in geschriebener Form seine Wirkung entfaltet – und zwar gerade in dem Einbezogensein in das dynamische, sich selbst überschreitende und erweiternde Sprachgeschehen. Hier werden alle Merkmale des Zusammenhangs von Wort und Schrift, eben auch im fundamentalen sprachphilosophischen Sinne, in Gestalt von Luther-Auslegungen thematisiert. Was aus der hier eingenommenen Perspektive über *Wort und Glaube* zu sagen ist (444-484), kann erwartungsgemäß nicht originell sein; dafür wird der Zusammenhang zwischen Gottes Selbstsein im Wort und der Wörtlichkeit des Glaubens sehr schön systematisch anschaulich. Für die gesamte Konzeption hoch bedeutsam ist das Kapitel über Wort und Geist (489-536). Denn vielfach und immer wieder kommt der Sachverhalt zur Sprache, daß das Wort selbst der Ort des Geistes ist – wie umgekehrt der Geist die intrinsische Vollendung des Wortes. Das läßt sich aus dem Ineinander von Sich-Überschreiten und Bei-sich-Bleiben auch ohne weiters nachvollziehen. Die Wort-Theologie Luthers ist im gleichen Maße eine (nicht spiritualistische) Geist-Theologie, und Hegels Geistbegriff verbindet sich beim Vf. mit Sprach-Intuitionen Hamannscher Provenienz. Das vorletzte Kapitel über *Wort Gottes und Vernunft* (537-549) leitet über zum letzten, das sich der *Eschatologie des Wortes* (550-620) widmet. Hier ist es um die Vollendung im Wort und durch das Wort zu tun. Auch hier trägt der systematische Grundgedanke von

der Ankündigung und Ausständigkeit des Wortes: Was ist Wort gefaßt ist, hat darin Bestand und vorab wie endgültig seine Vollkommenheit.

Joachim Ringleben hat eine umfassende Luther-Interpretation auf einem einheitlichen Grundgedanken vorgelegt und mit einer Fülle von Belegen untermauern können. Sein Werk steht, mit deutlich stärker philosophischem Akzent, neben Albrechts Beutels Meisterwerk von 1991 »In dem Anfang war das Wort.« Daß Luther bei Ringleben unhistorisch gelesen wird, mag Kirchenhistoriker bekümmern, systematische Theologen weniger, die sich die quasi kategoriale Funktion von historischen Schlüsselsituationen klarmachen. Ein Grundproblem ergibt sich freilich gerade daraus, daß Luther in dieser Rolle gelesen wird. Denn über weite Strecken des Buches ersetzt die subtile Luther-Interpretation das systematische Gefüge, das einer umfassenden Sprachphilosophie innewohnen müßte, die mit der Unbedingtheit der Sprache als Ausdruck und Darstellung der Unbedingtheit Gottes rechnet. Das wird die Rezeptionsfähigkeit des Buches außerhalb der Theologie erheblich erschweren. Eine wirklich systematische Auswertung des anhand von Luther identifizierten Grundgedankens ist hier noch nicht erfolgt. Umgekehrt kann man den Einwand erheben, daß die vom Vf. deutlich artikulierte Faktizität des Einstiegs in den Gedanken »Gott im Wort« eben doch nicht konsequent christologisch gefaßt wird. Es hätte durchaus die Möglichkeit bestanden, die von Ringleben selbst so genannte Rückverfolgung der Sprache Jesu in die Rede von Gott auch der Darstellung zugrundezulegen, und es hätte nur eines anderen Arrangements der Luther-Belege bedurft, um das durchzuführen. Immerhin kann Ringleben auf sein Jesus-Buch verweisen, das diese Sprachbewegung auf neutestamentlicher Basis ausprobiert hat. Manche Abgrenzungen sind mir nicht plausibel. So dürfte die Alternative von Sprache und Reflexion, die manchmal stark gemacht wird, kaum stichhalten; störend empfinde ich auch die durchlaufenden, bisweilen konfessionalistisch klingenden Abgrenzungen von Karl Barth – darin scheint die gemeinsame Problematik der Wort-Gottes-Theologie durch, auch wenn sie sich unterschiedlich artikuliert. Viele Luther-Auslegungen dagegen sind überzeugend, vor allem dort, wo Textkomplexe im Zusammenhang erörtert werden (Freiheitsschrift, 193-209; De servo arbitrio, 208-219; Vorrede von 1545, 253-257; Abendmahlsschriften im entsprechenden Kapitel). Am meisten bedenkenswert ist freilich der Grundgedanke, der sich im Titel so knapp wie treffend ausspricht. Darum, auf alle Fälle: Tolle, lege.

Marburg   Dietrich Korsch

PAUL R. HINLICKY: Luther and the beloved Community. A Path for Christian Theology after Christendom. Grand Rapids Mich./ Cambridge UK: William B. Eerdmans Publishing Company 2010. XXV, 405 S.

Mit dem vorgelegten Buch entspricht der in Salem, Virginia (USA) lehrende lutherische Theologe Paul R. Hinlicky keinen der vorzugsweise im deutschen akademischen Umfeld üblichen Kategorien. Sein Ansatz verletzt die weitgehend unbefragten disziplinären und methodischen Grenzziehungen zwischen systematischer und reformationshistorischer Studie auf der einen und pastoraltheologisch sowie konfessionell er-

baulichen Gemeindeliteratur auf der anderen Seite. Und genau darum ist dieses Buch lesenswert: von vornherein macht der aus zahlreichen weiteren Publikationen bekannte Luther-Leser keinen Hehl daraus, dass er Luther als eine in der konkreten nordamerikanischen Situation des ausgehenden 20. und beginnenden 21. Jahrhunderts – post Christendom – nicht zu vernachlässigende Stimme evangelischen Glaubens und biblischer Orientierung zu interpretieren versucht. Gleichermaßen verweigert er sich einer kirchenhistorisch sorgfältigen oder systematisch reflektierten Zugangsweise.

Schon das Vorwort des in Milwaukee WI lehrenden katholischen Reformationshistorikers Mickey Mattox macht dies deutlich: Paul R. Hinlicky beschreitet einen »Sonderweg« – die Verwendung dieses belasteten Begriffs im Zusammenhang einer Lutherstudie mutet zumindest dem deutschen Leser befremdlich an – der sich aus der vielfachen, methodisch unreflektierten und von tagespolitischen Aktualitäten sowie großen Rücksichtnahmen im Rahmen der »political correctness« Lutherrezeption der letzten Jahrzehnte erklärt. Weniger die Frage nach dem spätmittelalterlichen Erbe resp. radikalen Traditionsbruch mit der früheren theologischen Tradition zugunsten eines methodisch neu fundierten Biblizismus, noch oder der systematischen Rekonstruktion eines theologischen »Systems« des Wittenberger Theologen gilt sein Interesse, sondern der unmittelbar in die nordamerikanische Gegenwart hinreichenden Applikation dessen, was als Zeugnis Luthers ausgemacht werden kann.

Methodisch und hermeneutisch bleibt der Einwand bestehen, dass Hinlicky die Implikationen seiner Lutherlektüre für die Gegenwart nicht reflektiert. Gleichwohl: seit langem wird nicht die deutsche oder kontinentaleuropäische Lutherforschung in englischer Sprache reproduziert, sondern ein sehr selbständiger Beitrag zum christlichen Gegenwartsdiskurs mit deutlicher Hinwendung zu Luther versucht. Mithin ist das Buch nicht nur für Lutherforscher interessant, sondern insbesondere für jene Leser, die den in den letzten Jahrzehnten dünner werdenden Gesprächsfaden über den Atlantik nicht abreißen lassen wollen. Hinlicky präsentiert seine Sicht der Dinge, seine Rezeption gegenwärtiger, vorzugsweise anglo-amerikanischer Forschung und seine Wahrnehmung einer zunehmend fragmentarisierten, postmodernen Religiosität im säkularen Nordamerika. Wen das interessiert, dem sei das Buch wärmstens empfohlen.

Hinlickey geht von der These einer tragischen Entwicklung der Lutherrezeption aus, in deren Folge Luther im Luthertum gleichsam heimatlos geworden sei. Dies ergibt sich aus dem unauflöslichen Antagonismus der prinzipiellen Philosophiephobie des Protestantismus einerseits und dessen Bemühen um eine neue christliche Philosophie andererseits. Diese horizontale Linie des Gegensatzes verbindet sich mit dem vertikalen Problem des letztlich gescheiterten Bemühens um eine überkonfessionelle Synthese des Erbes eines anti-pelagianisches Augustinismus an dem einem und dem aufkommenden Vernunftdenken in der frühen Aufklärung, etwa bei Gottfried Wilhelm Leibniz am anderen Pol der Linie. Diese Wege, die in der Geistesgeschichte nach Hinlicky nicht beschritten wurden, führen auch im 19. und 20. Jahrhundert zu einer verzerrten und insgesamt gestörten Lutherrezeption, die an dem eigentlichen Anliegen des Reformators vorbei geht.

Vor dem Hintergrund jüngster ökumenischer Anstrengungen bemüht sich Hinlicky im Folgenden um einen systematischen, doktrinären Beitrag zum Gespräch der Konfessionen unter Rückgriff auf Luther. Die Lehre fasst er dabei als jenen Konsens an Überzeugungen, die in der Tradition der Kirche mehr oder minder unbestritten beibehalten wurden: die kanonischen Schriften des Alten und Neuen Testaments, die Trinität, die Vereinigung der Zwei Naturen Christi, sowie das Verständnis der Gnade als Erlösung von Sünde und Tod. Hierin den seit der Reformationszeit beschworenen *consensus quinquesaecularis* (Konsens der ersten fünf Jahrhunderte) beschwörend versteht Hinlicky Theologie als »contemprary endeavor to understand critically and articulate publicly such doctrinal decisions fort he purpose of probing Christian belief today.« (xvi). Ihm geht es darum die altchristliche Glaubensüberzeugung unter gegenwärtigen Bedingungen zu formulieren. Scharf kritisiert er gegenwärtige Theologie als exegetisch von historischer Kritik bis hin zur Destruktion besessen, systematisch stark von außertheologischen, i. e. philosophischen Maximen beherrscht, und historisch viel zu sehr die Differenzen zur Gegenwart betonend. Er will hingegen Luther als Zeugen des Glaubens aufrufen, der für die amerikanischen Zeitgenossen die Grundlagen der evangelischen Verheißung entfaltet.

In assertorischen, zuweilen die anachronistische Distanz zu Luther schlicht leugnenden, pathetischen Formulierungen verleiht Hinlicky dieser These in drei größeren Abschnitten Ausdruck: der erste Teil (Luther's Creedal Theology) skizziert zunächst die säkulare Theologie »Euro-Amerikas« vor deren Hintergrund sodann Luthers neochalzedonische Christologie – bewusst nicht als neue Christologie verstanden – mit dem Fokus auf dessen Anschauung von der Idiomen-Kommunikation umrissen wird. Ein zweites Argument entfaltet Hinlicky sodann in Auseinandersetzung dieser Lehre mit der scholastischen Satisfaktionstheorie Anselms und der Frage nach der Realität der Erlösung durch Inkarnation. Die Dialektik von Gesetz und Evangelium entfaltet der amerikanische Lutherleser sodann im Kontext einer Applikation der Trinitätslehre.

Der zweite große Abschnitt (Explorations in Theological Anthropology) besteht aus zwei Unterkapiteln in denen er Konsequenzen der Anthropologie Luthers im Blick auf die Entfaltung einer Theorie des Selbst-Bewusstseins zwischen Determinismus und Gnadenlehre sowie einer Wiederentdeckung der Leiblichkeit im Kontext des Verständnisses von Ehe bei Luther dargelegt hat.

Der dritte große Abschnitt (Some Objections regarding Justification, the Church, and political Theology) versammelt Beiträge zur gegenwärtigen theologischen Diskussion in den USA: zunächst geht Hinlicky auf die neuere Paulus-Deutung (New Perspektives on Paul), deren fatale Auswirkungen auf die weitere Lutherrezeption darin bestehen könnten, mit Hilfe eines neuen, i. e. historisch besser legitimierten Paulusverständnisses die völlige Fehlinterpretation der antipelagianisch-augustinischen Paulusinterpretation bei Luther zu diskreditieren. Der zweite Unterabschnitt widmet sich der, in der Tat in der lutherischen Normaldogmatik nur höchst marginal diskutierten Frage der Ekklesiologie zu; – dies freilich vor dem Hintergrund eines erkennbaren Entgegenkommens im Blick auf römisch-katholische Anfragen zu diesem Thema. Der dritte Unterabschnitt traktiert die theologische Legitimität der Marxismus-Rezeption in Bereichen der sog. »Befreiungstheologie« vor dem Hintergrund von Luthers Obrig-

keits- und Friedensverständnis. Anstelle einer Zusammenfassung expliziert Hinlicky abschließend sein Verständnis der *theologia crucis* Luthers vor dem Hintergrund gegenwärtiger feministischer und politisch motivierter Anfragen an die Vertreter reformatorischer Theologie. Ein Appendix behandelt auf drei Seiten das Problem der Dämonologie Luthers vor dem Hintergrund seiner apokalyptischen Welt- und Geschichtsinterpretation.

Die Zusammenstellung macht deutlich: es handelt sich um Gesprächsbeiträge zum gegenwärtigen Dialog mit Theologien in einer pluralen, weitgehend säkularen, eben nach-christlichen Umgebung. Das Buch hat zahlreiche Brüche und unterschiedlich ansetzende Argumentationsgänge, die zumindest dem mit den Gesprächspartnern Hinlickys nicht vertrauten Leser etliche Geduld und über das Werk hinausgehende Lektüren abverlangt. Auch der Titel des Buches ist ein wenig irreführend: weder die Ekklesiologie, noch ein theologischer Gesamtentwurf stehen in Rede. Vielmehr wird Luther herangezogen, um gelehrt und perspektivenreich einen sich gänzlich vom historischen Ursprung unterscheidenden Kontext reformationstheologisch zu kommentieren.

Insofern sagt das Buch weniges über Luther, dafür aber umso mehr über die Sicht eines sich dem Erbe Luthers verpflichtet fühlenden, ökumenisch engagierten Theologen des 21. Jahrhunderts aus. Man täte Hinlicky Unrecht, kritisierte man ihn mit methodischen und hermeneutischen Einwänden, welche sich aus dem akademisch-gelehrten Umfeld Deutschlands herleiten lassen. Es ist ein us-amerikanisches Buch, das für all jene an Theologie und Reformationsgeschichtsforschung Interessierten von Bedeutung ist, die sich mit der Inanspruchnahme des reformatorischen Erbes jenseits des Atlantiks beschäftigen wollen.

Aus nordamerikanischer Hinsicht ist das Buch eine Bereicherung des Marktes, insofern hier eine selbstständige, von kontinental-europäischen Vorgaben weitestgehend unbelastete Zugangsweise, die dem us-amerikanischen theologischen Standard durchaus entspricht, vorgetragen wird. Das ökumenische Interesse des Autors ist in Zeiten europäischer Niedergeschlagenheit mit Blick auf die Zukunft der Kirchen ein wohltuendes Antidot – in den USA ist die interkonfessionelle Ökumene noch nie so lebendig gewesen, wie in den letzten 20 bis 30 Jahren. Davon könnte das ökumenische Gespräch der Gegenwart in Deutschland allemal lernen. Und nicht nur davon – sondern auch von einer zugegeben methodisch-hermeneutisch kritikwürdigen, freilich erfrischend unbefangenen Lutherlektüre, die den Reformator als den ernst nimmt, als der er selbst gesehen werden wollte: als Zeugen des Glaubens in seiner Zeit.

Mainz   Markus Wriedt

Lutherbibliographie 2011

Bearbeitet von Michael Beyer

Ständige Mitarbeiter

Professor Dr. Matthieu Arnold, Strasbourg (Frankreich); Professor Dr. Lubomir Batka, Bratislava (Slowakei); Professor em. Dr. Christoph Burger, Utrecht (Niederlande); Professor Dr. Zoltán Csepregi, Budapest (Ungarn); Professor Dr. Jin-Seop Eom, Kyunggi-do (Südkorea); Pfarrer Dr. Emanuele Fiume, Roma (Italien); Studienrektor Dr. Roger Jensen, Oslo (Norwegen); Professor Dr. Rudolf Leeb, Wien (Österreich); Professor Dr. Pilgrim Lo, Hong Kong, China; Informatiker Dr. Leo Näreaho, Helsinki (Finnland); Professor Dr. Ricardo W. Rieth, São Leopoldo (Brasilien); Professor Dr. Maurice E. Schild, Adelaide (Australien); Librarian Rose Trupiano, Milwaukee, WI (USA); cand. theol. Lars Vangslev, Køíbenhavn (Dänemark); Professor Dr. Jos E. Vercruysse, Antwerpen (Belgien); Dr. Martin Wernisch, Praha (Tschechien) und Christiane Domtera, Leipzig (Deutschland).

Der Leiterin und den Mitarbeiterinnen der Außenstelle Theologie der Universitätsbibliothek Leipzig und den Mitarbeiterinnen und Mitarbeitern von Die Deutsche Bibliothek – Deutsche Bücherei Leipzig, danke ich für ihre Unterstützung herzlich, besonders auch der Wilhelm-Julius-Bobbert-Stiftung für ihre finanzielle Förderung.

Korrespondenzadresse: Dr. Michael Beyer, Universität Leipzig, Theol. Fakultät, Institut für Kirchengeschichte, Abt. Spätmittelalter und Reformation, Otto-Schill-Straße 2, D-04109 Leipzig; Tel.: (034381) 9735436 oder (034381) 53676; E-Mail: michaelbeyer@t-online.de oder beyer@theologie.uni-leipzig.de

ABKÜRZUNGSVERZEICHNIS

I Verlage und Verlagsorte

ADVA	Akademische Druck- und Verlagsanstalt	GÜ	Gütersloh
AnA	Ann Arbor, MI	GVH	Gütersloher Verlagshaus
B	Berlin	HD	Heidelberg
BL	Basel	HH	Hamburg
BP	Budapest	L	Leipzig
BR	Bratislava	LO	London
CV	Calwer Verlag	LVH	Lutherisches Verlagshaus
DA	Darmstadt	M	München
dtv	Deutscher Taschenbuch Verlag	MEES	A Magyarországi Evangélikus Egyház Sajtóosztálya
EPV	Evangelischer Presseverband	MP	Minneapolis, MN
EVA	Evangelische Verlagsanstalt	MRES	A Magyarországi Református Egyház Zsinati Irodájának Sajtóosztálya
EVW	Evangelisches Verlagswerk		
F	Frankfurt, Main	MS	Münster
FR	Freiburg im Breisgau	MZ	Mainz
GÖ	Göttingen		

NK	Neukirchen-Vluyn	S	Stuttgart
NV	Neukirchener Verlag	SAV	Slovenská Akadémia Vied
NY	New York, NY	SH	Stockholm
P	Paris	StL	Saint Louis, MO
PB	Paderborn	TÜ	Tübingen
Phil	Philadelphia, PA	UMI	University Microfilm International
PO	Portland, OR	V&R	Vandenhoeck & Ruprecht
PR	Praha	W	Wien
PUF	Presses Universitaires de France	WB	Wissenschaftliche Buchgesellschaft
PWN	Pánstwowe Wydawníctwo Naukowe	WZ	Warszawa
Q&M	Quelle & Meyer	ZH	Zürich

2 Zeitschriften, Jahrbücher

AEKHN	Amtsblatt der Evang. Kirche in Hessen und Nassau (Darmstadt)	EN	Evangélikus Naptár az ... èvre (Budapest)
AG	Amt und Gemeinde (Wien)	EP	Evanjelickì Posol spod Tatier (Liptovsky Mikuláš)
AGB	Archiv für Geschichte des Buchwesens (Frankfurt, Main)	EThR	Etudes théologiques et religieuses (Montpellier)
AKultG	Archiv für Kulturgeschichte (Münster; Köln)	EvD	Die Evangelische Diaspora (Leipzig)
ALW	Archiv für Liturgiewissenschaft (Regensburg)	EvTh	Evangelische Theologie (München)
ARG	Archiv für Reformationsgeschichte (Gütersloh)	GTB	Gütersloher Taschenbücher [Siebenstern]
ARGBL	ARG: Beiheft Literaturbericht (Gütersloh)	GuJ	Gutenberg-Jahrbuch (Mainz)
BEDS	Beiträge zur Erforschung der deutschen Sprache (Leipzig)	GWU	Geschichte in Wissenschaft und Unterricht (Offenburg)
BGDS	Beiträge zur Geschichte der deutschen Sprache und Literatur (Tübingen)	HCh	Herbergen der Christenheit (Leipzig)
BlPfKG	Blätter für pfälzische Kirchengeschichte und religiöse Volkskunde (Otterbach)	He	Helikon (Budapest)
		HThR	The Harvard theological review (Cambridge, MA)
BlWKG	Blätter für württembergische Kirchengeschichte (Stuttgart)	HZ	Historische Zeitschrift (München)
BPF	Bulletin de la Societé de l'Histoire du Protestantisme Fançais (Paris)	IL	Igreja Luterana (Porto Alegre)
		ITK	Irodalomtörténeti Közlemények (Budapest)
BW	Die Bibel in der Welt (Stuttgart)	JBrKG	Jahrbuch für Berlin-Brandenburgische Kirchengeschichte (Berlin)
CA	CA: Confessio Augustana (Oberursel)		
ChH	Church history (Chicago, IL)	JEH	Journal of ecclesiastical history (London)
CJ	Concordia journal (St. Louis, MO)		
CL	Cirkevné listy (Bratislava)	JHKV	Jahrbuch der Hessischen Kirchenge-schichtlichen Vereinigung (Darmstadt)
Cath	Catholica (Münster)		
CThQ	Concordia theological quarterly (Fort Wayne, IN)	JLH	Jahrbuch für Liturgik und Hymnologie (Kassel)
CTM	Currents in theology and mission (Chicago, IL)	JNKG	Jahrbuch der Gesellschaft für Nieder-sächsische Kirchengeschichte (Blomberg/Lippe)
DLZ	Deutsche Literaturzeitung (Berlin)	JGPrÖ	Jahrbuch für Geschichte des Protestan-tismus in Österreich (Wien)
DPfBl	Deutsches Pfarrerblatt (Essen)		
DTT	Dansk teologisk tidsskrift (København)	JWKG	Jahrbuch für Westfälische Kirchenge-schichte (Lengerich/Westf.)
EÉ	Evangélikus Élet (Budapest)	KÅ	Kyrkohistorisk Årsskrift (Uppsala)
EHSch	Europäische Hochschulschriften: Reihe ...	KD	Kerygma und Dogma (Göttingen)
		KR	Křestanská revue (Praha)

LF   Listy filologické (Praha)
LK   Luthersk kirketidende (Oslo)
LP   Lelkipásztor (Budapest)
LQ   Lutheran quarterly N. S. (Milwaukee, WI)
LR   Lutherische Rundschau (Stuttgart)
LThJ   Lutheran theological journal (Adelaide, South Australia)
LThK   Lutherische Theologie und Kirche (Oberursel)
Lu   Luther: Zeitschrift der Luther-Gesellschaft (Göttingen)
LuB   Lutherbibliographie
LuBu   Luther-Bulletin (Kampen)
LuD   Luther digest (St. Louis, MO)
LuJ   Lutherjahrbuch (Göttingen)
MD   Materialdienst des Konfessionskundlichen Institutes (Bensheim)
MEKGR   Monatshefte für evangelische Kirchengeschichte des Rheinlandes (Köln)
MKSz   Magyar Könyvszemle (Budapest)
NAKG   Nederlands archief voor kerkgeschiedenis (Leiden)
NELKB   Nachrichten der Evangelisch-Lutherischen Kirche in Bayern (München)
NTT   Norsk teologisk tidsskrift (Oslo)
NZSTh   Neue Zeitschrift für systematische Theologie und Religionsphilosophie (Berlin)
ODR   Ortodoxia: Revista Patriarhiei Romine (Bucureşti)
ORP   Odrodzenie reformacja w Polsce (Warszawa)
PBl   Pastoralblätter (Stuttgart)
PL   Positions luthériennes (Paris)
Pro   Protcstantcsimo (Roma)
PTh   Pastoraltheologie (Göttingen)
RE   Református Egyház (Budapest)
RHE   Revue d'histoire ecclésiastique (Louvain)
RHPhR   Revue d'histoire et de philosophie religieuses (Strasbourg)
RL   Reformátusok Lapja (Budapest)
RoJKG   Rottenburger Jahrbuch für Kirchengeschichte (Sigmaringen)

RSz   Református szemle (Kolozsvár, RO)
RuYu   Ru-tu yun-ku (Syngal bei Seoul)
RW   Rondom het woord (Hilversum)
SCJ   The sixteenth century journal (Kirksville, MO)
STK   Svensk theologisk kvartalskrift (Lund)
StZ   Stimmen der Zeit (Freiburg im Breisgau)
TA   Teologinen aikakauskirja / Teologisk tidskrisft (Helsinki)
TE   Teológia (Budapest)
ThLZ   Theologische Literaturzeitung (Leipzig)
ThPh   Theologie und Philosophie (Freiburg im Breisgau)
ThR   Theologische Rundschau (Tübingen)
ThRe   Theologische Revue (Münster)
ThSz   Theológiai szemle (Budapest)
ThZ   Theologische Zeitschrift (Basel)
TTK   Tidsskrift for teologi og kirke (Oslo)
US   Una sancata (München)
Vi   Világosság (Budapest)
VIEG   Veröffentlichungen des Instituts für Europäische Geschichte Mainz
ZBKG   Zeitschrift für bayerische Kirchengeschichte (Nürnberg)
ZEvE   Zeitschrift für evangelische Ethik (Gütersloh)
ZEvKR   Zeitschrift für evangelisches Kirchenrecht (Tübingen)
ZHF   Zeitschrift für historische Forschung (Berlin)
ZKG   Zeitschrift für Kirchengeschichte (Stuttgart)
ZKTh   Zeitschrift für katholische Theologie (Wien)
ZRGG   Zeitschrift für Religions- und Geistesgeschichte (Köln)
ZSRG   Zeitschrift der Savigny-Stiftung für Rechtsgeschichte: Kanonistische Abteilung (Wien; Köln)
ZThK   Zeitschrift für Theologie und Kirche (Tübingen)
ZW   Zeitwende (Gütersloh)
Zw   Zwingliana (Zürich)
ZZ   Zeitzeichen (Berlin)

3   Umfang der Ausführungen über Luther

L"   Luther wird wiederholt gestreift.
L 2-7   Luther wird auf diesen Seiten ausführlich behandelt.
L 2-7+"   Luther wird auf diesen Seiten ausführlich behandelt und sonst wiederholt gestreift.
L*   Die Arbeit konnte nicht eingesehen werden.

01 **Die andere Reformation – Johannes Calvin und die Reformierten in Mitteldeutschland/** hrsg. von Margit Scholz im Auftrag des Vereins für Kirchengeschichte der Kirchenprovinz Sachsen. Begleitband zur Wanderausstellung. Magdeburg: Verein für Kirchengeschichte der Kirchenprovinz Sachsen, 2010. 151 S.: Ill., Kt. – Siehe Nr. 613f. 676. 735. 865.

02 **»Auf den Spuren Luthers nach Mailand und Rom«:** Begegnungsreise der Kirchenleitung der VELKD/ Vorwort: Udo Hahn. Hannover: VELKD, 2011. 37 S.: Ill. (Texte aus der VELKD; 157) – Internetressource: ⟨http://www.velkd.de/downloads/157_Texte_aus_der_VELKD_download.pdf⟩. – Siehe Nr. 819. 825f. 842. 871.

03 **Between lay piety and academic theology:** studies presented to Christoph Burger on the occasion of his 65th Birthday/ hrsg. von Ulrike Hascher-Burger; August den Hollander; Wim Janse. Leiden: Brill, 2010. XXI, 555 S. (Brill's series in church history; 46) – Siehe Nr. 186. 310. 340. 392. 457. 920.

04 **Calvin – saint or sinner?/** hrsg. von Herman J. Selderhuis. TÜ: Mohr Siebeck, 2010. VII, 330 S.: Ill. (Spätmittelalter, Humanismus, Reformation; 51) – Siehe Nr. 148. 279. 480.

05 **Calvin studies XII:** papers presented at a Colloquium on Calvin Studies, Erskine Theological Seminary, Due West, South Carolina, January 27-28, 2006/ hrsg. von Michael Bush. Due West, SC: Erskine Theological Seminary, 2006. 160 S. – Siehe Nr. 618. 623. 628.

06 **Calvinismus:** die Reformierten in Deutschland und Europa/ hrsg. von Ansgar Reiß; Sabine Witt; eine Ausstellung des Deutschen Historischen Museums Berlin und der Johannes a Lasco Bibliothek Emden; Ausstellungshalle des Deutschen Historischen Museums 1. April bis 19. Juli 2009. Dresden: Sandstein, 2009. 444 S.: Ill., Kt., Stammtaf. – Siehe Nr. 36. 41. 275. 466. 548. 611. 632. 634. 636. 744. 751. 766. 768. 786. 788. 804.

07 **Christ, salvation and the eschaton:** essays in honor of Hans K. LaRondelle/ hrsg. von Daniel Heinz ... Berrien Springs, MI: Old testament dept., Seventh-day Adventist Theological Seminary, Andrews Univ., 2009. XXX, 459 S.: Ill. – Siehe Nr. 169. 217. 245.

08 **Dies Buch in aller Zunge, Hand und Herzen:** 450 Jahre Lutherbibel; das Entrée zur Leselust und der Begleiter zur Sonderausstellung vom 4. Mai bis zum 31. Oktober 2009 auf der Wartburg/ hrsg. von Jutta Krauß. Regensburg: Schnell+Steiner, 2009. 111 S.: Ill., Kt. – Siehe Nr. 299. 306-309. 327. 330-334. 653. – Bespr.: Kuhaupt, Georg: Lu 81 (2010), 110f.

09 **Dom St. Marien:** Informationshefte/ hrsg. vom Förderverein zur Erhaltung des Domes »St. Marien« zu Zwickau. Heft 15. Zwickau, 2011. 66 S.: Ill. – Siehe Nr. 112. 510. 527. 549. 558. 673-675.

010 **Engaging Luther:** a (new) theological assessment/ hrsg. von Olli-Pekka Vainio. Eugene, OR: Cascade, 2010. 256 S. – Siehe Nr. 147. 152. 164f. 189. 192. 253. 315. 342. 398. 400. 921.

011 **Das ernestinische Wittenberg:** Universität und Stadt (1486-1547)/ hrsg. von Heiner Lück ...; Redaktion: Ralf Kluttig-Altmann ... Petersberg: Imhof, 2011. 276 S.: Ill., Taf. & Beil. (5 Faltkt.). (Wittenberg-Forschungen; 1) – Siehe Nr. 40. 46. 49. 67. 114. 512. 658. 905. 917f.

012 Fabiny, Tibor, Jr.: **Szóra bírni az írast:** irodalomkritikai és teológiai irányok lehetőségei a Biblia értelmezésében (Die Schrift zu Wort kommen lassen: Möglichkeiten literaturkritischer und theol. Richtungen in der Bibelauslegung). BP: Hermeneutikai Kutatóközpont, 1994. 151 S. (Hermeneutikai füzetek; 33) – Siehe Nr. 289. 291.

013 **Festschrift Otto Böcher/** hrsg. im Auftrag der Ebernburg-Stiftung von Traudel Himmighöfer; Wolf-Friedrich Schäufele. Karlsruhe: Braun, 2010. 145 S.: Ill. (BlPfKG; 77) (Ebernburg-Hefte; 44) – Siehe Nr. 274. 493. 520. 553. 637. 836.

014 **Franz Lau (1907-1973):** Pfarrer, Landessuperintendent und Kirchenhistoriker; Kolloquium zu Leben und Werk am 22. Juni 2007 in der Sächsischen Akademie der Wissenschaften zu Leipzig/ hrsg. von Markus Hein; Helmar Junghans †. L: EVA, 2011. 130 S.: Ill. (HCh; Sonderbd.; 17) – Siehe Nr. 798. 806f. 817. 902.

015 **Grenzen des Täufertums:** neue Forschungen; Beiträge der Konferenz in Göttingen vom 23.-27.08.2006 = **Boundaries of anabaptism/** hrsg. von Anselm Schubert; Astrid von Schlachta; Michael Driedger. GÜ: GVH; HD: Verein für Reformationsgeschichte, 2009. 428 S. (Schriften des Vereins für Reformationsgeschichte; 209) – Siehe Nr. 597. 601f. 749.

016 Hamm, Berndt: **Der frühe Luther:** Etappen einer reformatorischen Neuorientierung. TÜ: Mohr Siebeck, 2010. 318 S.: Ill. – Siehe Nr. 98. 171. 233-236. 413. 429 f.

017 **Im Klang der Wirklichkeit:** Musik und Theologie: Martin Petzold zum 65. Geburtstag/ hrsg. von Norbert Bolin; Markus Franz. L: EVA, 2011. 544 S.: Ill. – Siehe Nr. 343. 354. 494. 656. 725. 742. 763. 780. 857.

018 **Johannes Bugenhagen (1485-1558):** der Bischof der Reformation; Beiträge der Bugenhagen-Tagungen 2008 in Barth und Greifswald/ hrsg. von Irmfried Garbe; Heinrich Kröger im Auftrag der Theol. Fakultät Greifswald, der Plattform Plattdüütsch in de Kark, des Niederdeutschen Bibelzentrums Barth, der Arbeitsgemeinschaft für Pommersche Kirchengeschichte. L: EVA, 2010. 458 S.: Ill. – Siehe Nr. 286. 474. 477. 481-483. 489 f. 507-509. 521. 538. 540 f. 555 f. – Bespr.: Haendler, Gert: ThLZ (2011), 312-314.

019 **Justus Jonas (1493-1555) und seine Bedeutung für die Wittenberger Reformation**/ hrsg. von Irene Dingel. L: EVA, 2009. 228 S. (Leucorea-Studien zur Geschichte der Reformation und der Luth. Orthodoxie; 11) – Siehe Nr. 103. 476. 491. 499. 506. 526. 532. 539. 552. 563. 743. 762. – Bespr.: Gößner, Andreas: ThLZ 136 (2011), 308-310; Leppin, Volker: Lu 81 (2010), 184-186.

020 **Kirche und Regionalbewusstsein in der Frühen Neuzeit:** konfessionell bestimmte Identifikationsprozesse in den Territorien/ hrsg. von Irene Dingel; Günther Wartenberg †; Redaktion: Michael Beyer; Alexander Wieckowski. L: EVA, 2009. 203 S.: Ill. (Leucorea-Studien zur Geschichte der Reformation und der Luth. Orthodoxie; 10) – Siehe Nr. 485. 572. 598. 750. 756. 759. – Bespr.: Hasse, Hans-Peter: ARGBL 38 (2009), 143-145; Kleinehagenbrock, Frank: ZKG 121 (2010), 261 f.

021 **Krieg und Christentum:** religiöse Gewalttheorien in der Kriegserfahrung des Westens/ hrsg. von Andreas Holzem. PB; M; W; ZH: Schöningh, 2009. 844 S.: Ill. (Krieg in der Geschichte; 50) – Siehe Nr. 259. 599. 734. – Bespr.: Ohst, Martin: ThLZ 136 (2011), 166-168.

022 **Kulturgeschichten aus Sachsen-Anhalt**/ hrsg. von Harald Meller; Alfred Reichenberger; Fotos: Juraj Lipták. Halle (Saale): Landesamt für Denkmalpflege und Archäologie Sachsen-Anhalt, Landesmuseum für Vorgeschichte, 2011. 390 S.: Ill. – Siehe Nr. 43 f. 60. 68. 70 f. 74. 560. 677. 772.

023 Leder, Hans-Günter: **Johannes Bugenhagen Pomeranus – nachgelassene Studien zur Biographie:** mit einer Bibliographie zur Bugenhagenforschung/ hrsg. von Irmfried Garbe; Volker Gummelt. F; B; Bern; Bruxelles; NY; Oxford; W: Lang, 2008. 287 S. (Greifswalder theol. Forschungen; 15) – Siehe Nr. 513-518. 903. – Bespr.: Kaufmann, Thomas: ARGBL 38 (2009), 45 f.

024 **Die Leipziger Disputation 1519:** 1. Leipziger Arbeitsgespräch zur Reformation/ hrsg. von Markus Hein; Armin Kohnle. L: EVA, 2011. 183 S.: Ill. (HCh: Sonderbd.; 18) – Siehe Nr. 93. 99. 101. 104. 109. 175. 469. 567 f. 573. 662. 667. 852. 910.

025 **Luther als Schriftausleger:** Luthers Schriftprinzip in seiner Bedeutung für die Ökumene/ hrsg. von Hans Christian Knuth. Erlangen: Martin-Luther-Verlag, 2010. 158 S. (Veröffentlichungen der Luther-Akademie Sondershausen-Ratzeburg; 7) – Siehe Nr. 287. 297. 302. 313. 321. 332.

026 **Luther Handbuch**/ hrsg. von Albrecht Beutel. 2. Aufl. TÜ: Mohr, 2005. XVI, 537 S. (UTB; 3416) – Siehe LuB 2006, Nr. 049.

027 **Lutherjahrbuch:** Organ der internationalen Lutherforschung/ im Auftrag der Luther-Gesellschaft hrsg. von Albrecht Beutel. Bd. 77: **Jahrgang 2010.** GÖ: V&R, 2010. 352 S.: Ill. – Siehe Nr. 9 f. 95. 125. 231 f. 278. 471. 492. 557. 724. 863. 869. 919.

028 **Luthertourismus und Lutherdekade:** zwischen Bildung, Spiritualität und Erlebnis; Workshop in Erfurt am 7. und 8. Oktober 2009/19. September 2009 in Bretten/ hrsg. von der Geschäftsstelle der EKD »Luther 2017 – 500 Jahre Reformation, Lutherstadt Wittenberg; Wege zu Luther e. V. , Lutherstadt Eisleben; zsgest. vom Gemeinschaftswerk der Evang. Publizistik (GEP), Frankfurt am Main. Sonderdruck der epd-Dokumentation 12 (2010). Köthen: Druckhaus Köthen, 2010. 42 S.: Ill. (Epd-Dokumentation; 12 [2010]) – Internetressource: ⟨http://www.luther2017.de/dateien/luthertourismus_in_der-Lutherdekade_epd-Dokumentation_Workshop_Oktober_2009_in_Erfurt.pdf⟩. – Siehe Nr. 47. 822. 837. 876-878. 880-883. 894-897.[Vgl. LuB 2011, Nr. 889]

029 **Die Marktkirche Unserer Lieben Frauen zu Halle**/ hrsg. im Auftrag der Evang. Marktkirchengemeinde zu Halle von Sabine Kramer;

Karsten Eisenmenger. Halle an der Saale: Stekovics, 2004. 104 S.: Ill. – Siehe Nr. 37. 654. 805.

030 **Martin Bucer zwischen den Reichstagen von Augsburg (1530) und Regensburg (1532):** Beiträge zu einer Geographie, Theologie und Prosopographie der Reformation/ hrsg. von Wolfgang Simon. TÜ: Mohr Siebeck, 2011. IX, 273 S. (Spätmittelalter, Humanismus, Reformation; 55) – Siehe Nr. 468. 580. 603 f. 608. 616. 626. 633. 635.

031 **Martin Luther – Biographie und Theologie/** hrsg. von Dietrich Korsch; Volker Leppin. TÜ: Mohr Siebeck, 2010. VIII, 335 S. (Spätmittelalter, Humanismus, Reformation; 53) – Siehe Nr. 84. 86. 88. 94. 102. 106. 113. 225. 247. 252. 267. 311. 328. 361. 640. 642.

032 **Martin Luther und die Freiheit/** hrsg. von Werner Zager. DA: WB, 2010. 270 S.: Ill. – Siehe Nr. 38. 110. 158. 185. 564. 581. 793. 846.

033 **»Nezameniteľné je dedičstvo otcov…«:** Štúdie k dejinám a súčasnosti protestantizmu v strednej Európe k osemdesiatym narodeninám biskupa Jána Midriaka (»Das Erbe der Väter ist nicht austauschbar«: Studien zu Geschichte und Gegenwart des Protestantismus in Mitteleuropa anlässlich des 80. Geburtstags von Bischof Ján Midriak)/ hrsg. von Peter Kónya. Prešov: Prešovská univerzita, 2009. 438 S. (Acta Collegii Evangelici Prečoviensis; 10) – Siehe Nr. 257. 687. 693. 695. 714. 721. 723. 784.

034 **Oppi ja maailmankuva:** professori Eeva Martikainen 60 vuotisjuhlakirja (Lehre und Weltbild: Festschrift für Eeva Martikainen zum 60. Geburtstag)/ hrsg. von Tomi Karttunen. Helsinki: Suomalainen Teologinen Kirjallisuusseura, 2009. 373 S. – Siehe Nr. 132. 337.

035 **Philipp Melanchthon:** seine Bedeutung für Kirche und Theologie, Bildung und Wissenschaft/ hrsg. von Friedrich Schweitzer …; mit Beiträgen von Matthias Asche … NK: NV, 2010. 141 S.: Ill. (Theologie interdisziplinär; 8) (Neukirchener Theologie) – Siehe Nr. 304. 472. 502. 519. 523. 533. 562.

036 **Primus Truber:** der slowenische Reformator und Württemberg/ hrsg. von Sönke Lorenz; Anton Schindling; Wilfried Setzler. S: Kohlhammer, 2011. XI, 451 S.: Ill. – Siehe Nr. 688. 699. 703 f. 706 f. 715. 718. 747.

037 **Radosť z teologie:** zborník pri príle žitosti sedemdesiatky prof. ThDr. Igora Kišša (Freude an der Theologie: Festschrift zum 70. Geburtstag von Igor Kiš)/ hrsg. von Ján

Grešso; Miloš Klátik. BR: Tranoscius, 2004. 300 S.: Porträt. – Siehe Nr. 173. 184. 352. 827. 841. 900.

038 **The Reformation:** as a pre-condition for modern capitalism/ hrsg. von Jürgen Backhaus. MS; B: Lit, 2010. 269 S.: Ill. (Wirtschaft; 30) – Siehe Nr. 255. 264. 268. 624. 754. 782 f.

039 **Reformation und Bauernkrieg:** Erinnerungskultur und Geschichtspolitik im geteilten Deutschland/ hrsg. von Jan Scheunemann. L: EVA, 2010. 322 S.: Ill. (Schriften der Stiftung Luthergedenkstätten in Sachsen-Anhalt; 11) – Siehe Nr. 45. 52. 57. 62 f. 65 f. 69. 411. 584. 589 f. 594. 808 f. 813. 904. 916. 925.

040 **Religiöse Erfahrung und wissenschaftliche Theologie:** Festschrift für Ulrich Köpf zum 70. Geburtstag/ hrsg. von Albrecht Beutel; Reinhold Rieger. TÜ: Mohr Siebeck, 2011. IX, 641 S.: Ill. Siehe Nr. 211. 341. 414. 774. 777.

041 **Religion past and present:** encyclopedia of theology and religion (Religion in Geschichte und Gegenwart, 4., adaptierte Aufl. ⟨engl.⟩)/ hrsg. von Hans Dieter Betz … Bd. 7: Joh-Mah/ übers. von Mark E. Biddle … Leiden: Brill, 2010. CX, 729 S.: Ill., Kt. (RPP; 7) – Siehe Nr. 91. 134. 156. 203. 214. 369. 401. 535. 551. 739. 816.

042 **Religion past and present:** encyclopedia of theology and religion (Religion in Geschichte und Gegenwart, 4., adaptierte Aufl. ⟨engl.⟩)/ hrsg. von Hans Dieter Betz … Bd. 9: Nat-Pes/ Redaktion: David E. Orton; übers. von Rebecca Cain … Leiden: Brill, 2011. CIX, 750 S.: Ill., Kt. (RPP; 9) – Siehe Nr. 142. 144. 149. 153. 176. 190. 199 f. 209. 212. 219 f. 237 f. 241 f. 251. 269. 294. 329. 364-366. 404. 431. 437. 439. 441. 445. 448. 579. 583. 621. 708. 713. 790. 794.

043 **A szerelem költői:** konferencia Balassi Bálint születésének ötödfélszázadik, Gyöngyösi István halálának háromszázadik évfordulóján (Dichter der Liebe: eine Konferenz zum 450. Geburtstag von Bálint Balassi und zum 300. Todestag von István Gyöngyössi)/ hrsg. von Géza Szentmártoni Szabó. BP: Universitas, 2007. 432, 24, [8] S.: Ill. – Siehe Nr. 705. 719.

044 **Themenschwerpunkt / Focal point:** The Protestant Reformation and the middle ages/ Vorwort: Mark Greengrass; Matthias Pohlig. ARG 101 (2010), 232-304. – Siehe Nr. 745 f. 758. 767.

045 **Thomas Müntzer – Zeitgenossen – Nachwelt:** Siegfried Bräuer zum 80. Geburtstag/ hrsg. von Hartmut Kühne; Hans-Jürgen Goertz;

Thomas T. Müller; Günter Vogler. Mühlhausen: Thomas-Müntzer-Gesellschaft, 2010. 320 S.: Ill., Frontispiz. (Thomas-Müntzer-Gesellschaft: Veröffentlichungen; 14) – Siehe Nr. 1. 3. 58. 73. 205. 456. 585f. 588. 592f. 731. 864. 906.

046 **Transformations in Luther's theology:** historical and contemporary reflections/ hrsg von Christine Helmer; Bo Christian Holm. L: EVA, 2011. 286 S.: Ill. (Arbeiten zur Kirchen- und Theologiegeschichte; 32) – Siehe Nr. 135. 775. 785. 796. 811. 814. 818. 829. 835. 860f. 872. 874.

047 **Venus, Eva & Co.:** Lucas Cranachs Aktdarstellungen im Kontext von Reformation und Humanismus; [Ausstellung] 29.05.2010-12.09.2010/ hrsg. von Marlies Schmidt im Auftrag der Cranach-Stiftung Wittenberg. Wittenberg: Cranach-Stiftung, 2010. 64 S.: Ill., Taf. – Siehe Nr. 4. 661. 663.

048 **Vom Schüler der Burse zum »Lehrer Deutschlands«:** Philipp Melanchthon in Tübingen; […] anlässlich der Ausstellung »Vom Schüler […]«, 24. April – 18. Juli 2010/ hrsg. von Sönke Lorenz; mit Beiträgen von Matthias Asche … TÜ: Stadtmuseum, 2010. 212 S.: Ill. (Veröffentlichungen des Alemannischen Instituts; 78) (Tübinger Kataloge; 78) – Siehe Nr. 376. 479. 500f. 511. 522. 524. 543f. 547. 666.

049 **»… wollte ich doch lieber unter denjenigen sein, die Wahrheit suchen«:** Philipp Melanchthon; »Grenzüberschreitungen«; Lebenskreise eines Reformators/ hrsg. vom Evang. Predigerseminar Wittenberg; Hanna Kasparick. Lutherstadt Wittenberg: Drei Kastanien, 2010. 138 S.: Ill. (Wittenberger Sonntagsvorlesungen; 2010) – Siehe Nr. 484. 504. 537. 546. 550. 554. 559.

A QUELLEN

1 Quellenkunde

1 Claus, Helmut: **Valentin Schumann und Josef Klug in Wittenberg:** eine Spurensuche. In: 045, 121-141: Faks.

2 **Documenta Vaticana.** Bd. 3: **Pápák és világi uralkodók** (Päpste und Herrscher). BP: Archív, 2007. Unpag.: Ill.

3 Eisermann, Falk: **»Lieber Meister Jörg«:** Briefe an einen Meißener Buchbinder der Reformationszeit. In: 045, 143-161: Faks.

4 **Katalog** [Cranach, Akdarstellungen]. In: 047, 13-47: Ill., Taf.

5 **Katalog der Leichenpredigten und sonstiger Trauerschriften in der Universitätsbibliothek Leipzig/** bearb. von Rudolf Lenz; Gabriele Bosch; Daniel Geißler … **Katalogteil I.** S: Steiner, 2010. XX, 539 S.: Kt. (Marburger Personalschriften-Forschungen; 50, 1)

6 **Katalog der Leichenpredigten und sonstiger Trauerschriften in der Universitätsbibliothek Leipzig/** bearb. von Rudolf Lenz; Gabriele Bosch; Daniel Geißler … **Katalogteil II.** S: Steiner, 2010. S. 541-1142: Kt. (Marburger Personalschriften-Forschungen; 50, 2)

7 **Katalog der Leichenpredigten und sonstiger Trauerschriften in der Universitätsbiblio-**

thek Leipzig/ bearb. von Rudolf Lenz; Gabriele Bosch; Daniel Geißler … **Katalogteil III.** S: Steiner, 2010. S. 1143-1727: Kt. (Marburger Personalschriften-Forschungen; 50, 3)

8 **Katalog der Leichenpredigten und sonstiger Trauerschriften in der Universitätsbibliothek Leipzig/** bearb. von Rudolf Lenz; Gabriele Bosch; Daniel Geißler … **Registerteil I.** S: Steiner, 2010. VIII, 718 S. L". (Marburger Personalschriften-Forschungen; 50, 4)

9 Köpf, Ulrich: **Die Weimarer Lutherausgabe – Rückblick auf 126 Jahre Wissenschaftsgeschichte.** LuJ 77 (2010), 221-238.

10 Michel, Stefan: **Martin Luthers Galaterbriefvorlesung von 1531:** quellenkritische Beobachtungen an der Kollegmitschrift Georg Rörers (1492-1557). LuJ 77 (2010), 65-80.

11 Opgenoorth, Ernst; Schulz, Günther: **Einführung in das Studium der neueren Geschichte/** 7., vollst. neu bearb. Aufl./ unter Mitarb. von Tanja Bettge … PB; M; W; ZH: Schöningh, 2010. 424 S.: Ill. L". (UTB: Geschichte; 1553)

12 Luther, Martin: **Sidottu ratkaisuvalta** (*De servo arbitrio* ⟨finn.⟩)/ übers. von A. E. Koskenniemi. Neudruck der Ausgabe Helsinki, 1952. Helsinki: Aurinko, 2010. XLII, 443 S.

13 [Luther, Martin] Luther, Martti: **Iso katekismus** (*Deutsch [Großer] Katechismus* ⟨finn.⟩)/ übers. von A. E. Koskenniemi. Neudruck der Ausgabe Helsinki, 1964. Helsinki: Aurinko, 2010. 172 S.

14 [Luther, Martin] Luther, Márton: **Előszók a Szentírás könyveihez** (*Deutsche Bibel: Vorreden* [Bornkamm-Ausgabe] ⟨ungar.⟩)/ übers. von Szilvia Szita. 2. Aufl. BP: Luther; Magyarországi Luther Szövetség, 2010. 166 S. (Magyar Luther Könyvek; 2)

15 Luther, Martin: **Ensimmäisen Mooseksen kirjan selitys 41-50** (*Genesisvorlesung*

⟨finn.⟩)/ aus dem Lat. übers. von Heikki Koskenniemi. Helsinki: Suomen Luther-säätiö, 2010. 576 S. (Totuuden aarre; 8)

16 [Luther, Martin]: **Luther's works.** Bd. 69: **Sermons of the Gospel of St. John:** chapter 17-20/ hrsg. von Christopher Boyd Brown. StL: Concordia, 2009. XXII, 469 S. (American edition; 69)

17 [Luther, Martin]: **Solus decalogus est aeternus:** Martin Luther's complete Antinomian theses and disputations; English translation with the Latin text of the Weimar Edition (*Thesen gegen die Antinomer; Antinomerdisputationen* ⟨lat./engl.⟩)/ hrsg. und übers. von Holger Sonntag; Vorwort: Paul Strawn. MP: Lutheran Press: Cygnus series, 2008. 409 S.

3 Volkstümliche Ausgaben und Übersetzungen der Werke Luthers sowie der biographischen Quellen

a) Auswahl aus dem Gesamtwerk

18 [Luther, Martin] Luther, Martón: **Mélysége és magassága:** áhítatok az év minden napjára (Christlicher Wegweiser für jeden Tag ⟨ungar.⟩)/ übers. von Jenő Kiss. Kolozsvár: Koinónia, 2010. 429 S.

19 [Luther, Martin] Luther, Martti: **En minä kuole – vaan elän:** antologia; uskonpuhdistuksen 450-vuotisjuhlavuodenjulkaisu (Ich sterbe nicht – sondern lebe: Antologie; Festschrift zum 450. Reformationsjubiläum ⟨finn.⟩)/ ges. und redigiert von Ossi Kettunen; übers. von Ahti Hakamies; Teivas Oksala. Neudruck der Ausgabe Helsinki, 1967. Helsinki: Aurinko, 2010. 331 S.

20 [Luther, Martin]: **»Ey, küss mich aufs Heiligtum!«:** Luthers Predigten in Halle, nebst seinen Briefen und einer Einführung/ hrsg. von Gregor Heidbrink. Halle (Saale): Mitteldeutscher, 2011. 156 S.: Ill. (mdv präsent) – Siehe Nr. 34. 296. 665.

21 [Luther, Martin]: **Luther zum Vergnügen/** hrsg. von Johannes Schilling. S: Reclam, 2011. 184 S.: Ill. (Reclams Universal-Bibliothek; 18802) [Vgl. LuB 2009, Nr. 43]

22 [Luther, Martin]: **Martin Luther und der Wein:** aus Tischreden, Briefen und Predigten/ ges. von Christine Reizig; Gunter Müller. Begleitheft zur Sonderausstellung »Der

Wein erfreut des Menschen Herz: Martin Luther, die Bibel und der Weinbau im Mansfelder Land« (Martin Luthers Sterbehaus, Lutherstadt Eisleben, 17.5.-4.10.1998). 2. Aufl. Halle/Saale: Stekovics, 2001. 35 S.: Faks. (Stiftung Luthergedenkstätten in Sachsen-Anhalt; 1)

23 [Luther, Martin] Luther, Martti: **Matkaevästä:** Martti Lutherin teoksista koottuja tutkisteluja vuoden kullekin päivälle (Wegzehrung: Martin Luthers Gedanken für jeden Tag des Jahres ⟨finn.⟩)/ bearb. von Marja Koskenniemi; übers. von Tuure V. Toivio. 3. Aufl. Helsinki: Aurinko, 2010. 382 S.

24 Luther, Martin: **Yksin armosta:** 365 päivää Martti Lutherin seurassa (Allein aus Gnade: 365 Tage mit Luther ⟨finn.⟩)/ übers. von Anja Ghiselli. Helsinki: Kirjapaja, 2010. 319 S.

25 [Luther, Martin]: **Luthers Catechismus** (*Der Kleine Katechismus* ⟨niederl.⟩) (*Deutsch [Großer] Katechismus* ⟨niederl.⟩)/ übers. und eingel. von Klaas Zwanepol. Heerenveen: Protestantse Pers, 2009. 174 S.

26 **Renaissances et réformes/** hrsg. von Nicole Lemaître; Marc Lienhard. P: Cerf, 2010. 573 S. (La théologie: une anthologie; 3)

357

b) Einzelschriften und Teile von ihnen

27 **Die Heilige Schrift des Alten und Neuen Testaments:** verdeutscht von Martin Luther; mit zweihundert und dreißig Bildern von Gustave Doré/ mit einem Begleitheft von Anja Grebe. Nachdruck der Ausgabe S: Hallberger, 1867. Bd. 1: **Die Heilige Schrift des Alten Testaments.** Bd. 2: **Die Heilige Schrift des neuen Testaments.** DA: WB, 2005. 774; 344 Sp.: Ill. & Beil. (7 S.: »Der universale Illustrator: Gustave Doré und seine Bilder zur Heiligen Schrift«, 2004).

28 [Luther, Martin]: **Gegen Lebensüberdruß und Todessehnsucht:** zwei Trostbriefe Martin Luthers (*Briefe* ⟨hochdt.⟩)/ bearb. von Johannes Schilling. Lu 81 (2010), 62-68.

29 [Luther, Martin] Luther, Márton: **Előszók a Szentirás könyveihez** (*Deutsche Bibel: Vorreden* [Bornkamm-Ausgabe] ⟨ungar.⟩)/ übers. von Szilvia Szita. 2. Aufl. BP: Magyarországi Luther Szövetség, 1995. 166 S. (Magyar Luther könyvek; 2)

30 [Luther, Martin]: **Dreifache Freiheit im messianischen Heil:** Luthers Auslegung von Jesaja 9, 3 (1525/26) (*Die Epistel des Propheten Jesaja, so man in der Christmes-se liest* ⟨neuhochdt.⟩ [Auszug])/ bearb. von Reinhard Schwarz. Lu 81 (2010), 124-132.

31 [Luther, Martin]: **Dr. Luther Márton Kis kátéja** (*Kleiner Katechismus* ⟨ungar.⟩)/ übers. und erl. von Károly Pröhle. 9. Aufl. BP: Luther, 2010. 67 S.

32 [Luther, Martin]: **Von christlicher Gerechtigkeit oder Vergebung der Sünden:** aus Martin Luthers Predigt in Marburg am 5. Oktober 1529 (*Ein Sermon von christlicher Gerechtigkeit oder Vergebung der Sünden* ⟨neuhochdt.⟩ [Auszug])/ bearb. von Gerhard Müller. Lu 81 (2010), 2-7.

33 [Luther, Martin]: **Plaudereien an Luthers Tafel:** Köstliches und Nachdenkliches (*Tischreden* [Auswahl] ⟨dt.⟩)/ hrsg. von Thomas Maess. L: EVA, 2010. 114 S.

34 Luther, Martin: **Tröstung an die Christen zu Halle über Herrn Georgen ihren Prediger Tod, 1527** (*Tröstung an die Christen zu Halle ...* ⟨neuhochdt.⟩). In oben Nr. 20, 118-148.

35 **Die Psalmen nach Martin Luther**/ übers. von Martin Luther; Vorwort: Nikolaus Schneider. Norderstedt: Deutsche Bibelgesellschaft; Norderstedt: Agentur des Rauhen Hauses, 2010. 320 S.

4 Ausstellungen, Bilder, Bildbiographien, Denkmäler, Lutherstätten

36 **Abendmahl** [Katalogteil]/ Thomas Weißbrich ... In: 06, 326-337: Ill. L 334-336.

37 Boor, Friedrich de: **Die Bibelsprüche an den unteren Emporen der Marktkirche:** in Stein gemeisselte Proklamation des reformatorischen Glaubens. In: 029, 21-29.

38 Diekamp, Busso: **Auf Martin Luthers Spuren in Worms.** In: 032, 163-265.

39 **Erfurter Luther-Almanach 1511-2011**/ Textbeiträge: Christoph Bultmann; Michael Gabel; Josef Freitag ... Grafiken: Uta Hünninger. Handpressendruck, limit. Aufl. Erfurt: Edition Viola Blum, 2010. 28 S.: Ill.

40 Gaisberg, Elgin von: **Die Stadt als Quelle:** bildliche Überlieferung und baulicher Bestand. In: 011, 30-48: Ill., 211 (Taf.).

41 **Glaubensunruhe** [Katalogteil]/ Sabine Witt ... In: 06, 19-28: Ill.

42 Graf, Gerhard: **Die Evangelisch-Lutherische Hainkirche St. Vinzenz in Leipzig-Lützschena:** ein Rundgang/ Aufnahmen und Gestaltung: Steffen Berlich; künstler. Beratung: Anke Voigt. L: ScanColor, 2011. 52 S.: Ill. L 26 f.

43 Gutjahr, Mirko: **Martin Luther und das »Schwarze Kloster« zu Wittenberg.** In: 022, 206 f: Ill.

44 Gutjahr, Mirko: **Ein Spiegel der Geschichte – Das Franziskanerkloster in Wittenberg.** In: 022, 200 f: Ill.

45 Hannemann, Kathy: **Der Wittenberger Kirchentag im Lutherjahr 1983.** In: 039, 301-313.

46 Helten, Leonhard: **Residenz und Stadt – offene Fragen.** In: 011, 74-81: Ill., 215 (Taf.).

47 Hildebrandt, Carmen: **Wege zu Luther – eine kulturtouristische Initiative in Mitteldeutschland.** In: 028, 18 f.

48 Hoffmann, Wolfgang: **Luther:** ein Reiseführer zu den bedeutenden Wirkungsstätten des Reformators in Deutschland. 2., aktual. und veränd. Aufl. Wernigerode: Schmidt-Buch, 2011. 79 S.: Ill. [Umschlag- und Rückentitel: Luther – Der Reiseführer].

49 Kluttig-Altmann, Ralf: **Baukeramik aus Wittenberger Grabungen:** archäologisches Fundmaterial als interdisziplinärer Gegenstand. In: 011, 154-163: Ill., 223-225 (Taf.).

50 Krause, Manuela: **Der Lutherweg in Sachsen.** Leipziger Seenland Journal (2011) Heft 3, 4f: Ill., Kt. (Leipziger Seenland Journal; 7)

51 Lehmann, Hans-Ulrich: **Die Versöhnungskirche als Gesamtkunstwerk.** In: 100 Jahre Versöhnungskirche Dresden-Striesen: Festschrift/ hrsg. von der Evang.-Luth. Kirchgemeinde Dresden-Blasewitz ...; Redaktion: Hans-Peter Hasse; Gerd Hiltscher. Dresden: Evang.-Luth. Kirchgemeinde Dresden-Blasewitz, 2009, 32-39: Ill. L 34.

52 Lindner, Andreas: **Das Erfurter Augustinerkloster:** eine kirchliche Erinnerungsstätte in der DDR. In: 039, 267-279: Ill.

53 Lupas, Liana: **From Wittenberg to Germantown:** an exhibition at the American Bible Society Library. LQ 23 (2009), 110-113.

54 **Luther als Junker Jörg in Borna:** L[eipziger] S[eenland]J[ournal] im Gespräch mit Superintendent M[atthias] Weismann. Leipziger Seenland Journal (2011) Heft 3, 6f: Ill. (Leipziger Seenland Journal; 7)

55 **Luther im Künstlerbuch:** Begleitheft zur Ausstellung zum Erfurter Luther-Almanach 1511-2011, 21. März bis 21. April 2011 [...] Ausstellungsraum Universitätsbibliothek Erfurt, 2. OG/ von Christoph Bultmann; mit einer Ill. aus »Erfurter Luther-Almanach« von Uta Hünniger, 2010. Erfurt: Univ., 2011. 16 S.: Ill. (Universität Erfurt)

56 **Luther im Künstlerbuch:** Begleitheft zur Ausstellung zum Erfurter Luther-Almanach 1511-2011, 21. März bis 21. April 2011 [...] Ausstellungsraum Universitätsbibliothek Erfurt, 2. OG/ von Christoph Bultmann; mit einer Ill. aus »Erfurter Luther-Almanach« von Uta Hünniger, 2010. Online-Ausgabe. Erfurt: Univ., 2011. 16 S.: Ill. (Universität Erfurt) – Internetressource: ⟨http://www.d.-thueringen.de/servlets/DerivateServlet/Derivate-22731/Begleitheft_LutherimKuenstlerbuch.pdf⟩.

57 Moeller, Bernd: **Die Ausstellung »Martin Luther und die Reformation in Deutschland« Nürnberg 1983:** ein persönlicher Bericht. In: 039, 103-113: Ill.

58 Müller, Thomas T.; Schwarze, Andreas: **Kirchenumnutzung in der DDR:** die Übergabe der Mühlhäuser Marienkirche an die Zentrale Gedenkstätte Deutscher Bauernkrieg im Jahre 1975. In: 045, 261-290: Ill. L 277. 280f.

59 Nathan, Carola: **»Lass reisen, wer will«:** mit dem Fahrrad auf Luthers Spuren. Monumente: Magazin für Denkmalkultur in Deutschland 20 (2010) Nr. 5/6, 8-15: Ill.

60 Philipsen, Christian: **Luthers Geburts- und Sterbehaus in Eisleben.** In: 022, 196f: Ill.

61 Raabe, Sabine: **Lutherweg Station 40:** Sankt Marien Kirche zu Kemberg – Wir sind »Aufgeschlossen«! Leipziger Seenland Journal (2011) Heft 3, [9]: Ill. (Leipziger Seenland Journal; 7)

62 Raßloff, Steffen: **Die Lutherstadt Erfurt in der DDR:** Erinnerungskultur und Musealisierung im Wandel. In: 039, 255-265: Ill.

63 Reichelt, Silvio: **Luthertourismus in Wittenberg im 20. Jahrhundert.** In: 039, 283-299: Ill.

64 Roth, Norbert: **Martin Luther neu begegnen:** auf Entdeckungsreise durch Mitteldeutschland/ Fotos: Martin Gommel. PB: Bonifatius, 2010. 144 S. Ill.

65 Sänger, Johanna: **Geduldet und geehrt:** Martin Luther und Thomas Müntzer in Straßen- und Ehrennamen der DDR. In: 039, 87-100: Kt.

66 Scheunemann, Jan: **Reformation und Bauernkrieg im Museum:** die »frühbürgerliche Revolution« und ihre Musealisierung in den 1950er Jahren. In: 039, 65-86: Ill.

67 Schilling, Heinz: **Urbanisierung und Reformation in termino civilitatis:** Überlegungen zu einer welthistorischen Symbiose. In: 011, 19-26.

68 Schlenker, Björn: **Aus gutem Hause – Luthers Elternhaus in Mansfeld.** In: 022, 226f: Ill.

69 Schuchardt, Günter: **Die Wartburg – Lutherort und Einheitssymbol.** In: 039, 197-211: Ill.

70 Stahl, Andreas: **»Eine feste Burg« – Das Schloss Mansfeld.** In: 022, 228f: Ill.

71 Stahl, Andreas: **St. Annen in Eisleben – Kirche und Kloster im Zeichen der Reformation.** In: 022, 198f: Ill.

72 Stiftung Luthergedenkstätten in Sachsen-Anhalt: **Sendbrief** [N. F.]/ hrsg. von der Stiftung Luthergedenkstätten in Sachsen-Anhalt – Stefan Rhein; Konzeption und Redaktion: Florian Trott. Nr. 1: Schwerpunktthema: **Luthergedenkstätten im Bau.** Wittenberg, 2011. 20 S.: Ill.

73 Strohmaier-Wiederanders, Gerlinde: **Was ist das Allgemeine im Besonderen?:** eine Auseinandersetzung mit Werner Tübkes Bauernkriegspanorama in Frankenhausen. In: 045, 291-310. L 299. 303f. 308.

74 Titze, Mario: **Schauplatz der Reformations-geschichte – Schloss und Schlosskirche der Lutherstadt Wittenberg.** In: 022, 202-205: Ill.

75 Treu, Martin: **Luther Márton, a reformátor:** kiállításvezető (Martin Luther – the reformer: a companion to the exhibit ⟨ungar.⟩)/ übers. von Márta Gáncs; Marianne Szentpétery. BP: Luther, 2006. 76 S.: Ill.

76 Treu, Martin: **Martin Luther in Wittenberg:** ein biografischer Rundgang. 2. Aufl. Wit-

tenberg: Stiftung Luthergedenkstätten in Sachsen-Anhalt, 2006. 114 S.: Ill. (»Martin Luther: Leben – Werk – Wirkung«: Dauerausstellung im Lutherhaus Wittenberg)

77 Treu, Martin: **Martin Luther in Wittenberg:** ein biografischer Rundgang. 3. Aufl. Wittenberg: Stiftung Luthergedenkstätten in Sachsen-Anhalt, 2010. 114 S.: Ill. (»Martin Luther: Leben – Werk – Wirkung«: Dauerausstellung im Lutherhaus Wittenberg)

B DARSTELLUNGEN

I Biographische Darstellungen

a) Das gesamte Leben Luthers

78 Backus, Irena: **Life writing in Reformation Europe:** lives of reformers by friends, disciples and foes. Aldershot, Hampshire; Burlington, VT: Ashgate, 2008. XXXIII, 259 S. (St. Andrews studies in Reformation history) – Bespr.: Leppin, Volker: ARGBL 38 (2009), 39.

79 Bainton, Roland H.: **Here I stand:** a life of Martin Luther. Nachdruck der Ausgabe NY, 1950. Peabody, MA: Hendrickson, 2009. XXI, 441 S.: Ill. (Hendrickson classic biographies)

80 **The Cambridge companion to Martin Luther**/ hrsg. von Donald K. McKim. Digitalisierte Ausgabe der Ausgabe Cambridge, UK; NY, 2003. Cambridge, UK; NY: Cambridge University, 2003. XVIII, 320 S. (Cambridge companions to religion;) – Siehe LuB 2004, Nr. 03.

81 Cottret, Bernard: **Histoire de la Réforme protestante:** Luther, Calvin, Wesley; XVIe-XVIIIe siècle. Neuausgabe. P: Perrin, 2010. 614 S.: Ill. (Collection tempus; 325) [Vgl. LuB 2002, Nr. 63]

82 Hendrix, Scott H.: **Martin Luther:** a very short introduction. Oxford: Oxford University, 2010. 126 S.: Ill. (Very short introductions; 252)

83 Jericó Bermejo, Ignacio: **Martín Lutero:** a propósito de una biografía de 2009.(Martin Luther: zu einer Biographie von 2009). La ciudad de dios 223 (El Escorial 2010), 207-248. – Bespr. zu LuB 2011, Nr. 85.

84 Korsch, Dietrich: **Einleitung: Biographie, Individualität und Religion.** In: 031, 1-8.

85 Lazcano González, Rafael: **Biografía de Mar-**

tín Lutero: (1483-1546)(Biographie Martin Luthers: [1483-1546]). Guadarrarma (Madrid): Augustiniana, 2009. 477 S.: Ill., Kt. (Colección historia viva; 31) – Bespr. siehe LuB 2011, Nr. 83.

86 Leppin, Volker: **Biographie und Theologie Martin Luthers – eine Debatte und (k)ein Ende?:** ein Nachwort. In: 031, 313-318.

87 Leppin, Volker: **Martin Luther.** 2., durchges., bibliogr. aktualisierte und mit einem Vorwort versehene Aufl. DA: WB, 2010. 426 S.: Ill. (Gestalten des Mittelalters und der Renaissance)

88 Moeller, Bernd: **Der biographische Sonderfall Martin Luther.** In: 031, 305-311.

89 Robinson, Paul W.: **Martin Luther:** a life reformed. Upper Saddle River, NJ: Prentice-Hall; LO: Pearson Education, 2009. X, 105 S.: Ill., Kt. (The library of world biography)

90 Robinson, Paul W.: **Martin Luther:** a life reformed. Boston, MA u. a.: Longman, 2010. X, 105 S.: Ill., Kt. (The library of world biography)

91 Schwarz, Reinhard: **Luther, Martin I: Life and writings** (Luther, Martin I: Leben und Schriften ⟨engl.⟩). In: 041, 644-654.

92 Sibué, Annick: **Luther et la Réforme protestante.** P: Eyrolles, 2011. 183 S. (Eyrolles pratique)

b) Einzelne Lebensphasen und Lebensdaten

93 Beyer, Michael: **Luthers Erinnerungen an die Leipziger Disputation.** In: 024, 125-130: Ill.

94 Breul, Wolfgang: »**Es ist verloren der geyst-lich standt**«: Luthers Eheschlieáung im Kontext des Aufstands von 1525. In: 031, 153-167.

95 Bulisch, Jens: **Wie alt ist Martin Luther geworden?**: zum Geburtsjahr 1482 oder 1484. LuJ 77 (2010), 29-39.

96 Gutberlet, Bernd Ingmar: **Die 33 wichtigsten Ereignisse der deutschen Geschichte.** Originalausgabe. Bergisch Gladbach: Ehrenwirth, 2008. 302 S. L 65-71.

97 Gutberlet, Bernd Ingmar: **Die 33 wichtigsten Ereignisse der deutschen Geschichte.** Vollst. Taschenbuchausgabe, 1. Aufl. Köln: Bastei-Lübbe, 2010. 302 S. Ill. L 65-71. (Bastei-Lübbe-Taschenbuch; 64243: Sachbuch)

98 Hamm, Berndt: **Naher Zorn und nahe Gnade:** Luthers frühe Klosterjahre als Beginn seiner reformatorischen Neuorientierung. (2007). In: 016, 25-64.

99 Junghans, Helmar: **Martin Luther und die Leipziger Disputation.** In: 024, 87-94: Ill.

100 Kinczler, Irén: **A fekete kolostor körtefája** (Der Birnbaum im Schwarzen Kloster). Piliscsaba: FÉBÉ Szociális és Rehabilitációs Szolgáltató Kht. 2006. 14 S.: Ill.

101 Kohnle, Armin: **Die Leipziger Disputation und ihre Bedeutung für die Reformation.** In: 024, 9-24: Ill.

102 Korsch, Dietrich: »**Sic sum**«: der Theologe Martin Luther auf der Veste Coburg 1530. In: 031, 183-194.

103 Mager, Inge: **Justus Jonas als Zeuge und Berichterstatter über Luthers Tod.** In: 019, 183-189.

104 Noack, Thomas: **Der Ort der Disputation – die Pleißenburg.** In: 024, 45-54: Ill.

105 Posset, Franz: **The real Luther:** a friar at Erfurt & Wittenberg; exploring Luther's life with Melanchthon as guide. StL: Concordia, 2011. XXII, 195 S.

106 Schäufele, Wolf-Friedrich: »**... iam sum monachus et non monachus**«: Martin Luthers doppelter Abschied vom Mönchtum. In: 031, 120-139.

107 Schneider, Hans: **Episoden aus Luthers Zeit als Erfurter Mönch** (»Hogy megvédelmeztessék vikáriátusotok obszervanciája«: épizódok Luther erfurti szerzetes idejéből ⟨dt.⟩). Überarb. und. erw. Fassung der ungar. Fassung. Lu 81 (2010), 133-148.

108 Schneider, Hans: **Luther en France.** PL 58 (2010), 231-250.

109 Winter, Christian: **Die Protokolle der Leipziger Disputation.** In: 024, 35-44: Ill.

110 Zager, Werner: **Verwirklichte Freiheit:** Martin Luther vor dem Reichstag zu Worms. In: 032, 9-23.

c) Familie

111 Heling-Grewolls, Antje; Heling, Arnd: »**... will ich Gärtner werden!**«: über die Bedeutung des Gartens in der Geschichte des evangelischen Pfarrhauses. ZZ 11 (2010) Heft 8, 33-36: Ill.

112 Klosterkamp, Thomas: **Katharina von Bora – Ehefrau des Reformators Martin Luthers.** In: 09, 32-43.

113 Kohnle, Armin: »**Deus ita voluit, ut derelictae misericordiam praestarem**«: Luthers Eheschließung: ein theologisches Zeichen? In: 031, 141-151.

114 Stephan, Hans-Georg: **Archäologie, Alltagskultur und Stadtforschung.** In: 011, 146-153: Ill., 218-222 (Taf.).

115 Strauchenbruch, Elke: **Luthers Kinder.** L: EVA, 2010. 207 S.: Ill.

116 Szabóné Mátrai, Mariann: **Lutherék kertje** (Der Garten der Luthers). LP 85 (2010), 401.

d) Volkstümliche Darstellungen seines Lebens und Werkes, Schulbücher, Lexikonartikel

117 Béres, Tamás; Kodácsy-Simon, Eszter; Réz-Nagy, Zoltán: **Közelebb az élethez:** evangélikus hittankönyv 17-18 évesek számára (Näher zum Leben: evangelisches Lehrbuch Religion für 17-18jährige). BP: Luther, 2010. 259 S.: Ill.

118 Béres, Tamás; Kodácsy-Simon, Eszter; Réz-Nagy, Zoltán: **Közelebb az élethez:** tanári kézikönyv (Näher zum Leben: Hinweise für die Lehrer). BP: Luther, 2010. 119 S.

119 Popper, Péter: Vallásalapítók: Ábrahám, Mózes, Buddha, Názáreti Jézus, Lao Ce, Konfucius, Mohamed és Luther sorsa és jelleme (Religionsgründer: Schicksal und Charakter von Abraham, Moses, Buddha, Jesus von Nazaret, Laotse, Konfuzius, Muhammed und Luther). [BP]: Saxum, 2006. 189 S.: Ill.

120 **Reformation heroes:** a simple, illustrated overview of people who assisted in the great work of the Reformation/ hrsg. von Diana Kleyn; Joel R. Beeke; Richard Newton. Grand Rapids, MI: Reformation heritage books, 2007. 240 S.: Ill., Kt.

121 **Reformation heroes:** a simple, illustrated overview of people who assisted in the great work of the Reformation/ hrsg. von Diana Kleyn; Joel R. Beeke; Richard Newton. 2. Ausgabe, mit Übungsfragen. Grand Rapids, MI: Reformation heritage books, 2009. 240 S.: Ill., Kt.

122 **Religion in Geschichte und Gegenwart:** Handwörterbuch für Theologie und Religionswissenschaft. 4., völlig neu bearb. Aufl., ungek. Studienausgabe/ hrsg. von Hans Dieter Betz ... 8 Bde., 1 Registerbd. TÜ: Mohr, 2008. 9046 S.: Ill., Kt. (UTB) – Siehe LuB 2002, Nr. 045 f; LuB 2004, Nr. 067-069; LuB 2005, Nr. 055 f; LuB 2006, Nr. 065; LuB 2009, Nr. 963.

123 **Von Martin Luther den Kindern erzählt/** von Frank Neumann; mit Bildern von Uta Fischer. Kevelaer: Butzon & Bercker, 2008. [12] Bl.: Ill.

2 Luthers Theologie und einzelne Seiten seines reformatorischen Wirkens

a) Gesamtdarstellungen seiner Theologie

124 Beinert, Richard A.: **The meaning and practice of conversion:** a comparison of Calvin's and Luther's theologies. Lutheran theological review 22 (St. Catherine, Ont. 2009/2010), 7-24.

125 Ebeling, Gerhard: **Wie ist Luthers Theologie als ein Ganzes darstellbar?/** hrsg. von Ulrich Köpf. LuJ 77 (2010), 15-27.

126 Filser, Hubert: **Die Theologie im Zeitalter der Reformation, der katholischen Reform und der Konfessionalisierung.** In: Geschichte der christlichen Theologie/ hrsg. von Wolfgang Pauly. DA: WB: Primus, 2008, 93-135. L 95-103+".

127 Greenbaum, Susan: **Luther's theology of piety, 1513-1521:** a struggle with God, the devil and the conscience. NY, 2009. [4], 256 Bl. – NY, Union Theological Seminary, PhD, 2009.

128 Helmer, Christine: **Introduction to Luther's theology in global context.** Religion compass 3 (Oxford 2009), 417-429.

129 Kolb, Robert: **Martin Luther:** confessor of the faith. Internetressource. Oxford; NY: Oxford University, 2009. 215 S. (Christian theology in context)

130 Mannermaa, Tuomo: **Two kinds of love:** Martin Luther's religious world (Kaksi rakkautta ⟨engl.⟩)/ aus dem Finn. übers., hrsg. und eingel. von Kirsi I. Stjerna; mit einem Nachwort von Juhani Forsberg. MP: Fortress, 2010. XVII, 125 S.

131 Meding, Wichmann von: **Luthers lockende Lehre:** ein Diskussionsbeitrag. Lu 81 (2010), 19-31.

132 Raunio, Antti: **Oppi, etiikka ja praksis Lutherilla ja luterilaisessa teologiassa** (Lehre, Ethik und Praxis bei Luther und in der luth. Theologie). In: 034, 23-36.

133 Ringleben, Joachim: **Gott im Wort:** Luthers Theologie von der Sprache her. TÜ: Mohr Siebeck, 2010. XI, 638 S. (Hermeneutische Untersuchungen zur Theologie; 57)

134 Schwarz, Reinhard: **Luther, Martin II: Theology** (Luther, Martin II: Theology ⟨engl.⟩). In: 041, 654-664.

135 Widmann, Peter: **Die notwendige Transformation einer reformatorischen Theologie.** In: 046, 122-137.

b) Gott, Schöpfung, Mensch

136 Baumert, Manfred: **Auch Heiden haben Geistesgaben:** Charismen verstehen und erkennen bei Martin Luther. Luth. Kirche in der Welt 58 (2011), 31-68.

137 Baumert, Manfred Otto Willi: **Charismen entdecken:** eine praktisch-theologische Untersuchung in der Evangelischen Landeskirche in Baden = **Discovering charismata:** a practical-theological inquiry in the United Lutheran Church of Baden. Pretoria, 2009. XXIV, 332, 357 S.: Ill. – Pretoria, Univ. of South Africa, D. Th., 2009.

138 Bayer, Oswald: **God's omnipotence.** LQ 23 (2009), 85-102.

139 Bayer, Oswald: **»Gottes Allmacht«** [God's omnipotence]/ engl. Zusammenfassung: Wolfgang Vondey. LuD 18 (2010), 73 f.

140 Boykin, John D., Sr.: **The predestination principle:** a bible study. Evangelical review of theology 33 (Exeter 2009), 262-269.

141 Clough, David: **The anxiety of the human animal:** Martin Luther on non-human animals and human animals. In: Creaturely theology: on God, humans and other ani-

mals/ hrsg. von Celia Deane-Drummond; David Clough. LO: SCM, 2009, 41-60.

142 Dietz, Walter R.: **Original state** III: **Dogmatics** (Urstand III: Dogmatisch ⟨engl.⟩). In: 042, 382-386.

143 Fabiny, Tibor, Jr.: **Theodráma és maszkabál:** Luther és Shakespeare (Gottesdrama und Maskenball: Luther und Shakespeare). In: Kinek teszel milyen hitet: ünnepi kötet Géher István 70. születésnapjára/ hrsg. von Natália Pikli. BP: ELTE BTK, 2010, 125-135.

144 Herms, Eilert: **Natural law** II: **Christianity** (Naturrecht II: Christentum ⟨engl⟩). In: 042, 36-38.

145 Ittzés, Gábor: »**The breath returns to God who gave it**«: the doctrine of the soul's immortality in sixteenth-century German Lutheran theology. Cambridge, MA: Harvard University, 2008. XVII, 319 S. – Cambridge, MA, Harvard University, Th. D., 2008.

146 Jüngel, Eberhard: **Gott als Geheimnis der Welt:** zur Begründung der Theologie des Gekreuzigten im Streit zwischen Theismus und Atheismus. 8., erneut durchges. Aufl. TÜ: Mohr Siebeck, 2010. XXII, 564 S.

147 Kärkkäinen, Pekka: **Trinity.** In: 010, 80-94.

148 Lane, Anthony N. S.: **Anthropology:** Calvin between Luther and Erasmus. In: 04, 185-205.

149 Link, Christian: **Natural theology** (Natürliche Theologie ⟨engl.⟩). In: 042, 55-57

150 Moroney, Stephen K.: **God of love and God of judgment.** Eugene, OR: Wipf & Stock, 2009. XII, 150 S.

151 Pessin, Andrew: **The God question:** what famous thinkers from Plato to Dawkins have said about the divine. Buch- und E-book-Ausgabe. Oxford: Oneworld, 2009. XXI, 324 S.

152 Raunio, Antti: **The human being.** In: 010, 27-58.

153 Saarinen, Risto: **Original sin** I: **Definition** (Erbsünde I: Zum Begriff ⟨engl.⟩). In: 042, 380 f.

154 Slenczka, Notger: **Gottesbeweis und Gotteserfahrung.** In: Letztbegründungen und Gott/ hrsg. von Edmund Runggaldier; Benedikt Schick. B; NY: de Gruyter, 2011, 6-30. – Bespr.: Polke, Christian: ThLZ 136 (2011), 435 f.

155 Slenczka, Notger: **Das Wunder des Durchschnittlichen:** die systematisch-theologische Reflexion der lutherischen Pneumatologie angesichts charismatischer Bewegungen. Luth. Kirche in der Welt 54 (2007), 57-77.

156 Stock, Konrad: **Love of/for God** III: **Christianity** (Liebe Gottes und Liebe zu Gott III: Christentum ⟨engl.⟩). In: 041, 620-622.

157 Wiesner-Hanks, Merry E.: **Gender and the Reformation.** ARG 100 (2009), 350-365.

158 Wimmer, Reiner: **Martin Luthers Religionsbegriff und das interreligiöse Gespräch – ein Vorschlag.** In: 032, 121-148.

c) Christus

159 Anthony, Neal James: **Cross narratives:** Martin Luther's Christology and the location of redemption. Eugene, OR: Pickwick, 2010. 322 S. (Princeton theological monograph series; 135) – Chicago, IL, Lutheran School of Theology at Chicago, Thesis, PhD, 2008. [Vgl. LuB 2010, Nr. 155]

160 Cacciapuoti, Pierluigi: **Roma e Lutero:** cristologia e ontologia a confronto (Rom und Luther: Christologie und Ontologie im Vergleich). Napoli: Pontificia Facoltà Teologica dell'Italia Meridionale, 2010. 152 S. (Letture teologiche Napoletane: N. S.; 4) – Bespr.: Archivio teológico Granadino 73 (Granada 2010), 292.

161 Haanes, Vidar L.: »**Christological themes in Luther's theology**«/ Zusammenfassung: Patricia A. Sullivan. LuD 18 (2010), 75-79.

162 Johnson, Marcus P.: »**Luther and Calvin on union with Christ**«/ Zusammenfassung: Aaron J. West. LuD 1839 (2010), 80-82.

163 Jorgenson, Allen G.: **Crux et vocatio.** Scottish journal of theology 62 (Edinburgh 2009), 282-298.

164 Juntunen, Sammeli: **Christ.** In: 010, 59-79.

165 Kopperi, Kari: **Theology of the cross.** In: 010, 155-172.

166 Sahayadoss, Santhosh J.: **Martin Luther's theology of the cross and its significance for creating a culture of peace.** In: Doing theology in a global context: a Festschrift for the Reverend Prof. Dr. Hans Schwarz on the occasion of his 70th birthday/ hrsg. von Craig L. Nessan; Thomas Kothmann. Bangalore, India: ATC, Asian Trading Cooperation, 2009, 257-264.

167 Simpson, Gary M.: »**You shall be witness to me**«: thinking with Luther about Christ and the scriptures. Word & world 29 (St. Paul, MN 2009), 380-388.

168 Véghelyi, Antal: **Jézus Krisztus áldozata:** megváltásunk egyetlen reménysége (Das Opfer Jesu Christi: die einzige Hoffnung

unserer Erlösung). Keresztyén igazság (BP 2010) Nr. 88, 5-11.

169 Whidden, Woodrow W.: **Union with Christ:** Luther, Wesley and orthodoxy in a theosis conversation: »Christ as favor and gift«. In: 07, 157-169.

d) Kirche, Kirchenrecht, Bekenntnisse

170 Campi, Emidio: »**Ecclesia semper reformanda«:** Metamorphosen einer altehrwürdigen Formel. Zw 37 (2010), 1-19. L".

171 Hamm, Berndt: **Freiheit vom Papst – Seelsorge am Papst:** Luthers Traktat »Von der Freiheit eines Christenmenschen« und das Widmungsschreiben an Papst Leo X.; eine kompositorische Einheit. In: 016, 183-199: Ill.

172 Hamm, Berndt: »**Luther's freedom of a Christian and the pope«** (Freiheit vom Papst – Seelsorge am Papst ⟨engl.⟩)/ Zusammenfassung: Timothy H. Maschke. LuD 18 (2010), 85-88.

173 Hein, Martin: **Zwischen Tradition und Neuorientierung:** Martin Luther und die Zukunft der Kirche. In: 037, 121-131.

174 Kandler, Karl-Hermann: **Das Wesen der Kirche:** nach evangelisch-lutherischem Verständnis. Neuendettelsau: Freimund, 2007. 176 S. L 38-44+".

175 Leppin, Volker: **Papst, Konzil und Kirchenväter:** die Autoritätenfrage in der Leipziger Disputation. In: 024, 117-124: Ill.

176 Neebe, Gudrun: **Notae ecclesiae** (Kennzeichen der Kirche [notae ecclesiae] ⟨engl.⟩). In: 042, 222 f.

177 Oberdorfer, Bernd: **Geschichtlichkeit und Geltung:** zur theologischen Interpretation der lutherischen Bekenntnisschriften. KD 55 (2009), 199-216.

178 Schroeder, Edward H. **The Augsburg aha!:** a second look at article IV of the Apology of the Augsburg Confession. CTM 36 (2009), 243-252.

179 Schulz, Klaus Detlev: **Two kinds of righteousness and moral philosophy:** Confessio Augustana XVIII, Philipp Melanchthon and Luther. CThQ 73 (), 17-40.

180 Spehr, Christopher: **Luther und das Konzil:** zur Entwicklung eines zentralen Themas in der Reformationszeit. TÜ: Mohr Siebeck, 2010. XXI, 639 S. (Beiträge zur historischen Theologie; 153) – Teilw. zugl.: MS, Univ., Evang.-Theol. Fak., Habil.,2009.

181 Stoellger, Philipp: **Particular, universal, spiritual:** understanding the church by drawing on Martin Luther. In: One holy, catholic and apostolic church: some Lutheran and ecumenical perspectives/ hrsg. von Hans-Peter Großhans. MP: Lutheran Univ., 2009, 129-144. (LWF-studies; 1 [2009])

182 Vainio, Olli-Pekka: **The doctrine of justification in the Book of Concord:** harmony or contradiction? Dialog: a journal of theology 48 (2009), 380-389.

183 Wengert, Timothy J.: **The book of Concord and human sexuality, seen through the institution of marriage.** Dialog: a journal of theologya journal of theology 48 (2009), 9-18.

184 Wenz, Gunther: **Vom Wesen der Kirche:** Aspekte evangelischer Ekklesiologie. In: 037, 252-265.

185 Zschoch, Hellmut: **Martin Luther und die Kirche der Freiheit.** In: 032, 25-39.

186 Zwanepol, Klaas: **United by the Augustana?:** acceptance of the Augsburg Confession in the Netherlands around 1566. In: 03, 331-352.

e) Sakramente, Beichte, Ehe

187 Fabiny, Tibor, Jr.; **Luther szentségkritikája és szentségtana** (Luthers Sakramentskritik und Sakramentslehre). Mérleg 38 (W 2002) Heft 1, 85-99.

188 Haudel, Matthias: **Das evangelische Buß-, Beicht- und Versöhnungsverständnis in ökumenischer Perspektive.** KD 56 (2010), 299-322.

189 Jolkkonen, Jari: **Eucharist.** In: 010, 108-137.

190 Jüngel, Eberhard: **Perichoresis/circumincession** (Perichorese ⟨engl.⟩). In: 042, 714 f.

191 Leppin, Volker: »**The development of the notions of baptism and rebirth in Martin Luther's works«**/ Zusammenfassung: Timothy H. Maschke. LuD 18 (2010), 125-127.

192 Martikainen, Eeva: **Baptism.** In: 010, 95-107.

193 Olson, Roger E.: **God in dispute:** »conversations« among great Christian thinkers. Grand Rapids, MI: Baker Academic, 2009. 302 S.

194 Ramsey, D. Patrick: »**Sola fide« compromised?:** Martin Luther and the doctrine of baptism. Themelios 34 (LO 2009) Nr. 2, 179-193 – Internetressource: ⟨http://s3.amazonaws.com/tgc-documents/journal-issues/34.2/themelios-34-2.pdf⟩.

195 Stjerna, Kirsi Irmeli: **No greater jewel:** thinking about baptism with Luther. MP: Augsburg Fortress, 2009. 101 S.

196 Wendte, Martin: **»Ecclesia de Eucharistia«:** or: how roman-catholic is Luther's late theology of the eucharist? Questions liturgiques 90 (Leuven 2009), 177-198.

f) Amt, Seelsorge, Diakonie, Gemeinde, allgemeines Priestertum

197 Appold, Kenneth G.: **Frauen im frühneuzeitlichen Luthertum:** kirchliche Ämter und die Frage der Ordination. Luth. Kirche in der Welt 55 (2008), 179-207.

198 Balas, J. Paul: **Pastoral theology in Luther's tradition:** a re-membering. Seminary Ridge review 11 (Gettysburg, PA 2008/2009) Nr. 1/2, 20-30.

199 Bauer, Karl-Adolf: **Ordination and post-ordination education and training** II: **Protestantism (Germany)** (Pfarrer-/Pfarrerinnenaus- und – weiterbildung II: evangelische Kirche ⟨engl.⟩). In: 042, 352-355.

200 Brandt, Reinhard: **Ordination IV: Dogmatics** (Ordination IV: Dogmatisch ⟨engl.⟩). In: 042, 345-347.

201 Brewer, Brian C: **A Baptist view of ordained ministry.** Teil 1: **A function or a way of being?** Baptist quarterly 43 (LO 2009) Nr. 3, 154-169.

202 Cubillos, Robert H.: **Consolation as theme in Luther's sermons and correspondence**: insights into his theological ethics. Asbury journal 64 (Wilmore, KY 2009) Nr. 2, 36-67.

203 Hauschild, Wolf-Dieter: **Laity** II: **Church history** (Laien II: kirchengeschichtlich ⟨engl.⟩). In: 041, 287f.

204 Hendel, Kurt K.: **Faithfulness:** Luther's vision of excellence in ministry. CTM 36 (2009), 170-198.

205 Kaufmann, Thomas: **Das Priestertum der Glaubenden:** vorläufige Beobachtungen zur Rolle der Laien in der frühreformatorischen Publizistik anhand einiger Wittenberger und Baseler Beispiele. In: 045, 73-120: Ill. L".

206 Krey, Peter D. S.: **Luther's in depth theology and theological therapy (using self psychology and a little Jung)**. Seminary Ridge review 11 (Gettysburg, PA 2009) Nr. 1/2, 97-115.

207 Krey, Philip D. W.: **Luther and the care of souls:** pastoral theology and spiritual life in the Lutheran tradition. Seminary Ridge Review 11 (Gettysburg, PA 2009) Nr. 1/2, 83-96.

208 Leroux, Neil R.: **»Martin Luther as comforter: writings on death«**/ Zusammenfassung: Timothy H. Maschke. LuD 18 (2010), 128-140.

209 Lessing, Eckhard: **Office VI: Systematic theology**; 4. **Protestant**; a. **Lutherans** (Amt VI: Systematisch; 4. Evangelisch; a. Lutherisch ⟨engl.⟩). In: 042, 287f.

210 Maddix, Mark A.: **A biblical model of the people of God:** overcoming the clergy/laity dichotomy. Christian education journal 6 (La Mirada, CA 2009), 214-228.

211 Müller, Gerhard: **Martin Luther als Seelsorger.** In: 040, 317-344.

212 Peters, Christian: **Ordination III: Curch history** (Ordination III: Kirchengeschichtlich ⟨engl.⟩). In: 042, 343-345.

213 Pietsch, Stephen: **Seelsorge:** a living tradition in pastoral theology practice. LThJ 43 (2009) Nr. 1, 49-62.

214 Plasger, Georg: **Laity** III: **Dogmatics**; 3. **Protestant church** (Laien III: dogmatisch; 3. evang. Verständnis ⟨engl.⟩). In: 041, 290f.

215 Reuss, András: **Non vi, sed verbo:** hierarchia, kollegialitás, szolidaritás – evangélikus tapasztalatok (Non vi, sed verbo: Hierarchie, Kollegialität, Solidarität – evang. Erfahrungen). In: A kölcsönösség struktúrái/ hrsg. von Rita Glózer; Marcell Mártonffy; Ágnes Szöllössy. BP: Balassi Kiadó; Magyar Pax Romana, 2002, 97-104.

216 Reuss, András: **Non vi, sed verbo:** hierarchia, kollegialitás, szolidaritás – evangélikus tapasztalatok (Non vi, sed verbo: Hierarchie, Kollegialität, Solidarität – evang. Erfahrungen). LP 78 (2003), 126-130.

217 Timm, Alberto R.: **The priesthood of Christ according to Martin Luther.** In: 07, 171-187.

218 Tubán, József: **»... ha valaki püspökségre törekszik ...«:** a püspöki tisztség teológiai értékelése (»... wenn jemand ein Bischofsamt begehrt ...«: theol. Bewertung des Bischofsamtes). Keresztyén igazság (BP 2010) Nr. 88, 12-27.

219 Ziemer, Jürgen: **Pastoral care** I: **The term** (Seelsorge I: zum Begriff ⟨engl.⟩). In: 042, 583.

220 Ziemer, Jürgen: **Pastoral care** II: **History** (Seelsorge II: Geschichtlich ⟨engl.⟩). In: 042, 583-585.

365

g) Gnade, Glaube, Rechtfertigung, Werke

221 Arand, Charles P.; Biermann, Joel D.: »**Why the two kinds of righteousness?**«/ Zusammenfassung: Richard A. Krause. LuD 18 (2010), 41-45.

222 Banner, Michael C.: **Christian ethics:** a brief history. Malden, MA: Wiley-Blackwell: 2009. IX, 150 S.

223 Boer, Theo A.: »**Is Luther's ethics Christian ethics?**« (Luthers Theologie: Ethik? Christliche Ethik? ⟨engl.⟩)/ Zusammenfassung: James G. Kiecker. LuD 18 (2010), 46-51.

224 Bräuer, Martin: **Reformation und Freiheit.** MD 61 (2010), 52-54. (Reformation 2017)

225 Brecht, Martin: **Luthers Antinomerdisputationen:** Lebenswirklichkeit des Gesetzes. In: 031, 195-210.

226 Cary, Phillip: »**Sola fide: Luther and Calvin**«/ Zusammenfassung: Richard A. Krause. LuD 18 (2010), 116-122.

227 Chester, Stephen J.: **It is no longer I who live:** justification by faith and participation in Christ in Martin Luther's exegesis of Galatians. New testament studies 55 (Cambridge 2009), 315-337.

228 Chung, Paul S.: »**A theology of justification and God's mission**«/ Zusammenfassung: Aaron J. West. LuD 18 (2010), 52-54.

229 Dóka, Zoltán: **A reformáció ma:** egyedül a hit? (Reformation heute: allein der Glaube?). Keresztyén igazság (BP 2010) Nr. 87, 10-13.

230 Donfried, Karl P.: »**Paul and the revisionists:** did Luther really get it all wrong?«/ Zusammenfassung: Ian Christopher Levy. LuD 18 (2010), 15 f.

231 Grosse, Sven: **Heilsgewissheit des Glaubens:** die Entwicklung der Auffassungen des jungen Luther von Gewissheit und Ungewissheit des Heils. LuJ 77 (2010), 41-63.

232 Hailer, Martin: **Rechtfertigung als Vergottung?:** eine Auseinandersetzung mit der finnischen Luther-Deutung und ihrer systematisch-theologischen Adaption. LuJ 77 (2010), 239-267.

233 Hamm, Berndt: **Die 95 Thesen – ein reformatorischer Text im Zusammenhang der frühen Bußtheologie Martin Luthers.** In: 016, 90-114.

234 Hamm, Berndt: **Gerechtfertigt aus Glauben – das Profil der reformatorischen Rechtfertigungslehre.** In: 016, 251-278.

235 Hamm, Berndt: **Martin Luthers Entdeckung der evangelischen Freiheit.** (1983). In: 016, 164-182.

236 Hamm, Berndt: **Warum wurde für Luther der Glaube zum Zentralbegriff des christlichen Lebens?** (1998). In: 016, 65-89.

237 Huxel, Kirsten: **Ordo salutis** II: **Ethics** (Ordo salutis II: Ethisch ⟨engl.⟩). In: 042, 360 f.

238 Huxel, Kirsten: **Penitence** (Reue ⟨engl.⟩). In: 042, 676-678.

239 Karimies, Ilmari: **The light and the darkness of Luther's faith.** Lutheran forum 43 (NY 2009) Nr. 3, 37-40.

240 Kolb, Robert: »**God and his human creatures in Luther's sermons of Genesis:** the reformer's early use of his distinction of two kinds of righteousness«/ Zusammenfassung: Timothy H. Maschke. LuD 18 (2010), 55-59.

241 Marquardt, Manfred: **Ordo salutis** I: **Dogmatics** (Ordo salutis I: Dogmatisch ⟨engl.⟩). In: 042, 359 f.

242 Meyer-Blanck, Michael: **Nature and grace** III: **Practical theology** (Natur und Gnade III: Praktisch-theologisch ⟨engl.⟩). In: 042, 67.

243 Nestingen, James A.: **Flood logic:** tending the means of grace. Logia: a journal of Lutheran theology 18 (Fort Wayne, IN 2009) Nr. 2, 11-12.

244 Plathow, Michael: **Ganzheitliche Liebe:** zum Verständnis der Liebe im Anschluß an Martin Luther. Lu 81 (2010), 149-160.

245 Richards, William L.: **Martin Luther's legacy on English translations of Paul: Romans 1, 16-17.** In: 07, 189-204.

246 Rieger, Reinhold: »**Ungläubiger Glaube?:** Beobachtungen zu Luthers Unterscheidung zwischen Glaube und Unglaube« (Unbelieving faith: observations on Luther's distinctions between belief and unbelief)/ engl. Zusammenfassung: Sibylle G. Krause. LuD 18 (2010), 148-151.

247 Schwarz, Reinhard: **Luthers Freiheitsbewusstsein und die Freiheit eines Christenmenschen.** In: 031, 31-68.

248 Siegmund, Johannes Jürgen: **Freier und unfreier Wille bei Bernhard von Clairvaux und Martin Luther:** ein Problem existenzialer Interpretation. Cistercienser Chronik 114 (Bregenz 2007), 61-82.

249 Siegmund, Johannes Jürgen: »**Freier und unfreier Wille bei Bernhard von Clairvaux und Martin Luther:** ein Problem existenzialer Interpretation« [Free will and bound will in Bernhard of Clairvaux and Martin Luther: a problem of existentialist interpretation]/

engl. Zusammenfassung: Wolf D. Knappe. LuD 18 (2010), 27-32.

250 Silcock, Jeffrey G.: »**Law, gospel, and repentance in Luther's Antinomian disputations**«/ Zusammenfassung: Rebecca E. Moore. LuD 18 (2010), 89-91.

251 Slenczka, Notger: **Obedience III: Dogmatics** (Gehorsam III: Dogmatisch ⟨engl.⟩). In: 042, 258 f.

252 Sparn, Walter: »**Lex iam adest**«: Luthers Rede vom Gesetz in den Antinomerdisputationen. In: 031, 211-249.

253 Vainio, Olli-Pekka: **Faith.** In: 010, 138-154.

254 Waldstein, Michael: **The spousal logic of justification:** St. Thomas and Luther on Paul's key topic statement Romans. Doctor communis 1 (Rom 2009), 185-197.

h) Sozialethik, politische Ethik, Geschichte

255 Frambach, Hans: **Work and ethics in economic thought during the Reformation.** In: 038, 75-92.

256 Grobien, Gifford A.: **A Lutheran understanding of natural law in the three estates.** CThQ 73 (2009), 211-229.

257 Kišš, Igor: **Lutherovo pochopenie učenia od dvoch ríšach ako trvalá charizma evanjelickej teológie** (Luthers Auffassung der Zwei-Reiche-Lehre als dauerhaftes Charisma der evang. Theologie). In: 033, 23-28.

258 Langholm, Odd: **Martin Luther's doctrine on trade and price in its literary context.** History of political economy 41 (Durham, NC 2009), 89-107. 20 S.

259 Leppin, Volker: **Das Gewaltmonopol der Obrigkeit:** Luthers sogenannte Zwei-Reiche-Lehre und der Kampf zwischen Gott und Teufel. In: 021, 403-414.

260 MacKenzie, Cameron A.: »**The challenge of history:** Luther's two kingdoms theology as a test case«/ Zusammenfassung: Rebecca E. Moore. LuD 18 (2010), 60-64.

261 Malysz, Piotr J.: »**Nemo iudex in causa sua as the basis of law, justice, and justification in Luther's thought**«/ Zusammenfassung: Rebecca E. Moore. LuD 18 (2010), 65-70.

262 Martin, Craig: **On the origin of the »private sphere«:** a discourse analysis of religion and politics from Luther to Locke. Temenos 45 (LO 2009), 143-178.

263 Noell, Edd S.: **In pursuit of the just wage:** a comparison of Reformation and Counter-Reformation economic thought. Journal of the history of economic thought 31 (Cambridge, UK 2009), 467-489.

264 Peukert, Helge: **Martin Luther:** a modern economist. In: 038, 13-64.

265 Raath, A[ndries] W. G.: **God's gifts to humankind:** a legal-philosophical interpretation of Luther's views on ownership and the natural right to property. In die skriflig 43 (Pretoria 2009) Nr. 1, 45-75.

266 Raath, A[ndries] W. G.: **Stoic roots of early reformational resistance theory:** a marginal note on the origins of the right to resistance in early reformational political thought. Studia historiae ecclesiasticae 35 (Pretoria 2009), 303-322.

267 Schmidt, Georg: **Luthers Freiheitsvorstellungen in ihrem sozialen und rhetorischen Kontext (1517-1521).** In: 031, 9-30.

268 Schöbel, Enrico: **Religious conviction, Protestant work ethic, and economic behavior:** a review of the contributions by Reginald Hansen and Hans Frambach. In: 038, 93-108.

269 Strohm, Christoph: **Peace IV: Historical theology and church history** (Frieden IV: Theologie- und kirchengeschichtlich ⟨engl.⟩) In: 042, 659 f.

i) Gottes Wort, Bibel, Predigt, Sprache

270 Ahačič, Kozma: **Musculus, Gwalther, Luther, Erasmus.** Zw 36 (ZH 2009), 115-135.

271 Arnold, Matthieu: »**Les effets de la prédication de Martin Luther à Wittenberg**« [The effects of Martin Luther's preaching at Wittenberg]/ engl. Zusammenfassung. LuD 17 (2009), 41-43.

272 Balz, Heinrich: **Mission, Reformation und der Anfang des Glaubens.** Zeitschrift für Mission 33 (2007), 26-42.

273 Balz, Heinrich: »**Mission, Reformation und der Anfang des Glaubens**« [Mission, Reformation and the beginning of faith]/ engl. Zusammenfassung: Sibylle G. Krause. LuD 18 (2010), 105-109.

274 Bechtoldt, Hans-Joachim: **Neufund einer Bauinschrift des 16. Jahrhunderts bei Umbauarbeiten auf der Ebernburg.** BlPfKG 77 (2010), 369-379 S.: Ill. = Ebernburg-Hefte 44 (2010), 99-109: Ill.

275 **Bibel und Psalmen** [Katalogteil]/ Thomas Weißbrich ... In: 06, 338-342: Ill.

276 Bielfeldt, Dennis: **Luther and semantic realism.** Lutheran forum 43 (NY 2009) Nr. 2, 31-34.

277 Braun, Saskia: **»Wider das unchristliche Buch Martin Luthers ...«:** zur rhetorischen Komposition in Hieronymus Emsers »refutatio« auf Luthers Adelsschrift. Daphnis 38 (Amsterdam 2009), 491-526.

278 Brecht, Martin: **Rechtfertigung oder Gerechtigkeit?:** Überraschungen auf den Spuren von Luthers Bibelübersetzung. LuJ 77 (2010), 81-105.

279 Burger, Christoph: **Calvin und Luther deuten das Magnifikat (Lukas 1, 46b-55).** In: 04, 142-157.

280 Burger, Christoph P. M.: **»Eigen ervaring stuurt de exegese van de bijbelse tekst:** Luther legt het Magnificat uit« [One's own experience rules the exegesis of the Biblical text: Luther interprets Mary's Magnificat]/ engl. Zusammenfassung vom Autor. LuD 18 (2010), 95 f.

281 Caldwell, Bob: **»If I profess«:** a spurious, if consistent, Luther quote? CJ 35 (2009), 356-359.

282 **A companion to Paul in the Reformation**/ hrsg. von R. Ward Holder. Leiden: Brill, 2009. XIX, 655 S. (Brill's companions to the Christian tradition; 15)

283 Croghan, Christopher M.: **Grist for the mill:** Luther on the Apocrypha. Word & world 29 (St. Paul, MN 2009), 389-396.

284 Daubert, Dave; Kjos, Tana: **Reclaiming the »v« word:** renewing life at its vocational core. MP: Augsburg Fortress, 2009. 93 S.: Ill. (Lutheran voices)

285 Dehsen, Christian D. von: **»Matthew 16, the Reformation battleground for ecclesiastical hermeneutics«**/ Zusammenfassung: Patricia A. Sullivan. LuD 18 (2010), 97-102.

286 Diebner, Bernd Jörg: **Kommunikative plattdeutsche Bibelübersetzungen heute im Vergleich mit den Übersetzungen Martin Luthers und Johannes Bugenhagens.** In: 018, 271-288.

287 Dieter, Theodor: **Luthers Schriftprinzip in seiner Bedeutung für die Ökumene.** In: 025, 135-158.

288 Emrich, Britta: **Lebendige Stimme:** zu Wesen und Bedeutung der menschlichen Stimme nach Martin Luther. Lu 81 (2010), 68-89.

289 Fabiny, Tibor, Jr.: **Hogyan segít Luther a gyakorlati bibliaolvasásban?** (Wie hilft Luther im praktischen Bibellesen?). Keresztyén igazság (BP 2010) Nr. 85, 5-12.

290 Fabiny, Tibor, Jr.: **Mi a hatástörténeti megközelítés?** (Was heißt wirkungsgeschichtliche Annäherung?). In: 012, 72-91.

291 Fabiny, Tibor, Jr.: **Szóra bírni az írást** (Die Schrift zu Wort kommen lassen). In: 012, 139-150.

292 Flood, John L.: **Luther and Tyndale as Bible translators:** achievement and legacy. In: Landmarks in the history of the German language/ hrsg. von Geraldine Horan ... Oxford: Lang, 2009, 35-56.

293 François, Wim: **Die volkssprachliche Bibel in den Niederlanden des 16. Jahrhunderts:** zwischen Antwerpener Buchdruckern und Löwener Buchzensoren. ZKG 120 (2009), 187-214.

294 Friedrichs, Lutz: **Pericopes II: Christianity** (Perikopen/Perikopenordnung II: Christentum ⟨engl.⟩). In: 042, 716 f.

295 Handy, Lowell K.: **Luther and Calvin read Psalm 29.** In: Psalm 29 through time and tradition/ hrsg. von Lowell K. Handy. Eugene, OR: Pickwick, 2009, 79-89. (Princeton theological monograph series; 110)

296 Heidbrink, Gregor: **Eine Annäherung an Luthers Verkündigung in Halle.** In oben Nr. 20, 25-43: Ill.

297 Hilberath, Bernd Jochen: **Luthers Schriftprinzip als bleibende Herausforderung für die römisch-katholische Theologie und Kirche.** In: 025, 111-134.

298 Hoegen-Rohls, Christina: **Biblia deutsch:** ein Rückblick auf Luthers Bibelübersetzung und Bibelsprache aus aktuellem Anlass. KD 57 (2011), 56-87.

299 Jacobs, Grit: **Deutsche Bibeldrucke vor Luther.** In: 08, 10-21.

300 Jenson, Robert W.: **Ezekiel.** Grand Rapids, MI: Brazos, 2009. 367 S. (Brazos theological commentary on the Bible)

301 Kiel, Micah: **Why Luther like Tobit.** Lutheran forum 43 (NY 2009) Nr. 4, 29-31.

302 Klaiber, Walter: **Luthers Schriftprinzip in seiner Bedeutung für die anglikanische und methodistische Theologie und Kirche.** In: 025, 71-87.

303 Klein, Ralph W.: **Reading the Old Testament with Luther – and without him.** CTM 36 (2009) Nr. 2, 95-103.

304 Knape, Joachim: **Rhetorische und ästhetische Impulse der Reformation:** Luther: neuer Cicero – Melanchthon: neuer Quintilian? In: 035, 58-74.

305 Kopp, Ulrich: **Eine anonyme Vorrede Martin Luthers von 1543 zur Kurtzen biblischen**

Chronica. In: »Vir ingenio mirandus«: studies presented to John L. Flood/ hrsg. von William J. Jones; William A. Kelly; Frank Shaw. Bd. 2. Göppingen: Kümmerle, 2003, 679-684. (Göppinger Arbeiten zur Germanistik; 710 II)

306 Krauß, **Jutta: Luthers Sprache:** Wartburgland und Wittenberg als Wiege des Neuhochdeutschen. In: 08, 71-75.

307 Krauß, Jutta: **Totes oder lebendiges Deutsch?:** Bibelrevisionen. In: 08, 86-93.

308 Krauß, Jutta: **Wackersteine und Klötze:** Luthers Dolmetschen. In: 08, 76-85.

309 Krauß, Jutta: **Werdegang in Wittenberg:** die Übersetzung des Alten Testaments. In: 08, 43-49.

310 Leppin, Volker: **Luthers Vaterunser-Auslegung von 1519:** die Transformation spätmittelalterlicher Frömmigkeit zu reformatorischer. In: 03, 175-189.

311 Leppin, Volker: **Text, Kontext und Subtext:** eine Lektüre von Luthers Coburgbriefen. In: 031, 169-181.

312 Levin, Christoph: **Das Alte Testament und die Predigt des Evangeliums.** KD 57 (2011), 41-55.

313 Lüpke, Johannes von: **Erleuchtung durch das Wort Gottes – Aufklärung durch die Vernunft:** zur Krise des protestantischen Schriftprinzips. In: 025, 41-70.

314 Magassy, Sándor: **Óegyházi perikópák:** az óegyházi perikóparend alapján kijelölt igék feldolgozásainak kritikai elemzése és prédikációs vázlatok Luther teológiájának tükrében (Altkirchliche Perikopen: kritische Analysen und Predigtmeditationen zu den altkirchlichen Grundtexten im Spiegel von Luthers Theologie). 2 Bde. BP: [Selbstverlag], 1997/98. 335; 254 S.

315 Mannermaa, Tuomo: **Luther as a reader of the Holy scripture.** In: 010, 223-232.

316 Marten, Maria: **Buchstabe, Geist und Natur:** die evangelisch-lutherischen Pflanzenpredigten in der nachreformatorischen Zeit. Bern; B; Bruxelles; F; NY; Oxford; W: Lang, 2010. 394 S.: Ill. (Vestigia bibliae; 29 f)

317 Mauney, James F.: **Studies in Luther:** four surprises. Lutheran forum 41 (NY 2007) Heft 4, 32-36.

318 Mauney, James F.: »**Studies in Luther:** four surprises«/ Zusammenfassung: Karin E. Stetina. LuD 18 (2010), 157-161.

319 Newlands, George M.: **Luther's ghost:** ein glühender Backofen voller Liebe. In: Theology as conversation: the significance of dialogue in historical and contemporary theology: a Festschrift for Daniel L. Migliore/ hrsg. von Bruce L. McCormack ... Grand Rapids, MI: Eerdmans, 2009, 273-293.

320 Noblesse-Rocher, Annie: **Le »mensonge« d'Abraham dans quelques commentaires évangéliques des années 1500-1560.** In: La sóur-épouse: Genèse 12, 10-20/ hrsg. von Matthieu Arnold ... P: Cerf, 2010, 109-137. (Lectio divina; 237) (Études d'histoire de l'exégèse; 1)

321 Ohst, Martin: **Luthers »Schriftprinzip«.** In: 025, 21-39.

322 Oláh, Szabolcs: »**És amaz ige testté lőtt«** (Jn 1, 14): a külső szó médiuma Luther hermeneutikájában (»Und das Wort ward Fleisch« (Joh 1, 14): das Medium des äußeren Wortes in Luthers Hermeneutik). In: A hermeneutika vonzásában: Kulcsár Szabó Ernő 60. születésnapjára/ hrsg. von Tibor Bónus ... BP: Ráció, 2010, 57-71.

323 Parsons, Michael: **Martin Luther's interpretation of the Royal psalms:** the spiritual kingdom in a pastoral context. Lewiston, NY u. a.: Mellen, 2009. VI, 318 S.

324 **Records of the English Bible:** the documents relating to the translation and publication of the Bible in English, 1525-1611 edited, with an introduction/ Alfred W. Pollard. Nachdruck der Erstausgabe NY; Oxford, 1911. LO: Henry Frowde: Oxford University, 2009. XII, 387 S.

325 Röhrich, Lutz: **Lexikon der sprichwörtlichen Redensarten.** Neuausgabe. Bd. 1: **A – Hampelmann.** Bd. 2: **Hanau – Saite.** Bd. 3: **Salamander – Zylinder.** FR; BL; W: Herder 2009. 638 S.; S. 639-1273; S. 1270-1919.

326 Röhrich, Lutz: **Lexikon der sprichwörtlichen Redensarten.** Neuausgabe, 2. Aufl. Bd. 1: **A – Hampelmann.** Bd. 2: **Hanau – Saite.** Bd. 3: **Salamander – Zylinder.** FR; BL; W: Herder, 2010. 638 S.; S. 639-1273; S. 1275-1910.

327 Schall, Petra: **27 Bücher in 70 Tagen:** die Übersetzung des Neuen Testaments auf der Wartburg. In: 08, 30-42.

328 Schilling, Johannes: **Evangelische Existenz:** Leben und Glauben in Luthers Briefen. In: 031, 287-303.

329 Schilling, Johannes: **Pamphlets of the Reformation** (Flugblätter und Flugschriften der Reformation ⟨engl.⟩). In: 042, 477f.

330 Schuchardt, Günter: **Allein die Schrift:** Luther entdeckt die Bibel. In: 08, 25-29.

331 Schuchardt, Günter: **Das Buch der Bücher.** In: 08, 7-9.

332 Schwanke, Johannes: **Luthers Schriftprinzip:** eine Kritik. In: 025, 88-110.

333 Schwarz, Hilmar: **Bibeldrucker und Verleger in Wittenberg von 1522 bis 1534.** In: 08, 94-99.

334 Schwarz, Hilmar: **Luthers Bibelkollegium.** In: 08, 50-54.

335 Simpson, James: **Sixteenth-century fundamentalism and the specter of ambiguity, or the literal sense is always a fiction.** In: Writing fundamentalism/ hsrg. von Axel Stähler; Klaus Stierstorfer. Newcastle-Upon-Tyne: Cambridge Scholars, 2009, 133-153.

336 Springer, Carl P. E.: **Luther's Latin poetry and scatology.** LQ 23 (2009), 373-387.

337 Stjerna, Kirsi: **Models of interpretation:** Psalm 51 in the hands of Katharina Schütz Zell and Martin Luther. In: 034, 37-52.

338 Urban, Martin: **Die Bibel:** eine Biographie. B: Galiani, 2009. 383 S.: Ill., Kt. L 305-309.

339 Urban, Martin: **Die Bibel:** Geschichte eines Buches. Ungek. Taschenbuchausgabe M; ZH: Piper, 2010. 383 S.: Ill., Kt. L 305-309+". (Serie Piper; 5955)

340 Vos, Johan S.: **»Ein Laie der Rede«:** die Frage nach der rhetorischen Kompetenz in der Debatte zwischen Luther und Erasmus über den freien Willen. In: 03, 203-233.

341 Zschoch, Hellmut: **Theologie des Evangeliums in der Zeit:** Martin Luthers Postillenwerk als theologisches Programm. In: 040, 575-600.

k) Gottesdienst, Gebet, Kirchenlied, Musik

342 Anttila, Miikka E.: **Music.** In: 010, 210-222.

343 Arnold, Jochen: **Trinitarische Spuren im Musikverständnis Martin Luthers und Johann Walters.** In: 017, 122-140.

344 Aurelius, Carl Axel: **God's smile:** worship as source of Christian life. Logia: a journal of Lutheran theology 18 (Fort Wayne, IN 2009) Nr. 2, 5-10.

345 Beyer, Michael: **»Martin Luthers Betbüchlein«** [Little prayer book]/ engl. Zusammenfassung: Wolf D. Knappe. LuD 18 (2010), 110-116.

346 Ecsedi, Zsuzsa: **Liturgikus év és kerusrepertoár** (Liturgisches Jahr und Chorrepertoire). Magyar Egyházzene 16 (BP: 2008/2009), 359-362.

347 Haemig, Mary Jane: **Prayer as talking back to God in Luther's Genesis lectures.** LQ 23 (2009), 270-295.

348 Hafenscher, Károly, Jr.: **Valóban ördögöket űz?:** a zene evangélikus megközelítése (Kann sie wirklich böse Geister austreiben?: eine evang. Herangehensweise an die Musik). Credo 16 (BP 2010) Heft 3/4, 91-99.

349 Hawkins, Robert D.: **Sermonic song:** the legacy of Luther's Reformation hymnody. In: Proclaiming the gospel: preaching for the life of the church/ hrsg. von Brian K. Peterson. MP: Fortress, 2009, 89-104.

350 Höhn, Wilhelm: **»und kein Dank dazu haben«:** einige Anmerkungen zu zwei alten lutherischen Liedern: zu Elisabeth Creutzigers »Herr Christ, der einig Gotts Sohn« und zu Martin Luthers »Ein feste Burg ist unser Gott«. Luth. Beiträge 14 (2009), 20-33.

351 Jeppilä, Leena: **Luther virren virittäjänä** (Luther als Inspirator der Kirchenlieder). In: Virren virtaa: veisattu runo ennen ja nyt/ hrsg. von Liisa Enwald; Tuula Hökkä. Helsinki: Kansanvalistusseura, 2010, 161-183.

352 Junghans, Helmar: **Martin Luthers Vorstellung vom Gottesdienst.** In: 037, 132-147.

353 Klie, Thomas: **Fremde Heimat Liturgie:** Ästhetik gottesdienstlicher Stücke. S: Kohlhammer, 2010. 224 S.: Ill. (Praktische Theologie heute; 104)

354 Koch, Ernst: **Kirchen-Andacht:** literaturgeschichtliche und theologische Bemerkungen zum Genus Kantatentexte. In: 017, 343-355. L 353f.

355 Kuessner, Dietrich: **Das Braunschweigische Gesangbuch:** Anfragen und Beobachtungen zu seiner Geschichte und Gestalt von der Reformation bis heute. Braunschweig: Selbstverlag, 2007. 292 S.: Ill., Noten. (Arbeiten zur Geschichte der braunschweigischen evang.-luth. Landeskirche im 19. und 20. Jahrhundert; 12)

356 Kuessner, Dietrich: **Das Braunschweigische Gesangbuch:** Anfragen und Beobachtungen zu seiner Geschichte und Gestalt von der Reformation bis heute. 2., gründlich durchges. und mit Bildern angereicherte Ausgabe. Braunschweig: Selbstverlag, 2007. 292 S.: Ill., Noten. (Arbeiten zur Geschichte der braunschweigischen evang.-luth. Landeskirche im 19. und 20. Jahrhundert; 12) – Internetressource: ⟨http://bs.cyty.com/kirche-von-unten/archiv/gesch/Gesangbuch/BS-Gesangbuch.pdf⟩

357 Kuessner, Dietrich: **Das Braunschweigische Gesangbuch:** Anfragen und Beobachtungen zu seiner Geschichte und Gestalt von der Reformation bis heute. 2., durchges. Aufl. Braunschweig: Selbstverlag, [2008]. 292 S.: Ill., Noten. (Arbeiten zur Geschichte der braunschweigischen evang.-luth. Landeskirche im 19. und 20. Jahrhundert; 12)

358 Largen, John: **2008 Luther colloquy sermon lectionary 30/ proper 25, series A text:** Matthew 22:34-46. Seminary Ridge Review 11 (Gettysburg, PA 2009) Nr. 1-2, 116-119.

359 Leaver, Robin A.: **Luther as composer.** LQ 22 (2008), 387-400.

360 Ngien, Dennis: **Christ's mediation and the Holy Spirit:** the dynamic of worship in Luther and Calvin. The Irish theological quarterly 74 (LO 2009), 176-192.

361 Odenthal, Andreas: **»... totum psalterium in usu maneat«:** Martin Luther und das Stundengebet. In: 031, 69-117.

362 Reuss, Andrs: **A Luther-énekek teológiája** (Die Theologie der Lutherlieder). Magyar Egyházzene 11 (BP 2003/2004), 96-100. [Vgl. LuB 2006, Nr. 574]

363 Rogers, Mark: **»Deliver us from the evil one«:** Martin Luther on prayer. Themelios 34 (LO 2009) Nr. 3, 335-347. – Internetressource: ⟨http://tgc-documents.s3.amazonaws.com/journal-issues/34.3/themelios-34-3.pdf⟩.

364 Ruff, Anthony William: **Nunc dimittis** (Nunc dimittis ⟨engl.⟩). In: 042, 246f.

365 Ruff, Anthony William: **Offertory** I: **Liturgy** (Offertorium I: Liturgisch ⟨engl.⟩). In: 042, 280.

366 Ruff, Anthony William: **Offertory** II: **Music** (Offertorium I: Musikalisch ⟨engl.⟩). In: 042, 281.

367 Schiefelbein, Kyle Kenneth: **The theology of atonement in Eastern Orthodoxy and Lutheranism viewed through hymnody.** Dialog: a journal of theology 48 (2009), 329-338.

368 Schöpsdau, Walter: **Reformation und Musik.** MD 61 (2010), 97-99. (Reformation 2017)

369 Schwier, Helmut: **Liturgy III: Dogmatics;** 2. **Protestant theology** (Liturgie III: dogmatisch; 2. evangelisches Verständnis). In: 041, 562.

370 Slenczka, Reinhard: **The Jesus prayer:** a form of Russian piety in theological perspective. Logia: a journal of Lutheran theology 18 (Fort Wayne, IN 2009) Nr. 2, 23-30.

371 Sonntag, Holger: **»Freedom shall be and remain a servant of love«:** distinguishing faith and love as a criterion for liturgical practice in Luther's theology. Logia: a journal of Lutheran theology 18 (Fort Wayne, IN 2009) Nr. 1, 37-44.

372 Tegtmeier, Christian: **»Erhalt uns, Herr, bei deinem Wort«:** Anmerkungen zur Rezeption eines Lutherliedes. Lu 81 (2010), 161-171.

373 Thöle, Reinhard: **Der Gottesdienst als Gabe und Erfüllung:** eine lutherisch-orthodoxe Konvergenz. MD 60 (2009), 110-114.

374 Tönsing, Gertrud: **»There must be mouse dirt with the pepper«:** a Lutheran approach to choosing songs. Dialog: a journal of theology 48 (2009), 320-328.

375 **Zweibrücker Gesangbuch 1557:** Faksimileausgabe mit Erläuterung (Kirchengesanng Teutsch und Lateinisch)/ hrsg. von Klaus Bümlein. HD; Ubstadt-Weiher; BL: Regionalkultur, 2007. 272 S.: Faks. (Veröffentlichungen des Vereins für Pfälzische Kirchengeschichte; 26) – Bespr.: Lorbeer, Lukas: ZKG 121 (2010) 260f.

l) Katechismus, Konfirmation, Schule, Universität

376 Asche, Matthias: **Die Tübinger Wurzeln der Wittenberger Bildungsreform:** Melanchthon als Traditionswahrer eines vorreformatorischen christlichen Humanismus. In: 048, 161-173.

377 Giertz, Bo Harald: **Hammer of God:** a novel about the care of souls. MP: Fortress, 2005. 335 S. [Vgl. LuB 2011, Nr. (Pless)

378 Hennig, Gerhard: **Luthers Morgen- und Abendsegen:** Wurzeln und Wesen des evangelischen Morgen- und Abendgebets. Theol. Beiträge 39 (2008), 24-40.

379 Kern, Udo: **Luther als protestantischer Katechet.** Koers: bulletin for Christian scholarship 74 (Potchefstroom 2009) Heft 4, 579-618. (Calvin as Catechist)

380 Lohse, Eduard: **Vater unser:** das Gebet der Christen. 2., unv. Aufl. DA: WB, 2010. 144 S. L 105-115+".

381 Lohse, Eduard: **Vater unser:** das Gebet der Christen. 1. Aufl. Nachdruck der 2., unv. Aufl. DA: WB, 2009. DA: Lambert Schneider, 2011. 144 S.: Ill. L 105-115+". (Am Liebsten lesen)

382 Lohse, Eduard: **Vater unser:** das Gebet der Christen/ Sprecher: Axel Thielmann. Tonträger. DA: Auditorium maximum – Hörbuchverlag der WB, 2009. 1 CD (ca. 70 min).

383 Nordling, John G.: »**The catechism:** the heart of the Reformation«/ Zusammenfassung: Timothy H. Maschke. LuD 18 (2010), 162-164.

384 Peters, Albrecht: **Commentary on Luther's catechisms** (Kommentar zu Luthers Katechismen ⟨engl.⟩)/ hrsg. von Charles P. Schaum; Vorwort: Gottfried Seebaß. Bd 1: Ten commandments (Die Zehn Gebote)/ übers. von Holger Sonntag. StL: Concordia, 2009. 333 S.

385 Petzoldt, Martin: **Universitätsgottesdienst an der Universität Leipzig:** christlich-spirituelle Chance inmitten eines universitären Wissenschaftsbetriebs. In: Vernichtet, vertrieben – aber nicht ausgelöscht: Gedenken an die Sprengung der Universitätskirche St. Pauli zu Leipzig nach 40 Jahren/ hrsg. von Rüdiger Lux; Martin Petzoldt. L; B: Kirchhof & Franke, 2008, 66-85. L 68 f. (Regionalgeschichte)

386 Pless, John T.: **The hammer of God as catechesis.** Logia: a journal of Lutheran theology 18 (Fort Wayne, IN 2009) Nr. 3, 65-72. – Bespr. zu LuB 2011, Nr. Giertz, Bo

387 Reymond, Bernard: **La confirmation en perspective luthérienne et réformée.** PL 58 (2010), 205-221. L 205-209.

388 Schneider-Ludorff, Gury: **Reformation und Bildung.** MD 61 (2010), 21-23. (Reformation 2017)

389 Schurb, Ken: **Missional?:** the church in Luther's Large catechism. Logia: a journal of Lutheran theology 18 (Fort Wayne, IN 2009) Nr. 1, 15-21.

390 Wöhlbrand, Inken: **Unser täglich Brot gib uns heute – ethische und spirituelle Dimensionen der Vaterunser-Bitte heute.** VELKD-Informationen 129 (2010), 73-77.

m) **Weitere Einzelprobleme**

391 Arnold, Matthieu: **Luther et les deux sources de la misogynie.** PL 58 (2010), 177-187.

392 Arnold, Matthieu: **Marie dans les Tischreden de Martin Luther.** In: 03, 191-202.

393 Arnold, Matthieu: »**Moi, ton Dieu, j'ai souci de toi**«: deux lettres de Martin Luther (1531 et 1546). RHPhR 90 (2010), 5-17.

394 Berryman, Jerome: **Children and the theologians:** clearing the way for grace. Harrisburg, PA: Morehouse, 2009. X, 276 S.: Ill.

395 Bradnick, David: **Coping with evil in religion and culture.** Pneuma 32 (Gaithersburg, MD 2010), 125-126.

396 Davies, Rupert E.: **The problem of authority in the continental reformers:** a study in Luther, Zwingli and Calvin. Nachdruck der Ausgabe LO, 1946. Eugene, OR: Wipf & Stock, 2009. 158 S.

397 Gánóczy, Sándor: **Mária Luther, Kálvin és a II. Vatikánum teológiájában** (Maria in der Theologie Luthers, Calvins und des Zweiten Vaticanums). In: Ders.: Határon innen, határon túl: teológiai párbeszédek. BP: Szt. Iatván Társulat, 2009, 172-181. [Vgl. LuB 2009, Nr. 482; LuB 2010, Nr. 420]

398 Ghiselli, Anja: **The virgin Mary.** In: 010, 173-185.

399 Greiner, Albert: **Luther croyait-il au purgatoire?** PL 58 (2010), 177-187.

400 Juntunen, Sammeli: **Sex.** In: 010, 186-209.

401 Köpf, Ulrich: **Legend** (Legende ⟨engl.⟩). In: 041, 403-405.

402 Lexutt, Athina: »**Duplex est memoria:** Martin Luther zu Erinnerung und Trost« [Martin Luther on remembrance and comfort]/ engl. Zusammenfassung: Rudolf K. Markwald. LuD 18 (2010), 141-147.

403 Lozsádi, Károly: **Atopia és theogonia:** a természet tévedései, avagy az istenek eredete (Atopie und Theogonie: Irrtümer der Natur oder Ursprung der Götter). BP: Medicina, 2007. 87 S.: Ill.

404 Mühling, Markus: **Paradox** II: **Philosophy of religion and fundamental theology** (Paradox II: Religionsphilosophisch und fundamentaltheologisch ⟨engl.⟩). In: 042, 532.

405 Rasmussen, Tarald: **Hell disarmed?:** the function of hell in Reformation spirituality. Numen 56 (Leiden 2009), 366-384: Ill.

406 Riswold, Caryn: **Coram mundo:** a Lutheran feminist theological anthropology of hope. Dialog: a journal of theology 48 (2009), 126-133.

407 Thiede, Werner: **Luthers Humor:** zur Glaubensfreude des Reformators. Lu 81 (2010), 8-18.

3 Beurteilung der Persönlichkeit und ihres Werkes

408 Demas, Jan: **6o Minuten deutsche Ge-schichte:** große Ereignisse – bewegende Augenblicke. FR; BL; W: Herder, 2007. 320 S. L 49-53.

409 Demas, Jan: **6o Minuten deutsche Geschichte:** große Ereignisse – bewegende Augenblicke. Nachdruck der 1. Aufl. FR; BL; W: Herder, 2010. 320 S. L 49-53. (Herder: Spektrum; 6191)

410 **Europäische Mentalitätsgeschichte:** Hauptthemen in Einzeldarstellungen/ hrsg. von Peter Dinzelbacher. 2., durchges. und erg. Aufl. S: Kröner, 2008. XLI, 771 S.: Ill. L". (Kröners Taschenausgabe; 469)

411 Flügel, Wolfgang: **Konkurrenz um Luther:** die Kirchen in der DDR und die SED. In: 039, 149-162.

412 Goergen, Marc: **Das religiös und politisch gespaltene Deutschland:** ein Mönch aus Wittenberg schreibt 95 Thesen zum beklagenswerten Zustand der Kirche und verändert damit sein Land für immer [...]. In: Die Geschichte der Deutschen von den Germanen bis zur Wiedervereinigung; die erfolgreiche stern-Serie mit noch mehr Bildern und Informationen; plus Interview mit Joachim Gauck/ Chefredakteur: Thomas Osterkorn; Redaktion: Hans-Hermann Klare; Peter Meroth. HH: Gruner+Jahr 2010, 62-75: Ill., Kt. (stern-Extra; 3 [2010])

413 Hamm, Berndt: **Wie mystisch war der Glaube Luthers?** (2007). In: 016, 200-250.

414 Heckel, Martin: **Luthers Werke und die Eigenart der Reformation.** In: 040, 147-156.

415 Hinlicky, Paul R.: **Luther and liberalism.** In: A report from the front lines: conversations on public theology: a festschrift in honor of Robert Benne/ Robert Benne; Michael Shahan Grand Rapids, MI: Eerdmans, 2009, 89-104.

416 Hockenbery, David: **Luther's philosophical bequest.** Lutheran forum 43 (NY 2009) Heft 1, 57-63.

417 Mjaaland, Marius Timmann: **Does modernity begin with Luther?:** the origin and topology of self-consciousness according to Reiner Schürmann. Studia theologica 63 (Oslo 2009), 42-66.

418 Porsche-Ludwig, Markus; Bellers, Jürgen: **Die Katastrophe der Entmythologisierung durch die Herrschaft des Rationalismus und der Mythos des russischen Volkes:** Homer – Augustinus – Thomas – Luther – Descartes usw. – Konfuzius – Solowjew. Nordhausen: Bautz, 2010. 79 S.

419 Pott, Hans-Georg: **Kurze Geschichte der europäischen Kultur.** PB: Fink, 2005. 116 S. L 46. 58 f. (UTB; 2684: Kulturwissenschaft)

420 Saarnivaara, Uuras: **Martin Luteri: reformatori i madh evangjelist** (Martin Luther ⟨alban.⟩)/ übers. von Alba Lubonja. Tirane: Plejad, 2010. 63 S.

421 Wills, John E.: **The world from 1450 to 1700.** Oxford; NY: Oxford University, 2009. XII, 176 S.: Ill., Kt. (The new Oxford world history)

4 Luthers Beziehungen zu früheren Strömungen, Gruppen, Persönlichkeiten und Ereignissen

422 Batka, Lubomir: **Jan Hus' theology in a Lutheran context.** LQ 23 (2009), 1-28.

423 Chester, Stephen J.: **Who is freedom for?:** Martin Luther and Alain Badiou on Paul and politics. In: Paul, grace and freedom: essays in honour of John K. Riches/ hrsg. von Paul Middleton ... LO; NY: T&T Clark, 2009, 97-118.

424 Coppins, Wayne: **The interpretation of freedom in the letters of Paul:** with special references to the »German« tradition. TÜ: Mohr Siebeck, 2009. XVI, 218 S. (Wissenschaftliche Untersuchungen zum Neuen Testament: Reihe 2; 261) – Zugl.: Cambridge, Univ., Diss., 2007. – Bespr.: Stein, Hans Joachim: Lu 81 (2010), 56 f.

425 Drecoll, Volker Henning: **Rezeption und Bestreitung der altkirchlichen Trinitätslehre in der Reformationszeit.** In: Trinität/ hrsg. von Volker Henning Drecoll. TÜ: Mohr Siebeck, 2011, 138-145. (Themen der Theologie; 2)

426 Drömann, Hans-Christian: **Bernhard von Clairvaux:** Spuren seiner Frömmigkeit in der Kirche der Reformation. Cistercienser Chronik 114 (Bregenz 2007), 329-336.

427 Froehlich, Karlfried: **Martin Luther and the Glossa ordinaria.** LQ 23 (2009) Nr. 1, 29-48.

428 Gemeinhardt, Peter: **Märtyrer und Martyriumsdeutungen von der Antike bis zur Reformation.** ZKG 120 (2009), 289-322.

429 Hamm, Berndt: **Luthers Anleitung zum seligen Sterben vor dem Hintergrund der**

spätmittelalterlichen **Ars moriendi.** In: 016, 115-163: Ill.

430 Hamm, Berndt: **Von der Gottesliebe des Mittelalters zum Glauben Luthers:** ein Beitrag zur Buágeschichte. (1998). In: 016, 1-24.

431 Heusinger, Sabine von: **Nicholas of Tudeschi** (Nikolaus von Tudeschi ⟨engl.⟩). In: 042, 163.

432 Hoffmann, Gottfried: **Kirchenväterzitate in der Abendmahlskontroverse zwischen Oekolampad, Zwingli, Luther und Melanchthon:** Legitimationsstrategien in der inner-reformatorischen Auseinandersetzung um das Herrenmahl. 2. Aufl. (1. Aufl. u. d. T.: **Sententiae patrum – das patristische Argument in der Abendmahlskontroverse ...**). GÖ: Ruprecht, 2011. 274 S.: Ill. (Oberurseler Hefte: Erg.-Bde.; 7) – Zugl. Überarb. HD, Univ., Diss., 1972.

433 Isztray, Simon: **Utószó: a Német teológiárol** (Nachwort: Über die Theologia deutsch). In: [Johannes de Francfordia] Frankfurti Névtelen: Német teológia (Theologia deutsch ⟨ungar.⟩)/ übers. von Simon Isztray. BP: Kairosz, 2005, 167-177.

434 Kärkkäinen, Pekka: **Martin Luther.** In: Mediaeval commentaries on the Sentences of Peter Lombard. Bd. 2/ hrsg. von Philipp W. Rosemann. Leiden: Brill, 2010, 471-494.

435 Kauffmann, Ivan J.: **»Follow me«:** a history of Christian intentionality. Eugene, OR: Cascade, 2009. XXI, 251 S. (New monastic library; 4)

436 Köpf, Ulrich: **»Zisterziensererbe im Protestantismus«** [Protestantism's Cistercian inheritage]/ engl. Zusammenfassung: Franz Posset. LuD 18 (2010), 23-25.

437 Kreuzer, Johann: **Nominalism** (Nominalismus ⟨engl.⟩). In: 042, 194-196

438 Leppin, Volker: **Thomas von Aquin.** MS: Aschendorff, 2009. 138 S. (Zugänge zum Denken des Mittelalters; 5) – Bespr.: Pesch, Otto Hermann: ThLZ 136 (2011), 421-424.

439 Leppin, Volker: **Occam, William of** (Wilhelm von Ockham ⟨engl.⟩). In: 042, 267-269.

440 Lößl, Josef: **Martin Luther's Jerome: new evidence for a changing attitude.** In: Jerome of Stridon: his life, writings and legacy/ hrsg. von Andrew Cain; Josef Lößl. Farnham u.a.: Ashgate, 2009, 237-251.

441 Markschies, Christoph: **Nestorianism** (Nestorianismus ⟩engl.⟩). In: 042, 204-206.

442 Nagy, Márta: **»Manch lieblicher Unterschied göttlicher Wahrheit«:** Martin Luther, Sebastian Franck, Valentin Weigel und die »Theologia deutsch«. Jahrbuch der ungarischen Germanistik 10 (BP 2002), 21-38.

443 Neuer, Werner: **Luther und Aristoteles:** zu einem brisanten Forschungsbeitrag Theodor Dieters. Theol. Beiträge 39 (2008), 183-190. – Bespr. zu LuB 2002, Nr. 506.

444 Pedersen, Else M. Wiberg: **The significance of the »sola fide« and the »sola gratia« in the theology of Bernard of Clairvaux (1090-1153) and Martin Luther (1483-1546).** LuBu 18 (2009), 20-43. – Gek. und leicht veränd. Fassung 2010 als Internetressource: ⟨http://www.augsburg.edu/ppages/~mcguire/EM-WPedersen_Bernard_Luther.pdf⟩

445 Perrone, Lorenzo: **Origenism** (Origenismus ⟨engl.⟩). In: 042, 376-378.

446 Risse, Siegfried: **Gedruckte deutsche Psalter vor 1524:** dem Erscheinungsjahr von Martin Luthers deutschem Psalter; Übersicht und Auszüge. Nordhausen: Bautz, 2010. 249 S.

447 Roth, Hermann J.: **Physikotheologie:** von der Concordantia caritatis des Abtes Ulrich von Lilienfeld bis zur »Vogelklage« Martin Luthers. Cistercienser Chronik 117 (Bregenz 2010), 271-274.

448 Vollenweider, Samuel: **Paul, Saint** III: **Subsequent interpretation** (Paulus III: Wirkungsgeschichte vom 2. bis 20. Jahrhundert ⟨engl.⟩). In: 042, 638-643.

449 Wicks, Jared: **»Luther and ›this damned, conceited, rascally heathen‹ Aristotle:** an encounter more complicated than many think«/ Zusammenfassung: James G. Kiecker. LuD 18 (2010), 33-38. – Bespr. zu LuB 2002, Nr. 506.

5 Beziehungen zwischen Luther und gleichzeitigen Strömungen, Gruppen, Persönlichkeiten und Ereignissen

a) Allgemein

450 Appold, Kenneth G.: **The Reformation:** a brief history. Malden, MA; Oxford: Wiley-Blackwell, 2011. X, 203 S. (Blackwell brief histories of religion)

451 Brendle, Franz: **Das konfessionelle Zeitalter.** B: Akademie, 2010. 254 S.: Ill. L 73-75+". (Akademie Studienbücher Geschichte) (Studienbuch Geschichte)

452 Ehrenpreis, Stefan; Lotz-Heumann, Ute: **Reformation und konfessionelles Zeitalter.** 2., durchges. Aufl. DA: WB, 2008. VIII, 138 S. (Kontroversen um die Geschichte)

453 Emich, Birgit: **Geschichte der Frühen Neuzeit studieren.** 1. Aufl. TÜ: V&R, 2005. 270 S.: Ill. (UTB M; 2709) [Vgl. LuB 2008, Nr. 550]

454 **Frühe Neuzeit/** hrsg. von Annette Völker-Rasor; mit einem Geleitwort von Winfried Schulze. 2. Aufl. M: Oldenbourg, 2006. 507 S.: Ill., Kat. (Oldenbourg Geschichte Lehrbuch) – Siehe LuB 2002, Nr. 017 mit Nr. 557. 1058.

455 **Frühe Neuzeit/** hrsg. von Anette Völker-Rasor; mit einem Geleitwort von Winfried Schulze. 3. Aufl. M: Oldenbourg, 2010. 507 S.: Ill. (Oldenbourg Geschichte Lehrbuch) – Siehe LuB 2002, Nr. 017 mit Nr. 557. 1058.

456 Goertz, Hans-Jürgen: **Radikale – an der Peripherie oder im Zentrum der Reformation?:** fünf Thesen zum »reformatorischen Aufbruch« im 16. Jahrhundert. In: 045, 23-37.

457 Heijting, Willem: **Beyond the printed book:** the media in Reformation historiography. In: 03, 415-432.

458 Kaufmann, Thomas: **Geschichte der Reformation.** Nachdruck der 1. Aufl. Lizenzausgabe für die Wissenschaftliche Buchgesellschaft. F; L: Verlag der Weltreligionen im Insel Verlag, 2010. 954 S.: Ill., Kt.

459 Kaufmann, Thomas: **»History is good at confounding and confessing labelers« – »Die Geschichte versteht es meisterlich, Schlagwortexperten zu irritieren und zu verwirren«:** zu Diarmaid MacCullochs »Reformation«. ARG 101 (2010), 305-320. – Bespr. zu LuB 2009, Nr. 551. 555.

460 Kaufmann, Thomas: **Die Relevanz der Reformation und das Relevanzdilemma der Reformationshistoriographie – Ein Räsonnement.** In: Vom Ertrag der neueren Kirchengeschich-te für Kirche und Gesellschaft: Symposium zum 70. Geburtstag von Martin Greschat/ in Verb. mit Rolf-Ulrich Kunze ... hrsg. von Jochen-Christoph Kaiser. Marburg: Tectum, 2008, 17-42. (Marburger Beiträge zur kirchlichen Zeitgeschichte; 1)

461 MacCulloch, Diarmaid: **Die Reformation:** 1490-1700 (Reformation ⟨dt.⟩)/ übers. von Helke Voß-Becher Ungek. Taschenbuchausgabe. M: dtv, 2010. 1021 S.: Ill., Kt. (dtv; 34653)

462 Marshall, Peter: **The Reformation:** a very short introduction. Oxford: Oxford University, 2009. XII, 153 S.: Ill., Kt. (Very short introductions; 213)

463 Moeller, Bernd: **Geschichte des Christentums in Grundzügen.** 10., völlig neu bearb. Aufl. GÖ; Oakville, CN: V&R, 2011. 420 S. (UTB; 905)

464 Mörke, Olaf: **Die Reformation:** Voraussetzungen und Durchsetzung. 2., aktual. Aufl. M: Oldenbourg, 2005. X, 174 S. (Enzyklopädie deutscher Geschichte; 74)

465 **Ökumenische Kirchengeschichte/** hrsg. von Raymund Kottje ... Bd. 2: **Vom Hochmittelalter bis zur frühen Neuzeit/** von Johannes Helmrath ...; hrsg. von Thomas Kaufmann; Raymund Kottje. DA: WB, 2008. 586 S. – Bespr.: Hauschild, Wolf-Dieter: ThLZ 135 (2010), 190-195; Scheutz, Martin: ZKG 121 (2010), 82 f.

466 **Religionsgespräche im Reich** [Katalogteil]/ Saskia Schultheis; Sabine Witt ... In: 06, 113-117: Ill.

467 Schorn-Schütte, Luise: **Geschichte Europas in der Frühen Neuzeit:** Studienhandbuch 1500-1789. PB; M; W; ZH: Schöningh, 2009. 407 S.: Ill., Kt. (UTB; 8414: Geschichte)

468 Strohm, Christoph: **Das Reich:** politische Konstellationen und Fragestellungen in den Jahren zwischen dem Augsburger und dem Regensburger Reichstag (1530-1532). In: 030, 13-26.

469 Volkmar, Christoph: **Von der Wahrnehmung des Neuen:** die Leipziger Disputation in den Augen der Zeitgenossen. In: 024, 131-142: Ill.

470 Walter, François: **Katastrophen:** eine Kulturgeschichte vom 16. bis ins 21. Jahrhundert

(Catastrophes ⟨dt.⟩)/ übers. von Doris Butz-Striebel. S: Reclam, 2010.

b) Wittenberger Freunde

471 Ahuis, Ferdinand: **De litera et spiritu:** Johannes Bugenhagens Jeremiakommentar von 1546 als Krönung seiner exegetischen Arbeit. LuJ 77 (2010), 155-182: Ill.

472 Asche, Matthias: **Philipp Melanchthon als christlicher Schulhumanist und Bildungsreformer – Wittenberg und der Export des humanistischen Bildungsprogramms.** In: 035, 75-94.

473 Aubel, Matthias: **Michael Stifel:** ein Mathematiker im Zeitalter des Humanismus und der Reformation. Augsburg: Rauner, 2008. 531 S.: Ill. (Algorismus; 72) – Zugl.: Duisburg-Essen, Univ., FB Mathematik, Diss., 2008. – Bespr.: Hasse, Hans-Peter: ARGBL 38 (2009), 153.

474 Bieber-Wallmann, Anneliese: **Von der Autorität des Stadtpfarrers zu Wittenberg – Bugenhagen und der Sammeldruck »Von der Euangelischen Messz«** (1524). In: 018, 129-153.

475 Blázy, Árpád: **Melanchthon nyomdokán a Kárpát-medencében:** a praeceptor halálának 450. évfordulójára (Auf Melanchthons Spuren im Karpatenbecken: zum 450. Todestag des Praeceptors). LP 85 (2010), 173-174.

476 Bräuer, Siegfried: **Die reformatorische Bewegung in Halle im Vorfeld des Wirkens von Justus Jonas:** die »Summarische Beschreibung«. In: 019, 165-181.

477 Buske, Norbert: **Titeleinfassungen der Schriften Johannes Bugenhagens – ein Beitrag zur Entwicklung der reformatorischen Bilderwelt.** In: 018, 345-384.

478 Camerarius, Joachim: **Das Leben Philipp Melanchthons** (De Philippi Melanchthonis vita narratio ⟨dt.⟩)/ übers. von Volker Werner; mit einer Einführung von Heinz Scheible. L: EVA, 2010. 303 S. (Schriften der Stiftung Luthergedenkstätten in Sachsen-Anhalt; 12)

479 Frank, Günter: **Melanchthons Tübinger Plan einer neuen Aristoteles-Ausgabe.** In: 048, 105-115.

480 Frank, Günter: **Die natürliche Theologie als ökumenisches Problem:** zur Relecture der »theologia naturalis« bei den Reformatoren Melanchthon und Calvin. In: 04, 215-240.

481 Garbe, Irmfried: **Der Bischof »dieser ganzen Sekte« – Bugenhagens Visitationen und Ordinationen.** In: 018, 214-244.

482 Garbe, Irmfried: **Bugenhagen als Bischof der Reformation.** In: 018, 11-22.

483 Gause, Ute: **Johannes Bugenhagens Seel- und Fürsorge für schwangere und gebärende Frauen.** In: 018, 154-170.

484 Gößner, Andreas: **»… dem Gemeinwesen zu besonderem Nutzen«:** Melanchthon und die Studenten. In: 049, 58-72: Ill.

485 Gößner, Andreas: **Kirche und Identität in den ostschwäbischen Reichsstädten in der Frühen Neuzeit.** In: 020, 141-156.

486 Greschat, Martin: **Philipp Melanchthon: Theologe, Pädagoge und Humanist.** GÜ: GVH, 2010. 207 S. – Bespr.: Gummelt, Volker: Lu 81 (2010), 182 f.

487 Greschat, Martin: **Philippe Melanchthon:** théologien, pédagogue et humaniste; (1497-1560) (Philipp Melanchthon: Theologe, Pädagoge und Humanist ⟨franz.⟩)/ aus dem Dt. übers. von Matthieu Arnold. P: PUF, 2011. 162 S. (Études d'histoire et de philosophie religieuses; 85)

488 Grosse, Sven: **Melanchthons Wendung zur Trinitätslehre.** KD 55 (2009), 264-289.

489 Gummelt, Volker: **Johannes Bugenhagen als Exeget des Neuen Testaments.** In: 018, 27-37.

490 Gummelt, Volker: **Johannes Bugenhagen – ein Kirchenmann in Zeiten des Umbruchs.** In: 018, 289-302.

491 Gummelt, Volker: **Justus Jonas als Bibelexeget an der Wittenberger Universität.** In: 019, 121-130.

492 Hauschild, Wolf-Dieter: **Johannes Bugenhagen (1485-1558) und seine Bedeutung für die Reformation in Deutschland.** LuJ 77 (2010), 129-154.

493 Himmighöfer, Traudel: **Melanchthon-Drucke des 16. Jahrhunderts in der Bibliothek der evangelischen Kirche der Pfalz in Speyer.** BlPfKG 77 (2010), 341-368 S.: Ill. = Ebernburg-Hefte 44 (2010), 71-98: Ill.

494 Ilgner, Friedrich Christoph: **»… ein lauther gewesch und gespey menschlicher vernunfft und Weisheit …«:** eine vergessene Schrift Nikolaus von Amsdorffs im Osiandrischen Streit. In: 017, 285-302.

495 Ittzés, Gábor: **A humanista reformátor:** Melanchthon változó megítélése az évszázadok tükrében (Der humanistische Reformator: die wechselnde Beurteilung Melanchthons

im Spiegel der Jahrhunderte). Credo 16 (BP 2010) Heft 3/4, 69-75.

496 Ittzés, Gábor: **Melanchthon halk léptei:** Luther az Ágostai hitvallásról (Melanchthons sanfte Schritte: Luther über die Confessio Augustana). Keresztyén igazság (BP 2010) Nr. 87, 21-30.

497 Ittzés, Gábor: **Melanchthon-recepció a reformáció korátol a 21. századig:** a reformátor halálának 450. évfordulójára (Melanchthonrezeption vom Zeitalter der Reformation bis zum 21. Jh.: zum 450. Todestag des Reformators). Vallástudományi szemle (BP 2010) Heft 4, 125-145.

498 Jung, Martin H.: **Philipp Melanchthon und seine Zeit.** 2. Aufl. GÖ: V&R, 2010. 168 S.

499 Junghans, Helmar: **Justus Jonas und die Erfurter Humanisten.** In: 019, 15-37.

500 Köpf, Ulrich: **Melanchthon und die Reformation der Universität Tübingen.** In: 048, 187-195.

501 Köpf, Ulrich: **Philipp Melanchthon – Leben und Werk.** In: 048, 13-49.

502 Köpf, Ulrich: **Der Reformator Philipp Melanchthon.** In: 035, 11-26.

503 Kohnle, Armin: **Philipp Melanchthon:** ein europäischer Reformator. Der Sonntag: Wochenzeitung für die Evang.-Luth. Landeskirche Sachsens 65 (2010) Nr. 44 (31. Oktober), 1: Ill.

504 Kohnle, Armin: **»So wird ein Werk, das nützlich den Völkern und dir ist, gelingen«:** Melanchthons europäisches Wirken. In: 049, 84-101: Ill.

505 Kolb, Robert: **Luther's and Melanchthon's students:** the Wittenberg circle and the development of its theology to 1600. Religion compass 3 (Oxford 2009), 471-487.

506 Kolb, Robert: **The theology of Justus Jonas.** In: 019, 103-120.

507 Kröger, Heinrich: **Johannes Bugenhagens plattdeutsche Bibelübersetzung und ihre lange Wirkungsgeschichte.** In: 018, 56-76.

508 Kröger, Heinrich: **Die niederdeutsche Bibeltradition und Johannes Bugenhagen im Gedenkjahr seines 450. Todestages.** In: 018, 247-254.

509 Krüger, Manfred: **Ein Radio DDR-II-Hörspiel aus dem Jahr 1985:** »Reformator des Nordens – Johann Bugenhagen zum 500. Geburtstag«. In: 019, 400-415.

510 Kühn, Michael: **Die Persönlichkeit Nikolaus Hausmann.** In: 09, 26-30.

511 Lagler, Wilfried: **Philipp Melanchthon als** Mitarbeiter des Tübinger Buchdruckers Thomas Anshelm. In: 048, 175-185.

512 Lang, Thomas: **Der Kurfürst zu Besuch in seiner Residenz:** Nutzen und Ausbau der Wittenberger Residenz in der Zeit von 1485-1510. In: 011, 93-116: Ill. L 105+".

513 Leder, Hans-Günter: **Anmerkungen und Beobachtungen zu Bugenhagens Wappen.** In: 023, 189-202.

514 Leder, Hans-Günter: **Auf dem Weg zum reformatorischen Selbstverständnis – Bugenhagen in Wittenberg (März bis August 1521).** In: 023, 59-86.

515 Leder, Hans-Günter: **Das biblische Lektorat und die »reformatorische Wende« – Bugenhagen in Treptow (1518 bis 1521).** In: 023, 11-58.

516 Leder, Hans-Günter: **»Episcopus ordinatus« und »grober Pommer« – Bugenhagen in Wittenberg (September 1535 bis Juni 1537).** In: 023, 157-188.

517 Leder, Hans-Günter: **Intermezzo – Bugenhagen in Wittenberg (Juni 1529 bis Oktober 1530).** In: 023, 87-110.

518 Leder, Hans-Günter: **Die reformatorische Ordnung an der Trave – Bugenhagen in Lübeck (Oktober 1530 bis April 1532).** In: 023, 111-156.

519 Leonhardt, Jürgen: **Reformation und Komödie:** die Tübinger Terenzausgabe von 1516 und Melanchthon. In: 035, 113-129.

520 Leppin, Volker: **Melanchthon und die Obrigkeit.** BlPfKG 77 (2010), 301-318: Ill. = Ebernburg-Hefte 44 (2010), 31-48: Ill.

521 Lorentzen, Tim: **Reformation der öffentlichen Fürsorge – im Spiegel pommerscher Quellen.** In: 018, 190-213.

522 Lorenz, Sönke: **Heinrich Bebel oder der Tübinger Frühhumanismus vor Melanchthon.** In: 048, 117-137.

523 Lorenz, Sönke: **Melanchthon in Tübingen:** zwischen Studia humaniora, Buchdruck und Burse. In: 035, 27-57.

524 Lorenz, Sönke: **Melanchthon in Tübingen (1512-1518).** In: 048, 83-103

525 Ludolphy, Ingetraut: **Friedrich der Weise:** Kurfürst von Sachsen 1463-1525. Neudruck der Erstausgabe 1984. L: Universitätsverlag, 2006. 592 S.: Ill., Faks.: Faltkt., Stammtaf.

526 Lück, Heiner: **Justus Jonas als Jurist und Mitbegründer des Wittenberger Konsistoriums.** In: 019, 145-162.

527 Mahnke, Lutz: **Stephan Roth (1492-1546):** Zwickauer Schulrektor, Ratsherr und Oberstadtschreiber. In: 09, 4-9.

377

528 Manschreck, Clyde L.: **Melanchthon: the quiet reformer**; (a biography of one of the chief figures of the Reformation). Taschenbuchausgabe. Eugene, OR: Wipf & Stock, 2009. 350 S.

529 [Melanchthon, Philipp]: **Melanchthon deutsch**/ begr. von Michael Beyer; Stefan Rhein; Günther Wartenberg+. 2., korr. Aufl. Bd. 1: **Schule und Universität, Philosophie, Geschichte und Politik**/ hrsg. von Michael Beyer; Stefan Rhein; Günther Wartenberg †. L: EVA, 2011. 360 S.

530 [Melanchthon, Philipp]: **Melanchthon deutsch**/ begr. von Michael Beyer; Stefan Rhein; Günther Wartenberg †. 2., korr. Aufl. Bd. 2: **Theologie und Kirchenpolitik**/ hrsg. von Michael Beyer; Stefan Rhein; Günther Wartenberg. L: EVA, 2011. 306 S.

531 [Melanchthon, Philipp]: **Melanchthon deutsch**/ begr. von Michael Beyer; Stefan Rhein; Günther Wartenberg †. Bd. 3: **Von Wittenberg nach Europa**/ hrsg. von Günter Frank; Martin Schneider; Übersetzung: Martin Schneider. L: EVA, 2011. 321 S.

532 Mennecke, Ute: **Justus Jonas als Übersetzer – Sprache und Theologie:** dargestellt am Beispiel seiner Übersetzung von Luthers Schrift »De servo abitrio« – »Das der freie wille nichts sey« (1526). In: 019, 131-144.

533 Michalski, Sergiusz: **Melanchthon und die Bilderfrage.** In: 035, 130-141.

534 Michel, Stefan: **Doctrina et consolatio:** zur katechetischen Funktion der Trost- und Leichenpredigt bei Johann Mathesius (1504-1565). ZKG 121 (2010), 205-222.

535 Müller, Gerhard: **Lambert, Franz** (Lambert, Franz ⟨engl.⟩). In: 041, 298.

536 Müller, Gerhard: **Philipp Melanchthon (1497-1560) und Martin Luther (1483-1546):** ein Vergleich. KD 56 (2010), 166-181.

537 Olbertz, Jan-Hendrik: »**Deshalb sind vor allem in einem gut eingerichteten Staat Schulen nötig ...**«: Melanchthon und die Bildung. In: 049, 73-83; Ill.

538 Olesen, Jens E.: **Staat und Stadt – über die Rolle der Landesväter und Behörden im Denken und Handeln Johannes Bugenhagens.** In: 018, 93-110.

539 Peters, Christian: **Zwischen Erasmus und Luther:** Justus Jonas und die Krise des Erfurter Humanistenkreises. In: 019, 39-58.

540 Peters, Robert: **Johannes Bugenhagen und sein Vorgänger Theodor Smedecken – ein Übersetzungsvergleich.** In: 018, 255-270.

541 Poelchau, Lore: **Johannes Bugenhagen und die Reformation in Livland.** In: 018, 385-399.

542 Rahner, Johanna: **Jenseits der Konfessionen:** Philipp Melanchthon versuchte, sich in das katholische Gegenüber hineinzudenken. ZZ 11 (2010) Heft 7, 8-11: Ill.

543 Rauch, Udo: »**... nach hundert Jahren klingt sein wort und seine Tat dem Enkel wieder**«: auf den Spuren Melanchthons in Tübingen. In: 048, 197-209.

544 Reich, Karin: **Johannes Stöffler – Melanchthons Tübinger Lehrer in Mathematik und Astronomie.** In: 048, 139-151.

545 Reichelt, Bettine: **Philipp Melanchthon: Weggefährte Luthers und Lehrer Deutschlands;** eine biographische Skizze mit Aussprüchen und Bildern. L: EVA, 2010. 130 S.: Ill.

546 Rhein, Stefan: »**Wittenberg, Kleinstadt gewiss, nahe am eisigen Pol**«: Philipp Melanchthon und Wittenberg/ mit einem Anhang: **Philipp Melanchthons Geschichte der Stadt Wittenberg**/ übers. von Bernhard Gruhl. In: 049, 7-40: Ill.

547 Rieger, Reinhold: **Melanchthons Weg zur reformatorischen Theologie.** In: 048, 153-159.

548 Rohls, Jan: **Calvinismus und Philosophie.** In: 06, 37-42: Ill. [Melanchthon].

549 Rothe, Hans-Christoph: **Friedrich III. der Weise.** In: 09, 10-16: Ill.

550 Sattler, Dorothea: »**... mit der katholischen Kirche Christi [!] eines Sinnes ...**«: Melanchthon und die Ökumene. In: 049, 102-120: Ill.

551 Scheible, Heinz: **Lang, Johann** (Lang, Johann ⟨engl.⟩). In: 041, 312 f.

552 Scheible, Heinz: **Melanchthon und Justus Jonas.** In: 019, 59-86.

553 Scheible, Heinz: **Melanchthons Bedeutung für die pfälzische Landeskirche.** BlPfKG 77 (2010), 319-339: Ill. = Ebernburg-Hefte 44 (2010), 49-69: Ill.

554 Schilling, Johannes: »**... deine Berufung und Begabung kennst du**«: Melanchthon im Kreis der Wittenberger Reformatoren. In: 049, 41-57: Ill.

555 Schneider, Matthias; Bugenhagen, Beate: **Johannes Bugenhagen und die Musik im pommerschen Messgottesdienst.** In: 018, 111-128.

556 Schröder, Ingrid: **Johannes Bugenhagen – Reformation auf Niederdeutsch.** In: 018, 303-314.

557 Spehr, Christopher: **Reformatorenkinder:** frühneuzeitliche Lebensaufbrüche im

Schatten bedeutender Väter. LuJ 77 (2010), 183-219.

558 Teichert, Silva: **Philipp Melanchthon (1497-1560).** In: 09, 44-53: Ill.

559 **Textcollage zum Leben Philipp Melanchthons:** Fernsehgottesdienst, 18. April 2010, Schlosskirche Wittenberg/ von Annegret Fischer ... In: 049, 123-131: Ill.

560 Treu, Martin: **Philipp Melanchthon und sein Haus in Wittenberg.** In: 022, 208 f: Ill.

561 **450. Todestag von Philipp Melanchthon:** Beiträge vom Festwochenende in Wittenberg anlässlich des 450. Todestages des Reformators Philipp Melanchthon (19. April); Melanchthonjahr 2010/ hrsg. vom Gemeinschaftswerk der Evang. Publizistik (GEP). F: Gemeinschaftswerk der Evang. Publizistik, 2010. 18 S.: Ill. (Epd-Dokumentation; 18 (2010))

562 Walter, Peter: **Philipp Melanchthon und die Zukunft der Ökumene.** In: 035, 95-112.

563 Wolgast, Eike: **Luther, Jonas und die Wittenberger Kollektivautorität.** In: 019, 87-100.

564 Wriedt, Markus: **Theologische Innovation und konservatives Beharren bei Martin Luther und Philipp Melanchthon.** In: 032, 59-80.

565 **Zum Gespräch geboren – Philipp Melanchthon:** 1497-1560/ Achim Jillich ...; Redaktion: Ina Hochreuther; hrsg. von der Evang. Landeskirche in Baden. Karlsruhe: Evang. Landeskirche in Baden, 2009. 1 DVD.

c) Altgläubige

566 **Akten und Briefe zur Kirchenpolitik Herzog Georgs von Sachsen/** hrsg. von Heiko Jadatz; Christian Winter. Bd. 3: **1528-1534.** Köln; Weimar; W: Böhlau, 2010. 911 S.

567 Cottin, Markus: **Der Merseburger Bischof Adolf und die Leipziger Disputation:** Überlegungen zu Möglichkeiten und Grenzen kirchenpolitischen Handelns des Bischofs in Bistum und Hochstift. In: 024, 107-116: Ill.

568 Jadatz, Heiko: **Herzog Georg von Sachsen und die Leipziger Disputation.** In: 024, 73-86: Ill.

569 **Katholische Reform und Konfessionalisierung/** hrsg. von Albrecht P. Luttenberger. DA: WB, 2006. XL, 574 S. L 178-180+". (Ausgewählte Quellen zur deutschen Geschichte der Neuzeit; 17: Freiherr vom Stein-Gedächtnisausgabe)

570 O'Malley, John W.: **A history of the popes: from Peter to the present.** Lanham, MD: Sheed & Ward, 2010. XVI, 35ì: Ill.

571 O'Malley, John W.: **A history of the popes: from Peter to the present.** Internetquelle. Lanham, MD: Sheed & Ward, 2010. XVI, 351: Ill.

572 Volkmar, Christoph: **Ansätze eines vorreformatorischen Landesbewusstseins?:** die These vom sächsischen Landesheiligen Benno von Meiáen. In: 020, 23-40.

573 Wurm, Johann Peter: **Johannes Eck und die Disputation von Leipzig 1519:** Vorgeschichte und unmittelbare Folgen. In: 024, 95-106: Ill.

d) Humanisten

574 Bernhard, Jan-Andrea: **Francesco Negri zwischen konfessionellen und geographischen Grenzen.** Zw 37 (2010), 81-115. L 94+".

575 Brashler, James: **From Erasmus to Calvin:** exploring the roots of reformed hermeneutics. Interpretation 63 (NY 2009), 154-167.

576 Christ-von Wedel, Christine: **Erasmus von Rotterdam zwischen den Glaubensparteien.** Zw 37 (2010), 21-39.

577 Erasmus von Rotterdam, Desiderius: **Controversies:** spongia, detectio praestigiarum, epistola contra pseudevangelicos, epistola ad fratres inferioris Germaniae, admonitio adversus mendacium, purgatio adversus epistolam Lutheri/ hrsg. von James D. Tracy; Manfred Hoffmann. Toronto, Ont: University of Toronto, 2011. XXII, 498 S. (Collected works of Erasmus; 78)

578 Gatiss, Lee: **The manifesto of the Reformation:** Luther vs. Erasmus on free will. The churchman 123 (NY 2009), 203-225.

579 Hasse, Hans-Peter: **Neander, Michael** (Neander [Neumann], Michael (engl.)). In: 042, 77.

580 Hazlett, Ian: **Fixing the boundary between the old an new faiths:** Bucer und Erasmus. In: 030, 137-154.

581 Schwanke, Johannes: **Freier oder unfreier Wille?:** die Kontroverse zwischen Martin Luther und Erasmus von Rotterdam. In: 032, 41-58.

582 Steiniger, Judith: **Ortensio Lando, ein »irregolare« und »capriccioso« zwischen Katholizismus und Reformation:** zu Landos frühen Werken. Zw 37 (2010), 41-79. L 72 f+".

e) Thomas Müntzer und Bauernkrieg

583 Blickle, Peter: **Peasant's war** (Bauernkrieg 1524-1525 ⟨engl.⟩). In: 042, 667-669.

584 Fleischauer, Alexander: **Die Einrichtung der Zentralen Gedenkstätte Deutscher Bauernkrieg in der Mühlhäuser Kornmarktkirche 1975.** In: 039, 231-241: Ill.

585 Junghans, Helmar: **Thomas Müntzer in Zwickau 1520/1521.** In: 045, 163-188.

586 Kobuch, Manfred: **Die Zwölf Artikel der Bauern in Struppen bei Pirna – eine Spätfolge des Joachimsthaler Aufstands** 1525. In: 045, 189-207.

587 Kolb, Robert: **Luther on peasants and princes.** LQ 23 (2009), 125-146.

588 Kühne, Hartmut; Brumme, Carina: **Ablässe und Wallfahrten in Braunschweig und Königslutter:** zu einem Detail des Briefes von Heinrich Hanners an Thomas Müntzer. In: 045, 39-71: Ill.

589 Möbius, Sascha: **Überlegungen zur Theorie der »frühbürgerlichen Revolution«.** In: 039, 49-62.

590 Müller, Thomas T.: **Zwischen Staatsdoktrin und Bürgerwillen:** die Gründung der Bauernkriegsmuseen in Deutschland. In: 039, 215-230: Ill.

591 Müntzer, Thomas: **Briefwechsel/** bearb. und komm. von Siegfried Bräuer; Manfred Kobuch. L: Sächsische Akademie der Wissenschaften zu Leipzig: EVA, 2010. L, 581 S.: Faks. (Thomas-Müntzer-Ausgabe: kritische Gesamtausgabe; 2)

592 Schöntube, Ulrich: **Birsa Munda und Thomas Müntzer.** In: 045, 245-260.

593 Vogler, Günter: **»Quamquam satis admonitus es«:** Georg Witzels Verhältnis zu Martin Luther. In: 045, 209-226.

594 Wenzel, Cornelia: **Das Bauernkriegsmuseum Böblingen – Geschichte und Zukunft.** In: 039, 241-251. Ill.

595 Woodard, Matthew S.: **Satan among the children of God:** radical reformers, rebellious peasants and the shaping of Martin Luther's Small Catechism during the years of the German peasant's war. Harrisonburg, 2009. III, 64 S.: 2 Bl. – Harrisonburg, James Madison Univ., M. A., 2009.

f) »Schwärmer« und Täufer

596 Beinert, Richard A.: **Another look at Luther's battle with Karlstadt.** CThQ 73 (2009), 155-170.

597 Kaufmann, Thomas: **Filzhut versus Barett:** einige Überlegungen zur Inszenierung von »Leben« und »Lehre« in der frühen radikalen Reformation. In: 015, 273-294.

598 Leppin, Volker: **Stadt und Region im mittleren Saaletal:** zu den Einflüssen Karlstadts auf die Jenaer Reformation. In: 020, 41-51.

599 Lutterbach, Hubertus: **Radikale Reformation in Münster: das Ringen um die Erwachsenentaufe als Quelle der Gewalt?** In: 021, 439-456.

600 Lutterbach, Hubertus: **Der Weg in das Täuferreich von Münster:** ein Ringen um die heilige Stadt. MS: Dialogverlag, 2006. 376 S.: Ill. (Geschichte des Bistums Münster; 3) – Bespr.: Klötzer, Ralf: ZKG 120 (2009), 106-109.

601 Reinholdt, Katharina: **»durch fleischliche vormyschunge geheilligett«:** sexuelle Devianz und spirituelle Ehen bei den »Blutsfreunden aus der Wiedertauff«. In: 015, 295-313. L 309. 313.

602 Zorzin, Alejandro: **Die Täufer in Sebastian Francks »Ketzerchronik« (1531):** eine zeitgenössische Darstellung aus der Sicht eines Dissidenten. In: 015, 81-104. L".

g) Schweizer und Oberdeutsche

603 Arend, Sabine: **Martin Bucer und die Ordnung der Reformation in Ulm 1531.** In: 030, 63-79.

604 Brady, Thomas A.: **Die Stadt:** Straßburg im Kontext von Reich und Reformation im ersten Drittel des 16. Jahrhunderts. In: 030, 27-35.

605 Bröhenhorst, Klaus; Degenhardt, Gerrit: **Neugierig auf Calvin:** ein Reformator in 17 Kapiteln. 3. Aufl. B; MS: Lit, 2010. II, 105 S.: Ill. L 57-59+". (Theol. Orientierungen; 9)

606 Bucer, Martin: **Briefwechsel = Correspondance.** Bd. 6: (Mai – Oktober 1531)/ hrsg. und bearb. von Reinhold Friedrich ... in Zsarb. mit Christian Krieger ... Leiden; Boston: Brill, 2006. LXXXIX, 336 S. (Martini Buceri opera: series 3, correspondance; 6) (Studies in medieval and Reformation traditions; 120) – Bespr.: Dingel, Irene: ThLZ 135 (2010), 332 f.

607 Bucer, Martin: **Briefwechsel = Correspondance.** Bd. 8: **April 1532 – August 1532/** hrsg. und bearb. von Wolfgang Simon ... in Zsarb. mit Matthieu Arnold. Leiden; Boston: Brill, 2011. CIX, 457 S. (Martini Buceri opera: series 3, correspondance; 8) (Studies in medieval and Reformation traditions; 153)

608 Buckwalter, Stephen E.: **Die Entwicklung einer eigenen Position:** Bucer und die innerprotestantische Abendmahlskontroverse bis zum Tod Zwinglis und Oekolampads. In: 030, 98-107.

609 Busch, Eberhard: **Calvijn en Luther** (Calvin und Luther). LuBu 18 (2009), 6-19.

610 [Calvin, Jean] Calvinus, Ioannes: **Opera exegetica.** Bd. 20: **Commentarii in Epistolas canonicas/** hrsg. von Kenneth Hagen. Genève: Droz, 2009. XLI, 406 S. L". (Ioannes Calvinus: Opera omnia, series 2; 20)

611 Cottret, Bernard; Theis, Laurent: **Calvin und Frankreich/** übers. von Michael Müller. In: 06, 51-56: Ill.

612 De Gruchy, John W.: **John Calvin:** Christian humanist & evangelical reformer. Wellington, NZ: Lux Verbi, 2009. 240 S.

613 Filitz, Martin: Im Zentrum: das Wort: einige Bemerkungen zur Geschichte und Gestalt reformierter Gottesdienste. In: 01, 23-28.

614 Gresch, Eberhard: **Johannes Calvin – Leben, Werk und Wirkung.** In: 01, 11-22.

615 Greschat, Martin: **Martin Bucer:** ein Reformator und seine Zeit (1491-1551). 2., überarb. und erw. Aufl. MS: Aschendorff, 2009. 339 S.: Ill., Kt. – Bespr.: Leppin, Volker: ARGBL 38 (2009), 56 f.

616 Hamm, Berndt: **Martin Bucers zwei Gesichter:** ausgrenzende Unduldsamkeit und integrative Toleranz. In: 030, 125-136.

617 Heimbucher, Martin: **Prophetische Auslegung:** das reformatorische Profil des Wolfgang Fabricius Capito ausgehend von seinen Kommentaren zu Habakuk und Hosea. F; B; Bern; Bruxelles; NY; Oxford; W: Lang, 2008. 449 S. (EHSch: Reihe 23, Theologie; 877) – Zugl.: Wuppertal, Kirchliche Hochschule, Diss., 2006. – Bespr.: Ortmann, Volker: Lu 81 (2010), 186 f.

618 Heron, Alasdair: »**If Luther will accept us with our confession ...**«: the Eucharistic controversy in Calvin's correspondence up to 1546. In: 05, 21-36. [Vgl. LuB 2008, Nr. 641]

619 Huizing, Klaas: **Calvin: ... und was vom Reformator übrigbleibt.** 4., aktual. Aufl. F:

Hansisches Druck- und Verlagshaus, 2009. 160 S.: Ill. (Edition Chrismon)

620 **Jean Calvin:** les années strasbourgeoises (1538-1541)/ hrsg. von Matthieu Arnold. Strasbourg: Presses Universitaires de Strasbourg, 2010. 282 S. (Ecriture et societé; 2)

621 Jung, Martin H.: **Oecolampadius, John** (Oekolampad, Johannes ⟨engl.⟩). In: 042, 277 f.

622 Kolb, Robert: **John Calvin's five hundredth birthday.** CJ 35 (2009), 236-238.

623 Lane, Anthony N. S.: **Was Calvin a crypto-Zwinglian?** In: 05, 115-140. [Vgl. LuB 2009, Nr. 684]

624 Meijer, Gerrit: **Calvin on economics and politics:** the Reformation and its impact with respect to Calvin. In: 038, 65-74.

625 Muller, Richard A.: **Calvin on sacramental presence in the shadow of Marburg and Zurich.** LQ 23 (2009), 147-167.

626 Mundhenk, Christine: **Die Beziehung Bucers zu Luther und Melanchthon.** In: 030, 205-216.

627 Neff, David: **Long live the law:** What would John Calvin say to Dick Cheney? Christianity today [elektronisch] 53 (2009) Nr. 3, 40-43. – Internetressource.

628 Old, Hughes Oliphant: **The covenant dimension of Calvin's eucharistic theology.** In: 05, 27-56.

629 Pak, G. Sujin: **The judaizing Calvin:** sixteenth-century debates over the Messianic Psalms. Oxford; NY: Oxford University, 2009. 216 S. [Vgl. LuB 2008, Nr. 655]

630 Plasger, Georg: **Johannes Calvins Theologie:** eine Einführung. GÖ: V&R, 2008. 156 S.: Ill. – Bespr.: Selderhuis, Herman: ARGBL 38 (2009), 37.

631 Plasger, Georg: **Johannes Calvins Theologie:** eine Einführung. 2., durchges. Aufl. GÖ: V&R, 2009. 156 S.: Ill.

632 Selderhuis, Herman J.: **Calvin:** Bild und Selbstbild. In: 06, 57-63: Ill.

633 Simon, Wolfgang: **Die Überschreitung der Grenze:** Bucers Annahme der Confessio Augustana und deren Apologia. In: 030, 108-124.

634 Strohm, Christoph: **Calvins theologisches Profil:** humanistische, juristische und theologische Prägungen. In: 06, 82-89: Ill.

635 Timmerman, Daniel: **Bucers Verständnis von Schrift und Schriftauslegung:** ein Vergleich mit Heinrich Bullinger. In: 030, 83-97.

636 **Zwingli und der Beginn der Schweizer Reformation** [Katalogteil]/ Sabine Witt ... In: 06, 104-109: Ill. L".

h) Juden

637 Detmers, Achim: »**Oft habe ich mit vielen Juden gesprochen**«: Calvins Auseinandersetzung mit dem Judentum. BlPfKG 77 (2010), 281-300 S.: Ill. = Ebernburg-Hefte 44 (2010), 11-30: Ill.

638 Hummel, Leonard M.: »**Wrath against the unrighteous**«: the place of Luther's lectures on Romans in his understanding of Judaism. Seminary Ridge review 11 (Gettysburg, PA 2009), 64-82.

639 Kaennel, Lucie: **Antiszemita volt-e Luther?** (Luther était-il antisémite? ⟨ungar.⟩)/ übers. von Gábor Vida. Kolozsvár: Koinónia, 2008. 115 S.

640 Kirn, Hans-Martin: **Martin Luthers späte Judenschriften – Apokalyptik als Lebenshaltung?**: eine theologische Annäherung. In: 031, 271-285.

641 Probst, Christopher J.: »**An incessant army of demons**«: Wolf Meyer-Erlach, Luther and »the Jews« in Nazi Germany. Holocaust and genocide studies 23 (Oxford 2009), 441-460.

642 Schubert, Anselm: **Fremde Sünde**: zur Theologie von Luthers späten Judenschriften. In: 031, 251-270.

643 Singer, David: **Baptism or expulsion**: Martin Luther and the Jews of Germany. Journal of ecumenical studies 44 (Phil 2009), 401-408.

644 Steinmetz, David C.: **John Calvin and the Jews**: a problem in political theology. Political theology 10 (LO 2009), 391-409.

645 Wiese, Christian: »**Let his memory be holy to us**«: Jewish interpretations of Martin Luther from the Enlightenment to the Holocaust. Leo Baeck Institute year book 54 (Oxford 2009), 93-126.

i) Künstler und Kunst

646 Belting, Hans: **Das echte Bild**: Bildfragen als Glaubensfragen. M: Beck, 2005. 239 S.: Ill.

647 Belting, Hans: **Das echte Bild**: Bildfragen als Glaubensfragen. 2. Aufl. M: Beck, 2006. 239 S.: Ill.

648 Belting, Hans: **La vraie image**: croire aux images (Das echte Bild ⟨franz.⟩)/ übers. von Jean Torrent. P: Gallimard, 2007. 281 S.: Ill. (Les temps des images)

649 Belting, Hans: **A verdadeira imagem** (Das echte Bild ⟨portug.⟩)/ übers. von Artur Morão. Porto: Dafne, 2011. 231 S.: Ill.

650 Belting, Hans: **A hiteles kép**: képviták mint hitviták (Das echte Bild ⟨ungar.⟩)/ übers. von Zoltán Hidas. BP: Atlantisz, 2009. 320 S.: Ill.

651 **Die Bibel in Bildern**: Illustrationen aus der Werkstatt von Lucas Cranach (1534)/ kulturhistor. Einl.: Stephan Füssel; hrsg. von Benedikt Taschen. Hong Konkg; Köln u.a.: Taschen, 2009. 198 S.: Ill.

652 **The Bible in pictures**: illustrations from the workshop of Lucas Cranach (1534) (Die Bibel in Bildern ⟨engl.⟩)/ kulturhistor. Einl.: Stephan Füssel; hrsg. von Benedikt Taschen. Hong Konkg; Köln u.a.: Taschen, 2009. 198 S.: Ill.

653 Jacobs, Grit: **Mein Gott nicht, sondern nur ein Zeichen**: Bilder in der Lutherbibel. In: 08, 55-70.

654 Jahn, Jutta: **Das Lünettenbild in der Marktkirche zu Halle**: eine Bildargumentation des Oberpfarrers Johann Olearius in seiner Kontroverse mit den reformierten Theologen Anhalts. In: 029, 30-38: Ill.

655 Kolb, Robert: **Seelsorge for the Cranachs.** Lutheran forum 43 (NY 2009) Nr. 1, 34-37.

656 Mai, Hartmut: **Die Kanzel in der Hauptkirche St. Marien zu Kamenz (1563-1566) als ein Denkmal der lutherischen Reformation in der Oberlausitz.** In: 017, 303-320.

657 Metzger, Paul: **Reformation**: Bild und Bibel. MD 62 (2011), 036f. (Reformation 2017)

658 Neugebauer, Anke: **Am Anfang war die Residenz – Forschungen und Perspektiven.** In: 011, 82-92: Ill., 216 (Taf.).

659 Paisey, David; Bartrum, Giulia: **Hans Holbein and Miles Coverdale**: a new woodcut. Print quarterly 26 (LO 2009), 227-253.

660 Rank, Thomas L.: **The destruction of images**: using law and gospel to restore and maintain Lutheran sacramental piety. Logia: a journal of Lutheran theology 18 (Fort Wayne, IN 2009) Nr. 1, 31-35.

661 Strehle, Jutta: **Die Buße des heiligen Chrysostomus.** In: 047, 59-61: Ill.

662 Zerbe, Doreen: **Bilder der Leipziger Disputation**: Illustration und Interpretation. In: 024, 143-158: Ill.

663 Zerbe, Doreen: **Die religiösen Bilder** [Cranach, Aktdarstellungen]. In: 047, 53-58: Ill.

j) Territorien und Orte innerhalb des Deutschen Reiches

664 Arndt, Steffen: **Humanistische Bildung und Adel**: die Löwensteinische Stipendiaten-

stiftung aus dem Jahre 1536. Zeitschrift des Vereins für hessische Geschichte und Landeskunde 110 (2005), 63-82. L".

665 Bartsch, Maria: **Martin Luther in Halle.** In oben Nr. 20 , 11-24: Ill.

666 Brendle, Franz: **Das Herzogtum Württemberg im 16. Jahrhundert:** Land und Regenten im Zeichen von Herrschaftskrise, Reformation und Luthertum. In: 048, 51-59.

667 Bünz, Enno: **Territorium – Stadt – Universität:** das Umfeld der Leipziger Disputation. In: 024, 55-72: Ill.

668 Graf, Gerhard; Hein, Markus: **Kleine Kirchengeschichte Sachsens/** im Auftrag der Arbeitsgemeinschaft für Sächsische Kirchengeschichte. 2., verb. Aufl. L: EVA, 2007. 56 S.: Ill., Kt., L 26-28.

669 Graf, Gerhard; Hein, Markus: **Kleine Kirchengeschichte Sachsens/** im Auftrag der Arbeitsgemeinschaft für Sächsische Kirchengeschichte. 3., verb. Aufl. L: EVA, 2008. 56 S.: Ill., Kt., L 26-28.

670 Graf, Gerhard; Hein, Markus: **Kleine Kirchengeschichte Sachsens/** im Auftrag der Arbeitsgemeinschaft für Sächsische Kirchengeschichte. 4., verb. Aufl. L: EVA, 2009. 56 S.: Ill., Kt., L 26-28.

671 Koch, Ernst: **Geschichte der Reformation in der Reichsstadt Nordhausen am Harz.** M: Friedrich-Christian-Lesser-Stiftung, 2010. 446 S.: Ill. (Schriftenreihe der Friedrich-Christian-Lesser-Stiftung; 21)

672 **Die Korrespondenz der Herzogin Elisabeth von Sachsen:** und ergänzende Quellen. Bd. 1: **Die Jahre 1505 bis 1532/** hrsg. von André Thieme. L: Universitätsverlag, 2010. XLVI, 435 S.: Taf. (Quellen und Materialien zur sächsischen Geschichte und Volkskunde; 3 I)

673 Mühlpfordt, Werner: **Hermann Mühlpfordt (* um 1486, + 25. 8. 1534) und die Reformationszeit in Zwickau.** In: 09, 17-25: Ill.

674 Rothe, Hans-Christoph: **Johann der Beständige.** In: 09, 54-58.

675 Rothe, Hans-Christoph: **Johann Friedrich der Großmütige.** In: 09, 59-66: Ill.

676 Schröter, Christoph: **Die konfessionelle Entwicklung Anhalts seit der Reformation.** In: 01, 29-35.

677 Thiele, Klaus: **Osterwieck – Eine Stadt bekennt sich zur Reformation.** In: 022, 262 f: Ill.

k) Länder und Orte außerhalb des Deutschen Reiches

678 Absmeier, Christine: **Das schlesische Schulwesen im Jahrhundert der Reformation:** ständische Bildungsreformen im Geiste Philipp Melanchthons. S: Steiner, 2011. VIII, 371 S.: Ill., Kt. (Contubernium; 74) – Zugl. S, Univ., Diss., 2009.

679 Adams, Bruce Wilmot: **St. Patrick Hamilton.** Lutheran forum 43 (NY 2009), 41-43.

680 Bartók, István: **»Nem egyéb, hanem magyar poézis«:** Sylvester János nyelv- és irodalomszemlélete európai és magyar összefüggésekben (»Nicht anders als ungarische Dichtung«: János Sylvesters Sprach- und Literaturauffassung im europäischen und ungarischen Zusammenhang). BP: Universitas, 2007. 454 S. (Irodalomtudomány és kritika: klasszikusok)

681 Bernhard, Jan-Andrea: **Kálvin hatása Magyarországon és Erdélyben 1551 előtt.** RSz 102 (2009), 723-746.

682 Bernhard, Jan-Andrea: **Calvins Wirkung und Einfluss in Ungarn und Siebenbürgen vor 1551** (Kálvin hatása ... ⟨dt.⟩). RSz 103 (2010), 86-110.

683 Bisaha, Nancy: **Creating East and West:** Renaissance humanists and the Ottoman Turks. Phil: University of Pennsylvania, 2004. X, 309 S.: Kt. L 175.

684 Bisaha, Nancy: **Creating East and West:** Renaissance humanists and the Ottoman Turks. Taschenbuchausgabe. Phil: University of Pennsylvania, 2006. X, 309 S.: Kt. L 175.

685 Blázy, Árpád: **Simon Griner (Grynaeus) és Buda 1521-1523** (Simon Griner [Grynaeus] und Ofen, 1521-1523). BP: Károli Egyetemi Kiadó, 2010. 269 S.: Ill.

686 Blázy, Árpád: **Simon Griner (Grynaeus) és Buda (1521-1523):** adalékok a magyarországi reformáció kezdeteihez (Simon Griner [Grynaeus] und Ofen [1521-1523]: Beiträge zu den Anfängen der Reformation in Ungarn). Studia Caroliensia 11 (BP 2010) Heft 1-2, 3-269.

687 Bodnárová, Miloslava: **Dejiny evanjelického A. V. zboru v Prešove v 16. storočí** (Geschichte der Evang. Gemeinde A. B. in Eperies im 16. Jh.). In: 033, 123-145.

688 Brendle, Franz: **Vom Leben und Sterben Herr Primus Trubers.** In: 036, 13-22.

689 Burman, Thomas E.: **Reading the Qur`an in Latin Christendom:** 1140-1560. Phil: Univer-

sity of Pennsylvania, 2007. VI, 317 S.: Ill. L 172+". (Material texts)

690 Burman, Thomas E.: **Reading the Qur`an in Latin Christendom:** 1140-1560. Taschenbuchausgabe. Phil: University of Pennsylvania, 2009. VI, 317 S.: Ill. L 172+". (Material texts)

691 Copus, W. Perry, Jr.: **Luther, the crusades and just war.** Logia: a journal of Lutheran theology 18 (Fort Wayne, IN 2009) Nr. 4, 7-11.

692 Cottret, Bernard: **Henri VIII:** le pouvoir par la force. P: Payot & Rivages, 2008. 462 S.: Ill. (Biograpie Payot)

693 Csepregi, Zoltán: **Die Confessio Pentapolitana:** Fragen nach Autorschaft und Datierung. In: 033, 73-85.

694 Csepregi, Zoltán: **Hitvallás magyarul:** Marosvásárhely 1559 (Ungarisches Bekenntnis: Marosvásárhely 1559). LP 86 (2011), 2-8.

695 Dupkala, Rudolf: **Miesto protestantského filozofického a teologického myslenia v dejinách filozofie na Slovensku** (Der Ort des protestantischen philosophischen und theol. Denkens in der Philosophiegeschichte der Slowakei). In: 033, 411-430.

696 Euler, Carrie: **Does faith translate?:** Tudor translations of Martin Luther and the doctrine of justification by faith. ARG 101 (2010), 80-113: Zusammenfassung.

697 François, Wim: **The Antwerp printers Christoffel and Hans (1) van Ruremund, their Dutch and English bibles, and the intervention of the authorities in the 1520s and 1530s.** ARG 101 (2010), 7-28: Zusammenfassung.

698 Habsburg, Mária, Mohács özvegye: a királyné és udvara 1521-1531. (Maria von Habsburg, die Witwe von Mohács)/ hrsg. von Orsola Réthelyi ... BP: Budapesti Történeti Múzeum, 2005. 295 S.: Ill.

699 Hein, Markus: **Die Ausstrahlung der Wittenberger Reformation auf Südosteuropa:** das Reich der Stephanskrone. In: 036, 315-326.

700 Javoršek, Jože: **Primož Trubar/** Übers. der slowen. Ausgabe, Lubljana 1977, von Richard Götze; Metka Wakounig; mit einer Einl. von Karl W. Schwarz. Klagenfurt: Wiesen, 2011. 354 S. L 285. 298+".

701 Kaufmann, Thomas: **»Türckenbüchlein«:** zur christlichen Wahrnehmung »türckischer« Religion in Spätmittelalter und Reformation. GÖ: V&R, 2008. 299 S.: Ill. (Forschungen zur Kirchen- und Dogmengeschichte; 97) – Bespr.: Leppin, Volker: ARGBL 38 (2009), 42.

702 Kecskeméti, Gábor: **»A böcsületre kihaladott ékes és mesterséges szóllás, íras«:** a magyarországi retorikai hagyomány a 16-17. század fordulóján (»Das rechtschaffene, geschmückte und kunstgerechte Reden und Schreiben«: die rhetorische Tradition in Ungarn an der Wende des 16. und 17. Jh.). BP: Universitas, 2007. 622 S. (Irodalomtudomány és kritika: tanulmányok)

703 Kluge, Rolf-Dieter: **Primus Truber:** Leben, Werk und Wirkung: ein Überblick. In: 036, 69-77.

704 Köpf, Ulrich: **Primus Truber als Theologe.** In: 036, 93-101.

705 Kőszeghy, Péter: **Balassi és a teológia** (Balassi und die Theologie). In: 043, 7-38.

706 Kohnle, Armin: **Der Drucker und Buchhändler Johannes Manlius als Förderer der Reformation in Krain und Ungarn.** In: 036, 217-226.

707 Lagler, Wilfried: **Kurzübersicht über die zu seinen Lebzeiten im Druck erschienenen Werke Primus Trubers.** In: 036, 145-200.

708 Lausten, Martin Schwarz: **Pedersen, Christiern** (Pedersen, Christiern ⟨engl.⟩) In: 042, 670.

709 **Mary of Hungary: the queen and her court 1521-1531/** hrsg. von Orsolya Réthelyi ... BP: Budapest History Museum, 2005. 308 S.: Ill.

710 Methuen, Charlotte: **In the which the pure word of God is preached and the sacraments be duly administered:** the ecclesiology of the Church of England in the context of the Reformation. Modern believing 50 (Cambridge, England 2009), 5-20.

711 Őze, Sándor: **Még egyszer a ferencesekről** (Noch einmal über die Franziskaner). Egyháztörténeti szemle 11 (Miskolc 2010) Heft 1, 118-133.

712 Okolicsányi, József: **A Nógrádi Ágostai Hitvallású Evangélikus Egyházmegye monográfiája** (Monographie zum Neograder Evang. Seniorat A. B.)/ hrsg. von Zsolt Galcsík. BP: METEM, 2009. 319 S.: Ill. (METEM-könyvek; 67)

713 Plasger, Georg: **Netherlands, The** (Niederlande ⟨engl.⟩) In: 042, 120-123.

714 Poelchau, Lore: **Die »Vita Leonhardi Stöckel« des Christian Schesaeus (1563).** In: 033, 53-72.

715 Raecke, Jochen: **Primus Truber als Autor und Übersetzer:** Betrachtungen zum Thema literarische Originalität. In: 036, 119-144.

716 Reid, Jonathan A.: **King's sister – queen of dissent:** Marguerite of Navarre (1492-1549) and her evangelical network. 2 Bde. Leiden; Boston: Brill, 2009. XXII, 377 S., VIII S., S. 380-795. (Studies in medieval and Reformation traditions; 139 I/II)

717 Schwarz, Karl: »**Lumen et Reformator Ecclesiarum Superioris Hungariae«:** der Melanchthonschüler Leonhard Stöckel (1510-1560): ein Schul- und Kirchenreformer im Karpatenraum. Testimonia theologica 4 (BR 2010-1) S. 1-9. – Internetressource: ⟨http://www.fevth.uniba.sk/index.php?id=2508⟩

718 Štrubelj, Zvone: **Vom Laibacher Diözesanpriester zum evangelischen Pfarrer Derendingens:** ein theologischer Essay. In: 036, 367-381.

719 Szentmártoni Szabá, Géza: »**Mint szép ereklyével …«:** Balassi versének hasonlata, és ami mögötte rejtezik (»Wie mit einer schönen Reliquie …«: das Gleichnis in Balassis Gedicht und was sich dahinter verbirgt). In: 043, 119-140.

720 Táborszky, Gyöngyi: **Soproni korálkönyvek a XVIII-XIX. századból** (Choralbücher in

Ödenburg aus dem 18. und 19. Jh.). Magyar Egyházzene 16 (BP 2008/2009), 169-200.

721 Tonhaizer, Tibor: **Apokaliptikus várakozások Magyarországon a reformáció korában** (Apokalyptische Erwartungen in Ungarn in der Reformationszeit). In: 033, 218-223.

722 Whiting, Michael S.: **Luther in English:** the influence of his theology of law and gospel on early English Evangelicals. Eugene, OR: Pickwick, 2010. XVIII, 360 S. (Princeton theological monograph series; 142) – Überarb. Univ. of Wales, PhD, 2009. – Bespr.: Bagchi, David: Reformation & Renaissance review (Sheffield, UK 2011), 351-353 – Internetressource: ⟨http://www.equinoxjournals.com/RRR/article/view/9483/pdf⟩.

723 Wien, Ulrich Andreas: **Johannes Honterus und Valentin Wagner als Initiatoren der humanistischen Reformation in Kronstadt/Siebenbürgen.** In: 033, 108-122.

724 Wriedt, Markus: »**Die Sicht des Anderen«** – Luthers Verständnis des »Türken« als Zuchtrute Gottes« und »Geißel der Endzeit«. LuJ 77 (2010), 107-127.

6 Luthers Wirkung auf spätere Strömungen, Gruppen, Persönlichkeiten und Ereignisse

a) Allgemein

725 Fitschen, Klaus: »**Nun danket alle Gott«:** ein gesamtdeutscher Choral. In: 017, 141-143.

726 Francisco, Adam S.: »**Luther, Lutheranism, and the challenge of Islam«/** Zusammenfassung: James G. Kiecker. LuD 18 (2010), 17-22.

727 François, Philippe: **Professions de foi singulières, autour du nom de Luther.** PL 58 (2010), 223-229.

728 Gow, Andrew C.: **The contested history of a book:** the German Bible of the later Middle Ages and Reformation in legend, ideology and scholarship. Elektron. Ausgabe. Journal of Hebrew scriptures 9 (Ottawa 2009) Artikel Nr. 115, 1-37. – Papierform bei Gorgias (Piscatawey, NJ); siehe (Perspectives in Hebrew scriptures an its context; 9) – Internetressource: ⟨http://www.arts.ualberta.ca/JHS/Articles/article_115.pdf⟩.

729 Hinlicky, Paul R.: **Paths not taken:** fates of theology from Luther through Leibnitz. Grand Rapids, MI: Eerdmans, 2009. XIV, 385 S.

730 Hyatt, Eddie L.: **The impact of Martin Luther & the Reformation on modern reviv-**

alism. Pneuma review 12 (Wyoming, MN 2009) Nr. 3, 44-52.

731 Kobelt-Groch, Marion: **Papisten, Calvinisten, Wiedertäufer und ein Aufrührer wie Thomas Müntzer:** Feindbilder in gedruckten lutherischen Leichenpredigten des 16. bis 18. Jahrhunderts. In: 045, 227-243.

732 Lehmann, Hartmut: **Der Bildungsauftrag des Protestantismus.** KD 57 (2011), 163-174.

733 MacKenzie, Cameron A.: **The bondage of the will in Lutheranism – man's sin or God's will?** Lutheran synod quarterly 49 (Mankato, MN 2009), 4-29.

734 Schmidt, Heinrich R.: **Religion und Krieg im Reformiertentum.** In: 021, 415-438.

735 Scholz, Margit: **Auf den Spuren der Reformierten in Mitteldeutschland.** In: 01, 73-140.

736 Turckheim, Geoffroy de: **Comprendre le protestantisme:** de Luther aux évangeliques. P: Eyrolles, 2006. 223 S.: Ill. (Eyrolles pratique)

737 Tyrlík, Tomás: **Die spirituellen und charismatischen Bewegungen in der Schlesischen**

Evangelischen Kirche A. B. in Tschechien.
Luth. Kirche in der Welt 54 (2007), 123-137. L".

738 Weinrich, William C.: **At the edge of subscription:** the abusus doctrine in the Formula of Concord – doctrina or ratio? CThQ 73 (2009), 257-269.

739 Zur Mühlen, Karl-Heinz: **Luther, Martin III: Impact.** (Luther, Martin III: Wirkung ⟨engl.⟩). In: 041, 664-671.

b) Orthodoxie und Gegenreformation

740 Arnold, Martin: **Die Anfänge der Dorfschulen und des Elementarunterrichts in der Region Eschwege im 17. Jahrhundert.** Zeitschrift des Vereins für hessische Geschichte und Landeskunde 115 (2010), 137-151. L 137+".

741 Arnold, Martin: **Die mauritianische Reform in Eschwege:** landesherrliche Konfessionspolitik und bürgerlicher Widerstand. Zeitschrift des Vereins für hessische Geschichte und Landeskunde 111 (2006), 63-84. L".

742 Axmacher, Elke: **Aus Liebe will mein Heiland leben:** zum Text des Weihnachts-Oratoriums BWV 248 von Johann Sebastian Bach. In: 017, 108-121.

743 Axmacher, Rainer: **Der späte Justus Jonas (1550-1555):** sein Wirken in Coburg, Regensburg und Eisfeld und seine Nachwirkung. In: 019, 205-222.

744 Backus, Irena: **»Loci communes« oder »Hauptsätze«:** ein Medium der europäischen Reformation bei Calvin, Vermigli und Bullinger/ übers. von Stephen Locke. In: 06, 97-103. L".

745 Backus, Irena: **What is a historical account?:** religious biography and the Reformation's break with the middle ages. In: 044, 288-304: Zusammenfassung

746 Bollbuck, Harald: **Testimony of true faith and the ruler's mission:** the middle ages in the Magdeburg Centuries and the Melanchthon school. In: 044, 239-262: Zusammenfassung.

747 Brendle, Franz; Riethe, Peter: **Die Leichenpredigt Jakob Andreaes für Primus Truber.** In: 036, 23-68.

748 Cooper, Derek: **The analogy of faith in Puritan exegesis:** scope and salvation in James 2:14-26. Stone-Campbell journal 12 (Loveland, OH 2009), 235-250.

749 Darlage, Adam W.: **An anabaptist's tale:** Christoph Erhard and the recantation of the ex-Hutteride Hans Jedelshauser. In: 015, 126-144.

750 Dingel, Irene: **Die Ausprägung einer regionalen konfessionellen Identität im Fürstentum Anhalt:** Einflüsse und Wirkungen. In: 020, 113-127.

751 Dingel, Irene: **Schwerpunkte calvinistischer Lehrbildung im 16. und 17. Jahrhundert.** In: 06, 90-96: Ill.

752 Dreier, Horst: **Rechte Konfession – Konfession im Recht:** Rezension zu Christoph Strohm, Calvinismus und Recht. Weltanschaulich-konfessionelle Aspekte im Werk reformierter Juristen in der Frühen Neuzeit, Tübingen: Mohr Siebeck, 2008, 568 S. ARG 101 (2010), 321-334. – Bespr. zu LuB 2011, Nr. 771.

753 Ehmann, Johannes: **Zacharias Ursinus und der Heidelberger Katechismus:** ein Lebensbild. Lu 81 (2010), 90-103.

754 Frambach, Hans: **Erik Reinert's »The Reformation and Seckendorf«:** a comment. In: 038, 257-262.

755 Friedeburg, Robert von: **Ecclesiology and the English state:** Luther and Melanchthon on the independence of the church in English translations of the 1570s ARG 101 (2010), 138-163: Zusammenfassung.

756 Gehrt, Daniel: **Die Anfänge einer konfessionell bestimmten Identität in Thüringen und den ernestinischen Landen.** In: 020, 53-68.

757 Gehrt, Daniel: **Ernestinische Konfessionspolitik:** Bekenntnisbildung, Herrschaftskonsolidierung und dynastische Identitätsstiftung vom Augsburger Interim 1548 bis zur Konkordienformel 1577. L: EVA, 2011. 694 S. (Arbeiten zur Kirchen- und Theologiegeschichte; 34)

758 Greengrass, Mark; Phillpott, Matthew: **John Bale, John Foxe and the Reformation of the English past.** In: 044, 275-288: Zusammenfassung.

759 Gummelt, Volker: **Daniel Cramers »Pommerische Kirchen Chronica«:** ein Zeugnis für ein durch die Reformation gewachsenes Regionalbewusstsein in Pommern. In: 020, 69-76.

760 Johnson, Trevor: **Magistrates, madonnas and miracles.** Aldershot, Hampshire: Ashgate, 2009. X, 534 S. (St. Andrews studies in Reformation history) – Bespr.: Fulton, Elaine: Reformation 15 (Sheffield, UK 2010), 220-222.

386

761 Kess, Alexandra: **Johann Sleidan and the Protestant vision of history.** Aldershot, UK; Burlington, VT: Ashgate, 2008. XII, 245 S.: Ill. L". (St. Andrews studies in Reformation history) – Teilw. zugl.: St. Andrews, Univ., Diss., 2004.

762 Kohnle, Armin: **Justus Jonas und das Interim.** In: 019, 191-204.

763 Leaver, Robin A.: **Bach and the bicentenary of the Reformation.** In: 017, 49-62.

764 Meszesán, Mária: **Topológia és tropológia elhajlásai, avagy halál és élet retorikája Madarász Márton elmélkedéseiben** (Abweichungen der Topologie und Tropologie oder Rhetorik von Tod und Leben in den Meditationen von M. Madarász). Egyhztörténeti szemle 11 (Miskolc 2010) Heft 2, 3-32.

765 Moritz, Anja: **Interim und Apokalypse:** die religiösen Vereinheitlichungsversuche Karls V. im Spiegel der magdeburgischen Publizistik 1548-1551/52. TÜ: Mohr Siebeck, 2009. XIV, 348 S. (Spätmittelalter, Humanismus, Reformation; 47) – Bespr.: Hund, Johannes: ZKG 121 (2010), 267-270.

766 **Die Pfalz und die reformierten Allianzen** [Katalogteil]/ Ansgar Reiß ... In: 06, 148-158: Ill.

767 Pohlig, Matthias: **Matthias Flacius, Simon Goulart and the »Catalogus testium veritatis«:** Protestant historiography in an age of inner-Protestant struggle. In: 044, 262-274: Zusammenfassung.

768 **Die reformierte Konfession** [Katalogteil]/ Sabine Witt ... In: 06, 116-120: Ill.

769 Rein, Nathan: **The Chancery of God:** Protestant print, polemic and propaganda against the empire, Magdeburg 1546-1551. Aldershot, Hampshire; Burlington, VT: Ashgate, 2008. XV, 257 S.: Ill. (St. Andrews studies in Reformation history) – Bespr.: Kaufmann, Thomas: ARGBL 38 (2009), 47f.

770 Slenczka, Ruth: **Die Stadt als Bild der Verheißung:** Minden auf dem Bildnis des Superintendenten Hermann Huddäus von Ludger tom Ring dem Jüngeren von 1568. ARG 101 (2010), 29-54: Ill.

771 Strohm, Christoph: **Calvinismus und Recht:** weltanschaulich-konfessionelle Aspekte im Werk reformierter Juristen in der Frühen Neuzeit. TÜ: Mohr Siebeck, 2008. XVII, 568 S. (Spätmittelalter, Humanismus, Reformation; 42) – Bespr.: Wall, Heinrich de: ThLZ 135 (2010), 565-567; siehe auch LuB 2011, Nr. 752.

772 Tietz, Anja: **Der hallesche Stadtgottesacker – Nickel Hoffmann und das »Schlafhaus« der Christen.** In: 022, 138-141: Ill.

773 Wengert, Timothy J.; Krey, Philip D. W.: **»A June 1546 exorcism in Wittenberg as a pastoral act«/** Zusammenfassung: Richard A. Krause. LuD 18 (2010), 165-168.

c) Pietismus und Aufklärung

774 Bayer, Oswald: **Lutherischer Pietismus:** Oratio, Meditatio, Tentatio bei August Hermann Francke. In: 040, 1-12.

775 Hinlicky, Paul R.: **Leibnizian transformation?:** reclaiming the theodicy of faith. In: 046, 85-103.

776 Krähling, János; Nagy, Gergely Domonkos: **Late baroque greek-cross plan type Lutheran churches in Hungary.** Periodica polytechnica architecture 40 (BP 2009) Heft 2, 77-86.

777 Müller, Hans Martin: **Die Liebenswürdigkeit des Christentums:** zur Umformung lutherischer Theologumena bei Kant. In: 040, 345-360.

778 Smend, Rudolf: **Der Pastorensohn und der Reformator:** Lessings Verhältnis zu Luther. In: Ders.: Zwischen Mose und Karl Barth: akademische Vorträge. TÜ: Mohr Siebeck, 2009, 204-229.

779 Smith, Leonard S.: **Religion and the rise of history:** Martin Luther and the cultural revolution in Germany. Eugene, OR: Cascade, 2009. XVI, 290 S.

780 Zimmerling, Peter: **Zinzendorf als Reformator in Kirche, Bildung und Gesellschaft.** In: 017, 391-404.

d) 19. und 20. Jahrhundert bis 1917

781 Dietz, Walter: **»Ächt lutherisch«? Echt protestantisch:** zu den Spätfolgen von J. W. F. Höflings Kirchen- und Amtsverständnis für die neuerliche innerprotestantische Kontroverse über Amt, Ordination, Beauftragung und Allgemeines Priestertum. KD 55 (2009), 98-113.

782 Ebner, Alexander: **Capitalism, Protestantism, and democracy:** explorations into Max Weber's economic and political sociology. In: 038, 231-256.

783 Gay, James: **The Reformation in Eugen Dühring's perspectives.** In: 038, 109-124.

784 Gluchman, Vasil: **Protestantizmus a neme-ká filozofia 19. storočia** (Protestantismus und die deutsche Philosophie des 19. Jh.). In: 033, 431-438.

785 Helmer, Christine: Transformations of Luther's theology in view of Schleiermacher. In: 046, 104-121.

786 Hüffmeier, Wilhelm: **Das reformierte Erbe in den kirchlichen Unionen des 19. Jahrhunderts.** In: 06, 219-224: Ill.

787 Kaiser, Jochen-Christoph: **Protestantisches Märtyrertum im 20. Jahrhundert:** kirchlich-zeitgeschichtliche Anfragen an ein neues Handbuch. ZKG 120 (2009), 340-352.

788 Lehmann, Hartmut: **Die Weber-These im 20. Jahrhundert.** In: 06, 378-383: Ill.

789 Madigan, Patrick: **From Luther's theology of the cross to Nietzsche's probing for the Übermensch:** growth in the modern rhetoric of self-doubting intimidation. The Heythrop journal 50 (Oxford 2009), 304-309.

790 Mühling, Markus: **Neo-Lutheranism II: History of theology** (Neuluthertum II: Theologiegeschichtlich ⟨engl.⟩). In: 042, 98-100.

791 Osterkamp, Ernst: **Ein ganzer Kerl:** Martin Luther in der Literatur der deutschen Klassik. Sinn und Form 62 (2010) Heft 2, 169-186.

792 Seiss, Joseph Augustus: **Luther and the Reformation:** the life-springs of our liberties. Nachdruck der Ausgabe Phil, 1883. Whitefish, MT: Kessinger, 2009. 206 S.

793 Wodarzik, Ulrich F.: **Martin Luther und der Deutsche Idealismus.** In: 032, 81-120.

794 Wolfes, Matthias: **Neo-protestantism II: Historical theology** (Neuprotestantismus II: Theologiegeschichtlich ⟨engl.⟩). In: 042, 108 f.

e) 1918 bis 1996

795 Anderson, Elisabeth: **Gustaf Wingren (1910-2000).** LQ 23 (2009), 198-217.

796 Assel, Heinrich: **Politia Christi und Symbolik des Todes Jesu:** zwei Anamnesen zur Transformation der Lutherrenaissance. In: 046, 60-84.

797 Barker, H. Gaylon: **Bonhoeffer and the Church Struggle.** CJ 35 (2009), 363.

798 Beyer, Michael: **Franz Lau als Schriftausleger.** In: 014, 89-97. L 90+".

799 Carter, Guy Christopher: **Martin Luther in the Third Reich:** recent research on Luther as iconic force in Hitler's Germany. Semi-nary Ridge review 12 (Gettysburg, PA 2009) Nr. 1, 42-62.

800 Clifton-Soderstrom, Karl: **The phenomenology of religious humility in Heidegger's reading of Luther.** Continental philosophy review 42 (Dordrecht 2009), 171-200.

801 Deneken, Michel: **Luther dans »Trois réformateurs« de Maritain.** Revue des sciences religieuses 81 (Strasbourg 2007), 505-521.

802 Deneken, Michel: **»Luther dans ›Trois réformateurs‹ de Maritain«** [Luther in the »Tree reformers« of Maritain]/ engl. Zusammenfassung: Ian Christopher Levy. LuD 18 (2010), 15 f.

803 Fogarty, Gerals P.; Schratz, Sabine: **Americanism:** Luther reborn or modernism anticipated. In: »In wilder zügelloser Jagd nach Neuem«: 100 Jahre Modernismus und Antimodernismus in der katholischen Kirche/ hrsg. von Hubert Wolf. PB: Schöningh, 2009, 213-237.

804 Graf, Friedrich Wilhelm: **Vorherbestimmt zu Freiheitsaktivismus:** Transformationen des globalen Calvinismus. In: 06, 384-391: Ill.

805 Höhbusch, Stefan: **Die Fahnen Christi wehn! Wohlan, so seid zum Kampf bereit:** die Marienkirche als Symbol christlicher Repräsentanz im Nationalsozialismus. In: 029, 69-74: Ill.

806 Hüffmeier, Wilhelm: **Um Diaspora und Katholizität:** Franz Lau als Präsident des Gustav-Adolf-Werkes. In: 014, 57-66. L 58. 61.

807 Junghans, Helmar: **Franz Lau als Kirchenhistoriker.** In: 014, 15-25.

808 Lepp, Claudia: **Erinnerungsgemeinschaft?:** die innerdeutschen Kirchenbeziehungen am Beispiel der Reformationsfeierlichkeiten 1967 und des Lutherjubiläums 1983. In: 039, 133-148.

809 Maser, Peter: **Mit Herrn Luther alles in Butter?:** das Lutherjahr 1983 im geteilten Deutschland. In: 039, 163-179: Ill.

810 Meißner, Axel: **Martin Rades »Christliche Welt« und Armenien:** Bausteine für eine internationale politische Ethik des Protestantismus. B; MS: Lit, 2010. 548 S.: Ill. L". (Studien zur orientalischen Kirchengeschichte; 22) – Zugl.: Halle-Wittenberg, Univ., Theol. Fak., Diss., 2001.

811 Nüssel, Friederike: **Gottes strittige Wirklichkeit? – zur Transformation eines lutherischen Grundanliegens in der Theologie Wolfhart Pannenbergs.** In: 046, 39-59.

812 Petzoldt, Matthias: »**Begrenztes politisches Mandat der Kirche« in wechselnden Kontexten.** In: Staat und Kirche: »Theologische Tage« zum 600jährigen Bestehen der Universität Leipzig; Dokumentation der Tagung vom 26. bis 29, Oktober 2009/ hrsg. von der Rektorin der Universität Leipzig; Redaktion: Manuela Rutsatz; Matthias Schwarzer; Vorwort: Klaus Fitschen. L: Universität Leipzig, 2011, 71-89. L 73-75. (Leipziger Universitätsreden: N. F.; III)

813 Schilling, Johannes: **Luther 1946.** In: 039, 183-195.

814 Stoellger, Philipp: **Reformation theology »non extra usum«:** what has happened to Reformation theology in the twentieth century and what may happen? In: 046, 19-38.

815 Tikhomirov, Anton: **Die fremde Heimat:** Begegnungen mit dem Protestantismus in der russischen Dichtung. Luth. Kirche in der Welt 53 (2006), 161-202. L 162-169.

816 Uden, Ronald: **Lilje, Hanns (Johannes Ernst Richard)** (Lilje, Hanns ⟨engl.⟩). In: 041, 499.

817 Wartenberg, Günther: **Franz Lau als Professor an der Universität Leipzig:** mit einer Liste der von Lau betreuten Diplomarbeiten im Anhang/ bearb. von Markus Hein. In: 014, 99-108. L 103+".

7 Luthers Gestalt und Lehre in der Gegenwart

818 Andersen, Svend: **Lutheran political theology in the twenty-first century.** In: 046, 245-263.

819 [Benedictus XVI. ⟨papa⟩]: **Ansprache von Papst Benedikt XVI. bei der Privataudienz für die Kirchenleitung der VELKD am 24. 01. 2011.** In: 02, 27 f.

820 Claussen, Johann Hinrich: **Jeder sein eigener Priester:** warum ich zu meiner eigenen Überraschung gerne lutherisch bin. ZZ 11 (2010) Heft 7, 26-28: Ill.

821 Cooper-White, Michael: **Christian stewardship in light of a theology of the cross.** Dialog: a journal of theology 48 (2009), 202-206.

822 Dorgerloh, Stephan: **Begrüßung zur Tagung / Lutherdekade und Luthertourismus – Szenen einer Ehe.** In: 028, 5-9.

823 **Evangelischer Erwachsenenkatechismus:** suchen – glauben – leben/ im Auftrag der Kirchenleitung der VELKD hrsg. von Manfred Kießig; Martin Rothgangel unter Mitarb. von Wiebke Bähnk ... 8., neu bearb. und erg. Aufl. GÜ: GVH, 2010. 1020 S., CD-ROM.

824 Fleischmann-Bisten, Walter: **Reformation und Toleranz.** MD 61 (2010), 108 f. (Reformation 2017)

825 [Friedrich, Johannes]: **Kirchenleitung der VELKD trifft Papst:** Grußwort des Leitenden Bischofs in der Privataudienz mit Benedikt XVI. im Wortlaut. In: 02, 24 f.

826 Friedrich, Johannes: **Der religiöse und kulturelle Pluralismus – eine Herausforderung für den sozialen Zusammenhalt in Europa:** Vortrag in Mailand am 20. 1. 2011 beim interkulturellen Abend in der Chiesa Cristiana Protestante di Milano im Rahmen der Reise der Kirchenleitung der VELKD 2011. In: 02, 6-12.

827 Gaßmann, Günther: **Wir sind Lutherisch – doch was bedeutet das?:** die Frage der lutherischen Identität. In: 037, 87-95.

828 Gemeinhardt, Alexander: **Reformation und Politik.** MD 62 (2011), 017 f. (Reformation 2017)

829 Gerle, Elisabeth: **Lutheran theology as a resource for future society.** In: 046, 210-228.

830 Grabner, Elisabeth: **Die Luther-Gesellschaft auf dem Bremer Kirchentag.** Lu 81 (2010), 40 f: Ill.

831 Grantén, Eva-Lotta: **»Born sinners« striving for perfection:** criteria for the construction of a contemporary Lutheran theology of original sin. Dialog: a journal of theology 48 (2009), 97-103.

832 Greschat, Martin: **Der Protestantismus in der Bundesrepublik Deutschland (1945-2005).** Originalausgabe. L: EVA, 2010. 245 S. L 214. (Kirchengeschichte in Einzeldarstellungen; IV, 2)

833 Greschat, Martin: **Der Protestantismus in der Bundesrepublik Deutschland (1945-2005).** Paperbackausgabe. L: EVA, 2011. 245 S. L 214.

834 Hauschild, Wolf-Dieter: **Märtyrergedenken in der evangelischen Kirche.** ZKG 120 (2009), 323-339.

835 Henriksen, Jan-Olav: **The gift of grace – on Derrida's gift und Lutheran grace:** using philosophy to make points of theology, or the other way round. In: 046, 160-178.

836 Himmighöfer, Traudel: **Otto Böcher zum 75. Geburtstag.** BlPfKG 77 (2010), 277-280: Portr. = Ebernburg-Hefte 44 (2010), 7-10: Portr.

837 Hirte, Christian: **Beitrag zur Lutherdekade.** In: 028, 34 f.

838 **In memoriam** [Gottfried Maron; Helmar Junghans]. Lu 81 (2010), 172 f.

839 Kirchhoff, Klaus: »**Inkompetenz organisieren:** Luthers ›rechte Weise in der Theologie zu studieren heute« [Organizing incompetence: Luther's view of the »right way to study theology« today]/ engl. Zusammenfassung: Wolfgang Vondey. LuD 18 (2010), 123 f.

840 Kirst, Nelson: **Liturgische Erneuerung: jüngste Erfahrungen in einer lutherischen Minderheitskirche in Brasilien.** Luth. Kirche in der Welt 55 (2008), 151-178. L 171+".

841 Klátik, Miloš: Hrivna vydala desať hrivien: prehľad celoživotnej práci proo f. ThDr. Igora Kišša (Das Pfund hat zehn Pfund eingebracht: Lebenswerk von Igor Kišš). In: 037, 11-24.

842 Koch, Kurt Kardinal: **Die ökumenische Botschaft des Baumes:** Meditation zu Apk 22, 1-5; Meditation zur Pflanzung eines Baumes im Rahmen des Projektes Luthergarten bei der Päpstlichen Basilika St. Paul vor der Mauern, 23. Januar 2011. In: 02, 19 f: Ill.

843 Koch, Traugott: **Die Brotbitte des Vaterunsers – und wir in einer rationalisierten Lebenswelt.** Luth. Kirche in der Welt 58 (2011), 23-30.

844 Koivisto, Jussi: **The future of sixteenth century studies:** the common future of Luther and biblical studies. SCJ 40 (2009), 251-252.

845 Kolb, Robert: **Christian without denomination?:** reflection on the Asian situation from the perspective of Martin Luther. Theology & life 32 (Wilmington, DE 2009), 183-205.

846 Korsch, Dietrich: **Freiheit im Widerstreit:** reformatorisches Freiheitsverständnis und moderne Sittlichkeit (2006). In: 032, 149-162.

847 Kuhlemann, Frank-Michael: **Erinnerung und Erinnerungskultur im deutschen Protestantismus.** ZKG 119 (2008), 30-44.

848 Lee, Jacob Hee Cheol: **Shame and pastoral care:** implications from an Asian theological perspective. Pastoral psychology 57 (2009), 253-262.

849 Leppin, Volker: **The future of sixteenth century studies:** Luther 2017: contextualized in a history of perception. SCJ 40 (2009), 259-261.

850 Maaßen, Thorsten: **Das Ökumeneverständnis Joseph Ratzingers.** GÖ: V&R unipress, 2011. 407 S. (Kirche – Konfession – Religion; 56)

851 Martínez Gordo, Jesús: **Cuestione fundamentales de la teología de la revelación:** M. Lutero y la modernidad ilustrada (I) (Grundfragen der Offenbarungstheologie: Luther und die aufgeklärte Moderne [I]). Scriptorium victoriense 56 (Vitoria 2009), 333-375. – Bespr.: Archivo teológico Granadino 73 (Granada 2010), 293.

852 Münchow, Christoph: **Die Leipziger Disputation und die Ökumene heute.** In: 024, 159-171.

853 Pannenberg, Wolfhart: **Defectus ordinis:** zum Verhältnis von Bischofsamt und Pfarramt aus lutherischer Sicht. KD 55 (2009), 342-345.

854 Perspektiven für das Reformationsjubiläum 2017/ Kuratorium »500 Jahre Reformation – Luther 2017«/ Nikolaus Schneider; Wissenschaftlicher Beirat/ Johannes Schilling ... Wittenberg: Luther 2017 – 500 Jahre Reformation, Geschäftsstelle der EKD; Geschäftsstelle »Luther 2017«, Stiftung Luthergedenkstätten in Sachsen Anhalt, [2010]. [12] S. – Internetressource: ⟨http://www.luther2017.de/dateien/perspektiven-druck_neucmyk.pdf⟩.

855 Peterson, Daniel J.: **We preach Christ crucified:** rejecting the prosperity gospel and responding to feminist criticism using Luther's second theology of the cross. Dialog: a journal of theology 48 (2009), 194-201.

856 Pietsch, Stephen: **Seelsorge:** a living tradition in pastoral theology practice. LThJ 43 (2009), 49-62.

857 Ratzmann, Wolfgang: **Gott allein die Ehre?:** zum Applaus in der Kirche. In: 017, 486-499. L 495 f.

858 **Reformatio viva:** Festschrift für Hans Christian Knuth zum 70. Geburtstag [Predigten, Reformationsfest]/ hrsg. von Hans-Christoph Goßmann. Nordhausen: Bautz, 2010. 300 S. (Jerusalemer Texte; 3)

859 **Reformation und Musik 2012:** Veranstaltungshöhepunkte in Sachsen, Sachsen-Anhalt und Thüringen; Programmheft/ Hrsg. und Redaktion: Geschäftsstelle der EKD in Wittenberg »Luther 2017 – 500 Jahre Reformation« und Geschäftsstelle »Luther 2017«; Einführungen: Stephan Dorgerloh; Stefan Rhein. Apolda: Liebeskind, 2011. 19 S.: Ill. (500 Jahre Reformation – Luther 2017)

860 Rosenau, Hartmut: **Sola gratia in Zeiten der Gottesferne – Transformation lutherischer Theologie in eine sapientiale Dogmatik und in einen christlichen Utilitarismus.** In: 046, 193-209.

861 Saarinen, Risto: **Theology of giving as a comprehensive Lutheran theology.** In: 046, 141-159.

862 Sauer, Paul Robert: **Mystical marriage renewal.** Lutheran forum 43 (NY 2009), 10-12.

863 Schilling, Johannes: **In memoriam Helmar Junghans.** LuJ 77 (2010), 11-14.

864 Schilling, Johannes: **Siegfried Bräuer – Reformationshistoriker, Verleger, Kirchenmann und Ehrendoktor der Theologischen Fakultät der Christian-Albrechts-Universität zu Kiel.** In: 045, 9-21.

865 Seehase, Hans: **Auf dem Weg zu einer Union zwischen Lutheranern und Reformierten in der Kirchenprovinz Sachsen.** In: 01, 37-72.

866 Senkbeil, Harold L.: **Sound doctrine and spiritual health:** an exercise in the intentional cure of souls. LThJ 43 (2009), 118-124.

867 Slenczka, Reinhard: **Agreement and disagreement about justification:** ten years after the Joint declaration on the doctrine of justification. CThQ 73 (2009), 291-316.

868 Stahl, Rainer: **»Zwei Regierweisen Gottes«? Ja: »Zwei Regierweisen Gottes«!** Luth. Kirche in der Welt 58 (2011), 75-100.

869 Theißen, Henning: **Kirche der Freiheit und die Freiheit eines Christenmenschen:** die gegenwärtige Kirchenreform in ihrem Verhältnis zur Kirche der Reformation. LuJ 77 (2010), 269-295.

870 Tikhomirov, Anton: **Und die Pforten der Hölle sollen sie nicht überwältigen:** von der Notwendigkeit und dem Sinn einer kenotischen Ekklesiologie. Luth. Kirche in der Welt 55 (2008), 45-62.

871 **VELKD sieht Hoffnungszeichen gelingender Ökumene:** Kirchenleitung zieht positive Bilanz ihrer Reise auf den Spuren Luthers nach Mailand und Rom/ VELKD: Pressemitteilung, 26. Januar 2011. In: 02, 28 f. Ill.

872 Welker, Michael: **Rethinking Christocentric theology.** In: 046, 179-192.

873 Wenz, Gunther: **Glaubensgewissheit und Gewissensfreiheit:** Notizen aus evangelisch-lutherischer Perspektive. KD 54 (2008), 138-146.

874 Westhelle, Vítor: **Lutheranism and culture in the Americas:** a comparative study. In: 046, 229-244.

875 Williams, Ritva H.: **The Bible's importance for the church today.** MP: Augsburg Fortress, 2009. 96 S. (Lutheran voices)

876 Zimmerling, Peter: **Reisen, Pilgern und spiritueller Tourismus.** In: 028, 14-18.

8 Romane, Schauspiele, Filme, Varia

877 Ackermann, Jens: **Für ein integriertes Tourismuskonzept zur Lutherdekade.** In: 028, 33 f.

878 Antz, Christian: **Spirituelle Reisen in Luthers Land – ein kirchlicher und touristischer Impuls aus Sachsen-Anhalt.** In: 028, 20-25.

879 Bultmann, Christoph: **Zurück in der Universität:** zum Jubiläum von Luthers Graduierung zum Baccalaureus biblicus an der Universität Wittenberg am 9. März 2009; eine Tischrede. Lu 81 (2010), 32-36.

880 Busse-Lunkka, Terttu: **Luthertourismus aus finnischer Sicht.** In: 028, 27 f.

881 Dittmar, Birgit: **Spiritueller Tourismus – Neue Zielregion Reiseland Deutschland?** In: 028, 12-14.

882 **Das Geheimnis der dunklen Truhe:** Geschichten aus Martin Luthers Leben/ hrsg. von Ute Gause. 2. Aufl. L: EVA, 2006. 224 S.

883 Giesick, Thomas: **Internationaler Luthertourismus.** In: 028, 28 f.

884 Kőháti, Dóra: **Rajzban nem lesz könnyż ábrázolni:** beszélgetés Richly Zsolttal az első Lutherrajzfilmről (Nicht leicht in Zeichnungen darzustellen: ein Gespräch mit Zsolt Richly über den ersten Luther-Zeichentrickfilm). Credo 16 (BP 2010) Heft 3/4, 125-129.

885 Lackfi, János: **A lelkiösmeret szava: epizód Luther Márton életéből – animációs forgatókönyv** (Die Stimme des Gewissens – eine Episode aus dem Leben von M. Luther – Animationsdrehbuch). Credo 16 (BP 2010) Heft 3/4, 130-136.

886 Lienhard, Marc: Quelques observations à propos du film »Luther« d'Eric Till (2003). PL 58 (2010), 189-195.

887 Luther Blisset [Pseudonym]: **Q** (Q ⟨engl.⟩)/ aus dem Italien. übers. von Shaun White-

side. Neuausgabe. LO: Arrow Books, 2004. 672 S.: Ill.

888 Luther Blisset [Pseudonym]: **Q** (Q ⟨span.⟩)/ aus dem Italien. übers. von José Ramen Monreal. [Barcelona]: Debolsillo, 2009. 781 S.: Ill.

889 **Luthertourismus und Lutherdekade:** zwischen Bildung, Spiritualität und Erlebnis (Workshop in Erfurt/19. September 2009 in Bretten/ hrsg. vom Gemeinschaftswerk der Evang. Publizistik (GEP), Frankfurt am Main. epd-Dokumentation (2010) Nr. 10. 44 S. [Vgl. LuB 2011, Nr. 028]

890 Parker, Geoffrey: **Martin Luther burns at the stake, 1521.** In: What if? 2: eminent historians imagine what might have been/ Beiträge von James Bradley ...; hrsg. von Robert Cowley. NY: Putnam, 2001, 105-119.

891 Parker, Geoffrey: **Martin Luther wird 1521 auf dem Scheiterhaufen verbrannt:** »O Gott, Luther ist tot?« (Martin Luther burns at the stake ⟨dt.⟩). In: Was wäre geschehen, wenn?: Wendepunkte der Weltgeschichte (What if? 2 ⟨dt.⟩)/ hrsg. von Robert Cowley; aus dem Amerikan. übers. von Henning Thies. M: Droemer, 2004, 152-170.

892 Parker, Geoffrey: **Martin Luther wird 1521 auf dem Scheiterhaufen verbrannt:** »O Gott, Luther ist tot?« (Martin Luther burns at the stake ⟨dt.⟩). In: Was wäre geschehen, wenn?:

Wendepunkte der Weltgeschichte (What if? 2 ⟨dt.⟩)/ hrsg. von Robert Cowley; aus dem Amerikan. übers. von Henning Thies. Vollst. Taschenbuchausgabe. M: Knauer-Taschenbuch, 2006, 152-170. (Knauer; 77887)

893 Parker, Geoffrey: **Martin Luther wird 1521 auf dem Scheiterhaufen verbrannt:** »O Gott, Luther ist tot?« (Martin Luther burns at the stake ⟨dt.⟩). In: Was wäre geschehen, wenn?: Wendepunkte der Weltgeschichte (What if? 2 ⟨dt.⟩)/ hrsg. von Robert Cowley; aus dem Amerikan. übers. von Henning Thies. Köln: Anaconda, 2008, 156-163.

894 Rhein, Stefan: **Religion, Kultur, Kommerz:** auf der Suche nach einem anspruchsvollen Luthermarketing. In: 028, 9-11.

895 Schneider, Marina: **Luthertourismus in der Praxis.** In: 028, 29 f.

896 Schultes, Norbert: **Luthertourismus:** Beobachtungen und Anregungen aus Sicht der Bundesregierung. In: 028, 32 f.

897 Schulz, Christiane: **Evangelische Kirche in Mitteldeutschland und Luthertourismus.** In: 028, 30 f.

898 Stephenson, Barry: **Studying contemporary festivity:** some reflections on theory and method. ARC: the journal of the Faculty of Religious Studies, McGill University 37 (Montreal 2009), 29-48.

C   FORSCHUNGSBERICHTE, SAMMELBESPRECHUNGEN, BIBLIOGRAPHIEN

899 Bagchi, David V. N.: **Recent studies in the Reformation and Islam.** Reformation: the journal of the Tyndale Society 14 (LO 2009), 161-170.

900 **Bibliografia univ. prof. ThDr. Igora Kišša k jeho 70. narodeninám s indexom** (Bibliographie Igor Kišš zum 70. Geburtag mit Index). In: 037, 266-298.

901 **Bibliographie de Marc Lienhard (2005-2010)/** bearb. von Matthieu Arnold. PL 58 (2010), 251-256.

902 **Bibliographie Franz Lau/** zsgest. von Günther Wartenberg. In: 014, 109-126.

903 **Bibliographie zur Johannes Bugenhagen-Forschung/** bearb. von Irmfried Garbe. In: 023, 203-284.

904 Bräuer, Siegfried: **Informelle Kontakte zwischen marxistischen und nichtmarxistischen Reformationshistorikern:** die Früh-

phase zwischen 1969 und 1979. In: 039, 115-130: Ill.

905 Bünz, Enno: **Stadt und Kirche – Stadtbild und Sakraltopographie von Wittenberg als Forschungsgegenstände.** In: 011, 27-29.

906 Dammaschke, Marion: **Siegfried Bräuers Beitrag zur Erforschung und Vermittlung von Leben und Werk Thomas Müntzers:** eine Bibliographie. In: 045, 311-317.

907 Fleischmann-Bisten, Walter: **Plädoyer für die Wissenschaft – Reformatorisches Erbe und ökumenische Herausforderungen im Melanchthonjahr:** ökumenischer Lagebericht 2010. epd-Dokumentation (2011) Nr. 43, 4-17.

908 Fleischmann-Bisten, Walter: **Reformation und Ökumene im Melanchthonjahr:** ökumenischer Lagebericht 2010. MD 61 (2010), 103-105.

909 Greiner, Albert: **Quelques ouvrages recents relatifs à Martin Luther (XXIII).** PL 58 (2010), 155-165.

910 Hein, Markus: **Die Leipziger Disputation in der Forschung.** In: 024, 25-34: Ill.

911 Hofmann, Frank: **Luthers größter Schüler:** Johannes Calvin (1509-1564) und seine Wirkung; Seminar der Luther-Gesellschaft vom 25.-27. September 2009 in Ludwigshafen, Heidelberg und Neustadt a. d. Weinstraße. Lu 81 (2010), 37-39.

912 Jaspert, Bernd: **Mönchtum und Protestantismus:** Probleme und Wege der Forschung seit 1877. Bd. 4 I/II: **Von Eva Schulz-Flügel bis Karl Pinggéra.** St. Ottilien: EOS, 2010. 748 S.; S. 749-1540. (Regula Bebedicti studia: supplementa; 20 I/II) – Bespr.: Dienst, Karl: Lu 81 (2010), 193f.

913 Kolb, Robert: **Comments.** LQ 23 (2009), 103-109.

914 Kooi, Christine: **The Reformation in the Netherlands:** some historiographic contributions in English. ARG 100 (2009), 293-307.

915 Lapp, Michael: **Luther und die Kunst:** Seminar der Luther-Gesellschaft vom 28.bis 30. Mai 2010 in Bonn. Lu 81 (2010), 174-178.

916 Leppin, Volker: **Reformationsgeschichtsschreibung in der DDR und der Bundesrepublik.** In: 039, 33-47.

917 Lück, Heiner: **Das ernestinische Wittenberg:** Universität und Stadt (1486-1547); ein Forschungsvorhaben der Martin-Luther-Universität Halle-Wittenberg und der Stiftung LEUCOREA. In: 011, 9-19.

918 Lück, Heiner: **Stadt und Universität Wittenberg:** Überlegungen zu Ausgangspositionen und Aufgaben der Forschung. In: 011, 117-120.

919 **Lutherbibliographie 2010/** bearb. von Michael Beyer mit Matthieu Arnold ... LuJ 77 (2010), 297-352.

920 **Publications of Christoph Burger.** In: 03, 533-544.

921 Saarinen, Risto: **Finnish Luther studies:** a story and a program. In: 010, 1-26.

922 Scheible, Heinz: **Fünfzig Jahre Melanchthonforschung.** MD 62 (2011), 023-027.

923 Schilling, Johannes: **Luther-Gesellschaft und Lutherausgabe.** Lu 81 (2010), 104-107.

924 **Schriftenverzeichnis Rudolf Bentzinger.** In: Mittelalterliche Sprache und Literatur in Eisenach und Erfurt: Tagung anlässlich des 70. Geburtstages von Rudolf Bentzinger am 22.8.2006/ hrsg. von Martin Schubert; Jürgen Wolf; Annegret Haase. F; B; Bern; Bruxelles; NY; Oxford; W: Lang, 2009, 297-308. (Kultur, Wissenschaft, Literatur: Beiträge zur Mittelalterforschung; 18)

925 Wolfrum, Edgar: **Erinnerungskultur und Geschichtspolitik als Forschungsfelder:** Konzepte – Methoden – Themen In: 039, 13-32

LuB 1999

839 Calvin, Johannes. – Feld, Helmut: ThLZ 135 (2010), 560 f.

LuB 2002

96 Eyjólfsson, Sigurjón Arni. – Czaika, Otfried: ARGBL 38 (2009), 32.
506 Dieter, Theodor. – Neuer, Werner: Theol. Beiträge 39 (2008), 183-190.

LuB 2006

250 Wolff, Jens. – Bayer, Oswald: Lu 81 (2010), 43 f.
440 Asendorf, Ulrich. – Kaufmann, Thomas: ARGBL 38 (2009), 22 f.
568 Nicolaus, Georg. – Kaufmann, Thomas: ARGBL 38 (2009), 23 f.

LuB 2007

043 Johann Friedrich I. … – Hasse, Hans-Peter: ARGBL 38 (2009), 148-150.
062 Orden und Klöster … Bd. 1. – Kleinjung, Christine: ZKG 120 (2009), 110-111.
29 Luther, Martin. – Kaufmann, Thomas: ARGBL 38 (2009), 18 f.
30 Luther, Martin. – Kaufmann, Thomas: ARGBL 38 (2009), 18 f.
982 Kaufmann, Thomas. – Mikoteit, Matthias: Lu 81 (2010), 47-49.
1265 Sahayadoss, Santhosh J. – Kaufmann, Thomas: ARGBL 38 (2009), 35 f.

LuB 2008

036 Kommunikation und … – Moeller, Bernd: ARGBL 38 (2009), 11 f.
044 Lutheran Reformation … – Buckwalter, Stephen E.: ZKG 120 (2009), 109-110.
063 Politics and Reformations. – Stegmann, Andreas: ZKG 121 (2010), 270 f.
064 Politik und Bekenntnis. – Moritz, Anja: ZKG 120 (2009), 95-97.

145 Paulson, Steven D. – Kaufmann, Thomas: ARGBL 38 (2009), 22.
155 Korsch, Dietrich. – Grünwaldt, Klaus: Lu 81 (2010), 42 f; Kaufmann, Thomas: ARGBL 38 (2009), 19 f.
329 Skottene, Ragnar. – Kaufmann, Thomas: ARGBL 38 (2009), 30.
379 Burger, Christoph. – Schneider-Ludorff, Gury: Lu 81 (2010), 44 f.
627 Briefe und Schriften oberdt. Täufer. – Deuschle, Matthias: ThLZ 135 (2010), 337-339.
633 Bucer, Martin. – Moeller, Bernd: ARGBL 38 (2009), 54 f.
698 Schirmer, Uwe. – Hasse, Hans-Peter: ARGBL 38 (2009), 147.
768 Gerhard, Johann. – Lüpke, Johannes von: Lu 81 (2010), 49 f.
866 Siemon-Netto, Uwe. – Hagen, Kenneth: SCJ 40 (2009), 74-77.

LuB 2009

05 Calvin Handbuch. – Kuhn, Thomas K.: Lu 81 (2010), 187-189.
07 Christlicher Glaube und … – Schäufele, Wolf-Friedrich: Lu 81 (2010), 54-56.
017 Frühneuzeitliche Konfessionskulturen. – Brady, Thomas A.: ARGBL 38 (2009), 12 f.
018 Fundsache Luther. – Hasse, Hans-Peter: ARGBL 38 (2009), 33 f.
023 Grund und Gegenstand … – Goltz, Rainer: Lu 81 (2010), 195-197.
024 Hamm, Berndt. – Jung, Martin H: ZKG 121 (2010), 266 f; Kaufmann, Thomas: ARGBL 38 (2009), 40 f.
030 Kettmann, Gerhard. – Hasse, Hans-Peter: ARGBL 38 (2009), 72.
040 Luthers Thesenanschlag … – Kaufmann, Thomas: ARGBL 38 (2009), 26 f.
048 Perspektiven der Reformationsforschung … – Hasse, Hans-Peter: ARGBL 38 (2009), 146 f.
051 Politik und Religion. – Kohnle, Armin: Lu 81 (2010), 53 f.
052 Reform and expansion … – Cameron, Euan: Reformation 13 (Sheffield, UK 2008), 213-216.
053 Reformation und Mönchtum. – Kaufmann, Thomas: ARGBL 38 (2009), 24-26.
061 »Unverzagt und …«. – Basse, Michael: Lu 81 (2010), 52 f.

394

062 Wege der Neuzeit. – Scheepers, Rajah: ZKG 121 (2010), 262-265.

55 [Melanchthon, Philipp]. – Kaufmann, Thomas: ARGBL 38 (2009), 34 f.

93 Steffens, Martin. – Rhein, Stefan: Lu 81 (2010), 191 f.

113 Lexutt, Athina. – Kaufmann, Thomas: ARGBL 38 (2009), 21 f.

128 Nitti, Silvana. – Völkel, Markus: ARGBL 38 (2009), 22.

168 Jung, Martin H. – Kaufmann, Thomas: ARGBL 38 (2009), 39 f.

175 Vainio, Olli-Pekka. – Arffmann, Kaarlo: TA 114 (2009), 266 f.

213 Johnson, Marcus P. – Maag, Karin: ARGBL 38 (2009), 38.

264 Wandel, Lee Palmer. – Kaufmann, Thomas: ARGBL 38 (2009), 29 f.

273 Leroux, Neil R. – Kaufmann, Thomas: ARGBL 38 (2009), 30 f; Koivisto, Jussi: TA 114 (2009), 633 f.

284 Wengert, Timothy J. – Kaufmann, Thomas: ARGBL 38 (2009), 28.

363 Stümke, Volker. – Suda, Max Josef: ZKG 120 (2009), 114-115.

364 Torvend, Samuel. – Nelson, Derek: SCJ 40 (2009), 1269-1271.

495 Luscher, Birgit. – Hasse, Hans-Peter: ARGBL 38 (2009), 31 f.

552 MacCulloch, Diarmaid. – Kaufmann, Thomas: ARG 101 (2010), 305-320.

555 MacCulloch, Diarmaid. – Kaufmann, Thomas: ARG 101 (2010), 305-320; Zschoch, Hellmut: Lu 81 (2010), 179 f.

594 Leppin, Volker. – Hasse, Hans-Peter: ARGBL 38 (2009), 10 f.

595 Lorentzen, Tim. – Kaufmann, Thomas: ARGBL 38 (2009), 46 f.

598 Melanchthon, Philipp. – Schilling, Johannes: ARGBL 38 (2009), 43 f; Zur Mühlen, Karl-Heinz: Lu 81 (2010), 112 f.

599 Metzler, Regine. – Hasse, Hans-Peter: ARGBL 38 (2009), 150.

691 Reinhardt, Volker. – Opitz, Peter: ThLZ 135 (2010), 563-565.

743 Francisco, Adam S. – Kaufmann, Thomas: ARGBL 38 (2009), 32 f.

820 Waschbüsch, Andreas. – Sparn, Walther: ARGBL 38 (2009), 52 f.

821 Weigel, Valentin. – Sparn, Walther: ARGBL 38 (2009), 52.

LuB 2010

01 Aufbruch zur Reformation. – Theißen, Henning: Lu 81 (2010), 58-60.

08 Erinnerte Reformation. – Korsch, Dietrich: Lu 81 (2010), 189-191.

031 A new history of penance. – Ohst, Martin: ZKG 121 (2010), 75-80.

043 Scheible, Heinz. – Müller, Gerhard: Lu 81 (2010), 183 f.

052 Ziegler, Walter. – Holzem, Andreas: ZKG 120 (2009), 120-121; Kaufmann, Thomas: ARGBL 38 (2009), 48 f.

15 Luther, Martin. – Basse, Michael: ZKG 121 (2010), 116-118; Plathow, Michael: Lu 81 (2008), 108 f.

49 Luther, Martin. – Archivo teológico Granadino 73 (Granada 2010), 292.

116 Barth, Hans-Martin. – Brakemeier, Gottfried: VELKD-Informationen 129 (2010), 65-68; Hauschildt, Friedrich: ZZ 11 (2010), Heft 7, 61 f.

117 Bayer, Oswald. – Kaufmann, Thomas: ARGBL 38 (2009), 20 f.

121 Hinlicky, Paul R. – Wiberg Pedersen, Else Marie: ThLZ 136 (2011), 419-422

122 Kolb, Robert. – Stegmann, Andreas: ThLZ 135 (2010), 339-341.

172 Führer, Werner. – Brandt, Reinhard: Lu 81 (2010), 109 f.

266 Vainio, Olli-Pekka. – Kaufmann, Thomas: ARGBL 38 (2009), 44 f.

269 Andersen, Svend. – Stümke, Volker: Lu 81 (2010), 194 f.

466 Thiede, Werner. – Mähling, Patrik: Lu 81 (2010), 409-411.

478 Kaufmann, Thomas. – Brecht, Martin: ThLZ 136 (2011), 314-316; Zschoch, Hellmut: Lu 81 (2010), 180-182.

483 Linder, Robert D. – Leppin, Volker: ARGBL 38 (2009), 39.

530 Kuropka, Nicole. – Jung, Martin H.: ZKG 121 (2010), 413 f.

567 Schmalz, Björn. – Weide, Christine: Lu 81 (2010), 113 f.

617 Greef, Wulfert de. – Burger, Christoph: Lu 81 (2010), 45 f.

768 Ludwig, Ulrike. – Hund, Johannes: ZKG 121 (2010), 414-416.

939 Möller, Stephanie. – Michel, Stefan: Lu 81 (2010), 111 f.

398